1080
RECETAS
DE COCINA

Simone Ortega
1080
RECETAS
DE COCINA

ALIANZA EDITORIAL

Primera edición en "El libro de bolsillo": 1972
Trigésima primera reimpresión: 1996
Primera edición en "Libro Singular": 1996
Segunda edición: 1997
Tercera edición:1998 (Mayo)
Cuarta edición:1998 (Julio)
Quinta edición: 1999 (Marzo)
Sexta edición: 1999 (Mayo)
Séptima edición: 1999 (Noviembre)
Octava edición: 2000 (Julio)
Novena edición: 2001 (Marzo)
Décima edición: 2002 (Enero)
Undécima edición: 2002 (Octubre)

© Simone K. Ortega, 1996
© Alianza Editorial, S. A. Madrid, 1996, 1997, 1998, 1999, 2000, 2001, 2002
Calle Juan Ignacio Luca de Tena, 15; 28027 Madrid; telef. 91 393 88 88
ISBN: 84-206-9102-X
Depósito legal: B-42.131-2002
Compuesto en Fernández Ciudad, S. L.
Impreso en Cayfosa-Quebecor,
Sta Perpètua de Mogoda (Barcelona)
Printed in Spain

Unas palabras de introducción

Puedo decir sin demasiada presunción que este libro, con sus numerosas ediciones a lo largo de los últimos veinticinco años, ha contribuido a mejorar la alimentación de los españoles —y de gentes de otros países de nuestra lengua— y a facilitar el aprendizaje de la buena cocina —paso indispensable para saber comer— entre los habitantes de nuestro país que por estar sumido en el mundo del trabajo o los estudios disponen de poco tiempo y escasa ayuda para guisar.

Estas recetas son sabrosas y sencillas y mi mérito no es otro, como me han reconocido mis generosas lectoras y lectores, que el de explicarlas con claridad y precisión para que el plato *le salga* a la mano menos experta.

Las recetas van con numeración correlativa, agrupadas en los capítulos tradicionales: sopas, pastas, pescados, carnes, postres, etc., y un índice alfabético, con referencia al número de cada una, facilita la búsqueda. Y para mejor comprensión, no pongo a estas recetas títulos rimbombantes sino que las bautizo por sus ingredientes esenciales, con alguna u otra excepción.

Doy también una lista de menús por semana, teniendo en cuenta la estación del año y los productos más habituales del mes, para ayudar al ama de casa a resolver su cuestión diaria: ¿qué pongo hoy de comer?

Con una indicación gráfica (ver página siguiente), se aconseja asimismo en cada receta el vino —blanco, tinto o rosado— más apropiado para ella.

Espero que con esta nueva edición, más cuidada y que se puede abrir fácilmente en la mesa de la cocina, y en la que no hay que pasar la página para leer completa cada receta, muchos nuevos lectores y lectoras quieran cada vez con mayor entusiasmo coger la sartén por el mango.

SIMONE ORTEGA

VINOS RECOMENDADOS

Las tres copas que figuran junto con el título de las recetas indican, de acuerdo con la siguiente clave, los vinos más apropiados para acompañar dicha receta.

Vinos blancos	
Vinos rosados	
Vinos tintos	
Vinos blancos o rosados	
Vinos rosados o tintos	
Cualquier vino	

Información general

CALENDARIO DE PRODUCTOS ALIMENTICIOS*

ENERO

Carnes	Pescado-Mariscos	Verduras	Frutas
Pollo.	Merluza.	Champiñón de París.	Piña.
Gallina.	Pescadilla.	Acelgas.	Manzanas.
Conejo.	Rape.	Zanahorias.	Limones.
Vaca.	Lubina.	Puerros.	Naranjas.
Ternera.	Lenguado.	Lechuga.	Mandarinas.
Cerdo.	Breca.	Escarola.	Pomelos.
Cordero.	Rodaballo.	Remolacha.	Peras (amarillas).
Capones.	Congrio.	Cebollas.	Peras de agua.
Pavo.	Gallo.	Cebollitas francesas.	Chirimoyas.
Cochinillo.	Besugo.	Coliflor.	Plátanos.
Mollejas de ternera.	Palometa.	Cardo.	Uvas.
Criadillas de cordero.	Salmonetes.	Endivias.	Castañas.
Hígado.	Pez espada.	Espinacas.	Aguacates.
Riñones.		Coles de Bruselas.	Kiwis.
Sesos.	Calamares.	Lombarda.	
	Cigalas.	Repollo.	
	Gambas.	Apio.	
Perdices.	Chirlas.	Nabos.	
Conejo de monte.	Langostinos.	Alcachofas.	
Liebre.	Langosta.	Calabaza.	
Faisán.	Bogavante.	Berros.	
Becada.	Carabineros.		
Codornices.	Quisquillas.		
Aves acuáticas.	Almejas.		
Jabalí.	Mejillones.		
Venado.	Angulas.		
	Ostras.		

* Esta relación por meses de productos alimenticios es una ayuda para las amas de casa, que así podrán disponer sus menús con los productos mejores y a buen precio en el mercado. Pero no se puede descartar la posibilidad de comprar a destiempo productos congelados o conservados en cámaras frigoríficas, que resultan muy buenos si se preparan y condimentan debidamente.

FEBRERO

Carnes	Pescado-Mariscos	Verduras	Frutas
Pollo.	Merluza.	Champiñón de París.	Piña.
Gallina.	Pescadilla.	Acelgas.	Manzanas.
Conejo casero.	Rape.	Zanahorias.	Peras amarillas.
Vaca.	Lubina.	Puerros.	Peras de agua.
Ternera.	Lenguado.	Lechuga.	Chirimoyas.
Cerdo.	Breca.	Escarola.	Naranjas.
Cordero.	Rodaballo.	Cebollas.	Limones.
Mollejas de ternera.	Congrio.	Cebollitas francesas.	Pomelos.
Cochinillo.	Gallo.	Cebolletas.	Plátanos.
	Besugo.	Remolacha.	Almendras.
Hasta mediados de febrero:	Palometa.	Coliflor.	Nueces.
	Salmonetes.	Cardo.	Aguacates.
Perdices.	Salmón.	Endivias.	Kiwis.
Liebre.	Pez espada.	Espinacas.	
Conejo de monte.	Calamares.	Coles de Bruselas.	
Aves acuáticas.	Cigalas.	Lombarda.	
Codornices.	Gambas.	Repollo.	
Becada.	Chirlas.	Cardillos.	
Faisán.	Langostinos.	Guisantes.	
Jabalí.	Langosta.	Habas.	
Venado.	Bogavante.	Apio.	
	Carabineros.	Nabos.	
	Quisquillas.	Grelos.	
	Almejas.	Alcachofas.	
	Mejillones.	Judías verdes.	
	Angulas.	Judías verdes francesas.	
	Ostras.	Calabaza.	

MARZO

Carnes	Pescado-Mariscos	Verduras	Frutas
Pollo.	Merluza.	Criadillas de tierra.	Piña.
Gallina.	Pescadilla.	Acelgas.	Manzanas.
Conejo.	Rape.	Zanahorias.	Peras amarillas.
Vaca.	Lubina.	Puerros.	Peras de agua.
Ternera.	Lenguado.	Lechuga.	Limones.
Cerdo.	Breca.	Cebollas.	Naranjas.
Cordero.	Rodaballo.	Cebolletas.	Pomelos.
Mollejas de ternera.	Congrio.	Cebollitas francesas.	Plátanos.
Criadillas de cordero.	Gallo.	Remolacha.	Fresas.
Cochinillo.	Palometa.	Coliflor.	Fresones.
	Besugo.	Endivias.	Aguacates.
	Salmonetes.	Coles de Bruselas (medio mes).	Kiwis.
	Salmón.	Lombarda.	
		Calabaza.	
	Calamares.	Repollo.	
	Cigalas.	Cardillos.	
	Gambas.	Guisantes.	
	Chirlas.	Habas.	
	Langostinos.	Apio.	
	Langosta.	Tomates.	
	Bogavante.	Pimientos verdes.	
	Carabineros.	Nabos.	
	Quisquillas.	Alcachofas.	
	Almejas.	Espárragos trigueros.	
	Mejillones.	Judías verdes.	
	Angulas.	Judías verdes francesas.	
	Ostras.		

ABRIL

Carnes	Pescado-Mariscos	Verduras	Frutas
Pollo.	Merluza.	Criadillas de tierra.	Piña.
Gallina.	Pescadilla.	Champiñón de París.	Manzanas.
Conejo.	Rape.	Acelgas.	Peras amarillas.
Vaca.	Lubina.	Zanahorias.	Peras de agua.
Ternera.	Lenguado.	Puerros.	Limones.
Cerdo.	Breca.	Lechuga.	Naranjas.
Cordero.	Rodaballo.	Remolacha.	Pomelos.
Mollejas de ternera.	Congrio.	Cebollas.	Plátanos.
Criadillas de cordero.	Gallo.	Cebollitas francesas.	Fresas.
Cochinillo.	Mero.	Cebolletas.	Fresones.
	Palometa.	Espinacas.	Aguacates.
	Besugo.	Repollo.	Kiwis.
	Salmonetes.	Cardillos.	
	Salmón.	Calabaza.	
		Guisantes.	
	Calamares.	Habas.	
	Cigalas.	Apio.	
	Gambas.	Tomates.	
	Chirlas.	Pimientos verdes.	
	Langostinos.	Nabos.	
	Langosta.	Alcachofas.	
	Bogavante.	Espárragos trigueros.	
	Carabineros.	Judías verdes.	
	Quisquillas.	Judías verdes francesas.	
	Almejas.	Primeros espárragos.	
	Mejillones.	Tirabeques.	
	Angulas.		
	Percebes.		
	Ostras.		

MAYO

Carnes	Pescado-Mariscos	Verduras	Frutas
Pollo.	Merluza.	Criadillas de tierra.	Piña.
Gallina.	Pescadilla.	Setas.	Manzanas.
Conejo.	Rape.	Champiñón de París.	Peras amarillas.
Vaca.	Lubina.	Acelgas.	Peras de agua.
Ternera.	Lenguado.	Zanahorias.	Limones.
Cordero.	Breca.	Puerros.	Naranjas.
Mollejas de ternera.	Rodaballo.	Lechuga.	Pomelos.
Criadillas de cordero.	Congrio.	Remolacha.	Plátanos.
	Gallo.	Cebollas.	Sandía.
	Mero.	Cebolletas.	Albaricoques.
	Sardinas.	Cebollitas francesas.	Cerezas.
	Boquerones.	Espinacas.	Melocotones.
	Palometa.	Calabaza.	Ciruelas.
	Besugo.	Guisantes.	Nísperos.
	Salmonetes.	Habas.	Fresas.
	Truchas.	Apio.	Fresones.
	Salmón.	Tomates.	Grosellas.
		Pimientos verdes.	Frambuesas.
	Calamares.	Nabos.	Brevas.
	Cigalas.	Alcachofas.	Aguacates.
	Gambas.	Calabacines.	Kiwis.
	Chirlas.	Berenjenas.	
	Langostinos.	Espárragos.	
	Langosta.	Judías verdes.	
	Bogavante.	Judías verdes francesas.	
	Carabineros.	Tirabeques.	
	Quisquillas.		
	Mejillones.		
	Percebes.		

JUNIO

Carnes	Pescado-Mariscos	Verduras	Frutas
Pollo.	Merluza.	Champiñón de París.	Piña.
Gallina.	Pescadilla.	Acelgas.	Manzanas.
Conejo.	Rape.	Zanahorias.	Peras amarillas.
Vaca.	Lubina.	Puerros.	Sandía.
Ternera.	Lenguado.	Lechuga.	Melón.
Cordero.	Gallo.	Remolacha.	Albaricoques.
Mollejas de ternera.	Breca.	Calabaza.	Cerezas.
Criadillas de cordero.	Rodaballo.	Repollo.	Paraguayas.
	Congrio.	Cebollas.	Melocotones.
	Bonito.	Cebollitas francesas.	Ciruelas.
	Mero.	Tomates.	Nísperos.
	Sardinas.	Calabacines.	Fresas.
	Boquerones.	Berenjenas.	Fresones.
	Truchas.	Espárragos.	Grosellas.
	Salmón.	Judías verdes.	Frambuesas.
		Pepinos.	Anón cubano.
	Calamares.		Brevas.
	Cigalas.		Plátanos.
	Gambas.		Aguacates.
	Chirlas.		Kiwis.
	Langostinos.		
	Langosta.		
	Bogavante.		
	Carabineros.		
	Mejillones.		
	Percebes.		

JULIO

Carnes	Pescado-Mariscos	Verduras	Frutas
Pollo.	Merluza.	Zanahorias.	Piña.
Gallina.	Pescadilla.	Acelgas.	Manzanas.
Conejo.	Rape.	Puerros.	Limones.
Vaca.	Lubina.	Lechuga.	Naranjas.
Ternera.	Lenguado.	Remolacha.	Pomelos.
	Gallo.	Cebollas.	Peras amarillas.
	Breca.	Tomates.	Peras de S. Juan.
	Rodaballo.	Pimientos verdes.	Peras Duquesa.
	Congrio.	Calabacines.	Sandía.
	Bonito.	Berenjenas.	Melón.
	Mero.	Judías verdes.	Uvas.
	Sardinas.	Pepinos.	Paraguayas.
	Boquerones.		Melocotones.
	Truchas.		Ciruelas.
	Salmón.		Higos.
			Plátanos.
	Calamares.		Aguacates.
	Cigalas.		Kiwis.
	Gambas.		
	Chirlas.		
	Langostinos.		
	Langosta.		
	Bogavante.		
	Carabineros.		
	Cangrejos de río.		

AGOSTO

Carnes	Pescado-Mariscos	Verduras	Frutas
Pollo.	Merluza.	Acelgas.	Piña.
Gallina.	Pescadilla.	Zanahorias.	Manzanas.
Conejo.	Rape.	Puerros.	Limones.
Vaca.	Lubina.	Lechuga.	Naranjas.
Ternera.	Lenguado.	Remolacha.	Pomelos.
Codornices.	Gallo.	Cebollas.	Peras amarillas.
	Breca.	Tomates.	Peras de agua.
	Rodaballo.	Pimientos verdes.	Peras Duquesa.
	Congrio.	Calabacines.	Sandía.
	Bonito.	Berenjenas.	Melón.
	Sardinas.	Judías verdes.	Uvas.
	Boquerones.	Pepinos.	Melocotones.
	Truchas.		Ciruelas.
			Higos.
	Calamares.		Plátanos.
	Cigalas.		Aguacates.
	Gambas.		Kiwis.
	Chirlas.		
	Langostinos.		
	Langosta.		
	Bogavante.		
	Carabineros.		
	Cangrejos de río.		

SEPTIEMBRE

Carnes	Pescado-Mariscos	Verduras	Frutas
Pollo.	Merluza.	Acelgas.	Piña.
Gallina.	Pescadilla.	Zanahorias.	Manzanas.
Conejo.	Rape.	Puerros.	Peras amarillas.
Vaca.	Lubina.	Lechuga.	Peras de agua.
Ternera.	Lenguado.	Remolacha.	Peras Duquesa.
	Gallo.	Cebollas.	Limones.
Conejo de monte.	Breca.	Tomates.	Naranjas.
Liebre.	Rodaballo.	Pimientos verdes.	Pomelos.
Perdices.	Congrio.	Pimientos rojos.	Melón.
Codornices.	Bonito.	Calabacines.	Uvas.
Becada.	Sardinas.	Berenjenas.	Melocotones.
Faisán.	Boquerones.	Judías verdes.	Ciruelas.
Aves acuáticas.	Pez espada (fin de mes).	Pepinos.	Higos.
			Plátanos.
	Calamares.		Aguacates.
	Cigalas.		Kiwis.
	Gambas.		
	Chirlas.		
	Langostinos.		
	Langosta.		
	Bogavante.		
	Carabineros.		
	Almejas.		
	Cangrejos de río.		

OCTUBRE

Carnes	Pescado-Mariscos	Verduras	Frutas
Pollo.	Merluza.	Champiñón de París	Piña.
Gallina.	Pescadilla.	(desde medio mes).	Manzanas.
Conejo.	Rape.	Acelgas.	Peras amarillas.
Vaca.	Lubina.	Zanahorias.	Peras de agua.
Ternera.	Lenguado.	Puerros.	Limones.
Cerdo.	Gallo.	Lechuga.	Naranjas.
Cordero.	Breca.	Cebollas.	Pomelos.
Mollejas de ternera.	Rodaballo.	Cebollitas francesas.	Melón.
Cochinillo.	Congrio.	Remolacha.	Uvas.
	Sardinas.	Coliflor.	Ciruelas.
Perdices.	Boquerones.	Espinacas.	Chirimoyas.
Conejo.	Besugo.	Lombarda.	Plátanos.
Liebre.	Pez espada.	Repollo.	Membrillos (desde medio mes).
Codornices.		Apio.	Aguacates.
Becada.	Calamares.	Tomates.	Kiwis.
Faisán.	Cigalas.	Pimientos verdes.	
Aves acuáticas.	Gambas.	Pimientos rojos.	
Venado.	Chirlas.	Alcachofas.	
Jabalí.	Langosta.	Calabacines.	
	Langostinos.	Berenjenas.	
	Bogavante.	Judías verdes.	
	Carabineros.	Calabaza.	
	Almejas.		
	Mejillones.		
	Ostras.		

NOVIEMBRE

Carnes	Pescado-Mariscos	Verduras	Frutas
Pollo.	Merluza.	Champiñón de París.	Piña.
Gallina.	Pescadilla.	Setas-Niscalos.	Manzanas.
Conejo.	Rape.	Acelgas.	Peras amarillas.
Vaca.	Lubina.	Zanahorias.	Peras de agua.
Ternera.	Lenguado.	Puerros.	Limones.
Cerdo.	Gallo.	Cebollas.	Naranjas.
Cordero.	Breca.	Cebollitas francesas.	Pomelos.
Mollejas de ternera.	Rodaballo.	Lechuga.	Mandarinas.
Cochinillo.	Congrio.	Remolacha.	Melón.
	Besugo.	Coliflor.	Uvas.
Perdices.	Pez espada.	Cardo.	Chirimoyas.
Conejo.		Endivias.	Plátanos.
Liebre.	Calamares.	Espinacas.	Membrillos.
Aves acuáticas.	Cigalas.	Coles de Bruselas.	Castañas.
Faisán.	Gambas.	Lombarda.	Aguacates.
Becada.	Chirlas.	Repollo.	Kiwis.
Codornices.	Langostinos.	Calabaza.	
Jabalí.	Langosta.	Escarola.	
Venado.	Bogavante.	Apio.	
	Carabineros.	Tomates.	
	Almejas.	Pimientos verdes.	
	Mejillones.	Pimiento rojos.	
	Ostras.	Nabos.	
	Angulas.	Grelos.	
		Alcachofas.	
		Berenjenas.	

DICIEMBRE

Carnes	Pescado-Mariscos	Verduras	Frutas
Pollo.	Merluza.	Champiñón de París.	Piña.
Gallina.	Pescadilla.	Acelgas.	Manzanas.
Conejo.	Rape.	Zanahorias.	Peras amarillas.
Vaca.	Lubina.	Puerros.	Peras de agua.
Ternera.	Lenguado.	Cebollas.	Plátanos.
Cerdo.	Gallo.	Cebollitas francesas.	Limones.
Cordero.	Breca.	Lechuga.	Naranjas.
Cochinillo.	Rodaballo.	Remolacha.	Pomelos.
Mollejas de ternera.	Congrio.	Coliflor.	Limas.
	Besugo.	Cardo.	Mandarinas.
Perdices.	Palometa.	Endivias.	Uvas.
Conejo.	Salmonetes.	Espinacas.	Chirimoyas.
Liebre.	Pez espada.	Coles de Bruselas.	Castañas.
Aves acuáticas.		Lombarda.	Almendras.
Faisán.	Calamares.	Repollo.	Nueces.
Becada.	Cigalas.	Escarola.	Aguacates.
Codornices.	Gambas.	Apio.	Kiwis.
Jabalí.	Chirlas.	Pimientos rojos.	
Venado.	Langostinos.	Nabos.	
	Langosta.	Grelos.	
	Bogavante.	Alcachofas.	
	Carabineros.	Calabaza.	
	Quisquillas.		
	Almejas.		
	Mejillones.		
	Angulas.		
	Ostras.		

TABLA DE CALORÍAS DE LOS PRINCIPALES ALIMENTOS

Para 100 g de alimentos crudos

Carnes		Pescados-Mariscos		Verduras	
Cerdo (magro o graso)	172 a 332	Anguila	207	Aceitunas	224
		Atún en escabeche	275	Acelgas	37
Conejo	150	Bacalao salado	150	Alcachofas (1 pieza)	40
Cordero	164	Bonito	207	Cardo	30
Chorizo, salchichón	480	Boquerones en vinagre (ración de 6)	60	Coliflor	34
Hígado de ternera	145	Besugo	81	Champiñones	40
Jamón de York	440	Calamares	85	Espárragos	25
Lengua	207	Gambas	90	Espinacas	43
Perdices	160	Langosta	90	Guisantes	65
Pollo	140	Lubina	81	Judías verdes	37
Sesos	129	Mejillones	65	Lechuga	29
Ternera	164	Merluza	81	Patata (cocida o asada)	90
Vaca	164	Ostras (12 piezas)	120	Pimientos	20
		Rape	81	Puerros	40
		Sardinas frescas	135	Remolacha	37
		Sardinas en aceite (una)	40	Repollo	39
				Tomates	22
				Zanahorias	43

Frutas

Albaricoques	65
Cerezas	65
Ciruelas	65
Chirimoya	65
Fresones	48
Higos frescos	89
Manzana	61
Melocotón	62
Melón	34
Mermeladas	285
Naranja y limón	45
Pera	61
Plátano	89
Piña	40
Sandía	70
Uvas	81
Almendras	640
Castañas	199
Ciruelas pasas	285
Dátiles	300
Higos secos	275
Nueces	640
Pasas	280

Varios

Arroz	340
Azúcar	400
Bollos	360
Cacao en polvo	492
Crema	325
Chocolate	500
Harina de trigo	349
Helado	400
Huevo (1 pieza)	76
Leche natural	67
» concentrada	157
» con azúcar	346
Legumbres	338
Macarrones	354
Miel	304
Pan	250
Pan tostado	299
Pastel (éclair)	300
Colines o tostadas	262
Quesos (gruyère, manchego, Holanda)	380
Quesos (camembert, brie)	286
Yogur	60
Whisky	125

Grasas

Aceites	890
Bacon	515
Manteca de cerdo	850
Mantequilla	761
Margarina	800
Nata	300
Tocino	550

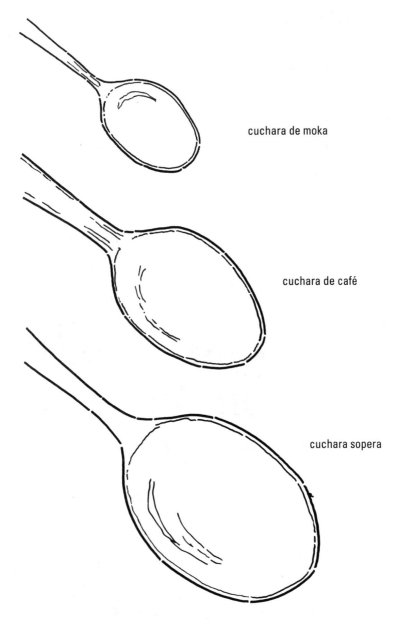

cuchara de moka

cuchara de café

cuchara sopera

Tamaño de cucharas

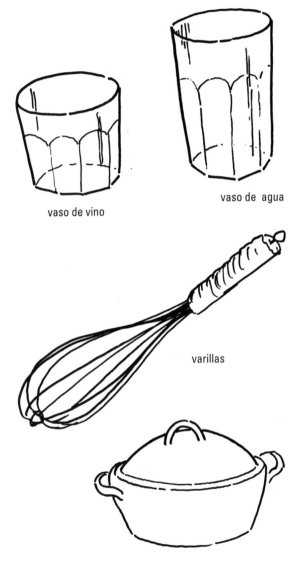

vaso de agua

vaso de vino

varillas

«cocotte»

Cantidades corrientes
para los alimentos más usuales

Corrientemente, los filetes deben tener de 125 a 150 g por persona. Los asados de vaca merman y los de ternera aún más. Para 8 personas se deben poner 2 kg de carne que, después de asada, se quedan en 1 $\frac{1}{2}$ kg. La carne de cerdo pierde $\frac{1}{3}$ de su peso; 1 $\frac{1}{2}$ kg se queda en 1 kg después de asado. Las carnes guisadas merman más. Se calcula 200 g por persona.

Para las sopas, caldo, etc., se calcula $\frac{1}{4}$ litro de líquido por persona.

Ración para 1 persona

Arroz en crudo	75 g
Legumbres en crudo	100 g
Pescado	200 g
Judías verdes, coliflor, acelgas	250 a 300 g
Guisantes frescos	400 g (con vaina)
Macarrones (crudos)	50 a 60 g
Patatas	250 a 300 g
Espárragos	1 $\frac{1}{2}$ kg para 4 personas (más o menos)

Asado de vaca

En una bandeja de horno o besuguera se pone un poco de manteca (unos 30 g) o aceite fino (3 o 4 cucharadas soperas) para un asado de 2 kg, más o menos, si éste no viene preparado con algo de tocino; se calienta bien y se dan unas vueltas en la lumbre para que se dore. Acto seguido se sala y se mete en el horno fuerte. Éste se encenderá como $1/4$ de hora antes de meter la carne. El tiempo de cocción para que quede en su punto, es decir, muy rosado el interior, se calcula en 10 a 15 minutos por cada $1/2$ kg de carne.

También se puede dorar, salar ligeramente después y finalmente untar con un poco de extracto de carne. Le da muy buen gusto.

Bistec o filete

Se untan las dos caras con un poco de aceite fino y en una sartén bien caliente se ponen de un lado 3 minutos, se salan, se vuelven y se dejan por el otro lado otros 3 minutos, y se salan.

Asado de ternera

Se pone en una bandeja de horno y se sala el pedazo de carne. Se mete al horno directamente unos 10 minutos por cada $1/2$ kg en las piezas grandes (de 3 kg en adelante). A media cocción se pone primero unas cucharadas soperas de agua caliente y después de 1 a 2 cucharadas soperas de vino blanco seco. Se le dará varias veces la vuelta, rociando el asado con la salsa que tiene.

Pierna de cordero

Preparada como la ternera y, si se quiere, frotada con diente de ajo; se deja unos 15 o 20 minutos por cada kg a horno fuerte.

Pollo asado

Igual preparación que para la ternera. Un pollo de 1 kg se deja unos 35 a 40 minutos a horno más bien fuerte.

Cerdo

Igual preparación que para la ternera y 20 minutos por cada $1/2$ kg de carne.

Las chuletas se fríen durante unos 4 minutos de cada lado y después se tapa la sartén con una tapadera y se dejan unos 5 minutos más a fuego lento (dándole una vuelta a la mitad de tiempo).

Todos los asados se deben meter en el horno previamente calentado. Después de cumplido el tiempo necesario se apaga el horno totalmente y se deja la carne 5 minutos más para que se esponje, antes de sacarla para trinchar.

MENÚS SEMANALES

ENERO   1.ª y 3.ª semanas

	Almuerzos	Cenas
Lunes	Cocido Manzanas asadas con mermelada	Sopa de caldo con arroz, huevo duro y perejil Croquetas de gallina Fruta
Martes	Pan de molde con queso rallado Entrecot (lomo alto) con patatas fritas Fruta	Alcachofitas en salsa Huevos revueltos
Miércoles	Arroz blanco con champiñones Chuletas de cerdo con ciruelas pasas Naranjas y manzanas en rodajas (con azúcar y kirsch)	Crema de gambas Jamón de York con espinacas Compota de peras con vino
Jueves	Patatas guisadas con chirlas Asado de vaca con coles de Bruselas Crema de chocolate	Consomé Rollo de carne picada en salsa con coditos (macarrones) Fruta
Viernes	Lentejas guisadas Huevos encapotados con salsa de tomate Fruta	Zanahorias en salsa Besugo al horno Queso
Sábado	Buñuelos de puré de patatas Resto de carne asada, fría, con ensa- lada de escarola, zanahorias cru- das y tomates Melocotones en almíbar	Puré de espinacas con rodajas de huevo duro y costrones de pan frito Sesos con salsa de tomate gratinados Yogur
Domingo	Gambas al ajillo Pollo con limones Bavaroise de turrón	Coliflor con salsa de alcaparras y pimentón Huevos al plato con jamón Fruta

ENERO   2.ª y 4.ª semanas

	Almuerzos	Cenas
Lunes	Judías blancas con costra Hamburguesas con ensalada Fruta	Sopa de verduras Tortilla de atún escabechado Fruta
Martes	Repollo con patatas y mayonesa Redondo guisado Macedonia de frutas	Coles de Bruselas con bechamel Fiambres variados Compota de manzanas
Miércoles	Arroz con tomate, salchichas, pimientos y guisantes Resto de redondo con bechamel y alcaparras Natillas	Acelgas con tomate Filetes de castañola al horno Fruta
Jueves	Tortilla de patatas Hígado de ternera con cebolla Fruta	Sopa de puerros con patatas Croquetas de jamón Queso
Viernes	Patatas al horno con leche y huevos Bacalao con pimientos y salsa de tomate Torrijas	Coliflor con salsa de alcaparras y pimentón Huevos pasados por agua con picatostes Fruta
Sábado	Coditos con bacon y guisantes Cinta de cerdo con leche Fruta	Sopa de pollo a la belga
Domingo	Empanadillas Perdices estofadas con coles de Bruselas Tocino de cielo	Endivias al gratén Merluza en salsa verde Zumo de naranja

FEBRERO   1.ª y 3.ª semanas

	Almuerzos	Cenas
Lunes	Fabada Crêpes con salsa Suzette	Cardo con leche, azafrán y canela Fiambre variado con arroz blanco Fruta
Martes	Huevos revueltos con queso rallado Filetes de ternera empanados con coles de Bruselas salteadas Fruta	Sopa de mejillones Pizza Flan
Miércoles	Sardinas y calamares fritos Canelones de carne Tarta de manzana	Alcachofitas en salsa Empanada de queso y champiñones Fruta
Jueves	Patatas con borrajas Aleta de ternera rellena, con ensalada Fruta	Crema de berros Salmonetes al horno Queso
Viernes	Bouillabaisse de patata y bacalao Buñuelos de manzana	Menestra de verduras Huevos en cazuelita con jamón, nata y queso rallado Fruta
Sábado	Hojas de repollo rellenas Filetes de solomillo a la pimienta Fruta	Coliflor con bechamel y almendras Croquetas de merluza Fruta
Domingo	Ñoquis Chuletas de cerdo con aros de cebolla frita Leche frita	Sopa de cebolla gratinada Tortillas a la francesa Manzanas asadas

FEBRERO   2.ª y 4.ª semanas

	Almuerzos	Cenas
Lunes	Sopa de fideos Cocido Fritos de puré de manzanas	Zanahorias en salsa Croquetas de gallina Fruta
Martes	Macarrones con chorizo y tomate Osso bucco en salsa Macedonia	Sopa huertana Empanadillas de atún Membrillo
Miércoles	Patatas guisadas con chirlas Filetes de lomo con ensalada Jalea de naranja	Alcachofas con vinagreta Salchichas con puré de patatas Fruta
Jueves	Coliflor rebozada con salsa de tomate Carne picada con puré de patatas y huevos duros al horno Fruta	Habas con leche y yemas Merluza rápida Arroz con leche
Viernes	Judías blancas con costra Filetes de lenguado fritos Flan	Crema de espinacas Huevos revueltos con tomate Chirimoyas
Sábado	Tortilla de patatas Escalopines de hígado de ternera con cebolla y vino blanco Chirimoyas	Sopa de patatas y puerros con leche Fritos de pollo Fruta

Domingo	Pan de molde con champiñones,
	    bechamel y queso rallado
	Asado de ternera con puré de pata-
	    tas
	Leche frita
		Apio en su jugo
		Tortillas a la francesa
		Queso

MARZO   1.ª y 3.ª semanas

	Almuerzos	Cenas
Lunes	Macarrones con bechamel Redondo con aceitunas Fruta	Endivias al horno Huevos al plato con puré de patatas Yogur
Martes	Lentejas guisadas Resto de redondo en ropa vieja Peras con nata y chocolate	Alcachofas rebozadas Budín de pescado Fruta
Miércoles	Croquetas de patata y bacalao Filetes guisados con cerveza Compota de manzanas	Coles de Bruselas con bechamel Tortillas a la francesa Queso
Jueves	Arroz al curry Pierna de cordero asada, con ensalada Fruta	Porrusalda Criadillas empanadas, con arroz blanco Zumo de naranja
Viernes	Potaje de garbanzos con espinacas y bacalao Tortilla de patatas Bizcocho borracho	Sopa clara de cebolla Conchas de pescado Fruta
Sábado	Budín de coliflor Carne en ragoût Buñuelos de manzana	Caldo en taza Canelones Rodajas de manzanas y naranjas
Domingo	Fideuá Crema catalana	Menestra de verduras Fiambre variado con patatas salteadas Fruta

MARZO   2.ª y 4.ª semanas

	Almuerzos	Cenas
Lunes	Patatas guisadas viudas Filetes de vaca con ensalada Manzanas asadas	Sopa clara de cebolla Huevos fritos con patatas fritas Fruta
Martes	Lentejas guisadas Pescado rebozado Budín con suizos	Sopa de ajo Croquetas de gallina Yogur
Miércoles	Setas en salsa Lomo de vaca asado con puré de patata Macedonia de frutas	Guisantes con jamón Salmonetes fritos Fruta
Jueves	Espaguetis a la italiana Lomo de vaca frío con ensalada Soufflé de vainilla	Alcachofas rebozadas y en salsa Jamón de York con torta de patatas Fruta
Viernes	Judías pintas con arroz Filetes de castañola al horno Flan	Sopa gratinada de cebolla Huevos al plato con guisantes Fruta
Sábado	Huevos revueltos con patatas y guisantes Carne guisada con vino tinto Membrillo	Budín de coliflor Empanadillas de jamón Compota de peras en vino tinto
Domingo	Entremeses variados Paella Bavaroise de piña	Sopa de verduras Croquetas de huevo duro Queso

ABRIL   1.ª y 3.ª semanas

	Almuerzos	Cenas
Lunes	Garbanzos a lo pobre Chuletas de cordero fritas, con ensalada Fruta	Cebollitas francesas con bechamel Fiambres con arroz blanco Flan
Martes	Patatas con mayonesa, tomates, anchoas y aceitunas Ternera estofada Crêpes con salsa de naranja (Suzette)	Habas salteadas con jamón Huevos al plato a la flamenca Yogur
Miércoles	Arroz con tomate y salchichas Filetes empanados Macedonia de frutas	Crema de champiñones Mero con vino blanco al horno Bavaroise de melocotón (de lata)
Jueves	Macarrones con bechamel al horno Asado de vaca Plátanos al ron	Mousse caliente de espárragos Medias noches rellenas Fruta
Viernes	Buñuelos de queso con salsa de tomate Rape con leche Crema de chocolate	Zanahorias con nabos Empanadillas de atún Fruta
Sábado	Rollitos de repollo con jamón y bechamel Pollitos fritos Mousse de naranja en copas	Espárragos Pescadilla al horno Queso
Domingo	Huevos escalfados con bechamel y espárragos verdes Calamares fritos Soletillas rellenas de crema	Sopa de tomate con judías verdes Pastel-terrina de pollo, jamón y ternera Fruta

ABRIL   2.ª y 4.ª semanas

	Almuerzos	Cenas
Lunes	Caldo gallego Filetes de vaca con pencas de acelga rebozados Flan de leche condensada	Zanahorias en salsa Albóndigas de pescado Crema cuajada de limón
Martes	Arroz con champiñones Filetes de hígado de ternera macera- dos con vino de Málaga Fruta	Acelgas en escabeche Huevos revueltos con queso Fruta
Miércoles	Repollo al jugo Pierna de cordero asada, con judías blancas Natillas	Guisantes con jamón Truchas a la molinera Fruta
Jueves	Calamares y boquerones fritos Canelones de carne Fruta	Sopa de cebolla clara Croquetas Compota de peras
Viernes	Puré de patatas al gratin Bonito asado con bacon Arroz con leche	Alcachofas en salsa Huevos revueltos Fruta
Sábado	Croquetas de huevo y queso rallado Pollo en salsa Fresón	Sopa de remolacha Criadillas empanadas con arroz blan- co Fruta

Domingo	Huevos duros con bechamel y mejillo-
	   nes
	Filetes de ternera empanados con
	   ensalada
	Bavaroise praliné
		Espárragos con mayonesa
		Jamón de York con torta de patata
		Fruta

MAYO   1.ª y 3.ª semanas

	Almuerzos	Cenas
Lunes	Lentejas en ensalada Filete de vaca con berenjenas fritas Macedonia de fruta con fresones	Sopa de patatas y puerros con leche Soufflé de queso Flan
Martes	Macarrones con atún en lata Albóndigas con costrones de pan Crema catalana	Menestra de verduras verdes Huevos en cazuelitas con queso en porciones y jamón Queso
Miércoles	Tomates al horno con perejil y ajo picado Chuletas de cerdo con puré de patatas Budín de suizos	Porrusalda Croquetas de merluza Fruta
Jueves	Paella Ensalada variada Fruta	Habas con jamón Sesos al gratin con bechamel y champiñones Yogur
Viernes	Tarta de cebolla Huevos fritos con patatas Mousse de café	Espárragos con mayonesa Besugo al horno con tomates, cebollas y champiñones Macedonia de frutas
Sábado	Arroz blanco con salsa de tomate, judías verdes y tortilla Pepitoria de gallina Fresas	Consomé en taza con huevo duro picado Rollo de carne picada asada Arroz con leche
Domingo	Huevos mollets en gelatina Solomillo con salsa bearnesa Bartolillos	Guisantes Jamón de York con bechamel Fruta

MAYO   2.ª y 4.ª semanas

	Almuerzos	Cenas
Lunes	Patatas con chorizo y bacon Asado de vaca con tomates empanados Fruta	Acelgas rehogadas con curruscos de pan y vinagre Tortilla de patatas Flan
Martes	Aguacates al horno con gambas Salchichas con puré de patatas Fresón	Sopa de pescado desmenuzado Fiambres variados con ensalada Plátanos flameados con ron
Miércoles	Arroz blanco frío con verduras y vinagreta Escalopines de hígado con cebolla y vino blanco Macedonia de frutas	Espárragos con mayonesa Croquetas de pescado Cuajada
Jueves	Cintas de tomate y queso Carne en ragoût con cebollitas, guisantes y zanahorias Fruta	Sopa de higaditos Ñoquis Compota de manzana
Viernes	Garbanzos aliñados Pescadillas al horno con vino y pasas Natillas con canela	Lechugas al jugo Tortillas de atún de lata Fruta
Sábado	Revuelto de huevos, patatas y guisantes Albóndigas de carne Fruta	Guisantes sencillos Salmonetes al horno con pan rallado y vino rancio Membrillo
Domingo	Paella Ensalada fantasía Bavaroise de fresa	Judías verdes salteadas Empanadillas Rodajas de manzanas y naranjas

JUNIO   1.ª y 3.ª semanas

	Almuerzos	Cenas
Lunes	Gazpachuelo Pollo con limones Flan	Caldo con fideos Empanadillas rellenas de jamón Fruta
Martes	Espaguetis con guisantes y almejas Chuletitas de cordero fritas con lechu- ga Fresón	Acelgas en escabeche Salmonetes al horno Melocotones en almíbar flameados
Miércoles	Tomates rellenos de sardinas, pimien- tos verdes y aceitunas Filetes de ternera empanados con patatas fritas Gelatina de frutas	Sopa de puerros y patatas Croquetas de queso rallado y huevo Fruta
Jueves	Tortilla de patatas Rabillo de cadera guisado con zana- horias y cebollitas Fruta	Guisantes sencillos Salchichas con puré de patatas Queso de Burgos
Viernes	Alioli: patatas, zanahorias, alcachofas y bacalao cocido Leche frita	Pisto de calabacín Huevos en cazuelitas con salsa de tomate y queso en porciones Fruta
Sábado	Arroz con tomate, salchichas, guisan- tes y pimientos Resto de rabillo en frío Tocino de cielo	Espárragos con mayonesa Pescado frito Fruta
Domingo	Quiche de queso Cordero a la Sepulvedana Bavaroise de fresa	Judías verdes salteadas con mante- quilla, perejil y limón Fiambres con ensalada de tomate Batido de yogur

JUNIO   2.ª y 4.ª semanas

	Almuerzos	Cenas
Lunes	Gazpacho Hamburguesas rebozadas con pata- tas fritas Flan de peras	Sopa de puerros con leche Jamón de York con torta de patatas Fruta
Martes	Habas con morcilla Asado de vaca con puré de patatas Fresón	Lechugas al jugo Huevos al plato a la flamenca Fruta
Miércoles	Macarrones con tomate Pollo con puerros y nata Fruta	Sopa de tomate con judías verdes Croquetas de pescado Arroz con leche
Jueves	Huevos fritos en muffins Pez espada con salsa tostada Fruta	Berenjenas en salsa al gratén Huevos revueltos con picatostes Fruta
Viernes	Budín de verduras Rabo de buey guisado Tarta de manzanas	Espárragos con mayonesa Calamares fritos Piña fresca
Sábado	Arroz blanco con mayonesa y atún Rollitos de ternera con carne picada Fresones con naranja	Menestra de verduras Pan de molde con queso rallado Fruta
Domingo	Ñoquis Supremas de pollo Mousse de café con requesón	Vichyssoise Bonito con cebolla y tomate Fruta

JULIO 1.ª y 3.ª semanas

	Almuerzos	Cenas
Lunes	Judías blancas en ensalada Filetes en cerveza con picatostes Sandía	Sopa de jugo de tomate Tortilla con jamón Fruta
Martes	Gazpacho Albóndigas de carne con coditos Fruta	Judías verdes con mayonesa Pescadilla al horno Postre de soletillas rellenas de crema
Miércoles	Arroz blanco con salsa de tomate, judías verdes y tortilla Redondo guisado Helado	Acelgas rehogadas con curruscos de pan y vinagre Huevos duros mimosa Peritas en vino tinto
Jueves	Ñoquis Redondo frío con mayonesa de toma- te, sin huevo, con ensalada Arroz con leche	Ajo blanco con uvas Pollo asado con bolas de patata Fruta
Viernes	Tomates rellenos de sardinas en acei- te y aceitunas Huevos al plato con puré de patatas Fruta	Pisto de calabacín Pescado frito Fruta
Sábado	Mousse fría de gambas Pimientos rellenos de carne picada y arroz crudo Melón	Sopa de tomate con judías verdes Empanadillas de atún Flan
Domingo	Huevos fritos encapotados Rape estilo langosta Sorbete de limón	Calabacines gratinados con queso Huevos mollets en gelatina Fruta

JULIO   2.ª y 4.ª semanas

	Almuerzos	Cenas
Lunes	Gazpacho en trozos Filetes de vaca a la plancha con berenjenas fritas Macedonia de frutas	Berenjenas gratinadas con tomate Huevos revueltos con queso rallado
Martes	Macarrones con mayonesa Asado de ternera con ensalada de lechuga Helado con barquillos	Gazpachuelo Medias noches rellenas Peras en compota al vino tinto
Miércoles	Barcas de pepino con ensaladilla Blanqueta de gallina con arroz blanco Sandía	Judías verdes con salsa de tomate Croquetas de merluza Queso
Jueves	Tortilla de patatas Ternera fría con ensalada de remolacha Fruta	Ajo blanco con uvas Rellenos variados Flan
Viernes	Buñuelos de puré de patatas Bonito con tomate Arroz con leche	Zanahorias en salsa Pechugas de pollo escabechadas Fruta
Sábado	Cóctel de gambas Lomo alto con patatas fritas Mousse de limón	Vichyssoise Pescadillas fritas Fruta
Domingo	Relleno de verduras varias Canutillos de crema	Pisto estilo francés Tortillas a la francesa Melocotones en almíbar

AGOSTO   1.ª y 3.ª semanas

	Almuerzos	Cenas
Lunes	Arroz blanco con verduras y vinagreta Aleta de ternera clásica Sandía	Judías verdes con salsa de vinagre y yemas Huevos al plato con salsa de tomate Fruta
Martes	Tomates rellenos de sardinas en acei- te, pimientos verdes y aceitunas Jamón de York con salsa de Oporto y espinacas Flan	Sopa de puerros con leche Budín de bonito con mayonesa Fruta
Miércoles	Pulpo con pimentón Brazo de gitano de puré de patatas, atún y mayonesa Fruta	Calabacines rehogados y fritos Fiambres con ensalada de tomate Natillas
Jueves	Ensalada fría de arroz Filetes de vaca a la plancha con pimientos verdes Helado	Conchas de mejillones Sesos huecos Melocotones
Viernes	Gazpacho Huevos revueltos con arroz y gambas Melón	Ajo blanco con uvas Rape con leche Fruta
Sábado	Patatas paja con huevo y bacalao Asado de vaca con ensalada Galletas María fritas	Tomates rellenos de carne Croquetas de huevo duro Fruta
Domingo	Pan de molde con queso rallado Carne asada fría con ensalada Bavaroise de melocotones	Berenjenas rellenas de carne Rodajas de merluza rápida Fruta

AGOSTO   2.ª y 4.ª semanas

	Almuerzos	Cenas
Lunes	Escalibada Redondo en salsa con coditos Melón	Sopa de harina tostada Tortilla de patatas Flan
Martes	Arroz milanesa Redondo frío con ensalada Pestiños	Pisto de calabacines con patatas Filetes de gallo fritos Fruta
Miércoles	Berenjenas estilo setas Chuletas de cordero con patatas cocidas y rehogadas Sandía	Sopa de tomate con judías verdes Huevos en cazuelitas con higaditos Yogur
Jueves	Gazpacho Albóndigas de carne con arroz Fruta	Berenjenas al ajo Jamón con patatas fritas en cuadraditos Fruta
Viernes	Garbanzos aliñados Pastel de bonito frío Helado	Arroz al curry Huevos al plato con jamón Macedonia de frutas
Sábado	Huevos encapotados con salsa de tomate Guiso de pollo con piñones, pimientos verdes y tomates Fruta	Consomé Quiche Melocotones con vino blanco y gelatina de naranja
Domingo	Gambas cocidas, con salsa pipirrana Filetes con salsa de Oporto, mostaza y perejil Mousse de chocolate	Judías verdes con mayonesa Merluza a la catalana Fruta

SEPTIEMBRE   1.ª y 3.ª semanas

	Almuerzos	Cenas
Lunes	Buñuelos de puré de patatas empanados con nuez moscada Aleta de ternera rellena, clásica Melón	Berenjenas cocidas con salsa de tomate Huevos duros a la Toledana Fruta
Martes	Pimientos rojos con huevos duros Filetes a la plancha con patatas paja Helado	Sopa de higaditos Aspic de bonito con mayonesa Fruta
Miércoles	Patatas con chorizo y bacon Resto de la aleta de ternera con ensalada Fruta	Tallos de acelgas al horno con salsa española Salchichas encapotadas Flan
Jueves	Gazpacho Hamburguesas con queso y patatas fritas Melón	Budín de verduras Pechuga de gallina rellena con ensalada Fruta
Viernes	Pisto de calabacín con arroz Tortilla de patatas Flan de coco	Sopa de pescado barata con fideos gordos Tomates rellenos de bechamel y queso Flan con peras
Sábado	Huevos revueltos con guisantes Cordero al ajillo con tomate Melocotones con vino blanco y gelatina	Judías verdes en vinagreta Croquetas de merluza Fruta
Domingo	Almejas a la marinera Pechugas de pollo rellenas Mousse de chocolate	Consomé Huevos duros mimosa Peras en compota con vino tinto

SEPTIEMBRE   2.ª y 4.ª semanas

	Almuerzos	Cenas
Lunes	Arroz blanco con huevos fritos Albóndigas de carne con picatostes Melón	Sopa de fideos Revuelto de espinacas, huevos y gambas Flan
Martes	Calabacines gratinados Jamón de York con salsa de Oporto y puré de patatas Helado con salsa de chocolate	Sopa de puerros con leche Pescadilla cocida y con vinagreta historiada Fruta
Miércoles	Arroz frío con verduras Pollo al ajillo Fruta	Judías verdes en salsa Empanadillas Melocotones en almíbar
Jueves	Gazpacho Asado de vaca con coditos Arroz con leche	Sopa de verduras Flan con salsa de tomate Fruta
Viernes	Judías blancas en ensalada Tortillas de atún escabechado Melón	Calamares en su tinta con arroz blanco Crêpes
Sábado	Raviolis Resto del asado frío con mayonesa con tomate y coñac Macedonia de frutas	Sopa de higaditos Croquetas de huevo duro Fruta
Domingo	Cangrejos de río con salsa americana Filetes de ternera empanados Crema catalana	Pisto de calabacín Huevos mollets en gelatina Fruta

OCTUBRE   1.ª y 3.ª semanas

	Almuerzos	Cenas
Lunes	Pimientos rojos con huevos duros Guiso de conejo con aceitunas y almendras Melón	Puré de guisantes con jamón Croquetas de pescado Fruta
Martes	Brandada de bacalao Hamburguesas con tallos de acelgas rehogadas Fruta	Acelgas rehogadas Huevos al plato con higaditos de pollo Compota de manzanas
Miércoles	Arroz blanco con champiñones Carne en ropa vieja con pimientos Compota de peras con vino tinto	Espaguetis a la italiana Fruta
Jueves	Repollo con mayonesa Filetes de vaca con patatas fritas Fruta	Judías con salsa de tomate Empanadillas Fruta
Viernes	Berenjenas al ajo Albóndigas de pescado con moldes de arroz blanco Mousse de café	Sopa de pescado desmenuzado Tortilla de patatas Fruta

Sábado	Pinchos de mejillones, bacon y cham-
	  piñones
	Pimientos verdes rellenos de carne y
	  arroz
	Melón
		Consomé
		Merluza en salsa verde
		Queso

Domingo	Fideua Ensalada variada Gelatina de frutas	Calabacines al horno Huevos revueltos Fruta

OCTUBRE   2.ª y 4.ª semanas

	Almuerzos	Cenas
Lunes	Lentejas simples con tocino y salchichas Ensalada de lechuga, tomates y huevo duro Natillas	Sopa de pescado Huevos escalfados con espárragos Fruta
Martes	Espaguetis a la italiana Rabillo de cadera con zanahorias y cebollas Fruta	Berenjenas gratinadas con tomate Fiambre con torta de patata Manzanas asadas
Miércoles	Arroz milanesa Carne asada con berenjenas fritas Macedonia de frutas	Tallos de acelgas al horno con salsa española Sesos empanados Fruta
Jueves	Croquetas de puré con bacalao Pollo asado con patatas paja Compota de manzanas	Budín de verduras Calamares fritos Quesos
Viernes	Patatas con leche y huevos Besugo al horno con pan rallado y vino blanco Dulce de leche condensada, estilo argentino	Judías verdes con salsa de vinagre y yemas Huevos pasados por agua Queso
Sábado	Espinacas con bechamel Albóndigas de carne con moldes de arroz Melón	Sopa huertana Croquetas de gallina Yogur
Domingo	Tarta de queso (quiche) Codornices en salsa Soletillas rellenas de crema	Puré de guisantes con jamón Rape a la americana Fruta

NOVIEMBRE   1.ª y 3.ª semanas

	Almuerzos	Cenas
Lunes	Cocido, sopa de fideos, verduras, carne, tocino, etc. Macedonia de frutas	Sopa de calabacines con quesitos Croquetas de gallina Yogur
Martes	Patatas con borrajas Perdices estofadas Fruta	Aguacates al horno Tortilla de jamón Queso
Miércoles	Arroz milanesa Conejo con almendras y canela Buñuelos de manzanas	Coliflor al horno con limón Pez espada con cebollas y vino blanco Fruta
Jueves	Coditos con guisantes y bacon Filetes con aceitunas y vino blanco Membrillo	Sopa de pollo a la belga Queso Fruta
Viernes	Lentejas guisadas Tortillas de berenjenas Manzanas asadas	Zanahorias en salsa Pescadilla al horno Natillas
Sábado	Brandada con costrones Rollo de carne picada asada con berenjenas fritas Membrillos flameados	Caldo con fideos Empanada Fruta
Domingo	Mousse de puerros Chuletas de cerdo con ciruelas pasas Tocino de cielo	Endivias al jugo Medias noches rellenas Fruta

NOVIEMBRE   2.ª y 4.ª semanas

	Almuerzos	Cenas
Lunes	Macarrones con chorizo y tomate Hamburguesa en salsa con cebolla Fruta	Sopa huertana Huevos mollets con salsa de vino Queso
Martes	Potaje con arroz y patatas Cinta de cerdo con leche y escarola Flan de coco	Alcachofas en salsa Pizzas Fruta
Miércoles	Arroz con curry Filetes a la plancha con tomates empanados Fruta	Menestra de verduras Pollo asado con patatas paja Membrillo
Jueves	Coliflor rebozada y salsa de tomate Canelones de carne Macedonia de fruta	Crema de espinacas Conchas de pescado Compota de manzanas
Viernes	Patatas rebozadas y guisadas Rollitos de ternera Mousse de chocolate	Sopa de cebolla clara Salmón al horno Fruta
Sábado	Ñoquis Carne de cordero estofada Fruta	Coles de Bruselas con bechamel Empanadillas de jamón Compota de peras con vino
Domingo	Huevos fritos con bacon Codornices en cacerola Tarta de queso	Sopa de fideos Salchichas con puré de patatas Rodajas de naranja y manzanas con azúcar y Cointreau

DICIEMBRE   1.ª y 3.ª semanas

	Almuerzos	Cenas
Lunes	Patatas con pimientos Redondo guisado con escarola Fruta	Puré de guisantes secos Croquetas de huevo duro Queso
Martes	Macarrones con atún de lata Resto de redondo con bechamel y alcaparras Flan	Cardos en salsa de pimentón Filetes de lenguado fritos Flan
Miércoles	Flanecitos con salsa de tomate Filetes de vaca fritos con bolas de patata Macedonia de frutas	Endivias con jamón de York y becha- mel Huevos al plato Fruta
Jueves	Paella con pollo Ensalada de escarola y zanahorias Buñuelos de viento	Sopa de puerros con leche Empanadillas de atún Fruta
Viernes	Soufflé de queso Bacalao con pimientos rojos Mousse de naranja	Coliflor cocida con salsa de mantequi- lla tostada y pan rallado Tortillas con champiñones Membrillo con galletas
Sábado	Repollo al jugo Albóndigas con moldes de arroz Fruta	Consomé en taza Arroz blanco con pechuga de gallina, champiñones y trufa Ciruelas pasas en vino
Domingo	Huevos revueltos con patatas y espá- rragos Cinta de cerdo con leche y cebollas rebozadas y fritas Tarta de limón	Sopa de repollo Cerdo frío con ensalada de patatas Fruta

DICIEMBRE   2.ª y 4.ª semanas

	Almuerzos	Cenas
Lunes	Lentejas guisadas Filetes de ternera empanados con escarola Manzanas asadas	Sopa de arroz y menta Flanecitos con salsa de tomate Yogur
Martes	Patatas con salsa de tomate y bechamel Pollitos fritos con puré de patatas Natillas	Cardo en salsa de pimentón Merluza rápida Fruta
Miércoles	Tortilla de patatas Riñones al jerez con arroz blanco Fruta	Sopa de harina tostada Croquetas de jamón Compota de peras cocidas en vino
Jueves	Codillo de jamón con salchichas, repollo y patatas Tarta de queso	Coles de Bruselas gratinadas Medias noches rellenas Fruta
Viernes	Potaje sencillo Sardinas al horno con vino blanco y pan rallado Fruta	Puré de zanahorias Budín de pescado Membrillos en almíbar
Sábado	Buñuelos de puré de patatas Perdices con chocolate Crema de castañas con nata	Sopa de ajos con almejas Soufflé de queso Fruta
Domingo	Ñoquis Asado de vaca con patatas fritas Capuchina	Coliflor con bechamel Huevos pasados por agua con picatostes Ciruelas pasas en vino

ALMUERZOS

Flan de huevos con salsa de tomate
Cinta de cerdo con leche, con adorno
de bolas de puré de patatas
Flan-tarta de manzana

Huevos duros con mejillones y becha-
mel
Solomillo a la pimienta
Arroz con leche con nata y almendras

Huevos fritos encapotados
Asado de ternera presentado con mayonesa y huevo duro, adornado con
verduras del tiempo
Brazo de gitano

Soufflé de queso
Carne en ragoût con zanahorias,
cebollitas y guisantes
Peras al vino con chocolate

CENAS

Budín fino de merluza
Escalopines de ternera rebozados con
picadito de champiñones
Compota de manzanas, soletillas y nata

Cangrejos con arroz blanco a la ameri-
cana
Pollo con salsa de champiñones
Postre de soletillas, crema y naranjas

Cola de merluza con bechamel y champiñones
Pechugas rellenas
Crêpes con salsa de naranja

Rollitos de filetes de lenguado rellenos de jamón, con salsa
Solomillo asado con adorno de verduras o bolas de puré de patatas
Tocino de cielo

Aceite. Para que no haga tanta espuma al freír:
1.°) Poner en el aceite un clavo nuevo (que se guardará para estos menesteres) grande y de hierro, mientras se fríe.
2.°) Dejar flotar medias cáscaras de huevo en el aceite mientras se fríe.

Aceite que salpica (al calentarse, porque tenga algo de agua). Echarle espolvoreado un poco de sal.

Ajo (modo de machacarlos cómodamente en el mortero). Siempre se añadirá un poco de sal al diente de ajo; así no se escurrirá fuera del mortero.

Ajo y chalotas. Para que no se repita su gusto y no sea indigesto, cortarlo por la mitad a lo largo y quitarle el germen del centro.

Aluminio. Para impedir que las cacerolas y cazos de aluminio se pongan negros al cocer algo en ellos, se pone en el agua un trocito de limón ($^1/_2$ rajita o 1 corteza); es muy eficaz.

Arroz suelto. Para que el arroz blanco salga suelto, se agrega al agua de cocerlo unas gotas de zumo de limón por cada litro de agua.

Carnes duras. Cuando se guisan carnes con salsa (ragoût, redondo, etc.), si se cree que la carne va a ser dura se mete en la salsa, durante la cocción, un corcho de botella grande y limpio (que no sirva más que para esto). Así la carne se ablanda mucho.

Claras de huevo a punto de nieve. Al batir las claras, para que se pongan más firmes, se añade desde el principio un pellizquito de sal o tres gotas de zumo de limón.

Coliflor. Para que salga muy blanca, echar en el agua de cocerla un buen chorro de leche.
Para que no se deshaga, salarla a última hora.

Desmoldado de bizcochos. No se debe sacar del molde un bizcocho antes de que esté templado o casi frío. Entonces se desmolda sobre una rejilla o un tostador de pan, para que termine de enfriarse, sin que se condense la humedad que tenía en caliente.

Endulzar arroz con leche o compota. Se debe añadir el azúcar después de cocido el arroz. En las compotas en forma de puré, después de cocer y pasar por el pasapurés la fruta.

Fresones. Quitarles los rabos después de lavados y escurridos, pues así no pierden sabor.
Para que tengan más gusto, una vez lavados y quitados los rabos, se ponen en un cuenco de cristal o loza, se espolvorean con un poco de azúcar y una cucharada sopera de vinagre para 1 kg de fresones. Meterlos en la nevera y revolverlos de vez en cuando. ¡Verán cómo se ponen de buenos!

Garbanzos. Para que los garbanzos salgan tiernos hay que ponerlos a cocer en agua templada. Si en mitad del guiso hay que añadirles agua, ésta siempre será caliente.

Guisos agarrados. Cuando un guiso se agarra, es decir, se pega al fondo de la cacerola, para quitarle el mal gusto se pone el cazo en un recipiente con vinagre y se deja un rato. Después se cambia el guiso de cacerola sin raspar el fondo, para que lo agarrado quede pegado y no dé mal sabor.

Guisos salados. Si un plato está demasiado salado, se echan un par de rodajas de patata, crudas, peladas y de 2 cm de grosor. Se dejan por un espacio de media hora a fuego lento. Luego se retiran, observando que han absorbido el sobrante de sal.
Otra forma, es añadir una cucharadita de azúcar y disolverla bien en la salsa. Mejorará notablemente.

Huevos. Para que los huevos no se fisuren al cocer, pincharlos con una aguja o un alfiler, pero traspasando sólo la cáscara y en el extremo más grueso y redondo.
Para que los huevos duros se pelen mejor, añadir al agua de cocerlos una o dos cucharadas soperas de sal.

Huevos (conservación). Está muy recomendado meter los huevos en la nevera, pues al batirlos enteros o al montar las claras a punto de nieve se quedan más firmes.

Leche. Para que la leche no adquiera mal sabor al hervir, conviene enjuagar previamente el cazo con agua fría.

Legumbres. Todas las legumbres (menos los garbanzos) se ponen a cocer en agua fría. Si se les tiene que añadir agua durante su cocimiento, tiene que ser siempre fría.
A las judías se les tiene que cortar el cocimiento tres veces (espantar), con un chorrito de agua fría, necesiten o no más líquido. Así quedan más suaves.

Limpieza de las neveras. El esmalte interior se limpia muy bien con un trapo húmedo y polvos de bicarbonato. Después se enjuaga con otro trapo húmedo pero muy escurrido, quedando así perfectamente limpia.

Mayonesa cortada. Cuando la mayonesa que se está haciendo se corta (es decir, se separa el aceite del huevo), se puede arreglar de tres maneras:

1.º) Se pone otra yema en un plato o tazón y, poco a poco, se va añadiendo la mayonesa cortada a cucharaditas. Al terminar se rectifica de sal, vinagre o limón, etc.
2.º) Se machaca con un tenedor un trozo de patata cocido en agua, del grosor de medio huevo, y se le va añadiendo la mayonesa cortada, poco a poco, con una cucharadita y sin dejar de batir.
3.º) Se vuelve a batir la mayonesa poniendo en un tazón una miga de pan (como una nuez) mojada con vinagre o con zumo de limón.

Moldes de repostería. Para que no se pegue la masa, no hay que lavarlos nunca con detergente, sino limpiarlos lo mejor posible con papel de cocina o con un trapo viejo y luego enjuagarlos con agua.

Natillas. Si se han cortado al hacerlas, volcarlas a otro cacharro y batirlas muy fuerte con el aparato de montar las claras, hasta que estén frías y se vea de nuevo unido el líquido.

Olor. Al cocer el repollo, las coles de Bruselas o la coliflor, poner en el agua un trozo de limón (un poco estrujado, para quitarle zumo).
También poniendo una rebanada de pan de la víspera, mojada en vinagre y metida en una gasa o un trapo fino, en el agua de cocer se alivia mucho el desagradable olor.

Olor a cebolla o pescado en las manos. Humedecer las manos y echar un par de cucharadas soperas de sal. Frotar muy bien y aclarar.

Olla a presión. Los tiempos de cocción en la olla exprés son $1/3$ más o menos del tiempo de cocción normal (por ejemplo unas patatas se cuecen en 30 minutos, pues en la olla exprés se harán en unos 10 minutos, después de que empiece a girar la válvula).

Pasta de tartaletas. Si se añade un chorrito de aceite de cacahuete en la masa, las hace más «curruscantes».

Patatas fritas. Una vez peladas y cortadas, se deben poner en remojo en agua fría abundante por espacio de $^1/_2$ hora, para que suelten el almidón.

Pelar cebollas. Para que las cebollas no escuezan los ojos cuando se pelan y pican, hay que ponerlas 10 minutos en el congelador o bien 1 hora en la nevera.

Pimentón. Para que conserve su bonito color rojo hay que apartar el guiso del fuego para no poner el pimentón en algo demasiado caliente.

Pollos o gallinas. Para comprobar que un pollo o una gallina es joven, es decir, tierno, no debe tener pelos sedosos una vez quitadas las plumas. Éstos indican que el ave es vieja.
Las patas deben ser gordas y las rodillas abultadas.
La ternilla debe estar tierna y moverse con facilidad al tocarla.

Rehogar las verduras. Si se quiere rehogar la verdura con mantequilla (guisantes, judías, zanahorias en trocitos, etc.), se debe poner en una sartén primero la verdura y por encima la mantequilla. Se saltean un poco en la sartén y se sirve. Para rehogar con aceite fino, primero se pone el aceite, se calienta un poco y encima se echa la verdura.

Remolacha. Cocidas con sus tallos quedan mucho más rojas.

Tartas de fruta. Se unta con una brocha plana el fondo de la tarta, cuando ya la pasta está colocada en el molde, con la clara un poco batida (sólo para que no escurran hebras) y se deja secar. Cuando está bien seca (15 o 20 minutos), se coloca la fruta y se cuece normalmente.

Tomates. Para pelarlos más cómodamente se hace con un cuchillo muy afilado una cruz en la parte opuesta al rabo y se echan en agua cociendo a borbotones durante un minuto. Después se refrescan enseguida en agua fría para que quede bien firme su pulpa.

Untar mantequilla en los moldes. Se pone un pedazo de mantequilla en un molde y se acerca al calor, para derretirlo sin que se fría, y con un pincel se unta así todo el molde. Se deja enfriar.

Adobar
Poner carne o pescado crudos en una mezcla de vino o vinagre o aceite, con zanahorias, cebollas, ajos, laurel y especias para que tome gusto durante un cierto tiempo antes de guisarlos.

Aliñar
Generalmente, condimentar con una vinagreta.

Aspic
Plato frío de jamón, foie-gras o mariscos, etc., cuajados en gelatina.

Baño maría
Manera de calentar o cocer los alimentos puesto su cazo en un recipiente con agua hirviendo para que no se hagan directamente en el fuego.

Barbas
La parte estropajosa que llevan en las conchas los mejillones y que conviene quitar antes de cocerlos.

Blanquear
Cocer brevemente algún alimento para ablandarlo, limpiar de sangre o desalar (aceitunas, etc.).

Brochetas
Pinchos largos de metal o de madera donde se pinchan toda clase de alimentos en trozos.

Carpaccio
Carne o pescado cortados en finísimas láminas que se maceran en zumo de limón o vinagre para quitarles la sensación de crudo.

Chamuscar
Pasar brevemente por una llama las aves, los cochinillos, cabritos o patas de animales para quitarles los pelos o restos de plumas que puedan tener.

Chino
Colador en forma de cono con un mazo de madera con la misma forma, para colar y apretar lo que se vaya a pasar.

Cocotte
Cacerola para guisos de hierro fundido grueso, con una tapadera que ajusta muy bien.

Cola de pescado
Hojas que se disuelven para formar gelatina.

Cuajar
Hacer que se espese o solidifique un manjar o un líquido.

Dorar
Conseguir en aceite, mantequilla o margarina, que adquiera un bonito color el alimento. En el horno se consigue este color pintando la parte superior con huevo o leche o espolvoreando queso o pan rallado.

Entrevelado
Manteca con vetas de carne.

Escaldar
Cocer brevemente algún alimento para quitarle la sal (aceitunas), blanquearlo o pelar (almendras, tomates).

Espumar
Quitar con una espumadera o cuchara lo que se forma al cocer carnes o mermeladas, etc.

Estirar
Acción de afinar con un rollo pastelero una masa.

Estofar
Poner a cocer lentamente en algún líquido o grasa.

Fécula
Polvos generalmente extraídos de la patata o del arroz.

Fumet
Líquido aromatizado en el cual se cuece mucho rato para concentrar los restos de pescado o aves de caza.

Gratinar
Dorar una superficie metiéndola en el horno, con calor arriba.

Grumos
Bolitas que se forman cuando se ha mezclado poco o mal alguna preparación a base de leche y harina.

Hierbas aromáticas
El conjunto de hierbas que dan sabor: laurel, basilisco, tomillo, orégano, céboulette, etc., generalmente picadas y mezcladas, que se suelen encontrar ya preparadas en el comercio.

Juliana
Forma de cortar las verduras en palitos más o menos gruesos.

Ligar
Véase trabar.

Macedonia
Conjunto de varias verduras o frutas cortadas a cuadraditos.

Marinar
Meter carne o pescado un cierto tiempo en vino o aceite con hierbas aromáticas, ajos o cebollas, para que tomen gusto antes de cocerlos.

Papillote
Manera de envolver carne o pescado metiéndolos en papel de aluminio o de estraza —para asarlo—.

Pellizco
Lo que cabe entre el pulgar y el índice o en la punta del cuchillo (sal, hierbas, etc.).

Pinchos
Véase brochetas.

Pochar
Cocer muy lentamente sin grandes burbujas.

Salpicón
Generalmente de mariscos puestos en una vinagreta con perejil, cebolletas, etc., que se toma frío.

Saltear
Rehogar en sartén dando saltitos para que no se pegue lo que metamos.

Tornear
Dar bonita forma con un aparato especial a patatas, zanahorias, etc.

Trabar
Engordar o espesar algún líquido moviéndolo en el fuego con una cuchara de madera o también añadirle harina, fécula, maizena o yemas de huevo.

Presentación y recetas de masas

Los aperitivos se pueden presentar de varias formas:

Canapés:

Se hacen con pan de molde o pan especial de canapés que se encuentra en las pastelerías buenas, y es redondo y largo como un salchichón.

El pan de molde debe ser de la víspera para que se pueda untar mejor después de preparado. Se le quitan las cortezas. Se pueden cortar las rebanadas en triángulos, en cuadraditos o en rectángulos, según el adorno que lleven encima.

El pan de canapés, si es redondo, se presenta en rebanaditas finas sin quitarles la corteza.

Emparedados:

Son dos triángulos o dos rectángulos superpuestos con su relleno en medio. Esta presentación es más a propósito para rellenos a base de mayonesa o salsas que pueden manchar.

Medias noches:

Son unos bollitos pequeños y alargados que se rellenan. Tienen muy bonita presentación y se comen muy cómodamente.

Tartaletas:

Éstas se pueden hacer en casa o comprarlas en cualquier pastelería buena. Se presentan redondas o alargadas según con lo que se vayan a rellenar.

Si se hacen en casa, se pueden tener preparadas con un par de días de anticipación, pero guardadas en cajas de metal muy bien cerradas.

Croquetas:

(Véase receta 66.)

 MASA QUEBRADA PARA TARTALETAS
(salen unas 20 de 4 cm de diámetro)

250 g de harina fina,
125 g de mantequilla, o margarina o manteca de cerdo, o dos de ellas mezcladas por mitad,
 1 cucharada sopera (no llena) de aceite de cacahuete,

$^1/_2$ cucharadita (de las de café) de sal,
 1 huevo,
 1 vaso (de los de vino) de agua (más o menos según la clase de harina).

Poner la harina mezclada con la sal en una ensaladera, procurando echarla con una cuchara sopera en forma de lluvia para que se aire. Añadirle la manteca que se haya elegido, el aceite y el huevo, mezclando estos ingredientes con la punta de los dedos, hasta que se forme una especie de serrín gordo. Esta mezcla debe hacerse rápidamente para que la grasa no se derrita. Añadir entonces el agua fría poco a poco hasta que se desprenda de las paredes toda la masa. Amasarla con las manos un poco (lo menos posible) y formar una bola que se dejará una media hora en una ensaladera, tapada con un paño y en sitio fresco. Se espolvorea de harina un mármol y entonces se estira la masa con un rollo pastelero hasta dejarla bastante fina. Se moldea en unos moldes pequeños redondos o alargados, untados con un poco de mantequilla o aceite fino. Se pincha con un tenedor el fondo y se ponen unos garbanzos o unas judías (secos) para que no se infle el fondo de la masa, y se meten en el horno medianamente caliente hasta que estén doradas las tartaletas.

Al sacar del horno se vuelcan en seguida quitando los moldes y cuando las tartaletas están frías se guardan en una caja de metal —si se quieren dejar hechas con un poco de anticipación.

 MASA FRANCESA PARA TARTALETAS
(salen unas 25 de 4 cm de diámetro)

100 g de mantequilla,
250 g de harina,
 2 yemas de huevo
 20 g de levadura de panadero,

3 cucharadas soperas de leche caliente (no hirviendo),
sal.

En una taza de té se pone la leche caliente o templada y la levadura, durante unos 10 minutos.

En una ensaladera se vierte esta mezcla y se añaden las yemas y la mantequilla, y, por último, la harina y la sal. Se amasa al final con la mano y se extiende la masa con el rollo pastelero o con la mano. Se moldean las tartaletas y se cubren con un paño durante media hora para que suba la masa. Después se pincha el fondo con un tenedor, se ponen garbanzos o judías (crudos) para que no se infle la masa y se meten al horno más bien caliente.

Al sacarlas del horno, cuando tienen un bonito color dorado, se vuelcan las tartaletas en caliente y se quitan los moldes. Cuando están bien secas y frías se pueden utilizar.

3 MASA DE EMPANADILLAS

(Véanse recetas 51 y 52)

Aperitivos de fiambres

Canapés, medias noches: se untan con un poco de mantequilla y se rellenan o se cubren con jamón de York, jamón serrano, salchichón, etc. Se adornan con una alcaparra o media aceituna deshuesada.

Esto tiene muchas variantes, según la inventiva del ama de casa.

4 MUFFINS CON JAMÓN PICADO

Se cortan los muffins en tres partes iguales. Se untan con mantequilla que no esté muy fría para extenderla bien y se cubren con jamón de York muy picado, apretándolo un poco con el dorso de una cucharita para que al cogerlo no se despegue.

5 MUFFINS CON FOIE-GRAS Y GELATINA

Se cortan los muffins en tres partes iguales y se untan con una buena capa de foie-gras. Se cubren después con gelatina muy picadita, apretando un poco con el dorso de una cucharita para que no se despegue al ir a comerlo.

6 EMPANADILLAS DE JAMÓN

Se rellenan las empanadillas (receta 53) con un picadillo de jamón de York, se fríen y se sirven calientes.

CANAPÉS DE JAMÓN Y PIÑA

Se tuestan un poco las rebanaditas redondas de canapé, se untan después con un poco de mantequilla, se coloca una lonchita de jamón de York, encima un trozo de piña de lata bien escurrida y se espolvorea queso rallado. Se meten en el horno con calor mediano unos 5 minutos y se sirven calientes.

CANAPÉS DE FOIE-GRAS

Mezclar 100 g de foie-gras con 1 cucharada sopera de leche evaporada o de nata (ligeramente batida para que espese, sin hacerse mantequilla), 1 cucharada sopera de buen coñac y ½ cucharadita (de las de moka) de paprika. Se mezcla bien todo y se pone con la manga sobre el pan. Se adorna con una alcaparra.

ROLLITOS DE JAMÓN Y QUESO BLANCO

Se unta una loncha de jamón de York más bien gruesa, con un queso **demi-sel** (tipo Danone o Gervais). Se enrolla. Se envuelve con papel de plata y se pone en el congelador y al servirlo se corta en rodajas.

Aperitivos de pescado y mariscos

BARQUITAS DE GAMBAS

Se eligen tartaletas con forma alargada. En el fondo se pone mayonesa y una o varias gambas enteras, según el tamaño. Se cubren con gelatina muy picada y se sirven bien frías.

11 CANAPÉS DE ATÚN

Se mezcla 1 latita de atún natural, bien escurrido de su jugo y picado, con mayonesa espesa, y se cubre el pan con ello.

12 CANAPÉS DE CAVIAR

Se untan los trozos de pan con mantequilla y se reparte el caviar encima. Se echan 2 gotas de limón sobre cada canapé. También se cubren con huevo duro en rodajas o picado. (Los huevos pueden ser de codorniz.)

CANAPÉS DE SALMÓN AHUMADO

Se unta el pan con mantequilla y se pone el salmón ahumado. Hay a quien le gusta con unas gotas de limón, y también es muy clásico servirlo con un poco de cebollita francesa muy picada puesta entre la mantequilla y el salmón.

CANAPÉS DE TRUCHA O ANGUILA AHUMADA

Se unta el pan con mantequilla y se pone el pescado en trozos muy finos encima. Se rocía con 2 gotas de limón.

15 CARACOLES

No doy cantidades, por ser más bien un aperitivo que se toma entre bastante gente.

Se tienen los caracoles alimentados exclusivamente con harina, durante cinco o seis días.

Se lavan bien con agua, sal y un poco de vinagre.

Esto es común a cualquier manera de preparar después los caracoles.

1.ª receta

Se ponen los caracoles en una cacerola amplia, con agua ligeramente templada (sólo quitado el frío) y que los cubra lo justo. Se ponen a fuego muy lento, hasta que salgan los bichos. Entonces se sube el fuego de repente y mucho y se cuecen durante media hora. Tirar este agua.

En una sartén se fríe cebolla picada y pimiento (verde o rojo); cuando está un poco dorada la cebolla, se añade tomate en trocitos muy pequeños, se rehoga durante unos diez minutos y se espolvorea este refrito con harina. Se separa la sartén del fuego y se echa pimentón; se añade agua, una hojita de laurel, sal y pimienta a gusto, para hacerlos más o menos picantes.

Se pica jamón serrano y se añade a la salsa, se dan unas vueltas y se añade también ajo y perejil picado.

Echar la salsa en la cacerola donde están los caracoles; rehogarlo todo un ratito.

Si se quiere se puede poner también huevo duro picado.

2.ª receta

Cocer los caracoles con cebolla (en trozos grandes) y una hoja de laurel, durante unos quince minutos.

Aparte se hace un refrito con cebolla picada, guindilla picante (más o menos, a gusto), tocino con bastante magro o bacon, unas rodajitas de chorizo cortadas muy finas, un poco de harina, que se espolvorea, y una pastilla de caldo de carne.

Se añade este refrito a los caracoles, que tendrán poca agua. Se cuece todo junto como unos veinte minutos.

16 CROQUETAS DE PESCADO

(Véase receta 66)

Háganse a la mitad del tamaño normal. Hay que servirlas recién fritas y bien calientes.

17 GAMBAS CON GABARDINA

Se quitan en crudo las cabezas y patas de las gambas y dos tercios del caparazón que les recubre el cuerpo, dejando el último trozo y la cola. Se hace una masa con harina, sal y sifón o cerveza. Para $^1/_4$ kg de gambas se hace la masa con 100 g de harina y se deslíe con sifón (no frío) hasta tener una masa del espesor de una bechamel. Se añade un pellizco de sal, otro de azafrán en polvo. Se secan bien las gambas con un paño limpio y de una en una, cogiéndolas por la cola, se meten en la masa sin que cubra esta última. En una sartén se tiene aceite caliente (se prueba el punto con una rebanadita de pan) y se echan varias a la vez.

Se sacan y se escurren en un colador grande. Servir recién fritas.

18 MEJILLONES FRITOS

Para 1 kg de mejillones. Se les quitan las barbas a los mejillones y se lavan bien en agua fría abundante. Se ponen en una cacerola: 1 vaso (de los de vino) de agua fría y otro de vino blanco, un poco de sal y los mejillones. Se tapa la cacerola y se pone a fuego vivo unos 5 minutos. Cuando se les abre el caparazón negro ya están en su punto.

Se quita el molusco con mucho cuidado para no estropearlo y se reservan en un plato con un paño húmedo encima para que no se sequen.

Se prepara la masa de freír. En una ensaladera se pone 125 g de harina fina en círculo; en medio se añade 1 decilitro de leche fría ($^2/_3$ de vaso de vino), $1^1/_2$ cucharada sopera de aceite fino y $1^1/_2$ cucharada sopera de vino blanco. Se mezcla todo esto sin moverlo demasiado, con un pellizco de sal. Cuando se vayan a freír los mejillones se añade a esta masa 1 cucharadita (de las de moka) de levadura Royal. Se mezcla bien y se meten los mejillones dentro, sacándolos para echarlos en una sartén con aceite bien caliente (el punto del aceite se verá friendo antes una rebanadita de pan). Se sirven en seguida.

19 MEJILLONES REBOZADOS Y FRITOS

(Véase receta 723.)

20 **MEJILLONES EN VINAGRETA**

(Véase receta 722.)

21 **MANERA DE COCER EL PULPO**

La manera más sencilla de que el pulpo salga tierno, es congelarlo y sacándolo del congelador, echarlo directamente en el agua hirviendo, cociéndolo hasta que esté tierno (unos 35 minutos). Este tiempo dependerá de lo grande y lo tierno que sea el pulpo.

Poner el pulpo en la olla a presión con abundante agua, una hoja de laurel y un trozo de cebolla. Cuando hierve el agua, meter el pulpo, cerrar la olla, poner la válvula y cuando ésta empieza a dar vueltas dejarlo cocer 15 minutos. Dejar templar la olla para abrirla.

Manera clásica, pero más antigua

Después de limpio el pulpo de telillas negras y lavado al chorro, se engancha con un tenedor, se pone una olla más bien alta con abundante agua con una hoja de laurel y un trozo de cebolla, cuando hierve el agua, se mete el pulpo 1 minuto y se saca. Cuando vuelve a cocer el agua se vuelve a meter el pulpo y así tres veces seguidas. La última vez se suelta el pulpo y se deja cocer durante $^3/_4$ de hora. Se escurre y al chorro del agua se limpian las telillas negras que le pueden quedar.

 22 **PULPO CON PIMENTÓN**

1 kg de pulpo fresco,
1 trozo de cebolla (25 g),
1 diente de ajo,
1 vaso (de los de vino) bien lleno, de aceite,

pimentón picante o pimentón dulce según la manera que se elija para hacerlo,
sal.

Una vez cocido el pulpo (receta núm. 21), se corta en cuadrados con unas tijeras. Se pone en un cuenco, se rocía con el aceite, se sala si hace falta y se espolvorea con el pimentón picante. Se revuelve bien para que se impregne por todos lados.

Para tomar, se sirve caliente, para lo cual se prepara seguidamente a su cocción o se cubre el cuenco con papel de plata y se mete un rato en el horno.

Otra variante se hace friendo un poco de cebolla picada y un diente de ajo. Cuando están dorados, se retira la cebolla y el ajo y, fuera la sartén del fuego, se le añade pimentón dulce. Se mezcla con el pulpo troceado y se sirve.

 PULPO EN VINAGRETA (6 personas)

1 kg de pulpo fresco,
1 pimiento verde mediano (100 g),
1 cebolla mediana (100 g),

¹/₄ kg de guisantes ya cocidos o de lata,
  sal y pimienta.

Cocer el pulpo como está indicado en la receta 21, limpiarlo bien con agua del grifo, quitándole la piel oscura que pueda tener aún pegada y cortarlo con tijeras en trozos medianos.

Mientras está cociendo, preparar la vinagreta y ponerle a macerar la cebolla picada menuda y el pimiento cortado en cuadraditos pequeños.

Una vez cortado el pulpo se pone en un cuenco y se vierte por encima la vinagreta, añadiéndole los guisantes, la sal y la pimienta a gusto. Revolver de vez en cuando y dejar macerar un par de horas antes de tomarlo.

SOLDADITOS DE PAVÍA

¹/₂ kg de bacalao en tiras,
¹/₂ litro de aceite (sobrará),
  el zumo de 1 limón,
 2 cucharadas (de las de café) de pimentón,

  pimienta molida,
1 plato con harina,
1 huevo.

Poner el bacalao, sin piel ni espinas, en remojo. Cambiarle de agua una sola vez. Escurrirlo en un paño, con el fin de que quede bastante seco.

En un cuenco poner el pimentón, la pimienta, el zumo de limón y diluir todo en aceite (como 1 vaso de los de vino, más o menos). Meter el bacalao dentro y revolver de vez en cuando, para que se impregne bien. Se tendrá en el aliño por lo menos un par de horas.

Al ir a tomarlo, escurrirlo del aliño en un paño o papel absorbente. Pasar cada trozo por harina, sacudirlo con el fin de que lleve poca harina. Rebozarlo en el huevo, batido como para tortilla, y freír en aceite bien caliente. Servir en seguida.

Verduras y ensaladillas

25 CHAMPIÑONES RELLENOS (4 personas)

12 champiñones frescos y bien grandes,
1 una miga de pan de unos 25 g,
3 o 4 cucharadas soperas de leche templada,
50 g de jamón serrano picado,

75 g de mantequilla,
1 cucharada sopera de perejil picado,
el zumo de $\frac{1}{2}$ limón,
sal y pimienta.

Se lavan muy bien los champiñones, para quitarles la tierra o arena, y se les quitan los pedúnculos. Éstos se pican y se ponen en un cazo con un poco de mantequilla, el zumo de limón y sal. Se ponen a fuego lento para que se vayan haciendo despacio.

Se prepara la fuente donde se irán a hacer y servir los champiñones, untándola con bastante mantequilla. Se ponen los champiñones boca arriba y colocando como una avellanita de mantequilla en cada uno. Se mete la fuente en el horno, previamente calentado, y se dejan unos 10 minutos.

Mientras tanto, en una ensaladera se mezcla muy bien los rabos picados, la miga de pan —que se habrá puesto en la leche a remojo—, el jamón y el perejil. Se salpimenta a gusto. Una vez bien mezclado, se rellenan los champiñones con esta mezcla y se vuelven a meter en el horno como por espacio de $\frac{1}{2}$ hora. Si hiciese falta, se pueden poner a gratinar en los últimos 10 minutos. Se sirven en su misma fuente.

26 ENSALADILLA RUSA

La base de estas ensaladillas es una mayonesa más bien espesa mezclada con varias verduras.

Por ejemplo: patatas cocidas en cuadraditos (éstas se pelan y cortan en cuadraditos y se ponen a cocer en agua fría y sal).

Zanahorias.

Guisantes cocidos o judías verdes cortadas en trozos pequeños.

Esto es lo más clásico. También resulta muy sabroso añadir a estas verduras trocitos de manzana (tipo reineta), nueces en trozos, apio blanco cortado en trocitos, etc. Y también colas de gambas cocidas y peladas. Éstas dan un gusto exquisito a una ensaladilla rusa sencilla.

ENSALADILLA DE BERROS

Se cuece $^1/_2$ kg de patatas a cuadraditos (en agua fría y sal, para que no se deshagan). Una vez cocidas y frías, se mezclan con $^1/_2$ kg de manzanas reinetas peladas y cortadas a trocitos, $^1/_4$ kg de apio crudo lavado, pelado y cortado a trocitos y 2 manojos de berros (lavados y quitados los rabos grandes y picados grande). Todo se mezcla con mayonesa más bien dura y se pone a enfriar en la nevera.
    Se sirve en tartaletas redondas.

Aperitivos de queso

 CANAPÉS FRITOS

Para 10 triángulos de pan de molde.

1 cucharada sopera de harina (25 g),	1 decilitro de leche ($^2/_3$ de vaso de vino),
25 g de mantequilla,	1 huevo, sal y pimienta.
50 g de gruyère rallado,	

En un cazo se pone la leche, la sal y la mantequilla a cocer. Cuando hierve se le echa de golpe la harina. Se remueve sin cesar para que la masa se quede sin grumos. Se deja enfriar un poco y se añade el queso rallado. Cuando la masa está templada se le añade el huevo entero trabajando bien para que quede bien incorporado. Se salpimenta a gusto.
    Se untan las rebanadas de pan de molde ligeramente con mantequilla, poniendo después una capa más bien espesa de la masa. Se cortan las cortezas del borde y se dividen en dos triángulos. Cuando se vayan a servir se fríen en aceite caliente, poniendo la cara del pan untado en contacto con el aceite. Se sirven calientes.

 CANAPÉS DE MAYONESA Y QUESO, CALIENTES

Se cortan unos canapés redondos (del tamaño de una moneda de 50 pesetas) y se tuestan ligeramente en el horno sin nada. Aparte se hace una mayonesa espesa (véase receta 111) y se mezcla con queso rallado (1 tazón de mayonesa y 125 g de queso rallado). Se unta esta pasta abundantemente sobre el pan. Se cortan los centros de unas cebollas en rodajas finísimas y se ponen sobre el pan y la pasta. Sobre la cebolla se vuelve a poner el grosor de una avellana de mayonesa con queso.
    Se mete al horno medianamente caliente hasta que se dore (pero cuidado, que se quema muy fácilmente) y se sirve caliente.

30 CANAPÉS DE QUESO, TOMATE Y BACON

Se pueden hacer con pan redondo, especial de canapés, o con pan de molde cortado a cuadraditos de unos 4 cm de lado.

Se unta el pan con muy poca mantequilla (ésta no debe estar muy fría, para poderla untar por igual y ligeramente). Se cortan los triángulos de queso tipo en porciones y bien mantecoso. Se coloca sobre el pan. Encima se pone una rebanadita de tomate fresco y bien maduro —muy fina, para lo cual se corta con un cuchillo de sierra—. Sobre esto se coloca una loncha de bacon (o media si ésta es muy larga), doblada en dos. Se mete al horno previamente caliente hasta que el queso esté muy blando y el bacon bien tostado, y se sirven calientes.

31 CANAPÉS DE QUESO BLANDO Y PIMENTÓN

Untar pan de canapés (redondo, o pan de molde, cortado en cuatro) con una capa espesa de queso salado. Espolvorearlo con un poco de pimentón y meter al horno un ratito.

32 EMPAREDADOS DE QUESO BLANCO

Se prepara una crema con 2 quesitos blancos. Se mezclan con 2 cucharadas soperas de crema líquida (o leche evaporada sin azúcar). Se pica muy fina una cebolleta (la parte verde), o un chalota o una cebollita francesa pequeña. Se mezcla 1 cucharadita de este picado con el queso.

Esta pasta se unta sobre una rebanada de pan de molde y se cubre con una rebanada de pan de centeno oscuro. Se cortan los bordes y se parten en dos triángulos. Se puede meter un ratito en la nevera.

33 PALITOS DE QUESO FRITOS

100 g de harina,	¹/₂ **litro de aceite** (sobrará)
25 g de mantequilla,	1 huevo,
50 g de queso rallado (parmesano),	sal.

Con esto se hace una masa que se trabaja con la mano. Se espolvorea de harina un mármol y se extiende con un rollo pastelero. Se cortan tiras de un dedo de ancho y 5 cm de largo.

Se pone aceite abundante en una sartén y cuando está caliente en su punto (probar con una rebanadita de pan), se echan los palitos dentro. Se retiran cuando están bien dorados y se dejan escurrir. Se sirven fríos.

PALITOS DE QUESO AL HORNO (salen unos 20)

100 g de mantequilla,	pan rallado en un plato,
80 g de harina (3 cucharadas soperas un poco colmadas),	100 g de queso rallado (Parmesano), sal.

Se pone la mantequilla en un cazo y se derrite a fuego lento (sin que cueza) y se retira. Se le añade entonces la harina y después el queso rallado (se rectifica de sal, si hiciese falta). Se forman unos palitos del grosor y del largo de un dedo meñique. Se pasan por pan rallado (puesto éste en un plato) y se colocan en una chapa de horno. Se meten al horno medianamente caliente hasta que los palitos estén bien dorados. Se sacan con un cuchillo, con cuidado, pues son frágiles, y se dejan enfriar para servir.

FRITOS DE QUESO GRUYÈRE

Se cortan unos trozos de gruyère de 1 cm de grueso, $1^1/_2$ de ancho y 3 cm de largo. Se ponen en remojo en leche fría durante 2 horas. Se sacan y se escurren bien, incluso secándolos con un paño limpio; se pasan ligeramente por harina, después por huevo batido como para tortilla y por último por pan rallado. Se fríen en aceite muy caliente y se sirven en seguida.

FRITOS DE QUESO GRUYÈRE Y BACON

Se cortan tiras de gruyère de un dedo de gruesas y un poco más largas que la parte corta de las lonchitas de bacon. Las lonchitas de bacon deben ser finas. Con unas tijeras se corta la corteza que se pone dura al freír, y se parten por la mitad. En cada mitad se pone el trozo de queso, se enrolla el bacon y se pincha con un palillo para que no se desenrolle al freír. Se fríen en aceite abundante y bien caliente.

Se sacan y se sirven en seguida sin quitar el palillo.

37 PETITS CHOUX AL ROQUEFORT O AL FOIE-GRAS (salen unos 65)

Masa	
1 vaso (de los de agua) de leche,	3 huevos enteros,
1 vaso (de los de agua) de harina,	2 claras de huevo,
50 g de mantequilla,	un poco de sal.
50 g de manteca de cerdo,	

En un cazo se pone la leche, la mantequilla, la manteca y la sal. Se pone al fuego y cuando está derretido se dan unas vueltas con una cuchara de madera. Cuando rompe a hervir se echa de golpe el vaso de harina y se mueve bien durante unos 3 minutos. Se retira del fuego y cuando la masa así formada está casi fría se añaden uno por uno los huevos, esperando de uno a otro que haya quedado bien incorporado el anterior y al final las claras montadas.

Se engrasa ligeramente con aceite fino una chapa de horno y con una cucharilla de café se coge un poco de masa y se pone en la chapa en montoncitos separados, pues los choux aumentan bastante.

El horno tiene que estar flojo. Cuando están los choux doraditos, se retiran y, ya una vez fríos, se les hace una raja con unas tijeras en el costado. Se presiona con los dedos y con la punta de un cuchillo se va introduciendo el relleno.

Una vez hechos y abiertos se mezcla foie-gras con un poco de crema batida para que espese pero no se vuelva mantequilla; se rellenan con esta pasta (100 g de foie-gras con 2 cucharadas soperas de crema batida).

Pasta de roquefort:
Se mezcla por partes iguales queso roquefort y mantequilla.

 **TARTALETAS DE BECHAMEL**

Se rellenan las tartaletas de la siguiente crema caliente:

En un cazo se ponen 50 g de maizena y dos yemas de huevo; se disuelve poco a poco con un vaso (de los de agua) de leche fría. Se pone entonces al fuego y con una cuchara de madera se va dando vueltas hasta que la crema cueza un par de minutos. Se añaden entonces 75 g de queso gruyère rallado y, ya fuera del fuego, el zumo de una naranja. Se rectifica de sal y se rellenan en seguida las tartaletas de esta crema; se sirven templadas o pasándolas un par de minutos por el horno a calor medio.

Aperitivos variados

 PINCHOS DE DÁTILES Y BACON FRITOS

Se raja cada dátil por la parte más alargada y se retira con cuidado el hueso. Se envuelve en un trozo de bacon cortado a máquina fino, al cual se le habrá quitado la piel dura del borde, y se fríe en aceite caliente. Se sirve en seguida.

APIO CON ROQUEFORT

Se cortan los tallos largos de apio. Se lavan y pelan bien, dejándolos enteros a lo ancho. Se forman unos trozos de 3 cm de largo que se rellenan con una pasta de roquefort y mantequilla bien mezclados a partes iguales. Se unta por la parte hueca del tallo hasta dejarla bien rellena. Se pone en la nevera y se sirve bien frío.

TARTALETAS DE CHAMPIÑÓN

(Véase receta 1.)

Se lavan y cortan en rebanaditas los champiñones (los más frescos son los de piel más blanca). Se echan en un cazo con un trozo de mantequilla (25 g) y el zumo de medio limón. Se cubre el cazo con una tapadera y se pone a fuego lento hasta que se hagan (de 10 a 15 minutos).

En una sartén pequeña se ponen 25 g de mantequilla y 1 cucharada sopera de aceite fino. Se añade 1 cucharada sopera colmada de harina, se mueve un poco y se echa poco a poco un vaso (de los de agua) lleno de leche fría ($^1/_4$ litro). Se deja cocer unos 8 minutos dando vueltas, se sala y se añade un pellizquito de curry. Se mezcla con los champiñones ya hechos y su salsa.

Se rellenan las tartaletas y se sirven calientes.

ÉCLAIRS DE ESPÁRRAGOS

Los éclairs se hacen con la misma masa de los petits choux (receta 37), pero en vez de formarlos en redondo, se pone la masa alargada. Una vez hechos se abren con las tijeras, haciendo una raja muy grande (casi todo el éclair menos un costado). Se rellenan de mayonesa más bien dura y sobre la mayonesa se colocan dos puntas de espárragos de lata, volviendo a cerrar el éclair.

43 CHAMPIÑONES RELLENOS DE QUESO RALLADO

Se escogen unos champiñones grandecitos. Se les quitan los pedúnculos o rabos. Se lavan muy bien en agua fría y zumo de limón, cepillándolos con un cepillo suave, y se secan seguidamente para que no pierdan el sabor. Se ponen en una besuguera untada con aceite en el fondo y se rellenan de queso rallado. Se pone un poco de mantequilla encima de cada champiñón y se asan a horno mediano durante unos 15 minutos. Se sirven en una fuente en seguida y bien calientes.

Sugerencias de platos fríos
(para el verano)

Sopas

Ajo blanco con uvas (receta 183).
Gazpacho (receta 180).
Gazpacho en trozos (receta 181).
Gazpachuelo (receta 182).
Sopa de jugo de tomate (receta 148).
Vichyssoise (receta 185).

Pescados y mariscos

Brazo de gitano de puré de patatas, atún y mayonesa (receta 242).
Budín de bonito frío (receta 568).
Pastel de bonito frío (receta 567).
Centollo frío a la pescadora (receta 699).
Aspic de bonito con mayonesa (receta 569).
Cóctel de gambas (receta 705).
Copas de pescado y marisco con salsa de hortalizas, pipirrana (receta 736).

Pollo

Suprema de pollo (receta 887).

Huevos

Huevos duros mimosa (receta 469).
Huevos duros con ensaladilla rusa (receta 472).
Huevos mollets en gelatina (receta 477).

Verduras

Pimientos rojos con huevos duros (receta 421).
Tomates rellenos de sardinas en aceite, pimientos verdes y aceitunas (receta 442).

 44 ENSALADA CON SALSA DE YOGUR (4 personas)

1 lechuga de tamaño adecuado,
1 manzana ácida (reineta o manzana verde),
1 buen puñado de avellanas picadas no muy menudas,

1 tarro de yogur fresco,
el zumo de ¹/₂ limón,
1 cucharada sopera de perejil picado,
sal y pimienta.

Cuando sea el tiempo, se pueden añadir unos espárragos verdes finos, cortados en trozos de 5 cm de largo (previamente cocidos y fríos).

Se corta, lava y escurre muy bien una lechuga tierna. Se pone en la ensaladera. Se le añade la manzana cortada en láminas más bien finas. Se espolvorea con las avellanas. En un bol se vierte el yogur, se le añade el zumo de limón, la sal y la pimienta. Se mezcla bien y se vierte por encima de la ensalada. Se remueve lo justo para que todo quede mezclado y se espolvorea con el perejil picado, que debe ser muy fresco.

 45 ENSALADA DE ESPÁRRAGOS, JAMÓN DE YORK, ETC. Y MAYONESA (6 personas)

1 manojo de espárragos gordos (o una lata grande de los mismos),
200 g de jamón de York (en 1 o 2 lonchas)
3 tomates duros pero colorados,
3 huevos duros,
1 pepino (mediano),
1 cucharada sopera de cebolla picada,

1 cucharada sopera de perejil picado,
1 tazón de mayonesa espesa,
1 huevo,
1 vaso (de los de agua) de aceite,
1 cucharada sopera de vinagre o zumo de limón,
sal.

Se pelan y cuecen los espárragos según la receta 380. Se dejan escurrir muy bien y se colocan encima de un paño limpio doblado para que no tengan agua alguna (si son de lata, se escurren de la misma manera).

Se hace la mayonesa en la batidora (receta 111). Se cortan los espárragos en trozos como de 3 cm de largo (sólo la parte tierna). Se corta el jamón a cuadraditos. Los tomates se lavan, se secan y parten en trozos; se salan y se dejan un buen rato para que suelten su agua. El pepino también se pela y se deja en cuadraditos con un poco de sal, para que suelten también el agua.

Se revuelve todo junto con 1 huevo y medio duro picado, la mitad del perejil y la cebolla. Se mezcla con la mayonesa y se mete en la nevera durante 1 hora. Al ir a servir se adorna la fuente con el huevo y medio reservado y cortado en rodajas. Se espolvorea con el resto del perejil, y se sirve.

Berros: ensalada fantasía (receta 327).
Barcas de pepinos con ensaladilla (receta 419).

46 **ESCALIBADA (4 personas)**

2 pimientos grandes verdes,	4 patatas medianas (750 g),
1 pimiento grande rojo,	6 cucharadas soperas de vinagre,
3 berenjenas medianas (750 g),	2 vasos (de los de vino) de aceite,
2 tomates (250 g),	1 diente de ajo,
1 cebolla grande (250 g),	sal y pimienta.

En horno bien caliente asar los pimientos, berenjenas, tomates, cebolla entera y las patatas con su piel (estas últimas lavadas y bien secadas). Una vez asadas todas las hortalizas, pelarlas todas menos las patatas. Cortar en tiras los pimientos y las berenjenas. Trocear los tomates y cortar en gajos la cebolla.

Sazonar por separado cada cosa con sal, pimienta, aceite y vinagre. Cortar por la mitad las patatas, vaciarlas, trocearlas, sazonarlas y volver a rellenarlas.

Se puede servir la escalibada en una sola fuente grande o en cuatro platos individuales, colocando las medias patatas en el centro y las verduras bonitamente alrededor de la fuente o los platos, y volver a aliñar con una vinagreta igual que se empleó para cada verdura, añadiendo entonces el diente de ajo muy picadito.

Nota.—Es mejor no aprovechar las vinagretas anteriores, pues, sobre todo en el caso de los pimientos, toma demasiado su sabor.

Carne y jamón

 CANUTILLOS DE JAMÓN DE YORK, CON ENSALADA
47 **RUSA Y GELATINA (6 personas)**

$^1/_2$ litro de gelatina comprada o hecha,
6 lonchas de jamón de York,
$^1/_2$ kg de ensaladilla rusa,

1 lata pequeña de guisantes, de 100 g,
2 zanahorias medianas cocidas.

Quien quiera hacer la ensaladilla deberá cocer para ello 1 kg de guisantes, $^1/_4$ kg de patatas, $^1/_2$ kg de zanahorias en agua y sal, por separado. Cuanta más variación de verduras haya, mejor; pero esto depende de la época del año.

Se hará también un tazón de mayonesa dura. Esta se hará con la batidora (receta 111).

Una vez cortadas las verduras y las patatas en cuadraditos, se mezclan con la mayonesa y se reserva en sitio fresco.

Aparte se cuecen dos zanahorias y se cortan en rodajas finas, después de cocidas.

Se prepara la gelatina según vaya explicado en cada caso.

Se coge una tartera de unos 24 cm de diámetro y de 4 cm de alto. Se le pone en el fondo una fina capa de gelatina y se mete en la nevera (en el congelador) para que cuaje de prisa. Una vez formada la gelatina se adorna el fondo con guisantes y las rodajas de zanahoria. En una tabla o mármol se extiende una loncha de jamón; se pone en el centro de ésta $1^1/_2$ cucharada sopera de ensaladilla rusa y se dobla el jamón como si fuese un canutillo. Se pincha con un palillo para que no se abra el jamón (de forma que cuando la gelatina esté cuajada se pueda retirar bien). Se colocan los canutillos en la tartera con la punta fina en el centro y se cubre con la gelatina ya casi fría, aunque líquida. Se mete en la nevera por lo menos 3 o 4 horas antes de servir el plato.

Al ir a servir se pasa un cuchillo alrededor de la tartera y se vuelca ésta en una fuente redonda. Se adorna con hojas de lechuga, tomates y rodajas de huevo duro.

 ROLLOS DE JAMÓN DE YORK CON ESPÁRRAGOS
48 **Y MAYONESA (6 personas)**

6 lonchas de jamón de York,
6 espárragos de lata muy gruesos y tiernos (o 18 menos gruesos),
1 cucharada sopera de alcaparras,
1 tazón de mayonesa,
6 dátiles,
3 zanahorias medianas tiernas cortadas en juliana (a tiritas por la moulinette),

1 huevo duro,
1 cucharada sopera de perejil picado,
1 cucharada sopera de vinagre o zumo de limón,
3 cucharadas soperas de aceite fino, sal.

Se tiene preparado de antemano 1 tazón de mayonesa bastante espesa (receta 111). Se pican las alcaparras con unas tijeras y se mezclan con la mayonesa ya aliñada.

Se extiende cada loncha de jamón de York y se pone en el centro bastante mayonesa para que cubra bien el espárrago al envolverlo con el jamón; encima de la mayonesa se pone un espárrago (o 3 más pequeños). Se enrolla con cuidado toda la loncha de jamón, quedando el espárrago en el centro del rollo y asomando la punta. Se colocan en la fuente donde se vayan a servir. Se espolvorean con la mezcla del huevo duro picado (no se pone toda la clara, pues sería demasiado) y el perejil. Sobre cada loncha, en el centro y a modo de atado, se coloca un dátil, que se habrá partido de un lado para quitarle el hueso. Se aliñan en un plato sopero las zanahorias en tiritas, con aceite, vinagre o limón y un poco de sal, y se adorna la fuente con cuatro montones de zanahorias.

Si se prepara con anticipación, la fuente se cubre con papel de aluminio y se mete un rato en la nevera.

Legumbres y patatas

Arroz blanco frío con verduras y vinagreta (receta 194).
Arroz blanco frío con mayonesa y atún (receta 190).
Lentejas en ensalada (receta 231).
Patatas con mayonesa, tomates, anchoas, etc. (receta 268).
Patatas en ensaladilla con atún y huevo duro (receta 267).

Aspic-mousses

Aspic de bonito con mayonesa (receta 569).

49 ASPIC-MOUSSE DE FOIE-GRAS (4 personas)

50 g de foie de oca o pato,
¹/₄ litro de gelatina (de caja u otra com-
  prada),

1 vaso (de los de vino) de crema líquida
  montada (nata, no dulce),
1 trufa (facultativo).

Para que sea bueno este aspic, se debe hacer con foie-gras de oca o de pato, para lo cual se utiliza un resto de foie grande o unas latas especiales donde el foie está en trozos pequeños, pero sin mezclar con cerdo, etc.

Se prepara la gelatina (según venga explicado para cada marca), o disuelta al baño maría si se compra hecha.

Una vez templada, casi fría, pero aún líquida, se pone una capa fina de gelatina en el fondo del molde o flanera donde se va a hacer el aspic. Se adorna con unas rodajitas de trufa bien negras y se mete en la nevera para que se cuaje bien.

En una ensaladera se pone el foie, se aplasta bien con un tenedor y se le agrega en dos o tres veces la crema montada (crema líquida batida). Por último, se le añade poco a poco, y dando unas vueltas con unas varillas, la gelatina líquida pero casi fría. Una vez bien mezclado, se vierte en el molde y se mete en la nevera (unas 3 horas por lo menos, o más si se quiere preparar con tiempo).

Para servir se pasa un cuchillo de punta redonda, calentado en agua caliente, todo alrededor del molde. Se vuelca en una fuente redonda y se adorna con hojas blancas de lechuga o con unos berros.

50 MOUSSE FRÍA DE GAMBAS (6 a 8 personas)

60 g de mantequilla,
 4 cucharadas soperas de aceite,
¹/₂ kg de gambas,
 2 cucharadas soperas colmadas de hari-
  na,

1¹/₂ vaso (de los de agua) de leche fría,
 2 hojas de buena cola de pescado,
 1 yema de huevo,
 2 claras,
  agua y sal.

Se pelan las gambas. Las colas se reservan crudas en un plato. En un cazo se pone la mitad de la mantequilla con las cabezas y los caparazones. Se pone a fuego lento y se revuelve bien durante unos 5 minutos, a partir del momento en que la mantequilla está derretida. Se pone por tandas en un colador fino y se machaca muy bien, apretando mucho con la seta del pasapurés. Sale un juguito color de rosa que se reserva.

En una sartén se pone a calentar el resto de la mantequilla y 2 cucharadas de aceite. Cuando está derretido se añade la harina. Se dan unas vueltas y, poco a poco, se vierte la leche dando vueltas. Se ponen entonces las gambas reservadas y todo el jugo recogido de las cabezas; se deja cocer unos minutos (5 minutos más o menos). Se añade sal, se separa del fuego y se incorpora a esta bechamel la yema de huevo.

En un cazo pequeño se pone un poco de agua (3 o 4 cucharadas soperas); se corta la cola de pescado en trocitos con las tijeras, se mueve bien y se pone a fuego muy lento para que se derrita (sin que cueza, pues le da mal sabor). Se agrega poco a poco a la bechamel de gambas, colándola previamente por un colador de tela metálica.

Se montan las 2 claras a punto de nieve firme, con un pellizco de sal. Se juntan con la bechamel, cuidando de incorporarlas bien sin moverlas demasiado.

Se toma una flanera no muy alta, se unta con las 2 cucharadas de aceite fino, se escurre bien y se vierte la mousse. Se mete en la nevera unas 3 horas más o menos. Para servir, se desmolda pasando un cuchillo todo alrededor y se adorna la fuente con hojitas de lechuga y rodajas de tomate, o montoncitos de berros.

Frituras, tartas saladas, empanadillas, tostadas y mousses

 51 MASA DE EMPANADILLAS (salen unas 30)

1.ª receta:

300 g de harina,
  4 cucharadas soperas (aproximadamente) de harina para espolvorear la mesa,
 25 g de mantequilla,

25 g de manteca de cerdo,
  1 vaso de los de agua (no lleno) con mitad de agua y mitad de vino blanco seco,
    sal.

En un cazo se pone el agua, el vino, la mantequilla y la manteca a derretir. Cuando está caliente, pero sin que llegue a hervir, se retira del fuego y se añade la harina, mezclada previamente con la sal. Se trabaja primero con una cuchara de madera y luego en la mesa de mármol espolvoreada con 2 cucharadas de harina. Se amasa bien un rato y luego se pone en forma de bola en un plato tapado con un paño limpio. Se deja reposar unas 2 horas. Al ir a formar las empanadillas, se espolvorea otra vez la mesa con harina y se extiende la masa con un rollo pastelero hasta que quede muy fina.

Se pone el relleno que se haya previsto para ello y se dobla la masa para cubrirlo; se corta en forma de media luna, dejando un par de centímetros alrededor del relleno. Se pueden cortar las empanadillas con una media luna de hojalata, o con una rueda de metal que se vende para esto, o con un vaso de filo fino.

Hay que apretar bien los bordes al cortar para que no se salga el relleno al freír las empanadillas.

El aceite debe ser muy abundante para freír (aunque luego se gaste poco).

52 MASA DE EMPANADILLAS (salen unas 30)

2.ª receta:

300 g de harina,
  4 cucharadas soperas (aproximada-
    mente) más de harina para espolvo-
    rear la mesa,
 25 g de mantequilla,

3 cucharadas soperas de aceite fino,
1 huevo,
1 vaso (de los de agua) no lleno de agua,
  sal.

En un cazo se pone el agua, la sal, la mantequilla y el aceite a calentar. Cuando empieza a cocer se aparta y se echa la harina, fuera del fuego, y después el huevo. Se amasa en el cazo y luego se espolvorea un mármol con harina; allí se amasa un ratito (si hiciese falta se podría añadir algo más de harina a la masa). Se deja la masa tapada con un paño limpio una vez hecha, por lo menos durante $^1/_2$ hora. Pasado este tiempo se procede como en la receta anterior.

53 RELLENOS PARA LAS EMPANADILLAS

El principio es más o menos siempre el mismo:

1 cebolla mediana (100 g) refrita durante unos 6 minutos (hasta que se ponga transparente),
3 cucharadas soperas de salsa de tomate espesa,
1 resto de carne picada o jamón (de York o serrano) o de pollo, gallina, o de pescado cocido o atún de lata,

1 miga de pan (del grosor de 1 huevo) mojada en leche caliente y un poco escurrida, o 1 huevo duro picado,
1 anchoa (facultativo),
  pimienta, perejil picado o nuez moscada, según se prefiera.

Todo esto se mezcla muy bien y con ello se rellenan las empanadillas.
    Como puede verse, cada cual puede hacer según sus medios y su fantasía.
    También hay quien prefiere, en vez de mezclar la carne o el pescado con cebolla y tomate frito, mezclarlo con un poco de salsa bechamel espesa. Es también muy fino, pero más soso.

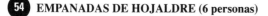

54 EMPANADAS DE HOJALDRE (6 personas)

Se hace el hojaldre según va explicado en la receta 1048, pero se suprime el azúcar.
Se rellena de varias maneras:

Bonito en escabeche:
Con 1 kg de tomates, una cebolla grande (200 g), aceite, azúcar y sal, se hace una salsa de tomate espesa, que no se pasa por el pasapurés (receta 77).

Se extiende la salsa de tomate por el hojaldre, dejando un borde de 2 cm de ancho todo alrededor (para que se pueda pegar bien la masa al poner la tapa de hojaldre). Se desmenuzan (no demasiado) 200 g de atún en escabeche, se ponen 2 pimientos (de lata) y se cubre con la tapa de hojaldre, procediendo igual que para el dulce.

Magro de cerdo y morcilla:
Se hace una salsa de tomate igual que en la receta anterior.

Se fríe un trozo de magro de cerdo cortado en taquitos pequeños (unos 400 g). Se cortan un par de morcillas en rodajas de 2 cm de grosor y se procede en todo igual que para la empanada de bonito.

Pollo:
Se asan 2 pechugas de pollo, o se aprovecha algún resto y se procede igual que para la empanada de bonito.

Se puede variar cuanto se quiera el relleno, que en principio se mezclará con salsa de tomate espesa y tiritas de pimientos rojos frescos y asados o de lata. Esto es lo más clásico.

55 EMPANADA GALLEGA (4 a 5 personas)

400 g de harina,	1 cucharada sopera de margarina (no
2 huevos enteros (batidos),	muy fría),
1 huevo para dorar la masa,	2 cucharadas soperas de aceite,
½ nuez de levadura de pan (unos 10 g),	sal,
1 vaso (de los de vino) bien lleno, de	harina para amasar,
agua,	1 molde de unos 30 cm de diámetro.

En una taza se pone la levadura, un pellizco de sal y el agua caliente (pero no cociendo). Se disuelve muy bien.

En una mesa (a ser posible de mármol) se pone la harina en un montón. Se hace un hoyo en el centro y se echan los dos huevos batidos como una tortilla. Se sala ligeramente la harina y se le añade también en el centro el agua con la levadura. Se amasa muy bien todo durante unos 10 minutos y entonces se le añade la margarina y se vuelve a amasar otros 10 minutos, dándole golpes en la mesa. Para que no se pegue, se espolvorea ligeramente la mesa con harina. Se puede añadir un poco de agua, si se viese que hace falta. Una vez bien amasada, se forma una bola, que se mete en una ensaladera o cuenco. Se tapa con algo grueso (un paño fino o lo que se tenga). Se pone en sitio templado y se espera durante una o dos horas, que levante. Cuando ha aumentado de volumen, ya está lista para hacer la empanada.

Se unta con aceite el molde, que puede ser de cristal resistente al fuego o de lata, redondo o rectangular.

Se divide la masa en dos partes algo desiguales. El trozo mayor se extiende con el rodillo y se coloca en el molde. Se cubre el fondo con el «rustido».

Rustido:

3 cebollas grandes picadas bastante gruesas. Se refríen muy suavemente a fuego lento durante unos 10 minutos, para que queden transparentes sin dorarse. Pasado este tiempo se le añade un diente de ajo picado y unas ramitas de perejil también picadas. Se refríe otros 5 minutos y se añade unos trocitos de chorizo, que se rehogan otro par de minutos. Esto se divide también en dos. Con una parte se cubre la masa de la empanada. Se añade el relleno que se haya elegido: tiras de lomo de cerdo, o tiras de pechuga de gallina (a ambas cosas se les da una ligera vuelta en una sartén con aceite caliente). Se colocan sobre el «rustido», así como unas tiras de pimiento rojo (de lata o asado). Se cubre con el resto del «rustido», y se coloca la 2.ª parte de la masa, que antes se estirará con el rodillo. Se tiene que cerrar bien las dos masas por los bordes enrollándolas un poco. En el centro se hace un pellizco con los dedos, para que sirva de chimenea. Se bate el otro huevo y con él se unta la empanada (con un pincel o sencillamente con los dedos).

Se calienta moderadamente el horno. Se mete la empanada y se va subiendo de 15 en 15 minutos el calor, quedando la empanada bien dorada en más o menos 45 minutos. Se saca del horno y se sirve en el molde o no, como más guste, caliente o fría (pero no mucho, pues está mejor templada).

Se puede variar muchísimo el relleno poniendo sardinas crudas (quitadas las cabezas, las colas y la espina) o bacalao (previamente desalado y dado un hervor). A éste se le pueden añadir pasas. También se puede rellenar con calamares, rehogados con el «rustido», etc., según la imaginación de cada cual.

PAN DE MOLDE CON GAMBAS Y BECHAMEL
56 (6 personas)

12 rebanadas de pan de molde,	¹/₂ litro de leche fría (2 vasos de los de
¹/₂ kg de gambas,	agua bien llenos),
30 g de mantequilla,	1 pizca de curry (facultativo),
3 cucharadas de aceite,	50 g de queso gruyère rallado,
1 cucharada sopera colmada de harina,	sal.

Se separan las colas de las gambas y si son grandes se parten en dos. Se reservan.

En una sartén se hace la bechamel: se pone a derretir la mantequilla con el aceite. Una vez calientes, se ponen las colas de las gambas y se rehogan unos 3 o 4 minutos; se sacan y se reservan en un plato. Se añade entonces la harina en la sartén. Se da un par de vueltas y, poco a poco, se vierte la leche fría, sin dejar de dar vueltas con unas varillas o una cuchara de madera. Se deja cocer la bechamel unos 10 minutos, se añaden el curry y la sal. Una vez espesada la bechamel, se agregan las gambas, se revuelve bien y se reparte por encima de las rebanadas de pan. Se espolvorean éstas con queso rallado y se meten al horno a gratinar. ·

Cuando están bien doradas se sirven en una fuente.

 EMPANADA DE HOJALDRE CONGELADO, QUESO
57 **DE BURGOS Y CHAMPIÑONES** (4 personas)

400 g de hojaldre congelado,	20 g de margarina,
200 gr de queso del tipo de Burgos,	2 cucharadas soperas de zumo de limón,
requesón, etc.,	un poco de harina para la mesa,
1 huevo grande o 2 más pequeños,	sal,
1 cucharada sopera de perejil picado,	1 molde desmontable de unos 20 cm de
150 g de champiñones frescos,	diámetro.

Lavar los champiñones y cortarlos en láminas gruesas. Ponerlos en un cazo con la margarina y el zumo de limón. Cocerlos durante unos 6 minutos. Reservarlos.

Se deja descongelar el hojaldre y una vez blando se le da unos golpes con el rodillo pastelero, en un sentido y en otro (a lo largo y a lo ancho), para poner la masa más fina. Enharinar la mesa, estirar el hojaldre con el rodillo, dejándola bastante fina (3 milímetros).

Cortar un redondel con algo más de la mitad de la masa, que resulte algo mayor que el molde y colocarlo en el fondo, cubriendo también los bordes. Con un tenedor pinchar ligeramente, sin llegar al molde, todo el fondo. Meter en el horno ya caliente, durante unos 10 minutos.

Mientras tanto, en un cuenco, triturar el queso con un tenedor, añadirle los champiñones sin jugo, el perejil y casi todo el huevo, dejando un poco para dorar la empanada. Salar discretamente si hiciese falta y verter el relleno en el fondo, sacando éste del horno. Estirar la masa que se había reservado y con ella cubrir el relleno, cerrando muy juntas las dos masas. Con un cuchillo hacer en el centro de la masa una chimeneíta.

Con una brocha plana, untar con huevo la tapa de la empanada. Meterla de nuevo en el horno hasta que se vea cocida. Quizás haya que gratinarla un poco antes de sacarla del horno (en total de 15 a 20 minutos).

Dejar templar y poner la empanada en la fuente donde se vaya a servir.

Se tiene que comer caliente.

58 PAN DE MOLDE CON CHAMPIÑONES, BECHAMEL Y QUESO RALLADO (6 personas)

12 rebanadas de pan de molde,
400 g de champiñones frescos,
50 g de queso gruyère o parmesano rallado,
50 g de mantequilla,
2 cucharadas soperas de aceite fino,
1 cucharada sopera colmada de harina,
½ litro de leche fría (2 vasos de agua bien llenos),
1 limón (el zumo),
sal, pimienta.

Se preparan los champiñones como se explica en la receta 454, cortándolos en láminas no demasiado finas. Se ponen con algo menos de la mitad de la mantequilla preparada para esta receta. Los otros 30 g de mantequilla se ponen en una sartén con el aceite. Se calientan y cuando está la mantequilla derretida se añade la harina. Se dan unas vueltas con las varillas y se añade la leche poco a poco, sin dejar de dar vueltas. Se añade la sal y un poco de pimienta molida. Se cuece la bechamel durante unos 10 minutos; pasado este tiempo, se agregan a la bechamel los champiñones con su jugo. Se revuelve todo bien y se deja templar un poco. Se reparte por encima de las rebanadas de pan. Se espolvorean éstas con el queso rallado y se meten al horno, previamente calentado durante unos 5 minutos, a gratinar. Cuando la bechamel está dorada se ponen las tostadas en una fuente y se sirven en seguida.

59 PAN DE MOLDE CON QUESO RALLADO (6 personas)

12 rebanadas de pan de molde,	3 huevos,
70 g de harina (3 cucharadas soperas),	1½ vaso (de los de vino) de leche,
75 g de mantequilla,	1 litro de aceite (sobrará),
150 g de queso gruyère rallado,	sal, pimienta.

En un cazo poner la leche, la mantequilla, la sal y la pimienta a cocer. Cuando está cociendo a borbotones se añade la harina de golpe y se mueve con una cuchara de madera hasta que se desprenda de las paredes del cazo. Se separa del fuego y una vez templada la masa se añade 1 huevo (sin batir); cuando está bien incorporado se añade otro y así hasta completar los 3 huevos. Se agrega el queso. Se untan con esta masa las rebanadas de pan por una sola cara, quedando bien cubiertas todas. Se prepara una media hora antes de ir a freír. Se calienta bien el aceite y se fríen las rebanadas, poniendo el lado untado en el aceite de freír. Cuando están bien doradas se retiran y se escurren, conservándolas al calor hasta ir a servirlas en una fuente.

Nota.—Se pueden también meter en el horno para gratinar las tostadas si no se quieren fritas. Salen también muy buenas, aunque no tan bonitas de vista. Se añade entonces un poco de queso rallado, espolvoreado por encima de cada rebanada para que gratine mejor.

60 PIZZA (4 personas)

Masa:

250 g de harina (más o menos, según la que admita),	1 poco más de aceite, para engrasar el molde,
25 g de levadura de panadero,	1 cucharada (de las de café) de sal,
2 cucharadas soperas de aceite,	1 vaso (de los de agua) de agua.

Templar el agua y desleír en ella la levadura. Poner la harina en forma de corona en la mesa de mármol. Echar en el centro el aceite y espolvorear la sal y poco a poco añadir el agua con la levadura bien disuelta. Mezclar con los dedos primero y después con la palma de la mano, enharinando ligeramente la mesa para que la masa no se pegue. Cuando se ve que la masa está elástica, se forma con ella una bola que se pone en un recipiente de porcelana, loza o cristal. Se cubre con un paño bastante grueso y se pone en sitio templado (cerca de un radiador, etc.) y se deja hasta que haya doblado de volumen (de 1 a 2 horas).

Se vuelve, entonces a poner en la mesa y se estira con el rodillo pastelero dándole la forma redonda.

Así está lista para hacer la pizza.

Nota.—Es mejor engrasar muy ligeramente con aceite el molde donde se pondrá la pizza. Éste debe de ser desmontable, pues facilita mucho el sacar la pizza.

Una vez rellena, mejora si se tapa durante un rato con papel de plata y se deja reposar así antes de meterla en el horno (30 minutos bastan).

El horno tiene que estar caliente al poner la pizza y su cocción tardará unos 30 minutos.

Rellenos:
En el fondo se suele poner salsa de tomate espesa. Encima se posan unas lonchas de queso mozzarella o simplemente de nata o de sándwich, se espolvorea siempre con orégano, algo de sal y pimienta molida. Se ponen unas tiras de anchoas, unas aceitunas, generalmente negras, unas rodajas de tomate (muy maduras y cortadas con anticipación para que hayan soltado su agua). Lo demás que se quiera poner es capricho: trozos de bacon o mejillones, etc.

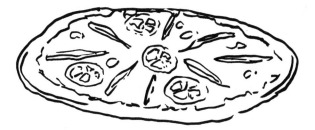

61 TARTA DE BACON Y QUESO: QUICHE (6 a 8 personas)

Masa quebrada:
- 1 yema de huevo,
- 200 g de harina,
- 90 g de mantequilla,
- 1 cucharada sopera no llena de aceite fino,
- 1 vaso (de los de vino) de agua fría (quizá un poco más),
- mantequilla para untar el molde,
- sal.

Relleno:
- 2 lonchas de bacon o una de jamón de York,
- 40 g de queso gruyère en lonchitas muy finas,
- 50 g de queso gruyère rallado,
- ¼ litro de nata líquida,
- 4 huevos,
- 1 vaso (de los de agua) de leche fría,
- sal.

Se prepara la masa quebrada la noche anterior o, por lo menos, unas 4 horas antes de hacer la tarta.

Se pone la harina en una ensaladera, se espolvorea con un poco de sal y se pone la mantequilla en trocitos pequeños para que se ablande. Con las manos se tritura esto lo menos posible, añadiendo la yema y formándose una especie de serrín grueso. Se va echando entonces, y poco a poco (en tres veces, por ejemplo), el vaso de agua. Se espolvorea una mesa con harina y se termina de amasar en ella. Una vez hecha la masa se forma una bola grande, se mete en un tazón, y éste en sitio fresco a reposar.

Cuando llega el momento de hacer la tarta se espolvorea harina en una mesa de mármol y con el rollo pastelero se extiende, dándole forma redonda. Se unta un molde de unos 26 cm de diámetro y con bordes altos (unos 4 cm) con bastante mantequilla. Se dobla la masa y se traslada a la tartera, colocándola bien con los dedos y teniendo cuidado de que quede de igual grosor por todos lados. Se recorta lo que sobra de los bordes con un cuchillo. Se pincha con un tenedor todo el fondo de la masa (sin que el pinchazo la traspase); se coloca el bacon cortado en trocitos y las lonchitas de queso. Se mete al horno mediano, previamente calentado, unos 20 minutos para que cueza la masa sin tomar nada de color. Mientras tanto se baten mucho los huevos, se salan y se les añade la crema líquida y la leche, mezclando todo muy bien. Se saca unos instantes la tartera y se vierte la crema en ella. Se espolvorea con queso rallado y se vuelve a meter en el horno, dando primero unos 15 minutos de calor fuerte y luego bajando un poco el calor, se deja otros 25 minutos más. Este tiempo depende del horno. La tarta debe tener un bonito color tostado y gratinado. Se vuelca, una vez reposada durante unos minutos, en un plato, y rápidamente se vuelve a la fuente donde se vaya a servir, dejándola al calor suave hasta llevarla a la mesa.

62 TARTA DE CEBOLLA (6 personas)

(Para un molde desmontable de unos 28 cm de diámetro.)

Masa quebrada:
- **200 g de harina,**
  (algo más para espolvorear la mesa),
- **1 yema de huevo,**
- **80 g de mantequilla, que esté blanda,**
- **1 cucharada sopera de aceite,**
- **1 vaso (de los de vino), más o menos, de agua,**
- **1 pellizco de sal,**
  mantequilla para untar el molde,
- **1 clara de huevo.**

Relleno:
- **1 kg de cebollas medianas (4 o 5 piezas),**
- **6 cucharadas soperas de aceite,**
- **30 g de margarina,**
- **1 cucharada sopera de harina, colmada,**
- **200 g de crema líquida,**
- **50 g de queso rallado,**
  sal y pimienta.

Hacer la masa quebrada y dejarla descansar por lo menos 2 horas. Estirar la masa con el rodillo pastelero, empolvando la mesa con harina. Colocarla en el molde, previamente untado con mantequilla, y agarrar bien la masa en el borde, para que no se escurra y tenga la tarta bonita forma.

Pinchar ligeramente todo el fondo con un tenedor y meter a horno suave unos 15 minutos. Pasado este tiempo, batir un poco la clara de huevo; cuando está espumosa (sin montarla), con una brocha plana untar todo el fondo de la tarta y volver a meter en el horno 5 minutos más.

Mientras está en el horno el fondo, pelar y cortar en redondeles finos las cebollas. En una sartén amplia poner el aceite a calentar y cuando está caliente añadirle la margarina. Cuando está caliente echar las cebollas y a fuego lento dejar que se pongan transparentes sin dorarse (unos 5 minutos). Con una tapadera volcar la sartén, con el fin de vaciar casi toda la grasa. Volver a poner en el fuego, espolvorear con la harina, poner sal y pimienta. Revolver todo muy bien y verter la crema líquida. Mezclar y echar todo esto en la tartera, dejando la mezcla bien repartida por todo el fondo. Espolvorear con el queso rallado y poner a gratinar. Cuando está bien dorada sacar y dejar que se enfríe un poco y servir templada.

MASA PARA BUÑUELOS

1.ª receta:

300 g de harina,	**1 cucharadita (de las de moka) de leva-**
3 decilitros de leche fría ¹/₂ vaso de los	**dura,**
de agua),	**1 litro de aceite para freír,**
3 cucharadas soperas de aceite fino,	**sal.**
3 cucharadas soperas de vino blanco,	

En una ensaladera se ponen la harina y la sal mezcladas; en el centro se hace un hoyo y se pone el vino y el aceite. Se revuelve todo con una cuchara de madera y se va agregando la leche fría. Se deja reposar la masa por lo menos ¹/₂ hora (sin poner-le la levadura). Solamente al ir a hacer los buñuelos se añade ésta. Se pone el relleno de uno en uno y se fríen los buñuelos en aceite muy abundante.

2.ª receta:

150 g de harina,	**1 botellín de cerveza,**
1 huevo,	**sal.**
1 cucharada sopera de aceite fino,	

En una ensaladera se pone la harina, mezclada con la sal. En el centro se echa la yema de huevo y el aceite. Se revuelve todo y se va añadiendo la cerveza poco a poco hasta formar una pasta de la consistencia de unas natillas espesas. En el momento de ir a freír los buñuelos, se añade la clara de huevo montada a punto de nieve fuerte (con un pellizco de sal). Se revuelve con la masa, lo justo para incorpo-rarla. Se tiene así la masa en su punto para freír lo que se quiera (pescado, calaba-cines, manzanas, etc.).

3.ª receta (para sesos huecos, calamares, cebollas, etc.):

Harina y sifón,	**1 pellizco de sal y otro de azafrán en**
la punta de un cuchillo de levadura,	**polvo.**

Mezclar todos los elementos hasta obtener unas natillas espesas.

 MEDIAS NOCHES RELLENAS (6 personas)

12 medias noches,	**2 cucharadas soperas de aceite fino,**
200 g de jamón serrano picado (o de York,	**2 cucharadas soperas de harina,**
o una pechuga de gallina cocida, o	**2 o 3 huevos,**
un resto de pollo, etc.),	**pan rallado,**
1 litro de leche,	**1 litro de aceite (sobrará),**
25 g de mantequilla	**sal.**

En la parte de arriba de las medias noches se corta un redondel como de 2 o 3 cm de diámetro. Se quita con la punta del cuchillo lo que se pueda de la miga (sin estropear la media noche). Se prepara una bechamel. En una sartén se derrite la mantequilla junto con el aceite, se añade la harina y luego, poco a poco y dando vueltas con las varillas, la leche fría ($^1/_2$ litro o un poco más si hace falta). Se agrega sal y se deja cocer unos 10 minutos. Se añade el picadito (jamón o pechuga). Con una cucharita de café se rellenan las medias noches, dejando que sobresalga un poco por el hueco de la media noche. Se deja enfriar así la bechamel en las medias noches. Conviene, pues, prepararlas al menos $^1/_2$ hora antes de ir a freírlas. Se pasan éstas rápidamente por el resto de la leche (templada, no caliente), luego por huevo batido como para tortilla y, finalmente, en pan rallado.

Se fríen en aceite bien caliente y se sirven en seguida, solas o con salsa de tomate servida aparte, en salsera.

65 BUÑUELOS DE QUESO CON SALSA DE TOMATE
(6 personas; salen unos 25 buñuelos)

125 g de harina,
25 g de mantequilla,
1 pellizco de sal,
1$^1/_4$ vaso (de los de agua) de agua,
4 huevos,
150 g de queso gruyère rallado,
1 pellizco de sal,
1 litro de aceite (sobrará).

Salsa de tomate (véase receta 77):

1 kg de tomates bien maduros,
3 cucharadas soperas de aceite frito,
1 cucharadita (de las de café) de azúcar,
1 cebolla grande (100 g) (facultativo),
sal.

Se prepara la salsa de tomate con anticipación y se calienta bien al ir a servirla en salsera aparte.

En un cazo se pone el agua, la mantequilla y la sal a cocer. Cuando rompe a hervir se añade de golpe la harina, dando vueltas rápidamente con una cuchara de madera hasta que la masa se desprenda de las paredes del cazo. Se retira del fuego y se deja enfriar un poco (5 minutos), dando vueltas a la masa. Se añade 1 huevo entero (sin batir); cuando está bien incorporado a la masa, se añade otro, y así hasta completar los 4. Se agrega entonces el queso recién rallado, hasta que esté también incorporado. Se deja la masa en reposo durante unas 2 horas. En una sartén honda y amplia se pone el aceite a calentar; cuando aún está poco caliente, se coge un poco de masa con una cuchara de las de café y se echa (empujándola con el dedo). La masa debe bajar al fondo del aceite. No se deben poner muchos buñuelos a la vez, pues aumentan bastante y conviene freírlos holgadamente. Se va calentando el aceite poco a poco y cuando los buñuelos suben a la superficie es cuando deben estar bien inflados. Se dejan dorar y se retiran con una espumadera, colocándolos en un colador grande, a la boca del horno, que estará templado, en espera de tener todos los buñuelos fritos.

Para cada tanda de buñuelos hay que retirar el aceite del fuego y dejar que se enfríe hasta estar sólo templado, antes de echar otros.

Se servirán en una fuente con una servilleta y con la salsa de tomate aparte.

66 CROQUETAS (6 personas; salen unas 34 croquetas medianas)

2 cucharadas soperas de aceite fino,
40 g de mantequilla,
 3 o 4 cucharadas soperas de harina
   (según estén de llenas),
³/₄ litro de leche fría,
 2 huevos,
 1 litro de aceite,
   pan rallado,
   sal.

Relleno (optativo):

¹/₂ kg de gambas,
 o 350 g de merluza o pescado blanco,
 o 2 huevos duros picados,
 o 200 g de jamón serrano picado,
 o 1 pechuga de gallina cocida,
 o 1 resto de pollo asado, etc.

En una sartén se ponen el aceite y la mantequilla a derretir. Cuando está todo caliente se echa la harina y con una cuchara de madera se dan un par de vueltas. Seguidamente se va echando la leche poco a poco a medida que hierva la bechamel hasta que quede más bien espesa. Se añade entonces el relleno que se vaya a poner, se mueve bien y se extiende en una besuguera para que se enfríe. Tiene que estar así por lo menos 2 horas. Con 2 cucharas soperas se coge un poco de masa y se forman las croquetas al tamaño que se desee.

Se acaban de moldear con bonita forma con las manos.

En un plato sopero se ponen los 2 huevos batidos como para tortilla y se pasa cada croqueta, primero ligeramente por pan rallado, después por el huevo y luego por el pan rallado otra vez, procurando que éste quede igual por todos lados.

Si hubiese que preparar las croquetas con un poco de anticipación, se cubren con un paño limpio húmedo, para que no se sequen.

Se prepara una sartén amplia con 1 litro de aceite y cuando esté caliente (se prueba con una rebanadita de pan), se van echando las croquetas por tandas (unas 6 cada vez). Cuando están bien doradas se echan en un colador grande hasta que estén todas fritas y se sirven en seguida en una fuente adornada con unos ramitos de perejil, fresco o frito.

67 CROQUETAS DE QUESO RALLADO Y HUEVO

Se preparan como las anteriores. Cuando está hecha la bechamel se retira para que no esté demasiado caliente y se añade 1 huevo entero (sin batir).

Cuando está bien incorporado a la bechamel se añade otro. Seguidamente se agregan de 150 a 200 g (según guste el sabor a queso) de gruyère recién rallado. Se extiende la masa en una besuguera y se procede como en la receta anterior.

68 CROQUETAS DE PATATA Y BACALAO (6 personas)

1¹/₂ kg de patatas,
¹/₄ kg de bacalao,
1 diente de ajo,
2 huevos,

1 plato con harina,
1 litro de aceite (sobrará mucho),
agua y sal (un pellizco).

Si el bacalao es seco, se pondrá en remojo unas 2 horas antes sin cambiarle el agua, pero si es de bolsas de plástico no hará falta remojarlo.

Se lavan bien las patatas, sin pelarlas, y se ponen en un cazo con el bacalao, todo ello bien cubierto con agua fría abundante. Se deja cocer durante unos 30 minutos (según la clase de patata).

Una vez cocidas las patatas, se pelan y se pasan por el pasapurés. Se limpia bien el bacalao de pellejos y espinas, se desmenuza muy bien con los dedos y se mezcla con el puré. Se fríe un poco de ajo en una sartén pequeña, con una cucharada sopera o 2 de aceite; cuando está dorado se machaca con un pellizco de sal en el mortero y se incorpora al puré. Se añade una yema, y cuando tengamos ésta bien incorporada, la otra. Después las 2 claras a punto de nieve firme, con un pellizco de sal. Se forman croquetas que pasaremos ligeramente por harina. Se fríen en aceite caliente (se probará el aceite friendo una rebanadita de pan).

Se pueden servir con salsa de tomate aparte.

69 BUÑUELOS DE BACALAO PORTUGUESES (6 personas)

1¹/₂ kg de patatas,
700 g de bacalao,
3 huevos,
1 diente de ajo muy picado,

1 cucharada (de las de café) de perejil muy picado,
1 litro de aceite (sobrará mucho),
agua.

Se pone el bacalao en agua fría a remojo unas horas antes, no cambiándole el agua más que una vez. Se lavan muy bien las patatas sin pelarlas y se ponen a cocer con el bacalao en agua fría, que las cubra sobradamente. Cuando rompe el hervor se baja el fuego para que cuezan medianamente (sin borbotones grandes), durante unos 30 minutos (depende este tiempo de la clase de patata). Se saca el bacalao, se limpia de pellejos y espinas con mucho esmero. Se desmenuza muy fino. Cuando está deshecho se pelan las patatas y se pasan por el pasapurés. Se mezcla bien y se añade el ajo y el perejil, espolvoreándolos y moviendo bien la masa. Se agregan de una en una las 3 yemas de huevo, incorporándolas con cuidado.

Con una cuchara sopera se coge un poco de masa y se echa en el aceite caliente (se verá si está en su punto friendo primero una rebanadita de pan).

Se sirven los buñuelos bien calientes, acompañados si se quiere de salsa de tomate servida aparte.

Buñuelos de puré de patatas empanados, con queso rallado (receta 240).
Fritos de bacalao (receta 544).
Buñuelos de bacalao con salsa de tomate (receta 545).

⑦ TARTA DE CHAMPIÑONES (6 personas)

Masa quebrada igual que la quiche (receta 61).
½ kg de champiñones de París bien frescos,
1 huevo,
unas gotas de zumo de limón (½ limón),
36 g de mantequilla,
1 cucharada sopera de aceite fino,
1 cucharada sopera de harina (más bien colmada),
1 vaso de leche fría (de los de agua),
sal.

Una vez puesta la tarta en el molde, se unta con una clara de huevo ligeramente batida con un tenedor.

Mientras tenemos la tarta en el horno (bien pinchado el fondo para que no salgan pompas a la masa) se prepara el relleno.

Se lavan y cepillan bien los champiñones, quitándoles las partes malas, y se van echando en agua fría con unas gotas de zumo de limón.

Una vez lavados, se sacan de uno en uno y se cortan en láminas gruesas la cabeza y el tronco. Se van echando en un cazo. Se añade un trocito de la mantequilla (menos de la mitad), unas gotas de limón y un poco de sal. Se cubre con una tapadera el cazo y se dejan a fuego lento unos 6 minutos.

Aparte, en una sartén, se pone el resto de la mantequilla a derretir con el aceite. Se añade la harina y con unas varillas se mueve agregando poco a poco la leche fría. Se pone sal y se deja unos 6 minutos para que no sepa a harina cruda.

En un tazón se pone la yema de huevo y muy poco a poco se le añade bechamel, con el fin de que no se corte. Se vierte esta mezcla en la sartén, moviendo bien, y, a continuación, se añaden los champiñones que ya estarán en su punto.

Una vez bien dorada la masa de la tarta, se pone en la fuente donde se vaya a servir (quitándola de su molde). Se vierte la bechamel con los champiñones y se sirve en seguida bien caliente.

⑦ TARTA DE BECHAMEL Y ESPÁRRAGOS VERDES (6 personas)

Masa:
1 molde de 27 cm de diámetro,
200 g de harina,
90 g de mantequilla,
1 cucharada sopera de aceite de cacahuete,
1 yema de huevo,
3 o 4 cucharadas soperas de agua fría,
sal.

Relleno:
½ manojo de espárragos verdes cocidos y cortados en trozos de 4 cm de largo,
½ litro de leche fría,
3 huevos,
100 g de queso gruyère rallado,
1 cucharada sopera colmada de maizena,
sal.

Se procede como se ha explicado anteriormente (receta 61) para hacer el fondo.

Mientras se va cociendo el fondo en el horno, se hace la crema de rellenar.

Se calienta la leche, y cuando está a punto de hervir se echa la harina, moviendo continuamente con una cuchara de madera para que no se formen grumos. Cuando ha cocido durante unos 3 minutos, se retira del fuego. Se añade entonces la casi totalidad del queso rallado (reservando un poco para espolvorear). Después se baten los 3 huevos como para tortilla. Con un pincel se pasa un poco de huevo batido por los bordes de la tarta, para que tenga más bonito color. Se añaden poco a poco los huevos a la crema, moviendo muy bien para que quede muy fina. Se rectifica de sal y se vierte en el molde. Se colocan los espárragos ligeramente ahondados en la crema (para que no se sequen). Se espolvorea con el queso rallado y se vuelve a meter en el horno durante unos 15 minutos.

Se saca para servir, volcando primero la tarta sobre una tapadera o un plato y luego sobre la fuente donde se va a servir. Lo mejor sería hacer la tarta con un molde a propósito, que consiste en un fondo y un aro que se quita cuando está la tarta.

Se sirve seguidamente, bien caliente.

72 MOUSSE CALIENTE DE ESPÁRRAGOS (4 personas)

1 lata de espárragos blancos o verdes ($^1/_4$ kg),	1 huevo (grande),
160 g de miga de pan (del día anterior),	2 yemas,
1 vaso (de los de vino) de leche templada,	sal y pimienta,
	1 molde alargado y papel de plata para cubrir su fondo.

Escurrir muy bien los espárragos con un trapo.

Poner la miga de pan a remojo en la leche templada.

En la batidora triturar primero los espárragos y añadir después la miga de pan. Si se viese que está muy empapada escurrirla ligeramente apretándola un poco con la mano.

Echar esta crema en un cuenco y añadirle una yema y después de incorporada, la segunda. Batir en un plato hondo el huevo entero como para tortilla, y echarlo asimismo; revolver bien y salpimentar a gusto (teniendo en cuenta que los espárragos están ya salados).

Poner en el fondo del molde papel de plata y untar muy bien todo con mantequilla o margarina. Verter la mousse en el molde.

Poner en el horno (previamente calentado) al baño maría (con el agua ya hirviendo), durante más o menos 1 hora y cuarto.

Servir desmoldado, con una bechamel clarita verde (con unas hojas de espinacas cocidas y pasadas por la batidora, o unos espárragos verdes, si se hace la mousse con éstos).

73 MOUSSE DE ESPÁRRAGOS FRÍA (6 personas)

1 lata grande, de buena marca, de espárragos blancos escurridos (350 g),	2 vasos (de los de vino) de agua hirviendo,
6 cucharadas soperas de gelatina, algo más que rasadas,	4 cucharadas soperas colmadas de mayonesa espesa.

Abrir la lata de espárragos, sacarlos y ponerlos en un paño grueso tapándolos para que queden muy escurridos y secos.

Poner en la batidora la gelatina en polvo, añadirle el agua hirviendo y batir durante 10 segundos. Poner en seguida los espárragos y batir de nuevo hasta que estén muy deshechos. Echar entonces la mayonesa y volver a batir, pero muy poco esta vez, sólo para que quede la mayonesa incorporada.

Probar de sal y rectificar y añadir pimienta molida si gusta.

Verter la crema en el molde, que se podrá cubrir en el fondo con papel de plata, para desmoldarlo mejor.

Dejar unas horas en la nevera (5 o 6, por lo menos). Desmoldar y servir adornando la fuente con escarola o lechuga picada, huevos duros cortados en rodajas, trocitos de tomate, etc.

74 MOUSSE DE PUERROS (4 personas)

6 puerros medianos ($1/4$ de kilo),	1 vaso (de los de vino) de crema líquida espesa),
50 g de miga de pan (del día anterior),	
$1^1/_2$ vaso (de los de vino) de leche caliente,	papel de plata para el fondo del molde y margarina, para untarlo,
3 huevos grandes (o 4 si son pequeños),	1 molde alargado de unos 20 cm de largo.

Una vez cortadas las raicitas, se lavan muy bien los puerros. Se pone una cacerola con agua y sal a cocer, y cuando empieza a hervir se sumergen los puerros. Según su grosor, se cocerán de 20 a 30 minutos. Una vez cocidos se escurren muy bien, incluso poniéndolos en un paño.

En un tazón se pone la miga de pan en remojo con la leche caliente.

Se les corta a los puerros la parte abultada de las raíces y como la mitad de su largura, conservando la parte más blanda para cortarla en trocitos de $1^1/_2$ cm de largo. Se reservan estos trozos. Todo lo demás de los puerros (incluso un poco de verde no le va mal) se pone en la batidora con la miga de pan remojada en la leche que estará embebida. Se bate un poco, y de uno en uno se van añadiendo los huevos. Una vez bien batido todo se echa en un cuenco de cristal o loza y se añade la crema.

Si ésta no es lo suficientemente espesa, se le dará cuerpo batiéndola con la minipimer o el aparato de batir las claras de huevo, teniendo buen cuidado de que no se haga mantequilla.

A todo lo del cuenco se le añade por último los trozos de puerros que habíamos reservado cortados.

Se tendrá el molde forrado en el fondo con el papel de plata y bien untado con margarina. Se vierte la mousse y se pone al baño maría en el horno durante más o menos una hora.

Mientras tanto se hace una bechamel clarita que se batirá en la batidora con unas hojas de espinacas, previamente cocidas y escurridas después.

Esta salsa se sirve en salsera aparte.

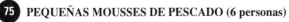 **75** PEQUEÑAS MOUSSES DE PESCADO (6 personas)

200 g de salmón o de trucha ahumados.	½ vaso (de los de vino) de zumo de limón,
500 g de pescado blanco, (ya sin piel ni espinas),	3 cucharadas soperas de aceite de oliva,
2 cajas de queso Philadelfia, Gervais o requesón,	1 cucharada sopera de perejil picado, sal (no es seguro que haga falta).

Se corta en trozos como dados de pescado, se pone en un plato sopero y se rocía con el zumo de limón. Se tiene así macerando unas 3 horas, revolviéndolo de vez en cuando.

Se untan con muy poco de aceite los moldes individuales de porcelana o de cristal. Se forran con el pescado ahumado (que estará cortado en láminas finas), fondo y paredes.

Una vez macerado el pescado en el limón, se pone en la batidora la mitad con la mitad del queso, un poco de zumo de limón y una cucharada bien llena de aceite. Se tritura, pero no es necesario que quede muy triturado. Se pasa el resto de los elementos y se une todo. Se añade el perejil picado, se revuelve bien, se prueba por si hace falta sal.

Se llenan los moldes y se meten en la nevera por lo menos 5 o 6 horas (se puede perfectamente preparar la víspera).

Se debe poner sólo la mitad del zumo de limón para los 6 moldes.

Conviene poner todos los moldes juntos en una bandeja y taparlos todos con una hoja de papel de aluminio.

Se desmoldan y se puede adornar la fuente con lechuga o unas hojas de endivias.

76 GELATINA DE TOMATE (8 personas)

1 kg de tomates bien maduros y carnosos,
1 pimiento grande de lata (100 g),
1 cucharada sopera de menta picada, no muy menuda,

2 vasos (de los de vino) de nata espesa,
2 vasos (de los de vino) de agua,
2 y ½ cajas de aspic-gelatina (80 g),
sal.

Pelar los tomates y cortarlos en trozos, quitándoles las simientes. Ponerlos en la batidora con el zumo, el pimiento también cortado y las hojas de menta. Batir hasta que éste deshecho, pero no más.

En un cazo poner el agua a cocer y cuando empieza a hervir, añadir los polvos de gelatina, revolverlos con una cuchara de madera. Apartarlos enseguida del fuego y mezclarlos con el puré de tomate.

Si la nata no estuviese bastante espesa habrá que espesarla con las varillas.

Añadirla al tomate. Probar de sal y rectificar lo que sea necesario.

Verter en un molde (yo recomiendo los de plástico de Tupperware, que se demoldan muy fácilmente). Meter en la nevera por lo menos 4 horas. Desmoldar y adornar con escarola o lechuga, lo que más guste.

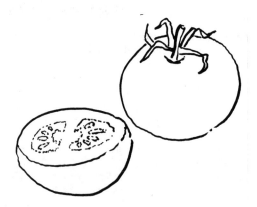

Salsas

77 SALSA DE TOMATE CLÁSICA (6 personas)

1 kg de tomates bien maduros,
3 cucharadas soperas de aceite frito,
1 cucharada (de las de café) de azúcar,

1 cebolla mediana (80 g) (facultativo),
sal.

En una sartén se ponen las cucharadas de aceite frito previamente (o que haya quedado de freír patatas o alimentos que no den gusto al mismo). Se añaden los tomates cortados en pedazos y quitada la simiente. Con el canto de una espumadera se machacan muy bien para que se deshagan lo más posible. Se tiene así unos 15 minutos en el fuego y después se pasan por el pasapurés. Se añade entonces el azúcar y la sal, moviendo muy bien el puré obtenido. Se sirve en salsera o cubriendo lo que se quiera.

Hay a quien le gusta con cebolla. Cuando el aceite está caliente, se echa primero una cebolla de unos 80 g, picada; se deja freír unos 5 minutos, sin dejar que se dore. Cuando la cebolla está transparente se agrega el tomate y se sigue como en la receta anterior.

Nota.—Al hacer la salsa de tomate en una sartén ésta se queda del color del metal (casi plateada), pues el tomate limpia mucho. Para volver a utilizarla para otros platos (tortillas, fritos, etc.) hay que poner la sartén al fuego sin nada dentro hasta que se vuelva a poner el fondo negro. Sólo entonces se puede poner aceite y usarla sin que se agarre lo que se ponga dentro.

SALSA DE TOMATE EN CONSERVA (6 personas)

1 lata de tomate al natural de ¹/₂ kg,
3 cucharadas soperas de aceite,
1 cebolla mediana (80 g),

1 cucharada (de las de café) de azúcar,
sal.

Se procede igual que para hacer la salsa de tomate clásica.

79 SALSA DE TOMATE, CON CEBOLLA Y VINO (6 personas)

1 kg de tomates bien maduros,
3 cucharadas soperas de aceite frito,
1 cebolla mediana (80 g) picada,
3 cucharadas soperas de vino blanco seco,

1 ramillete (perejil, un diente de ajo, una hoja de laurel),
1 cucharada (de las de café) de azúcar,
sal.

En una sartén se pone el aceite frito a calentar. Cuando está en su punto se añade la cebolla picada y se deja que tome algo de color (7 u 8 minutos). Entonces se añaden los tomates cortados en trozos, el ramillete y el vino. Con el canto de una espumadera se machacan muy bien los tomates durante 15 minutos a fuego mediano. Se saca entonces el ramillete y se pasa el tomate por el pasapurés.

Se añade entonces el azúcar, moviendo bien, y luego la sal. La salsa está en su punto para servirla. Si se quiere más espesa no hay más que ponerla un ratito al fuego vivo para que se evapore el caldo y se espese.

80 SALSA AGRIDULCE (CHINA)

1¹/₂ cucharadas soperas de azúcar,
2 cucharadas soperas de vinagre,
1 cucharada sopera de concentrado de tomate,
1 cucharada sopera de salsa de soja,

3 cucharadas soperas de zumo de naranja,
1 cucharada (de las de café) de maizena,
4 cucharadas soperas de agua.

En un cazo se pone el azúcar, el vinagre, el concentrado de tomate, la salsa de soja y el zumo de naranja.

En una taza se deslíe la maizena con el agua.

Se mezclan las dos cosas, se pone en el fuego suave a que dé un hervor y se sirve caliente.

Esta salsa acompaña muy bien un asado de cerdo, unas chuletas, etc.

SALSA BECHAMEL CORRIENTE (6 personas)

2 cucharadas soperas de harina,　　　　³/₄ **de litro de leche fría,**
50 g de mantequilla,　　　　　　　　　　**sal.**
2 cucharadas soperas de aceite fino,

En una sartén se pone la mantequilla a derretir, con el aceite. Una vez derretida, se añade la harina, se dan unas vueltas con una cuchara de madera y se va añadiendo poco a poco la leche fría, sin dejar de dar vueltas para que no se formen grumos. Cuando se ha incorporado toda la leche se deja dar un hervor de 8 a 10 minutos a fuego mediano.

Si la bechamel se quiere más clara, para salsa, se puede añadir más leche. Por el contrario, si se quiere más espesa, con las cantidades propuestas, habrá que cocerla un ratito más, para que quede como se desea.

SALSA BECHAMEL CON TOMATE

A la receta anterior se le añade una cucharada sopera de concentrado de tomate. Se deshace éste con un poco de bechamel en un tazón y luego se añade al resto de la sartén.

83 SALSA BECHAMEL CON YEMAS

Se ponen las yemas (2 para las cantidades dadas anteriormente) en un tazón y, muy poco a poco, se añade bechamel para que no se cuajen, y sin dejar de dar vueltas. Después se añade a la salsa de la sartén.

84 SALSA BECHAMEL CON ALCAPARRAS

Se suele hacer para acompañar pescado hervido. La bechamel se hará empleando la mitad de leche y la mitad de caldo donde ha cocido el pescado. En el momento de servir se añade 1 o 2 cucharadas soperas de alcaparras en la salsa. Para mejorarla se puede añadir 1 o 2 yemas como en la salsa anterior.

SALSA BECHAMEL CON CALDO (6 personas)

Esta salsa se toma más clara y resulta más ligera que la anterior. Sirve para los canelones, baño de los budines de pescado o verduras, etc.

Se hace igual que la anterior, pero con estos ingredientes:

2 cucharadas soperas rasadas de harina,
30 g de mantequilla,
2 cucharadas soperas de aceite fino,
1½ vaso (de los de agua) de leche fría,

1½ vaso (de los de agua) de caldo (o agua con una pastilla de caldo de pollo),
sal.

Hay que tener en cuenta que el caldo natural o hecho con pastilla es salado, para poner la sal necesaria.

 SALSA ESPAÑOLA (6 personas)

½ kg de piltrafas de carne,
1 hueso pequeño de codillo,
3 cucharadas soperas de aceite o manteca de cerdo,
1 cucharada sopera rasada de harina,
1 cebolla mediana picada (100 g),

125 g de zanahorias (3 medianas),
1 ramillete (perejil, 1 diente de ajo, una hoja de laurel), clavo (especia),
1 litro de agua (3 vasos de los de agua),
sal.

En un cazo se pone el aceite a calentar, y se añade la cebolla picada. Se la hace dorar (unos 10 minutos), dando vueltas con una cuchara de madera. Se añaden las piltrafas de carne (carne sin grasa); se rehoga bien y luego se agregan las zanahorias (con la piel raspada, lavadas y picadas en cuadraditos). Se dan unas vueltas y se añade la harina. Se revuelve con una cuchara durante unos 5 minutos, añadiendo entonces el agua fría, el ramillete, el clavo y el hueso de codillo. Se deja cocer a fuego lento unos 30 minutos.

Entonces se saca el hueso de codillo y se pasa la salsa por el chino. Se vuelve a poner en un cazo, moviendo bien. Se rectifica de sal y se deja cocer a fuego lento hasta obtener el espesor que convenga.

87 SALSA BOLOÑESA

150 g de carne,
50 g de panceta,
1 cebolla pequeña (50 g),
1 o 2 tallos bien blancos de apio,
1 zanahoria mediana (80 g),
6 cucharadas soperas de salsa de tomate espesa,

1½ vaso (de los de vino) de crema líquida,
2 cucharadas soperas de vino blanco,
1 clavo (especia),
queso rallado, a gusto,
sal.

En una sartén honda se pone aceite que apenas cubra el fondo. Cuando está caliente se rehogan la panceta, al poquito la carne, la cebolla, la zanahoria y el apio, todo ello muy bien picado. Se sala y se añade el clavo. Se rehoga durante unos 10 minutos y se añade el tomate. Se revuelve y se vuelve a dejar cocer muy despacio más o menos 10 minutos más, con la cacerola tapada. La salsa ya está preparada para mezclarla con los espaguetis recién cocidos, que se revolverán con esta mezcla, la crema y el queso, antes de servirlos con los platos calientes.

Nota.—Para esta salsa se pondrán unos 300 g de espaguetis para 6 personas.

 **SALSA BEARNESA (6 personas)**

Es una salsa entre mayonesa y holandesa, pero caliente. Es muy buena, algo delicada de hacer, pues se corta fácilmente. Se sirve con filetes de solomillo, rumsteak o pescado cocido o a la parrilla, etc.

1 cucharada sopera de cebollita francesa o chalota muy picada (50 g),
2 cucharadas soperas de vinagre,
2 cucharadas soperas de agua fría,
el zumo de $^1/_2$ limón (una cucharada sopera),
4 yemas de huevo,
1 pellizco de fécula de patata,
150 g de mantequilla,
1 cucharada sopera rasa de perejil picado,
sal,
pimienta (facultativo).

En un cazo se pone la cebollita picada con el vinagre. Se cuece un par de minutos hasta que quede reducido el líquido a la mitad. Se deja enfriar. En otro cazo se pone la mantequilla a derretir, pero **sin que cueza,** y se reserva. Se añade al primer cazo el agua y el zumo de limón. Se pone una sartén con agua caliente a fuego lento para que, manteniéndose caliente, no cueza. Se añaden en el cazo las yemas, y, con la punta de un cuchillo, un poco de fécula. Con una cuchara de madera o unas varillas se mueve rápidamente poniendo el cazo al baño maría en la sartén. Cuando la salsa va espesando se retira la sartén del fuego, para que el agua ya no se caliente. Se le va añadiendo poco a poco, como si se hiciera una mayonesa, la mantequilla, sin dejar de dar vueltas. Una vez incorporada la mantequilla, se añade el perejil, la sal y la pimienta (ésta si se quiere).

Se tendrá la salsera donde se sirva la salsa, con agua caliente. Se tira el agua de la salsera y se echa la salsa en el momento de servir.

Si se viera que la mantequilla se separa de la salsa, se bate un poco justo al ir a servirla, con el aparato de montar las claras.

89 SALSA CUMBERLAND

¹/₂ tarro de gelatina de grosella,
1 zumo de limón,
1 cucharada (de las de moka) de mostaza suave,
3 cucharadas (de las de moka) de salsa Perrins,

1 cucharada sopera de cáscaras de naranja en juliana,
1 cucharada sopera de cáscaras de limón en juliana.

Derretir la jalea, una vez fundida añadirle el zumo de limón, después la mostaza y la salsa Perrins.

Al ir a servir, echar las cáscaras cortadas sin nada de blanco y en juliana muy fina y previamente escaldadas durante un par de minutos.

Esta salsa se puede tomar caliente o fría.

90 SALSA CON ZUMO DE LIMÓN (4 personas)

Para acompañar una carne frita, asada o pescado cocido. Esta salsa recuerda la bearnesa y es mucho más simple de hacer.

60 g de mantequilla,
1 cucharada sopera colmada de harina,
1¹/₂ vaso (de los de agua) de agua,
1 pastilla de pollo,
el zumo de 1 limón,

1 cucharada sopera de perejil picado,
2 yemas de huevo,
un poco de nuez moscada,
sal.

En un cazo se pone la mantequilla a calentar. Cuando está derretida se le añade la harina, se revuelve un poco con una cuchara de madera y se agrega poco a poco el agua fría. Se cuece durante unos 5 minutos sin dejar de dar vueltas, y se incorpora la pastilla de caldo de pollo aplastada.

En un tazón se ponen las 2 yemas reservadas y el zumo de limón. Con una cuchara se pone un poco de salsa en el tazón y se mueve en seguida para que las yemas no se cuajen; se añade más salsa y se vierte en el cazo. Ya no tendrá que cocer la salsa, sino sólo mantenerse caliente. Se prueba de sal y se pone la que haga falta, así como la nuez moscada rallada (un poco) y el perejil. Se revuelve todo muy bien y se sirve en salsera caliente (es decir, que se pone agua caliente en la salsera, que se vaciará al ir a echar la salsa).

Nota.—Se puede también poner mitad caldo y mitad leche.

91 SALSA MOUSSELINA PARA PESCADO (6 personas)

50 g de mantequilla,
2 cucharadas soperas rasadas de harina,
2¹/₂ vasos (de los de agua) de caldo corto donde haya cocido el pescado,

2 yemas,
1 clara a punto de nieve,
sal.

En un cazo se pone la mantequilla, cuando está derretida se añade la harina, removiendo con unas varillas. Se añade poco a poco el caldo corto y se retira el cazo del fuego para que no se formen grumos. Una vez echado todo el líquido, se cuece sin dejar de dar vueltas durante unos 4 minutos. Se rectifica de sal si hace falta. Se deja el cazo al baño maría para que no se enfríe la salsa.

En el momento de servir, se bate la clara muy firme y se añaden las yemas, moviendo suavemente. En los huevos así preparados se va añadiendo poco a poco la salsa caliente, y cuando todo está bien unido se sirve en la salsera.

92 SALSA HOLANDESA (6 personas)

1.ª fórmula:

3 yemas de huevo,
150 g de mantequilla,

1 cucharada sopera de agua fría,
sal.

Se pone la mantequilla en trozos en un cazo y al baño maría para que se derrita pero sin cocer ni tomar color. Esto es muy importante.

En otro cazo también puesto al baño maría se ponen las yemas, el agua y la sal. Se mueve con una cuchara de madera hasta que las yemas se espesen, y entonces se va añadiendo poco a poco la mantequilla sin dejar de dar vueltas, hasta incorporarla toda.

Hasta el momento de servir la salsa se tiene al baño maría para que no se enfríe, y se tiene la salsera con agua muy caliente dentro, que se vaciará justo en el momento de echar la salsa.

2.ª fórmula:

100 g de mantequilla
1 cucharada sopera rasada de fécula de patata,

1 vaso (de los de vino) de agua fría,
2 yemas de huevo,
el zumo de ¹/₂ limón.

En un cazo se pone a derretir un pedazo de mantequilla como una nuez. Cuando está derretida se añade la fécula y, después de dar unas vueltas, el agua fría. Se deja dar un hervor y se retira del fuego. Cuando esta bechamel está ya templada, se añaden las 2 yemas, se mezclan bien y se incorpora poco a poco el resto de la mantequilla (que no esté fría, sino blanda), y, finalmente, el zumo del medio limón (poco a poco también), y la sal.

Tener la salsa al calor, al baño maría, hasta el momento de servir.

SALSA DE MOSTAZA

80 g de mantequilla blanda (es decir, sacada con bastante anticipación de la nevera),
1 cucharada sopera de harina fina,
1 vaso (de los de agua) de agua caliente,

2 yemas de huevo,
1 o 2 cucharaditas (de las de café) de mostaza, según guste de fuerte la salsa, sal.

En una sartén se pone algo menos de la mitad de la mantequilla (unos 30 g). Cuando está derretida se le añade la harina; se dan unas vueltas con una cuchara de madera y se echa después poco a poco el agua caliente, teniendo buen cuidado de que no se formen grumos. Cuando rompe el primer hervor se aparta del fuego. En un tazón se ponen las yemas, añadiéndoles un poco de salsa de la sartén, con mucho cuidado, poco a poco y dando rápidamente vueltas con la cuchara para que las yemas no se cuajen. Se incorpora el contenido del tazón en la salsa de la sartén. En este mismo tazón se pone la mantequilla, que debe estar blanda, y la mostaza. Poco a poco se añaden unas 3 o 4 cucharadas soperas de salsa de la sartén. Una vez desleída la mantequilla se une todo a la salsa. Se mueve bien, se rectifica de sal y se sirve. Si hubiera que esperar un poco para servir la salsa (siempre poco tiempo) se pondría en un cazo y se tendría al baño maría, pero que en ningún caso cueza la salsa.

 SALSA DE VINO TINTO

5 cucharadas de aceite,
2 chalotas grandes (80 g),
40 g de mantequilla,
1 cucharada sopera de perejil picado,
3 vasos (de los de vino) de buen vino tinto,

1 vaso (de los de vino) de agua,
1 cucharada sopera de harina,
sal y pimienta.

Es muy buena para acompañar un trozo de lomo alto o de rumsteak. Picar la chalota. En una sartén poner aceite, lo justo para que cubra el fondo. Calentarlo y poner la chalota, para que apenas se dore. Añadir entonces el vino y el agua. Hacer que cueza despacio. En una taza mezclar la mantequilla con la harina. Añadirlo a lo de la sartén.

Cuando el filete esté hecho a la plancha, se vierte en la salsa el jugo que haya soltado.

Echar el perejil picado y cubrir la carne con esta salsa.

95 SALSA DE VINO DE MADEIRA (4 personas)

Para acompañar el jamón de York con espinacas.

- 3 cucharadas soperas de aceite,
- 1 cebolla pequeña (60 g),
- 1 cucharada sopera de harina,
- $1/_4$ litro de agua con extracto de carne (1 vaso grande de agua, con una cucharadita de moka de extracto de carne),
- $3/_4$ vaso (de los de vino) de vino de Madeira,
- 20 g de mantequilla (una nuez),
- sal.

En una sartén se pone el aceite a calentar; cuando está, se echa la cebolla pelada y cortada en rodajas finas. Se deja que tome un poco de color (unos 7 minutos). Añadimos la harina, y, después de darle unas vueltas, se echa poco a poco el agua con el extracto de carne y el vino, dando vueltas para que no se formen grumos. Se deja a fuego mediano o lento durante 10 minutos. Se cuela por un colador de agujeros grandes, se vuelve a calentar y se rectifica de sal si hace falta (pues el extracto de carne está ya salado).

Al momento de servir y fuera del fuego, se añade un poco de mantequilla.

96 SALSA DE ZUMO DE NARANJA (6 personas)

Para acompañar pollos asados, ternera o cinta de cerdo asada, etc.

- $1^1/_2$ cucharada sopera de azúcar glass (molida como harina),
- 1 cucharada sopera de vinagre,
- 1 decilitro de agua (1 vaso de vino),
- 1 cucharadita (de las de moka) de extracto de carne,
- 1 cucharadita (de las de café) de fécula de patata,
- 3 naranjas de zumo,
- 1 o 2 cucharadas soperas de agua para disolver la fécula,
- sal.

En una sartén o en un cazo se pone el azúcar glass a calentar. Cuando empieza a dorarse, añadimos el vinagre, separando para ello un segundo la sartén del fuego; se incorpora seguidamente el zumo de naranja, el decilitro de agua y el extracto de carne. Se mezcla bien, se tapa el recipiente y se cuece a fuego lento 10 minutos. En un tazón se deslíe la fécula con un poco de agua y se incorpora a la salsa, dejándola cocer un par de minutos.

A la salsa de asar los pollos o la carne se le quita la grasa con una cuchara sopera. Se añaden unas 4 o 5 cucharadas soperas de agua caliente y se mezcla bien con el jugo, rascando con un tenedor los bordes y el fondo del cacharro donde se ha hecho el asado, para desprender lo tostado, que da muy buen gusto. Una vez que haya hervido el jugo con el agua un par de minutos, se añade a la salsa de la sartén. Se mueve bien, se deja cocer otro par de minutos y se sirve en salsera.

97 SALSA DE JEREZ Y CHAMPIÑONES (6 personas)

Está indicada para acompañar carnes, mollejas, huevos escalfados o a los 5 minutos, etc.

125 g de champiñones frescos,
zumo de ¹/₂ limón,
1 cucharada sopera de aceite fino,
60 g de mantequilla,
1 cucharada sopera de harina,
1 vaso (de los de agua) bien lleno de agua,

¹/₂ vaso (de los de vino) de jerez,
1 cucharadita (de las de moka) de concentrado de carne,
1 cucharada sopera de perejil picado (facultativo),
sal.

En un cazo pequeño se ponen los champiñones, una vez bien lavados y cortados en láminas; se les añade algo menos de la mitad de la mantequilla, el zumo de ¹/₂ limón y sal. Se tapa el cazo y se hacen a fuego lento durante unos 10 minutos. Se reservan.

En un cazo o sartén se pone el aceite y la mantequilla a calentar. Cuando ésta se ha derretido, se agrega la harina, se le dan unas vueltas para que se dore un poco y entonces se vierte el jerez y el agua sin dejar de mover. Se deja cocer unos 8 minutos más o menos a fuego mediano. Si tuviese grumos habría que colarlo por el chino. Puesta la salsa de nuevo en el cazo, se le añaden los champiñones con todo su jugo y el concentrado de carne. Se prueba de sal, se rectifica si hace falta y se sirve en salsera.

98 SALSA CON JEREZ Y ACEITUNAS (6 personas)

Está indicada para acompañar carnes, mollejas, huevos escalfados, etc.

2 cucharadas soperas de aceite fino,
1 cucharada sopera de harina,
1 cucharada sopera de salsa de tomate espesa (o una cucharada de las de café de concentrado de tomate),
1 cebolla mediana (60 g),

1¹/₂ vaso (de los de agua) lleno de agua,
¹/₂ vaso (de los de vino) de jerez,
1 cucharadita (de las de moka) de extracto de carne,
50 g de aceitunas sin hueso,
sal.

En una sartén pequeña se pone el aceite a calentar; cuando está en su punto se le añade la cebolla picada. Se deja que empiece a dorarse (unos 7 minutos) y entonces se agrega la harina. Se mueve con una cuchara de madera, durante un par de minutos. Se echa el tomate y, poco a poco, se vierte el agua y después el jerez. Se cortan las aceitunas en redondeles y se echan en la salsa. Se deja cocer unos 5 minutos. Se pone el extracto de carne y se prueba de sal, por si hiciera falta rectificar, teniendo en cuenta que el extracto de carne y las aceitunas están salados.

99 SALSA DE VINO BLANCO (6 personas)

Se sirve para acompañar los huevos a los 5 minutos, o escalfados, etc.

1 cebolla mediana (80 g),
1 cucharada sopera de harina,
3 cucharadas soperas de aceite,
2 tomates medianos (150 g),
1 vaso (de los de vino) no lleno de vino blanco,

1 vaso (de los de agua) de agua,
1 cucharadita (de las de moka) de extracto de carne,
100 gramos de jamón serrano picado,
sal y pimienta.

En una sartén se pone el aceite a calentar. Se pela y pica la cebolla y se echa en el aceite, removiendo hasta que empiece a dorarse (unos 7 minutos). Se añade entonces la harina, y, un par de minutos después, los tomates lavados, cortados en trozos y quitadas las simientes. Se refríe todo durante 5 minutos y se agrega el vino y el agua. Se deja cocer unos 10 minutos a fuego lento y después se pasa por el pasapurés. Se incorpora el jamón picado y se cuece a fuego lento 3 minutos. Después se conserva al calor, pero sin cocer la salsa. Si espesa demasiado, se puede añadir un poco de agua caliente o fría.

En el momento de ir a servir se pone el extracto de carne, se prueba de sal por si acaso falta poner algo más (la salsa estará salada con el extracto de carne y el jamón) y se añade un pellizquito de pimienta molida.

Se vierte la salsa por encima de los huevos a los cinco minutos, escalfados o en tortilla que vayan a servirse.

100 SALSA DE CHALOTAS PARA LA CARNE (4 personas)

Cuando se han frito los filetes o un trozo grande de lomo, en la misma grasa se añaden:

2 chalotas muy picaditas (2 cucharadas soperas),
1 cucharadita (de las de café) de perejil picado,

1 vaso (de los de vino) de vino blanco seco,
½ vaso (de los de agua) de agua,
sal.

Se cuece esta salsa durante diez minutos a fuego vivo, primero, y mediano, después, y se sirve rociando los filetes o trozos de carne que estarán al calor esperando servirse.

SALSA DE NATA LÍQUIDA Y EXTRACTO DE CARNE
(4 a 6 personas)

Cuando se tiene un resto de carne sin salsa se puede hacer con $^1/_4$ litro de nata líquida y una cucharadita (de las de moka) de extracto de carne. Se pone esta mezcla a calentar al baño maría y se sirve en salsera (que se calentará previamente con agua caliente).

SALSA DE MANTEQUILLA Y ANCHOAS (4 personas)

Esta salsa se sirve acompañando carne en filetes o pescado asado (como mero), o frito (como lenguados), o cocido (del tipo del rodaballo).

100 g de mantequilla,
  6 anchoas (de lata, en aceite),

1 cucharada sopera de perejil picado,
  el zumo de 1 limón.

En un mortero se machacan las anchoas (bien escurridas de su aceite) con parte de la mantequilla. Una vez conseguido un puré, se agrega el resto de la mantequilla. Se pone en un cazo al calor, pero sin que llegue a cocer la mantequilla. Cuando ésta se ha puesto líquida, se añade el zumo de limón y el perejil picado.

Se vierte por encima de lo que se vaya a servir o se sirve en salsera aparte (previamente calentada con agua hirviendo).

SALSA DE MANTEQUILLA NEGRA Y ALCAPARRAS (4 personas)

Esta salsa se emplea sobre todo para la raya, el rodaballo y los sesos cocidos.

150 g de mantequilla,
  2 cucharadas soperas de alcaparras,

$^1/_2$ **cucharada (de las de café) de vinagre,**
  sal.

En una sartén se pone la mantequilla a derretir. Cuando empieza a tomar color (tostado, pero que no llegue a quemarse), se separa del fuego y se añade el vinagre, las alcaparras y un pellizquito de sal. Se calienta un poco, revolviendo todo muy bien, y se sirve en salsera aparte. Mientras se hace la salsa, la salsera estará llena de agua caliente. Se vacía de agua y se seca rápidamente antes de verter la salsa en ella.

104 SALSA DE GROSELLA PARA VENADO, CORZO O CIERVO
(8 personas)

2 chalotas,
1 mata de apio pequeña (o $^1/_2$ si es grande),
200 g de piltrafas de carne de corzo,
4 cucharadas soperas de aceite,
$^3/_4$ de litro de buen vino tinto (tipo Burdeos),
1 cucharada sopera rasada de fécula de patata,

$^1/_2$ vaso (de los de vino) de coñac,
$^1/_2$ frasco o bote de jalea de grosella (250 g),
1 ramillete (laurel, tomillo, perejil),
1 diente de ajo,
3 o 4 gotas de carmín (facultativo),
sal y pimienta.

En un cazo se pone a calentar el aceite. Cuando está en su punto se echan las chalotas peladas y picadas, así como la parte blanca del apio (el tallo), picada también, el ramillete y las piltrafas de carne picadas. Se les da unas vueltas, pero sin que se doren las chalotas. Se rocía con vino y con el cazo destapado se deja cocer despacio hasta que se quede en la mitad. Se pasa entonces por el chino apretando mucho. Se vuelve a poner en el cazo y se añade el coñac, la jalea de grosella, sal y pimienta. En un tazón se deslíe la fécula con un poco de agua y se incorpora al resto de la salsa. Se mueve bien, dejando cocer un par de minutos; se añade el carmín y se sirve en salsera.

Si la salsa tuviera que esperar, habría que ponerla al baño maría con una nuez de mantequilla por encima para que no se forme piel.

Nota.—Si la salsa estuviese espesa, se le añade un poco de agua. Si, por el contrario, estuviera clara, se le pone un poco más de fécula desleída con agua. Estas dos eventualidades pueden ocurrir por causa de la clase de la jalea.

Salsas frías

105 SALSA VINAGRETA

La proporción es una cucharada sopera de vinagre con un pellizquito de sal y 3 cucharadas soperas de aceite (o sea, en un vaso, una parte de vinagre y tres de aceite).

Se deshace la sal con el vinagre y se añade el aceite, batiendo bien con un tenedor.

Las vinagretas pueden variarse mucho: se les agrega mostaza, o un poco de cebolla muy picada con perejil también muy picado, o alcaparras picadas. También se les puede poner huevo duro muy picado, etc.

106 SALSA VINAGRETA HISTORIADA (6 personas)

1.ª fórmula:

2 huevos duros,	1 vaso (de los de agua) de aceite fino,
2 cucharaditas (de las de moka) de mostaza,	1 cucharada sopera de perejil picado, sal.
1 cucharada sopera de vinagre,	

Esta salsa acompaña muy bien los pescados cocidos fríos o calientes, los garbanzos, los espárragos en frío o en caliente, etc.

En un tazón se ponen las 2 yemas de huevo cocido (que habrán hervido 13 minutos) y la mostaza. Se mezcla todo junto con el dorso de una cuchara. Se incorpora el vinagre y, después, el aceite, poco a poco, y dando vueltas como para hacer una mayonesa. Cuando el aceite está todo incorporado, se sala ligeramente, y en el momento de servir se añade el perejil picado y las claras de los huevos duros muy picaditas.

Se sirve en salsera aparte.

2.ª fórmula:
Se emplea para acompañar el mismo tipo de platos que la anterior.

1 huevo duro,	tenga,
3 cucharadas soperas de buen vinagre,	1 cucharada sopera de perejil picado,
9 cucharadas soperas de aceite fino,	1 cucharada sopera de cebolla muy
1 vaso (de los de vino) de caldo de cocer garbanzos, o de cualquier caldo que se	picada, sal.

En la salsera se pone la sal y el vinagre, se revuelve bien hasta que la sal esté bien disuelta. Se va añadiendo poco a poco el aceite y después el caldo. A última hora, al ir a servir la salsa, se agrega el perejil picado y el huevo duro picado muy menudo (clara y yema).

Nota.—Se puede añadir, si gusta, un poco de cebollita francesa muy picada (una cucharada sopera).

107 SALSA VINAGRETA CON AJO (4 personas)

Es muy apropiada para acompañar pescados fríos.

1 diente de ajo,	1 cucharada sopera de perejil muy
2 cucharadas soperas de vinagre,	picado,
6 cucharadas soperas de aceite fino,	sal.

En un mortero se machaca el diente de ajo, pelado, con sal. Una vez hecho una pasta, se le añade poco a poco el vinagre. Seguidamente se echa el aceite despacio, batiendo muy bien la salsa con un tenedor. Al final se agrega el perejil picado.

Se pone un ratito en sitio fresco y se sirve en salsera.

108 SALSA ROQUEFORT CON CREMA

Disolver el queso de Roquefort con aceite, añadir un poco de vinagre y sal. Pasar por la batidora y meter en la nevera media hora.

En el momento de ir a usarla añadir algo de crema líquida, si se quiere.

109 SALSA ROQUEFORT CON YOGUR

Disolver el queso con el aceite. Añadirle limón en vez de vinagre. Salpimentar a gusto y poco a poco agregarle removiendo un par de cucharadas (de las de café) de yogur natural.

110 MONTONCITOS DE MANTEQUILLA (6 personas)

Para adornar los filetes de solomillo.

1.ª manera:

Se pica muy menudo **perejil (como una cucharada sopera)** y se mezcla con unos **50 g de mantequilla**, que no esté dura, **y una cucharada (de las de café) de zumo de limón**. Se hacen 6 montones y se colocan **en unas rodajas finas de limón**. Una vez preparadas se meten en la nevera o en sitio fresco hasta el momento de emplearlos.

Cuando se han hecho los filetes a la plancha y puestos ya en la fuente de servir, se pone encima de cada uno una rodaja de limón con su mantequilla. Se sirven en seguida.

2.ª manera:

Se tienen **50 g de mantequilla** fuera de la nevera con el fin de que esté blanda. Se ponen en un tazón y se le van añadiendo poco a poco **3 cucharadas (de las de café) de vinagre bueno**, moviendo como si se fuese a hacer una mayonesa a mano. Se sala y se añade una **cucharada (de las de moka) de estragón en polvo**. Se preparan 6 rodajas de limón y se reparte esta mezcla en 6 montoncitos, uno encima de cada rodaja de limón. Se planta una ramita de perejil en cada montón y se mete en la nevera o en sitio fresco hasta el momento de ir a usarlo. Se ponen las rodajas de limón con la mantequilla encima en cada filete en el momento de servir.

Nota.—Se puede servir esta salsa en toda clase de asados, fritos, etc. Se harán entonces 3 o 4 veces estas cantidades y se servirá en salsera aparte.

3.ª manera:

Se pone en cada rodaja de limón solamente un montoncito de mostaza.

 SALSA MAYONESA CLÁSICA

1.ª fórmula (6 personas)

2 yemas,
¹/₂ litro de aceite fino,

2 cucharadas soperas de vinagre o zumo
de limón,
sal.

En una ensaladera de tamaño adecuado se ponen las 2 yemas con ¹/₂ cucharada sopera de vinagre o zumo de limón y un pellizquito de sal. Se revuelve un poco con unas varillas o un tenedor y, lentamente —sobre todo al principio—, se va echando el aceite sin dejar de revolver. Una vez terminado el aceite, se añade el vinagre o el zumo y se rectifica de sal.

Conviene hacer la mayonesa en sitio bien fresco.

2.ª fórmula:

Mayonesa hecha en batidora (4 personas)

1 huevo entero,
el zumo de ¹/₂ limón,
la punta de un cuchillo de mostaza
(facultativo),

¹/₂ litro de aceite fino (puede ser algo
más),
sal.

Se pone en la batidora el huevo entero (que no sea sacado de la nevera en el momento de hacer la mayonesa), el zumo de limón, la mostaza, la sal y un chorrito de aceite. Todos estos ingredientes no deben cubrir del todo las cuchillas. Se emulsiona con la espátula de la batidora o con el mango de una cuchara antes de hacer funcionar la batidora. Ésta se tendrá en funcionamiento durante 20 segundos. Se para y se echa el aceite de una vez; se vuelve a emulsionar un poco, como anteriormente. Se pone de nuevo la batidora en marcha unos 35 segundos, más o menos, y la mayonesa está dura y a punto.

Se prueba y rectifica de sal, mostaza o limón si hace falta.

Nota.—Hay batidoras que traen una especie de embudo con un agujero. En este caso se puede echar el aceite allí dentro en vez de ponerlo de golpe.

 SALSA MAYONESA VERDE (4 personas)

1 huevo entero,
el zumo de ¹/₂ limón (más o menos),
¹/₄ litro de aceite (puede ser algo más),
1 puñadito de hojas de perejil,

2 cucharadas soperas de alcaparras
picadas,
2 pepinillos en vinagre picados, unas
gotas de color verde, si hace falta,
sal.

Se procede a hacer la mayonesa como está explicado en la receta anterior (2.ª fórmula).

En el mortero se machaca el perejil y, una vez bien machacado, se le añade una cucharada sopera de mayonesa, se revuelve bien y se agrega lo del mortero a la mayonesa ya hecha. Se remueve bien para que quede verde por igual y después se incorporan las alcaparras y los pepinillos picados no muy finos. Si la mayonesa se quiere más verde, se le pondrán unas gotas de color, producto hecho a base de espinacas, que se encuentra en los comercios.

Se reserva en sitio fresco hasta servir.

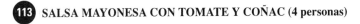 SALSA MAYONESA CON TOMATE Y COÑAC (4 personas)

1 huevo entero,
el zumo de ¹/₂ limón (más o menos),
¹/₄ litro de aceite fino (puede ser algo más),
sal,

unas gotas de salsa Perrins,
1 cucharada (de las de café) de mostaza,
1 cucharada (de las de café) de concentrado de tomate,
1 cucharada sopera de coñac.

Se procede a hacer la mayonesa como se indica en la receta de mayonesa con batidora (receta 111).

Una vez hecha, se le añade poco a poco el coñac, la mostaza, el concentrado de tomate y las gotas de Perrins. Se remueve bien y se reserva en sitio fresco.

114 SALSA TIPO MAYONESA CON TOMATE, SIN HUEVO (6 personas)

1 cucharada sopera de tomate concentrado,
1 vaso (de los de vino) no muy lleno de leche fría,
1 vaso (de los de vino) no muy lleno de aceite fino,

el zumo de ¹/₂ limón,
2 ramitas de apio blanco fresco, con su tallo,
10 almendras naturales sin piel,
4 granos de pimienta,
sal.

Se ponen todos los ingredientes juntos en la batidora. El apio, lavado y cortado en trocitos de un dedo de largo. Se bate bien y se vierte en una salsera que se pondrá en la nevera por lo menos una hora, o en sitio fresco.

ALIOLI

Es una mayonesa con ajos.

Acompaña carne del tipo de la del cocido, o lengua, etc. También se sirve para acompañar el bacalao hervido o un plato de patatas y verdura (alcachofas, puerros, nabos, zanahorias, etc.).

1.ª manera:

Se hace una mayonesa espesa, como va indicado anteriormente (receta 111, 1.ª fórmula). Aparte, en un mortero, se machacan unos 3 dientes de ajo con algo de sal (para que no se escurran del mortero). Una vez hechos puré, se les va añadiendo la mayonesa poco a poco y se sirve.

2.ª manera:

Se machacan en el mortero 3 dientes de ajo con un poco de sal, como anteriormente; una vez hechos pasta los ajos, se les añade 1 o 2 yemas de huevo, y después, poco a poco, aceite para ir haciendo una mayonesa. Al final se le agrega vinagre o zumo de limón y 1 o 2 cucharadas soperas de agua templada.

 SALSA ROMESCU

Ésta acompaña muy bien los mariscos, sobre todo en parrillada. Es una salsa fuerte y, por tanto, no se puede abusar de ella.

200 g de almendras tostadas,
100 g de avellanas tostadas,
  3 tomates asados,
  2 galletas María,
  2 ñoras (pimientos de romescu), remojadas en agua templada y peladas,

$^{1}/_{4}$ litro de aceite fino de oliva,
  1 cucharada sopera de vinagre,
    perejil, menta, pimienta,
    sal y agua.

Machacar las almendras, las avellanas y las galletas juntas. Añadirles los tomates pelados y la ñora. Majar muy bien en el mortero y agregar poco a poco el aceite como si se hiciese una mayonesa. Poner al final el vinagre, el perejil y la menta picados. Salpimentar a gusto y poco a poco echar algo de agua, según se vea de espeso y también esto es a gusto de cada cual.

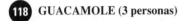 SALSA DE HORTALIZAS (PIPIRRANA) (6 personas)

Esto, más que una salsa, es una especie de ensalada muy picada que va muy bien para el pescado y el marisco frío, o la carne fría.

2 tomates maduros, grandes,	3 cucharadas soperas de vinagre,
1 pepino mediano,	6 cucharadas soperas de aceite fino,
1 pimiento verde mediano,	pimienta molida,
1 cebolla pequeña (40 g),	sal.

No se debe preparar con mucha anticipación, pues el tomate entonces suelta mucha agua.

Se cortan los tomates y el pimiento y se les quitan las simientes, se pelan la cebolla y el pepino y se pican las 4 hortalizas muy picaditas. Se aliñan con el vinagre, la sal, la pimienta y el aceite. Se mezcla muy bien y con esto se cubre el pescado o el marisco.

Para acompañar la carne, se sirve en un bol de cristal aparte.

Se deja macerar un momento ($\frac{1}{2}$ hora, más o menos) en sitio fresco antes de servir.

 GUACAMOLE (3 personas)

1 aguacate muy maduro, grande,	1 cucharada sopera de cebolla muy picada,
$\frac{1}{2}$ tomate, mediano,	
1 trozo de pimiento verde, con 2 aritos de guindilla o 3 pimientos de padrón,	4 granos de cilantro, machacados, unas gotas de zumo de limón, sal.

Pelar el aguacate y aplastarlo con un tenedor, para que quede como una crema. Añadir la cebolla picada, el pimiento también muy picado, el cilantro machacado, los aritos de guindilla, sal y un poco de zumo de limón, para que no se ponga oscuro el guacamole.

Mezclar todo muy bien y plantar el hueso del aguacate en el centro del cuenco donde se irá a servir.

Se tapa con un film de plástico y se mete en la nevera. Al ir a servir quitar la guindilla.

Sirve para acompañar carnes frías o de aperitivo con las galletitas saladas.

119 SALSA PARA SALPICÓN DE MARISCOS

Picar muy fina la cebolla y ponerla a macerar en el aceite que se vaya a emplear.

Hacer la vinagreta con buen vinagre, sal, el aceite con su cebolla, huevo duro picando lo blanco y la yema y pimiento rojo muy picadito.

Añadir una cucharada sopera de coñac.

ADOBO PARA CAZA

Este tipo de adobo se hace para que resulten más tiernas y sabrosas las carnes de corzo, ciervo, venado, liebre, etc.

Se tiene que hacer en un recipiente de barro o loza, pues el metal le daría mal sabor.

Debe adobarse por lo menos 5 horas y en muchos casos hasta 24 horas antes. Se pone:

Vino tinto,	hojas de laurel o ramitas de tomillo,
cebollas cortadas en rodajas finas,	pimienta en grano,
zanahorias, también en rodajas, pero más gruesas,	clavos en especia, un chorrito de aceite,
ramitas de perejil,	sal.

Se moverá de vez en cuando la pieza de carne para que se empape bien.

Se tapará el recipiente para que no se pierda el aroma de los ingredientes.

Salsas dulces

 CARAMELO LÍQUIDO (4 personas)

1 cucharada sopera de azúcar,	1 vaso de agua caliente
2 cucharadas soperas de agua,	(1 vaso de los de vino),
	unas gotas de zumo de limón.

En un cazo se ponen el azúcar, las gotas de zumo de limón y las 2 cucharadas de agua; se pone a fuego vivo y cuando el caramelo, que se moverá con un alambre, esté con un bonito color, se separa del fuego y, con cuidado, porque sale un vapor intenso, se echa el vaso de agua caliente. Se vuelve a poner al fuego y se deja cocer unos 5 minutos hasta que espese un poco. Se retira, se deja enfriar y se sirve en jarrita.

 SALSA DE CHOCOLATE

Para servir en salsera acompañando los budines, el helado de vainilla, peras cocidas, etc.

2 cucharadas soperas de cacao, o 200 g de chocolate,	2 vasos (de los de agua) de leche fría, 1 cucharada (de las de café) de fécula de
4 cucharadas soperas de azúcar,	patata.
6 cucharadas soperas de agua,	

En un cazo se pone el chocolate en trozos con el agua. Se pone al fuego para que se derrita. Aparte, en una taza, se disuelve la fécula con un poco de leche. Se añade el resto de la leche al chocolate ya disuelto y, dando siempre vueltas con una cuchara, se agrega el azúcar y la fécula desleída. Se cuece un par de minutos, moviendo bien, y se retira. Ya enfriada la salsa, se vierte en una salsera, colándola por un chino o colador de agujeros grandes.

123 SALSA DE MERMELADA (6 personas)

Para acompañar un budín, un helado, etc.

3 cucharadas soperas de mermelada de grosella o frambuesa, albaricoque, etc.,	**2 cucharadas (de las de café) de fécula de patata,**
2 cucharadas soperas de azúcar,	**unas gotas de zumo de limón.**
1¹/₂ vaso (de los de agua) de agua,	

En un cazo se echa el agua, el azúcar y la mermelada, poniéndolo a fuego mediano. Se dan vueltas con una cuchara de madera durante unos 10 minutos. En un tazón se pone la fécula y se disuelve con un poco de agua fría. Se añade al contenido del cazo con la mermelada y, dando vueltas, se cuece otros 5 minutos. Se incorporan las gotas de limón, se cuela y se sirve en salsera.

124 SALSA DE ZUMO DE NARANJA (6 personas)

Para acompañar un budín, un helado, etc.

El zumo de 4 naranjas grandes,	**1 trozo de corteza de limón,**
200 g de azúcar,	**2 cucharadas soperas de licor de Curaçao o Cointreau.**
3 cucharadas soperas de agua,	
1 cucharada (de las de café) de fécula de patata o crema de arroz,	

Se puede hacer el zumo con un aparato eléctrico especial, o en una batidora, pues así resulta más espeso. Si no se tiene aparato especial, se empleará el corriente y únicamente se espesará la salsa con algo más de fécula.

Una vez hecho el zumo, se pone en un cazo con la corteza de limón y el azúcar. Se calienta suavemente. Mientras tanto se deslíe la fécula en un tazón con 3 cucharadas soperas de agua. (Si se pone crema de arroz, hay que poner unas 3 cucharadas de las de café.) Se añade al zumo y se cuece un par de minutos sin dejar de moverla con una cuchara. Se aparta del fuego, se añade el licor, se cuela por un chino y se pone en sitio fresco o en la nevera hasta ir a servirla.

Potajes y sopas

125 COCIDO (6 personas) ♈♈♈

300 g de garbanzos (1 tazón de desayuno),
1 kg de repollo francés,
¹/₂ kg de zanahorias (que no sean grandes),
6 patatas medianas,
¹/₂ kg de culata de contra o morcillo (si
gusta la carne melosa),
4 huesos de caña (de vaca),

¹/₄ de pechuga de gallina,
1 chorizo (no muy blando),
1 hueso de codillo o una punta de
jamón serrano,
1 morcilla de arroz,
150 g de tocino veteado (salado),
1 buen puñado de fideos cabellines
(muy finos),
sal.

Salsa para acompañar:
Salsa de tomate (receta 77) o vinagreta (receta 106, 2.ª fórmula).

La víspera por la noche se ponen los garbanzos en remojo en agua templada con
2 cucharadas soperas de sal.
En una olla grande se pone agua fría abundante con la carne, los huesos de
caña (atados de 2 en 2 con una cuerda fina para que no se salga el tuétano), el codillo y el tocino. Se pone a calentar y cuando empieza a hervir se meten los garbanzos
escurridos de su agua (se pueden meter dentro de una red especial para que no se
desparramen). Cuando rompe el hervor se baja el fuego para que, sin dejar de
cocer, lo haga lentamente. Una hora después se añade la gallina y el chorizo. Se
espuma y se tapa otra vez. El cocido deberá cocer en total unas 3¹/₂ horas. Una hora
antes de finalizar la cocción se le pone la sal y se agregan las zanahorias, peladas y

partidas por la mitad a lo largo, y $^1/_2$ hora después las patatas peladas, lavadas pero enteras.

El repollo se pica, se lava y se cuece aparte. Se rehogará en el momento de servirlo en un poco de aceite donde se hayan dorado un par de dientes de ajo pelados. Esto es facultativo, pues si se sirve salsa, el repollo puede servirse sólo cocido y escurrido.

La morcilla o bien se cuece aparte en un cazo pequeño (porque es muy fuerte de sabor para meterla en el cocido) o se corta en rodajas y se fríe, según más guste.

Terminado de cocer el cocido, se separa el caldo necesario para la sopa, dejando algo en la olla para que los elementos del cocido no se enfríen ni se sequen. Si se quiere tener sopa para la noche, se va retirando caldo y añadiendo agua caliente para que no se interrumpa la cocción del cocido —pasadas $2^1/_2$ horas—. Se hervirán los fideos durante unos 15 minutos más o menos en el caldo que hemos reservado para la sopa, que se servirá aparte en una sopera.

En una fuente se pone la carne partida en trozos, así como el chorizo, el tocino, la morcilla, el tuétano en rebanaditas de pan tostado y la gallina (si ésta no se reserva para hacer croquetas para la cena de la noche).

En otra fuente irán los garbanzos, la verdura y las patatas.

Nota.—Se puede poner el chorizo a cocer en un cazo aparte con el repollo. Se echa todo junto cuando el agua empieza a hervir a borbotones. Se tiene así cociendo unos 30 a 45 minutos. Se escurre y se sirve sin rehogar.

Bola.—Se hace esta bola con 150 g de miga de pan (del día anterior), 2 huevos, 50 g de tocino, 1 diente de ajo, 1 cucharada sopera de perejil picado, 2 o 3 cucharadas soperas de caldo del cocido, 1 vaso de los de vino de aceite, sal.

En una ensaladera se pone el pan desmenuzado y se añaden los 2 huevos, el perejil, el ajo muy picado y el caldo. Se revuelve bien y se forma una croqueta grande.

En una sartén se pone el aceite a calentar y se dora la bola, se saca y se echa en el cocido a cocer 1/2 hora. Se sirve cortada en rodajitas.

126 POTAJE DE GARBANZOS (6 a 8 personas)

$^1/_2$ kg de garbanzos,
$^1/_2$ kg de espinacas,
125 g de bacalao,
100 g de cebolla picada (una cebolla grande),
125 g de tomates (2 medianos, maduros),
$2^1/_2$ dientes de ajo,

1 hoja de laurel,
1 ramita de perejil,
3 cucharadas soperas de aceite,
1 cucharada sopera de harina,
1 cucharada (de las de café) rasada de pimentón,
agua y sal.

Los garbanzos tienen que ponerse en remojo la víspera por la noche, bien cubiertos de agua templada y un poco de sal.

En una olla se pone agua (templada, más bien caliente, unos $2^1/_2$ a 3 litros). Se echan los garbanzos, el bacalao (sin remojar) deshecho en trocitos no muy pequeños y con su piel, 2 dientes de ajo pelados y la hoja de laurel. Cuando rompe el hervor, se baja el fuego y se deja cocer suavemente unas 2 horas (depende de la clase de garbanzos).

Se preparan las espinacas. Se les quitan los tallos, se lavan muy bien y se escurren. A las 2 horas de cocer los garbanzos se ponen en la olla para que cuezan juntos unos 30 minutos.

En el mortero se machaca el $^1/_2$ diente de ajo con la ramita de perejil.

En una sartén se pone el aceite y cuando está caliente se echa la cebolla muy picada, se rehoga dando vueltas con una cuchara de madera. Cuando la cebolla se va poniendo transparente (5 minutos más o menos) se añade la harina, el contenido del mortero y el pimentón. Se rehoga todo junto unos 5 minutos (con cuidado de que no se queme el pimentón) y se incorpora todo en la olla. Se mueve todo y se prueba de sal por si hace falta rectificarlo. Se deja cociendo todo junto unos 15 minutos más o menos.

Se sirve en sopera, quitando los 2 dientes de ajo enteros y la hoja de laurel.

Nota.—Se pueden añadir al potaje unas bolitas de bacalao, que le van muy bien.

2 trocitos de bacalao (remojado y desmenuzado, pero sin cocerlo),
1 diente de ajo,
1 cucharada sopera de cebolla muy picada,

1 huevo,
2 cucharadas soperas de pan rallado,
1 plato con harina.

Se mezclan todos los ingredientes y se hacen unas bolitas como avellanas (con su cáscara). Se envuelven en harina y se echan en el potaje para que den un hervor. Se sirve todo junto.

127 POTAJE CON ACELGAS, PATATAS, JUDÍAS BLANCAS Y ARROZ (6 personas)

1 taza de desayuno (no llena) de judías blancas (350 g),
3 patatas,
¹/₂ taza (de desayuno) de arroz,
4 hojas de acelga,
¹/₄ kg de nabos,
¹/₄ kg de magro de cerdo,

unas hebras de azafrán.

Refrito:
3 cucharadas soperas de aceite,
1 tomate,
1 cebolla pequeña (50 g),
sal.

Poner la víspera las judías en remojo en agua fría. Al ir a hacer el potaje, se les quita a las judías su pellejo. Se ponen a cocer en agua fría. Cuando rompen a hervir se tira el agua y se vuelve a poner fría. Se dejan cociendo hasta que se deshagan (unos 25 a 30 minutos).

Se lavan muy bien las acelgas, se pican muy menudas y se ponen a cocer en agua caliente con sal, junto con el magro partido en trozos pequeños, los nabos pelados y picados en trozos pequeños. Cuando todo está tierno (es decir, al cabo de una hora), se mezcla todo y se sigue cociendo despacio ¹/₂ hora más o menos. En una sartén se pone el aceite a calentar; se le añade la cebolla muy picada, se deja dorar (unos 7 minutos) y después se echa el tomate pelado y quitadas las simientes. Cuando está bien refrito se incorpora al potaje.

Se machacan en el mortero las hebritas de azafrán con un poco de caldo, y se incorporan también. Media hora antes de servir el potaje, se agregan las patatas peladas, lavadas y cortadas en trocitos pequeños. Quince minutos después de echar las patatas, se añade el arroz.

Cuando la cocción ha terminado, se sirve en sopera.

POTAJE SENCILLO (6 personas)

1 taza (de desayuno, no llena) de judías blancas (250 g),
3 litros de agua (2 fríos y otro templado),
$^1/_2$ kg de patatas,
1 punta de jamón magro (125 g),
1 trozo de tocino (125 g),
30 g de manteca de cerdo (una cucharada de las de café),
1 kg de repollo (si es francés, mejor),
1 hoja de laurel,
$^1/_2$ cebolla mediana (50 g),
2 dientes de ajo,
sal.

Las judías estarán en remojo desde la noche anterior.

Se ponen las judías remojadas en una cacerola bastante grande, con 1 litro de agua fría, una hoja de laurel, la $^1/_2$ cebolla partida en dos, los 2 dientes de ajo, la manteca, el tocino y el jamón. Se deja cocer durante una hora (más o menos, según la clase); durante este tiempo se corta la ebullición 3 veces, echando un chorrito de agua fría (cada 15 minutos, por ejemplo). Cuando llevan una hora, se apartan unas cuantas y se dejan en caldo para que no se enfríen. Las demás se pasan por el pasapurés, dejándolas en la cacerola con el caldo, el tocino y el jamón sin que deje de cocer.

Se vuelven a poner en la cacerola grande las judías pasadas, 1 litro de agua templada, y, cuando rompe a hervir, se añade el repollo muy limpio y picado. Se deja cocer una hora y después se añaden las patatas cortadas en cuadraditos y la sal. Cocerá de nuevo durante $^3/_4$ de hora, hasta que estén cocidas las patatas y el repollo. Entonces se incorporan las judías que se tenían reservadas.

Se rectifica de sal si hace falta. Se cortan la punta de jamón y el tocino en cuadraditos, y se sirve todo en sopera.

 CALDO GALLEGO (6 personas)

100 g de judías blancas (1 vaso de los de vino, no lleno),
1 hueso de lacón con algo de carne,
1 hueso de rodilla de ternera,
$^1/_4$ kg de carne de vaca (morcillo u otra),
2 patatas medianas,
300 g de grelos (nabizas o repollo),
un poco de unto (una cucharada sopera, más o menos),
agua y sal.

Se ponen en remojo las judías unas 3 horas antes de ir a cocerlas.

En una olla se ponen unos 4 litros de agua fría. Se echan la carne, el lacón, el hueso de ternera y el unto, y se deja cocer durante una hora a fuego mediano. Mientras tanto se ponen las judías en un cazo con agua fría y sin sal. Se ponen a cocer también, y cuando rompe el hervor se tira toda el agua y se vuelve a poner agua fría que las cubra bien, pero no demasiado. Se dejan cocer durante $^1/_2$ hora y se añaden entonces a la olla con su caldo. Se cuece todo hasta que las judías están blandas, más o menos en total $1^1/_2$ hora (depende de la clase de judías). Se echarán ahora las patatas peladas, cortadas a cuadraditos y lavadas. Se dejan cocer otros 15 minutos, poniendo entonces la sal, y se incorporan los grelos, a los cuales se les quitan los tallos, se pican las hojas y se lavan bien. Se deja cocer todo junto durante unos 20 a 30 minutos más. Se prueba el caldo para rectificar la sal si hace falta, y se sirve en sopera.

Nota.—Este caldo está mejor hecho la víspera y recalentado.

130 POTE GALLEGO (6 personas)

El principio es el mismo que el del caldo gallego, pero se sirve más espeso.

250 g de judías blancas,
150 g de lacón (carne),
2 huesos de rodilla de ternera,
$^1/_2$ kg de carne de vaca magra,
4 patatas medianas,

$^1/_2$ kg de grelos (nabizas o repollo francés),
unto (una cucharada sopera más o menos),
agua y sal.

Se prepara igual que la receta anterior.

131 PURÉ DE GARBANZOS (6 personas)

$1^1/_2$ litro de caldo del cocido (desgrasado),
759 g de garbanzos cocidos (resto del cocido),
2 puerros medianos (150 g),

2 cucharadas soperas de aceite,
1 cucharada sopera de maizena,
sal,
cuadraditos de pan frito.

Poner el aceite a calentar; una vez caliente, se echan los puerros cortados en trocitos, teniéndolos un rato hasta que se doren ligeramente (15 minutos). Añadir entonces un vaso de caldo del cocido y dejarlo cocer unos 5 minutos, retirando luego el cazo del fuego. Se incorpora esto al resto del caldo y se irán pasando en varias veces por la batidora los garbanzos con un poco de caldo.

Una vez está hecho el puré, se pone al fuego. En un tazón se deslíe la cucharada de maizena con un poco de caldo frío (un par de cucharadas soperas bastarán). Añadirlo al puré y dejar que éste dé un hervor muy lento durante unos 5 minutos.

Rectificar de sal y servir en sopera con los cuadraditos de pan fritos.

132 PURÉ DE JUDÍAS BLANCAS (6 personas)

300 g de judías blancas,	**2** cucharadas soperas de harina,
2 dientes de ajo,	**25** g de mantequilla,
1 hoja de laurel,	sal,
1 cucharada sopera de aceite,	unos currusquitos de pan frito.
agua,	

Se ponen las judías en remojo unas horas antes de utilizarlas (de 3 a 5 horas) con agua fría.

Se escurren de su agua de remojo y se ponen, al ir a utilizarlas, en un cazo con agua fría hasta que rompa bien el hervor. Con una tapadera se cubre el cazo y se tira esta agua, volviendo a poner unos 2 litros escasos de agua fría, los 2 dientes de ajo (pelados), la hoja de laurel y una cucharada de aceite. Se dejan cocer a fuego mediano hasta que estén bien tiernas (el tiempo depende de la clase de judías y de la clase de agua, por lo cual es mejor sacar algunas y probarlas). Una vez bien tiernas se retira el cazo, y cuando están templadas se pasan en tandas por la batidora, quitándoles los ajos y el laurel.

Se cuela el puré por el chino para que salga fino. En un tazón se ponen las 2 cucharadas de harina y se deshacen con un poco de puré frío. Se vierte esto en el resto del puré y se deja cocer unos 8 minutos. Se le pone sal, y en el momento de servir se añade el trozo de mantequilla en el puré bien caliente, para que se derrita, pero sin cocer.

Se sirve en sopera, con unos currusquitos de pan frito.

Nota.—También se puede hacer un puré con un resto de judías cocidas o guisadas. Se procede entonces igual que para el puré de garbanzos (receta 131).

133 PURÉ DE LENTEJAS (6 personas)

500 g de lentejas ya cocidas,	caldo de las lentejas o agua con una pas-
10 cucharadas soperas de arroz cru-	tilla de pollo,
do,	agua y sal.

En una cacerola se pone agua abundante a cocer, sin sal. Cuando rompe el hervor se echa el arroz y se cuece durante unos 15 minutos (este tiempo depende de la clase de arroz). Una vez cocido, se vierte en un colador grande y se refresca al chorro del agua fría, reservando la mitad del arroz. La otra mitad y las lentejas con algo de su caldo se pasan por la batidora, en varias tandas. Después de pasadas, se les añade caldo si hace falta. En todo caso, la pastilla disuelta en un poco de agua caliente le dará muy buen gusto al puré. Se calienta bien al ir a servirlo. Se rectifica de sal si hace falta. Se sala un poco el arroz blando reservado y éste se pone en montoncitos encima del puré, justo en el momento de ir a servirlo para que no se hunda.

134 PURÉ DE GUISANTES SECOS (6 personas)

½ kg de guisantes secos (comprados
    así),
2½ litros de agua,
125 g de zanahorias,

1 cebolla pequeña (100 g),
150 g de tocino muy veteado,
sal.

Se ponen el ½ kg de guisantes secos en remojo unas 6 a 8 horas en agua fría que los cubra.

Al momento de hacer la sopa, se pone en una cacerola los 2½ litros de agua fría (sin sal) y los guisantes; cuando van a cocer se forma una espuma que se quita con la espumadera, y, después de esto, se echan las zanahorias y la cebolla cortadas en trozos grandes, así como un trozo de tocino (el más graso; el otro se reserva).

Se deja cocer lentamente por espacio de 1½ a 2 horas. Cuando los guisantes están muy deshechos, se deja enfriar un poco y se pasa en veces por la batidora todo esto, quitando el trozo de grasa de tocino que quede, para que no se enrede en las aspas de la batidora.

Se corta en cuadraditos muy pequeños el resto del tocino más veteado y en un poco de agua caliente se ponen a dar un hervor (5 minutos).

Una vez hecho el puré se cuece lentamente otra vez, se le pone sal y se añaden los trocitos de tocino, dejando que hiervan por espacio de unos 10 minutos; se sirve en sopera.

135 PURÉ DE GUISANTES SECOS CON LECHE (6 personas)

350 g de guisantes secos,
  1 cebolla pequeña (40 g),
  1 ramillete (una hoja de laurel, 1 diente
    de ajo y una ramita de perejil),
  1 hueso de codillo,

40 g de mantequilla,
  1 vaso (de los de agua) de leche caliente,
  agua y sal,
  unos cuadraditos de pan fritos.

Se ponen los guisantes en remojo en agua fría unas 12 horas antes de cocerlos, limpiándolos muy bien de piedrecitas, etc.

En una cacerola se pone agua fría (sin sal), los guisantes escurridos de su agua de remojo, la cebolla pelada y partida en dos, el codillo y el ramillete. Se pone a fuego mediano hasta que rompa el hervor, y, a partir de entonces, a fuego lento (sin que deje de cocer) durante unas 2½ a 3 horas.

Se retira el hueso de codillo y se pasan por el pasapurés cogiendo los guisantes con algo de su caldo. Se pone el puré en un cazo, se le echa sal y se agrega la leche caliente, y, si hiciese falta, caldo de cocerlos. Se incorpora la mantequilla y se revuelve bien con una cuchara de madera, calentándolo todo bien.

Se sirve en sopera con unos cuadraditos de pan frito aparte.

136 SOPA GRATINADA DE CEBOLLA (6 personas)

3 cucharadas soperas de aceite,
300 g de cebollas,
2 cucharadas soperas rasadas de harina,
1 litro de agua fría,

1 cucharada sopera de vino blanco (facultativo),
100 g de pan cortado en rodajas muy finas (mejor del día anterior),
75 g de queso gruyère rallado,
sal.

En un cazo se pone el aceite a calentar y se echan las cebollas peladas y cortadas en rodajas muy finas, dejando que se doren ligeramente, se agrega la harina, espolvoreándola sobre la cebolla. Se dan unas vueltas y se añade el agua, el vino y muy poquita sal.

Se deja cocer a fuego lento unos 6 minutos. Mientras tanto, se cortan las rebanadas de pan muy finas, se tuestan o se fríen según se prefiera. Se vierte la sopa en una sopera o cacharro de barro o cristal resistente al horno. Se colocan las rebanadas de pan por encima y se espolvorea el queso rallado. Se mete en el horno a gratinar durante media hora más o menos hasta que esté la sopa bien gratinada y se sirve en su misma sopera o cacharro.

137 SOPA DE CEBOLLA CLARA (6 personas)

3 cucharadas soperas de aceite,
2 cebollas medianas cortadas en rodajas finas (200 g),
2 cucharadas soperas rasadas de harina,
2 litros de caldo (o agua con pastillas),

1 cucharada sopera de perejil picado,
100 g de queso parmesano rallado (facultativo),
sal.

Se ponen las 3 cucharadas de aceite en una cacerola; cuando está caliente el aceite, se echa la cebolla en rodajas y se deja que tomen color (unos 10 minutos), moviendo con cuidado la cacerola. Se retiran en un plato aparte y se ponen entonces las 2 cucharadas de harina, moviendo durante unos minutos hasta que se tueste un poco ésta. Se añaden los 2 litros de caldo y las cebollas antes separadas, dejándolo cocer despacio durante 20 minutos. Se retira del fuego y se añade la cucharada de perejil muy picado.

Se sirve en sopera; aparte, en un platito, se sirve queso parmesano rallado para quien le guste.

138 SOPA DE AJO SENCILLA (6 personas)

¹/₂ **barra de pan (de** ¹/₄ **kg) del día anterior,**
4 dientes de ajo,
4 cucharadas soperas de aceite,

1 cucharada (de las de café) de pimentón,
1¹/₂ **litros de agua,**
sal.

Se corta la barra de pan en rebanaditas finas.

En una sartén se pone el aceite a calentar; cuando está caliente se echan los dientes de ajo pelados y se refríen bien hasta que se doren por completo. Se añade entonces el pan, dejando que se dore por completo. Cuando se le ha dado unas vueltas, se espolvorea con el pimentón removiendo bien todo con una cuchara de madera (cuidado, pues el pimentón se quema con facilidad). Se incorpora entonces el agua y la sal, y, a fuego lento, se deja cocer despacio unos 5 minutos (a partir del momento en que rompe el hervor). Se procura quitar los ajos y se sirve en sopera.

Nota.—Al echar el agua se puede añadir una pastilla de pollo, pues le da muy buen gusto.

139 SOPA DE AJO CON ALMEJAS (6 personas)

150 g de pan del día anterior (¹/₂ **barra de**
¹/₄ **kg),**
4 dientes de ajo,
4 cucharadas soperas de aceite,
1 cucharada (de las de café) de pimen-
tón,

¹/₄ **kg de almejas,**
1¹/₂ **litro de agua, más un poco para las**
almejas,
sal.

Se corta el pan en rebanaditas finas. Se lavan muy bien las almejas con agua y un poco de sal, pero sin dejarlas mucho rato en agua.

En una sartén se ponen las almejas con ¹/₂ vaso (de los de vino) de agua y se acerca al fuego, salteándolas para que se abran. Una vez abiertas, se cuela el jugo que han soltado y se les quita la mitad de la concha vacía. Se reserva todo.

En otra sartén se pone el aceite a calentar y se fríen los ajos pelados hasta que se doren (hay quien los quita entonces, pero si se quiere se pueden dejar). Se incorpora el pan rehogándolo muy bien y se espolvorea con el pimentón, sin dejar de mover con una cuchara de madera (porque el pimentón se quema con facilidad). Se incorpora ahora el agua con el caldo de las almejas y se echa sal. Se pone en un cacharro de barro, de porcelana o de cristal resistente al fuego. Cuando rompe a hervir, se enciende el horno. Pasados los 5 minutos se colocan las almejas por encima de la sopa, hundiéndolas un poco, y se mete la fuente en el horno unos 5 a 6 minutos, hasta que se tueste un poco. Se sirve en esta misma fuente.

SOPA DE AJO CON HUEVOS (6 personas)

150 g de rebanadas de pan cortadas finas y con corteza (si el pan es del día anterior, mejor),
¹/₄ litro de aceite (sobrará),
5 dientes de ajo,
1 cucharada sopera de cebolla picada,
1 cucharada (de las de café) de pimentón,
1 ramillete de perejil,
1¹/₂ litro de agua hirviendo,
6 huevos (facultativo),
sal.

Poner el aceite en una sartén y, cuando esté caliente, se fríe muy bien el pan. Cuando está dorado se saca y se reserva en un plato. Se dejan en la sartén sólo 4 cucharadas soperas de aceite. Cuando están calientes, se fríen bien los ajos y la cebolla picada, dando vueltas con una cuchara de madera. Ahora se pone el pimentón, apartando la sartén para que no se queme y moviendo bien. El pan se coloca en una cazuela de barro, o de cristal resistente al fuego; encima se echa el aceite con la cebolla y el pimentón (los ajos se retiran entonces y se tiran). A continuación se echa el litro y medio de agua hirviendo y se le pone sal. Se mueve bien con una cuchara de madera para que se mezcle por igual. Se incorpora el ramillete de perejil y se acerca a la lumbre; cuando rompe el hervor, se deja a fuego lento 5 minutos. En este tiempo se tiene el horno encendido y se mete dentro hasta que forma costra. Se cascan entonces 6 huevos en la sopa, echando un poco de sal en cada uno, y se mete la cazuela otro ratito al horno, hasta que la clara de huevo se cuaje. Servir en seguida.

141 CREMA DE ZANAHORIAS (6 personas)

2 litros de agua,
3 cucharadas de aceite frito,
¹/₂ kg de patatas,
¹/₂ kg de zanahorias,
¹/₂ cebolla picada en trozos grandes (100 g),
2 tomates medianos (o una cucharada pequeña de concentrado),
1 ramita de perejil,
sal,
cuadraditos de pan frito.

En un cazo se ponen los 2 litros de agua fría, las patatas peladas y cortadas en trozos grandes, las zanahorias bien lavadas y raspada la piel, cortadas en rodajas, la cebolla, los 2 tomates sin piel ni pepitas, la ramita de perejil, las 3 cucharadas de aceite frito y por fin la sal.

Se pone todo esto a cocer una hora más o menos, según sean de duras las zanahorias y las patatas. Si mengua el agua, hay que añadirle agua fría para que siempre tenga el mismo volumen. Luego se retira del fuego y se le quita la ramita de perejil; cuando está templado se va pasando por la batidora en tandas y se sirve con cuadraditos de pan frito aparte.

Nota.—Se puede preparar de antemano este puré, pero para que esté bueno es imprescindible pasarlo por la batidora antes de que se enfríe.

Una vez hecho el puré se puede enfriar y volver a calentar al servirlo.

142 SOPA DE CALABAZA (6 personas)

³/₄ kg de calabaza,
¹/₄ kg de patatas,
2 puerros medianos (150 g),
3 cucharadas de aceite,
1¹/₂ litro de agua,

¹/₂ litro de leche,
1 cucharadita (de las de moka) de extracto de carne,
sal.

En una cacerola se pone el aceite, y cuando está caliente se echan los puerros cortados en trocitos y se rehogan unos 5 minutos; después se agregan las patatas peladas y cortadas en trozos, así como la calabaza en trozos también. Se añade entonces el 1¹/₂ litro de agua fría y la sal (más bien poca, pues el extracto de carne salará más), y se pone a cocer. Cuando rompe a hervir, se baja el fuego y se cuece despacio (sin dejar de hervir) por espacio de unos 45 minutos. Se retira del fuego y se deja enfriar un poco; entonces se pasa, en varias veces, por la batidora.

Después de hecho el puré se añade la leche caliente, y, finalmente, el extracto de carne, moviendo para que quede bien mezclado; se sirve en sopera.

Nota.—Hay quien prefiere poner sólo calabaza; se suprimirán entonces las patatas y se pondrá 1¹/₂ kg de calabaza.

143 PORRUSALDA (6 personas)

¹/₄ kg de bacalao,
6 puerros medios,
³/₄ kg de patatas,

4 cucharadas soperas de aceite,
2¹/₂ litros de agua.

Poner el bacalao en remojo en agua fría la víspera. Cambiarlo de cazo y de agua varias veces, para que quede bien desalado.

Se pone el bacalao desalado en ¹/₂ litro de agua fría y cuando rompe a hervir se separa. Se le quitan entonces las espinas y la piel, desmigándolo, y se conserva el agua donde ha cocido, volviendo a poner el bacalao ya preparado en ella.

Aparte, en un cazo, se pone el aceite a calentar y se echan los puerros partidos en trozos, se rehogan un poco sin que tomen color (unos 5 minutos) y se añaden las patatas peladas y cortadas en cuadraditos, que también se rehogan algo. Se incorporan los 2 litros de agua (fría) y se deja cocer durante 35 minutos más o menos (según la clase de patatas). Éstas deben quedar enteras. Se agrega entonces el bacalao con su agua y se deja cocer todo junto otros 10 minutos. Se rectifica de sal y se sirve en sopera.

144 SOPA DE PUERROS Y PATATAS (6 personas)

3 puerros grandes,	2 litros de agua,
3 cucharadas soperas de aceite,	sal,
6 patatas medianas (³/₄ kg),	1 pastilla de caldo.

Se pone a calentar el aceite en una cacerola y se le añade lo blanco de los puerros lavados y cortados por el medio y luego a trozos de unos 2 cm de largo. Se rehogan bien hasta que empiezan a estar ligeramente dorados. Se incorpora entonces el agua y la sal (poca, pues la pastilla de caldo sala también). Se da un hervor (5 minutos) y se le añaden las patatas peladas, lavadas y cortadas en cuadraditos pequeños. Se deja cocer unos 30 minutos hasta que las patatas estén bien tiernas.

Al momento de ir a servir, se añade la pastilla de caldo disuelta en un poco de líquido de la sopa.

145 MINESTRONE (6 personas)

100 g de judías blancas,	2 ramitas de apio,
250 g de judías verdes,	1 ramita de hierbabuena,
150 g de guisantes (ya pelados),	2 cucharadas soperas de hierbabuena picada,
1 calabacín mediano (300 g),	
3 zanahorias pequeñas (200 g),	100 g de fideos gordos,
1 trozo de calabaza (250 g),	3 cucharadas soperas de aceite,
1 puerro mediano (100 g)	queso parmesano rallado, servir aparte.
2 tomates medianos (300 g),	
1 cebolla mediana (125 g),	

La víspera poner a remojo las judías blancas en agua fría y cuando empiezan a cocer cortarles la cocción un par de veces, echándoles un chorrito de agua fría, para suavizarlas. Resérvelas.

Preparar todas las verduras, cortándolas en cuadraditos, quitándoles las simientes a las que las tengan. El puerro se cortará en redondeles de $^1/_2$ cm de grosor.

Poner 2 litros de agua a calentar, cuando empiece a hervir echar las verduras y cocer suavemente para que las verduras se queden enteras.

Añadir entonces la judías blancas ya cocidas.

Aparte, en dos cucharadas de aceite, dorar la cebolla picada durante 5 o 6 minutos y agregarla a la sopa con su aceite.

En el mortero machacar el ajo con la hierbabuena, disolverlo con una cucharada de aceite y añadirlo a la sopa.

Debe de tener el caldo justo para un potaje.

Servir en sopera, espolvoreando la hierbabuena picada.

El queso se servirá aparte.

146 SOPA DE PUERROS CON LECHE (6 personas)

1¹/₂ litro de agua,	¹/₂ litro de leche caliente,
4 puerros medianos,	1 cucharadita (de las de moka) de
5 patatas medianas (600 g),	extracto de carne,
2 cucharadas soperas de aceite,	sal.

En una cacerola se ponen las 2 cucharadas de aceite. Cuando está caliente, se añaden los puerros cortados en trozos y quitadas las partes verdes. Se dan una vuelta sin que tomen casi color (unos 5 minutos); después se agrega el agua fría y las patatas peladas y cortadas en trozos medianos. Se pone la sal y se deja cocer por espacio de una hora a fuego mediano. Se retira y cuando está templado se pasa por la batidora. Se incorpora ahora el ¹/₂ litro de leche caliente y la cucharadita de extracto de carne. Se sirve en sopera.

147 SOPA DE TOMATE Y JUDÍAS VERDES (6 personas)

250 g de judías verdes,	2 cucharadas de aceite frito,
250 g de patatas,	1 ramita de perejil y una hoja de laurel,
1¹/₂ kg de tomates muy maduros,	sal.
2 litros de agua,	

Poner en el agua fría las patatas peladas y cortadas en trozos más bien grandes, los tomates (sin piel ni pepitas), el aceite y el ramillete de perejil y laurel, y sal. Se pone todo esto a cocer, y cuando ha hervido durante 45 minutos se deja enfriar un poco y se pasa por la batidora.

Aparte se preparan las judías verdes, quitándoles los rabos y los hilos y cortándolas en trocitos de 1¹/₂ cm de largo. Se cuecen en agua hirviendo con sal y la punta de un cuchillo de bicarbonato para que tengan un bonito color verde. Cuando se ve que están cocidas (unos 15 minutos, depende de la clase de judías), se escurren.

Se vierte la sopa en la sopera y se echan encima las judías para que no se hundan muy al fondo y resulte más bonito.

148 SOPA DE JUGO DE TOMATE (4 personas)

½ litro de caldo (o agua con pastillas),
½ litro (o sea, de bote) un zumo de tomate,
2 cucharadas soperas de jerez seco,
1 cucharada sopera colmada de maizena, o 1 rasada de fécula de patata,

4 cucharadas soperas de nata líquida,
1 poco de perejil, picado,
sal.

Se prepara en ½ litro de agua el caldo, como venga indicado en las pastillas que se usen. A este caldo se añade la maizena desleída en un par de cucharadas soperas de agua fría. Se cuece un par de minutos. A este preparado se añade el contenido del bote de jugo de tomate, bien sacudido para que esté muy mezclado, y, por último, el jerez. Se rectifica de sal.

Si se va a servir la sopa caliente, se tienen al calor sin que hierva, y en el momento de servir se añade en cada taza de consomé o cada plato ya servido la cucharada de nata líquida, y encima de ésta un poco de perejil muy picado. Queda amarmolada la superficie y resulta muy bien.

Si esta sopa se quiere servir fría, se pone algo menos de maizena en el caldo y se mete en la nevera a enfriar. Al ir a servir, se pone la crema y el pellizco de perejil.

149 SOPA DE CALABACINES CON QUESITOS

1 porción de quesitos por persona,
1 calabacín de unos 150 g por persona,

agua,
sal.

Limpiar los calabacines, pelarlos a medias y cortarlos en rodajas bastante finas. Ponerlos en un cazo cubiertos justo de agua. Salar moderadamente. Cocerlos durante unos 20 minutos y cuando están templados, pasarlos por tandas en la batidora añadiendo cada vez las porciones de quesitos correspondientes.

Rectificar de sal una vez pasada toda la sopa.

Nota.—Propongo no pelar más que la mitad, pues a veces la corteza de los calabacines amarga un poco si se pone toda.

Le va bien añadir una pastilla de caldo de pollo machacada en el agua de cocer.

150 SOPA-CREMA DE ESPÁRRAGOS (6 personas)

30 espárragos medianos,
50 g de mantequilla,
3 cucharadas soperas de harina,
3 yemas,

sal,
1 cucharada pequeña de perejil muy picado.

Se limpian de tierra y se pelan muy bien los espárragos, dejándolos enteros o partidos por la mitad. Se lavan en agua fría y se echan en un cazo de agua hirviendo con sal. Tienen que cocer sin parar unos 20 minutos, hasta que se noten tiernos al pincharlos con un cuchillo.

Sacar los espárragos del agua y cortar las yemas (o puntas) y tenerlas separadas en un plato. El resto de los espárragos se pasan por la batidora con un poco del agua en la cual han cocido.

Se pasa este puré por un colador de agujero grande.

En otro cazo se pone a derretir la mantequilla (sin que se dore) y se le añaden las 3 cucharadas de harina, y con parte del agua de cocer los espárragos se hace una bechamel clarita. Se incorpora entonces el puré hecho en la batidora. Se rectifica de sal y se deja el espesor deseado (teniendo en cuenta que las yemas aclaran un poco la crema).

En el momento de servir se ponen en la sopera las 3 yemas y, muy poco a poco, se añade la sopa para que no cuaje el huevo. Después se echan las puntas de espárragos en la sopera y, finalmente, se espolvorea con el perejil.

 **CREMA DE BERROS (6 personas)**

2 manojos de berros,
1 puerro gordito,
1 cebolla mediana (100 g),
3 cucharadas de aceite,
6 patatas medianas (1 kg),

$^1/_2$ litro de agua salada caliente,
$^1/_4$ litro de leche,
1 cucharadita (de las de moka) de extracto de carne,
sal y pimienta.

En una cacerola poner el aceite al fuego; cuando está un poco caliente echar el puerro partido en trozos, a lo ancho y a lo largo, y la cebolla picada también gruesa. Darles unas vueltas con una cuchara de madera. Pasados unos minutos (de 4 a 6), añadir las patatas cortadas en trozos y los berros de 1$^1/_2$ manojo, limpios y quitados los tallos gordos. El otro medio manojo se limpia y se pica la hoja. Se reserva este picado. Verter en la cacerola el litro y medio de agua salada caliente y dejar cocer con la cacerola tapada durante una hora. Cuando esté templada la sopa, se pasa por la batidora, y al ir a servirla añadirle el $^1/_4$ litro de leche templada al extracto de carne. Cocer entonces despacio otros 6 minutos, probar y salpimentar a gusto y, ya en la sopera, agregar las hojas de berros picadas que habíamos reservado.

152 SOPA DE ARROZ Y MENTA (4 personas)

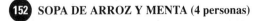

1 litro de caldo (o agua con pastilla),	¹/₄ litro de agua,
2 cucharadas soperas de arroz,	45 g de mantequilla,
1 yogur,	1 cucharada sopera de menta picada
1 cucharada sopera, colmada de harina,	(mejor fresca),
1 yema de huevo,	sal y pimienta.

Poner a hervir el caldo y cuando cueza echarle el arroz, cociéndolo a fuego vivo durante 15 minutos. Añadirle sal (con cuidado por el caldo) y pimienta.

En otra cacerola mezclar el yogur, la yema de huevo previamente batida y la harina, añadiéndole poco a poco el ¹/₄ de litro de agua. Cocerlo con cuidado durante 5 minutos y agregarle entonces la mezcla del arroz con el caldo. Remover todo junto cociéndolo junto 5 minutos más. Derretir la mantequilla y mezclarla con la menta. Esto se añadirá sólo en el momento de servir la sopa.

153 SOPA DE APIO Y PATATAS (6 personas)

2 apios (la planta entera), unos 250 g,	3 cucharadas soperas de aceite,
³/₄ de patatas,	sal,
3 cebollas medianas (250 g),	1 cucharadita de hojas de apio verdes
2 huesos de codillo,	muy picadas, o perejil picado.
2¹/₂ litros de agua,	

Limpiar y cortar en trozos de unos 10 cm los tallos de apio, reservando algunas hojas de las más verdes para picarlas y adornar con ellas la sopa.

En una cacerola echar las 3 cucharadas soperas de aceite, poner al fuego y añadir los tallos de apio y las cebollas también cortadas en trozos más bien grandes. Dar vueltas con una cuchara de madera hasta que tomen un poco de color (unos 10 minutos) y añadir las patatas peladas y cortadas en trozos, los 2 huesos de codillo y, en seguida, los 2¹/₂ litros de agua.

Cuando empieza a hervir se pone el fuego más lento para que cueza suavemente por espacio de una hora. Dejar que se enfríe un poco y, cuando esté templado, pasar en veces por la batidora (quitando previamente los huesos).

Volver a poner al fuego y servir bien caliente en sopera, agregando la cucharadita de apio picado.

154 CREMA DE CHAMPIÑONES (6 personas)

250 g de champiñones de París,	unas gotas de limón,
25 g de mantequilla (grosor de una nuez),	1¹/₂ litro de caldo (o agua con pastilla),
4 cucharadas soperas de harina,	1 yema,
	sal.

Limpiar bien los champiñones y picarlos muy menudos. Ponerlos en un cazo con la mantequilla, unas gotas de limón y sal. Tapar el cazo y dejar que se vayan cociendo a fuego lento (unos 6 minutos).

En una sartén se pone la harina y se le da vueltas con una cuchara de madera hasta que tome un poco de color (10 minutos). Se añade entonces poco a poco el litro de caldo (que esté frío para que no forme grumos) y se deja cocer por espacio de 10 minutos, dando vueltas con las varillas. Entonces se añaden los champiñones con su jugo y se deja cocer a fuego muy lento unos 5 minutos.

En la sopera donde se vaya a servir se pone la yema y se vierte al principio muy poquito a poco la sopa. Se mueve con una cuchara de madera y se sirve inmediatamente.

 155 PEQUEÑA MARMITA (6 personas)

3 zanahorias medianas (200 g),
2 puerros medianos,
$^1/_4$ kg de patatas (3 medianas),
1 despojo de pollo,
1 higadito de pollo (sin hiel),
$^1/_4$ de gallina (de pata),
1 hueso de codillo de jamón,
1 cucharadita (de las de moka) de extracto de carne,
1 cucharada (de las de café) de perejil picado,
sal,
3 litros de agua fría.

En una cacerola grande se ponen las zanahorias peladas y lavadas, cortadas en cuadraditos pequeños, los puerros enteros y atados con una cuerda fina, el despojo, la molleja se pela y se parte en dos, vaciando la bolsa interior, el higadito, la gallina, el hueso y sal (poca). Se cubre con los 3 litros de agua. Se tapa y se deja cocer a fuego mediano flojo durante unas 3 horas. Pasado este tiempo se añaden las patatas peladas, lavadas y cortadas en cuadraditos pequeños y se dejan cocer una $^1/_2$ hora más hasta que estén tiernas.

Al ir a servir la sopa se sacan los puerros, el despojo, el hueso de jamón, la gallina y el higadito. Los puerros y el despojo no se utilizan. Al cuarto de gallina se le separa la carne, se corta en trocitos y se pone en la sopera, así como el higadito, también partido. Se disuelve el extracto de carne, y, una vez la sopa en la sopera, se espolvorea con perejil picado y se sirve.

Naturalmente, la sopa ha quedado reducida a casi la mitad del caldo, pero si se ve que es poco, se puede añadir un poco de agua caliente antes de cocer las patatas.

156 **CALDO DE COCIDO CON ARROZ, HUEVO DURO Y PEREJIL PICADO** (6 personas)

2 litros de caldo de cocido,	1 cucharada sopera de perejil picado,
2 huevos duros,	4 cucharadas soperas de arroz.

Se pone el caldo a calentar y cuando empieza a hervir se echa el arroz. Cuando vuelve a romper el hervor se deja cocer lentamente durante 15 minutos (más o menos, depende de la clase de arroz). Mientras tanto se pican los huevos duros, no poniendo toda la clara, pues sería muy blanco. Una vez hecho el arroz, se vierte la sopa en la sopera y allí mismo se le añade el perejil y el huevo. Se sirve en seguida.

 157 CALDO AL MINUTO

Para hacer $1/4$ de litro de caldo rápidamente, bien para un enfermo, bien para hacer una salsa más sabrosa.

100 g de carne de vaca magra picada,	$1^1/_2$ cucharada sopera de aceite,
1 cebolla pequeña picada (70 g),	$1^1/_2$ cucharada sopera de vino blanco,
2 zanahorias medianas en rodajas (100 g),	$1/_2$ litro de agua hirviendo,
1 ramillete de perejil, 1 diente de ajo y laurel ($1/_3$ hoja),	sal.

Poner en una ollita o cazo el aceite; cuando esté caliente, rehogar la carne y las verduras picadas y añadir a los 5 minutos el $1/_2$ litro de agua hirviendo, el vino y la sal.

Dejar cocer $1/_2$ hora a fuego mediano. Se consigue así $1/_4$ de litro de caldo muy fino.

Si es para un enfermo, será mejor suprimir la cucharada de aceite y poner la carne en el agua fría y, cuando rompe a hervir, quitar la espuma y añadir las verduras, el vino (si se quiere) y la sal.

 158 CALDO DE RABO DE BUEY (6 a 7 personas)

Este caldo se tiene que preparar la víspera o, por lo menos, unas horas antes, para darle tiempo de enfriarse del todo.

3 litros de agua hirviendo,	1 cebolla asada al horno con
$1/_2$ kg de rabo de buey cortado en trozos,	1 clavo (de especia) pinchado,
$1/_2$ kg de carne magra picada,	1 vaso (de los de agua) de vino blanco,
$1/_4$ de pechuga de gallina,	3 cucharadas soperas de buen jerez,
2 puerros medianos,	1 ramillete de perejil, laurel y tomillo,
2 zanahorias,	sal, pimienta (facultativo),
2 nabos,	1 clara de huevo.

El rabo de buey tiene que ponerse en remojo en agua fría desde la noche anterior a la que se vaya a hacer el caldo.

Pónganse en una cacerola los trozos de rabo de buey, la pechuga, las zanahorias, los puerros y los nabos partidos en trozos grandes, la cebolla previamente asada en el horno, hasta que tenga un bonito color (unos 20 minutos), con el clavo pinchado en ella, el ramillete de perejil, laurel y tomillo y la mitad del vino blanco. Dar unas vueltas con una cuchara de madera y dejar que se ponga el vino pegajoso como el jarabe (unos 8 minutos). Añadir entonces el resto del vino, el agua hirviendo y la sal. Déjese cocer durante 2 horas sin parar, pero a fuego lento en cuanto haya roto a hervir. Cuélese entonces el caldo y añádase la carne picada y la clara de huevo ligeramente batida con tenedor (pero sin que se ponga a punto de nieve). Remuévase bien con una cuchara de madera y déjese cocer por espacio de $^1/_2$ hora. Dejar que se enfríe del todo el caldo y quitarle la grasa que se formará en la superficie. Pásese entonces el caldo por un trapo fino mojado para desengrasarlo del todo. Cuando se vaya a tomar, calentar el caldo de nuevo. Rectifíquese de sal y pimienta, si hace falta, y añádanse las 3 cucharadas de jerez.

Sírvase caliente en tazas con cualquier adorno de consomé (bolitas fritas o flan).

 CONSOMÉ (6 personas)

Para 1$^1/_2$ litro de consomé:

$^1/_2$ **pata de ternera,**
$^1/_2$ **kg de carne de vaca magra cortada en trozos pequeños,**
1 cebolla pequeña (50 g),
1 puerro mediano (sólo lo blanco),
2 zanahorias medianas (200 g),

2 nabos (200 g),
1 rama de apio,
1 clavo (de especia),
2 claras de huevo,
sal y agua fría.

En 2 litros de agua fría se ponen la media pata de ternera y la carne en trozos. Se pone al fuego para que hierva. Cuando lleve unos 30 minutos, se quita la espuma que se forma en la superficie con una espumadera y entonces se añaden las zanahorias raspadas, lavadas y cortadas en trozos, los nabos igualmente pelados y en trozos, la cebolla partida en dos, el puerro también partido en dos, el apio, el clavo y la sal, según guste. Se vuelve a esperar que rompa el hervor y se pone entonces a fuego lento durante una hora y media, moviendo de vez en cuando con una cuchara de madera y cortando este tiempo de cocción dos veces, echando $^1/_2$ vasito (de los de vino) de agua fría, para facilitar así que suba la espuma que quede.

Una vez pasado este tiempo, se baten las claras a punto de nieve no muy firmes, se ponen en una cacerola y muy despacio se va echando el caldo encima, moviendo con una cuchara de madera. Se deja cocer unos 20 minutos. Después se cuela este caldo por un pasapurés para quitarle la carne y las verduras, y se cuela otra vez, después de tener el caldo ya solo, por un colador fino con una gasa o un trapo de batista. Se prueba y se rectifica de sal si hiciese falta.

Si el consomé hubiese quedado de color pálido, se puede oscurecer con un poco de concentrado de carne, o simplemente con un poco de caramelo hecho con una cucharadita de azúcar, unas gotas de agua y bien tostado (pero no quemado, pues daría un gusto amargo al caldo). Se le echan al caramelo unas cucharadas de caldo y luego se pasa a la olla, dando así un bonito color dorado.

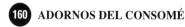 160 ADORNOS DEL CONSOMÉ

1.º, flan:

¹/₄ litro de caldo o de leche (una taza de las de té),   **2 yemas, sal.**

Batir un poco las 2 yemas con el caldo o la leche en frío, poner un poco de sal y verter esta mezcla en un platito de hacer huevos al plato. Meter en el horno, al baño maría, unos 10 a 15 minutos hasta que cuaje.

Una vez frío, volcarlo del molde y cortar en cuadraditos que se ponen en las tazas de consomé en el momento de servirlo a la mesa.

2.º, flan:

2 decilitros de caldo,   **1 huevo.**
3 yemas,

Se baten las yemas y el huevo como para tortilla y se añade el caldo caliente (que no se cuaje). Se sazona de sal y se pone en un molde untado de mantequilla. Se pone al baño maría, al horno, pero sin que hierva para que no tenga agujeros. Se deja una hora y se saca del horno, dejándolo enfriar en el molde. Después se saca y se corta en cuadraditos.

3.º, picado de jamón de York y huevo duro:

100 g de jamón de York muy magro,   **2 huevos duros.**

Cortar el jamón de York en tiritas muy finas y de unos 2 cm de largo y picar los huevos.

Se pone un poco de cada cosa en cada taza y se vierte luego el caldo encima, caliente o frío, según se quiera tomar.

4.º, bolitas:

Añadir en el momento de servir unas bolitas de las que se venden en el comercio.

161 SOPA DE FIDEOS SIMPLE (6 personas)

2 litros de caldo (de cocido o de preparados),   **125 g de fideos.**

Cuando el caldo está caliente, se echan los fideos poco a poco con la mano y se deja cocer despacio 15 minutos más o menos (esto depende de la clase de fideos). Tener buen cuidado de que no se deshagan, pues se pone lechoso el caldo y no es bueno.

Quitar la espuma que se forma por encima, rectificar de sal y servir en seguida. Esta sopa se debe hacer en el momento que se vaya a tomar.

162 SOPA DE HARINA TOSTADA (6 personas)

6 cucharadas soperas de harina,
1³/₄ litro de caldo preparado de antemano
   y frío,
25 g de mantequilla,

2 yemas de huevo,
cuadraditos de pan frito,
sal.

En una sartén se ponen las 6 cucharadas soperas de harina, se pone al fuego y, sin dejar de mover con una cuchara de madera, se espera a que tome un bonito color tostado (5 a 7 minutos). Entonces, y poco a poco, se va añadiendo el caldo frío, sin dejar de mover para que no se formen grumos, y cuando rompe a hervir se deja por espacio de unos 8 minutos. Se rectifica de sal si hace falta.

En la sopera donde se vaya a servir se ponen las 2 yemas y muy despacio, para que no se cuajen, se va añadiendo la sopa. Después se pone la mantequilla y cuando esté derretida y movida se sirve con cuadraditos de pan frito echados a última hora.

163 SOPA DE PEPINOS FRÍA (6 personas)

4 pepinos medianos (200 g cada uno),
2 yogures naturales,
¹/₄ litro de crema líquida,
3 cucharadas soperas de buen vinagre,

1 diente de ajo pequeño,
3 ramitas de menta fresca (hierbabuena,)
2 cucharadas soperas de menta picada,
sal y pimienta recién molida.

Se lavan y secan los pepinos. Se pelan sólo 2 de ellos y se trocean todos. Se ponen en la batidora con los yogures, el ajo pelado, el vinagre y las ramitas de menta. Se bate bien para obtener una crema muy fina. Se pone en un cuenco de porcelana o cristal. Poco a poco se le incorpora la crema líquida. Se sala y se pimienta a gusto. Se mete en la nevera, para servir muy fría, espolvoreándola con la menta picada.

164 CREMA DE GALLINA (6 personas)

1 pechuga de gallina (unos 400 g),
¹/₄ kg de huesos de ternera (rodilla),
2 zanahorias medianas (100 g),
1 cebolla mediana (80 g),
1 rama de apio (hoja y tallo),
1 vaso (de los de agua) no lleno de leche,
1¹/₄ litro de caldo (de cocer la gallina),

20 g de mantequilla,
1 cucharada sopera de aceite fino,
2 cucharadas soperas de harina,
1 yema de huevo,
1 ramillete (el ramillete consiste en perejil, 1 diente de ajo, ¹/₂ hoja de laurel),
sal y pimienta.

Se ponen en una cacerola 2 litros de agua fría, la gallina, los huesos, las zanahorias partidas en trozos grandes, la cebolla partida en dos, el apio y el ramillete con un poco de sal. Se pone a fuego lento y cuando empieza a cocer se baja el fuego y se deja hasta que la gallina esté tierna (puede ser 1¹/₂ hora, pero depende exclusivamente de que sea más o menos dura).

Una vez cocida, se saca la gallina del caldo, así como el ramillete. Se separa la carne y se pica en cuadraditos no muy pequeños y se reserva.

En una sartén o en un cazo se pone la mantequilla y el aceite a calentar; una vez derretida aquélla, se añade la harina y con unas varillas se mueve, añadiendo la leche fría (para que no haga grumos). Después de cocer unos 4 minutos, se agrega el caldo donde ha cocido la gallina. Se deja enfriar un poco esta bechamel clarita y se pasa por la batidora con la zanahoria y el apio.

En un tazón se deslíe la yema con un poco de sopa para que no se cuaje. Se agrega lo del tazón al resto de la sopa. Se calienta con mucho cuidado de que ya no hierva.

En la sopera se ponen los trozos de gallina que se tenían reservados y se vierte la sopa, colándola por un colador de agujeros grandes, y se sirve en seguida.

165 SOPA DE POLLO A LA BELGA. WATERZOOI (6 personas)

(Véase receta 888.)

166 SOPA DE HIGADITOS (6 personas)

6 higaditos de pollo,
59 g de almendras crudas peladas,
1 diente de ajo,
unas hebras de azafrán,
1 yema de huevo,
3 cucharadas soperas de aceite fino,

1¹/₂ litro de caldo,
1 cucharada sopera rasada de fécula de patata,
3 cucharadas soperas de agua fría,
sal,
pan frito en rebanaditas.

Si las almendras tienen piel, se las pone a remojo un rato en agua templada y se aprietan por la punta más redonda para que salga la piel entera.

Se ponen las 3 cucharadas soperas de aceite a calentar en una sartén y se fríe el ajo; se retira y se ponen las almendras a freír hasta que estén doradas. Se retiran en un plato y se fríen los higaditos ya lavados y salados, colocando sobre la sartén una tapadera para protegerse de las salpicaduras del aceite. En el mortero se machacan las hebras de azafrán, a las cuales se incorpora un poco de caldo.

Los higaditos ya fritos, las almendras y el azafrán se echan en la batidora. Se añade un poco de caldo y se bate. En un cazo se vierte este puré y el resto del caldo y se deja cocer a fuego lento unos 10 minutos.

Al momento de servir se deslíe la fécula de patata con el agua y se añade a la sopa, dejando que dé un hervor. En un tazón se pone una yema de huevo y, con mucho cuidado, se le añade poco a poco unas cucharadas de sopa caliente y se vierte una vez disuelta en la sopa.

Se sirve en sopera con unas rebanaditas de pan frito.

 **SOPA HUERTANA (6 personas)**

3 cucharadas soperas de aceite,
$^{1}/_{4}$ kg de zanahorias,
$^{1}/_{4}$ kg de nabos,
2 puerros medianos,
3 patatas más bien grandes,
$^{1}/_{2}$ kg de espinacas,

1 ramita de apio,
150 g de tocino veteado,
2 litros de agua caliente,
1 cucharadita (de las de moka) de extracto de carne,
sal.

Cortar en cuadraditos las zanahorias, los nabos, la ramita de apio, la cebolla y los puerros. Poner el aceite en una cacerola y, cuando está caliente (sin que eche humo), echar todas las verduras, moviendo de vez en cuando la cacerola para que no se agarren, pero teniéndola tapada y a fuego lento.

Después de 10 minutos echar el agua caliente y la sal (más bien poca, pues al añadir el extracto de carne queda más salado). Dejar que cueza 20 minutos y entonces echar las patatas peladas y cortadas en cuadraditos y las espinacas (lavadas, sin tallos y muy picadas las hojas).

Aparte, cortar en cuadraditos menudos el tocino y echarlo en un cacito con agua caliente para que dé un hervor (3 minutos bastan). Escurrirlo bien y echarlo en la cacerola de las verduras.

Cuando las patatas estén cocidas, pero no deshechas (unos 20 o 25 minutos más o menos), estará la sopa.

Deslíer en un tazón el extracto de carne con un poco de líquido de la sopa y añadirlo a la misma. Mover bien con una cuchara de madera y servir bien caliente en sopera.

168 SOPA DE VERDURAS (6 personas)

¹/₂ kg de verduras frescas cortadas (las
   venden en bolsas preparadas),
1 hueso de codillo con poca grasa
   (125 g),
1 cucharada sopera de aceite fino,

2 litros de agua fría,
1 cucharada sopera rasada de maizena,
   sal,
1 cucharadita (de las de moka) de extracto de carne.

En un cazo con 2 litros de agua fría se pone la verdura (previamente lavada), el codillo, el aceite y la sal. Se deja cocer más o menos ¹/₂ hora a fuego lento desde que
rompa a hervir.

   Cuando se vaya a servir, se deslíe la maizena con un poco de agua fría y después con caldo de la sopa; se vierte en el cazo dando vueltas con una cuchara de
madera y dejando que cueza unos 5 minutos.

   Se retira el hueso de codillo, se añade el extracto de carne y se sirve en sopera.

169 SOPA DE REPOLLO (6 personas)

¹/₂ kg de repollo (francés si es posible, o
   muy tierno),
125 g de tocino veteado,
  3 cucharadas soperas de aceite,
  1 cebolla grande (200 g),

2 litros de agua hirviendo,
4 cucharadas soperas de arroz,
1 cucharadita (de las de moka) de extracto de carne,
   sal.

Picar en tiritas el repollo, lavarlo y escurrirlo bien.

   En una cacerola poner el aceite a calentar con el tocino en cuadraditos y la
cebolla muy picada. Cuando ésta haya tomado un poco de color, añadir el repollo y
dejarlo tapado, pero moviéndolo de vez en cuando con una cuchara de madera
durante 15 minutos. Echar entonces los 2 litros de agua hirviendo y dejar cocer
otros 10 minutos. Añadir el arroz limpio de piedras y suciedades, pero sin lavar.
Dejar cocer otros 30 minutos. Añadir, disolviéndolo muy bien, el extracto de carne.

   Servir en sopera.

170 SOPA RUSA DE REMOLACHA (6 personas)

¹/₂ kg de remolachas cocidas,
  1 litro de caldo (o agua con pastilla),
25 g de margarina,

1 cucharada sopera de vinagre,
6 cucharadas soperas de nata líquida,
   sal y pimienta.

Poner a derretir la margarina, añadirle las remolachas peladas y cortadas en rodajas. Rehogar durante unos 10 minutos. Añadirles después el caldo caliente, el vina-

gre, la sal y la pimienta. Dejar cocer todo junto a fuego lento durante 15 minutos. Retirar del fuego; cuando esté sólo templado, pasar por la batidora.

Para tomar esta sopa fría, se mete, una vez pasada por la batidora, en la nevera por lo menos durante 3 horas. Se sirve en cuencos individuales, echando en cada uno, en el momento de servir, una cucharada sopera de crema líquida.

Para tomar caliente se sirve en sopera, añadiendo en la sopera, después de echada la sopa, la crema líquida. Se mueve muy poco para que quede amarmolada y se añade un poco de lombarda picada en tiras muy finas y previamente aliñada con un poco de vinagre, la cual se escurrirá al ir a echarla en la sopera.

 171 SOPA DE MERO (8 personas)

1 litro de agua,
¼ litro de vino blanco,
3 cucharadas soperas de aceite,
2 puerros medianos (150 g),
2 cebollas medianas (200 g),
1 kg de patatas,
1 cabeza de merluza o pescadilla,
400 g de mero en una raja,
1 ramillete de perejil, 1 diente de ajo y una hoja de laurel,
2 yemas de huevo,
1 vaso (de los de vino) de leche,
1 cucharada (de las de café) de perejil picado,
unos cuadraditos de pan frito,
sal.

En una cacerola se ponen las 3 cucharadas de aceite a calentar, se añaden los puerros y las cebollas picadas en trozos grandes. Se dan unas vueltas hasta que tomen algo de color. Verter encima el agua y el vino y, cuando haya roto a hervir, agregar la cabeza de merluza, el mero y el ramillete. Cuando rompe a hervir otra vez, añadir el kilogramo de patatas peladas y cortadas en trozos grandes y la sal. Dejar cocer por espacio de ½ hora. Quitar entonces la cabeza de merluza, que se tira. El mero se retira, se le quitan las espinas, el hueso y la piel y se pasa por la batidora con las patatas y el caldo.

Añadir después de hecho el puré la leche caliente.

En una taza poner las dos yemas y, con unas cucharadas de sopa, desleírlas muy despacio para que no se cuajen, dando vueltas con una cuchara. Incorporar esto al resto de la sopa bien caliente y echarla en la sopera. Se espolvorea de perejil y se sirve con los cuadraditos de pan aparte.

172 SOPA MARINERA (6 personas)

2 litros de agua,	¹/₂ hoja de laurel,
2 puerros medianos,	unas hebras de azafrán,
¹/₂ cebolla mediana (60 g),	2 dientes de ajo (dados un golpe para
2 cucharadas soperas de aceite,	que estén aplastados),
2 tomates medianos,	pimienta,
¹/₂ kg de gambas,	125 g de fideos un poco gordos,
¹/₄ kg de rape en una raja,	sal.

Poner en una cacerola el aceite. Cuando está caliente, echar los puerros y la cebolla picados. Dejar que se rehoguen bien durante 5 minutos. Poner entonces los tomates en trozos con las pepitas quitadas. Dar una vuelta a todo ello, moviendo con una cuchara de madera, y añadir el laurel, los dientes de ajo aplastados, los 2 litros de agua fría, la sal, las gambas (enteras) y la raja de rape.

Cuando empieza a hervir, se deja a fuego vivo unos 15 minutos. Después se retira la cacerola del fuego y se cuela el caldo. Con el rape (que se deshuesa) y las gambas (se separan los cuerpos de las cabezas y éstas se machacan en el mortero, colando el caldo que salga), se pone el pescado y las colas de gambas en la batidora, en veces, y con un poco de caldo se bate. Se cuela por el chino, pasando el caldo y apretando bien con la seta de madera para que saque toda la sustancia.

En un mortero se machacan las hebras de azafrán con un poquito de caldo (2 cucharadas soperas) y se agrega a la sopa.

Se incorporan entonces los 125 g de fideos, que se cuecen por espacio de 15 a 20 minutos.

Se rectifica de sal y pimienta y se sirve en sopera.

 173 CREMA DE CARABINEROS, GAMBAS O CANGREJOS
(6 a 8 personas)

¹/₂ kg de carabineros o cangrejos de río,	Caldo corto:
¹/₂ kg de gambas grandes,	2 litros de agua fría,
100 g de mantequilla,	2 decilitros de vino blanco (1 vaso de los
100 g de crema de arroz,	de agua),
1 decilitro de nata líquida (1 vaso de	2 zanahorias medianas cortadas en roda-
los de vino),	jas,
2 cucharadas soperas de coñac,	1 cebolla mediana (150 g) cortada en cuatro,
sal y pimienta negra.	1 ramita de perejil,
	1 hojita de laurel,
	sal.

En una cacerola se ponen todos los ingredientes del caldo corto y, cuando rompe a hervir, se deja a fuego lento que cueza durante 30 minutos. Se retira del fuego y se deja enfriar totalmente. (Se puede preparar varias horas antes.)

Cuando se vaya a hacer la sopa se lavan muy bien los carabineros o los cangrejos y las gambas y se ponen enteros en el caldo corto frío. Cuando rompe a hervir se baja el fuego y se dejan cocer unos 5 minutos, según tamaño. Después se retiran los bichos del caldo. Se separan las colas de algunas gambas y se reservan cortadas en dos en un tazón tapado con un plato para que no se sequen.

Se tiran las cabezas de los carabineros, que son muy fuertes de sabor.

Con los demás bichos y todos los caparazones y cabezas se prepara una mantequilla, es decir, se machacan en el mortero, por tandas y con la mantequilla. Se va echando este puré en un cazo, y, cuando está todo bien machacado, se pone el cazo en el horno a temperatura muy suave durante 25 minutos. Se mide el caldo corto, pues debe haber $1^{1}/_{2}$ litro, de lo contrario se añade un poco de agua hasta alcanzar esta cantidad. Después se pone un trapo limpio en un colador y se vierte este puré y un poco de caldo corto de cocer los carabineros. Se estruja bien el trapo con la mano, recogiendo todo lo que suelta el puré. Esto se une al resto del caldo corto.

En un tazón se deslíen los 100 g de crema de arroz con un poco de caldo corto (frío, o, si no, con un poco de agua fría). Se pone el caldo a calentar añadiéndole las 2 cucharadas de coñac, cuando está caliente se añade la crema de arroz desleída. Se deja cocer removiendo continuamente con una cuchara de madera durante unos 5 o 10 minutos. Se rectifica de sal y pimienta si hace falta.

En la sopera donde se va a servir se pone la nata líquida. Se deslíe con muy poca sopa, primero, para que no se corte la crema. Se incorpora poco a poco toda la sopa y las colas reservadas, y se sirve inmediatamente en sopera o en tazas de consomé (repartiendo antes las colas).

Esto mismo se hace sólo con cangrejos de río o sólo con gambas y sale igualmente una crema muy fina.

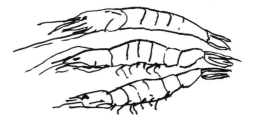

CREMA DE GAMBAS (6 personas)

1/2 kg de gambas frescas crudas,
50 g de mantequilla o aceite fino,
3 cucharadas soperas de harina,
2 litros de caldo (o agua con unas pastillas),

2 cucharadas soperas de puré concentrado de tomate,
2 cucharadas soperas de coñac,
1 decilitro de nata líquida,
sal y pimienta negra en polvo.

Dejar apartadas 100 g de colas de gambas peladas, que servirán para adornar la sopa.

Machacar en un mortero los 400 g restantes de gambas con las cabezas que se hayan quitado anteriormente, o pasarlo en dos o tres veces en la batidora (añadiendo un poco de agua fría, 2 cucharadas soperas cada vez).

En una cacerola poner la mantequilla o aceite, y cuando esté caliente, echar la harina, dando unas vueltas con una cuchara de madera hasta que se dore un poco. Añadir entonces el puré de gambas y las dos cucharadas de concentrado de tomate. Agregar seguidamente los 2 litros de caldo templado (previamente preparado).

Dejar que cueza durante 30 minutos a fuego lento y quitando de vez en cuando la espuma que se forma por encima.

Pasar esta sopa por un colador de tela metálica gruesa o por un chino. Poner la sal y pimienta negra en polvo. Añadir entonces el coñac y las gambas apartadas para el adorno, para que vayan cociendo.

En la sopera se pone la nata líquida y se vierte muy lentamente al principio la sopa caliente, para que no se corte la crema.

175 CREMA DE PESCADO CON NATA Y CURRY (6 personas)

1 kg de pescado (entre merluza y rape u otros pescados blancos).
Caldo corto (Véase receta 530):
   agua fría,
4 cucharadas soperas de aceite,
1 cebolla mediana (100 g),
1 zanahoria,
1 nabo,

1 1/2 cucharada sopera de harina,
1 cucharadita rasada (de las de moka) de curry,
1 cucharada sopera de perejil picado,
1/8 de litro de nata líquida,
el zumo de 1/2 limón,
2 cucharadas soperas de arroz,
agua y sal.

Se hace el arroz cocido (receta 186). No se rehoga. Se reserva después de enfriarlo al chorro del agua.

Se pone el pescado limpio de espinas, lavado y cortado en trozos, en una cacerola, y se cubre de agua fría abundante. Se añaden los ingredientes del caldo corto (la zanahoria y el nabo cortados en rodajas gruesas, después de pelados), la cebolla pelada y cortada en dos, y por último, la sal, el vino y el laurel. Se pone a fuego vivo y cuando rompe el hervor se baja el fuego y se cuece 10 minutos. Se aparta del fuego y se deja enfriar. Se separa el pescado y se reservan unos trozos de rape en un tazón con un poco de caldo para que no se sequen.

En una cacerola se pone el aceite a calentar; cuando está caliente se pone la cebolla pelada y picada a rehogar, así como la zanahoria y el otro nabo. cuando está todo bien rehogado y la cebolla se pone transparente (unos 8 minutos), se añade la harina y el curry. Se revuelve bien y se agrega poco a poco el caldo corto con el pescado, calculando unos 2 litros de líquido. Se cuece todo esto durante $1/2$ hora a fuego lento. Se separa del fuego y cuando está templado se pasa por la batidora.

Se vuelve a calentar en el momento de ir a servir la sopa. Se incorpora el zumo de limón, la sal; después el arroz, y, a última hora, la crema líquida y el rape reservado.

Una vez en la sopera se espolvorea con el perejil picado, sirviéndose a continuación.

 176 SOPA DE PESCADO DESMENUZADO (6 personas)

100 g de bacalao,	1 cucharada (de las de café),
100 g de pan,	de pimentón,
$1/2$ kg de pescado variado,	5 cucharadas soperas de aceite,
$1/2$ kg de cangrejos de mar o de río,	2 litros de agua de cocer el pescado,
2 tomates medios bien rojos ($1/2$ kg),	1 hoja de laurel,
1 cebolla pequeña (60 g),	sal y pimienta.

Se pone el bacalao a remojo en agua fría, sin cambiarle el agua.

En una sartén se pone el aceite a calentar. Cuando está caliente, se echa la cebolla pelada y picada. Se rehoga hasta que empieza a dorar (unos 6 a 8 minutos), después se añade el tomate cortado en trozos y quitadas las simientes. Se refríe durante unos 15 minutos machacando el tomate de vez en cuando con el canto de una espumadera. Una vez hecho, se pasa el refrito por el pasapurés. Se reserva.

En una cacerola se pone todo el pescado fresco y los cangrejos. Se cubre de agua fría, se pone sal y una hoja de laurel. Se pone a fuego vivo y cuando ha dado un hervor de un par de minutos, se retira del fuego. Se cuela el pescado en un colador grande, se quita el laurel y se reserva el agua de cocerlo.

El pan se pone en remojo en un poco de caldo de cocer el pescado.

Se le quitan las espinas y las pieles al pescado y al bacalao y se pasa por un pasapurés de agujeros bien grandecitos, mezclado con el pan.

Se les quita a los cangrejos el caparazón y se pasa el cuerpo y el interior de la cabeza (si son de río) también por el pasapurés. Se vierte algo de caldo para que cuele lo más posible de sustancia del pasapurés.

En un cazo se vuelve a poner el tomate, se calienta y se echa el pimentón; se rehoga muy rápidamente con una cuchara de madera (pues se quema fácilmente). Se añade el pescado y el pan pasado y se cubre con $1^1/2$ a 2 litros de caldo de pescado.

Se prueba de sal y se rectifica, si hace falta. Se echa pimienta molida, un pellizco, y se cuece esta sopa durante 5 a 10 minutos.

Se sirve en sopera.

177 SOPA DE MEJILLONES (6 personas)

1¹/₂ kg de mejillones,	2 cebollas medianas picadas (150 g),
1¹/₂ litro de agua,	1 diente de ajo,
1 decilitro de vino blanco seco (1 vaso de los de vino),	1 cucharada (de las de café) de perejil picado,
¹/₂ litro de leche,	¹/₂ hoja de laurel,
3 cucharadas soperas de aceite,	1 ramita de tomillo,
3 cucharadas soperas de fécula de patata (más bien rasadas),	sal,
2 yemas de huevo,	pimienta.

Se raspan los mejilllones de uno en uno en seco. Una vez limpios se ponen todos juntos en agua fría, moviéndolos mucho con la mano. Si hay alguno entreabierto se tirará, pues es señal de que el animal está muerto. Se ponen en una cacerola con el vino blanco, el tomillo y el laurel y un poco de sal. Cuando están abiertos (unos 6 minutos más o menos) se desprenden de las cáscaras y se reservan en un plato, tapándolos con un trapo húmedo para que no se sequen. También se reserva el caldo que han soltado, colándolo por un trapo para que no tenga arenilla.

Aparte, en otra cacerola, se pone el aceite y cuando está caliente se echa la cebolla picada y el diente de ajo (dándole primero un golpe para aplastarlo y que tenga así más aroma), moviendo con una cuchara de madera. Se añade el agua y el caldo de los mejillones. Se cuece durante unos 10 minutos y se agrega la fécula disuelta en un poco de agua fría. Se cuece otros 5 minutos y se vierte entonces la leche caliente.

En la sopera donde se vaya a servir la sopa se ponen las yemas, se vierte muy poco a poco la sopa para que no se cuajen. Se incorporan los mejillones. Si éstos son muy grandes se pueden cortar en dos con unas tijeras, se añade el perejil picado y se sirve.

178 SOPA DE PESCADO BARATA CON FIDEOS GORDOS (6 personas)

1 cabeza de merluza,	1 cucharada sopera rasada de concentrado de tomate,
raspas de pescado,	unas hebras de azafrán,
agua de cocer gambas,	¹/₂ diente de ajo,
¹/₂ vaso (de los de vino) de vino blanco,	1 hoja de laurel,
2 litros de agua,	sal,
1 cebolla grande (150 g),	125 g de fideos gordos (un puñado).
3 cucharadas soperas de aceite,	
2 cucharadas soperas de harina,	

En 2 litros de agua fría (o en agua de cocer gambas, completada hasta 2 litros) con sal, vino blanco, un trocito de cebolla y una hoja de laurel, se sumergen las raspas de pescado y la cabeza de merluza. Cuando ha hervido unos 10 minutos se retira y se cuela por un colador fino.

En una cacerola se pone el aceite a calentar, se añade la cebolla muy picada, se refríe unos 8 minutos; se agrega la harina y se deja tostar ligeramente; se pone el tomate y se le añade el agua de cocer el pescado.

En el mortero se machaca el azafrán con el $\frac{1}{2}$ diente de ajo y un poco de sal (para que no se escurra el ajo), se añade un poco de caldo del pescado y se incorpora esta mezcla del mortero a la sopa, dejándola cocer durante 15 minutos.

Después se cuela por un colador de agujeros grandes (pasapurés), se añaden los fideos para que cuezan hasta que estén tiernos (15 minutos más o menos).

Se sirve en sopera.

 179 SUQUET DE PESCADO (4 personas)

1 calamar mediano,
4 rajas de rape ($\frac{1}{2}$ kg),
4 pescadillas pequeñas ($\frac{1}{2}$ kg),
$\frac{1}{4}$ kg de chirlas,
6 cucharadas soperas de aceite,
1 pimiento morrón de lata,
1 tableta de chocolate negro,
3 dientes de ajo grandecitos,
2 tomates (300 g),
4 patatas pequeñas (400 g),
1 cucharada sopera de harina,
1 puñado de guisantes cocidos,
sal y pimienta.

Lavar las chirlas en agua y sal, para quitarles la arena.

Ponerlas en un cazo con un poco de agua, a fuego mediano, hasta que se abran. Reservarlas tapadas, en el cazo.

En una cacerola poner el aceite a calentar, rehogar los ajos muy picados. Cuando están dorados, añadir los tomates pelados, quitadas las simientes, en trozos. Añadir las patatas peladas, lavadas y cortadas en rodajas de $\frac{1}{2}$ cm de grosor, así como los calamares cortados en trozos. Rehogar durante unos 5 minutos. Espolvorear con la harina, mezclar dando unas vueltas con una cuchara de madera y cubrir con agua, que quede el guiso bastante cubierto. Cocer durante 15 minutos. Salpimentar.

Añadir entonces el pescado en trozos, volviendo a cubrir con agua suficiente si hiciese falta, con un poco de caldo del suquet, desleír el chocolate y añadirlo al guiso, de forma que quede bien mezclado. Dejar cocer otros 10 minutos más.

Al ir a servir en sopera añadir el pimiento rojo cortado en trozos pequeños, los guisantes y las chirlas (desechando las conchas).

Servir en platos soperos.

GAZPACHO (6 a 8 personas)

1¼ kg de tomates maduros, pelados y
    quitadas las semillas,
½ cebolla mediana (80 g),
1 pepino pequeño,
1 pimiento verde pequeño,
¼ kg miga de pan (del día anterior y
    remojada en agua),
    sal,

1 taza de aceite fino,
2 cucharadas de vinagre,
    agua fría,
    unos trozos de hielo,
    aparte, en platitos separados, un poco
    de tomate en cuadraditos, pimiento,
    pepino y cuadraditos de pan (del día
    anterior están mejor).

En la batidora se pone en veces parte de las hortalizas, un poco de vinagre, un poco de aceite y parte del pan. Se bate bien para que quede muy fino. Si hiciese falta algo de agua, se le añade, pero no suele ocurrir, pues el tomate es muy caldoso.

    Una vez batido todo se pone en la sopera donde se vaya a servir y se mete en la nevera.

    Al ir a servir el gazpacho se ponen unos cubitos de hielo y se mueve para que se enfríe bien, y se añade el agua fría. Ésta se pondrá a gusto, pues hay quien prefiere el gazpacho espeso y hay quien lo prefiere clarito.

    Aparte se sirven las verduras picadas, cada una en un platito, y el pan en cuadraditos también por separado.

 GAZPACHO EN TROZOS (6 personas)

3 tomates medianos bien carnosos y
    maduros,
2 cucharadas soperas de cebolla muy
    picada,
1 pimiento verde pequeño,
1 pepino pequeño,
½ diente de ajo (pequeño),

1 ramita de perejil,
1¼ litro de agua,
3 cucharadas soperas de aceite fino,
1½ cucharada sopera de vinagre,
2 cucharadas soperas de pan rallado,
    sal,
    hielo.

Se deshace la sal con el vinagre y se le añade el aceite. Se bate un poco con un tenedor y se echa en la sopera donde se vaya a servir. Se incorpora el agua poco a poco, batiendo con un tenedor; después el pan rallado. En un mortero se machaca el ajo con las hojas de perejil y se pone una cucharada del caldo de la sopera. Se junta lo del mortero con lo demás y se mete en la nevera una hora o más.

    Se pican muy menudos los tomates pelados y quitadas las simientes, la cebolla, el pepino (pelado) y el pimiento. Se incorpora todo esto al líquido de la sopera.

    En el momento de servir, si no está bastante frío, se pueden añadir unos cuadraditos de hielo.

182 **GAZPACHUELO FRÍO** (4 a 5 personas)

3 yemas de huevo (o 2 huevos enteros),
¹/₂ litro de aceite fino,
1 litro de agua helada,
1¹/₂ cucharada sopera de vinagre,
   sal y pimienta,

100 g de aceitunas sin hueso, cortadas en trocitos,
2 tomates pelados, quitadas las simientes y cortados en trozos.

Hacer una mayonesa corriente con las 3 yemas, el vinagre, la sal, la pimienta y añadiendo poco a poco el aceite (receta 111, 1.ª fórmula). Hay que tener cuidado de poner el aceite y el huevo a la misma temperatura del ambiente para que no se corte la mayonesa. (Se puede hacer también con 2 huevos enteros en la batidora [receta 111, 2.ª fórmula]; en cualquier caso debe estar bien firme.) Una vez hecha la mayonesa, se pone en la sopera donde se vaya a servir y se va añadiendo poco a poco el agua muy fría, revolviendo bien.

Se sirve en seguida, agregando en la sopera los trocitos de aceituna y de tomate.

183 **AJO BLANCO CON UVAS** (6 personas)

150 g de almendras crudas,
2 dientes de ajo, grandes,
   la miga de una barra de pan de ¹/₄ kg,
2 cucharadas soperas de vinagre,

²/₃ de vaso (de los de vino) de aceite fino,
   un buen puñado de uvas peladas (200 g) rosas o moscatel,
   agua y sal.

Se pone la miga de pan en remojo con agua fría durante ¹/₂ hora. Si las almendras no están peladas se pelan, poniéndolas en agua templada un rato. Se aprietan con los dedos y sale la almendra mondada.

En la batidora se pone por tandas la miga de pan un poco escurrida, el ajo, las almendras, el aceite y el vinagre. Una vez batido todo, se vierte en una sopera. Se echa sal y se mete en la nevera unas 2 horas por lo menos.

Al ir a servir se añade poco a poco agua helada al ajo blanco de la sopera, hasta que tenga la fluidez deseada (como la del gazpacho) y se incorporan las uvas, previamente peladas. Se sirve en seguida.

184 GAZPACHUELO CALIENTE DE PESCADO (6 personas)

2 huevos enteros,
¹/₄ litro de aceite fino,
1¹/₂ cucharada sopera de vinagre,
¹/₂ kg de pescado (rape, mero, el pesca-
    do que se quiera),
¹/₄ de chirlas o almejas (facultativo),
³/₄ kg de patatas (holandesas rojas que
    no se deshagan),

un puñado de pan (del día anterior),
    cortado en rebanadas finas, tostadas
    o fritas,
2 cucharadas soperas de vino blanco,
1 hoja de laurel,
¹/₂ cebolla pequeña en dos cascos,
1¹/₂ litro de agua fría,
    sal y pimienta.

En un cazo se pone el agua fría con sal, cebolla, laurel y vino blanco, y el pescado entero lavado rápidamente. Se pone al fuego y cuando rompe el hervor, se deja 2 minutos; se retira y se tapa. Se tiene así el pescado. Si se añaden chirlas, hay que cocerlas aparte y quitarles las 2 conchas. El caldo de cocerlas se cuela por un trapo, por si tuviera arena, y se añade al otro.

Aparte se hace una mayonesa con las 2 yemas, el aceite, el vinagre, la sal y la pimienta en la forma clásica, según está explicado (receta 111, 1.ª o 2.ª fórmula).

En una cacerola se pone casi toda el agua de cocer el pescado (dejando un poco para que no se seque éste). Se pelan, lavan y cortan las patatas en rodajas de ¹/₂ cm de gruesas. Se ponen a cocer (si hace falta se puede añadir más agua para que el caldo resulte suficiente al servir la sopa). Se dejan cocer unos 30 minutos (según la clase de patatas).

En la sopera donde se vaya a servir la sopa se pone la mayonesa y, poco a poco, se va añadiendo el caldo caliente de las patatas sin dejar de dar vueltas (para que no se corte la mayonesa). Se incorporan las patatas, el pescado cortado a trocitos y las chirlas sin las conchas.

Las rebanaditas de pan se sirven aparte o se echan a última hora en la sopa.

 185 VICHYSSOISE FRÍA (8 personas)

4 puerros grandes (sólo lo blanco),
1 cebolla grande (150 g),
2 cucharadas de mantequilla (40 g),
5 patatas medianas (1 kg),
4 vasos (de los de vino) bien llenos de
    caldo (o agua con pastillas),

3 vasos (de los de vino) bien llenos de
    leche,
¹/₄ litro de nata líquida,
2 cucharadas (de las de café) de perejil
    picado,
    sal.

En una cacerola se pone la mantequilla a derretir; primero se echa la cebolla y, al ratito, los puerros cortados menudos. Cuando está sólo ligeramente dorado, se añaden las patatas (peladas y cortadas en rebanaditas finas), el caldo (si es de cubitos se pone el agua fría y cuando empieza a hervir se añaden éstos, que se derriten muy fácilmente con sólo moverlos con una cuchara de madera), y se deja cocer muy despacio durante 40 minutos (más o menos). Se retira del fuego y se deja enfriar un poco. Se pasa entonces por la batidora. Se agrega la leche y se vuelve a pasar todo junto por la batidora.

Se vierte la sopa en la ensaladera de cristal o loza (mejor que de metal), se rectifica de sal y se añade entonces la nata. Se mete en la nevera, tapada con un plato para que no tome ningún gusto. Se suele hacer por lo menos con 12 horas de anticipación y está mejor hecha 24 horas antes.

Al momento de servir en tazas de consomé, se espolvorea cada una con un poco de perejil picado y se sirve muy frío.

Arroz, legumbres, patatas y pasta

Arroz

186 ARROZ BLANCO (6 personas)

1.ª fórmula:

¹/₂ **kg de arroz,**	**50 g de mantequilla,**
agua hirviendo abundante,	**sal.**

Se pone agua abundante en una cacerola (sin sal) y cuando rompe el hervor a bor-botones, se echa el arroz, limpio pero sin lavar (se puede limpiar en seco con un trapo de cocina limpio). Se mueve con la cuchara de madera para que no se apelo-tone. Se deja cocer a fuego vivo de 12 a 15 minutos (depende de la clase de arroz). Se echa entonces en un colador grande y se pone al chorro de agua fría, haciéndo-lo saltar para que quede todo bien lavado. Se deja así en el colador y escurrido hasta el momento de emplearlo. En un cazo se pone la mantequilla a derretir, se echa el arroz y se sala, dándole vueltas con una cuchara de madera.

Así está caliente y en su punto.

Nota.—Para servirlo de manera más original, se tiñe el agua de cocer el arroz machacando unas hebras de azafrán en el mortero y desliéndolas en el agua. Se pone amarillo el arroz. También se puede añadir, al rehogarlo, una lata pequeña (100 g) de guisantes.

2.ª fórmula:

½ kg de arroz,	1 diente de ajo pelado y dado un golpe,
agua abundante,	sal.
5 cucharadas soperas de aceite,	

Se procede como en la receta anterior para cocer el arroz y lavarlo. Una vez hecho esto, se rehoga en una sartén amplia donde se habrá puesto el aceite a calentar y 1 diente de ajo a dorar unos 5 minutos. El ajo se retira antes de poner el arroz.

187 ARROZ BLANCO CON CHAMPIÑONES (6 personas)

½ kg de arroz,	½ kg de champiñones frescos,
agua,	2 cucharadas soperas de aceite,
100 g de mantequilla,	1 limón,
2 cucharadas soperas más bien colma-	2 yemas de huevo,
das, de harina fina,	sal.
¾ litro de leche fría,	

Se hace el arroz como está explicado en la 1.ª fórmula y se deja lavado en el colador hasta que estén hechos los champiñones. Estos deben estar bien blancos, pues si la piel está marrón son viejos y correosos. Se cepillan muy bien los champiñones con un cepillo de uñas suave que se reservará para este uso. Se separa el rabo y se corta la parte baja del mismo, que suele tener tierra. Se cortan en 2 o 4 partes los champiñones (según sean de grandes). A medida que se van preparando, se van echando en agua fría abundante con el zumo de ½ limón. Una vez preparados todos, se escurren y se ponen en un cazo con 25 g de mantequilla, unas gotas de zumo de limón y un poco de sal. Se tapa con la tapadera y a fuego lento se les deja hacerse, saltándolos de vez en cuando para que se rehoguen por igual, en lo que tardarán 6 minutos.

Mientras tanto se hace la bechamel. En una sartén se pone a calentar la mantequilla con leche. Cuando se ha derretido la mantequilla se echa la harina, y, poco a poco y dándole vueltas con una varilla, se le va incorporando la leche fría. Se sazona de sal y se deja cocer unos 10 minutos a fuego lento. Debe quedar clarita.

En un tazón se ponen las yemas y se deslíen poco a poco con la bechamel. Cuando están incorporadas a la misma se añaden los champiñones con su jugo. Se dejará a fuego muy lento, pues con las yemas ya incorporadas, la bechamel no debe hervir.

Se rehoga el arroz con 50 g de mantequilla y se le echa sal. Cuando está bien movido se mete en un aro de pastelería apretando un poco, pero no demasiado. Se vuelca en una fuente redonda y se retira con cuidado el aro de metal. En el centro se vierte la bechamel con los champiñones y se sirve en seguida.

ARROZ BLANCO CON GAMBAS, RAPE Y MEJILLONES
188 (6 personas)

¹/₂ kg de arroz,	2 cucharadas soperas de aceite fino,
2 cucharadas soperas de harina,	1 cucharada sopera rasada de puré
1 raja de rape de 250 g,	concentrado de tomate,
¹/₄ kg de gambas,	1¹/₂ vaso (de los de agua) de leche fría,
1 kg de mejillones,	1¹/₂ vaso (de los de agua) de caldo de
¹/₂ vaso (de los de vino) de vino blanco,	cocer el pescado,
1 cucharada sopera de cebolla picada,	1 cucharada sopera de perejil picado,
1 hoja de laurel o una ramita de perejil,	agua,
70 g de mantequilla,	sal.

Se hace el arroz como está explicado anteriormente (receta 186, 1.ª fórmula).

En una sartén se ponen los mejillones, bien lavados y limpios de barbas (que se quitarán con un cuchillo), con el vino blanco y el laurel o el perejil. Se tapa con una tapadera y se dejan a fuego lento; unos 10 minutos después están ya abiertos. Se retira el bicho de la concha (si alguno no se ha abierto, se tira, pues es señal de que está malo). Si los mejillones son muy grandes se cortan en dos con unas tijeras y se reservan en un plato tapado con otro plato, para que no se sequen.

Se cuela el jugo que han soltado por un colador con un trapito, para que no pase la arena que suelen soltar, y se reserva.

En un cazo con agua fría y sal se ponen las cabezas y los desperdicios de las gambas, que se irán pelando y dejando las colas en crudo y enteras. Los desperdicios se cuecen unos 10 minutos y se cuelan también uniendo el agua con la de los mejillones. Se lava y se corta en trozos la raja de rape, reservándola también.

Se hace una bechamel. En una sartén se pone algo menos de la mitad de la mantequilla a calentar con el aceite, se añade la cebolla picada, se le da un par de vueltas y se añade la harina y se revuelve durante 1 minuto y se va añadiendo poco a poco la leche, alternando con caldo de cocer los mejillones y las cabezas de las gambas. Se deja cocer unos 10 minutos, rectificando de sal y agregando entonces el concentrado de tomate, moviendo bien para que se mezcle y quede la bechamel color de rosa. Ésta debe quedar más bien espesa, pues se va a aclarar con las gambas y el rape que están crudos. Se ponen éstos y se deja cocer la bechamel otros 6 minutos a fuego mediano, añadiéndose después los mejillones.

Para servir se moldea el arroz en un molde en forma de corona, una vez rehogado con la mantequilla y sazonado de sal. Se vierte en el centro la bechamel con el pescado. Se espolvorea con perejil picado y está listo para servir.

189 ARROZ BLANCO CON PECHUGA DE GALLINA, CHAMPIÑONES Y TRUFAS (6 personas)

½ kg de arroz,	2 trufas en rodajitas (facultativo),
1 pechuga de gallina,	50 g de mantequilla,
1 puerro pequeño,	2 cucharadas soperas de aceite,
1 zanahoria,	1½ vaso (de los de agua) de leche fría,
½ hoja de laurel,	¼ litro de caldo de cocer la gallina,
¼ kg de champiñones,	2 yemas de huevo,
el zumo de un limón,	sal.

Lo primero: se tendrá la gallina cocida. Para esto se pone en un puchero pequeño la pechuga (¼ de gallina que sea hermoso), el puerro (sólo la parte blanca) cortado en dos, la zanahoria en rodajas, la ½ hoja de laurel, agua fría que lo cubra todo bien y sal. Se pone a fuego mediano, de ¾ a una hora aproximadamente, comprobando si la gallina está tierna antes de retirarla.

Se hace entonces el arroz blanco como está explicado anteriormente (receta 186, 1.ª fórmula) y se reserva sin rehogar hasta que se vaya a servir.

Se preparan los champiñones lavándolos muy bien al chorro y cepillándolos con un cepillo pequeño. Se separa la cabeza del rabo (quitando en éste la parte arenosa). Se corta todo en rodajitas no muy finas, echándolas en agua con zumo de ½ limón a medida que se van cortando. Una vez todos los champiñones limpios, se ponen en un cazo con 25 g de mantequilla, unas gotas de limón y sal. Se tapa el cazo con tapadera y se deja a fuego lento unos 5 minutos.

Se hace mientras la bechamel. En una sartén se ponen unos 25 g de mantequilla a derretir con el aceite. Cuando está derretida se añade la harina y se da un par de vueltas con unas varillas. Se agrega entonces poco a poco la leche alternando con el caldo de la gallina, se sala y, dando vueltas, se deja cocer unos 10 minutos. Se incorporan a la bechamel los champiñones con su jugo, la trufa y la gallina en trocitos. Se rehoga el arroz y se moldea en molde en forma de corona. Se vuelca en una fuente.

En un tazón se tendrán las 2 yemas y con un poco de bechamel se deslíen para que no se cuajen. Se agregan a la bechamel, revolviendo bien sin que cueza ya. Se vierte ésta en el centro del arroz y se sirve inmediatamente.

190 **ARROZ BLANCO FRÍO CON MAYONESA Y ATÚN**
(6 personas)

¹/₂ **kg de arroz blanco,**	Mayonesa:
agua y sal,	**2 huevos enteros,**
1 lata de atún natural de ¹/₄ **kg,**	**2¹/₂ vasos** (de los de agua) **no llenos de**
3 tomates para cortar en rodajas,	**aceite fino,**
unas hojas tiernas de lechuga,	**2 cucharadas soperas de vinagre o**
1 huevo duro.	**zumo de limón,**
	sal.

Se hace la mayonesa con la batidora (receta 111, 2.ª fórmula), que salga más dura.

Se prepara el arroz como va explicado en la receta 186, 1.ª fórmula. Una vez bien escurrido el arroz, se echa un poco de sal y se mueve bien sin rehogarlo.

En una ensaladera grande se mezcla el arroz con un poco más de la mitad de la mayonesa y el atún deshecho en trocitos, reservando un poco para adorno. Se revuelve con una cuchara de madera para que quede bien mezclado todo.

Se unta muy ligeramente con el dedo un poco de aceite fino por una flanera y se mete la mezcla del arroz, atún y mayonesa en ella, apretando un poco para que no quede ningún agujero. Se mete en la nevera al menos durante una hora.

Al ir a servirlo se vuelca, pasando un cuchillo de punta redonda por los bordes de la flanera, en una fuente redonda. Se pone un poco de mayonesa por arriba del flan de arroz y se adorna la fuente con la lechuga, el tomate en rodajas, el atún que se reservó y el huevo duro. Se sirve.

A las rodajas de tomate hay que ponerles un poco de sal y en las hojitas de lechuga una mezcla de atún y mayonesa, para que no queden tan crudas y sin gracia.

El huevo duro se puede poner picado por encima del arroz, o en rodajas, como más guste.

191 **ARROZ BLANCO CON HUEVOS FRITOS** (6 personas)

¹/₂ **kg de arroz,**	Salsa de tomate:
agua y sal,	**1 kg de tomates bien maduros,**
50 g de mantequilla,	**1 cebolla mediana,**
6 huevos,	**3 cucharadas soperas de aceite frito,**
12 lonchas finas de bacon,	**1 cucharada** (de las de café) **de azúcar,**
1 litro de aceite para freír.	**sal.**

Se hace el arroz como está indicado en la receta 186, 1.ª fórmula, y una vez enfriado al chorro de agua se deja en espera.

Se hace la salsa de tomate (véase receta 77) y se reserva al calor.

La mantequilla se pone a derretir en un cazo y se echa el arroz, se rocía de sal y se mueve con una cuchara de madera para que quede bien rehogado. Se coloca en un molde en forma de corona, apretando un poco con una cuchara de madera y se vuelca en una fuente redonda pero sin destapar aún el molde para que no se enfríe el arroz. Se tendrá la fuente en sitio caliente, en espera.

En una sartén se pone el litro de aceite a calentar. Cuando está en su punto (se prueba con una cortecita de pan que ha de freírse dorándose bastante deprisa, pero sin quemarse), se fríen las lonchas de bacon. Después se casca cada huevo en una taza de té y se echa en el aceite para que se frían con bonita forma redonda.

Cuando todos los huevos están ya fritos se retira el molde del arroz, se vierte la salsa de tomate en el centro y se colocan los huevos salándolos con un poco de sal de mesa, alrededor de la fuente, con las lonchas de bacon entre huevo y huevo. Se sirve en seguida.

192 ARROZ BLANCO A LA CUBANA (6 personas)

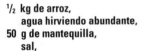

¹/₂ kg de arroz,	6 huevos,
agua hirviendo abundante,	1 litro de aceite,
50 g de mantequilla,	6 plátanos medianos.
sal,	

Se prepara el arroz como se indica en la receta 186, 1.ª fórmula. Una vez lavado se deja en espera, antes de rehogarlo.

En una sartén se pone el litro de aceite a calentar, y cuando está en su punto (se verá con una rebanadita de pan), se fríen los plátanos pelados y cortados en dos quedando todo lo largo que son y la mitad de anchos. Se reservan en un plato al calor (a la boca del horno ligeramente caliente y abierto).

La mantequilla se pone a calentar en una cacerola y se echa el arroz bien escurrido. Se sazona de sal y se rehoga muy bien. Se fríen los huevos de uno en uno, cascándolos cada vez en una taza de té para poder echarlos en el aceite lo más cerca posible y de una vez, para que tengan bonita forma. Se coloca el arroz en una fuente redonda. Alrededor se colocan los huevos fritos y entre medias de cada uno ¹/₂ plátano. Los otros medios plátanos se ponen sobre el arroz y se sirve en seguida.

193 ARROZ BLANCO CON SALSA DE TOMATE, JUDÍAS VERDES Y TORTILLA (6 personas)

¹/₂ kg de arroz,	1 cucharada (de las de café) de azúcar,
80 g de mantequilla,	³/₄ kg de judías verdes,
3 cucharadas soperas de aceite,	1 pellizco de bicarbonato,
agua hirviendo,	3 huevos,
1 kg de tomates,	sal.
2 cucharadas soperas de aceite frito,	

Se hace la salsa de tomate más bien espesa, como se indica en la receta 77.

Se prepara el arroz blanco según se explica en la receta 186, 1.ª fórmula, y se deja en reserva una vez refrescado.

Se pelan de hilos las judías verdes y si son anchas se parten en trozos pequeños para que formen cuadraditos. Se lavan en agua fresca y se cuecen en agua hirviendo abundante y sal, y un pellizco de bicarbonato, durante unos 20 minutos (según la clase y lo frescas que sean las judías). Se escurren después de cocidas y se rehogan con la mitad de la mantequilla que se tiene. Se hace una tortilla con los 3 huevos: se ponen 3 cucharadas soperas de aceite a calentar en una sartén mediana, y una vez bien batidos los huevos con un tenedor y sazonados de sal, se vierten en la sartén dejando la tortilla extendida como si fuera una tortilla de patata. Se vuelve con una tapadera cuando está cuajada por un lado y se reserva en la sartén al calor.

En una fuente alargada se pone en el centro el arroz, después de rehogado éste. Alrededor del arroz se echa la salsa de tomate. En el copete y a lo largo del arroz, las judías verdes rehogadas y la tortilla cortada a tiras de 1 dedo de ancho adornando la fuente. Se sirve en seguida.

194 ARROZ BLANCO FRÍO CON VERDURAS Y VINAGRETA (6 personas)

400 g de arroz,	3 huevos duros,
³/₄ kg de judías verdes, o	una salsera con sal, aceite, vinagre, una
1¹/₂ kg de guisantes (o una lata grande),	cucharada (de las de café) de perejil
¹/₂ kg de tomates bien maduros,	muy picado y 1 huevo duro muy picado,
unas hojas blancas de lechuga,	sal.

Se hace el arroz blanco como se indica en la receta 186, 1.ª fórmula. Una vez que se ha refrescado al chorro, está ya listo para ponerlo en un molde en forma de corona. Sólo hay que rociarlo de sal fina en el mismo colador y hacerlo saltar en él para que se sale por igual, pero no hay que rehogarlo, puesto que se come frío.

Se lavan, pelan de hilos y cortan en trocitos pequeños las judías verdes y se ponen a cocer en agua abundante hirviendo y con sal (se cuecen destapadas). Cuando vuelve a romper el hervor se dejan de 20 a 30 minutos, según la clase de judías. Se puede añadir al agua de cocerlas un pellizco de bicarbonato para que resulten más verdes.

Si son guisantes frescos, se cuecen, una vez desgranados, en agua abundante hirviendo y con sal. Cuando están tiernos (depende de la clase) se escurren bien y se dejan enfriar. Lavar y cortar los tomates en rodajas.

En una fuente se pone el arroz moldeado en corona con un molde que se retira. Se coloca en el centro del mismo la verdura (guisantes o judías verdes), y alrededor de las hojas de lechuga con los tomates cortados en rodajas, alternando. Se adorna con el huevo duro cortado en gajos finos y se sirve con la vinagreta aparte (receta 105).

Se puede meter la fuente un rato en la nevera, en verano, pero no más de 1 hora.

 **195** ENSALADA FRÍA DE ARROZ (6 personas)

¹/₂ kg de arroz,
³/₄ kg de tomates (4 medianos),
 1 pimiento rojo de lata,
¹/₄ kg de champiñones frescos,
  el zumo de 1 limón,

2 cucharadas soperas de perejil picado,
1 huevo duro,
2 cucharadas soperas de vinagre,
6 cucharadas soperas de aceite,
 sal.

Se cuece el arroz como para blanco, según la fórmula 1.ª (receta 186). Cuando está refrescado se escurre bien y se reserva (sin rehogar).

Se lavan, pelan y vacían de sus pepitas los tomates. Se cortan en trocitos, se espolvorean de sal y se reservan para que suelten su agua.

Se lavan muy bien los champiñones y se les quitan las partes con tierra. Se cortan en láminas finas y se ponen en agua con el zumo de medio limón. Se escurren en seguida y se rocían con el zumo del otro medio limón, moviéndolos para que todos se empapen del zumo y así no se pongan negros.

En una ensaladera se pone el arroz mezclado con los trozos de tomate, los champiñones, el pimiento cortado en cuadraditos pequeños y el perejil. Se hace una vinagreta y se rocía por encima, mezclando todo bien. En el momento de servir se pica el huevo duro y se espolvorea la ensaladilla.

Ésta se puede servir en la misma ensaladera o en una fuente adornada con unas hojas de lechuga alrededor.

196 ARROZ BLANCO CON GALLINA (6 personas)

1 gallina de 1¹/₂ kg (tierna),
¹/₂ kg de arroz,
2 zanahorias (medianas),
1 cebolla mediana (80 g),
2 clavos (especia),
1 hoja de laurel,
1 vaso (de los de vino) de vino blanco,
80 g de mantequilla,

2 cucharadas soperas de aceite fino,
1 cucharada (de las de café) de perejil picado,
2 cucharadas soperas de harina,
2 yemas de huevo,
¹/₂ cucharadita (de las de moka) de concentrado de carne,
agua y sal.

En una olla con agua fría abundante y sal se pone la gallina entera, bien cubierta por el agua. Se añade la cebolla con los 2 clavos pinchados, la hoja de laurel, las zanahorias lavadas y raspada la piel y cortadas en rodajas gruesas, y el vino blanco. Se cubre la olla con su tapadera y se pone al fuego. Cuando rompe el hervor se baja éste para que, sin dejar de cocer, lo haga lentamente. Se le quita de vez en cuando la espuma que se le forma por encima con una espumadera y se deja cocer (según sea de tierna la gallina) de 1¹/₂ a 3 horas. Se prueba si está tierna pinchándola con un tenedor entre el muslo y la pechuga.

Durante este tiempo se hace aparte el arroz blanco (receta 186, 1.ª fórmula).

Una vez cocida la gallina, se saca del caldo y se trincha, volviéndola a poner en parte del caldo para que no se enfríe.

Se hace la salsa: en una sartén se pone la mitad de la mantequilla a derretir con el aceite; cuando está en su punto se añade la harina y, en seguida (sin que ésta tome color), el caldo de cocer la gallina, moviendo bien con unas varillas para que no se formen grumos. Para que haya salsa abundante se empleará de ³/₄ a 1 litro de caldo.

En un tazón se ponen las yemas y se deslíen poco a poco con unas cucharadas de salsa (teniendo cuidado de que no se cuajen). Se incorporan a la salsa junto con el concentrado de carne y el perejil picado. Se prueba por si hubiese que rectificar de sal la salsa. Se echa dentro de la misma la gallina partida y se reserva al calor, cuidando mucho de que no cueza la salsa.

Después se sala y se rehoga el arroz, poniéndolo en un molde en forma de corona. Se vuelca en una fuente redonda y, en el centro, se coloca la gallina con la salsa.

Se sirve en seguida, cuidando de poner en la mesa los platos calientes.

197 ARROZ BLANCO CON TERNERA (6 personas)

1½ a 2 kg de pecho de ternera,
½ kg de arroz,
2 zanahorias medianas,
1 cebolla mediana (80 g),
2 clavos (especia),
1 hoja de laurel,
1 vaso (de los de vino) de vino blanco,
80 g de mantequilla,

2 cucharadas soperas de aceite fino,
1 cucharada (de las de café) de perejil picado,
2 cucharadas soperas de harina,
2 yemas de huevo,
½ cucharadita (de las de moka) de concentrado de carne,
agua y sal.

Se procede exactamente como en la receta anterior, cambiando la gallina por carne. Esta hace más espuma que la gallina y habrá que quitársela varias veces.

198 ARROZ BLANCO CON RIÑONES (6 personas)

1 riñón de ternera (500 g),
½ kg de arroz,
1 vaso (de los de vino) de jerez,
5 cucharadas soperas de aceite,
2 cucharadas soperas de harina,

2 vasos (de los de agua) de agua,
40 g de mantequilla,
agua,
sal.

Se limpian y lavan los riñones como va especificado en la receta 964, 1.ª fórmula.

Se hará ahora el arroz blanco (receta 186, 1.ª fórmula) y, una vez refrescado, se deja en espera.

Hacer la salsa: en una sartén se pone el aceite a calentar. Se echa la harina y, moviendo con unas varillas, se deja que tome color tostado (unos minutos). Se añade entonces el vino, el agua y la sal, moviendo para que no se formen grumos. Se deja cocer esta salsa unos 5 minutos y luego se incorporan los trocitos de riñones para que cuezan otros 4 minutos.

Se rehoga y se sala el arroz y se le da forma en un molde en corona.

Se vuelca en una fuente y se ponen los riñones con su salsa en el centro, sirviendo el plato en seguida.

ARROZ DE ADORNO, AMARILLO Y CON GUISANTES
199 (6 personas)

¹/₂ **kg de arroz,**	**unas hebras de azafrán,**
1 **lata pequeña de guisantes finos de**	40 **g de mantequilla,**
100 **g (o un puñado de guisantes fres-**	**agua y sal.**
cos cocidos),	

Se procede como para el arroz blanco (receta 186), únicamente se machacan las hebras de azafrán en el mortero, primero solas y después de hechas polvo con un par de cucharadas de agua. Este agua se añade a la que se pondrá para cocer el arroz.

Si son de conserva, los guisantes se pondrán a calentar en su lata, abierta y en un cazo con agua caliente (al baño maría). Se incorporarán cuando se vaya a rehogar el arroz con mantequilla, quedando mezclados con éste.

 ARROZ AMARILLO CON HUEVOS REVUELTOS
200 (6 personas)

¹/₂ **kg de arroz,**	**Huevos:**
1 **lata pequeña de guisantes finos,**	9 **huevos,**
unas hebras de azafrán,	20 **g de mantequilla,**
40 **g de mantequilla,**	3 **cucharadas soperas de leche,**
agua y sal.	¹/₄ **kg de gambas o 2 trufas,**
	sal.

El arroz se prepara como se explica en la receta anterior, teniéndolo al calor una vez rehogado y añadidos los guisantes. Hay que tenerlo preparado, ya que los huevos revueltos no pueden esperar cuando están en su punto.

En un cazo se pone la mantequilla a derretir y se rehogan durante unos tres minutos las colas de las gambas peladas (pueden ser congeladas). Se sacan con una espumadera y se reservan. En el mismo cazo se ponen los huevos, la leche y la sal.

En una sartén grande y profunda se tendrá agua hirviendo y se mete el cazo, con todos los ingredientes, al baño maría. Se dan vueltas rápidamente con una cuchara o un tenedor apurando bien los bordes del cazo, que es donde los huevos se cuajan antes. Cuando los huevos se ponen cremosos, se les añaden las colas de gambas y se sigue dando vueltas hasta que los huevos se cuajen ligeramente, moviéndolos bien antes de echarlos en la fuente (el tiempo varía según gusten los huevos más o menos cuajados, pero suele ser de unos 10 minutos).

Si son trufas, se cortan en rodajitas finas, poniéndolas cuando los huevos están a medio hacer.

Se pone el arroz en un molde de corona, se vuelca, y en el centro se echan los huevos y se sirve en seguida.

201 ARROZ MILANESA (6 personas)

¹/₂ kg de arroz,
1 cebolla mediana,
100 g de jamón serrano,
100 g de chorizo,

1 lata de guisantes de 1/4 kg,
100 g de queso de Parma rallado,
agua y sal,
3 cucharadas soperas de aceite.

En un cazo se pone agua abundante (3 litros para el ¹/₂ kg) y cuando rompe a hervir se echa el arroz, dejándolo cocer 15 minutos más o menos (según la clase de arroz). Cuando está en su punto, se cuela por un colador grande y se lava con agua fría al chorro.

En una sartén grande se ponen las 3 cucharadas de aceite y la cebolla muy picadita. Cuando está un poco dorada, se echa el jamón y el chorizo picado a cuadraditos muy pequeños. Se les da unas vueltas y se incorpora entonces el arroz, revolviendo muy bien con una cuchara de madera para que se mezcle y se caliente todo por igual. Cuando está bien movido (unos 5 minutos), se le agrega la sal necesaria y luego los guisantes escurridos de su jugo. Se revuelve otro poquito.

Se sirve en una fuente con el queso rallado aparte, para que cada cual se ponga lo que guste.

202 ARROZ HINDÚ, CON PASAS Y PIÑONES

Como es un arroz que se toma más bien de acompañamiento, daré unas cantidades sólo orientativas.

1 tazón de arroz ya cocido, pero sin rehogar,
2 cucharadas soperas de piñones,
2 cucharadas soperas de pasas, sin pepitas,

25 g de mantequilla,
curry o soja,
sal.

Las pasas se pondrán a remojo en agua templada (el tiempo dependerá de lo secas que se vean).

Se derrite la mantequilla, y cuando está caliente se rehogan un poco los piñones. Se añaden las pasas escurridas y secadas con un paño y seguidamente el arroz. Se rehogan durante unos 10 minutos a fuego suave.

Se añade entonces el curry (a gusto, según se quiera de fuerte) y sal o bien salsa de soja, pero entonces sin sal, y se sirve en seguida.

203 ARROZ CON SALCHICHAS Y BACON (4 personas)

225 g de arroz,
  4 salchichas de tipo Frankfurt,
  2 lonchas de bacon gruesas (150 g),
$^1/_2$ vaso (de los de vino) de aceite,
 50 g de aceitunas sin hueso,

1 pimiento verde (200 g),
2 ramitas de apio bien blancas,
1 cebolleta grande (150 g)
  salsa de soja,
  sal.

Hacer el arroz blanco (receta 186) y dejarlo escurriendo en espera

En una sartén amplia calentar el aceite y cuando esté en su punto, rehogar el bacon cortado en tiritas y las salchichas cortadas en unos cuatro trozos. Resérvelos.

En este mismo aceite estofar el pimiento cortado en cuadraditos pequeños, éstos deben de quedar crujientes, agregar las aceitunas cortadas en dos. Volver a poner las salchichas, el bacon y el arroz.

Revolver todo junto, añadir lo que guste de salsa de soja, salar si hace falta (pues la salsa de soja suele salar) y servir.

204 ARROZ AL CURRY (6 personas)

$^1/_2$ kg de arroz,
$^1/_4$ kg de champiñones de París,
  1 lata pequeña de guisantes (100 g),
  1 lata pequeña de pimiento rojo (100 g),
50 g de mantequilla,
  2 cucharadas soperas de aceite fino,

1 cucharadita (de las de moka) de curry,
  el zumo de 1 limón,
  agua y sal.
Adorno:
2 huevos duros en rodajas, o lonchas de
  bacon fritas.

Se cuece el arroz según está explicado en la receta 201 (arroz milanesa).

Mientras se hace el arroz, se preparan los champiñones. Se cepillan y lavan muy bien con agua y el zumo de $^1/_2$ limón para quitarles toda la tierra. Se parten en trocitos y en un cazo se ponen con 15 g de mantequilla, unas gotas de zumo de limón y un poco de sal. Se tapa el cazo con su tapadera y se dejan más o menos unos 15 minutos, moviéndolos de vez en cuando.

Al ir a servir el arroz se rehoga con el resto de la mantequilla y el aceite, el curry, los champiñones con su jugo, los guisantes y el pimiento cortado a cuadraditos de 1 cm, agregando la sal.

Se revuelve todo muy bien junto y se sirve en una fuente, adornándolo con rodajas de huevo duro o con lonchitas de bacon fritas.

205 ARROZ ESTILO CHINO (6 personas)

$^1/_2$ kg de arroz,
  4 zanahorias medianas (250 g),
  1 pimiento verde grande,
  1 bolsa de tallos frescos de soja,

  4 o 5 cucharadas soperas de aceite,
  5 cucharadas soperas de salsa de soja,
100 g de magro de cerdo,
  agua y sal.

Poner el arroz a cocer en agua abundante (unos 13 minutos, depende este tiempo de la clase del arroz). Una vez cocido, se vierte en un colador grande y se refresca en el chorro del agua fría. Se escurre bien y se deja en espera. En una cacerola se pone el aceite a calentar. Una vez caliente, se rehogan las zanahorias, peladas y cortadas en cuadraditos pequeños, así como los pimientos, quitándoles las simientes y finalmente se añaden los tallos de soja, también cortados.

Se rehoga todo durante unos 10 minutos. Se añade entonces la carne picada en cuadraditos, como las verduras, y pasados 5 minutos se echa el arroz, se dan unas vueltas, se rocía con la salsa de soja, se sala (con cuidado por la soja) y se sirve en una fuente.

206 ARROZ CON TOMATE, SALCHICHAS, GUISANTES Y PIMIENTOS (6 personas)

2 tazones de arroz (600 g),
²/₃ de vaso (de los de agua) de aceite,
1 cebolla grande (100 g),
1 diente de ajo,
1 ramita de perejil,
1 tazón de salsa de tomate (³/₄ kg de tomates),

3 tazones de agua caliente,
1 lata pequeña de guisantes,
1 lata pequeña de pimientos rojos (100 g),
4 salchichas frescas,
1 pastilla de caldo de pollo,
sal.

Se tendrá hecha una salsa de tomate, de antemano, con ³/₄ de kg de tomates (receta 77).

En una cacerola o paellera se pone el aceite a calentar. Se le añade la cebolla pelada y picada menuda. En un mortero se machaca el diente de ajo, pelado, y el perejil con un poco de sal (para que no se escurra el ajo). Una vez que la cebolla está transparente (unos 5 minutos), se incorpora lo del mortero, el tomate y las salchichas, partidas en dos (con tijeras), para que se rehoguen un poco. Luego se añade el arroz, moviéndolo con una cuchara de madera durante unos 3 o 4 minutos. Se agregan los tazones de agua con la pastilla de caldo desleída en agua caliente. Se echa la sal (con cuidado, ya que el ajo llevaba sal y el caldo es salado también) y el pimiento cortado en tiras no muy largas. Se mete la cacerola en el horno con calor mediano (y previamente calentado). Se revuelve unas cuantas veces para que quede el arroz bien suelto. En una de las últimas veces se agregan los guisantes. Cuando el agua está consumida (unos 20 minutos más o menos), está el arroz para servir y se dejará unos 5 minutos fuera del horno para que repose.

Nota.—Si se hace menos cantidad de arroz, se pondrá menos tomate del correspondiente, añadiendo entonces un poco de agua para que quede completo el volumen de agua de los tazones.

GUISO CON ARROZ, JUDÍAS ROJAS, BACON Y PIMIENTO (6 personas)

250 g de judías rojas,
500 g de arroz,
100 g de bacon cortado en dos lonchas gruesas,
1 pimiento rojo grande (250 g),

2 cebollas medianas,
1 hoja de laurel,
1 pellizco de cominos y otro de orégano,
8 o 9 cucharadas soperas de aceite,
sal.

La víspera se ponen las judías a remojo en agua. Al ir a hacer el guiso se ponen las judías escurridas en la olla a presión. Se cubren con agua suficiente y se cuecen más o menos durante 25 minutos (este tiempo depende de la clase de las judías). Si no se quieren cocer en la olla a presión, habrá que contar con algo más de una hora.

Mientras, se quita la corteza dura del bacon y se corta en tiritas. Se quita el rabo al pimiento así como las simientes y se corta en 4 tiras.

En una sartén se ponen 4 o 5 cucharadas de aceite a calentar, se fríe el bacon y se reserva. Seguidamente se rehogan las tiras de pimiento, hasta que estén bien hechas (unos 10 minutos), se sacan de la sartén y se procura quitarles la piel y se reservan.

En una cacerola más bien plana se ponen las cucharadas de aceite que quedaban a calentar, cuando están calientes, se estofan las cebollas cortadas en redondeles finos durante unos 6 minutos y se les añaden los ajos pelados y cortados en dos quitándoles el germen central. Se rehoga todo junto un par de minutos más. Se agregan entonces las especies (laurel, cominos y orégano). Se sala a gusto.

Se vierten 2$^{1}/_{2}$ tazones de agua de cocer las judías y cuando empieza a cocer se añade el arroz, las judías escurridas, el bacon, el pimiento y el aceite del refrito.

Se pone a cocer primero a fuego fuerte, sin tapar la cacerola, hasta que el agua se haya consumido. Se tapa entonces la cacerola y a fuego muy suave se deja unos 6 a 8 minutos más para que el arroz quede blando y suelto.

Se deja reposar un par de minutos más fuera ya del fuego y se sirve; bien en la misma cacerola o volcando el guiso en una fuente.

 PAELLA SENCILLA (8 personas)

$^{2}/_{3}$ vaso (de los de agua) de aceite,
2 tazones de arroz (600 g más o menos),
5 tazones de caldo de pescado,
$^{1}/_{4}$ kg de gambas,
1 calamar mediano,
$^{1}/_{2}$ kg de chirlas o 1 kg de mejillones,
1 rajita de rape ($^{1}/_{4}$ kg),
$^{1}/_{2}$ chorizo en rajitas (quitada la piel),
1 pimiento verde (si es tiempo de ello),

1 pimiento colorado fresco, asado o de lata,
1 lata pequeña de guisantes (100 g),
1 cebolla pequeña (70 g),
2 tomates frescos medianos,
unas hebras de azafrán en rama,
1 trozo de diente de ajo (menos de la mitad),
1 ramita de perejil,
sal.

En una sartén se pone la mitad del aceite a calentar y una vez caliente se echa la cebolla picada y al ratito (unos 5 minutos) los tomates cortados en trozos, quitadas las simientes y pelados. Se deja rehogar todo esto unos 5 minutos, machacando los tomates con el canto de una espumadera. Se pasa luego por el pasapurés y se echa en la paellera.

En un cazo se ponen a cocer en agua fría salada el hueso del rape y todas las cáscaras de las gambas, reservando las colas aparte. En otro cazo se cuecen las chirlas con poca agua (muy lavadas antes con agua y sal). En cuanto se abren las conchas se retiran del fuego y se quita la mitad de las conchas que no tienen el bicho, reservando las otras mitades y colando por un colador muy fino o por una gasa el caldo donde han cocido, así como el de los desperdicios de las gambas.

En la paellera donde se va a servir el arroz se pone el resto del aceite con el refrito que ya está. Si hay pimiento verde, se echa entonces para que se fría un poco, en trocitos cuadrados de unos 3 cm. Luego se va echando el calamar en tiritas de $1/2$ cm de ancho y 4 cm de largo, o en redondeles el cuerpo, el rape a trocitos y el arroz. Se dan unas vueltas con una cuchara de madera, sin que tome color. Se echa sal y, por fin, el caldo de los desperdicios y de las chirlas caliente, pero no hirviendo. Éste se completa con agua caliente si no hubiese lo suficiente, es decir, los 5 tazones de caldo. Se mueve un poco la paellera por las asas para que quede el caldo bien repartido. Todo esto debe hacerse a fuego mediano.

Mientras tanto, en un mortero se machaca el poquito de ajo, el perejil y el azafrán, con un poquito de sal para que no se escurra, y se moja con un par de cucharadas soperas de agua templada. Se vierte esta mezcla sobre el arroz y se mueve el caldo con las asas de la paellera, o por encima con una cuchara, para que quede bien repartido. Se incorporan ahora las colas de gambas bien repartidas y cuando está a medio consumir el caldo se pone bien dispuesto, para que haga bonito, el pimiento rojo en tiritas, las chirlas o los mejillones, los guisantes y el chorizo.

Se suele dejar, desde el momento de poner el caldo, unos 20 minutos, pero esto depende de la clase de arroz.

Una vez que está tierno el arroz y consumido el caldo, se pone la paellera fuera del fuego, sobre una bayeta mojada, dejando que repose unos 5 minutos. Se sirve con unos gajos grandes de limón sin pelar y enganchados en el filo de la paellera para que adorne ésta. Hay a quien le gusta usar el limón y echar unas gotas sobre la paella servida en su plato. También hay quien acostumbra poner unas gotas de limón cuando ha echado el caldo en el arroz, ya que el limón le hace quedar bien suelto.

209 PAELLA DE POLLO

Se trincha el pollo en trozos no grandes y se fríen, lo primero, en el aceite de la paella, unos 10 minutos. Se retiran en un plato, se hace la paella como se ha indicado en la receta anterior, volviendo a poner el pollo cuando se incorporan las gambas; después se procede como acabamos de ver para todo lo demás.

210 PAELLA CON TROPEZONES DE COCIDO (6 personas)

2 tazones de arroz (600 g más o menos),
¹/₄ de gallina,
1 morcilla,   Todo esto
1 chorizo   del cocido
150 g de tocino   hecho el
1 puñado de   día anterior
    garbanzos
1 lata pequeña de guisantes (100 g),
1 pimiento colorado (asado o de lata),
1 vaso (de los de agua) no lleno de
    aceite,

1 cebolla pequeña (unos 70 g),
4 tazones (del mismo tamaño) de caldo
    del cocido,
1 tomate fresco grandecito y bien
    colorado,
    unas hebras de azafrán,
1 trozo de diente de ajo (menos de ¹/₂),
1 ramita de perejil,
    sal.

En una sartén se pone la mitad del aceite y cuando está caliente se echa la cebolla picada, se le da unas vueltas durante unos 5 minutos; después se añade el tomate cortado en trozos y quitadas las pepitas. Se deja rehogar, machacándolo con el canto de una espumadera. Pasados de 5 a 10 minutos, se pasa todo por el pasapurés y se echa el refrito en la paellera con el resto del aceite. El fuego tiene que ser mediano. Cuando todo está caliente, se echa el tocino, la pechuga, la morcilla (cortados en trozos y la morcilla en rodajas) y la mitad de los garbanzos. Seguidamente se echará el arroz, se le da unas vueltas con una cuchara de madera y se vierte ya el caldo caliente (no cociendo) por encima. Se mueve la paellera por las asas para que quede bien repartido todo.

En el mortero se machaca el ajo, el perejil y el azafrán con un poco de sal y se moja con un par de cucharadas soperas de agua templada. Esto se incorpora también a la paellera, dándole unas vueltas con una cuchara de madera rápidamente.

Se deja así unos 15 minutos, y cuando está consumido el caldo se disponen los guisantes, el resto de los garbanzos, el chorizo, la morcilla en rodajas y las tiras de pimiento hasta que se termine de hacer la paella y consumir el caldo (suele tardar unos 20 minutos, pero depende de la clase de arroz).

Cuando esté tierno el arroz, se retira del fuego, se pone la paellera sobre una bayeta mojada para que repose unos 5 minutos antes de servirlo.

211 PAELLA DE BACALAO (6 personas)

350 g de bacalao,
2 tazones de arroz (600 g),
4 tazones de caldo (o agua con una o dos pastillas de pollo),
1½ vaso (de los de vino) de aceite,
1 lata pequeña de guisantes (100 g),
1 lata pequeña de pimientos rojos,
½ kg de tomates rojos,
1 cebolla grande (100 g),

1 cucharada (de las de café) rasada de pimentón,
2 dientes de ajo,
1 cucharadas (de las de café) de perejil picado,
unas hebritas de azafrán,
2 cucharadas soperas de agua,
1 plato de harina,
sal.

Se pone el bacalao a desalar en una cacerola con agua fría, por lo menos 12 horas antes de usarlo (o sea, la víspera por la noche). Para desalarlo bien hay que cambiarle el agua por lo menos 4 veces; pero cada vez deben sacarse los trozos de la cacerola y enjuagarla bien, pues la sal se queda depositada en el fondo.

Una vez desalados, se ponen los trozos de bacalao en un paño limpio y se secan bien; se parten en trozos pequeños y se envuelven en harina, sacudiendo ésta para que quede muy poca.

En una sartén se pone el aceite a calentar y se fríe el bacalao, que se reserva en un plato.

En una paellera se pone el ½ vaso de aceite (del que ha sobrado de freír el bacalao) a calentar. Se fríen la cebolla y 1 diente de ajo, todo ello muy picado, unos 5 minutos, dando vueltas con una cuchara de madera. Se añade entonces el pimentón y después los tomates, pelados y quitadas las pepitas; se refríe unos 10 minutos, machacando con el canto de una espumadera. Se agrega el arroz y se dan unas vueltas, pero sin que tome color; se incorpora el bacalao y la sal (poca) y, por fin, el caldo caliente.

En un mortero se machacan las hebras de azafrán, el otro diente de ajo con un poco de sal (para que el ajo no resbale), se moja esto con un par de cucharadas soperas de agua y se añade el arroz, dando una vuelta al caldo, para que quede bien mezclado, y moviendo la paellera por las asas. A los 15 minutos, cuando el arroz se va quedando algo más seco, se echan los guisantes y el perejil y se coloca el pimiento en tiritas para que quede bonita la fuente. Se deja otros 5 minutos (este tiempo depende de la clase de arroz).

Antes de servir se deja la paellera fuera de la lumbre y sobre una bayeta mojada y escurrida, en reposo, unos 5 minutos.

Se sirve entonces en la misma paellera.

212 SOUFFLÉ DE ARROZ BLANCO (6 personas)

(Véase receta 529.)

Legumbres

 COCIDO (6 personas)

(Véase receta 125.)

214 RESTOS DE COCIDO EN FORMA DE BUDÍN (6 personas)

El volumen de 3 o 4 tazones de desayuno de resto de cocido, es decir: garbanzos, verduras, zanahorias, patatas, carne, chorizo, etc.

3 huevos,   **pan rallado.**
   un poco de aceite fino,

Salsa de tomate: aparte, en salsera (receta 77).

Se pasa por la máquina de picar la carne todo lo que queda del cocido. Se añaden a esto las 3 yemas, se mezcla bien y se agregan las 3 claras a punto de nieve muy firme, suavemente para que no se bajen.

Se unta con aceite fino un molde de cake largo y se espolvorea ligeramente con pan rallado.

Se mete al horno mediano previamente calentado y al baño maría. Se deja de 20 a 30 minutos más o menos. Se saca, se desmolda y se sirve con salsa de tomate aparte.

215 GARBANZOS ALIÑADOS (6 personas)

³/₄ kg de garbanzos,
 1 pellizco de bicarbonato,
 1 hueso de codillo más bien grasiento,
 2 puerros medianos (sólo lo blanco),
¹/₄ kg de zanahorias (3 medianas),
 3 tomates medianos,
   sal y agua.
Salsa:
 3 cucharadas soperas de vinagre,
 9 cucharadas soperas de aceite fino,

2 cucharadas soperas de caldo de cocer los garbanzos,
2 huevos duros picados (¹/₂ se deja para adornar la fuente de garbanzos),
1 cucharada (de las de café) de perejil picado,
1 cucharada (de las de café) de cebolla picada,
   sal.

Se ponen los garbanzos en remojo, por lo menos 12 horas antes de hacerlos, con un pellizco de bicarbonato y un poco de sal, en agua templada. Después de estar en remojo se lavan bien para que no les quede nada de bicarbonato y se ponen en agua caliente (pero no hirviendo) con sal, el codillo, los puerros pelados y lavados y las zanahorias, igualmente lavadas y raspadas la piel con un cuchillo. Si éstas son grandes, se cortan en dos a lo largo. Se pone a fuego mediano más bien lento.

Se dejan cocer el tiempo necesario (éste dependerá de la clase de los garbanzos y del agua: la más fina es la mejor, y la que tiene más cal, la peor). Deberán cocer de 2 a 3 horas.

Una vez cocidos, se escurren bien de su caldo y se ponen en una fuente redonda en un montón. Se adorna la fuente todo alrededor con rodajas de tomate, y encima de los garbanzos, en estrella, se ponen las zanahorias con $^{1}/_{2}$ huevo duro picado en el copete.

Se sirve con una salsera de vinagreta aparte, en la cual se pone el aceite, el vinagre, el caldo, la sal, $1^{1}/_{2}$ huevo duro picado, el perejil muy picado y la cebolla (facultativo) muy picada también.

Nota.—El caldo de cocer los garbanzos es muy bueno y se puede utilizar para cocer arroz, hacer una sopa, etc.

216 **GARBANZOS REFRITOS (6 personas)**

$^{1}/_{2}$ kg de garbanzos,
100 g de manteca de cerdo,
1 cebolla mediana (100 g),
3 tomates medianos bien maduros,

1 cucharada (de las de café) de pimentón,
$^{1}/_{2}$ chorizo de cantimpalo,
agua y sal.

Se ponen los garbanzos en remojo la víspera (o unas 12 horas antes) en agua que no esté muy fría, con un pellizco de bicarbonato y un poco de sal. Después de remojados y antes de cocer, se lavan bien para que no les quede bicarbonato.

Se pone una olla con agua y sal. Cuando va a empezar a hervir (hace burbujas alrededor), se echan los garbanzos. Se cubre la olla y se dejan cocer a fuego mediano hasta que estén tiernos, pero sin que se deshagan (más o menos 2 horas, pero este tiempo depende de la clase de garbanzos).

Mientras cuecen, se hace el refrito en una sartén. Se pone a derretir la manteca de cerdo; cuando está caliente se le añade la cebolla pelada y muy picada. Se rehoga unos 5 minutos hasta que se pone transparente. Se le agregan entonces los tomates pelados y cortados en trozos pequeños y quitadas las simientes. Se machaca bien con el canto de una espumadera. Se refríen durante unos 10 minutos. Se añade el pimentón y el chorizo, pelado y cortado en lonchitas muy finas. Se revuelve todo y se reserva fuera del fuego (para que no se queme el pimentón).

Una vez cocidos los garbanzos, se escurren bien de su caldo y se echan en la sartén. Se ponen a fuego vivo, se revuelven bien durante 5 minutos y se sirven bien calientes en una fuente.

Nota.—Se puede aprovechar un resto de garbanzos del cocido del día anterior. Se tendrán removiéndolos en la sartén algo más de tiempo para calentarlos bien.

GARBANZOS A LO POBRE (6 personas)

¹/₂ **kg de garbanzos,**	1 **cucharada colmada de perejil picado,**
¹/₂ **kg de patatas (2 grandecitas),**	¹/₂ **vaso (de los de vino) de vino blanco,**
1 **cucharada rasada de harina,**	1 **cucharada (de las de café) de pimentón,**
1 **cebolla grande (150 g),**	2 **huesos de caña,**
3 o 4 **cucharadas soperas de aceite,**	1 **hueso de jamón,**
2 **dientes de ajo,**	**agua y sal.**

La víspera se ponen a remojo los garbanzos en agua templada, con un poco de sal y la punta de un cuchillo de bicarbonato.

Al ir a hacerlos se ponen en agua bastante caliente (sin que cueza), con el hueso de jamón y los huesos de caña. Se sala ligeramente (por el hueso de jamón que suele estar algo salado). Se deja cocer una hora y media (25 minutos en la olla exprés). Entonces se añaden las patatas, peladas, lavadas y cortadas en cuadraditos.

Mientras se cuecen las patatas se hace el refrito. En una sartén se pone el aceite a calentar. Cuando está en su punto se echa la cebolla picada. Se deja rehogar a fuego lento (unos 6 minutos), sin que se dore. Se añade entonces el ajo, muy picado, la harina y se deja refreír unos 4 minutos más. Se retira la sartén del fuego y se añade el pimentón, y puesta otra vez en el fuego, se agrega el vino y como un vaso (de los de agua) del caldo de los garbanzos y las patatas. Dejar que cueza durante unos 5 minutos y añadirlo a los garbanzos. Antes de echar el refrito a los garbanzos habrá que dejarlos con el caldo justo que se juzgue necesario. Dejar que todo cueza junto durante 10 minutos. En este tiempo rectificar de sal si hiciese falta y espolvorear con el perejil picado.

Servir en plato hondo.

 POTAJE CON ESPINACAS (6 personas)

¹/₂ **kg de garbanzos,**	1 **cucharada (de las de café) rasada de**
1 **kg de espinacas,**	**pimentón,**
200 **g de bacalao,**	1 **ramita de perejil,**
2 **cebollas pequeñas (100 g las 2),**	1 **tomate grandecito,**
6 **cucharadas soperas de aceite,**	1 **cucharada sopera de harina,**
1 **hoja de laurel,**	**sal,**
¹/₂ **cabeza de ajo pequeña,**	**agua y un pellizco de bicarbonato.**
1 **diente de ajo,**	

La víspera de hacer el potaje se ponen los garbanzos en remojo en agua templada (quitado el frío), con sal y un pellizco de bicarbonato (esto, si el agua no es fina).

En agua fría se pone en remojo el bacalao y se le cambia el agua unas 3 o 4 veces, sacando cada vez el bacalao del cazo y enjuagando éste bien para que la sal no se quede en el fondo.

Cuando se vaya a hacer el potaje, se lavan muy bien los garbanzos y se ponen en una olla con agua caliente (pero no hirviendo), con la $^1/_2$ cabeza de ajo entera, la hoja de laurel y una cebolla pelada y entera. Se deja de $2^1/_4$ a $2^1/_2$ horas a fuego mediano, después de lo cual se incorpora el bacalao, dejándolo cocer otra $^1/_2$ hora.

Se lavan muy bien las espinacas, quitándoles los tallos, y se echan en la olla, cociendo unos 8 minutos.

En una sartén se pone el aceite a calentar; se refríe la cebolla pelada y muy picada, sin que tome demasiado color (10 minutos); se añade el tomate cortado y quitadas las pepitas. Un poco después se echa la harina, que se freirá bien, y, por fin, el pimentón. Seguidamente se pasa por el pasapurés, echando esta salsa en la olla de los garbanzos. Se prueba entonces de sal y se rectifica si hace falta.

En un mortero se machaca el perejil con el diente de ajo y se le añade una cucharada sopera de caldo de la olla. Se echa dentro y se mueve bien.

Se deja cocer durante unos 15 o 20 minutos todo junto. Se sirve en sopera.

Hay quien pone unas bolitas que se hacen con 1 huevo batido como para tortilla, una miga de pan (tamaño de un huevo grande) desmenuzada, y ajo y perejil muy picadito (1 diente y 2 ramitas de perejil). Con todo esto se hace una masa, con la cual se formarán unas bolitas o una sola morcilla grande. Se envuelven en pan rallado y se fríen. Se echan después de incorporar el refrito.

219 POTAJE CON ARROZ Y PATATAS (6 personas)

400 g de garbanzos,	1 diente de ajo,
$^1/_2$ kg de patatas (3 grandes),	1 ramita de perejil,
$^1/_4$ kg de arroz,	unas hebras de azafrán,
2 cucharadas soperas de aceite,	sal,
1 cebolla mediana (80 g),	1 pellizco de bicarbonato,
2 clavos (especia),	agua.

Se ponen los garbanzos en remojo con agua templada (no fría), por lo menos 12 horas antes de cocerlos, con un poco de sal y un pellizco de bicarbonato.

Cuando se van a cocer, se lavan muy bien varias veces y se echan en agua caliente (no hirviendo) con un poco de sal y las 2 cucharadas de aceite.

Se pela la cebolla, se le pinchan los 2 clavos y se mete al horno hasta que esté tostada por fuera, y se echará asimismo en el agua con los garbanzos, que se tendrán cociendo a fuego mediano unas $2^1/_2$ horas. Este tiempo depende de la clase de garbanzos y del agua. Cuando los garbanzos empiezan a estar tiernos pero bien enteros, se añaden las patatas, cortadas en cuadraditos y bien lavadas. Se dejan cocer unos 15 minutos, se les agrega el arroz y se cuecen otros 20 minutos más.

Después de incorporado el arroz, se pone en el mortero el diente de ajo con las hebras de azafrán, el perejil y un poco de sal. Se machaca todo bien y se añaden un par de cucharadas soperas del caldo donde están cociendo los garbanzos. Se echa con los garbanzos el contenido del mortero, se prueba de sal y se rectifica si hiciese falta.

Se sirve en sopera.

220 JUDÍAS BLANCAS GUISADAS (6 personas)

700 g de judías blancas,
¹/₂ cabeza de ajo entera y asada,
1 hoja de laurel,
1 chorizo o una morcilla asturiana,
4 cucharadas soperas de aceite,

2 cebollas pequeñas (100 g las 2),
1 cucharada sopera de harina,
1 cucharada (de las de café)
de pimentón,
sal.

Si las judías son del año, no se deben poner en remojo; si no se tiene seguridad de que sean tiernas, se pondrán en remojo en agua fría unas 3 horas antes de cocerlas.

Se ponen las judías en agua fría sin nada (ni sal), de modo que el agua sólo las cubra, y se tapan con la tapadera. Cuando rompe el hervor se escurre el agua y se vuelve a poner nueva, añadiendo entonces la cabeza de ajo asada (para ello se arrima la cabeza de ajo al fuego, debajo de la cacerola donde cuecen las judías, dándole vuelta para que se ase por igual por todos lados), la hoja de laurel y una cebolla entera, así como el chorizo o la morcilla enteros.

Se dejan cocer 2 horas más o menos (según la clase de judías), añadiéndoles durante este tiempo unas 3 veces agua fría para cortarles la cocción. Cuando están tiernas las judías, se les agrega el siguiente refrito:

En una sartén se calienta el aceite, se refríe la cebolla picada y después que está dorada se añade la harina, dejándola que tome un poco de color y moviendo con una cuchara de madera. Pasados 10 minutos se le echa el pimentón y 3-4 cucharadas del caldo de las judías. Se pasa por el pasapurés el refrito, echándolo dentro de la cacerola donde cuecen las judías. Se echa ahora la sal. Se quita el chorizo y la hojita de laurel (ésta se tira) y el chorizo se corta en rodajas, que se vuelven a echar en las judías.

Se sirven estas judías en sopera.

 221 JUDÍAS BLANCAS EN ENSALADA (6 personas)

700 g de judías blancas,
1 cebolla pequeña (50 g),
1 hoja de laurel,
1 cucharada (de las de café) de perejil picado,

1 cucharada sopera de cebolla muy picada,
3 cucharadas soperas de buen vinagre,
9 cucharadas soperas de aceite fino,
sal.

Se ponen las judías en una cacerola con agua fría sin sal y cubiertas con tapadera; cuando dan el primer hervor, se tira esa agua y se pone otra que las cubra bien.

Se les añade una cebolla pelada y cortada en dos cascos y una hoja de laurel.

Se dejan cocer unas 2 horas a fuego mediano, echándoles durante este tiempo tres veces un chorrito de agua fría que les corte el hervor y que les reponga el agua que han consumido.

Una vez tiernas pero enteras (el tiempo depende de la clase de judías), se escurren de su caldo y se retira el laurel y la cebolla. Se dejan enfriar o templar y se las pone en una ensaladera. Se aliñan con sal, aceite y buen vinagre, se espolvorean con el perejil y la cebolla picada y se mueven bien.

Se sirven así o adornadas con unas rodajas de tomate.

222 JUDÍAS BLANCAS CON COSTRA (6 personas)

600 g de judías blancas,	**4** cucharadas soperas de aceite,
1 hojita de laurel,	**1** cucharada (de las de café) de azúcar,
agua,	**1** lata de guisantes,
1 kg de tomates,	**3** huevos,
1 cebolla mediana y ¹/₂ pequeña,	sal.

Se ponen las judías en agua fría sin nada (ni sal) y tapadas con la tapadera. Cuando rompe el hervor, se tira el agua y se pone otra vez agua fría que sólo las cubra, con una hoja de laurel y la cebolla mediana partida en dos. Se dejan cocer unas 2 horas a fuego mediano, añadiendo durante este tiempo agua fría por tres veces, para reponer la que hayan consumido.

Mientras tanto, en una sartén, se pone el aceite a calentar, se echa la cebolla muy picada, que se cueza un poco pero sin dorarse (unos 10 minutos). Se echan después los tomates bien lavados y partidos en trozos. Con el canto de una espumadera se machacan bien y se dejan unos 15 minutos para que se haga la salsa. Se pasa por el pasapurés y se vuelve a poner en la sartén añadiendo entonces la sal y el azúcar.

Se escurren entonces las judías en un colador grande y se revuelven con la salsa de tomate y la mitad del bote de guisantes (escurridos de su caldo). Se sazonan de sal y se ponen en una fuente de barro, porcelana o cristal resistente al horno. Se pone el resto de los guisantes por encima. Se baten los 3 huevos como para tortilla y se vierten por encima de las judías.

Se mete la fuente a gratinar a fuego vivo, y, cuando los huevos están cuajados (10 minutos más o menos), se sirven en su misma fuente.

JUDÍAS BLANCAS CON SALCHICHAS Y BACON
(6 personas)

¹/₂ kg de judías (grandes),
6 salchichas de Frankfurt,
6 salchichas frescas,
2 lonchas (de ¹/₂ cm de grueso) de bacon,
¹/₄ kg de punta de jamón,
1 ramillete (perejil, una hoja de laurel,

1 diente de ajo),
40 g de mantequilla,
agua fría,
3 cucharadas soperas de aceite,
1 cucharada (de las de café) de perejil picado,
sal.

Se ponen las judías en remojo en agua fría unas 2 horas antes de ir a cocerlas.

Para cocerlas se ponen en agua fría, que justo las cubra y, poco a poco, se les va dando calor. Cuando rompe el hervor, se escurren de su agua y se echan en otra cacerola con agua fría, que sólo las cubra. Se les vuelve a dar lumbre despacio y durante la primera ¹/₂ hora se les para la cocción por dos veces echándoles un poco de agua fría (si hace falta, porque se vayan quedando secas, se les puede añadir agua más de dos veces).

Después de pasada la primera ¹/₂ hora se les incorpora el jamón y el bacon entero. Cuando las judías están casi cocidas (unas 2 horas), se sazonan de sal y se meten entre medias las salchichas de Frankfurt, y todo cocerá durante unos 10 minutos.

En una cacerola se pone la mantequilla a derretir. Se escurren bien las judías con una espumadera y se saltean con la mantequilla y el perejil, retirando el ramillete.

Se sirven en una fuente redonda con el jamón y el bacon cortado en trozos (tanto como comensales); las salchichas de Frankfurt enteras y las otras se saltearán en una sartén aparte con 3 cucharadas de aceite, pinchándolas antes con un palillo.

Se sirven bien calientes y con los platos previamente calentados.

Nota.—El caldo de las judías está riquísimo para hacer una sopa y se debe aprovechar (como sugerencia, se pueden deshacer 2 cucharadas soperas de fécula de patata al momento de servir, 1 trozo de mantequilla, una cucharada pequeña de perejil picado y una yema de huevo si se quiere).

JUDÍAS BLANCAS DE ADORNO

Estas judías acompañan muy bien a la pierna de cordero asada.

300 g de judías blancas,
1 cebolla pequeña (50 g),
1 hoja de laurel,

1 cucharada (de las de café) de perejil picado,
75 g de mantequilla,
sal.

Se ponen las judías en agua fría sin nada (ni sal) y cubiertas con tapadera. Cuando rompe el hervor, se tira el agua y se pone otra vez agua fría que sólo las cubra, con una hoja de laurel y una cebolla pelada y partida en dos. Se dejan cocer unas 2 horas a fuego mediano, añadiéndoles durante este tiempo agua fría tres veces, para espantarlas y reponer el agua consumida.

Una vez bien tiernas pero enteras, se escurren en un colador grande. En una sartén se derrite la mantequilla y se ponen las judías, salteándolas para que no se agarren. Se les echa sal y el perejil picado, y se sirven con el cordero, pero sin que se doren (esto las endurece).

225 FABADA (6 personas)

¹/₂ kg de fabes (judías asturianas),	¹/₂ vaso (de los de agua) de aceite,
2 morcillas también asturianas,	1 cebolla grande (125 g),
1 punta de jamón serrano de 100 g,	2 dientes de ajo,
2 chorizos,	unas hebras de azafrán,
100 g de tocino entreverado,	1 cucharada (de las de café) rasada de
1 trozo de rabo o de pata de cerdo,	pimentón,
¹/₂ oreja de cerdo,	sal.

Se ponen las judías en remojo en agua fría, unas tres horas, y después de este tiempo se escurren.

Se ponen en una cacerola cubiertas con agua fría y se ponen al fuego; cuando rompen a hervir, se vuelca la cacerola, tapándola con una tapadera, y se escurre el agua. Aparte se tendrá una olla con agua fría y se echan dentro. Se añade entonces: la cebolla, pelada y cortada en cuatro; los dientes de ajo, pelados pero enteros; el aceite; la oreja; el rabo o pata. Se añade el pimentón, se revuelve y finalmente se echan en la olla los embutidos, primero los más duros: el jamón y el chorizo, y al rato los demás menos las morcillas.

El agua debe cubrir lo justo la fabada. Se tapa la olla y se deja cocer a fuego lento de 2 a 3 horas (el tiempo depende de las judías). Media hora antes de finalizar la cocción se añaden las morcillas. Se sala casi a última hora y entonces se añade el poquito de azafrán bien machacado en el mortero y disuelto con un poco de caldo de cocer la fabada.

No se suele servir ni el rabo ni la oreja, pero hay a quien le gusta y los incluye, pero la oreja cortada en tiras finísimas.

Nota.—La fabada está mucho mejor hecha la víspera y recalentada. También se suelen sacar unas fabes, se hace puré con ellas y así se espesa el caldo de la fabada.

226 FABES CON ALMEJAS (6 personas)

¹/₂ kg de fabes,	1 hoja de laurel,
400 g de almejas (o chirlas grandes o chochas),	unas ramitas de perejil,
1 diente de ajo,	3 cucharadas soperas de aceite crudo,
1 pellizco de azafrán,	3 cucharadas soperas llenitas de pan rallado,
1 cebolla pequeña (60 g),	sal y agua.

Se ponen las fabes a remojo, en agua fría, la víspera por la noche. Cuando se van a guisar se ponen en agua fría sola y les deja justo hasta que empiecen a hervir.

Mientras, se prepara una cacerola con el aceite, el diente de ajo pelado, la hoja de laurel, la cebolla pelada pero entera y las ramitas de perejil atadas con un hilo (para quitarlas cómodamente al ir a servir las fabes). Se pone un poco de agua fría (sin sal).

Cuando las fabes dan el primer hervor, con una tapadera se vuelca la cacerola y se les quita toda el agua. Se vierten en seguida en la segunda cacerola, preparada con los condimentos. Se añade agua fría hasta que la cubra y un poco más. Se tapan y se dejan cocer a fuego muy lento durante una hora y media. Se les puede añadir agua, si hace falta, pero siempre fría.

Se machaca el azafrán en el mortero y se deslíe con un poco del caldo de las fabes. Se vierte en la cacerola, revolviendo bien. Se echa entonces, espolvoreándolo, el pan rallado. Se vuelve a tapar la cacerola y se sigue cociendo muy despacio otra media hora más. (Este tiempo total de cocción depende de la clase de las fabes.)

Mientras se están cociendo las fabes, se lavan las almejas con agua fría, un poco de sal y unas gotas de vinagre. Se ponen en una sartén o cazo, con un poco de agua (un vaso de los de vino no lleno basta para estas almejas). Se tapa y se saltea de vez en cuando el cazo. Cuando todas las almejas están bien abiertas, se les quitan las conchas o las medias conchas vacías, como más guste, y se reservan en su caldo, que se habrá colado por un colador y una gasa o un trozo de tela fina, para quitarles la arena. Se reservan frías y a última hora (un cuarto de hora antes de servirlas) se añaden con su caldo a las fabes.

Se sirven en plato hondo.

 227 JUDÍAS PINTAS O ENCARNADAS CON VINO TINTO (6 personas)

¹/₂ kg de judías pintas o encarnadas,	2 dientes de ajo,
1 trozo de tocino entreverado de unos 150 g,	1 vaso bien lleno (de los de agua) de vino tinto,
1 hueso de codillo,	2 clavos de especia,
5 cucharadas soperas de aceite,	1 cucharada sopera colmada de harina,
1 cebolla mediana (100 g),	agua y sal.

Poner las judías a remojo la víspera por la noche en agua fría. Se ponen apenas cubiertas con agua fría y cuando rompe el hervor se escurren poniendo una tapadera para retenerlas quitándoles toda el agua. Se vuelven a cubrir con agua fría y entonces se les añade el tocino en un trozo, el hueso de codillo y el clavo. Se dejan cocer así suavemente durante una hora y media (el tiempo depende mucho de la clase de las judías).

Mientras se hacen las judías, en una sartén pequeña se pone el aceite a calentar, cuando está en su punto se echa la cebolla y los ajos, todo muy picado. Cuando se empiezan a dorar, se echa la harina y se dan unas vueltas con una cuchara de madera, y pasados un par de minutos se añade poco a poco el vino tinto. Esto se echa en las judías y se deja cocer otra $1/2$ hora, salándolas entonces.

Deben de quedar caldosas, pero no en exceso.

Se sirven en una fuente honda con el tocino cortado en trozos.

Nota.—Para abreviar, cuando han dado el primer hervor, se pueden cocer en la olla exprés, con su tocino, su clavo y su codillo. Se tendrán entonces en la olla 30 minutos. Se destapan y se sigue como la receta antes explicada.

228 JUDÍAS PINTAS CON ARROZ (6 personas)

400 g de arroz,
agua hirviendo,
40 g de mantequilla,
sal,
400 g de judías pintas,
2 dientes de ajo,

1 hoja de laurel,
1 cebolla mediana (100 g),
1 cucharada sopera de harina,
4 cucharadas soperas de aceite,
1 cucharadita (de las de moka) de pimentón,
agua y sal.

Se ponen las judías en una cacerola con agua fría que las cubra pero sin sal. Se tapa con su tapadera. Cuando dan el primer hervor, se les quita el agua, echando otra también fría y bien cubiertas, pues deben quedar muy caldosas. Se les incorpora $1/2$ cebolla pelada y cortada en dos, la hoja de laurel y 1 diente de ajo. Se les corta el hervor por tres veces durante las 2 o 3 horas que cuezan (según sean de duras), con un chorrito de agua fría.

Mientras tanto se prepara el arroz blanco (receta 186, 1.ª fórmula) y se deja separado una vez lavado.

En una sartén se pone el aceite a calentar. Cuando está caliente se echa la $1/2$ cebolla muy picada y el diente de ajo (dado un golpe con el mango de un cuchillo, con el fin de aplastarlo un poco y que suelte más aroma). Una vez dorada la cebolla, se le añade la harina, que también se deja tostar (unos 10 minutos). Se incorpora entonces el pimentón y seguidamente unas 3 o 4 cucharadas del caldo donde cuecen las judías. Esta salsa se vierte en las judías y se les agrega la sal.

Se rehoga el arroz con la mantequilla y se sala. Se pone en un molde en forma de corona. Se vuelca en una fuente redonda y más bien honda. Se vierten en el centro las judías con su caldo y se sirve en seguida.

229 **LENTEJAS GUISADAS (6 personas)**

600 g de lentejas,
 1 tomate maduro,
 $^1/_2$ cebolla mediana (100 g) en 2 cascos,
 $^1/_2$ cebolla mediana (100 g) picada,
 2 dientes de ajo,
 1 hoja de laurel,
 1 ramita de perejil,

$1^1/_2$ vaso (de los de vino) de aceite (sobrará),
 2 rebanadas de pan frito,
 1 cucharadita (de las de moka) de pimentón,
 agua y sal.

Se limpian con mucho cuidado las lentejas (pues suelen tener piedrecitas) y se ponen en remojo en agua fría abundante unas horas (la víspera por la noche si se quiere).

En una cacerola se ponen las lentejas escurridas de su agua de remojo, se les añade el laurel, los 2 cascos de cebollas, 1 diente de ajo (sin pelar) y se cubren con agua fría abundante, sin sal. Se ponen a cocer con la cacerola tapada, a fuego lento después de roto el hervor, y se tendrán cociendo durante 1 o 2 horas (según la clase de lentejas).

En una sartén se pone el aceite a calentar, se fríen las dos rebanadas de pan, se retiran y se reservan. Se quita un poco de aceite dejando sólo un fondo en la sartén. Se añade la $^1/_2$ cebolla picada, se refríe hasta que empieza a dorarse (unos 8 minutos) y se echa entonces el tomate pelado, cortado en trozos y quitadas las semillas. Se refríe todo junto y, apartando la sartén del fuego, se echa el pimentón. Se revuelve bien y se vierte sobre las lentejas.

En un mortero se pone 1 diente de ajo pelado, un poco de sal, el perejil y el pan frito. Se machaca bien y se deslíe con 2 o 3 cucharadas soperas de caldo de cocer las lentejas. Se vierte en la cacerola de las mismas. Se revuelve todo bien, se rectifica de sal y se cuece todo junto durante unos 10 minutos.

Se sirve en sopera, retirando antes el laurel y el ajo de cocerla.

230 **LENTEJAS CON TOCINO Y SALCHICHAS (6 personas)**

600 g de lentejas francesas,
 1 cebolla pequeña (50 g),
 2 clavos (de especia),
 1 hoja de laurel,
 1 zanahoria mediana,
 2 dientes de ajo,

12 salchichas corrientes,
 $^1/_4$ kg de panceta,
 $1^1/_2$ vaso (de los de vino) de aceite (sobrará),
 sal.

Se limpian cuidadosamente las lentejas y se ponen en remojo unas horas, bien cubiertas de agua fría.

En una cacerola se ponen las lentejas escurridas de su agua de remojo. Se añade la cebolla con los 2 clavos pinchados en ella, el laurel, la zanahoria raspada, lavada y partida en cuatro trozos, los 2 dientes de ajo sin pelar y el tocino en un trozo. Se cubren con agua fresca abundante y no se les echa sal. Se tapa la cacerola con su tapadera y se ponen a cocer. Cuando rompe el hervor se baja el fuego para que cuezan lentamente más o menos durante una hora o $1^{1}/_{2}$ hora (el tiempo dependerá de la clase).

Cuando se van a servir las lentejas se escurren (guardando el caldo). Se les quita la cebolla, el laurel, el ajo, la zanahoria y el tocino. Éste se corta en cuadraditos. Se pone aceite a calentar, se pinchan las salchichas en varios sitios con un palillo para que no se revienten al freír y se fríen unos 5 minutos. Se reservan al calor. Se retira como la mitad del aceite de la sartén y se ponen los cuadraditos de tocino a freír unos 3 minutos y se añaden las lentejas. Se revuelve todo bien y se salan. Las lentejas así salteadas se ponen en una fuente. Se colocan las salchichas por encima y se sirve en seguida.

Nota.—Hay quien prefiere las lentejas algo caldosas. Se podrá entonces añadir el caldo de cocerlas en la proporción que guste. El caldo se puede guardar por si sobran lentejas y se quiere hacer un puré con ellas, pasándolas por la batidora y adornando el puré con currusquitos de pan fritos o un poco de arroz blanco.

231 **LENTEJAS EN ENSALADA (6 personas)**

Se procede exactamente como para las anteriores, pero sin poner tocino. Cuando las lentejas están tiernas se escurren de su salsa con una espumadera, se les quita el laurel, la cebolla, el ajo y la zanahoria. Se ponen en una ensaladera de cristal o porcelana y se rocían con aceite, vinagre y sal, moviéndolas bien y dejándolas que se templen o que se enfríen del todo, como más guste.

También se pueden mezclar con mayonesa y adornar con anchoas de lata y tomates.

232 PURÉ DE GUISANTES SECOS (6 personas)

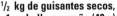

½ kg de guisantes secos,
1 cebolla pequeña (40 g),
1 ramillete con una hoja de laurel,
1 diente de ajo y una ramita de perejil,
1 hueso de codillo,

50 g de mantequilla,
2 vasos (de los de vino) de leche caliente,
sal y agua.

Se ponen los guisantes en remojo en agua fría unas 12 horas antes de guisarlos, limpiándolos muy bien de piedrecitas, etc.

En un cazo se pone agua fría (sin sal), la cebolla pelada y partida en dos, el codillo y el ramillete. Se dejan cocer despacio durante 2½ a 3 horas.

Se pasan los guisantes por el pasapurés. Se pone el puré obtenido en un cazo a lumbre mediana, se sazona de sal y se añade la leche caliente poco a poco, así como la mantequilla en varios trozos. Cuando está todo incorporado al puré, éste debe tener la misma consistencia que un puré de patatas.

Se servirá como adorno del plato de carne o simplemente con salchichas fritas.

Patatas

233 MANERA DE COCER LAS PATATAS

Las patatas se pueden preparar de muchas maneras y es un plato barato, bueno y variado.

Para cocerlas (base de muchas recetas) se lavan bien sin pelarlas y se secan un poco. Se ponen en un cazo con agua fría (que las cubra bien), un chorrito de leche fría y sal. Cuando rompen a hervir, se baja el fuego y se cuecen a fuego mediano durante unos 30 minutos más o menos (este tiempo depende de la clase de patata).

Si se tuviesen que cocer las patatas peladas y en trozos, o bien porque así lo pida la receta o por abreviar, se procede igual que se explica anteriormente.

234 PURÉ DE PATATAS (6 personas)

Esta cantidad es para hacer un puré, para acompañar un plato de carne u otra cosa.

1¼ kg de patatas,
50 g de mantequilla,

¼ litro de leche caliente (1 vaso de los de agua bien lleno),
sal y agua.

Se pelan las patatas y se cortan en trozos grandes si son gordas. Se lavan en agua fría rápidamente. En un cazo bastante grande se pone agua fría y sal (una cucharada de las de café), se echan las patatas ya peladas, cortadas y lavadas, de forma que el agua las cubra bien. Se ponen al fuego y cuando empieza a hervir el agua se dejan entre 20 y 30 minutos, según la clase de patata. En otro cazo se pone el trozo de mantequilla partido en dos o tres, y sobre esto se va pasando la patata por el pasapurés. Cuando está pasada toda la patata y la mantequilla bien derretida, se dan vueltas con una cuchara de madera. Se va añadiendo poco a poco la leche caliente.

Se rectifica de sal y se tiene al calor suave para utilizar el puré cuanto antes. No debe cocer nunca el puré una vez hecho.

Si el puré gusta más o menos espeso, lo único que hay que variar es la cantidad de leche que se va añadiendo.

235 BOLAS DE PURÉ DE PATATAS (6 personas)

1¼ kg de patatas,
4 huevos,
pan rallado,

sal y agua,
1 litro de aceite (sobrará).

Se pelan las patatas y las gordas se cortan en trozos. Se lavan y se ponen en una cacerola con agua fría y sal (una cucharada de las de café), que las cubra bien.

Se ponen a cocer, y cuando empieza a hervir el agua se dejan de 20 a 30 minutos (según la clase de patata que se emplee).

Cuando están cocidas se pasan en seguida por el pasapurés. Se baten 2 huevos enteros, como para una tortilla, y se incorporan al puré. Se rectifica de sal si hace falta. Se forman entonces unas bolitas con las manos, se pasan por los otros 2 huevos batidos, que estaban reservados, y después por el pan rallado.

En una sartén se pone el litro de aceite a calentar, y cuando está en su punto (se ve echando un trocito de pan: si se dora rápidamente, pero sin arrebatarse, es que está bien el aceite) se fríen y se sirven en seguida de adorno.

236 PURÉ DE PATATAS CON CHORIZO, TOCINO Y PIMENTÓN (REVOLCONAS) (6 personas)

1¹/₂ kg de patatas,	1 cucharada (de las de café) de pimentón,
3 hojas de laurel,	
1 diente de ajo sin pelar,	2 vasos (de los de vino) de agua de cocer las patatas,
125 g de panceta,	
1 chorizo (125 g),	sal,
1 vaso (de los de vino) más una cucharada sopera de aceite,	triángulos de pan frito para adorno.

Se pelan, se cortan en trozos y se lavan las patatas. Se ponen en un cazo con agua fría abundante, sal, el diente de ajo, las 3 hojas de laurel y una cucharada sopera de aceite a cocer durante 30 minutos más o menos (según la clase de patata). Mientras tanto, en una sartén pequeña se pone el aceite a calentar. Se refríe el chorizo cortado en trozos pequeños y el tocino picado también bastante menudo. Cuando están fritos, se sacan con una espumadera y se reservan. En este mismo aceite y fuera del fuego se añade el pimentón. Se revuelve bien, se vuelve a poner el chorizo y el tocino y se conserva al calor flojo.

Se quitan las hojas de laurel y el diente de ajo. Se les añade a las patatas el contenido de la sartén con su aceite y se revuelve con una cuchara de madera.

Se sirve en una fuente.

 237 CROQUETAS DE PURÉ DE PATATAS CON BACALAO (6 personas)

1¹/₂ kg de patatas rojas (holandesas),	1 litro de aceite (sobrará),
¹/₄ kg de bacalao (no muy grueso),	1 diente de ajo (facultativo),
2 yemas de huevo,	sal, si hiciese falta.
agua fría,	

En una cacerola se ponen las patatas sin pelar, pero muy bien lavadas, y el bacalao sin remojar, si es de esa clase que venden en cajas y no está muy seco; de lo contrario, se remoja una sola vez durante un par de horas. Se cubren de agua y se ponen a cocer. Cuando rompe el hervor, se dejan entre 20 y 30 minutos (según la clase de patata). Una vez cocidas, se pelan en seguida y, sin dejarlas enfriar, se pasan por el pasapurés. Después se quitan las pieles y las espinas al bacalao, desmenuzándolo muy bien con las manos, o bien pasándolo por el pasapurés. Se mezcla con la patata y se añaden las 2 yemas de huevo. También se puede agregar entonces 1 diente de ajo pelado y frito en aceite y luego machacado en el mortero con un poco de sal. Esto se añade al puré, pero es facultativo.

Se baten las claras a punto de nieve (con un pellizquito de sal). Con las manos bien limpias y mojadas se forman las croquetas. Habrá que mojarse las manos varias veces durante la operación, pues si no se pega la masa.

En una sartén con aceite bien caliente se fríen las croquetas por tandas de 6 a 8 a la vez. Se escurren bien y se sirven, bien con dos ramitas de perejil frito o con salsa de tomate servida en salsera aparte.

 238 BRANDADA

(Véase receta 553.)

239 PATATAS ASADAS AL HORNO CON BECHAMEL
(6 personas)

1¼ kg de patatas,
1 litro de leche fría,
1½ cucharada sopera rasada de harina,
1½ cucharada sopera de aceite,
40 g de mantequilla,

1 diente de ajo,
1 cucharadita (de las de moka) de extracto de carne,
74 g de gruyére rallado,
agua y sal.

Poner las patatas bien lavadas, sin pelar, en un cazo con agua fría que las cubra, y sal. Ponerlas al fuego y, cuando rompa el hervor, bajar éste para que cuezan despacio durante 25 minutos (más o menos) a partir de ese momento en que empiezan a cocer (este tiempo depende de la clase de patata). sacarlas del agua, pelarlas y cortarlas en rebanadas lo más finas que se pueda, sin que se rompan.

Untar la fuente de cristal o de barro donde se vayan a servir con 1 diente de ajo. Poner la mitad de las patatas y hacer una bechamel, como sigue:

En una sartén se pone una cucharada de aceite y la mantequilla; cuando ésta está derretida se pone la harina, se mueve con las varillas y se va añadiendo el litro de leche fría y sal (con cuidado, pues el queso y el extracto de carne salan). Cuando empieza a cocer se deja unos 4 minutos sin dejar de dar vueltas y se añade el concentrado de carne.

Se vierte la mitad de la bechamel sobre las patatas ya preparadas, se pone la mitad del queso rallado; después las demás patatas, el resto de la bechamel y el resto del queso espolvoreado por encima.

Se meten en el horno previamente calentado y cuando están bien doradas (unos 15 minutos) se sirven en la misma fuente.

BUÑUELOS DE PURÉ DE PATATAS EMPANADOS, CON QUESO RALLADO O NUEZ MOSCADA (6 personas)

1¹/₂ kg de patatas,
4 huevos enteros,
1 clara,
4 cucharadas soperas de leche templada,
20 g de mantequilla,
100 g de queso gruyère rallado, o un poco de nuez moscada,

1 plato con pan rallado,
1 litro de aceite (sobrará),
agua y sal.
Salsa de tomate:
1 kg de tomates,
2 cucharadas soperas de aceite,
1 cucharada (de las de café) de azúcar,
sal.

Se hace la salsa de tomate (receta 77) y se reserva al calor.

Se lavan bien las patatas y se ponen enteras con su piel en agua fría salada, que las cubra bien. Cuando empiezan a cocer, se dejan 20 minutos más o menos (si son nuevas; 10 minutos más en caso contrario).

En caliente se pelan y se pasan por el pasapurés. Se añade la mantequilla, las 4 cucharadas de leche templada, el queso rallado o la nuez moscada rallada y 1 huevo entero más 3 yemas, batido todo ello como para tortilla. Se mueve muy bien con una cuchara de madera y se rectifica de sal.

Se baten las 4 claras restantes a punto de nieve muy firmes. Se incorporan al puré procurando moverlo lo menos posible, solamente lo justo para mezclar las claras.

Se forman unas croquetas cuadradas de 3 dedos de anchas. Se pasan por el pan rallado y se fríen en el aceite caliente (se probará el punto del aceite con una rebanadita de pan).

Se sirven en una fuente con la salsa de tomate en salsera aparte.

241 **PURÉ DE PATATAS AL GRATÉN (6 personas)**

1 kg de patatas,
1 vaso (de los de agua) bien lleno de leche caliente (¹/₄ litro),
125 g de mantequilla,

2 huevos,
4 claras,
100 g de queso rallado,
sal.

Se pelan y cortan las patatas en trozos grandes y se meten en un cazo cubiertas con agua fría y sal. Cuando están cocidas (a partir de cuando empiezan a cocer ¹/₂ hora más o menos), se pasan por el pasapurés. Se añaden 100 g de mantequilla, la leche caliente y parte del queso rallado (guardando un poco para espolvorear por encima). Se agregan las yemas y, por fin, las claras a punto de nieve bien firmes.

En un molde resistente al horno se pone el resto de la mantequilla a derretir, se unta bien y se vierte el puré así preparado. Se espolvorea con el queso rallado que se ha reservado; con una cuchara sopera se hacen unos dibujos y se mete al horno bien caliente. Cuando está tostado por arriba (una ¹/₂ hora de horno), se sirve en seguida en la misma fuente donde se ha hecho.

242 BRAZO DE GITANO DE PURÉ DE PATATAS, ATÚN Y MAYONESA (6 personas)

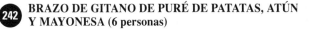

Es un plato frío.

1¼ kg de patatas,
  1 lata de atún al natural, grande (250 g), o carne picada, o gambas, o un resto de pescado, etc.,
  3 tomates duros y colorados, medianos,
 50 g de mantequilla,
  1 vaso (de los de vino) bien lleno de leche caliente,

 50 g de aceitunas,
    unas hojas de lechuga,
    sal.
Mayonesa:
  2 huevos,
1½ vaso (de los de agua) de aceite fino,
    el zumo de ½ limón,
    sal.

Se hace la mayonesa (receta 111, 2.ª fórmula). Se reserva en sitio fresco.

Se pelan, lavan y cortan en trozos grandes las patatas. Se ponen en un cazo bien cubiertas de agua fría y sal. Se acercan al fuego y, cuando rompe el hervor, se dejan unos 30 minutos más o menos (depende de la clase de patata). Se escurren y se pasan en seguida, en caliente, por el pasapurés.

Se añade entonces la mantequilla y seguidamente la leche caliente. Se escurre muy bien el aceite de la lata de atún, se desmenuza un poco y se mezcla con 3 o 4 cucharadas soperas de mayonesa. Se moja en agua caliente y se escurre muy bien un paño de cocina limpio. Se extiende en una mesa y se pone encima el puré de patatas. Se extiende éste con un cuchillo grande, dejándolo de 1½ cm de espesor. Se coloca en el centro, en una tira, la mezcla de atún y mayonesa y algunos trocitos de tomate pelados y quitadas las simientes (con 1 tomate es suficiente). Se doblan las dos partes del puré, formando un rollo grande (como un brazo de gitano de pastelería).

Se cubre por encima con un poco de mayonesa y se adorna con los dos tomates sobrantes, aceitunas y unas hojas de lechuga. Se mete un rato en la nevera y se sirve con el resto de la mayonesa en salsera aparte.

BRAZO DE GITANO DE PURÉ DE PATATAS, PESCADO Y SALSA DE TOMATE (6 personas)

1¼ kg de patatas,
½ kg de pescado (o un resto),
1½ vaso (de los de vino) de leche caliente,
50 g de mantequilla,
1 poco de nuez moscada rallada,
sal, cebolla y laurel.

Salsa de tomate:
1½ kg de tomates bien maduros,
3 cucharadas soperas de aceite,
1 cucharada (de las de café) de azúcar,
sal.

Se hace la salsa de tomate (receta 77) que quede más bien espesa. El pescado, si está crudo, se pondrá en un cazo cubierto con agua fría, 2 cucharadas soperas de vino blanco, 1 casco de cebolla, una hoja de laurel y sal. Cuando rompa el hervor a borbotones, se apartará el cazo del fuego y a los 5 minutos se sacará y se escurrirá el pescado. Sea recién cocido, sea un resto de pescado, se limpiará de pieles y espinas y se desmenuzará, mezclándolo con 3 cucharadas soperas de salsa de tomate y un poco de nuez moscada.

A partir de aquí se procederá en todo igual que en la receta anterior, procurando envolver el puré rápidamente para que no se enfríe mucho. Se cubre con salsa de tomate y se mete en el horno previamente calentado, unos 5 minutos, para que se caliente el brazo de gitano.

Se sirve en seguida. Se puede adornar con aceitunas verdes o negras y, si queda salsa de tomate, se servirá en salsera aparte.

244 PURÉ DE PATATAS CON HUEVOS (6 personas)

1 kg de patatas,
70 g de mantequilla,
¼ litro de leche caliente (un vaso de los de agua),

agua fría,
6 huevos,
100 g de queso rallado,
sal.

Se hace el puré (receta 234). En un cazo se ponen los 50 g de mantequilla en dos trozos y se pasan las patatas por el pasapurés de forma que caigan sobre la mantequilla. Se revuelve bien una vez pasadas todas las patatas, hasta que la mantequilla esté toda derretida; entonces se añade poco a poco la leche caliente y parte del queso rallado (reservando un poco para espolvorear la fuente). Si es necesario, se rectifica de sal.

Este puré se pone en una fuente honda que vaya al horno. Se forman 6 huecos con el dorso de una cuchara y se vierte en cada uno 1 huevo. Se le echa un poco de sal y un trocito de mantequilla (del grosor de un dedal). Se espolvorea con el resto del queso rallado la superficie del puré y se mete la fuente en el horno caliente hasta que la clara de los huevos esté cuajada (de 5 a 10 minutos). Se sirve en la misma fuente.

 **PATATAS FRITAS**

1 litro de aceite (sobrará),   **sal.**
1 kg de patatas (holandesas mejor),

Se pelan las patatas, se cortan en tiras de un dedo de gruesas, se lavan bien y se dejan $1/2$ hora en agua fría para que se les quite el almidón. Después se secan con un paño limpio y se les echa un poco de sal, moviéndolas bien para que ésta se reparta.

Se pone el aceite en una sartén amplia y honda. Cuando está caliente (pero no mucho: una rebanada de pan no se debe dorar rápidamente), se ponen en tandas las patatas. Cuando están fritas pero sin dorar, se sacan y se escurren. Cuando están fritas todas las patatas, se calienta más el aceite y, en el momento de tener que servirlas, se vuelven a echar en el aceite caliente hasta que estén bien doradas. Se sacan, se rectifican de sal y se sirven en seguida.

Las patatas a la inglesa (finas y redondas), las paja, todas ellas, se preparan como las anteriores, pero sin dejarlas tanto tiempo en agua, se secan bien con un paño y se fríen una sola vez hasta que estén doradas. El aceite tiene que estar caliente, pero que no las arrebate, pues se dorarían demasiado sin cocerse por dentro.

246 **REVUELTO DE PATATAS PAJA, HUEVOS Y BACALAO**
(6 personas)

1$1/2$ kg de patatas,   **1 litro de aceite** (sobrará),
  5 huevos,   **sal.**
 $1/4$ kg de bacalao,

Se habrá puesto durante 8 horas el bacalao en remojo en agua fría que le cubra bien, cambiándole por lo menos 3 veces el agua. Para esto se saca el bacalao del agua, se tira ésta y se enjuaga el cacharro, volviendo a poner el bacalao dentro del agua nueva; de lo contrario, la sal se deposita en el fondo y el bacalao no se desala como debe.

Se pone el bacalao en un cazo que esté cubierto de agua fría y, cuando empieza a hervir el agua, se separa. Cuando el agua está templada, se saca el bacalao y se desmenuza muy menudo en hebras, quitándole la piel y las espinas; se reserva.

Aparte se pelan las patatas y se lavan con agua y se secan. Se cortan con cualquier aparato o cuchillo a propósito en forma de patatas paja no muy finas. En una sartén se pone el aceite al fuego; cuando está en su punto (poniendo un trocito de patata se verá), se fríen las patatas moviéndolas hasta que queden de un bonito color dorado. Se hacen por tandas para que no se peguen unas con otras. Se escurren y se reservan.

En el momento de ir a servir se escurre el aceite de la sartén (que tiene que ser grande), se vierten los huevos batidos como para tortilla y se deja que empiecen a cuajarse un poco, moviéndolos con un tenedor. Se echan en seguida las patatas y el bacalao y se revuelve muy bien todo. Se sala ligeramente y cuando se ve que los huevos están cuajados (pero no demasiado), se pone el revuelto en una fuente y se sirve en seguida.

247 REVUELTO DE PATATAS EN CUADRADITOS, HUEVOS Y GUISANTES (6 personas)

1¹/₂ kg de patatas,	1 litro de aceite (sobrará),
6 huevos,	sal.
1 lata de guisantes de 250 g,	

Se pelan las patatas, se lavan bien y se secan. Se cortan en cuadraditos de 1 cm de costado, más o menos, y se salan ligeramente. Se pone el aceite en una sartén más bien grande y cuando está caliente (se prueba con un poco de patata) se fríen por tandas las patatas moviéndolas hasta que estén bien doraditas. Se escurren en un colador grande. Cuando están todas fritas, se vacía el aceite que queda, dejando sólo una ligera capa en el fondo, y se vuelven a poner todas las patatas en la sartén aún caliente. Se baten muy bien los 6 huevos como para tortilla, echándoles sal. Se tendrá la lata de guisantes abiertas y escurridos de su agua. Se echan los huevos en la sartén por encima de las patatas y, seguidamente, los guisantes. Se pone la sartén a fuego vivo y se dan vueltas rápidas hasta que los huevos estén cuajados (como para los huevos revueltos). El tiempo dependerá exclusivamente del gusto de cada cual, contando unos 5 minutos más o menos.

Se coloca el revuelto en una fuente y se sirve en seguida.

Nota.—Este mismo revuelto se puede hacer con puntas de espárragos, cortadas en trozos, en vez de guisantes.

248 PATATAS CON BACALAO Y NATA AL HORNO (4 personas)

1 kg de patatas grandecitas,	1 cebolla grande o 2 más pequeñas (200 g),
¹/₂ kg de bacalao gordo,	25 g de margarina,
2 vasos (de los de vino) de nata,	sal.

Desalar los trozos de bacalao desde la víspera cambiándoles el agua tres o cuatro veces.

Lavar las patatas sin pelar y ponerlas a cocer en agua fría con sal. Cuando empiezan a cocer, dejarlas sólo 25 minutos. Sacarlas y dejar que se templen. Poner el bacalao en una cacerola, cubrirlo con agua y ponerlo a cocer, pero en cuanto empiecen a salir burbujas alrededor de la cacerola apartarla del fuego, pero dejar dentro el bacalao hasta que el agua esté templada.

Untar con la margarina la fuente del horno. Poner una capa de patatas peladas y cortadas en anillas y una capa de bacalao sin piel, ni espinas en láminas. Volver a poner una capa de patatas, otra de cebollas y encima bacalao, terminando por una capa de patatas, cortadas más finas. Entre medias salar con moderación. Rociar con la nata y meter en el horno, previamente calentado durante unos 10 minutos.

Dejar a calor moderado durante 45 minutos y poner entonces a gratinar, hasta que la parte de arriba se vea dorada.

Servir en la misma fuente.

249 **PATATAS CON NÍSCALOS (6 personas)**

1¹/₂ kg de patatas,
¹/₂ kg de níscalos u otras setas,
  1 cebolla grande (150 g),
  1 vaso (de los de vino) de vino blanco,
2¹/₂ vasos (de los de agua) de agua,
  4 cucharadas soperas de aceite,

1 hoja de laurel,
1 cucharada sopera de harina,
1 cucharada (de las de café) de pimentón,
sal y pimienta.

Se limpian muy bien los níscalos, se lavan y se cortan en trozos medianos. Se ponen a sudar en una sarten limpia, sin nada, hasta que sueltan algo de jugo, que se tira.

En una cacerola se pone el aceite a calentar, cuando está en su punto, se rehoga la cebolla picada menuda, hasta que se pone transparente (unos 5 minutos), se añaden las patatas y los níscalos y se les da unas vueltas durante un par de minutos.

Se espolvorea entonces la harina y después de revolver un poco se añade el pimentón, la hoja de laurel, el vino y se mezcla de nuevo un poco, rociando antes con el agua. Se salpimienta a gusto y se deja cocer a fuego lento, una vez que ha arrancado a hervir, el guiso, durante unos tres cuartos de hora (este tiempo dependerá de la clase de patatas).

Se sirve en sopera o en una fuente honda.

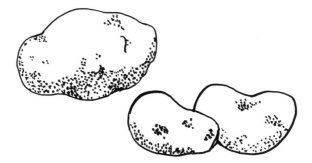

250 PATATAS GUISADAS CON CHIRLAS O CON PIMIENTOS VERDES (6 personas)

1¹/₂ kg de patatas,
1 cebolla mediana (80 g),
2 tomates colorados medianos,
¹/₄ kg de chirlas,
1 cucharada sopera de harina,
6 cucharadas soperas de aceite,

1 diente de ajo,
1 ramita de perejil,
unas hebras de azafrán,
1¹/₂ litro de agua,
sal.

Se lavan bien las chirlas en agua fría con sal. Se les cambia un par de veces el agua y se ponen seguidamente a cocer en agua fría con sal. En cuanto las conchas se abren, se separan del fuego. Cuando el agua se ha enfriado un poco, se cuela por un colador fino (e incluso por un trapo bien limpio) y se reserva; se quitan los bichos de sus conchas y se reservan en el agua de cocerlos.

En una sartén pequeña se pone el aceite a calentar; cuando está en su punto, se echa la cebolla pelada y bien picada, se refríe unos 3 minutos dando vueltas con una cuchara de madera y se añaden los tomates lavados, pelados, quitadas las simientes y partidos en trozos pequeños. Se refríen unos 8 minutos con todo lo demás.

En una cacerola se pone el refrito y se añaden las patatas peladas, lavadas y cortadas en trozos medianos (según guste). Se agrega en seguida la harina y se dan unas vueltas con la cuchara.

En un mortero se machaca el diente de ajo pelado con un poco de sal, el perejil y el azafrán. Una vez bien machacado, se añade un poco de caldo de cocer las chirlas y se vierte por encima de las patatas, así como el caldo con las chirlas. Se agrega agua para que cubra bien las patatas (1 litro más o menos). Se cuece durante una ¹/₂ hora (según la clase de patata) y se sirve en sopera.

Si hiciese falta algo más de agua, se puede añadir templada cuando se están cociendo las patatas.

Nota.—Para hacer estas patatas con pimientos en vez de chirlas se cortarán éstos en trozos cuadrados, después de quitarles el rabo y la simiente, y se fríen con la cebolla y el tomate unos 15 a 20 minutos. Por lo demás, se procede igual.

251 **PATATAS GUISADAS VIUDAS (6 personas)**

1¹/₂ kg de patatas holandesas (rojas),
1 cebolla grande (100 g),
1 cucharada rasada (de las de café) de pimentón,
6 cucharadas soperas de aceite,
unas hebras de azafrán,

3 ramitas de perejil (una cucharada sopera de perejil picado),
1 pastilla de caldo,
1 litro de agua (más o menos),
sal.

En una cacerola se pone el aceite a calentar; cuando está caliente, se le echa la cebolla pelada y muy picada. Se rehoga hasta que empieza a dorarse (de 4 a 6 minutos) y entonces se le añaden las patatas peladas, lavadas y cortadas en trozos medianamente grandes. Se rehogan unos 5 minutos, moviéndolas bien con una cuchara de madera, y se les agrega el pimentón; se vuelve a dejar rehogar otros 2 minutos. Se cubren entonces de agua fría, se les incorpora la pastilla de caldo y un poco de sal.

En el mortero se machaca el azafrán con el perejil, se pone un poco de agua para revolverlo bien una vez picado y se echa por encima de las patatas. Se mueve bien todo y se cuece a fuego mediano durante unos 30 minutos, hasta que las patatas estén blandas (para saberlo se pincha una con un alambre: si pasa bien por el centro del trozo de patata, es que está en su punto). Se espolvorean con el perejil picado, se revuelve y se sirven en seguida en sopera.

252 **PATATAS GRATINADAS CON CEBOLLA Y NATA (6 personas)**

1¹/₄ kg de patatas,
3 cebollas grandes (350 g),
75 g de queso rallado,

¹/₄ litro de crema líquida,
25 g de mantequilla o margarina,
3 cucharadas soperas de aceite,
sal.

Cocer las patatas con piel en agua y sal, sólo durante 25 minutos. En una sartén poner el aceite a calentar y rehogar las cebollas, peladas y cortadas en rodajas no muy finas. Cuando empiezan a dorarse un poco retirarlas y reservarlas en un plato.

Untar con un poco de mantequilla una fuente de horno honda. Pelar las patatas y cortarlas en rodajas finas. Poner una capa, y cubrirlas con la mitad de las cebollas. Espolvorear con un poco de queso y salar discretamente. Poner lo que queda de patatas, cebollas, volver a salar y verter por encima la crema, sacudiendo un poco la fuente para que penetre bien entre las patatas, y espolvorear con el resto del queso.

Encender el horno 5 minutos antes de meter la fuente. El calor debe de ser mediano, para que se hagan despacio las patatas, durante unos 20 minutos. Después poner a gratinar, hasta que la parte de arriba quede dorada.

Servir entonces en la misma fuente.

PATATAS CON SALSA DE TOMATE Y BECHAMEL
(6 personas)

1½ kg de patatas,
15 cucharadas soperas de salsa de
tomate espesa,
¼ litro de aceite (sobrará),
25 g de margarina,
2 cucharadas soperas de aceite,

1 cucharada sopera de harina,
colmada,
1½ vaso (de los de agua) de leche,
unos 20 g de mantequilla o margarina,
para el gratinado,
sal.

Se pelan, lavan y cortan las patatas un poco más gruesas que para la tortilla. Se pone el aceite a calentar en una sartén, y cuando está en su punto se van friendo las patatas por tandas.

En una fuente un poco honda y resistente al horno se pone una capa de patatas, se cubren con una capa de salsa de tomate. Se vuelve a poner por encima las patatas que quedaban y se cubren con la salsa de tomate sobrante.

Aparte se hace una salsa bechamel. En una sartén se pone a calentar el aceite y se le añade la margarina. Cuando está derretida se pone la harina, se dan unas vueltas y separando un poco la sartén del fuego se añade la leche poco a poco. Se dan vueltas y se deja cocer durante unos 8 o 10 minutos. Se vierte por encima de lo de la fuente.

Se ponen unas avellanitas de mantequilla por encima y se mete en el horno (previamente calentado durante 8 o 10 minutos).

Se sirve en la misma fuente.

 PATATAS REHOGADAS Y GUISADAS (6 personas)

1½ kg de patatas,
2 vasos (de los de agua) de aceite,
4 vasos (de los de agua) de agua,
1 vaso (de los de vino) de vino blanco,
1 pastilla de caldo,

2 dientes de ajo,
1 ramita de perejil,
1 cucharadita (de moka), de pimentón,
sal.

Se pelan las patatas y se lavan en agua fresca. Se secan y se cortan como para tortilla (en rebanaditas finas).

En una sartén honda se pone el aceite a calentar y se fríen las patatas en dos veces, bien fritas. Se escurren del aceite y se ponen en una cacerola.

En el mortero se machacan los dientes de ajo con un poco de sal, se les añade el perejil y el pimentón. Se machaca bien y se echa un poco de agua. Esto se incorpora a las patatas y se revuelve bien con una cuchara de madera. Se añaden los vasos de agua, la pastilla de caldo y el vino y se rectifica de sal si hace falta.

Tienen que quedar las patatas bien caldosas. Se les da un hervor de unos 10 a 15 minutos y se sirven en fuente honda.

PATATAS REBOZADAS Y GUISADAS (6 personas)

1¹/₂ kg de patatas,
  1 plato sopero con harina,
  4 huevos,
  ³/₄ de litro de aceite (sobrará),
  1 cebolla pequeña (70 g) muy picada,
  1 diente de ajo,

1 cucharada sopera de perejil picado,
1 cucharada sopera de harina,
1 litro de agua,
  unas hebras de azafrán,
  sal.

Se lavan bien las patatas, se pelan y se cortan en rodajas más bien gruesas (¹/₂ cm). Se les echa sal. Se envuelven en harina y luego en huevo batido.

En una sartén se pondrá a calentar el aceite, y se fríen de 4 en 4 las rodajas de patatas para que queden bien. Se van colocando en una besuguera (de barro, porcelana o duralex) en varias capas pero que queden holgadas.

En el mortero se machaca el diente de ajo pelado con un poco de sal, después se añade el azafrán y se revuelve bien todo después de machacado con un poco de agua.

En una sartén se ponen 3 cucharadas soperas de aceite a calentar (que ha sobrado de freír las patatas), se dora la cebolla pelada y picada muy menuda; se añade una cucharada sopera de harina, se dan unas vueltas, se añade lo del mortero, el resto del agua y se sala. Se vierte sobre las patatas colándolo por colador grande. Se espolvorean con el perejil picado. Sobre la lumbre se deja que cuezan despacio una media hora y se mete un rato después al horno (unos 10 minutos) previamente calentado.

Se sirven en la misma fuente.

256 **PATATAS CON LECHE Y HUEVOS (6 personas)**

1¹/₄ kg de patatas,
100 g de queso gruyère rallado,
  3 huevos enteros,

³/₄ de litro de leche (más o menos),
¹/₂ litro de aceite (sobrará),
  sal.

Se pelan y lavan las patatas. Se cortan en rodajitas un poco más gruesas que para la tortilla. Se salan y se fríen en una sartén, por tandas; que den sólo unas vueltas sin llegar a dorarse y con el aceite no muy caliente. Se van colocando en una fuente honda (de cristal, barro o porcelana resistente al fuego).

En una ensaladera se baten muy bien los huevos, se salan ligeramente, se echa casi todo el queso y, poco a poco, la leche. Esto se vierte por encima de las patatas, removiendo un poco con un tenedor con el fin de que todas ellas queden bien empapadas de crema. Se espolvorea con el resto del queso y se mete a horno mediano.

De vez en cuando se vuelve a mover con el tenedor para que todo esté bien impregnado. Si hiciese falta porque se vayan quedando las patatas un poco secas, se les puede añadir algo más de leche.

Se tiene 20 minutos con calor general y 10 minutos más gratinando, hasta que estén doradas.

257 PATATAS CON TOMATES, CEBOLLAS Y HIERBAS AROMÁTICAS, AL HORNO (6 personas)

1½ kg de patatas medianas,
4 tomates grandes, bien maduros (¾ kg),
1 cebolla grande (250 g),
75 g de gruyère rallado,

1 cucharadita (de las de moka) de hierbas aromáticas, o
3 ramitas de tomillo,
1 vaso bien lleno (de los de vino) de aceite,
sal.

Se lavan y se ponen a cocer las patatas cubiertas de agua fría, con sal. Una vez cocidas (más o menos 30 minutos), se escurren y cuando están templadas se pelan. En una fuente de cristal, barro o porcelana, resistente al horno, se pone una capa fina de aceite en el fondo. Se cortan las patatas en rodajas de 1 cm de gruesas. Se coloca la mitad en la fuente. Se pela la cebolla y se corta la mitad en rodajas. Se sueltan un poco los aros de la cebolla y se colocan encima de las patatas. Se pone una capa de rodajas de tomates, se espolvorean con muy poca sal, después con la mitad de las hierbas aromáticas (o se pone una ramita de tomillo) y después con la mitad del queso rallado. Se vuelve a colocar patata, cebolla, sal, hierbas y rodajas de tomate. Se rocía todo con el resto del aceite y se espolvorea el queso sobrante.

Se mete al horno mediano (previamente calentado durante unos 10 minutos) y se tiene hasta que los tomates están blandos y dorados, más o menos 45 minutos.

Se sirven en su misma fuente.

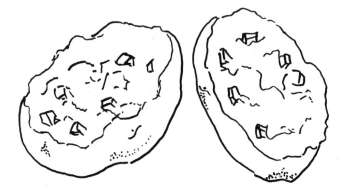

PATATAS AL HORNO CON SALSA DE TOMATE (6 personas)

1½ kg de patatas,
50 g de queso rallado,
25 g de mantequilla,
½ litro de aceite,
150 g de tocino entreverado,
sal.

Salsa de tomate:
1 kg de tomates maduros,
2 cucharadas soperas de aceite frito,
1 cucharada (de las de café) de azúcar,
sal.

Salsa de tomate (receta 77). Se pasa por el pasapurés y se reserva.

Se pelan las patatas, se lavan y se cortan en rodajas finas como para hacer tortilla. Se pone el aceite a calentar en una sartén y se fríen por tandas. Se fríe también muy rápidamente el tocino picado en trocitos pequeños. Se escurre y se reserva.

En una fuente honda resistente al horno (barro, cristal o porcelana) se colocan las patatas alternando con parte del tocino y de la salsa de tomate. Se sala por capas. Se rellena así la fuente y se espolvorea por encima el queso rallado. Se pone la mantequilla en trocitos, como avellanas, y se mete en el horno previamente calentado, durante una hora más o menos a fuego más bien lento.

Se sirven en la misma fuente.

259 PATATAS RELLENAS CON JAMÓN (6 personas)

6 patatas grandes,
150 g de jamón serrano picado muy fino (una punta),

75 g de mantequilla,
sal.

Se escogen unas patatas grandes y de bonita forma (de unos 200 g cada una). Se lavan bien y, sin pelar, se secan con un paño y se meten al horno mediano para que se asen (más o menos una hora a fuego mediano, pero depende de la clase de patata). Una vez bien blandas, se parten por la mitad a lo ancho para que queden 2 medias patatas. Con una cuchara de café se vacía la pulpa de la patata, procurando no estropear la piel; se sala el interior y en el fondo se pone como una avellana de mantequilla.

La patata se aplasta con un tenedor, se sala ligeramente y se mezcla con el jamón picado. Con esta mezcla se vuelven a rellenar las medias patatas, sentándolas bien en la fuente para que no se vuelquen. Se les pone otro trozo de mantequilla por encima y se meten al horno para calentarlas unos 10 minutos.

Se sirven entonces en seguida.

260 PATATAS CON PIMIENTOS (6 personas)

6 patatas grandes,
1 pimiento grande rojo,
4 pimientos grandes verdes,
2 huevos duros,

1¹/₂ vaso (de los de agua) de aceite,
agua fría,
sal.

Se cuecen los huevos duros (receta 466).

En el horno medianamente caliente se mete el pimiento rojo entero a asar (unos 10 minutos, o algo más si es muy carnoso). Una vez en su punto se saca, se tapa con un paño o un papel y, cuando está templado, se pela, se corta a tiras quitando el rabo y las simientes, se sala y se reserva.

Se lavan bien las patatas enteras, sin pelar, y se ponen en un cazo con agua fría y sal, que las cubra bien. Se cuecen de 20 a 30 minutos (según la clase de patata).

Mientras se cuecen las patatas se preparan los pimientos verdes. Se les quita el rabo y la simiente y se cortan en cuadrados grandecitos. En una sartén se pone el aceite, y cuando está caliente (no mucho) se echan los pimientos y se salan. Se tapan con una tapadera y a fuego mediano se tienen unos 15 o 20 minutos, hasta que estén fritos (no demasiado).

Se prepara una fuente resistente al horno, poniendo en el fondo unas 3 cucharadas del aceite de freír los pimientos. Se pelan las patatas y se les corta en la parte de arriba un gajo grande y abajo una rodaja para que se sienten en la fuente. Se sala un poco cada patata (con sal de mesa) y se vierte un poco de aceite de los pimientos. En el hueco se coloca un trozo de huevo duro y unas tiritas de pimiento rojo. Alrededor de la fuente se colocan los pimientos verdes y se echa un poco más de aceite de freírlos encima de la patata.

Se mete la fuente unos 10 minutos al horno (mediano) para que se caliente bien todo el plato, y se sirve.

261 PATATAS COCIDAS Y REHOGADAS (6 personas)

Estas patatas se sirven como adorno de muchos platos.

³/₄ kg de patatas rojas o nuevas,
4 cucharadas soperas de aceite fino,
50 g de manteca de cerdo,

1 cucharada sopera de perejil picado,
1 cucharada sopera de leche fría,
agua fría y sal.

Se lavan bien las patatas sin pelarlas y se ponen en un cazo con agua fría, la leche y sal, lo suficiente para que las cubra muy bien. Se ponen a fuego mediano y, cuando empiezan a hervir, se dejan unos 20 a 30 minutos (depende de la clase de patata). Una vez cocidas se pelan y se cortan en trozos. En una sartén se ponen el aceite y la manteca de cerdo a calentar; cuando están calientes, se echan las patatas. Se saltean moviendo la sartén por el mango hasta que estén bien doradas por igual; cuando están en su punto se espolvorean con un poco de sal si están sosas, y el perejil, y se sirven en seguida.

262 PATATAS CON CHORIZO Y BACON (6 personas)

1¹/₂ kg de patatas pequeñas y, a ser posible, nuevas,
50 g de chorizo para frito,
100 g de bacon en lonchas gorditas,
5 cucharadas soperas de aceite,
40 g de manteca de cerdo,
1 cucharada sopera de perejil picado,
1 diente de ajo picado muy fino,
sal.

Se pelan y lavan las patatas que, a ser posible, deben ser nuevas y pequeñas, todas del mismo tamaño más o menos. En una cacerola o sartén amplia (para que no se monten unas encima de otras) se pone a calentar el aceite y la manteca; cuando está en su punto se echa el chorizo en rajitas finas (peladas) y el bacon sin la corteza y cortado en tiras de 1 cm de ancho más o menos. Se les da una vuelta y en seguida se añaden las patatas. A veces, según la clase de chorizo, éste se pone duro; para evitar esto, se rehoga en el aceite, se saca y se reserva. Al estar las patatas rehogadas y 10 minutos antes de servirlas, se vuelven a incorporar las rajas de chorizo reservadas.

Se salan las patatas y se dejan dorar despacio, es decir, a fuego lento entre 45 minutos y una hora, sacudiendo la sartén de vez en cuando para que se doren por todos lados. Cuando se vayan a servir, se espolvorean con el perejil y el ajo y se mueven un poco en la misma cacerola.

Se pasan a una fuente y se sirven en seguida.

263 PATATAS CON SALCHICHAS (6 personas)

12 patatas de muy buena clase, o mejor nuevas (50 g cada pieza),
12 salchichas,
4 cucharadas soperas de aceite,
1 cucharada sopera rasada de perejil picado,
2 dientes de ajo muy picados,
sal.

Pesar las patatas y hacerles en el centro un agujero (con un tubo especial que se vende para las manzanas asadas, o con un cuchillo simplemente). Se mete en el agujero de cada patata una salchicha.

Se pone el aceite en una besuguera, se colocan las patatas con sus salchichas, y los trocitos de patata sacados del agujero se ponen con un poco de sal y la mitad de perejil y el ajo por encima. Se mete a horno mediano. A los 15 minutos se les da la vuelta, se pone sal, perejil y ajo y se rocían con su aceite; se vuelven a meter unos 30 minutos más o menos en el horno, dándoles la vuelta y rociándoles con la grasa tres o cuatro veces durante este tiempo.

Se sirven en seguida en una fuente caliente.

208 / SIMONE ORTEGA

 264 PATATAS ASADAS CON ROQUEFORT (6 personas)

9 patatas grandes (100 g cada una),	1 huevo,
1½ vaso (de los de agua) de leche,	nuez moscada,
30 g de mantequilla,	sal.
50 g de queso roquefort,	

Asar las patatas enteras en el horno (mediano) durante 1 hora.

Sacarlas del horno, cortarlas en dos a lo largo y con una cuchara vaciar la pulpa, reservando los cuencos de piel vacíos.

Hacer un puré con el pasapurés, añadirle la mantequilla, el queso, el huevo batido como para tortilla, la nuez (rallada y sólo un poco), la sal y al final la leche caliente (solamente la que necesita el puré para dejarlo espeso).

Se mezcla todo bien y se rellenan con esto las medias patatas vacías.

Se meten en el horno a gratinar durante unos 15 minutos, más o menos, hasta que estén doradas, y se sirven.

Nota.—Se puede poner en el puré sólo la yema y añadir 2 claras a punto de nieve firme.

265 PATATAS ASADAS A LA AMERICANA

Se calcula una patata más bien gruesa por persona, y se sirven como acompañamiento de filetes de solomillo o chuletas.

Esta receta requiere unas patatas de buenísima calidad.

Se lavan muy bien (con un cepillo si fuese posible). Se frotan por fuera con 1 diente de ajo pelado y después con aceite de oliva. Éste se tiene que hacer con los dedos, como dándoles un verdadero masaje. Se pinchan con un tenedor no muy profundamente, 3 o 4 veces en distinto sitio. Se envuelven en papel de plata y se meten en el horno (previamente calentado) 10 minutos a fuego lento, y después 50 minutos a fuego mediano.

Se sirven en seguida en su mismo papel entreabierto sólo por donde está la raja del papel de plata que las envuelve.

Nota.—Se puede dar un tajo con un cuchillo y poner un trozo de mantequilla en la patata al ir a servirlas.

 266 TORTA DE PATATAS PARA ACOMPAÑAR FIAMBRES, CARNES, ETC. (6 personas)

¾ kg de patatas,	agua, sal,
3 o 4 cucharadas soperas de aceite,	cebolla y tocino (facultativo).
50 g de mantequilla (o manteca de cerdo),	

Se lavan bien las patatas sin pelar y se ponen en un cazo con agua fría, con sal, que las cubra bien. Cuando rompe el hervor, se dejan cocer $^1/_2$ hora más o menos si son nuevas, algo más si son viejas. Cuando están tiernas (se pinchan para saberlo), sin que estén deshechas, se escurren de su agua y se dejan en un plato hasta que estén bien frías (se pueden hacer la víspera).

Cuando se vaya a hacer la torta se pelan las patatas y se pasan a la «moulinette», o se cortan con un cuchillo especial como patatas paja. Se pone el aceite a calentar en una sartén y se van echando las patatas formando como una tortilla sin huevos, y, sin apretar la torta, se dejan unos 10 minutos hasta que empiezan a dorarse; luego, con una tapadera, se vuelve la torta y se fríe la otra cara durante 10 minutos. Después se pone la torta en la tapadera, se escurre el aceite y en su lugar se pone la mitad de la manteca o mantequilla y se dora unos 5 minutos, repitiendo esta operación con la otra cara.

Debe quedar la torta muy dorada y curruscante. Se pone en una fuente y se corta a triángulos para servir de acompañamiento de muchos platos.

Si se quiere con cebolla, se refríe ésta antes de poner la patata en la sartén, cortándola en tiritas finas. Cuando está transparente (5 minutos más o menos) se revuelve con la patata.

El tocino también le da muy buen gusto. Se procede como con la cebolla, picando bastante menudo el tocino y refriéndolo antes de mezclarlo con la patata.

267 **PATATAS EN ENSALADILLA CON ATÚN Y HUEVO DURO (6 personas)**

1$^1/_4$ kg de patatas,
1 lata de atún en aceite (de 225 g),
3 huevos duros,
1 cebolla francesa muy picada,
1 cucharada (de las de café) de perejil picado,

3 cucharadas soperas de vinagre,
6 cucharadas soperas de aceite fino,
2 cucharadas soperas de leche fría,
sal,
agua.

Se hacen los huevos duros (receta 466).

Se lavan bien las patatas enteras y sin pelar; se ponen en un cazo con agua fría, la leche y sal que las cubra bien. Cuando rompe el hervor, se dejan 25 a 30 minutos (según la clase de patata). Cuando están cocidas (se atraviesa una con un alambre o un cuchillo y debe pasar suavemente toda la patata) se escurren y se pelan. Se van cortando en rodajas y echándolas en una ensaladera alternando con el atún en trozos y rodajas de huevo duro.

En una cuchara sopera se pone un poco de sal y vinagre; se mezcla bien con un tenedor para que se deshaga la sal y se echa por encima de las patatas. Después se vierte el aceite, rociando bien toda la ensalada, y se añade la cebolla y el perejil picado. Se mueve con cuidado para no deshacer la patata y el huevo y se sirve templado frío (en verano).

268 PATATAS CON MAYONESA, TOMATES, ANCHOAS, ETC. (6 personas)

8 patatas medianas (1 kg),
1 pepino mediano,
3 tomates duros,
1 lata de anchoas en aceite,
1 pimiento rojo de lata,
100 g de aceitunas deshuesadas,
2 cucharadas soperas de alcaparras,
1 huevo duro,

2 cucharadas soperas de leche fría,
agua fría,
sal.
Mayonesa:
2 huevos,
1½ vaso (de los de agua) de aceite,
el zumo de ½ limón,
sal.

Se hace primero la mayonesa (receta 111, 1.ª fórmula) y se reserva al fresco.

Lavar bien las patatas enteras y sin pelar. Se ponen en un cazo con agua fría que las cubra bien, las 2 cucharadas de leche fría y sal. Se dejan cocer unos 30 minutos (más o menos), según la clase de patata. Cuando estén cocidas se dejan enfriar un poco, se pelan y cortan en rodajas.

Se pican las alcaparras y se mezclan con la mitad de la mayonesa. Se pela y corta en rodajas muy finas el pepino, se sala ligeramente y se pone en un plato durante una ½ hora para que suelte el agua. Se escurre.

Se mezcla la mayonesa con las patatas y el pepino y se colocan en una fuente redonda en forma de domo. Se recubre con el resto de la mayonesa sin alcaparras que estaba reservada. Se adorna con rodajas de tomate, pimiento rojo, huevo duro, anchoas y aceitunas.

Se mete la fuente un rato en la nevera y se sirve cuando esté bien fría.

Pastas

269 MANERA DE COCER LAS PASTAS

Macarrones:

Se calcula para 6 personas 1 paquete y ½ de macarrones de las marcas más corrientes españolas o, para más seguridad, de 50 a 60 g por persona (antes de hervidos).

Se pone al fuego agua muy abundante con sal, y cuando rompe a hervir se echan los macarrones, que se cocerán destapados. Cuando vuelve a romper a hervir, se baja un poco el fuego sin que paren de cocer y se tienen de 10 a 12 minutos (esto depende exclusivamente de la marca y del gusto de cada cual. Los italianos toman la pasta mucho más cruda que los españoles). Se escurren en un colador grande y se pasan por el chorro del agua fría. Entonces están preparados para cualquier guiso.

Nota.—Hay quien les echa una cucharada (de las de café) de aceite fino y crudo en el agua de cocerlos para que no se peguen.

Cintas o espaguetis:

Se cuecen lo mismo que los macarrones, pero sin pasarlos por el agua fría. Se debe calcular, por lo tanto, la hora exacta de servirlos, a fin de no tenerlos en agua caliente más que el tiempo necesario, para que no se pongan gelatinosos. Se deben servir con platos previamente calentados, evitando así que se enfríen.

Canelones:

Hay en el comercio unos canelones que resultan muy buenos y que no se tienen que cocer. Solamente se dejarán en remojo en agua fría durante una hora para que la pasta se ablande bien.

Si se quieren utilizar canelones corrientes, se cocerán como los macarrones; cuando estén en su punto se sacarán con mucho cuidado para que no se rompan y se extienden sobre un paño limpio de cocina hasta el momento de utilizarlos.

Nota.—Igual que para los macarrones, se les puede añadir un chorrito de aceite en el agua de cocerlos.

 270 **MANERA DE HACER LA PASTA DE LOS ESPAGUETIS** (6 personas)

$^1/_2$ kg de harina,
 3 huevos,
 sal.

En una ensaladera se pone la mitad de la harina, en el centro se echan los huevos, el agua y la sal. Se mezcla con la mano y se trabaja mucho la pasta, añadiendo poco a poco toda la harina. Cuando la pasta está hecha, se forma una bola y ésta se tira fuertemente y desde bastante alto sobre el mármol de la mesa, unas 8 o 10 veces. Después, espolvoreando el mármol con un poco de harina, se extiende hasta que quede muy fina con el rollo de madera. Se deja secar así de $^1/_2$ a una hora. Se enrolla sin apretar y se corta en tiras de 1/2 cm o más si se quiere, según guste.

Se suelta la pasta para que las tiras queden alargadas y se procede como para las cintas del comercio para cocerlas.

También se pueden conservar hasta una semana, si se dejan secar bien antes de guardarlas.

MACARRONES CON CHORIZO Y TOMATE (6 personas)

350 g de macarrones,
100 g de chorizo,
100 g de queso gruyère o parmesano rallado,
 30 g de mantequilla,

1 kg de tomates maduros,
1 cebolla mediana (100 g),
3 cucharadas soperas de aceite,
1 cucharada (de las de café) de azúcar,
 sal.

Se cuecen los macarrones como va explicado (receta 269), y, una vez refrescados, se reservan.

Se hará salsa de tomate (receta 77).

Se mezcla la salsa (reservando dos o tres cucharadas soperas) y la mitad del queso rallado con los macarrones. Se vierten en una fuente de cristal o de porcelana resistente al horno.

Se parte el chorizo, quitándole el pellejo, y se dispone en trocitos sobre la fuente, hundiéndolos un poco entre los macarrones con el fin de que no se sequen. Se echan por encima las cucharadas de tomate reservadas y se espolvorea con queso rallado. Se pone la mantequilla en trocitos como avellanas y se meten al horno a gratinar.

Cuando la costra de encima está bien tostada (de 15 a 30 minutos, según el horno) se sirven en la misma fuente.

272 MACARRONES CON BECHAMEL (6 personas)

350 g de macarrones,
100 g de queso gruyère o parmesano rallado,
 2 cucharadas soperas de harina, rasadas,
 50 g de mantequilla (¹/₂ vaso para la bechamel y ¹/₂ para el gratinado),

2 cucharadas soperas de aceite,
³/₄ litro de leche fría,
 sal,
 nuez moscada (facultativo).

Se cuecen los macarrones (receta 269), y, una vez refrescados, se reservan.

Se hace la bechamel. En una sartén se pone la mitad de la mantequilla a derretir con el aceite. Se le añade la harina, se da un par de vueltas moviendo con las varillas. Se agrega poco a poco la leche fría y, dando vueltas, se deja que cueza unos 10 minutos y se sala.

En una fuente de cristal o de porcelana resistente al horno se mezclan los macarrones con un poco más de la mitad de la bechamel, se ralla un poquito de nuez moscada y se echa la mitad del queso. Se revuelve bien todo junto.

Se vierte por encima, alisando un poco con el dorso de una cuchara, el resto de la salsa bechamel y el queso rallado que queda, y se colocan unos trocitos de mantequilla por encima, del grosor de una avellana.

Se mete en el horno (previamente calentado) de 15 a 30 minutos hasta que se forme una bonita costra dorada.

Se sirve en la misma fuente.

273 MACARRONES A LA AMERICANA (6 personas)

350 g de macarrones,
  2 latas de sopa de champiñón,
1½ vaso (de los de agua) de leche,
  1 cucharada (de las de café) de curry,

50 g de queso gruyère o parmesano rallado,
25 g de mantequilla,
    sal.

Se cuecen los macarrones (receta 269), y, una vez refrescados, se prepara la salsa.

En un cazo se pone la sopa a calentar con la leche. Se le añaden los macarrones y se espolvorea con el curry. Se mezcla bien y se pone en una fuente de cristal o porcelana resistente al horno, más bien profunda. Se espolvorea con el queso rallado y se ponen unos trocitos de mantequilla como avellanas. Se mete al horno, previamente calentado, por espacio de unos 15 minutos, y se sirven.

274 TIMBAL MILANESA (6 personas)

300 g de espaguetis,
3 higaditos de pollo,
1 pechuga de pollo (cocida con una zanahoria y 1 puerro),
125 g de mollejas de ternera,
zumo de 1 limón,
1 trufa,
150 g de champiñones de París,
1 vaso (de los de vino) de aceite para freír,
75 g de queso gruyère o parmesano rallado,
40 g de mantequilla,
1 cucharada sopera de aceite fino,
1 vaso (de los de agua) de caldo (de cocer la pechuga de gallina o de pastilla),
1 cucharada sopera de harina,
2 cucharadas soperas de salsa de tomate espesa,
½ vaso (de los de vino) de Madeira o de jerez,
1 yema de huevo,
sal.

Hay que preparar primero los ingredientes y tener hecha la salsa de tomate.

Los higaditos se preparan quitándoles con cuidado la hiel y se fríen rápidamente (se terminarán de hacer con los espaguetis).

La pechuga de pollo o de gallina se tendrá cocida en agua con unas rodajas de zanahoria, 1 puerro y sal. Se deshuesa y se corta en trozos más bien grandes.

Las mollejas se tienen por lo menos una hora en remojo en agua fresca, se lavan bien y se ponen al fuego con agua fría y sal. Cuando rompe a cocer el agua se dejan unos 5 minutos. Se escurren y se meten en agua fría, quitándoles todos los pellejos. Se secan muy bien con un trapo limpio, se cortan en cuadraditos, se rebozan ligeramente en harina y se fríen.

Los champiñones se escogerán pequeños. Se separa el rabo (cortándole la parte con tierra) de la cabeza. Se lavan en agua fría con unas gotas de limón, y, escurridos, se ponen en un cazo con la mitad de la mantequilla, sal y unas gotas de limón. Se tapa el cazo con tapadera y se dejan a fuego lento unos 10 minutos.

Preparado todo esto, se cuecen los espaguetis en la forma acostumbrada (receta 269).

Mientras se prepara la salsa. En una sartén se ponen los 20 g de mantequilla y una cucharada de aceite. Cuando la mantequilla se ha derretido, se echa la harina y, poco a poco, el caldo (frío). Se mueve bien con unas varillas y se rectifica de sal. Se añaden entonces las dos cucharadas de tomate y el jerez y se deslíe la yema en un tazón (para que no se cuaje), poco a poco, con salsa. Una vez hecha la salsa, se ponen los espaguetis bien escurridos y calientes en una legumbrera honda; se echan los champiñones, los higaditos, la pechuga, las mollejas, el queso rallado y la salsa. Se remueve muy bien todo y se espolvorea con un picadito de trufa.

Se sirve en seguida.

275 MACARRONES CON MAYONESA (6 personas)

Es un plato frío.

2 huevos,
   zumo de 1 limón o vinagre,
$^1/_4$ litro de aceite fino,
$1^1/_2$ paquete de coditos (300 g),
   1 lata pequeña de atún en aceite (100 g),

$^1/_2$ kg de tomates duros,
   unas aceitunas rellenas,
1 huevo duro,
   sal.

Con 1 huevo entero, aceite, sal y zumo de limón, se hace una mayonesa (en la batidora, receta 111).

Aparte, en agua hirviendo con sal, se echan los coditos y se cuecen unos 15 minutos (según la marca). Cuando están en su punto, se escurren en un colador y se enfrían al grifo, dejándolos escurrir. Una vez fríos se mezclan bien con la mitad de la mayonesa y el atún en trocitos (bien escurrido de aceite o del escabeche). Se ponen en el centro de una fuente. Alrededor se colocan rodajas de tomate con un poco de mayonesa encima, las aceitunas y el huevo duro picado y espolvoreado por encima de los coditos (sale muy fino el huevo pasándolos por un pasapurés).

Meter la fuente en la nevera $^1/_2$ hora y servir tal cual.

Es un plato caliente.

300 g de macarrones (grosor mediano),
   3 cucharadas soperas de gruyère rallado (75 g),
 30 g de mantequilla.

Mayonesa:
$^1/_4$ litro de aceite fino,
   1 huevo entero,
   el zumo de 1 limón,
   sal,
   la punta de un cuchillo de mostaza.

Se cuecen los macarrones (receta 269).

Durante este tiempo se hace la mayonesa en la batidora (receta 111).

Una vez cocidos, refrescados y escurridos los macarrones, se echan en una cacerola con la mantequilla y el queso rallado, se calientan suavemente y se revuelven bien. Se separan del fuego y se pone más o menos la tercera parte de la mayonesa, se mezcla bien y se vierte todo en una fuente resistente al horno (cristal, porcelana, etc.). Se echa por encima el resto de la mayonesa, aislándola un poco con una cuchara o cuchillo, y se meten a gratinar a horno más bien vivo. Cuando la mayonesa está dorada, se retiran del horno y se sirven en la misma fuente.

Nota.—A veces es necesario volcar un poco la fuente con el fin de quitar con una cuchara el aceite que pueda soltar la mayonesa al estar en el horno.

276 MACARRONES CON ESPINACAS (6 personas)

1½ kg de espinacas,	1 cucharada sopera de aceite fino,
300 g de macarrones,	¼ litro de leche fría (1 vaso bien lleno de
80 g de mantequilla,	los de agua),
60 g de queso gruyere o parmesano	agua y sal,
rallado,	1 pellizco de bicarbonato.
1 cucharada sopera de harina,	

Se cortan los tallos de las espinacas dejando sólo las hojas. Se lavan muy bien en varias aguas para que no tengan tierra y se cuecen en una olla amplia. Cuando el agua (con un pellizco de bicarbonato para que queden bien verdes las espinacas) con sal cuece a borbotones, se meten y se empujan con una espumadera para que el agua las cubra bien. Al romper a hervir otra vez, se las deja unos 10 minutos. Se escurren en un colador grande apretándolas un poco con el dorso de una cuchara para que suelten bien el agua. Se pican no muy menudas sobre la tabla, con un cuchillo grande.

Aparte se ponen a cocer los macarrones (receta 269), y mientras tanto se hace la bechamel.

En una sartén se ponen unos 25 g de mantequilla a derretir con una cucharada sopera de aceite. Se añade la cucharada de harina, se da unas vueltas con las varillas sin que tome color y, poco a poco, se añade la leche fría, y, por fin, la sal. Se deja cocer a fuego lento unos 5 minutos sin dejar de dar vueltas.

En otra sartén se pone casi toda la mantequilla, reservando sólo un poco para gratinar, y se saltean las espinacas. Se colocan en una fuente de cristal o porcelana que sea resistente al horno, de modo que cubran todo el fondo. Se escurren bien los macarrones y se revuelven con la mitad del queso y se ponen sobre las espinacas.

Finalmente se cubre todo con la bechamel. Se espolvorea con el resto del queso rallado, se ponen encima unas avellanitas de mantequilla y se mete la fuente al horno (previamente calentado) hasta que adquiera un bonito color dorado (unos 15 minutos, gratinado).

277 MACARRONES CON MEJILLONES AL CURRY (6 personas)

350 g de macarrones,	2 vasos (de los de agua, o
1 kg de mejillones,	½ litro) de leche fría,
1 ramita de apio (facultativo),	100 g de queso rallado,
½ vaso (de los de vino) de vino blanco,	1 cucharada (de las de café) de perejil
1 chalota (grandecita) o una cebolla	muy picado,
pequeña (80 g),	1 cucharada (de las de café) rasada de
30 g de mantequilla,	curry,
2 cucharadas soperas de aceite fino,	sal.
1½ cucharada sopera rasada de harina,	

Se lavan y pelan muy bien las barbas de los mejillones y se ponen en una sartén amplia con el vino blanco, la ramita de apio (cortada en dos trozos) y sal. Se ponen a fuego mediano, cubriéndolos con una tapadera y moviendo la sartén de vez en cuando.

Una vez abiertos los mejillones, se separan de su cáscara. Si son muy grandes, se cortan con las tijeras en dos o tres trozos. El caldo que han soltado se cuela por un colador muy fino (o incluso por una batista) y se reserva.

Se cuecen los macarrones (receta 269).

Mientras se cuecen se va haciendo la salsa. En una sartén se pone la mitad de la mantequilla a derretir con el aceite. Se añade la chalota picada muy menuda, dejándola unos 5 minutos y dándole vueltas para que se haga, pero sin dorarse. Se añade después el curry en polvo y la harina y se va mojando con la leche y el caldo de los mejillones. Se deja cocer unos 5 o 10 minutos esta bechamel.

En una fuente de cristal o porcelana resistente al horno se colocan los macarrones y los mejillones, que se revuelven mezclados con la mitad del queso rallado y el perejil. Se cubren con la salsa y se espolvorean con el resto del queso rallado.

Se meten en el horno (previamente calentado) a gratinar, hasta que tengan una bonita costra dorada. Entonces se sirven.

 278 MACARRONES CON ATÚN DE LATA (6 personas)

350 g de macarrones,
1 lata pequeña (150 g) de atún al natural,
4 cucharadas soperas de aceite fino,
1 cucharadita (de las de moka) de azúcar,
1 cebolla mediana (80 g),
1 diente de ajo,

3 tomates grandes bien maduros (o de lata), 400 g,
1 buen pellizco de hierbas aromáticas,
30 g de mantequilla,
¹/₂ vaso (de los de vino) de vino blanco,
50 g de queso gruyère rallado,
sal.

Se cuecen los macarrones (receta 269), y, una vez refrescados, se prepara la salsa.

En una cacerola se pone el aceite a calentar, se echan la cebolla y el ajo pelados y muy picados, hasta que se ponga transparente (unos 5 minutos). Se incorporan los tomates pelados, cortados en trozos y quitadas las simientes; se machacan bien con el canto de la cuchara y se añade el vino, el azúcar, la sal y el pellizco de hierbas aromáticas. Se cuece durante unos 15 minutos. Se echan en la salsa los macarrones, el trozo de mantequilla, el queso rallado y el atún en trocitos. Se revuelve todo junto y se sirve.

279 CODITOS CON BACON Y GUISANTES (6 personas)

300 g de coditos,	1 kg de tomates maduros.
1 lata de ¹/₄ kg de guisantes,	2 cucharadas soperas de aceite frito,
80 g de gruyère rallado,	1 cebolla grande (125 g),
12 lonchas finas de bacon (tocino ahumado),	1 cucharada (de las de café) de azúcar, agua y sal.

En una cacerola se pone agua y sal. Se pone al fuego y, cuando rompe a hervir, se echan los coditos, moviéndolos un poco para que no se peguen. Se dejan cocer unos 20 minutos (depende de la clase de pasta), y se cuelan por un colador grande pasándolos después por el chorro de agua fría.

Aparte, en una sartén, se pone el aceite a calentar. Se echa la cebolla pelada y picadita. Se deja dorar unos minutos (de 5 a 8 minutos) y se añaden los tomates, cortados en trozos grandes y sin semillas. Con una espumadera se machacan bien durante unos 10 minutos. Se pasa entonces por el pasapurés y se le agrega la sal y el azúcar.

Se mezclan los coditos con el tomate, los guisantes (escurridos de su caldo) y parte del queso rallado, dejando que se caliente un poco y se ponen en una fuente de horno, espolvoreando el queso por encima. Se tiene en el horno unos minutos hasta que se deshaga el queso.

Aparte se hacen unos rollitos con el tocino y se pinchan con un palillo, para que no se desenrollen al freírlos. Se fríen bien y se colocan en la fuente de adorno (quitando los palillos después de freír), y se sirve en seguida.

280 FIDEOS CON MARISCOS (FIDEUÁ) (6 personas)

300 g de gambas,	1 pellizco de azafrán hecho polvo,
6 cigalas pequeñas,	1 vaso (de los de vino) bien lleno de aceite,
2 rajas de rape (400 g),	1¹/₂ litro de caldo de pescado,
¹/₂ kg de fideos (el número más fino que tenga agujero),	1 cucharada (de las de café) rasada de pimentón,
2 dientes de ajo muy picados,	sal.
4 tomates medianos (350 a 400 g),	

Se pelan primero las gambas dejando las colas mondadas. Se pone 1 litro y ³/₄ de agua con sal, las mondas de las gambas y el hueso del rape y, si se tienen, raspas de algún otro pescado blanco, todo esto a cocer durante unos 20 minutos. Se separa del fuego, y cuando está templado se cuela y se reserva.

En una paellera o en una cacerola de barro (de las que puedan ir al fuego) se pone el aceite a calentar. Una vez que está caliente se echan las cigalas enteras, al poco se ponen las colas de las gambas y el rape cortado en taquitos de un par de centímetros más o menos. Se rehogan un rato y, separándolos en un plato, se reservan.

En este mismo aceite se ponen los tomates, pelados, vaciados de sus simientes y cortados en trozos pequeños. Se añaden los ajos picados y al ratito el pimentón y el azafrán. Todo esto se rehoga de 8 a 10 minutos.

Se echan entonces los fideos a los cuales se les da unas vueltas con una cuchara de madera y se les añade 1½ litro de caldo de pescado. Se da entonces fuego vivo y se deja cocer durante 15 minutos. A los 12 minutos aproximadamente, se echa el pescado que se tenía reservado, colocándolo muy bien, sobre todo las cigalas que deben adornar el plato con gracia.

Se mete entonces la cacerola en el horno, previamente encendido, durante unos 5 minutos hasta que tome un bonito color.

Se sirve en la misma fuente donde se ha hecho la fideua.

Nota.—Se puede sustituir las cigalas por mejillones, pues son más baratos y también sale una fideua rica. Se aprovecha entonces el caldo que han soltado y se ponen los bichos sin concha.

 ESPAGUETIS A LA ITALIANA CON BACON Y HUEVOS
(6 personas)

350 g de espaguetis,
150 g de bacon (en 2 lonchas gordas),
75 g de mantequilla,
75 g de queso parmesano rallado,
½ vaso (de los de agua) de aceite (sobrará),

4 huevos,
1 pellizco muy pequeño de hierbas aromáticas,
agua y sal.

Se cuecen los espaguetis sin cortarlos en agua hirviendo abundante, con sal. Deben quedar más bien firmes. Mientras tanto se quita la corteza al bacon, se corta en tiras de 1 cm de ancho y se fríen en un poco de aceite caliente. Se retira y se reserva. Cuando están los espaguetis cocidos (el tiempo depende de la clase, pero será de 10 a 20 minutos más o menos), se escurren en un colador grande y se cubren con un paño limpio para que no se enfríen. En un cazo amplio se pone la mantequilla a derretir (sin que se dore); se le añade el bacon frito y los 4 huevos batidos como para tortilla. En seguida se echan los espaguetis, el pellizco de hierbas aromáticas y el queso rallado, y se mueve bien todo hasta que esté bien mezclado.

Se pone en una fuente honda previamente calentada y se sirve en seguida con los platos también calientes.

282 ESPAGUETIS CON GUISANTES Y ALMEJAS (6 personas)

350 g de espaguetis,
1 lata pequeña de guisantes (100 g),
1/2 kg de almejas,
50 g de mantequilla,

75 g de queso parmesano rallado,
1/2 vaso (de los de vino) de vino blanco,
1 chalota,
agua y sal.

Se cuecen los espaguetis (receta 269). Mientras se van cociendo se preparan las almejas. Se lavan bien, con agua y sal, y se ponen en una sartén, rociándolas con el vino blanco y una chalota pequeña picada. Se ponen al fuego, se sacude la sartén por el mango y cuando están las almejas abiertas, se retiran. Se sacan los bichos de su cáscara y se cuela el jugo que está en la sartén por un colador muy fino o mejor por una gasa (para que no pase nada de arena). Se reserva.

Una vez cocidos los espaguetis, se escurren en un colador grande. En un cazo amplio se pone la mantequilla a derretir (sin que cueza), se echan los espaguetis, se les agregan las almejas, los guisantes, el jugo de las almejas y el queso espolvoreado. Se mezcla todo muy bien, se pone en una fuente (previamente calentada) y se sirven en seguida con los platos también templados.

283 ESPAGUETIS CON GUISANTES Y SETAS (6 personas)

350 g de espaguetis,
1 lata pequeña de guisantes (100 g),
1 puñado de setas (frescas, secas o de lata),

50 g de mantequilla,
75 g de queso parmesano rallado,
agua y sal.

Se procede como en la receta anterior. Se preparan las setas, si son secas, de lata o frescas, según costumbre, y se revuelven igual que en la receta anterior, sustituyendo las almejas por las setas.

Es un plato con sabor muy distinto pero también sabroso.

284 ESPAGUETIS CON CALABACINES (6 personas)

350 g de espaguetis,
2 calabacines grandecitos (500 g),
el zumo de 1/2 limón,
3 cucharadas soperas de aceite,

1¹/₂ vaso (de los de vino) de nata espesa,
unas tiras de queso rallado,
75 g de queso rallado,
sal.

Si los calabacines son muy frescos se pueden no pelar. Cortarlos en juliana gruesa, como patatas fritas. Cocerlos en agua salada abundante sólo durante 2 minutos. Refrescarlos al chorro del agua fría y reservarlos en un trapo para que se sequen lo más posible.

Cocer los espaguetis en agua abundante con sal unos 12 minutos más o menos, según gusten.

Mientras la pasta esta cociendo, rehogar los calabacines juntos con la ciboulette picada en el aceite, añadir el zumo de limón y finalmente los espaguetis bien escurridos.

Mezclar todo con la nata que debe de ser espesa (sino habría que espesarla con la Minipimer).

Rectificar de sal y servir enseguida.

285 ESPAGUETIS CON SALSA BOLOÑESA (6 personas)

350 g de espaguetis,
agua,
sal,
Salsa boloñesa:
150 g de carne,
50 g de panceta,
1 cebolla pequeña (50 g),
1 o 2 tallos bien blancos de apio,

1 zanahoria mediana (80 g),
6 cucharadas soperas de salsa de tomate espesa,
1¹/₂ vaso (de los de vino) de crema líquida,
2 cucharadas soperas de vino blanco,
1 clavo (especia),
queso rallado, a gusto,
sal.

En una sartén honda se pone aceite que apenas cubra el fondo. Cuando está caliente se rehogan la panceta, al poquito la carne, la cebolla, la zanahoria y el apio, todo ello muy bien picado. Se sala y se añade el clavo. Se rehoga durante unos 10 minutos y se añade el tomate. Se revuelve y se vuelve a dejar cocer muy despacio más o menos 10 minutos más, con la cacerola tapada. La salsa ya está preparada para mezclarla con los espaguetis recién cocidos, que se revolverán con esta mezcla, la crema y el queso, antes de servirlos con los platos calientes.

RAVIOLIS

Se hace la misma pasta que la explicada para los espaguetis (receta 269). Se deja reposar unas 2 horas en bola y luego se parte por la mitad y se extiende en dos planchas muy finas y cuadradas.

Se coloca el relleno que se haya preparado sobre una de las planchas (la receta va seguidamente), poniendo una cucharadita (de las de moka) del mismo cada 3 cm de distancia una de otra.

Antes de colocar la segunda plancha, se pasa un pincel mojado en agua por la superficie de la masa, formando cuadrados por donde se cortarán los raviolis. Se coloca la segunda plancha, toda ella mojada (la cara interna, naturalmente), sobre la primera. Se pasa un cortapasta ondulado, apretando bien para que queden los bordes perfectamente pegados.

Se pone una cacerola con agua abundante y sal; cuando hierve, se echan los raviolis por tandas. Cuando rompe a hervir el agua de nuevo, se baja el fuego y se dejan cocer despacio unos 20 minutos. Se escurren y se refrescan (en agua fría) para que no se peguen.

Así están preparados para añadirles la salsa y meterlos al horno. No deberá demorarse el hacerlo para que no se sequen.

Nota.—Hay bastantes sitios (supermercados, buenas tiendas de alimentación, etc.) donde se encuentran raviolis ya preparados. No habrá entonces más que cocerlos, hacerles la salsa y meterlos al horno, con lo cual todo resulta más fácil y rápido.

Rellenos para raviolis (salen unos 35):

Relleno 1.º:

- ½ kg de espinacas,
- 150 g de carne de salchicha,
- 5 cucharadas soperas de leche caliente,
  el grosor de un huevo de miga de pan,
- 1 cucharada sopera de jerez,
- 1 cucharada sopera de cebolla muy picada,
- 1 huevo,
- 3 cucharadas soperas de aceite,
  sal.

Se limpian las espinacas, quitándoles los tallos. Se lavan en varias aguas y se cuecen en un cazo con agua abundante hirviendo con sal durante unos 10 minutos.

Entonces se escurren en un colador. Se aprietan bien para que suelten todo el agua y se pican muy menudas (con un cuchillo o pasándolas por la máquina de picar la carne).

En un tazón se mete la miga de pan en remojo con la leche caliente. En una sartén se pone el aceite a calentar; cuando está en su punto, se echa la cebolla picada, que se deja dorar unos 10 minutos, y se agrega la carne, a la cual se da unas vueltas. Se separa la sartén y se pone la carne con la cebolla en una ensaladera. Se incorpora la miga de pan ligeramente estrujada para escurrir un poco la leche, el jerez, el huevo y la sal. Se amasa bien con una cuchara de madera y, finalmente, se añaden las espinacas.

Se deja enfriar totalmente esta pasta antes de colocarla sobre la masa de los raviolis.

Relleno 2.º:

½ kg de espinacas,
150 g de carne magra de ternera,
2 puerros medianos,
50 g de queso gruyère o parmesano rallado,

100 g de pan rallado,
1 huevo,
1 cucharada sopera de jerez,
3 cucharadas soperas de aceite,
sal.

Se procede como en la receta anterior para preparar y cocer las espinacas.

En una sartén se pone el aceite a calentar y se echan los puerros lavados y cortados en dos a lo largo y en trozos de unos 3 cm de largo. Se dejan rehogar unos 10 minutos y después se agrega la carne cortada en trozos no muy grandes. Se tapa la sartén con una tapadera y, a fuego lento, se deja unos 15 o 20 minutos, dando de vez en cuando una vuelta.

Cuando está todo, se pasa por la máquina de picar la carne junto con las espinacas. Se pone este picado en una ensaladera, añadiendo entonces el pan rallado, el queso, el huevo entero, el jerez y la sal. Se amasa bien para que todo quede muy unido.

Cuando el relleno esté bien fino, se procede a preparar los raviolis.

Salsas:

1.ª   De tomate:

1½ kg de tomates bien maduros,
3 cucharadas soperas de aceite frito,
½ cebolla mediana (50 g),
1 cucharada (de las de café) de azúcar,

sal,
100 g de queso gruyère o parmesano rallado,
25 g de mantequilla.

En una sartén se pone el aceite a calentar; se echa la cebolla, que se deja freír unos 5 minutos, después de los cuales se añaden los tomates cortados en trozos y quitadas las simientes. Con el canto de una espumadera se machacan muy bien mientras se fríen. A los 10 minutos se pasa el refrito por el pasapurés y se le añade el azúcar y la sal.

En una fuente de barro, cristal o porcelana que resista al horno se pone un poco de salsa de tomate en el fondo y se espolvorea con un poco de queso rallado. Se colocan los raviolis encima y se cubren con el resto de la salsa de tomate. Se espolvorea con el resto del queso y se pone la mantequilla en bolitas del grosor de una avellana cada una.

Se mete al horno mediano a gratinar, y se sirve cuando la salsa está dorada.

2.ª   Bechamel:

50 g de queso gruyère rallado,
50 g de mantequilla,
2 cucharadas soperas de aceite,
1 cucharada sopera de harina,

½ litro de leche (fría),
2 cucharadas (de las de café) de puré de tomate concentrado,
sal.

En una sartén se pone a calentar la mitad de la mantequilla con el aceite; se echa la harina y se revuelve un poco; se añade poco a poco la leche fría, sin dejar de mover con las varillas. Se echa la sal y se deja cocer unos 6 minutos, añadiendo después el tomate. Se colocan los raviolis en una fuente de barro, cristal o porcelana resistente al horno y se vierte la bechamel por encima. Se espolvorea con el queso rallado y se pone la mantequilla en bolitas del grosor de avellanas.

Se mete al horno fuerte a gratinar y, cuando está bien gratinada, se sirve.

 ÑOQUIS (6 personas)

1¹/₂ litro de leche,
300 g de sémola,
100 g de mantequilla,
 50 g de queso rallado (gruyère o parmesano),
  4 yemas de huevo,
    sal.

Para la bechamel:
25 g de mantequilla,
 1 cucharada sopera de aceite,
 1 cucharada sopera de harina,
³/₄ de vaso (de los de vino) de buen vino blanco,
 1 vaso (de los de agua) de leche,
   sal y nuez moscada (facultativo).

Poner la leche a hervir y cuando empiece a cocer, echar la sémola en forma de lluvia. Dejar cocer sin dejar de remover con una cuchara de madera unos 10 minutos. Añadir entonces la mantequilla y el queso. Retirar del fuego y agregar las yemas de una en una. Salar a gusto y dejar enfriar.

Formar entonces unas bolas del tamaño de una nuez y colocarlas en una fuente que resista al horno.

Hacer la bechamel:

En un cazo derretir la mantequilla con el aceite, añadir la harina y, dando vueltas, ir echando la leche y el vino. Salar y añadir un poco de nuez moscada rallada. Cocer sin dejar de dar vueltas durante unos 10 minutos a fuego suave.

Echar la bechamel por encima de los ñoquis y gratinar ligeramente antes de servir.

 CANELONES DE CARNE (6 personas)

El relleno de los canelones se puede hacer de muchas maneras, más o menos caras. La base es siempre un resto de carne de vaca, ternera o mejor de cerdo, que se pasa por la máquina de picar la carne. Ésta se mezcla con una o varias cosas que pueden ser: higaditos de pollo (previamente rehogados), pechuga de gallina o pollo (cocida, o asada y picada), un seso de cordero también previamente lavado y cocido, foie-gras, jamón serrano o de York, carne de salchichas, etc.

Lo fundamental es mezclar la carne con una o varias cosas que le den sabor y ligereza. Queda muy rico también friendo una cebolla pequeña con un poco de tomate y haciendo una pasta con todo ello. La pasta propiamente dicha de los canelones se empleará según la explicación de cada marca.

Yo aconsejo las marcas que no hay que cocer, sino sólo echarlos en agua fría antes de emplearlos. Son buenas y de fácil manejo.

Por ejemplo, para 12 canelones haremos el relleno siguiente:

150 g de carne de ternera,
  1 pechuga de gallina (ya cocida),
  1 seso de cordero (ya cocido),
 30 g de foie-gras,
  1 cebolla pequeña (60 g),
  4 cucharadas soperas de aceite,
 30 g de mantequilla,
 75 g de queso gruyère rallado,

Salsa de tomate (receta 77):
 $^3/_4$ kg de tomates,
   aceite, sal, azúcar.
Bechamel (receta 81):
 30 g de mantequilla,
  2 cucharadas soperas de aceite fino,
 $^3/_4$ litro de leche fría (o mitad de leche y
   mitad de caldo),
  2 cucharadas soperas de harina,
   sal.

Se tiene hecha la salsa de tomate de forma que quede bien espesa.

En una sartén pequeña se ponen 2 cucharadas soperas de aceite a calentar y se echa la cebolla pelada y muy picadita. Cuando se pone transparente (unos 5 minutos más o menos), se añaden 2 cucharadas soperas de salsa de tomate. Esto se mezcla con la carne ya picada y con todo lo que se añada a la misma.

Se rellenan los canelones escurridos sobre un paño limpio, se enrollan y se colocan en una fuente de porcelana o cristal resistente al horno.

Aparte se hace una bechamel más bien clarita. Se añade entonces lo que queda de la salsa de tomate (esto es facultativo; se puede hacer la bechamel sin tomate). Se vierte sobre los canelones, pasándola por el chino o por un colador de agujeros grandes (si no lleva tomate no es necesario).

Se espolvorea con el queso rallado y se pone la mantequilla que queda en trocitos como avellanas. Se meten al horno (previamente calentado) por espacio de unos 20 minutos a gratinar.

Cuando la superficie está bien dorada, se saca a la boca del horno, o se apaga éste y se sirve unos 5 minutos después, porque es un plato que conserva muchísimo el calor.

289 CANELONES FRITOS (6 personas)

Los mismos ingredientes que para la receta anterior, pero en vez de cubrirlos con bechamel se pasan por una masa hecha como sigue:

200 g de harina,	1 litro de aceite de oliva,
1 huevo entero,	sal,
1 botella de cerveza.	

En una ensaladera se pone la harina y se espolvorea con sal. Se casca 1 huevo, se mezcla un poco y se va añadiendo poco a poco la cerveza (que no debe estar fría, sino a su temperatura normal). Con una cuchara se dan vueltas, añadiendo la cerveza necesaria para que quede como una bechamel espesa.

Se pone 1 litro de aceite a calentar en una sartén. Cuando está caliente se sumergen los canelones rellenos, de uno en uno, en la masa primero y en el aceite después, con la abertura del canelón vuelta hacia el fondo de la sartén para que no se abra. Se fríen hasta que quedan dorados. Se sacan con una espumadera y se reservan al calor. Cuando están todos fritos se sirven así o acompañados con una salsa de tomate servida en salsera aparte.

290 CANELONES DE ATÚN, HUEVOS DUROS
Y CHAMPIÑONES (6 personas)

12 canelones,	Salsa de tomate:
1 lata de atún en aceite o al natural de 250 g,	1 kg de tomates bien maduros,
2 huevos duros,	2 cucharadas soperas de aceite,
100 g de champiñones de París,	1 cucharada (de las de café) de azúcar,
20 g de mantequilla,	sal.
el zumo de ¹/₂ limón,	Bechamel:
1 cebolla grande o 2 medianas (200 g),	2 cucharadas soperas de harina,
3 cucharadas soperas de aceite,	25 g de mantequilla,
2 cucharadas soperas de salsa de tomate,	2 cucharadas soperas de aceite,
50 g de queso gruyère rallado,	¹/₂ litro de leche fría (o mitad leche y mitad caldo).
sal.	

Se ponen a remojar los canelones en agua fría durante una hora. Se hace la salsa de tomate (receta 77), que debe quedar espesa, y se preparan los champiñones. Se cepillan y se lavan bien para quitarles la tierra, se les corta la parte del rabo que no esté buena y se ponen picaditos en un cazo a fuego lento con un poco de mantequilla y unas gotas de zumo de limón. Se cubren con la tapadera y en 10 minutos estarán hechos.

Una vez hechas estas dos cosas, se prepara el relleno. En una sartén se ponen las 3 cucharadas soperas de aceite a calentar. Se agrega la cebolla picada muy menuda y se deja freír unos 5 minutos para que no coja color. Fuera del fuego se añaden las 2 cucharadas soperas de salsa de tomate, el atún escurrido y desmenuzado, los champiñones, los huevos duros picados. Se mezcla bien y se rectifica de sal si hace falta.

Se rellenan con esto los canelones escurridos y se ponen en una fuente de cristal o de porcelana resistente al horno.

Se hace ahora la bechamel (receta 81), y cuando está hecha se le agregan 3 o 4 cucharadas de salsa de tomate, para que quede rosada. Se cubren con ella los canelones y se espolvorean de queso rallado. Se ponen unos trocitos de mantequilla por encima y se mete la fuente en el horno previamente calentado. Cuando tenga una costra bien dorada, se saca unos 5 minutos fuera del horno y se sirven, pues es un plato que conserva mucho calor.

Nota.—Estos canelones se pueden hacer con pescado fresco o un resto de pescado; resultan también muy buenos. Siendo fresco, habrá que dar un hervor al pescado.

291 CANELONES DE ESPINACAS Y HUEVOS DUROS
(6 personas)

12 canelones,
1½ kg de espinacas,
3 huevos duros picados bastante grandes,
100 g de queso gruyère rallado,
80 g de mantequilla,
sal.

Bechamel:
2 cucharadas soperas de harina,
25 g de mantequilla,
2 cucharadas soperas de aceite,
½ litro de leche fría (o mitad leche y mitad caldo).

Se ponen los canelones durante 1 hora a remojo. Mientras tanto se va haciendo el relleno. Se lavan y quitan los rabos de las espinacas y se sumergen en una olla con agua hirviendo abundante y sal. Se les puede echar un pellizco de bicarbonato para que tengan un bonito color verde. Hay que empujarlas hacia el fondo para que cuezan bien, porque tienen tendencia a subir a la superficie. En 10 minutos, a partir de cuando vuelve a hervir el agua, deben estar tiernas si son bien frescas. Una vez cocidas, se escurren en un colador grande y se pican con un cuchillo en la tabla de la carne.

En una sartén se ponen 50 g de mantequilla y cuando está derretida se saltean bien las espinacas picadas. Se retiran del fuego y se les agregan los huevos duros picados y la mitad del queso rallado. Se rellenan con esto los canelones escurridos y se colocan en una fuente de cristal o porcelana resistente al horno. Se cubren con la bechamel (igual que la receta anterior), se espolvorea la superficie con el resto del queso rallado y los 30 g de mantequilla se colocan en trocitos como avellanas.

Se meten a horno previamente calentado y, cuando tienen una bonita costra dorada (de 15 a 30 minutos), se sirven en la misma fuente, dejando ésta reposar fuera del horno unos minutos, pues es un plato que guarda mucho el calor.

292 CANELONES CON UN RESTO DE RAGOÛT

Salen muy buenos y originales los canelones hechos con un resto de ragoût (o carne guisada).

Se pica la carne, las zanahorias y las cebollitas. Con esto se rellenan los canelones. En una fuente de cristal o porcelana resistente al horno se pone en el fondo salsa del ragoût. Se colocan encima los canelones rellenos. Se vuelve a poner algo de salsa de la carne por encima. Se hace una bechamel corriente (receta 81). Con ella se cubren los canelones, se espolvorean con queso gruyère rallado, se ponen trocitos de mantequilla por encima y se mete la fuente en el horno hasta que esté la bechamel con costra dorada.

Se sirven en su misma fuente.

Verduras, champiñones, setas y criadillas (de tierra)

293 ACEDERAS A LA FRANCESA

Se sirven como adorno con huevos fritos o acompañando carne, etc.

2 kg de acederas,
50 g de mantequilla,
1 cucharada sopera de harina (colmada),
$\frac{1}{2}$ litro de leche fría (2 vasos de los de agua),

2 yemas,
agua fría,
sal.

Se separan las hojas de acederas del tallo (éste no se utiliza), se lavan muy bien en agua fría abundante. En una cacerola se ponen de 3 a 4 litros de agua fría con una cucharada sopera de sal. Se meten las acederas dentro y se ponen a cocer a fuego vivo. Cuando rompe el hervor, se dejan unos 10 minutos, después de los cuales se escurren muy bien en un colador grande. Se pican muy menudas.

En una cacerola se pone la mantequilla a derretir y se agrega la harina, dando unas vueltas con una cuchara de madera, sin que tome color, y se añade poco a poco la leche; se deja dar un hervor a esta bechamel unos 4 minutos, se sala ligeramente, se incorporan entonces las acederas y se revuelve muy bien para que no se agarren. Se tapan con tapadera y, a fuego muy lento, se dejan unos 10 minutos, revolviéndolas de vez en cuando.

Se ponen en un tazón las 2 yemas y se añade un poco del puré para que no se cuajen. Se incorpora a las acederas y se remueve todo en el fuego lento. Se rectifica de sal y se sirven acompañadas de huevos o carne.

ACEDERAS REHOGADAS

2 kg de acederas,	1¹/₂ cucharada sopera de vinagre,
6 cucharadas soperas de aceite,	agua fría,
2 dientes de ajo,	

Se preparan y cuecen como en la receta anterior, pero picándolas algo menos menudas.

En una sartén se pone el aceite a calentar, se rehogan dentro los 2 dientes de ajo, los cuales se habrán aplastado ligeramente dando un golpe. Cuando estén dorados se retiran y se ponen las acederas a rehogar, dándoles varias vueltas con una cuchara de madera. Al momento de servir se rocían con el vinagre, separando la sartén del fuego. Se vuelven a calentar y se colocan en la fuente donde se vayan a servir de adorno.

 ACELGAS EN ESCABECHE (6 personas)

1¹/₂ kg de acelgas,	4 dientes de ajo,
agua fría,	3 hojas de laurel,
5 cucharadas soperas de harina,	3 cucharadas soperas de vinagre,
1 vaso (de los de vino) de agua fría,	2 vasos (de los de vino) de agua fría,
¹/₂ litro de aceite (sobrará),	sal.
6 cucharadas soperas de aceite,	

Manera de cocer las acelgas:

Se pican las acelgas muy menudas y se lavan bien con agua fría abundante. Se ponen en una olla con agua fría y sal y se dejan cocer. Cuando rompe el hervor, se dejan unos 20 minutos más o menos (según sean de tiernas) destapadas. Se escurren bien y, si hiciese falta, en la tabla de la carne se vuelve a picar con la media luna.

Aparte se hace una masa ligera con:

5 cucharadas soperas de harina, **el vaso (de vino) de agua y sal.**

Se pone el ¹/₂ litro de aceite a calentar en una sartén. Se mezcla la masa con las acelgas y, con una cuchara sopera, se cogen unos montones de acelgas y se van echando en la sartén para que se frían unos 3 o 4 minutos. Se sacan y se dejan escurrir de 4 en 4 y, una vez escurrido el aceite, se colocan en una fuente honda.

Se prepara entonces el escabeche. En una sartén más pequeña se ponen 6 cucharadas soperas del aceite que haya sobrado al freír las acelgas. Cuando está caliente se le echan los dientes de ajo pelados, se dejan dorar ligeramente y se añaden las hojas de laurel para que doren también. Se retira entonces la sartén del fuego y se incorporan los 2 vasos de agua (con cuidado para que no salte y salpique) y el vinagre. Se vuelve a poner a la lumbre a que dé un hervor de unos 3 o 4 minutos. Se sacan entonces los ajos y el laurel y se vierte el líquido sobre la fuente de acelgas.

Se deja unos 5 minutos antes de servir, para que tomen bien el gusto las acelgas.

Se puede servir este plato en caliente, dejando las acelgas ya fritas a la boca del horno y vertiendo el líquido bien caliente; o frío, dejando enfriar las acelgas y preparando el líquido con antelación.

 ACELGAS REHOGADAS (6 personas)

1¹/₂ kg de acelgas (con mucho verde), agua fría,
8 cucharadas soperas de aceite,
2 rebanadas de pan frito cortadas en 4 trozos,

1 cucharada sopera de vinagre,
1 cucharada sopera de cebolla muy picada,
1 diente de ajo,
sal.

Se cuecen las acelgas como está indicado en la receta 295. Una vez cocidas, se escurren muy bien. En una sartén se pone el aceite a calentar, se fríe el diente de ajo (pelado y dado un golpe con el mango de un cuchillo para que dé más sabor). Una vez bien refrito, se retira y se ponen las acelgas. En un mortero se machaca muy bien el pan frito, se revuelve ya machacado con la cebolla cruda y muy picada y luego se le añade el vinagre. Esto se esparce sobre las acelgas, se revuelven bien con una cuchara en la misma sartén durante unos 5 minutos y se sirven en seguida.

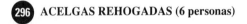 **ACELGAS REHOGADAS, CON CUSCURROS DE PAN, JUGO DE CARNE Y VINAGRE (6 personas)**

1¹/₂ kg de acelgas (con mucho verde), agua fría,
1 taza de salsa de carne sobrante,
1 puñado de cuadraditos de pan frito,

1 cucharada sopera de vinagre,
¹/₄ litro de aceite (sobrará),
sal.

Se cuecen las acelgas según está explicado en la receta 295. Una vez cocidas, se escurren muy bien.

En una sartén pequeña se pone el aceite a calentar y se fríen los cuadraditos de pan y se reservan.

Al momento de ir a servir las acelgas, se ponen en una sartén amplia; se rocían con la salsa de carne, se rehogan bien, moviéndolas con una cuchara de madera. Se mezclan los cuscurritos de pan y se echa el vinagre por encima, moviendo y calentando todo bien antes de pasarlas a la fuente donde se servirán.

298 ACELGAS CON TOMATE (6 personas)

1³/₄ kg de acelgas,
   agua fría,
1 kg de tomates bien maduros,
1 cebolla mediana (80 g),

1 pellizco de hierbas aromáticas,
3 cucharadas soperas de aceite frito,
1 cucharada (de las de café) de azúcar,
   sal.

Se cortan, lavan y cuecen las acelgas (receta 295).

Aparte, en una sartén, se hace la salsa de tomate. Se pone el aceite y, cuando está caliente, se refríe la cebolla picada unos 5 minutos; se añaden los tomates lavados, partidos y quitadas las semillas. Se fríe esto durante unos 20 minutos, machacándolos bien con el canto de una espumadera. Se agrega el azúcar y la sal. Se echan dentro las acelgas bien escurridas añadiendo las hierbas aromáticas y se rehoga todo junto durante unos 3 minutos. Se sirve así en una fuente.

299 PENCAS DE ACELGAS REBOZADAS
(para adorno de la carne)

1¹/₂ kg de acelgas (sólo se utilizarán los
   tallos o pencas),
1 plato con harina,

2 huevos,
1 litro de aceite (sobrará),
   agua y sal.

Se cortan los tallos de las acelgas de unos 3 cm de largo (se comprarán con tallo ancho y bien blanco) y se ponen en una cacerola con agua fría abundante y sal. Se dejan cocer unos 35 minutos más o menos (depende del grueso de los tallos). Se escurren en un colador.

En una sartén se pone el aceite a calentar. Cuando está en su punto, se pasa cada tallo por harina. Se sacude para que caiga la sobrante y luego se pasa por el huevo batido como para tortilla y se fríe. Se sirven bien calientes en la fuente donde ya esté la carne.

300 PENCAS DE ACELGAS AL HORNO CON SALSA
ESPAÑOLA (6 personas)

2¹/₂ kg de acelgas (para utilizar sólo los
   tallos o pencas),
   agua,
6 cucharadas soperas de aceite,
1 kg de tomates bien maduros,
1 cebolla grande (150 g),
¹/₄ kg de zanahorias,
1 hoja de laurel,

1 diente de ajo,
1 ramita de perejil,
1 ramita de tomillo,
1 vaso (de los de vino) de vino blanco,
2 vasos (de los de agua) de agua,
1 cucharada (de las de café) de azúcar,
50 g de gruyère rallado,
   sal y pimienta.

Se compran unas acelgas de tallo ancho. Se separan los tallos de las hojas (la parte verde se guardará para hacer un budín de verduras); se pelan bien los costados y se cortan en trozos de unos 3 cm de largo. Se ponen a cocer en una olla con agua fría abundante y sal. Se cuecen más o menos durante 20 minutos (el tiempo depende de la clase y grosor de los tallos). Una vez cocidos, se ponen en un colador grande para que escurran bien.

Se hace la salsa. En una sartén se pone el aceite a calentar y se añade la cebolla picada; se deja unos 5 minutos y se agregan las zanahorias, raspadas y cortadas en rodajas; se dejan unos 10 minutos, dándoles vueltas con una cuchara de madera.

Después se añaden los tomates pelados, cortados en trozos grandes y quitadas las simientes. Se deja unos 8 minutos y se incorpora el vino blanco, la sal, el laurel, el tomillo, el azúcar y el ajo y, finalmente, el agua. Se deja cocer a fuego mediano durante una hora y se pasa por el pasapurés, retirando antes el laurel y el tomillo.

Se coloca la mitad de los tallos en una fuente que vaya al horno y en la mitad de la cantidad se echan unas cucharadas de salsa. Se coloca el resto de los tallos y encima se vierte el resto de la salsa y se espolvorea con el queso rallado. Se mete al horno, para que se dore el queso, durante unos 15 minutos y se sirve en la misma fuente.

301 PENCAS DE ACELGAS AL HORNO CON AJO Y PEREJIL (6 personas)

2¹/₂ kg de acelgas (sólo se utilizan los tallos o pencas),
2 cucharadas (de las de café) de perejil picado,
3 dientes de ajo muy picados,
3 cucharadas soperas de pan rallado,
4 cucharadas soperas de aceite fino,
30 g de mantequilla,
sal.

Se pelan los costados de los tallos de acelga y se cortan en trozos de unos 4 cm de largo. Se ponen en una cacerola bien cubiertos de agua fría y sal y se cuecen durante 35 minutos más o menos (hasta que estén tiernos). Se escurren bien una vez cocidos y se colocan en una fuente, que vaya al horno, por capas; entre cada capa se pone un poco de perejil y un poco de ajo, así como parte del aceite, y se vuelve a cubrir. Encima, una vez puesto el ajo y perejil sobrantes, se espolvorea con el pan rallado y se pone a trocitos la mantequilla. Se mete al horno unos 10 o 15 minutos, y se sirve en seguida.

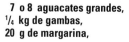 **AGUACATES AL HORNO, CON GAMBAS Y QUESO RALLADO (6 personas)**

7 o 8 aguacates grandes,	**un poco de queso rallado (como 3 cucha-**
¹/₄ kg de gambas,	**radas soperas),**
20 g de margarina,	**sal.**

Dejar las colas de gambas limpias y, si son algo grandes, cortarlas en trocitos. Reservarlas.

Cortar los aguacates en dos partes a lo largo, quitarles el hueso central y con una cuchara pequeña vaciarles de su carne, conservando los medios cuencos vacíos.

La pulpa de todos los aguacates se pone en un cuenco, se tritura con un tenedor, se sala un poco y se reserva.

En un cazo pequeño se pone la margarina a derretir, cuando está caliente se añaden las colitas de gambas y se rehogan un poco. Se añaden a la carne de los aguacates escurriendo toda su grasa. Se mezclan bien las dos cosas y con la mezcla se rellenan los cuencos vacíos. Se espolvorean con el queso rallado y se meten en el horno que estará previamente calentado, se dejan unos minutos que se calienten y se enciende el horno arriba para que se gratinen bien. Cuando están dorados se sirven en seguida.

Hemos añadido mayor número de aguacates que de comensales, con el fin de rellenar bien los cuencos vacíos.

303 **ALCACHOFAS EN VINAGRETA (6 personas)**

12 alcachofas medianas,	**1 cucharada sopera de perejil muy picado,**
3 cucharadas soperas de buen vinagre,	**1 limón (¹/₂ entero y ¹/₂ en zumo),**
9 cucharadas soperas de aceite fino,	**agua y sal.**

Se les quita a las alcachofas el tallo y las hojas duras externas. Se cortan en dos mitades a lo largo, se frotan con ¹/₂ limón a medida que se van cortando y se echan en agua fría con zumo de limón.

En una cacerola se pone agua abundante con sal y, cuando hierve, se van echando las alcachofas. Cuando rompe de nuevo el hervor, se baja el fuego para que sigan cociendo despacio y se tapa la cacerola con tapadera. Se dejan hasta que estén tiernas (unos 25 minutos, según la clase de alcachofas; se probará arrancándoles una hoja para saber si están en su punto). Se escurren una vez cocidas, estrujándolas ligeramente. Se colocan en una fuente con la parte cortada hacia arriba. Se hace en un tazón la vinagreta, disolviendo primero la sal con el vinagre y añadiéndole luego el aceite. Se bate bien y con una cuchara se rocían las alcachofas. Después se espolvorean con el perejil y se sirven.

ALCACHOFAS EN SALSA (6 personas)

1¹/₂ a 2 kg de alcachofas pequeñas y
    tiernas,
2 cucharadas soperas colmadas de pan
    rallado,
2 cucharadas soperas de aceite,

1 cucharada (de las de café) de perejil
    picado,
2 dientes de ajo muy picados,
1 limón,
    agua,
    sal.

Se quitan a las alcachofas sus hojas externas que son duras. Se les cortan las puntas de las hojas, se frotan bien con ¹/₂ limón (para que no se pongan oscuras) y se cortan en dos o en cuatro a lo largo. Se echan en agua fresca con unas gotas de zumo de limón, reservando una raja para el guiso.

Cuando están todas las alcachofas preparadas, se escurren y se ponen en un cazo, que debe ser alto y más bien estrecho. Se les añade la rodaja de limón, el pan rallado espolvoreado, el aceite, el perejil y los ajos muy picados. Se cubren de agua fría (la justa) y se añade la sal, revolviendo todo bien con una cuchara de madera.

Se ponen a fuego más bien vivo hasta que rompe el hervor. Se tapa el cazo y se dejan a fuego mediano durante unos 45 minutos (este tiempo depende de la clase de alcachofas).

Se prueba una hoja para asegurarse de que están cocidas. Se sirven en una fuente honda con su salsa.

Nota.—Este plato se puede preparar de antemano y recalentarse.

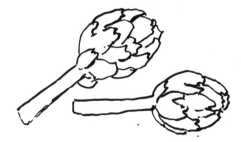

ALCACHOFAS REBOZADAS Y EN SALSA (6 personas)

2 alcachofas medianas por persona (12 piezas),
agua,
100 g de jamón serrano muy picado,
1 cucharada sopera de harina rasada,
3 cucharadas soperas de aceite,
2 cebollas medianas (150 g) muy picadas,

$^3/_4$ de litro de caldo de cocer las alcachofas,
harina para rebozar,
$^1/_2$ litro de aceite para freír las alcachofas (sobrará),
1 limón,
sal.

Se preparan las alcachofas cortando los rabos, quitándoles las hojas exteriores, que suelen ser duras, y cortando las puntas de las demás. Se frotan con $^1/_2$ limón rápidamente y se lavan bien en agua fría con un chorro de zumo de limón.

Se pone en una cacerola agua suficiente para que cubra las alcachofas y sal. Cuando rompe a hervir, se sumergen las alcachofas y se cuecen unos 35 minutos (depende de lo tiernas que estén), tapándolas con una tapadera. Se verá si están tiernas arrancándole una hoja y probándola. Cuando están cocidas se escurren, poniéndolas boca abajo y apretando con mucho cuidado. Una vez escurridas, se parten en dos a lo largo.

Se pasan rápidamente por harina y se sacuden para que caiga la sobrante; se fríen en una sartén; una vez fritas se van colocando en una fuente de cristal o de porcelana resistente al fuego.

Se prepara la salsa. En una sartén se ponen 3 cucharadas soperas de aceite; cuando está caliente se añade la cebolla muy picada, hasta que tome un color un poco dorado (unos 8 minutos). Se agrega entonces la harina y se dan unas vueltas con las varillas y, por fin, los $^3/_4$ de litro del agua de cocer las alcachofas, fría o templada. Se cuece esta bechamel clarita por espacio de unos 5 minutos. Se incorpora el jamón serrano muy picado. Se rectifica de sal si hace falta y se vierte por encima de las alcachofas.

Se pone la fuente en el fuego y, cuando rompe a hervir, se baja y se dejan cocer lentamente de 10 a 15 minutos. Se sirven en su misma fuente.

 ALCACHOFAS AL HORNO (6 personas)

2 alcachofas medianas por persona,
pan rallado,
aceite fino,
2 cucharadas (de las de café) de perejil muy picado,

30 g de manteca de cerdo (facultativo),
4 cucharadas soperas de vino blanco,
1 limón ($^1/_2$ entero y $^1/_2$ en zumo),
agua,
sal.

Se quita a las alcachofas el tallo y las hojas duras externas, se parten en dos mitades a lo largo, se frotan con $^1/_2$ limón a medida que se van cortando y se van echando en agua fría con el zumo del otro $^1/_2$ limón.

En una cacerola se pone agua abundante con sal y, cuando empieza a hervir, se echan las alcachofas dentro. Se cubre la cacerola con tapadera y cuando rompe el hervor se baja el fuego y se dejan hervir hasta que estén tiernas. Para saber cuándo están se prueba una hoja arrancándola, pues si son tiernas se cuecen en seguida (unos 30 minutos) y si son más duras pueden tardar casi una hora.

En la fuente de cristal o porcelana (resistente al fuego) se pone el vino blanco y la manteca de cerdo en 3 trocitos. Una vez cocidas las alcachofas, se sacan del agua y se van colocando en la fuente tal y como salen de caldosas. Se pone en cada alcachofa un poco de aceite, un poco de perejil y se espolvorean ligeramente con pan rallado. Se meten a horno mediano unos 15 minutos y se sirven en seguida en su misma fuente.

307 ALCACHOFAS RELLENAS DE JAMÓN SERRANO (6 personas)

12 alcachofas medianas,	1 cucharada sopera de perejil picado,
150 g de jamón serrano,	1 limón,
1 cucharada sopera de vino blanco,	1 diente de ajo (facultativo),
2$^1/_2$ cucharadas soperas de pan rallado,	agua,
2 cucharadas soperas de aceite fino,	sal.
1 pastilla de caldo de pollo,	

A las alcachofas se les quitan los tallos de manera que queden planas, para que no se caigan al guisarlas y servirlas. Se les quitan las hojas externas más duras, se cortan con un cuchillo las hojas a media altura y después se abren las hojas del centro (del corazón). Se vacían con la punta del cuchillo. Se frotan las alcachofas con $^1/_2$ limón (para que no se pongan negras) y se van echando en un recipiente con agua fría y el zumo de $^1/_2$ limón. Una vez preparadas, se pica muy menudo el jamón, se mezcla con el pan rallado (1$^1/_2$ cucharada sopera), el vino blanco, el perejil y el diente de ajo pelado y picado muy menudo. Se escurren las alcachofas y se van rellenando con la mezcla del jamón y demás ingredientes.

Se ponen bien asentadas en una cacerola de forma que no se caigan. Se vierte agua fría hasta que queden cubiertas. Se machaca la pastilla de caldo y se deshace con un poco de agua, y también se echa por encima de las alcachofas. Se rocían con una cucharada sopera de pan rallado y el aceite.

Se ponen al fuego tapadas y, cuando rompen a hervir, se baja éste para que se cuezan despacio. Cuando llevan $^1/_2$ hora cociendo, se prueba la salsa de sal y, si hiciese falta, se añadirá un poco (el jamón y la pastilla salan bastante). Cuando el líquido está consumido (no quedando más que la salsa necesaria para servirlas), están en su punto (una hora más o menos).

Se sirven en una fuente con un poco de salsa en el fondo de la misma.

308 ALCACHOFAS AL HORNO CON JAMÓN Y BECHAMEL (6 personas)

12 alcachofas medianas,
150 g de jamón de York,
¹/₂ litro de leche,
25 g de mantequilla,
2 cucharadas soperas de aceite fino,

2 cucharadas soperas rasadas de harina,
60 g de queso rallado,
1 limón,
agua y sal.

Se quitan las hojas externas más duras y se cortan las puntas de las alcachofas; se parten en dos a lo largo, se les quita el corazón estropajoso y se frotan con ¹/₂ limón. A medida que están preparadas se echan en una cacerola con agua fría abundante y el zumo de ¹/₂ limón. Una vez preparadas todas las alcachofas, se echan en una cacerola con agua hirviendo, una corteza de limón y sal. Se tapa y se cuecen entre 30 minutos y una hora (según sean de duras). Se prueba una hoja para saber cuándo están tiernas. Se escurren bien. Se pica el jamón de York. Se colocan las alcachofas en una fuente resistente al horno con la parte cortada hacia arriba. Se rellenan con el jamón de York picado.

En una sartén se pone la mantequilla y el aceite a calentar; cuando la mantequilla está líquida se le añade la harina. Se revuelve y, poco a poco, se añade la leche fría sin dejar de dar vueltas con una cuchara o unas varillas. Se cuece esta bechamel unos 6 minutos. Se sala y se vierte encima de las alcachofas, cubriéndolas bien. Se espolvorean con el queso rallado y se meten al horno a gratinar durante unos 10 minutos.

Cuando están bien doradas se sirven en la misma fuente.

309 FONDOS DE ALCACHOFAS CON FOIE-GRAS Y BECHAMEL (6 personas)

12 alcachofas muy grandes y tiernas,
1 lata de foie-gras de 200 g de buena clase,
25 g de mantequilla,
2 cucharadas soperas de aceite fino,
³/₄ de litro de leche fría,

2 cucharadas soperas colmadas de harina,
60 g de gruyère rallado,
agua,
¹/₂ limón,
sal.

Se quitan las hojas duras de fuera y se cortan las demás muy a ras del fondo (éstos se escogerán lo mayores posible). Se frotan con limón y se echan en agua fría.

En un cazo se pone agua abundante a cocer con sal; cuando hierve se echan los fondos de alcachofas y se cuecen durante unos 20 minutos (no deben estar muy cocidas, pues terminarán de hacerse en el horno). Se sacan del agua, se ponen boca abajo para que escurran bien. Una vez escurridas, con cuidado, se arranca la parte estropajosa, si la tuviesen, y se rellenan estos fondos con foie-gras abundante y se van colocando boca arriba en una fuente de cristal o porcelana resistente al horno.

En una sartén se pone la mantequilla y el aceite a derretir; se les añade la harina, se le da unas vueltas y poco a poco la leche fría, moviendo constantemente con unas varillas. Se echa sal y se deja cocer unos 10 minutos. Se vierte esta bechamel sobre las alcachofas. Se rocían con queso rallado y se meten a gratinar al horno mediano. Cuando tienen un bonito color, se sirven en la misma fuente.

Nota.—Se encuentran congeladas en el comercio.

310 ALCACHOFAS REHOGADAS (6 personas)

1¹/₂ a 2 kg de alcachofas pequeñas y tiernas,
1 limón,
150 g de jamón serrano veteado,
30 g de manteca de cerdo (facultativo),

2 cucharadas soperas de aceite fino,
1 cucharada sopera de perejil picado,
agua,
sal.

Se lavan y preparan las alcachofas como va explicado para alcachofas a la vinagreta (receta 303).

Una vez cocidas, se escurren bien.

En una sartén se pone la manteca y el aceite a calentar (si no se quiere poner manteca, se pondrá más cantidad de aceite). Cuando está derretida la manteca en el aceite, se echa el jamón picado en cuadraditos pequeños. Se echan las alcachofas y se saltean un ratito hasta que todas estén bien envueltas en la grasa (unos 8 minutos); se espolvorean con el perejil y se sirven en una fuente, recién rehogadas.

311 ALCACHOFAS REBOZADAS (6 personas)

12 alcachofas más bien pequeñas,
2 o 3 huevos,
harina en un plato,

1 litro de aceite (sobrará),
1 limón (¹/₂ entero y ¹/₂ en zumo),
agua y sal.

Se cuecen y preparan las alcachofas como en la receta 303, cortándolas en cuatro si son grandes y en dos si son más pequeñas. Se escurren bien, estrujándolas un poco con la mano, de una en una, al ir a pasarlas por la harina.

Se pasan por harina y luego por huevo batido, como para tortilla. Se fríen en aceite abundante (probando éste con una rebanadita de pan para que esté en su punto). Se escurren bien y se sirven en seguida solas o como adorno de carne.

312 APIO CON BECHAMEL (6 personas)

6 matas de apio blanco pequeñas,
o 3 grandes (que se partirán en dos),
agua,
3 cucharadas soperas de harina,
40 g de mantequilla,

2 cucharadas soperas de aceite fino,
³/₄ litro de leche fría,
60 g de queso rallado (gruyère o parmesano),
sal.

Se cortan los apios de una longitud aproximada de 15 cm. Se quitan los tallos exteriores y verdosos, se pelan bien y se lavan, en agua fría abundante.

En una cacerola se pone agua abundante con sal y, cuando hierve a borbotones, se meten los cogollos de apio. Se tapa la cacerola con tapadera y se dejan cocer unos 10 minutos. Se sacan entonces con cuidado con una espumadera y se dejan escurrir muy bien.

En una sartén se pone el aceite y la mantequilla a derretir, se le añade la harina y, poco a poco, la leche fría dando vueltas con unas varillas. Se deja que dé un hervor (3 a 4 minutos) y se sala.

Se colocan los apios en una fuente de cristal o porcelana resistente al fuego y se cubren con la bechamel. Se espolvorea el queso rallado. Se meten a horno mediano hasta que se dore la bechamel (más o menos 15 minutos).

Se sirven en su misma fuente.

313 APIO EN SU JUGO (6 personas)

6 matas de apio pequeñas, o 3 grandes (que se partirán en dos),
3 lonchitas finas de tocino veteado,
1 cebolla pequeña (60 g),
2 zanahorias medianas,
1 vaso (de los de vino) de vino blanco,
1 vaso (de los de agua) de agua,

1 cucharada sopera de concentrado de tomate o 2 cucharadas soperas de sala de tomate espesa,
¹/₂ cucharadita (de las de moka) de extracto de carne,
1 cucharada sopera de aceite,
1 cucharada sopera rasada de harina,
agua,
sal.

Se procede a preparar las matas de apio como en la receta 312. Se escurren bien. En una cacerola amplia, para que después de hacer la salsa y al poner los apios no tropiecen mucho, se ponen las lonchitas de tocino, el aceite se calienta suavemente y se añade la cebolla pelada y cortada en rodajas, así como las zanahorias y la harina. Se dan unas vueltas con una cuchara de madera para que la cebolla y la harina se tuesten un poco, y se pone encima el apio. Se rocía con el vino blanco y el agua. Se tapan con tapadera y, a fuego lento, se dejan mas o menos 1 hora. Cuando están tiernos los apios, se sacan con una espumadera cuidadosamente y se colocan en la fuente donde se vayan a servir (ésta estará a la boca del horno para que no se enfríen). Se pasará la salsa por el pasapurés y se agrega el concentrado de tomate o la salsa de tomate y el extracto de carne, y, si hiciese falta, algo más de agua. Se da un hervor a la salsa y con ella se cubren los cogollos de apio y se sirven en seguida.

 ### APIO CON MANTEQUILLA Y QUESO RALLADO (6 personas)

6 matas de apio blanco pequeñas, o 3 grandes (que se partirán en dos), agua,	150 g de mantequilla, 100 g de queso gruyère rallado, sal.

Se cortan los apios de una longitud aproximada de 15 cm. Se quitan los tallos exteriores y verdosos, se pelan bien y se lavan.

En una cacerola se pone agua abundante a hervir con sal; cuando hierve a borbotones se sumergen los apios, se tapa con tapadera y, cuando rompe de nuevo el hervor, se baja el fuego y se dejan cocer mas o menos 1 hora, según sean de duros. Cuando están tiernos se escurren muy bien, con mucho cuidado y se colocan en una fuente resistente al horno (cristal, porcelana, etc.), poniéndoles la mantequilla en trozos y espolvoreándolos con el queso rallado. Se meten al horno para que el queso se dore y cuando tiene un bonito color se sirven en su misma fuente.

 ### PREPARACIÓN DEL APIO CRUDO PARA MEZCLAR CON ENSALADA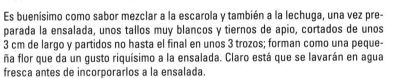

Es buenísimo como sabor mezclar a la escarola y también a la lechuga, una vez preparada la ensalada, unos tallos muy blancos y tiernos de apio, cortados de unos 3 cm de largo y partidos no hasta el final en unos 3 trozos; forman como una pequeña flor que da un gusto riquísimo a la ensalada. Claro está que se lavarán en agua fresca antes de incorporarlos a la ensalada.

316 BERENJENAS AL AJO (6 personas)

6 berenjenas medianas,	3 dientes de ajo muy picaditos,
12 cucharadas soperas de aceite,	pan rallado,
2 cucharadas soperas de perejil picado,	sal.

Se lavan las berenjenas sin pelarlas y se les quita el rabo. Se parten por la mitad a lo largo. Se salan ligeramente y se dejan boca abajo una hora más o menos en un colador grande para que suelten su agua.

En una sartén amplia se ponen 9 cucharadas soperas de aceite a calentar; se ponen las berenjenas boca abajo (la carne tocando la sartén), sin que monten unas encima de otras y se hacen a fuego mediano, más bien lento, durante una $^1/_2$ hora. Cuando están tiernas se colocan boca arriba en una besuguera, bien colocadas unas al lado de otras. Se espolvorean con el ajo y el perejil mezclado y después con un poco de pan rallado. Se rocían con el resto del aceite y se meten al horno para que gratinen, hasta que estén doradas (unos 10 minutos). Se sirven en la misma fuente.

317 BERENJENAS EN SALSA AL GRATÉN (6 personas)

7 berenjenas más bien grandes,	2 cucharadas soperas de harina,
$^1/_2$ litro de aceite (sobrará),	25 g de mantequilla,
4 vasos (de los de agua) de agua caliente,	1 cucharada sopera de aceite fino,
2 pastillas de caldo de pollo,	50 g de queso gruyère rallado, sal.

Se pelan las berenjenas y se cortan en rodajas a lo ancho, de $^1/_2$ cm de grosor. Se van poniendo en una fuente honda o una ensaladera (de cristal o loza), echándoles un poco de sal a cada capa. Se tiene así por espacio de una hora, moviéndolas de vez en cuando para que vayan soltando su agua. Pasado este tiempo, en una sartén grande se pone el aceite a calentar. Cuando está en su punto (se prueba con una rebanadita de pan), se van friendo las berenjenas por tandas para que queden cocidas por dentro y doradas por fuera. Se sacan y se escurren en un colador grande.

En otra sartén se pone la mantequilla y la cucharada sopera de aceite a calentar. Mientras tanto se disuelven las pastillas de caldo en el agua. Se añade la harina a las grasas calientes de la sartén, se dan vueltas rápidas con unas varillas o una cuchara de madera, y, poco a poco, se va echando el caldo. Se cuece unos 8 minutos esta bechamel. No se sala, puesto que las pastillas llevan su sal.

Se pone la mitad de las berenjenas en una fuente honda de porcelana, barro o cristal resistente al fuego. Se cubre con un poco de bechamel, se ponen las berenjenas que han quedado y se cubre bien con el resto de la salsa. Se espolvorea el queso rallado y se mete la fuente en el horno previamente caliente para que gratinen, durante unos 10 minutos. Cuando se haya formado una capa dorada, se sirven en su misma fuente.

318 BERENJENAS RELLENAS CON CHAMPIÑÓN Y BECHAMEL (6 personas)

6 berenjenas medianas,	¹/₄ litro de leche fría,
5 cucharadas soperas de aceite,	75 g de queso gruyère rallado,
30 g de mantequilla,	zumo de 1 limón,
200 g de champiñones,	1 yema de huevo,
1 cebolla mediana (80 g),	sal.
1 cucharada sopera de harina (colmadita),	

Se cortan a lo largo las berenjenas sin pelarlas. Se les quita la simiente y con cuidado se les quita la carne del centro. Esta carne se pica en cuadraditos, se sala, así como las berenjenas enteras.

Mientras sueltan su agua, se preparan los champiñones. Se lavan bien y se pican. Se pone en un cazo la mitad o un poco más de la mantequilla, unas gotas de limón y sal. Se cuecen a fuego lento durante unos 6 minutos.

Se ponen las medias berenjenas en una fuente con un chorrito de aceite en cada una y se meten a horno mediano boca arriba.

En una cacerola o en una sartén se pone el resto del aceite y la mantequilla a calentar. Se echa la cebolla pelada y picada menuda; cuando se pone transparente, se le añaden los cuadraditos de berenjena. Se rehogan bien, moviéndolos con una cuchara de madera. A los 8 minutos se les agrega el champiñón, se espolvorea con la harina y se añade poco a poco la leche fría para formar una bechamel. Se deja cocer a fuego lento unos 10 minutos (si hace falta se puede añadir algo más de leche). En un tazón se pone el resto del zumo del limón y la yema, se deslíe con algo de bechamel para que no se cuaje y se añade a lo de la cacerola.

Se revuelve todo junto y se rellenan con esto las medias berenjenas. Se espolvorean con el queso rallado, se vuelven a meter una vez rellenas en el horno y, cuando están gratinadas, se sirven en su misma fuente.

Nota.—Se pueden sustituir los champiñones por un picadito de jamón serrano.

BERENJENAS Y TOMATES AL HORNO, CON QUESO RALLADO (4 personas)

4 berenjenas grandes (³/₄ a 1 kg),	50 g de margarina,
2 o 3 tomates grandes (300 g),	1 cucharada sopera de aceite fino,
¹/₂ litro de aceite (sobrará),	40 g de queso rallado,
1 cucharada sopera colmada de harina,	1 plato con harina,
1¹/₂ vaso (de los de agua) de leche,	sal.

Pelar y cortar las berenjenas en rodajas. Calentar el aceite y, pasando las berenjenas por un poco de harina, irlas friendo por tandas. Cortar los tomates en rodajas finas, salarlas ligeramente y dejarlas en un plato para que suelten su agua.

Una vez fritas las berenjenas, colocarlas en una fuente de horno redonda, poniendo tres rodajas de berenjenas, una de tomate, y así toda la verdura. Aparte hacer una bechamel más bien clarita con la mitad de la margarina, la cucharada sopera de aceite, la harina y la leche.

Salar un poco las verduras antes de cubrirlas con la bechamel.

Por encima de la bechamel, espolvorear el queso y poner lo que ha sobrado de margarina en motitas repartidas por encima.

Meter en el horno, previamente calentado, a gratinar. Cuando la parte de arriba está dorada, servir en su misma fuente.

 BERENJENAS RELLENAS DE ARROZ (6 personas)

6 berenjenas medianas,	Salsa de tomate:
6 cucharadas soperas de aceite,	¹/₂ kg de tomates muy maduros,
6 cucharadas soperas de arroz,	1 cebolla pequeña (50 g),
agua,	2 cucharadas soperas de aceite,
2 cucharadas soperas de pan rallado,	1 cucharada (de las de café) de azúcar,
50 g de mantequilla,	sal.
sal.	

Se hace la salsa de tomate muy concentrada, como está explicada en la receta 77.

Se lavan las berenjenas sin pelarlas, se parten en dos a lo largo y se les da un par de tajos profundos, se salan ligeramente y se ponen en una fuente resistente al horno (cristal o porcelana, etc.). Se rocían con el aceite y se meten a horno mediano para que se asen.

Mientras se asan las berenjenas, se hace el arroz blanco. En un cazo se pone agua abundante a cocer. Cuando rompe el hervor, se echa el arroz y se deja cocer de 12 a 15 minutos (según la clase de arroz). Se escurre en un colador grande y se refresca al grifo de agua fría. Una vez bien escurrido se sala salteándolo en el mismo colador.

Cuando la carne de las berenjenas está blanda se retiran del horno, y, una vez templadas, con una cuchara se vacía la carne, quitándole las simientes, y se pica. Esta se mezcla con el arroz blanco y la salsa de tomate. Se vuelven a rellenar las medias berenjenas. Se espolvorean con un poco de pan rallado y se pone encima de cada una dos trocitos de mantequilla. Se meten otra vez al horno a gratinar unos 25 minutos, más o menos. Se sirven en la misma fuente.

321 **BERENJENAS RELLENAS DE CARNE (6 personas)**

6 berenjenas medianas,	2 dientes de ajo picado,
200 g de carne picada (o un resto de carne, o 150 g de jamón serrano),	1 ramita de perejil picado,
	1 huevo,
4 cucharadas soperas rasadas de pan rallado,	12 cucharadas soperas de aceite fino, sal.

Se lavan las berenjenas y, sin pelarlas, se parten en dos a lo largo. Se ponen en una besuguera al horno para gratinar, ligeramente saladas y dándoles un par de tajos profundos y rociadas con $^1/_2$ cucharada sopera de aceite. Cuando se ve que están blandas, se sacan. Con una cucharita se vacían con cuidado y se pica la carne de las berenjenas. Se pone en una ensaladera con la carne picada, el huevo batido como para tortilla, 2 cucharadas de pan rallado, el ajo muy picado, el perejil y sal. Se mezcla todo muy bien y se vuelven a rellenar las berenjenas. Se colocan así preparadas en una fuente para horno, se espolvorean con un poco de pan rallado y se rocían con una cucharada de aceite y se meten a horno mediano durante 35 minutos, y, luego, a gratinar a fuego más vivo durante otros 10 minutos.

Se sirven en la misma fuente.

322 BERENJENAS EN TORTILLA (6 personas)

6 huevos,	1 vaso de aceite (sobrará),
3 berenjenas medianas,	sal.
1 cebolla mediana (60 g),	Salsa de tomate:
2 cucharadas soperas rasadas de harina,	1 kg de tomates maduros,
4 cucharadas soperas de aceite,	3 cucharadas soperas de aceite,
¹/₂ litro de leche fría,	1 cucharada (de las de café) de azúcar,
75 g de queso gruyère rallado,	sal.

Se hace la salsa de tomate (receta 77) y se reserva.

Se pelan y pasan por la «moulinette» o la máquina de picar carne las berenjenas.

En una sartén se ponen las 4 cucharadas soperas de aceite a calentar y se les añade la cebolla muy picada y el picadito de berenjenas. Se refríe todo muy bien; cuando está bien frito (unos 10 minutos) se le añade la harina y, después de darle unas vueltas, la leche, dejándolo cocer unos 10 minutos. Se sala y se reserva.

En una sartén se pone un poco de aceite a calentar. En un plato se bate 1 huevo como para tortilla, con un poco de sal. Se vierte la mitad del huevo en la sartén y, cuando se ve que se está cuajando, se pone el relleno dentro y se forma una tortillita. Se coloca en una fuente resistente al horno. Se van haciendo así todas las tortillitas. Se cubren entonces con salsa de tomate, se espolvorean con el queso rallado y se meten al horno a gratinar. Cuando están gratinadas, se sirven en su fuente.

Nota.—Se pueden cubrir de bechamel, hecha con leche o con mitad leche y mitad caldo, en vez de salsa de tomate, si se prefiere.

323 BERENJENAS COCIDAS CON SALSA DE TOMATE (6 personas)

2 kg de berenjenas (6 medianas o 4 grandes),	1 vaso (de los de agua) de aceite (12 cucharadas soperas),
1¹/₂ kg de tomates bien maduros,	1 cucharada (de las de café) de azúcar,
2 cebollas grandes (400 g),	agua fría,
	sal.

En un cazo de agua fría con sal se van echando las berenjenas peladas y cortadas en trozos (cuadrados) grandecitos. Se cuecen unos 15 minutos y se ponen en un colador grande a escurrir.

En una sartén se pone el aceite a calentar y se echa la cebolla muy picada. Cuando esté bien dorada (unos 8 minutos), se añaden los tomates cortados en trozos y quitadas las simientes. Con el canto de una espumadera se machaca bien y se deja cocer unos 10 minutos a fuego mediano. Se pasa por el pasapurés esta salsa, añadiéndole entonces el azúcar y moviendo bien. Se vuelve a poner en una cacerola y se agregan las berenjenas bien escurridas. Se sala, se deja cocer a fuego lento unos 10 minutos y se sirve en fuente.

324 BERENJENAS ESTILO SETAS

Para adornar una fuente de carne.

³/₄ kg de berenjenas (jaspeadas, pues no
suelen tener simiente),
1 diente de ajo picado,

1 cucharada sopera de perejil picado,
2 vasos (de los de agua) de aceite,
sal.

Si son para plato de verduras, se calculará 2¹/₂ kg de berenjenas para 6 personas.

Se pelan las berenjenas (hay quien no las pela y también resultan bien), se cortan en rodajas de 1 dedo de gruesas (2 cm), se espolvorean con sal y se dejan durante una hora más o menos para que suelten su agua.

En una o dos sartenes se pone el aceite a calentar (no mucho) y se ponen las berenjenas de manera que queden holgadas de sitio. Se cubre la sartén con una tapadera y se deja a fuego lento durante 20 minutos más o menos. Cuando las berenjenas están hechas y blandas, se escurre casi todo el aceite, no dejando más que muy poco para que no se peguen.

Se espolvorean con el ajo, el perejil picado y un poco de sal, se ponen a fuego más vivo y se saltean, moviendo la sartén por el mango. Se sirven en seguida adornando la carne.

325 BERENJENAS FRITAS DE ADORNO (6 personas)

³/₄ kg de berenjenas jaspeadas (son mejores porque no tienen simientes),
1 plato con harina,

1 litro de aceite (sobrará),
sal.

Se pelan las berenjenas y se cortan muy finas a lo largo. Se espolvorean de sal y se dejan una hora más o menos para que suelten su agua.

Pasado este tiempo, se secan con un paño limpio. Se pasan por harina, sacudiendo cada trozo para que sólo se quede la harina necesaria, y se fríen en aceite bien caliente, hasta que estén doradas.

Esto se debe hacer por tandas y en el último momento, para que las berenjenas queden muy curruscantes.

Si hiciese falta, una vez fritas, se espolvorearán las berenjenas con un poco de sal fina.

326 BERROS EN ENSALADA

Se les quitan los tallos largos, se lavan muy bien y se aliñan como una ensalada corriente.

327 ENSALADA FANTASÍA

Se mezcla patata cocida (con su piel), pelada y cortada en rodajas, manzanas, peladas, quitados los centros y cortadas en trocitos, aguacates pelados y cortados en gajos y berros; todo esto mezclado con mayonesa.

328 BERROS PARA ADORNO

Se quitan los tallos más largos, se atan por ramilletes, se lavan muy bien y se ponen así, bien escurridos de agua, de adorno para carne o pescado.

329 PATATAS CON BORRAJAS (4 personas)

1 kg de patatas,
2 manojos de borrajas,
4 cucharadas soperas de aceite,
1 cebolla mediana (125 g),

1 diente de ajo grandecito (o 2 pequeños),
1 cucharada (de las de café), de pimentón,
sal.

Pelar las borrajas de los hilos que suelen tener en los lados de sus ramas. Cortarlas en trozos de unos 3 cm de largo.

Pelar, lavar y cortar las patatas en trozos como nueces de grandes. Poner las patatas y las borrajas en un cazo, cubrirlas de agua, poner sal y cocerlas unos 25 minutos.

En una sartén amplia poner el aceite a calentar y estofar la cebolla y el ajo, ambas cosas muy picadas. Cuando la cebolla se ponga transparente (unos 6 minutos) retirar un poco la sartén del fuego y espolvorear el pimentón. Escurrir las patatas con las borrajas y ponerlas en la sartén. Volver a poner éstas al fuego, revolver todo junto unos 5 minutos, y servir.

330 CALABACINES FRITOS (6 personas)

Para adorno.

³/₄ kg de calabacines,
  3 cucharadas soperas de harina,
  1 vaso (de los de agua) de cerveza,

sal,
1 litro de aceite (sobrara).

En una ensaladera se pone la harina y se vierte poco a poco la cerveza, dando vueltas con una cuchara de madera. Debe quedar como unas natillas espesas. Se sala ligeramente y se deja en reposo ¹/₂ hora.

    Mientras tanto, se pelan y cortan en rodajas finas los calabacines. Se sumergen en la masa, rodaja por rodaja, y se fríen en aceite abundante. Se sacan y se dejan escurrir en un colador; se sirven en seguida.

331 CALABACINES REBOZADOS Y FRITOS (6 personas)

1¹/₂ kg de calabacines más bien grandes
    (esta cantidad es para un plato de
    verduras), para adorno sólo basta con
    ¹/₂ kg.
  4 huevos,

harina en un plato,
1 litro de aceite (sobrará),
1 cucharada (de las de café) de perejil
    picado,
  sal.

Se pelan los calabacines y se cortan en rodajas finas. Se espolvorean con sal y se dejan así por lo menos una hora. En una sartén se pone a calentar el aceite, cuando se vayan a hacer. Se escurren bien rodaja por rodaja los calabacines y se pasan primero de uno en uno por harina, sacudiendo bien para que no quede más que la precisa, y después por un plato donde se irán batiendo los huevos enteros como para tortilla, y se fríen por tandas.

    Se espolvorean con un poco de perejil picado y se sirven en seguida.

332 CALABACINES FRITOS Y BACON (6 personas)

1¹/₄ kg de calabacines (4 medianos),	1 plato con harina,
6 lonchas finas de bacon,	2 dientes de ajo,
5 cucharadas soperas de aceite frito,	1 litro de aceite (sobrará),
1 cebolla grande (125 g) muy picada,	sal.

Se pelan los calabacines y se cortan en rodajas de ¹/₂ cm de grosor, se espolvorean con sal. Se pone el aceite a calentar en una sartén. Cuando está en su punto (para saberlo se fríe una rebanadita de pan) se pasan las rodajas de una en una por harina y se fríen. Se van colocando en una fuente redonda resistente al horno, formando un caracol. Una vez fritos todos los calabacines, en el mismo aceite se fríe el bacon. Se reserva todo al calor (en el horno templado). Se cuela el aceite y se vuelven a poner en la sartén las 5 cucharadas soperas, se calientan y se echa la cebolla muy picada, así como los dientes de ajo pelados y también muy picaditos. Se refríen de 5 a 6 minutos, hasta que, estando la cebolla transparente, se empieza a dorar. Se echa esto por encima de los calabacines. Se coloca el bacon por encima, se mete al horno bien caliente unos 4 minutos, y se sirve en la misma fuente.

333 CALABACINES CON PURÉ DE PATATAS (4 personas)

1¹/₂ a 2 kg de calabacines,	20 g de mantequilla,
1 vaso (de los de agua) de aceite,	1 yema de huevo,
100 g de copos de puré de patata (1 vaso grande),	2 claras,
1 vaso (de los de agua) de leche fría,	30 g de queso rallado,
1 vaso (de los de agua) de agua,	sal.

Pelar y cortar en rodajas de ¹/₂ cm de grueso, los calabacines. Ponerlas en un plato salándolas ligeramente y dejar que suelten agua durante un buen rato. Poner el aceite a calentar en una sartén. Secar con un paño los calabacines e ir friéndolos por tandas y reservarlos.

Hacer el puré según la explicación del paquete (agua, mantequilla, copos, leche y sal). Tiene que quedar espeso. Añadirle, una vez hecho y fuera del fuego, la yema de huevo y, con cuidado, las claras a punto de nieve muy firmes.

En una fuente de horno (de porcelana o cristal), poner una capa de calabacines (la mitad de los que se tienen) y cubrirlos con el puré. Por encima cubrir el puré con los calabacines que sobraron. Espolvorear con el queso rallado y meter en el horno, previamente calentado durante 5 minutos, a gratinar.

Cuando está dorado el plato, servir.

334 PISTO DE CALABACÍN (6 personas)

2 kg de calabacines,
2 cebollas grandes (250 g),
1 kg de tomates maduros,
5 cucharadas soperas de aceite,

1 cucharada (de las de café) de azúcar,
2 pimientos verdes medianos
(facultativo),
sal.

En una sartén se ponen 3 cucharadas soperas de aceite a calentar, se añaden las cebollas peladas y picadas, dándole unas vueltas con una cuchara de madera, hasta que la cebolla se ponga transparente (5 minutos más o menos). Se pelan y cortan los calabacines en cuadraditos, quitándoles las simientes, y se agregan a la cebolla, dándoles unas vueltas para que queden sofritos. Aparte se hace la salsa de tomate: en una sartén se ponen 2 cucharadas soperas de aceite a calentar, se les agregan los tomates pelados y cortados en trozos. Se machacan mucho con el canto de una espumadera. Se dejan unos 10 minutos y se pasa el tomate por el pasapurés. Se le añade la sal y el azúcar y se echa sobre el calabacín, moviendo todo muy bien, y se deja unos 25 minutos, más o menos, para que se termine de cocer. Si hace falta se añade agua.

Si se quieren añadir pimientos verdes, se lavan, se les quita el rabo y la simiente y se cortan en cuadraditos. En una sartén pequeña se ponen 2 cucharadas soperas de aceite a calentar y se añaden los pimientos. Se cubre la sartén con tapadera y, a fuego lento, se van haciendo durante unos 25 minutos más o menos, moviendo de vez en cuando la sartén para que no se agarren. Se añaden un poco antes de servir el pisto, para que den un hervor con el resto de las verduras.

Se sirve en una fuente honda.

Este plato se puede preparar con anticipación y se recalienta.

Hay quien pasa el pisto por el pasapurés una vez hecho y en el momento de servir le añade 3 huevos batidos como para tortilla, le da unas vueltas y se sirve adornado con unos triángulos de pan de molde fritos.

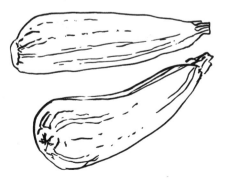

335 PISTO DE CALABACÍN CON PATATAS (6 personas)

5 cucharadas soperas de aceite,
2 cebollas grandes ($^1/_4$ kg),
1 kg de tomates bien maduros,
1 kg de calabacines,
2 pimientos verdes medianos,

2 patatas pequeñas (200 g),
1 huevo,
$^1/_4$ litro de aceite (sobrará),
1 cucharada (de las de café) de azúcar,
sal, agua.

En una sartén se ponen 3 cucharadas de aceite a calentar y cuando está caliente se añaden las cebollas peladas y muy picadas. Se les da una vuelta, hasta que se pongan transparentes, se le añaden entonces los tomates pelados, cortados y quitadas las simientes. Se refríen a fuego mediano, machacando muy bien con el canto de una espumadera, durante unos 15 minutos.

Mientras se refríen se preparan los pimientos. Se lavan, se les quita el rabo y las simientes y se cortan en cuadraditos. Se ponen las 2 cucharadas soperas restantes de aceite a calentar en otra sartén pequeña. Se añaden los pimientos, se cubre con una tapadera la sartén y se dejan a fuego lento que se hagan, moviendo de vez en cuando la sartén para que no se agarren.

En otra sartén se pone el $^1/_4$ litro de aceite a calentar y, cuando está medianamente caliente, se fríen las patatas, peladas, lavadas y cortadas en rebanaditas como para tortilla de patatas. Deben cocer primero en el aceite y luego dorarse. Se sacan una vez hechas y se dejan en espera.

Aparte se pelan y cortan los rabos a los calabacines. Se parten en dos a lo largo y se les quita la simiente. Se cortan como las patatas, en rebanaditas finas. Se ponen en un cazo con agua fría que sólo los cubra lo justo. Se ponen a cocer unos 5 minutos, después de lo cual se escurren bien.

En el refrito de tomate se añade el azúcar, se mueve y se agregan los pimientos escurridos de su aceite, las patatas igualmente escurridas y los calabacines. Se añade sal, se le da a todo unas vueltas durante unos 5 minutos.

Al momento de servir se bate un huevo como para tortilla y se añade al pisto, revolviéndolo todo.

Este pisto se puede hacer de antemano, dejando sin poner el huevo. Éste se pondrá al recalentar el pisto, para servirlo.

336 PISTO DE CALABACÍN CON ARROZ (6 personas)

1$^1/_2$ kg de calabacines,
4 tomates maduros (medianos),
1 cebolla grande (125 g),
1 diente de ajo,

4 cucharadas soperas de aceite,
4 cucharadas soperas de arroz,
agua y sal.

Se pone un cazo con agua a calentar. Cuando está hirviendo se echa el arroz y se deja cocer unos 15 minutos (el tiempo depende de la clase de arroz). Pasado este tiempo, se escurre en un colador grande y se refresca al chorro con agua fría. Se escurre bien y se reserva.

En una cacerola se pone el aceite a calentar; una vez caliente, se echan la cebolla y el diente de ajo, pelados y picados (el ajo muy menudo). Se rehogan unos 2 minutos y se añaden los tomates pelados, cortados en trozos y quitadas las simientes. Se rehogan otros 5 minutos y se agregan los calabacines lavados (sin pelar) y cortados los rabos. Se cortan en dados y se echan. Se sala y se deja cocer a fuego lento y tapada la cacerola durante 35 minutos. Se tiene que mover bastante a menudo con una cuchara de madera, para que el pisto no se pegue al fondo. Pasado este tiempo, se añade el arroz, se dan unas vueltas para mezclarlo con el pisto y se sirve en una fuente.

Nota.—Se puede preparar este plato con anticipación, pero entonces se deja el pisto hecho y el arroz lavado y escurrido, y sólo se mezclan a última hora las dos cosas, calentando bien el pisto con el arroz.

 337 PISTO ESTILO FRANCÉS (6 personas)

2 cebollas grandes (300 g),
4 calabacines medianos (³/₄ kg),
3 berenjenas medianas (³/₄ kg),
2 pimientos verdes medianos,
5 tomates bien maduros (¹/₂ kg),
2 dientes de ajo,
10 cucharadas soperas de aceite,
sal.

En una sartén grande y profunda se pone el aceite a calentar. Se le añade la cebolla pelada y muy picada. Se deja ésta unos 10 minutos hasta que se ponga transparente, se agregan las berenjenas peladas y cortadas en cuadraditos de 2 cm de costado, se pone el fuego muy lento con el fin de que se cuezan sin freírse. Se deja 10 minutos y se añaden los pimientos verdes cortados también en trozos cuadrados y vaciados de su simiente. Se dejan otros 10 minutos. Finalmente se añaden los calabacines pelados y cortados en cuadraditos como las berenjenas, los tomates (pelados y vaciados de su simiente, y cortados en trozos). Se añaden los 2 dientes de ajo pelados y la sal. Se deja a fuego lento y cubierta la sartén con una tapadera durante una hora. Si resultase muy caldoso, se deja durante los últimos 10 minutos destapada la sartén para que se consuma un poco el caldo.

Se puede preparar anticipadamente y recalentar, o bien servir en seguida.

PIPERADA (6 personas)

8 cucharadas soperas de aceite,	1 kg de tomates bien maduros (unos 8
1 kg de cebollas,	tomates),
³/₄ kg de pimientos verdes,	1 o 2 dientes de ajo,
	sal.

En una sartén amplia y más bien honda se pone el aceite a calentar. Cuando está caliente, se echan las cebollas, peladas y cortadas en gajos de 1 cm de ancho. Se refríen durante unos 10 minutos. Después se añaden los pimientos cortados en tiras finas y se fríen 5 minutos más con las cebollas. Por último se añaden los tomates, pelados, cortados en trocitos y quitadas las simientes. Se sala y se refríe todo junto a fuego muy lento durante una hora y media, dándole vueltas de vez en cuando.

Hay quien un poco antes de terminar la cocción le añade uno o dos dientes de ajo, picados y dorados en sartén aparte. Se añaden entonces a la piperada.

339 **PISTO DE CALABACÍN CON ATÚN** (6 personas)

1¹/₂ kg de calabacines medianos,	8 cucharadas soperas de aceite,
2 cebollas grandes (200 g),	3 cucharadas soperas de agua fría,
1 pimiento verde mediano,	1 lata de atún al natural de 200 g,
³/₄ kg de tomates (6 grandecitos),	sal.

En una sartén amplia se ponen 4 cucharadas soperas de aceite a calentar. Se rehoga el calabacín pelado y cortado en trozos más bien grandes (quitando la simiente si la tienen) y añadiéndole, una vez rehogado durante un par de minutos, unas 3 cucharadas soperas de agua (un chorrito). Se deja durante ¹/₄ de hora, más o menos, hasta que esté blando.

En otra sartén se ponen otras 3 cucharadas soperas de aceite y se rehoga muy bien el pimiento lavado y cortado en cuadraditos, se fríe a fuego mediano durante unos 15 minutos, hasta que esté blando. Se saca y se reserva en un plato. Allí mismo se fríen las cebollas peladas y picadas; cuando empiezan a dorar se les añaden los tomates lavados, pelados y cortados en trozos, quitándoles las simientes. Se fríen bien, machacándolos con el filo de una espumadera hasta que esté espeso el tomate. Cuando está en su punto, se vierte en la sartén grande con el calabacín y el pimiento y se revuelve dejándolo todo junto unos 10 minutos, dando vueltas al pisto de vez en cuando.

Aparte se escurre bien el atún y se parte en trozos grandecitos. En el momento de servir se mezcla con el pisto para que se caliente, y se sirve en seguida.

El pisto se puede hacer con anticipación, añadiéndole el atún sólo en el momento de servir.

340 CALABACINES CON SALSA DE TOMATE AL GRATÉN (6 personas)

2 kg de calabacines grandecitos,
40 g de mantequilla,
1 kg de tomates maduros,
3 cucharadas soperas de aceite frito,

1 cucharada (de las de café) de azúcar,
1 cebolla grande (100 g) (facultativo),
150 g de queso rallado,
sal.

Se hace la salsa de tomate (receta 77).

Cortar el rabo de los calabacines, pelarlos y cortarlos a lo largo, en rebanadas no muy finas. Poner un cazo con abundante agua y sal; cuando empieza a hervir, poner los calabacines dentro unos 5 minutos, sacarlos y escurrirlos durante bastante tiempo para que suelten bien su agua. Colocarlos en una fuente (de cristal o porcelana resistente al horno) previamente untada con la mitad de la mantequilla, espolvoreando un poco de queso rallado entre cada capa de calabacín. Cubrir todo con la salsa de tomate. Espolvorear el tomate con el resto del queso rallado y poner trocitos de mantequilla por encima. Meter la fuente al horno, previamente calentado, para que gratine, y cuando se haya formado una capa dorada, servir en la misma fuente.

341 CALABACINES CON BECHAMEL (6 personas)

2 kg de calabacines,
1/2 litro de leche fría,
2 cucharadas soperas colmaditas de harina,

25 g de mantequilla,
2 cucharadas soperas de aceite fino,
75 g de queso gruyère rallado,
agua y sal.

Se pelan los calabacines y se cortan en rodajas de 1/2 cm de grueso (es decir, bastante gruesas). Se ponen en un cazo con agua fría y sal y se ponen a cocer; cuando hierven, se retiran para que no se deshagan. Se escurren bien.

Se colocan las rodajas en una fuente (cristal, porcelana, etc.) que sea resistente al horno.

Aparte, en una sartén o un cazo, se hace una bechamel. Se derrite el aceite con la mantequilla, se le añade la harina, se dan unas vueltas y, poco a poco, se incorpora la leche fría, dando vueltas con unas varillas. Se añade sal, teniendo en cuenta que se ha de poner queso rallado, y se deja cocer durante unos 10 minutos. Se vierte sobre los calabacines, se espolvorea con el queso rallado y se mete al horno hasta que esté bien gratinado. Se sirve en la misma fuente.

342 CALABACINES GRATINADOS CON QUESO (6 personas)

2 kg de calabacines medianos,	**50 g de mantequilla,**
100 g de queso gruyère rallado,	**1 poco de nuez moscada** (facultativo),
3 o 4 cucharadas soperas de pan rallado,	**agua y sal.**

Se pelan los calabacines, se cortan en rodajas más bien gorditas ($^1/_2$ cm o más). Se sumergen en agua abundante hirviendo con sal. Se cuecen 4 o 5 minutos (más o menos), depende de lo gruesas que se corten las rodajas; tienen que estar tiernas, pero enteras, sin que se deshagan. Se ponen a escurrir en un colador grande. Una vez escurridas, se colocan en una fuente honda resistente al horno (duralex, porcelana, etc.). Se coloca una capa, se espolvorea con un poco de queso rallado y se pone un poco de nuez moscada rallada (si gusta este sabor). Se alternan así los calabacines y el queso. Encima de la última capa se espolvorea algo más de queso que en las otras. Se espolvorea el pan rallado, se pone la mantequilla en trocitos y se mete al horno (previamente calentado) para que gratine.

Una vez gratinado, se sirve en la misma fuente.

343 CALABACINES RELLENOS CON JAMÓN DE YORK Y TOMATES (6 personas)

6 calabacines frescos y medianos,	**2 o 3 cucharadas soperas de aceite,**
300 g de jamón de York (una punta),	**3 cucharadas soperas de pan rallado,**
3 tomates medianos.	**agua y sal.**
1 cucharada (de las de café) de estragón, mejor fresco,	

Lavar los calabacines, secarlos y cortarlos en dos partes a lo largo. Poner una cacerola amplia, con agua y sal, a cocer. Cuando está hirviendo a borbotones sumergir los calabacines y cuando vuelva a cocer el agua, dejarlos 10 minutos. Secarlos, y una vez templados, se dejan escurrir en un trapo. Una vez bien escurridos, con una cucharita vaciarles la pulpa del centro (sin estropear las cáscaras). Picar el jamón y mezclarlo con los tomates pelados, quitadas las simientes y picados en trocitos. Añadirle la carne de los calabacines, picadita también. Mezclar todo con el estragón y, por fin, rectificar de sal. Con esta mezcla rellenar los calabacines. Poner en el fondo de una fuente de horno un poco de aceite, que sólo la cubra ligeramente. Colocar los calabacines, espolvorearlos con el pan rallado, rociarlos con un poco de aceite y meterlos en el horno, calentado previamente, y servirlos cuando la parte de arriba esté ligeramente dorada (unos 15 minutos).

Servir en la misma fuente.

344 CALABAZA REHOGADA (6 personas)

1½ kg de calabaza,
4 puerros medianos,
unas rebanaditas de pan frito,

3 dientes de ajo,
¼ litro de aceite,
agua y sal.

Se limpian los puerros y se cortan en trocitos de 3 cm de largo. En un cazo se pone agua y sal y cuando empieza a hervir se le echa el puerro. Se deja cocer 20 minutos a fuego mediano y se le añade entonces la calabaza, quitada la corteza, las pepitas y cortada en trozos cuadrados más bien pequeños (un poco mayores que unos dados corrientes). Se dejan cocer hasta que estén tiernos, unos 25 minutos, más o menos (para saber si están tiernos se pincha uno con un tenedor). Pasado este tiempo se escurre el agua, tapando el cazo con una tapadera y ladeándolo.

En una sartén bastante grande se pone el aceite a calentar. Cuando está en su punto se fríen las rebanaditas de pan hasta que estén bien doradas. Se sacan y se quita parte del aceite, dejando sólo un poco para que cubra el fondo. Se ponen los dientes de ajo pelados y dados un golpe (con el mango de un cuchillo, para que se aplasten un poco). Se fríen bien hasta que estén bien doraditos. Se sacan y en este mismo aceite se pone la calabaza con el puerro y las rebanaditas de pan. Se rehoga todo con cuidado a fuego lento, para que no se agarre, durante unos 5 minutos, y se sirve en una fuente calentada previamente.

345 PURÉ DE CALABAZA GRATINADO (6 personas)

1 trozo de calabaza de 1½ kg,
8 cucharadas soperas de aceite,
25 g de mantequilla,
2 cucharadas soperas colmadas de harina,

½ litro de leche fría,
3 huevos,
100 g de gruyère rallado,
sal, nuez moscada.

Se pela, se quitan las pepitas de la calabaza y se corta en cuadraditos. En un cazo se ponen 6 cucharadas soperas de aceite a calentar; cuando está caliente se pone la calabaza, y, a fuego lento, se rehoga, moviéndola de vez en cuando con una cuchara de madera, hasta que los trozos estén tiernos y sin jugo (para saberlo se pinchan con un tenedor). Se pasa entonces por el pasapurés.

En una sartén se pone la mantequilla y las 2 cucharadas soperas de aceite a calentar, se les añade la harina, se dan unas vueltas con las varillas y, poco a poco, se echa la leche fría, moviendo constantemente. Se echa sal y un poco de nuez moscada. Se cuece esta bechamel durante unos 10 minutos y se incorpora al puré de calabaza.

Se baten en un plato sopero los 3 huevos, como para tortilla, y se incorporan al puré.

Se vierte esta mezcla en una fuente resistente al horno, se espolvorea con queso rallado y se mete al horno caliente a gratinar. Cuando el queso forma una bonita costra dorada, se retira y se sirve en la misma fuente.

346 MANERA DE COCER LOS CARDOS

Se corta cada tallo y se pelan los costados y los lomos si hiciese falta. Se frotan con $^1/_2$ limón y se cortan en trozos de unos 4 cm de largo. El tronco se corta en trocitos, quitándole la parte dura del centro.

Se van echando en agua fría abundante con un chorro de zumo de limón.

En un tazón se pone una cucharada sopera de harina y se deslíe con agua (esto para un cardo de tamaño mediano). Se vierte en una olla y se añade agua abundante para que esté holgado el cardo al ponerlo. Se echa sal y se pone al fuego, cubriéndolo con una tapadera no del todo cerrado para que no se salga el agua.

Cuando empieza a hervir, se echa el cardo y se deja cocer a fuego mediano entre 1 hora y $1^1/_2$ hora (según sea de tierno el cardo). Cuando está a punto, se escurre para guisarlo según se quiera.

347 CARDO CON SALSA DE PIMENTÓN

1 cardo blanco y mediano,
1 cebolla mediana (80 g),
$1^1/_2$ cucharada sopera de harina,
1 cucharada (de las de café) rasada de pimentón,

3 cucharadas soperas de aceite,
agua de cocer el cardo,
sal.

Se prepara y se cuece el cardo (receta 346).

En una sartén se pone el aceite a calentar, se le añade la cebolla muy picadita y, cuando está dorada, se le echa la harina. Se dan unas vueltas con una cuchara de madera y se añade el pimentón, revolviendo todo muy bien. Se le añade entonces el agua (con la harina) donde ha cocido el cardo y se da un hervor a la salsa ($1^1/_2$ vaso de los de agua suele bastar de líquido, pero depende del tamaño del cardo). Se puede poner asimismo en una cacerola o colada por un colador de agujeros grandes (para quitar la cebolla) y se echa el cardo cocido y escurrido. Se le deja cocer unos 10 minutos a fuego lento en la salsa y se sirve en fuente previamente templada, para que no se enfríe.

348 CARDOS EN SALSA DE LECHE CON AZAFRÁN Y CANELA (6 personas)

1 hermoso cardo,
la pulpa de ¹/₂ limón,
1 vaso (de los de vino) de aceite,
2 cucharadas soperas de harina,
2 dientes de ajo,
2 rebanadas de pan frito,
¹/₂ litro de leche (2 vasos de los de agua),
¹/₄ de litro de agua de cocer el cardo (1 vaso de los de agua),
1 cucharada (de las de moka) de canela,
pimienta en polvo,
1 pellizco de azafrán,
2 cucharadas soperas de perejil picado,
agua y sal.

Preparar muy bien el cardo, pelándole las partes duras y con hebras. Cortar los tallos en trozos de unos 4 cm de largos. Lavarlos bien y ponerlos a cocer en la olla exprés con sal y el medio limón pelado y cortado en dos trozos. Dejarlos cocer unos 35 minutos para un cardo mediano, más o menos según el tamaño, pero que siempre sea un poco menos de tiempo que lo que haga falta, pues luego se terminará de hacer con la salsa.

En una cacerola poner el aceite a calentar; cuando esté en su punto, echar uno de los dientes de ajo y dejarlo que se dore. Añadir entonces las 2 cucharas soperas de harina, remover un poco, quitar el ajo. Escurrir el cardo de su agua, con una espumadera, ponerlo en la cacerola con harina, rociarlo con la leche y después con el agua de cocerlo. Espolvorearlo con la canela y la pimienta en polvo. Rectificar de sal si hace falta. Tapar y a fuego lento dejarlo cocer otra ¹/₂ hora.

Mientras tanto, en el mortero machacar el azafrán, el segundo ajo cortado en cuatro trozos y el pan frito.

Después de pasada la media hora de cocer el cardo con la leche, añadir lo del mortero. Revolver muy bien todo junto y cocer, también despacio, 10 minutos más.

Servir en fuente honda, espolvoreando el perejil picado en el momento de servir.

349 CARDO AL GRATÉN CON QUESO Y MANTEQUILLA (6 personas)

1 cardo blanco y mediano,
1 limón,
1 cucharada sopera de harina,
100 g de queso gruyère rallado,
50 g de mantequilla,
2 cucharadas soperas de aceite fino,
agua y sal.

Se cuece el cardo (receta 346). Una vez cocido, se escurre bien. Se pone el aceite en una fuente resistente al horno (porcelana, cristal, etc.), se colocan los cardos y se espolvorean con queso rallado. Se divide la mantequilla en trozos pequeños que se ponen salpicados sobre el queso y se mete en el horno a gratinar. Cuando el queso está bien dorado, se sirve en su misma fuente.

350 CARDO EN SALSA CON AJO Y VINAGRE (6 personas)

1 cardo mediano,
1 cebolla mediana (100 g),
1 diente de ajo,
1 ramita de perejil,
1 rebanada de pan frito,
1 cucharada sopera de vinagre,

2 cucharadas soperas de harina,
5 cucharadas soperas de aceite,
pimienta o comino,
½ limón,
agua y sal.

Se pela, corta y frota con el ½ limón. Se cuece el cardo (receta 346).

Una vez tierno el cardo, se escurre, guardando parte del agua de cocerlo.

En una cacerola se pone el aceite a calentar, y cuando está caliente se refríe la cebolla muy picada y se deja dorar (unos 10 minutos), removiéndolo de vez en cuando. En el mortero se pone el diente de ajo, el perejil, la rebanada de pan frito, la pimienta (un poco molida o una bolita entera) (o comino, a gusto) y un poco de sal. Se machaca bien todo, se añade a la cebolla y se agrega una cucharada sopera de harina. Se mueve con una cuchara de madera. Se añade el vinagre y parte del agua de cocer el cardo. Se echa el cardo escurrido y se cubre con el resto del agua de cocerlo que lo cubra apenas. Se rectifica de sal, se deja cocer unos 10 minutos y después se sirve en legumbrera o fuente honda.

Se puede preparar con anticipación y recalentar en el momento de servir.

 351 CARDO EN VINAGRETA (6 personas)

1 cardo blanco mediano,
aceite abundante,
vinagre,

1 cucharada (de las de café) de perejil muy picado,
1 huevo duro picado (facultativo),
sal.

Se cuece el cardo como está explicado en la receta 346. Caliente se escurre bien y se pone en una fuente honda o una ensaladera. Se aliña con vinagreta (receta 105) y se espolvorea con el perejil y el huevo duro picado.

Se suele servir caliente, pues es verdura de invierno y apetece más, pero también está bueno frío.

 352 CARDILLOS

Es una verdura que se suele servir con el cocido.

Se limpian muy bien de tierra y se pelan los cantos, dejando los cardillos unidos por el tronco. Se cuecen en agua hirviendo con sal. Cuando están cocidos (unos 20 minutos, según sean de frescos y tiernos), se escurren bien y se rehogan en aceite frito.

Se pueden, una vez cocidos y escurridos, servir con una vinagreta hecha con aceite, vinagre, sal, una cucharada sopera de pan rallado, una cucharadita (de las de café) de perejil picado y 1 diente de ajo muy picado.

353 CEBOLLAS REBOZADAS Y FRITAS PARA ADORNO (6 personas)

1.ª receta:

150 g de harina,
  1 huevo,
  1 cucharada sopera de aceite fino,

1 botella de cerveza (sobrará),
1 litro de aceite (sobrará mucho),
  sal.

En una ensaladera se pone la harina, la sal, la yema del huevo y la cucharada de aceite. Se mezcla y se añade poco a poco la cerveza, dando vueltas hasta que quede como unas natillas espesas.

Aparte se pelan las cebollas y se cortan a lo ancho para que al soltarse las rodajas formen unas anillas grandes.

Se monta la clara a punto de nieve firme (con un pellizco de sal); se mezcla a la masa, moviendo lo justo para que quede incorporada ligeramente.

Se echa el aceite en una sartén honda y se pone a calentar. Cuando está en su punto (esto se prueba con una rebanadita de pan), se coge una anilla de cebolla, se sumerge en la masa, se saca y se fríe. Se deben freír pocas a la vez para que tengan sitio en la sartén y se doren bien.

Se sacan, se escurren en un colador grande y se sirven calientes, como adorno de carnes asadas o filetes.

2.ª receta:

3 o 4 cucharadas soperas de harina,
  sifón (más o menos 1 vaso bien lleno de los de agua),

1 cucharada sopera de perejil picado,
  sal.

Se pelan y cortan las cebollas en redondeles sueltos igual que en la receta anterior.

En una ensaladera de cristal se pone la harina con la sal y se va disliendo con sifón hasta que queda una crema como unas natillas espesas.

Se sumerge cada redondel de cebolla en esta masa y se fríe en aceite abundante.

354 CEBOLLAS EN PURÉ (6 personas)

2 kg de cebollas,
2 cucharadas soperas de harina,
¹/₂ vaso (de los de vino) de vino blanco,

4 cucharadas soperas de aceite,
1 cucharada (de las de café) de azúcar,
sal.

En una cacerola, si puede ser de hierro (cocotte), si no de metal grueso, se pone el aceite a calentar y se echan las cebollas peladas y cortadas en rodajas de 1¹/₂ cm de gruesas. Se mueve bien con una cuchara de madera y, cuando ha disminuido su volumen, se espolvorean con la harina y el azúcar y se añade el vino, volviendo a mover bien. Se echa la sal, se revuelve todo, se tapa la cacerola y se deja cocer a fuego muy lento durante unas 2 horas.

Se puede hacer con anticipación y recalentar en el momento de servir las cebollas, pues están mejor.

355 CEBOLLAS RELLENAS DE CARNE (6 personas)

12 cebollas medianas (80 a 100 g cada una),
¹/₄ kg de carne picada (cerdo y ternera mezclados),
1 migajón de pan,
1 vaso (de los de vino) bien lleno de leche caliente,
¹/₂ diente de ajo,
2 huevos,

1 cucharada sopera de vino blanco,
1 cucharada (de las de café) de perejil picado,
1 pastilla de caldo,
¹/₄ litro de aceite,
2 cucharadas soperas de aceite,
1 plato con harina,
agua y sal.

Se pelan las cebollas, y con un cuchillo de punta fina se les da un tajo circular en la parte de arriba y se corta una rebanadita en el lado opuesto para que se asienten en la cacerola. Se pone agua abundante y sal a hervir y se sumergen las cebollas 15 minutos. Se sacan y se dejan escurrir, reservando el agua de cocerlas.

Mientras, en una ensaladera, se pone la carne picada, el migajón (del tamaño de un huevo grande) de pan ya mojado en leche caliente y escurrido ligeramente, si sobra; el perejil y el ajo muy picado, el vino blanco y 1¹/₂ huevo batido como para tortilla (se reserva un poco de huevo batido) y sal. Se amasa todo bien junto.

Se recortan las cebollas por donde se había dado el tajo y se quita el centro. Se rellenan con la carne preparada anteriormente.

En una sartén se pone el aceite a calentar. Se pasa el relleno que asoma de cada cebolla por huevo batido, y después toda la cebolla por harina. Se van friendo por tandas.

En una fuente resistente al horno (besuguera, cristal o porcelana) se ponen las 2 cucharadas de aceite a calentar. Se colocan las cebollas unas al lado de las otras con el relleno para arriba. En un tazón se disuelve la pastilla de caldo con el agua de cocer las cebollas y se rocían éstas, dejándoles líquido como a media altura. Se meten a horno mediano unos 30 minutos, más o menos, hasta que las cebollas estén tiernas y doradas, rociándolas de vez en cuando con el caldo.

Se traspasan con un alambre fino para saber si están tiernas. Éste tiene que entrar muy fácilmente.

Se sirven en su misma fuente.

356 MANERA DE COCER LAS CEBOLLITAS FRANCESAS

Se pelan las cebollas y, una vez peladas, se ponen en un cazo las unas al lado de las otras, sin que monten unas encima de otras. Se cubren bien con agua y se les añade un trocito de mantequilla (la proporción es de $1/4$ kg de cebollitas y 20 g de mantequilla), un pellizco de sal y unas gotas de zumo de limón. Se cubre el cazo con una tapadera y, a fuego mediano, se cuecen más o menos $1/2$ hora (este tiempo depende de lo grandes que sean). Para saber si están en su punto, se atraviesan con un alambre fino. Si éste pasa fácilmente, están en su punto. Hay que tener cuidado, pues fácilmente se pasan y entonces se deshacen.

357 MANERA DE GLASEAR LAS CEBOLLITAS FRANCESAS

Después de peladas, se ponen en un cazo de forma que no monten unas encima de otras. Se cubre de agua templada o fría, se añade un trocito de mantequilla, sal y una cucharada (de las de café) de azúcar. Se cubren con un papel de estraza recortado, para que entre en el cazo casi rozando las cebollas, y se meten a horno mediano. Cuando el agua está consumida, las cebollitas deben estar en su punto. Se comprueba traspasando una con un alambre fino. Las cebollitas deben estar brillantes, y así están a punto para adornar cualquier fuente.

358 CEBOLLITAS FRANCESAS CON BECHAMEL (6 personas)

12 o 18 cebollitas francesas medianas,	**30 g de mantequilla,**
2 cucharadas soperas rasadas de harina,	**2 cucharadas soperas de aceite,**
½ litro de leche fría,	**unas gotas de zumo de limón (para**
1½ cucharada (de las de café) de con-	**cocer las cebollitas),**
centrado de tomate,	**agua y sal.**
50 g de queso rallado,	

Se preparan y cuecen las cebollitas (receta 356). Una vez hechas, se escurren y se hace la bechamel.

En una sartén o cazo se pone el resto de la mantequilla y el aceite a calentar. Se añade la harina, se dan unas vueltas con las varillas y, poco a poco, se le añade la leche fría. Una vez echada la leche, se deja cocer unos 8 minutos la bechamel. Se aparta del fuego y se le incorpora el concentrado de tomate. Se revuelve bien. Se colocan las cebollitas unas al lado de las otras en una fuente o besuguera resistente al horno (cristal o porcelana). Se les vierte la bechamel por encima, se espolvorea con el queso rallado y se meten un ratito al horno hasta que el queso esté gratinado. Se sirven en su misma fuente.

359 APIO-RÁBANO

Se pelan los apio-rábanos. Se cortan en dos, se ponen en un cazo con agua fría y sal. Se pone a cocer y, cuando rompe a hervir el agua, se dejan 30 minutos. Se sacan del agua y se dejan enfriar. Cuando están fríos, se cortan en tiritas como las patatas paja. Se mezclan con mayonesa, a la cual se añade un poco de mostaza y pimienta negra en polvo. Se hace con ½ hora de anticipación para que macere todo junto.

También hay quien toma los apio-rábanos pelados y crudos, pero, por lo demás, preparados como se explica anteriormente.

360 MANERA DE COCER LAS COLES DE BRUSELAS

Las coles de Bruselas tienen que estar muy verdes, apretadas las hojas y del mismo tamaño en lo posible. Se pelan de hojas lacias y se corta un poco el tronco. Se echan en agua fría y, una vez preparadas todas, se lavan bien con agua abundante con un chorro de vinagre o de zumo de limón para que salgan todos los gusanitos y bichos que puedan estar dentro.

En una cacerola amplia se pone agua y sal a cocer. Cuando hierve, se cogen las coles a puñados, se escurren bien y se van echando de puñado en puñado para que no se pare el hervor, tapando cada vez la cacerola para que no pierda calor. Una vez echadas todas las coles, se destapa la cacerola para que se conserven verdes. Hay quien les echa incluso un pellizquito de bicarbonato para que estén bien verdes, pero no es muy recomendable, pues ablanda las coles y hay que vigilar bien la cocción para que no se deshagan. Para el tiempo, depende de lo grandes y lo frescas que sean, tardando entre 20 y 25 minutos.

Una vez cocidas, se echan en un colador y se refrescan al chorro del agua fría, con cuidado de que no se deshagan. Están entonces preparadas para ser utilizadas.

 361 COLES DE BRUSELAS REHOGADAS (6 personas)

1¹/₄ a 1¹/₂ kg de coles de Bruselas,
100 g de mantequilla,
1 vaso (de los de vino) de aceite,

2 dientes de ajo,
sal.

Se cuecen las coles como está indicado anteriormente. En una sartén amplia se pone la mitad de la mantequilla y se saltean hasta que estén ligeramente doraditas. Se rectifican de sal, si hiciese falta, y se vierte el resto de la mantequilla (derretida en un cazo pequeño, pero sin que cueza) en el momento de servir.

Para quien no las quiera con mantequilla, se pueden hacer con aceite. Se calienta el aceite poniendo 2 dientes de ajo pelados y aplastados con el mango de un cuchillo. Una vez dorados, se retiran y se echan las coles, salteándolas bien. Se sazonan con pimienta molida y se les rocía con un par de cucharadas soperas de vinagre o bien con una cucharada (de las de café) rasada de mostaza (no poniendo entonces la pimienta).

362 COLES DE BRUSELAS CON BECHAMEL (6 personas)

1¹/₄ a 1¹/₂ kg de coles de Bruselas,
25 g de mantequilla,
2 cucharadas soperas de aceite,
2 cucharadas soperas rasadas de harina,

¹/₂ litro de leche fría,
1 cucharada (de las de café) de perejil picado,
sal.

Se cuecen las coles (receta 360). Una vez escurridas y refrescadas, se hace la bechamel.

En una sartén se derrite la mantequilla con el aceite, se le añade la harina, se dan unas vueltas con unas varillas y se añade poco a poco la leche fría. Se sala y se deja cocer unos 8 minutos. Se agregan entonces con cuidado las coles, se mueve para que se empapen bien, se vierten en una legumbrera y se espolvorean con el perejil picado.

Nota.—Se puede hacer la bechamel con mitad leche y mitad caldo (o agua y una pastilla).

363 COLES DE BRUSELAS GRATINADAS

Preparadas como en la receta anterior, se pueden poner en una fuente resistente al horno (cristal o porcelana) y se espolvorean con 75 g de gruyère rallado; se meten al horno hasta que el queso se gratine. Se sirve en su misma fuente.

364 MANERA DE COCER LA COLIFLOR

Se separan los ramos de la coliflor cuando se quiere tener suelta; si no, se ahueca el centro cortando lo más posible el tronco del centro.

Para suelta, se pelan un poco los troncos, para que se pongan tiernos al cocer. Se echa en agua fría con el zumo de $1/2$ limón para remojarla y lavarla.

En una cacerola se pone agua abundante con sal; cuando hierve, se echa la coliflor, un chorro de leche y que se cueza destapada. Una vez tierna (se prueba un tronco: para una coliflor de 1 kg, unos 20 minutos más o menos), se escurre en un colador grande con cuidado para que no se rompa y se refresca al chorro del agua fría; después se termina de secar sobre un paño limpio.

Cuando se quiere entera se procede igual, pero con cuidado para que no se rompa o se separen los ramilletes.

365 COLIFLOR REBOZADA

Esto es más bien para acompañar la carne.

1 coliflor pequeña (más o menos 1 kg)
  para 6 personas,
  el zumo de $1/2$ limón,
1 litro de aceite (sobrará mucho),

1 plato con harina,
2 huevos,
  agua y sal.

Se cuece la coliflor (receta 364). Si los ramilletes son muy abultados, es mejor partirlos en dos para que queden algo más planos.

Una vez bien escurrida la coliflor sobre un paño, se pasa ligeramente por harina cada pedazo y, después, por huevo batido. Se fríen y se escurren los trozos en un colador grande. Se sirve bien caliente y recién fritos los trozos con la carne.

366 BUÑUELOS DE COLIFLOR (6 personas)

1 coliflor de 1¹/₂ kg más o menos,
agua y sal,
el zumo de ¹/₂ limón.
Masa de envolver:
250 g de harina,
2 decilitros de leche fría (1 vaso de los de agua, no lleno),
3 cucharadas soperas de aceite fino,

3 cucharadas soperas de vino blanco,
1 cucharada (de las de café) rasada de levadura,
1 pellizco de sal,
1 litro de aceite para freír (sobrará),
1 limón en rodajas para adornar,
unos ramilletes de perejil para adornar.

Se prepara y se cuece la coliflor en ramilletes (receta 364), pero cuidando de que no se deshagan.

Aparte se hace la masa de envolver.

En una ensaladera se ponen la harina y la sal mezcladas, en el centro se ponen el vino y el aceite, se mezcla un poco todo esto y se añade poco a poco la leche fría. Una vez mezclado todo, se deja reposar por lo menos ¹/₂ hora. Al momento de ir a hacer los buñuelos, se añade la levadura.

Se pone el aceite a calentar y, cuando está en su punto (se prueba friendo una rebanadita de pan), se cogen los ramilletes y uno a uno se sumergen en la masa y se echan en el aceite. Cuando están bien dorados, se sacan, se escurren en un colador grande y se guardan al calor (a la boca del horno templado).

Una vez frita toda la coliflor, se coloca en una fuente redonda en montón, se adorna con rodajas de limón y perejil y se sirve en seguida.

Nota.—También se puede servir acompañado con salsa de tomate, servida aparte en salsera.

367 COLIFLOR CON SALSA DE ALCAPARRAS Y PIMENTÓN (6 personas)

1 coliflor de 1½ kg,
1 cebolla mediana (100 g),
2 cucharadas soperas rasadas de harina,
2 vasos (de los de agua) de caldo o agua con pastilla,
2 vasos (de los de agua) de leche,
1 hoja de laurel,
1 diente de ajo,

½ cucharada (de las de café) de pimentón,
2 cucharadas soperas de buen vinagre,
3 cucharadas soperas de aceite,
30 g de mantequilla o margarina,
3 cucharadas soperas de alcaparras,
3 cucharadas soperas de pan rallado,
4 o 5 avellanitas de mantequilla,
sal.

Se cuece la coliflor como de costumbre. Se escurre y se deja en espera tapada con un paño.

En un cazo se pone el aceite a calentar. Cuando está caliente se le añade la mantequilla y cuando ésta está derretida, se echa la cebolla picada. Se rehoga durante unos 5 minutos, hasta que sólo empiece a dorar un poco. Se añade el diente de ajo pelado y la hoja de laurel. Se rehoga un poco, separando el cazo del fuego se pone el pimentón, se revuelve y se añade seguidamente la harina. Se deslíe ésta primera con el caldo y después con la leche. Se vierte el vinagre y se deja cocer suavemente, dando vueltas con una cuchara de madera durante 5 o 6 minutos. Se sala con cuidado, por el caldo.

Se vierte un poco de esta bechamel en el fondo de la fuente donde se irá a poner la coliflor, se echan unas alcaparras esparcidas por el fondo y se colocan los ramitos de coliflor bien repartidos, cubriéndolos con la salsa, y se reparte el resto de las alcaparras por encima. Se espolvorea con el pan rallado, se ponen unas avellanitas de mantequilla y se mete en el horno hasta que esté ligeramente dorado por encima.

Se sirve en la misma fuente.

368 COLIFLOR FRÍA CON MAYONESA (6 personas)

1 coliflor mediana (1½ kg),
el zumo de ½ limón,
agua y sal
Salsa mayonesa:
2 huevos,

½ litro de aceite fino,
zumo de 1 limón,
1 poco de mostaza (facultativo),
2 huevos duros para adornar (cocidos 13 minutos).

Se cuece la coliflor (receta 364). Se deja escurrir muy bien y enfriar.

Se hace la salsa mayonesa clásica o bien en la batidora (ésta resulta muy bien para esta receta, pues es algo más ligera, receta 111).

Se coloca la coliflor en una fuente redonda y se cubre con la mayonesa (ésta tiene que ser abundante para que toda la coliflor esté bien cubierta).

Se pica 1 huevo duro y se espolvorea la parte de arriba de la coliflor. Se corta en rodajas el otro huevo duro y se coloca en la fuente alrededor de la coliflor.

369 BUDÍN DE COLIFLOR (6 personas)

1 coliflor pequeña, ya cocida (700 g),
4 huevos,
¹/₂ litro de leche fría,
3 cucharadas soperas colmadas de harina,
50 g de mantequilla o margarina,
2 cucharadas soperas de aceite fino,
100 g de queso rallado,

un poco de nuez moscada,
sal.
Salsa de tomate:
1 kg de tomates bien maduros,
3 cucharadas soperas de aceite frito,
1 cucharada (de las de café) de azúcar,
sal.

Se hará la salsa de tomate (receta 77) y se reserva al calor.

Se cuece la coliflor dejando sólo los ramos, sin troncos, o pelando éstos para que una vez cocidos estén tiernos (receta 364).

Una vez bien escurrida la coliflor se hace puré con un tenedor.

En una sartén se pone el aceite y un poco más de la mitad de la mantequilla a derretir, se le añade la harina, se revuelve con unas varillas y se añade poco a poco y sin dejar de mover la leche fría. Se sala y se añade un poco de nuez moscada rallada. Se cuece durante unos 8 minutos esta bechamel. Se aparta del fuego. En un plato se baten los huevos de dos en dos y se añaden a la bechamel. Se añade a ésta el queso rallado y cuando está bien incorporado se le agrega la coliflor deshecha con un tenedor.

Se unta con bastante mantequilla una flanera de unos 19 cm de diámetro. Se vierte la masa y se mete al baño maría (el agua hirviendo de antemano y el horno encendido unos 5 minutos antes). Se tiene a horno mediano más bien caliente una hora.

Al ir a servir, se pasa un cuchillo de punta redonda todo alrededor de la flanera y se vuelca en una fuente redonda, cubriendo el budín con la salsa de tomate caliente, y se sirve en seguida.

370 COLIFLOR CON BECHAMEL (6 personas)

1 coliflor mediana (1¹/₂ kg),
zumo de ¹/₂ limón,
30 g de mantequilla,
2 cucharadas soperas de aceite fino,
2 cucharadas soperas de harina,

¹/₂ litro de leche fría,
75 g de gruyère rallado,
agua,
sal.

Se cuece la coliflor en ramilletes (receta 364). Una vez bien escurrida, se coloca en una fuente o besuguera de cristal o porcelana resistente al horno.

En una sartén se pone el aceite a derretir con la mantequilla, se añade la harina y moviendo con unas varillas se dan unas vueltas. Se agrega entonces la leche fría, poco a poco, dando vueltas constantemente. Se sala y se deja cocer unos 10 minutos. Se vierte esta bechamel por encima de la coliflor. Se espolvorea con el queso rallado y se mete al horno para gratinar.

Una vez bien dorada la bechamel, se saca y se sirve en su misma fuente.

371 COLIFLOR CON BECHAMEL Y ALMENDRAS O PIÑONES (6 personas)

Es una variante de la receta anterior. Se le añade sólo 60 g de almendras crudas sin cáscara y se cuece la coliflor entera.

Se pone en una fuente redonda, se cubre con la bechamel más espesa y algo menos de queso rallado (50 g bastan). Se mete al horno a gratinar; cuando empieza a gratinar, se pinchan las almendras o los piñones en la coliflor de manera que sobresalga la mitad de la almendra, y se vuelve a meter al horno un ratito, teniendo cuidado de que no se doren demasiado las almendras o los piñones.

Se sirve en su misma fuente.

372 COLIFLOR AL HORNO CON MANTEQUILLA, LIMÓN, PEREJIL Y HUEVO DURO (6 personas)

1 coliflor mediana (1¹/₂ kg más o menos),
el zumo de 1¹/₂ limón,
150 g de mantequilla,

1 cucharada sopera de perejil picado,
1 huevo duro muy picadito,
agua,
sal.

Se cuece la coliflor entera (receta 364).

Una vez en su punto, se escurre un poco y se coloca en una fuente honda de porcelana o cristal (resistente al horno). Se pone la mantequilla en trozos por toda la coliflor, se rocía con el zumo de limón y se mete al horno a gratinar un poco, rociándola de vez en cuando con el jugo. Una vez que esté ligeramente dorada (unos 15 a 20 minutos), se saca y se espolvorea con el perejil y el huevo duro, y se sirve en seguida.

También se puede espolvorear con queso gruyère rallado, no poniendo entonces más que el limón y algo menos de mantequilla y nada de perejil y huevo duro. Se tendrá que dorar el queso antes de servir la coliflor.

373 COLIFLOR COCIDA, CON SALSA DE MANTEQUILLA TOSTADA Y PAN RALLADO (6 personas)

1 coliflor mediana (1¹/₂ kg más o menos),
el zumo de ¹/₂ limón,
agua y sal.

Salsa:
zumo de ¹/₂ limón,
200 g de mantequilla,
3 cucharadas soperas de pan rallado.

Se cuece la coliflor en trozos más bien grandes (receta 364). Se escurre y se reserva al calor.

En un cazo se derrite la mantequilla y se deja cocer hasta que se ponga dorada. En este punto, se separa un poco del fuego y se le echa el zumo de ¹/₂ limón. Se vuelve a poner al fuego y se le añade el pan rallado. Se revuelve bien, sin que tome más color, y se vierte por encima de la coliflor; servir.

374 ENDIVIAS AL GRATÉN (6 personas)

12 endivias medianas,
100 g de mantequilla,

60 g de queso gruyère rallado,
agua y sal.

Se lavan las endivias al chorro (si se dejan en agua amargan más) y se ponen a cocer en una cacerola con agua fría y sal que las cubra bien. Se pone al mismo tiempo otra cacerola con agua y sal igualmente. Cuando el agua de las endivias empieza a cocer a borbotones, con una espumadera se las va sacando y se colocan en la segunda cacerola, cuya agua debe estar hirviendo también. Este traslado de agua es para que no amarguen (hay quien no las cuece más que en una sola agua y también están buenas). Cuando empieza a hervir de nuevo, se cuecen durante unos 20 minutos hasta que estén tiernas. Se sacan del agua y, una vez escurridas, se colocan en una fuente de porcelana o de cristal que sea resistente al horno. Se les pone la mantequilla encima, en trocitos, y se espolvorean muy bien con el queso rallado. Se meten al horno hasta que el queso esté bien gratinado y se sirven en la misma fuente.

375 ENDIVIAS CON BECHAMEL (6 personas)

12 endivias medianas,
100 g de queso gruyère rallado,
agua y sal
Bechamel:
2 cucharadas soperas de harina,

30 g de mantequilla,
2 cucharadas soperas de aceite fino,
½ litro de leche fría,
sal.

Se preparan y cuecen las endivias como en la receta 374. Cuando están cocidas, se escurren bien y se colocan en una fuente de cristal o porcelana resistente al horno y se procede a hacer la bechamel como está explicado en la receta 81. Se cubren las endivias con la salsa. Se espolvorean con el queso rallado y se meten al horno a gratinar. Cuando están bien doradas, se sirven en su misma fuente.

376 ENDIVIAS CON JAMÓN DE YORK Y BECHAMEL (6 personas)

Se procede igual que en la receta anterior, pero, al disponer las endivias en la fuente de horno, se envuelve cada una en una loncha fina de jamón de York. Se cubren de bechamel y queso rallado, y se gratina.

377 **ENDIVIAS AL JUGO** (6 personas)

12 endivias medianas,	**1 hueso de codillo,**
25 g de mantequilla,	**1 poco de nuez moscada,**
2 cucharadas soperas de aceite fino,	**agua y sal.**
1 cucharada sopera de harina,	
1 vaso (de los de agua) de caldo (o agua con una pastilla),	

Se lavan y cuecen las endivias igual que en la receta 374, pero al cocerlas la segunda vez se dejan sólo 15 minutos. Una vez bien escurridas, se hace la salsa.

En una sartén o cacerola amplia se pone la mantequilla y el aceite a calentar. Una vez disueltos se añade la harina, se dan unas vueltas con una cuchara de madera y, poco a poco, se añade el vaso de caldo. Se agrega el hueso de codillo y se colocan las endivias en esta salsa, espolboreándolas con un poquito de nuez moscada.

Se dejan cocer unos 10 o 12 minutos en la salsa. Se trasladan a la fuente de servir.

Nota.—Se puede preparar este plato de antemano, cociendo las endivias sólo 5 minutos en la salsa y al calentarlas cociéndolas otros 5 minutos.

 378 **ENDIVIAS EN ENSALADA**

Se les quita el tronco de abajo que sujeta las hojas, éstas se cortan por la mitad de la parte más larga y se lavan bien al chorro del agua fría, sin dejarlas permanecer en el agua, pues amargan mucho. Se secan y se aliñan con vinagreta (sal disuelta en una cucharada sopera de vinagre y 3 cucharadas soperas de aceite), sirviéndolas bastante rápidamente después de aliñadas para que no pierdan su tiesura, que es su gracia.

Se pueden servir mezcladas con tomate e incluso revueltas con escarola.

 379 **ENSALADA DE ESCAROLA**

Se limpia y lava muy bien la escarola, soltándole las hojas y no guardando más que las blancas. Si éstas son largas, se cortan en dos o tres trozos. Se aliñan con vinagreta (sal disuelta en una cucharada sopera de vinagre y 3 cucharadas soperas de aceite fino). No se debe aliñar con mucha anticipación, pues esta clase de ensalada está buena si la hortaliza está bien tiesa.

Para variar, se puede frotar la ensaladera donde se vaya a servir con un diente de ajo pelado. Le va muy bien a la escarola.

Se puede mezclar con trocitos de tomate pelados.

Se puede también mezclar con los tallos blancos del apio. Son dos sabores que van muy bien juntos.

 ## 380 MANERA DE PREPARAR Y COCER LOS ESPÁRRAGOS BLANCOS

Se calcula normalmente $1^1/_2$ a 2 kg para 4 personas.

Se procura comprar los espárragos del mismo grosor; se pelan desde la yema hasta abajo, enteros, y se cortan todos del mismo largo (unos 25 cm más o menos). A medida que se van limpiando se echan en agua fresca.

Para cocerlos se pone una cacerola con agua abundante y sal a calentar; cuando hierve a borbotones, se sumergen los espárragos dentro, dejando todas las yemas del mismo lado, con el fin de que al sacarlas no se rompan. Se tapa la cacerola y, cuando vuelve a hervir el agua, se cuentan 10 minutos para espárragos corrientes y 20 minutos para los gruesos. De todas maneras, se prueba si están tiernos pinchando uno con un alambre, pues depende mucho de que los espárragos sean frescos. Los espárragos bien frescos están brillantes y se les clava una uña fácilmente.

Si hubiese que demorar el servirlos, se conservan en el agua, si es poco tiempo (una hora); si no se escurren, se pone una servilleta doblada en la fuente de servir, se colocan los espárragos y se cubre con papel de plata toda la fuente.

Los espárragos se sirven calientes o fríos (no helados, pues pierden su sabor) y con salsas variadas:

Mantequilla derretida con una cucharada (de las de café) de perejil picado.

Mayonesa de todos los estilos.

Vinagreta con huevo duro picado, etc.

381 JAMÓN CON ESPÁRRAGOS (6 personas)

2 kg de espárragos verdes,
2 lonchas de jamón de York,
50 g de gruyère rallado,
1 cucharada sopera de harina,

20 g de mantequilla,
1 cucharada sopera de aceite fino,
1¹/₂ vaso (de los de agua) de leche fría,
sal.

Cortar la parte dura de los espárragos, lavarlos y ponerlos a cocer en agua hirviendo con sal (más o menos 20 minutos). Se comprobará si están tiernos pinchando uno con un alambre.

Una vez cocidos, se sacan del agua y se escurren muy bien sobre un paño doblado.

Se reparten en 6 partes los espárragos. Se envuelve cada parte en una loncha de jamón de York, dejando que asomen de un lado todas las yemas. Se colocan en una fuente resistente al horno (cristal o porcelana).

Se hace la bechamel. En una sartén o cazo se pone a derretir la mantequilla con el aceite; una vez caliente, se agrega la harina. Se le dan unas vueltas y, poco a poco, se le añade la leche, dando vueltas con unas varillas, y se le añade la sal. Se deja cocer unos 4 minutos. Se retira y se vierte sobre las lonchas de jamón, pero dejando las yemas de los espárragos sin cubrir para que se vean. Se espolvorea con el queso rallado y se mete al horno a gratinar. Una vez dorada la bechamel, se sirve en la misma fuente.

382 PUNTAS DE ESPÁRRAGOS CON GUISANTES (6 personas)

1¹/₂ kg de guisantes frescos,
1 manojo (2 kg) de espárragos finos,
100 g de jamón serrano veteado,
1 cebolleta fresca, mediana,

3 cucharadas soperas de aceite fino,
1 cucharada (de las de café) de azúcar,
1 huevo duro,
agua y sal.

Se preparan los guisantes (receta 393).

Aparte se pelan y cortan los espárragos en trozos de unos 3 cm de largo hasta donde están tiernos. Se lavan bien. Se pone una cacerola con agua abundante y sal, y se dejan cocer unos 20 minutos más o menos, hasta que estén tiernos pero sin deshacerse. Se escurren muy bien y se añaden, al ir a servir, a los guisantes, revolviendo todo muy bien. Se ponen en una fuente honda y se adorna con el huevo duro en rodajas o picado, como más guste.

383 **PUNTAS DE ESPÁRRAGOS REVUELTAS CON PATATAS Y HUEVOS (6 personas)**

2 kg de espárragos cortos,
1 kg de patatas,
6 huevos,

¹/₂ litro de aceite (sobrará),
agua y sal.

Se pela y se corta la parte tierna de los espárragos como de 3 cm de largo, y se cuecen (receta 380). Una vez cocidos, se ponen en un colador para que escurran toda su agua.

Se pelan y lavan las patatas y se cortan en cuadraditos pequeños. En una sartén se pone el aceite a calentar y se fríen muy doradas las patatas. Se sacan, se escurren, se salan ligeramente y se reservan.

Se quita casi todo el aceite de las patatas, dejando sólo un poco en el fondo de la sartén, donde se vuelven a poner los espárragos.

En un plato hondo se baten los huevos como para tortilla. Se salan ligeramente y se vierten en la sartén, revolviéndolos con un tenedor con los espárragos. Cuando el revuelto está cremoso se aparta del fuego para que cuaje algo más, y, a última hora, se echan las patatas fritas, que tienen que estar bien fritas para que no se ablanden. Se revuelve bien todo junto y se vierte el revuelto en la fuente de servir; se sirve en seguida.

384 **ESPÁRRAGOS VERDES EN SALSA (4 personas)**

2 manojos de espárragos verdes (2 kg),
2 rebanaditas de pan frito,
1 diente de ajo,
4 cucharadas soperas de aceite,
1 cucharadita (de las de moka) de pimentón,

1 cucharada sopera de vinagre,
1 ramita de perejil,
2 huevos,
sal y agua.

En una cacerola se pone el aceite a calentar; cuando está caliente se fríe el pan, el diente de ajo y el perejil. Se separa y se machaca en el mortero. Se ponen en la cacerola los espárragos cortados en trozos de 3 cm de largo (la parte tierna) y el vinagre. Se rehogan unos 5 minutos más o menos. Se agrega entonces el pimentón, se da una vuelta y se cubren los espárragos con agua (la justa para cubrirlos). Se añade entonces lo del mortero, se echa sal y se deja cocer todo esto (30 minutos más o menos) hasta que los espárragos estén tiernos. Al ir a servirlos se baten 2 huevos como para tortilla y se revuelven con los espárragos. Se sirven en seguida.

385 ESPÁRRAGOS VERDES REHOGADOS CON AJO, VINAGRE Y PIMENTÓN (6 personas)

2 manojos de espárragos (2 kg),
3 rebanadas de pan frito,
3 cucharadas soperas de vinagre,
6 cucharadas soperas de aceite,
1 cucharada (de las de café) de perejil picado,

$^1/_2$ cucharada (de las de café) de pimentón,
2 dientes de ajo,
$1^1/_2$ vaso (de los de agua) de agua caliente,
sal.

Se cortan los espárragos en trozos de unos 4 cm de largo (hasta donde estén tiernos). Se lavan. En una sartén se pone el aceite a calentar. Se fríen las rebanadas de pan, se retiran y se reservan; luego se doran los 2 dientes de ajo, pelados, hasta que estén dorados. Se separan y se ponen en un mortero, machacándolos con el pan. Se reserva.

En una cacerola se pone el aceite de freír el pan y se rehogan los espárragos durante un par de minutos. Se separa la cacerola del fuego y se añade el pimentón; se revuelve. Se rocían los espárragos con el agua, se ponen de nuevo al fuego, se tapa la cacerola con tapadera y se cuecen a fuego mediano durante una hora, sacudiéndolos de vez en cuando para que no se agarren.

Con el vinagre y un poco de caldo de los espárragos se deslíe lo del mortero y se vierte en los espárragos. Se sazona con sal, se revuelve todo en el fuego durante 5 minutos y se espolvorea con el perejil picado.

Se sirve en una fuente honda.

386 ESPÁRRAGOS TRIGUEROS PARA TORTILLA (2 personas)

1 manojo de espárragos trigueros o silvestres,
4 huevos,

3 cucharadas soperas de aceite,
agua y sal.

Se cortan los espárragos trigueros de unos 3 cm de largo, tirando la parte que se note dura. Se lavan y se ponen a cocer primero en agua fría sin sal y a los tres minutos en otra agua ya salada durante unos 10 minutos, hasta que están tiernos.

Se baten los huevos en un plato hondo con tenedor. Se les añade sal y se ponen los espárragos bien escurridos.

En una sartén mediana se ponen 3 cucharadas soperas de aceite a calentar; cuando está a punto se vierte el contenido del plato hondo. Se procede como para una tortilla de patata corriente, es decir, se deja cuajar la tortilla y se vuelve poniendo una tapadera o un plato en la sartén, y volcando ésta se queda la tortilla en la tapadera. Con precaución se va escurriendo otra vez la tortilla en la sartén para que se cuaje y dore por la otra cara.

Se sirve en seguida en fuente redonda.

387 MANERA DE PREPARAR Y COCER LAS ESPINACAS

Para casi todas las recetas a base de espinacas se cuecen éstas antes y después se preparan.

Se les quitan los tallos y raíces y se lavan en varias aguas, con agua fría abundante. Una vez bien lavadas, se escurren (no mucho) y se ponen en una cacerola con sal más bien gorda, sin nada más.

De vez en cuando se vuelven con una cuchara de madera.

Para 6 personas se cuenta de 2¹/₂ a 3 kg de espinacas y de 8 a 10 minutos para que se cuezan con su propia agua.

388 ESPINACAS CON BECHAMEL (CREMA DE ESPINACAS) (6 personas)

3 kg de espinacas bien frescas y sanas,
25 g de mantequilla,
2 cucharadas soperas de aceite fino,
1 cucharada sopera de harina,
1 vaso (de los de agua) de leche fría,
sal,
3 rebanadas de pan de molde cortadas en triángulo y fritas,
2 huevos duros.

Se cuecen las espinacas (receta 387). Una vez escurridas, se pican menudas sobre la tabla de la carne con un machete o sencillamente se pasan por la máquina de picar la carne, y se prepara la bechamel.

En una sartén se pone a derretir la mantequilla con el aceite, se añade la harina, se le da unas vueltas con unas varillas y se añade poco a poco la leche fría.

Cuando está sin grumos la bechamel, sin dejar de dar vueltas se cuece unos 8 minutos y se sala ligeramente. Se añaden en 3 o 4 veces las espinacas. Se mueve todo muy bien con cuidado de que no se agarren, y se pone en una fuente, para servir con los triángulos de pan frito alrededor y los huevos duros cortados en rodajas encima. Se sirve en seguida.

Nota.—Se puede poner algo menos de leche si gusta el puré de espinacas espeso, o más si gusta más claro.

389 REVUELTO DE ESPINACAS, GAMBAS Y HUEVOS (6 personas)

1 kg de espinacas frescas (o 1 paquete congeladas),
300 g de gambas,
8 huevos,

50 g de mantequilla o 5 cucharadas soperas de aceite fino,
agua y sal,
un pellizco de bicarbonato.

Se limpian, lavan y cuecen las espinacas (receta 387), poniendo en el agua de cocerlas un pellizco pequeño de bicarbonato para que estén bien verdes. Una vez cocidas (para este plato bastan 10 minutos de cocción), se escurren muy bien en un colador grande, apretándolas para que no quede nada de líquido.

Se preparan mientras las gambas, pelando las colas. En una sartén se pone la mantequilla o el aceite a calentar. Se ponen entonces las gambas, salteándolas un poco (un par de minutos bastan). Se añaden en seguida las espinacas, que se revuelven con las gambas, durante unos 3 minutos, con una cuchara de madera.

En un plato sopero se baten los huevos como para tortilla. Se salan y se echan en la sartén, revolviendo todo junto hasta que empiezan a cuajarse los huevos.

Se vierte este revuelto en una fuente para servirlo. Se podrá adornar, si se quiere, con unos triángulos de pan de molde fritos.

390 VOL-AU-VENT DE ESPINACAS CON NATA Y PUNTAS DE ESPÁRRAGOS (6 personas)

2 kg de espinacas frescas,
1 lata grande de puntas de espárragos,
40 g de mantequilla (como el volumen de 1 huevo),

1 vaso (de los de vino) de nata líquida,
agua y sal,
1 vol-au-vent de tamaño adecuado.

Se cuecen las espinacas (receta 387), se pican con el machete y se escurren muy bien. En una sartén se pone la mantequilla y las espinacas. Se les da unas vueltas y se añade la crema líquida. Se revuelve bien y se vierte la mezcla en el vol-au-vent. Se escurren muy bien los espárragos y se ponen en redondo encima de la crema de espinacas, ahondándose un poco.

Se tapa el vol-au-vent con su tapa de hojaldre y se mete éste a horno flojo durante unos 15 a 20 minutos, hasta que esté bien caliente. Se sirve.

391 ESPINACAS Y PATATAS GUISADAS (6 personas)

1½ kg de espinacas frescas,
5 patatas medianas,
1 cebolla mediana (50 g),
2 dientes de ajo,

2 rebanadas de pan frito,
unas hebras de azafrán,
4 cucharadas soperas de aceite,
agua, sal.

Se lavan, preparan y cuecen las espinacas (receta 387), cuidando únicamente de cocerlas sólo 5 minutos.

En una cacerola (si puede ser de barro, mejor) se ponen las 4 cucharadas de aceite a calentar. Se rehogan los 2 dientes de ajo; una vez doraditos pero no mucho, se sacan y reservan. Se rehoga la cebolla pelada y picada hasta que esté transparente, pero sin dorar, unos 5 minutos. Se añaden las espinacas. Se pelan y cortan en trozos no muy grandes las patatas (que deberán ser de una clase que no se deshagan). Se cubre todo con agua.

En el mortero se machaca el azafrán, con los dientes de ajo y las rebanadas de pan frito. Se deshace con un poco de caldo de cocer las espinacas y patatas. Se añade esto a la cacerola y se rectifica de sal; se tapa la cacerola. Se deja cocer a fuego mediano unos 30 minutos, más o menos, hasta que están cocidas las patatas. Se sirven en la misma cacerola si ésta es de barro, y si no, en fuente honda.

Se sirve en plato sopero y con cuchara.

392 ESPINACAS DE ADORNO

Se preparan y cuecen las espinacas (receta 387). Se pican en la tabla de la carne y se rehogan con un buen trozo de mantequilla (por 1¹/₂ kg de espinacas, unos 50 g de mantequilla).

Las espinacas así rehogadas pueden acompañar la carne.

También se ponen así en el fondo de una fuente de cristal o porcelana resistente al horno, con pescado (filetes de lenguado o gallo, mariscos, etc.), o como fondo de unos macarrones (véase receta 269). Todos estos platos se cubren con bechamel y queso rallado y se sirven gratinados.

393 GUISANTES SENCILLOS (6 personas)

2¹/₂ a 3 kg de guisantes,
2 cebolletas frescas,
3 cucharadas soperas de aceite fino,
100 g de jamón serrano veteado,

1 cucharada (de las de café) de azúcar,
1 vaso (de los de agua) de agua fría,
sal.

Se desvainan los guisantes. En una cacerola se pone el aceite a calentar; una vez caliente, se ponen las cebolletas enteras a rehogar unos 3 o 4 minutos (sin que tomen color); después se añaden los guisantes, que se rehogan un poco moviéndolos con una cuchara de madera. Se agrega entonces el agua y el azúcar. Se mueve bien; se tapa la cacerola con tapadera y se dejan cocer a fuego lento. A los 15 minutos se agrega el jamón muy picado. Se cuecen 20 minutos más o menos, según lo tiernos que sean, vigilando para que no se deshagan. Se rectifican de sal, pues el jamón los sala, y se sirven calientes, tal como salen de la cacerola.

394 GUISANTES Y ZANAHORIAS (6 personas)

1¹/₂ kg de guisantes,
³/₄ kg de zanahorias tiernas,
1 cebolleta fresca,
25 g de mantequilla,
3 cucharadas de aceite fino,

¹/₂ litro de agua,
6 lonchitas finas de bacon,
¹/₄ litro de aceite para freír el bacon (sobrará),
sal.

Se raspan con el filo del cuchillo las zanahorias, se lavan y se cortan en cuadraditos pequeños. Se desvainan los guisantes y se guardan en las vainas. Se atan un par de puñados (o mejor, se meten en una red de garbanzos).

En una cacerola se pone el aceite a calentar. Se le añade entonces la cebolleta picada muy fina y se le da unas vueltas con una cuchara de madera. Antes de que empiece a tomar color (unos 3 minutos), se añaden las zanahorias y el agua. Se dejan cocer unos 15 minutos; se añaden entonces los guisantes y las vainas en la red. Se salan y se dejan cocer unos 20 minutos, más o menos, según sean de tiernas las verduras (no se deben deshacer). Cuando se vayan a servir se retiran las vainas y, volcando la cacerola tapada con la tapadera, se le quita casi toda el agua. Se agrega entonces el trozo de mantequilla y se revuelve hasta que esté derretida.

En una sartén se pone a calentar el ¹/₄ litro de aceite y se fríen las lonchas de bacon. Se sirven las verduras en una legumbrera con el bacon alrededor.

395 HABAS CON HUEVOS (6 personas)

2 kg de habas muy tiernas y pequeñas,
6 cucharadas soperas de aceite,
1 cebolla mediana (100 g),
un pellizco pequeño de bicarbonato,

100 g de jamón serrano veteado,
3 huevos,
agua y sal.

Se pelan las habas (siendo éstas pequeñas y tiernas se comen con las vainas) como las judías verdes, es decir, cortando las dos puntas y tirando con ellas de las hebras que puedan tener en los costados. Se cortan a cuadraditos por cada grano. Se van echando en agua fría abundante para lavarlas bien.

En una cacerola se pone agua abundante a cocer; cuando hierve a borbotones se echan las habas escurridas de su agua, se las rocía de sal y se echa el pellizco de bicarbonato; se mueven y aplastan un poco con el dorso de una cuchara de madera, para que estén todas cubiertas de agua desde el principio. Se dejan cocer por espacio de una hora, destapadas (esto es importante, pues si no se ponen negras).

Mientras se cuecen, se va haciendo un refrito. En una sartén se pone a calentar el aceite y, cuando está, se le añade la cebolla muy picada; se deja unos 5 minutos (que esté frita sin tomar color). Se agrega el jamón, se le da también unas vueltas durante otros 3 minutos. Se escurren muy bien las habas en un colador grande, se echan en la sartén y se les da unas vueltas para que se refrían un poco.

Se baten los huevos en un plato con un tenedor, con una pizca de sal (muy poquito por el jamón) y se vierten sobre las habas, dándoles rápidamente unas vueltas. Cuando el huevo empieza a estar cuajado entre las habas, se ponen en una fuente y se sirven en seguida.

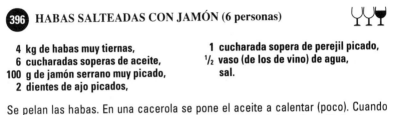

396 **HABAS SALTEADAS CON JAMÓN (6 personas)**

4 kg de habas muy tiernas,
6 cucharadas soperas de aceite,
100 g de jamón serrano muy picado,
2 dientes de ajo picados,

1 cucharada sopera de perejil picado,
$^1/_2$ vaso (de los de vino) de agua,
sal.

Se pelan las habas. En una cacerola se pone el aceite a calentar (poco). Cuando está templado se añaden las habas, se espolvorean con el ajo y el perejil picados, se salan y se ponen a fuego muy lento, destapadas. De vez en cuando se saltean en la cacerola, pero agarrando ésta por las asas, para no tocar las habas. Después de unos 15 minutos (más o menos) se les agrega el jamón muy picado y se terminan de hacer. Para que estén tiernas se calcula entre $^1/_2$ hora y $^3/_4$.

Se sirven en una fuente.

397 **HABAS CON MORCILLA (6 personas)**

$^3/_4$ kg de habas frescas desgranadas (o 2 paquetes de congeladas, o 3 kg con vainas),
1 morcilla de cebolla grande (300 g),

1 cebolla pequeña, picada (50 g),
1 cucharada sopera de aceite,
sal.

Se empieza por cocer la habas. Si son congeladas, como indica el paquete, durante unos 15 minutos más o menos. Si son frescas, echándolas en agua con sal cociendo a borbotones. Cuando empiezan de nuevo a cocer se dejan más o menos 1 hora (depende de lo frescas y lo gordas que sean), lo importante es que cuezan destapadas para que no se pongan oscuras.

Mientras tanto, se pone el aceite en una sartén y se estofa la cebolla a fuego lento durante unos 7 minutos, para que no tome color. Una vez cocidas las habas, se escurren de su agua y se añaden a la cebolla. Se dejan rehogar a fuego muy lento.

En otra sartén se pone la morcilla pelada y cortada en trozos pequeños. Cuando está bien rehogada se junta con las habas.

Se deja todo junto, revolviendo de vez en cuando, durante unos 10 minutos.

Se sirven en una fuente más bien honda.

398 HABAS CON LECHE Y YEMAS (6 personas)

4 kg de habas,	2 yemas,
25 g de mantequilla,	1 cucharada (de las de café) de perejil picado,
2 cucharadas soperas de aceite,	
1 cucharada sopera colmada de harina,	un pellizco pequeño de bicarbonato, agua y sal.
1½ vaso (de los de agua) de leche,	

Se les quitan las vainas y la piel de cada grano a las habas; se echan en agua hirviendo abundante con sal. Se les añade el pellizquito de bicarbonato y se cuecen durante 20 minutos, destapadas. Pasado este tiempo, en una cacerola se pone la mantequilla con el aceite a calentar; se echan las habas escurridas pero no mucho, como salen con la espumadera, se espolvorean con el perejil picado y la harina, se revuelven y se rocían poco a poco con la leche. Se dejan cocer a fuego lento hasta que estén tiernas (unos 10 minutos), y, en el momento de servir, se les añaden las 2 yemas desleídas en un tazón con un poco de la salsa de las habas, para que no se cuajen las yemas. Se incorporan a las habas, se revuelve bien y se sirven en seguida bien calientes, pero sin que cuezan ya más.

399 HABAS EN SALSA (6 personas)

2 kg de habas muy tiernas y pequeñas,	1 vaso (de los de vino) de vino blanco (o ½ de buen vinagre),
6 cucharadas soperas de aceite,	
1 cebolla mediana (100 g),	un pellizco muy pequeño de bicarbonato, agua y sal.
100 g de jamón serrano veteado,	
2 cucharadas soperas de harina,	

Se preparan las habas (siendo éstas muy pequeñas y tiernas, se comen con las vainas) como las judías verdes, es decir, cortando las dos puntas y tirando con ellas de las hebras que puedan tener en los costados. Se cortan en cuadraditos por cada grano y se van echando en agua fría abundante para lavarlas bien.

En una cacerola se pone agua abundante a cocer; cuando hierve a borbotones se echan las habas escurridas de su agua, se rocían de sal y se pone el pellizco de bicarbonato; se las mueve y aplasta un poco con el dorso de una cuchara de madera, para que estén todas cubiertas de agua desde el principio. Se dejan cocer por espacio de 35 minutos más o menos, destapadas (si no las habas se ponen negras).

Cuando vayan a estar cocidas, se va haciendo la salsa. En una sartén se pone el aceite a calentar, se añade la cebolla picada y ésta se deja unos 6 minutos para que se refría sin tomar color; se agrega la harina, se le da unas vueltas durante otros 5 minutos sin que tome casi color. Se le añade el jamón picado no muy menudo (del tamaño de unos guisantes), se rehoga un poco y se añade el vino.

Cuando están las habas cocidas se escurren en un colador grande, guardando algo de su agua. Se echa la salsa en la cacerola y seguidamente las habas. Se les da unas vueltas con la cuchara de madera y se les añade un poco del agua donde han cocido, lo justo para que las cubra un poco.

Se dejan cocer a fuego lento (siempre destapadas) unos 10 minutos, y se sirven en una fuente.

400 HABAS GUISADAS (6 personas)

4 kg de habas,
1 lechuga pequeña (o unas hojas verdes tiernas),
1 cebolla pequeña picada (40 g),
1 diente de ajo,
2 rebanadas de pan frito,
1 cucharada sopera de vinagre,

1 cucharada (de las de café) rasada de pimentón,
4 cucharadas soperas de aceite,
un pellizco muy pequeño de bicarbonato,
agua caliente y sal.

Se desgranan las habas quitándoles también la piel que recubre cada haba. Se pone un cazo con agua y sal, y, cuando hierve, se echan las habas con el pellizco de bicarbonato; se dejan cocer $1/4$ de hora, destapadas. Pasado este tiempo, se preparan como sigue:

En una sartén se pone el aceite a calentar. Cuando está caliente se fríen las 2 rebanadas de pan y el diente de ajo. Se sacan y se machacan en el mortero. En este mismo aceite se fríe la cebolla unos 6 minutos para que no tome color, y, después, retirando la sartén del fuego para que no se queme, se echa el pimentón y se añade en seguida la lechuga picada muy fina y las habas. Se les da unas vueltas con una cuchara de madera y se agrega lo del mortero desleído con el vinagre. Se rectifica de sal y se añaden, si hace falta, 3 o 4 cucharadas soperas de agua. Se cuecen a fuego lento más o menos 15 minutos.

Si hiciese falta se puede añadir algo más de agua caliente.

Una vez tiernas las habas, se sirven en una fuente.

401 HABAS FRITAS DE ADORNO

Como adorno de la carne se cuecen unas habas muy tiernas y pequeñas con su vaina, pelándoles sólo los dos finales. Se cuecen en agua abundante y sal. Se les echa un pellizquito de bicarbonato y se cuecen destapadas. Una vez bien tiernas se escurren bien, se pasan por harina y se fríen. Se sirve asimismo con la carne.

JUDÍAS VERDES SALTEADAS CON MANTEQUILLA, PEREJIL Y LIMÓN (6 personas)

1 kg de judías verdes,	el zumo de 1 limón,
100 g de mantequilla,	agua y sal.
1 cucharada sopera colmada de perejil picado,	

Se preparan las judías verdes quitándoles las dos puntas y los hilos de los costados. Si son de clase española, es decir, anchas y largas, también se cortan a lo largo y a lo ancho. Se lavan en agua fresca y se ponen a cocer en agua abundante con sal. Cuando hierve a borbotones el agua se sumergen las judías, y cuando el agua vuelve a hervir se dejan 12 minutos, más o menos, con la cacerola **destapada**.

Este tiempo depende de lo tiernas que sean. Una vez cocidas, se escurren en un colador grande y se refrescan al chorro del agua fría para que no pierdan su bonito color verde. En una cacerola o sartén se pone la mantequilla a calentar; antes de que esté totalmente derretida se añaden las judías verdes bien escurridas. Se saltean bien y se les añade justo antes de servirlas el perejil, espolvoreándolo por las judías, y el zumo de limón. Se sirven en seguida en una fuente.

Nota.—Para cocer las judías con anticipación, una vez tiernas, se les cambia el agua caliente por agua fría (poniendo la cacerola debajo del grifo) y escurriéndolas cuando estén frías.

JUDÍAS VERDES REHOGADAS SÓLO CON ACEITE Y AJOS (6 personas)

1½ kg de judías verdes,	2 dientes de ajo,
5 cucharadas soperas de aceite frito,	agua y sal.

Se preparan, cuecen y refrescan las judías como en la receta anterior.

En una sartén se pone el aceite a calentar; una vez caliente, se refríen hasta que estén bien dorados los dientes de ajo, pelados y dados un golpe con el mango de un cuchillo. Cuando están dorados se retiran y se rehogan en este aceite las judías, con cuidado de no deshacerlas o requemarlas. Se sirven en seguida.

JUDÍAS VERDES REHOGADAS CON TOCINO (6 personas)

1½ kg de judías verdes,	1 cebolla mediana (70 g),
3 cucharadas soperas de aceite frito,	1 cucharada sopera de perejil picado,
150 g de tocino veteado,	sal y agua.
jamón serrano o incluso bacon (como más guste),	

Se preparan y cuecen las judías como en la receta 402. Se escurren bien.

En una sartén se pone a calentar el aceite, una vez caliente, se pone la cebolla pelada y partida en tiras finas, se rehoga unos 5 minutos y se añade el tocino o jamón, picado. Se rehoga otros 5 minutos, moviéndolo para que no se requeme o agarre la cebolla. Se echan entonces las judías bien escurridas y se saltean muy bien para que queden todas ellas bien rehogadas.

Se rectifica de sal si hiciese falta y se espolvorean con el perejil picado. Se sirven en seguida.

405 **JUDÍAS VERDES CON SALSA DE TOMATE (6 personas)**

Salsa de tomate:
- ³/₄ kg de tomates muy maduros,
- 3 cucharadas soperas de aceite frito,
- 1 cucharada (de las de café) de azúcar,
- 1 cebolla mediana (50 g),

1¹/₂ kg de judías verdes,
1 cucharada sopera de perejil picado,
agua y sal.

Se arreglan las judías como para la receta 402, pero sólo se cuecen durante 10 minutos. No se deben refrescar para esta receta, con el fin de no interrumpir demasiado su cocción.

Se tendrá hecha la salsa de tomate (receta 77). Una vez pasada la salsa por el pasapurés, se vuelve a poner en la sartén y se echan las judías, escurriendo éstas lo más que se pueda de su agua caliente. Se dejan cocer destapadas y a fuego más bien lento durante unos 10 minutos, más o menos, según sean de tiernas las judías.

Al ir a servirlas, en la misma fuente se espolvorean con perejil picado.

406 **JUDÍAS VERDES CON SALSA DE VINAGRE Y YEMAS (6 personas)**

1¹/₂ kg de judías verdes,
6 cucharadas soperas de aceite,
1 cucharada sopera colmada, de harina,

agua fría que las cubra,
1 cucharada sopera de vinagre,
2 yemas de huevo,
sal.

Se arreglan las judías verdes quitándoles las puntas y los hilos. Si son anchas y largas, se cortan por la mitad a lo largo y a lo ancho.

En una cacerola se pone el aceite. Cuando está caliente se ponen las judías crudas y se rehogan bien (5 minutos). Se espolvorean después con la harina, se mueven bien con una cuchara de madera y después se cubren con agua fría y se les echa la sal. Se dejan cocer destapadas a fuego lento durante 15 o 20 minutos, más o menos (según sean de tiernas).

Al momento de servir, se ponen en un tazón las yemas de huevo y el vinagre, y se añaden muy poco a poco unas cucharadas de salsa de judías.

Después esto se revuelve con las judías del cazo, bien mezclado y moviendo bien, pero sin ponerlo al fuego para que no cuezan más.

407 JUDÍAS VERDES CON VINAGRETA (6 personas)

1½ kg de judías verdes,
2 cucharadas soperas de vinagre,
6 cucharadas soperas de aceite fino,
1 cucharada sopera de cebolleta picada (facultativo),

1 cucharada (de las de café) de perejil
picado,
2 tomates grandes y duros en rodajas,
agua y sal.

Se pelan, preparan, cuecen y refrescan las judías como en la receta 402.

Una vez hechas y frías, se hace la vinagreta en un tazón. Se espolvorean las judías con la cebolleta picada y el perejil; se vierte la vinagreta bien batida y se mueve todo bien. Se coloca en una fuente, ensaladera o legumbrera y se adorna con rodajas de tomate ligeramente espolvoreadas de sal.

408 JUDÍAS VERDES REBOZADAS (4 personas)

600 g de judías verdes muy frecas y planas,
1 o 2 huevos,
1 plato con harina.
½ litro de aceite (sobrará),

3 cucharadas soperas de buen vinagre,
2 rebanadas de pan frito,
1 diente de ajo grandecito,
unas ramitas de perejil,
sal.

Las judías verdes deben de ser muy frescas, para que no tengan hilos y no se deban de pelar los cantos. Se cuecen en agua y sal, o mejor al vapor (en la olla expres 6 minutos). Se escurren y se secan en un paño limpio. En un plato se bate el huevo como para tortilla y se pasan las judías de una en una, primero por la harina y después por el huevo. Se van friendo por tandas en el aceite bien caliente. Una vez rebozadas todas, se ponen en una fuente (donde se servirán) algo honda.

En el mortero se machacan rebanadas de pan fritas, el diente de ajo pelado y las ramitas de perejil. Se les añade un vaso y medio (de los de vino) de aceite frito y vinagre. Se revuelve con cuidado, se deja reposar un rato y se sirve asimismo.

409 JUDÍAS VERDES CON MAYONESA (6 personas)

1½ kg de judías verdes,
agua y sal.
Mayonesa:
2 huevos,
2 vasos (de los de agua) de aceite fino,

zumo de 1 limón pequeño,
sal y pimienta,
unos tomates para adornar la fuente.

Hágase la mayonesa en batidora (receta 111).

Preparar y cocer las judías verdes (receta 402).

Una vez escurridas, templadas o frías (según guste), se ponen en una fuente. Se cubren con la mayonesa y se adorna la fuente con rodajas de tomate.

410 LECHUGAS AL JUGO (6 personas)

2 cogollos de lechugas,
6 cucharadas soperas de aceite,
1 cucharada sopera rasada de harina,
1 vaso (de los de vino) de vino blanco,
2 vasos (de los de vino) de agua,
1 cucharada sopera de extracto de carne,
sal.

Se lavan bien, se escurren y se ata cada lechuga con un hilo para que no se abran al cocer.

En una cacerola se pone el aceite a calentar y se ponen las lechugas a rehogar unos 3 minutos (que tengan bastante sitio, para que no se monten unas encima de otras). Una vez rehogadas, se espolvorea la harina y se añade el vino, el agua y algo de sal (poca, pues el extracto de carne suele estar bastante salado). Se cubre la cacerola con tapadera y, a fuego lento, se deja cocer más o menos 15 minutos. Al ir a servir las lechugas, se colocan en una fuente quitándoles el hilo que tenían. En la salsa que queda en la cacerola se añade el extracto de carne, se revuelve bien y se echa por encima de las lechugas.

411 LECHUGAS GUISADAS (6 personas)

6 cogollos de lechugas,
3 tomates medianos,
1 cebolla grande (150 g),
4 cucharadas soperas de aceite,
1 vaso (de los de agua) no muy lleno de agua,
1 vaso (de los de vino) de vino blanco,
1 cucharadita (de las de moka) de extracto de carne,
sal.

En una cacerola amplia se pone el aceite a calentar, se coloca la cebolla pelada y cortada en gajos finísimos, cubriendo todo el fondo. Sobre éste se colocan las lechugas, que no estén montadas. Se pelan los tomates y se parten en cuatro, quitándoles la simiente, y se reparten los trozos entre las lechugas. Se sala (más bien poco, pues luego con el concentrado de carne quedará en su punto de sal). Se añade el vino blanco, y, bien tapada la cacerola, se pone a fuego lento unos 5 minutos. Después de este tiempo se agrega poco a poco el agua a medida que va haciendo falta, y después de 15 minutos se ve si están tiernas pinchando el tronco con un alambre. Si están, se retira la cacerola y se sirven las lechugas en una fuente alargada. En el caldo con la cebolla y el tomate se añade el concentrado de carne. Se revuelve bien y se vierte sobre las lechugas puestas en la fuente.

Este plato se puede hacer de antemano y recalentar añadiendo únicamente el concentrado de carne al ir a servirlas.

412 LOMBARDA CON CEBOLLA Y VINO TINTO (6 personas)

1½ kg de lombarda,
5 cucharadas soperas de aceite,
¼ kg de cebollas,
2 manzanas reineta medianas,
2 vasos (de los de agua) de vino tinto,
2 cucharadas soperas de vinagre,

½ vaso (de los de agua) de agua hirviendo,
2 dientes de ajo,
1 pellizco de hierbas aromáticas,
sal.

Se separan las hojas de la lombarda, se les quita el tronco y la parte dura del centro de la hoja, así como las hojas exteriores que se vean más duras. En una tabla de madera se cortan a tiras finas todas las hojas y se lavan en agua fría abundante.

En una cacerola gruesa (porcelana o barro resistente al fuego) y honda se pone el aceite a calentar. Una vez caliente, se pone la lombarda escurrida y se mueve con una cuchara de madera para que se empape con el aceite. Se tapa la cacerola y se pone a fuego mediano durante 10 minutos. Pasado este tiempo se saca en un plato casi toda la lombarda, dejando sólo una capa en el fondo de la cacerola; se pone una capa de cebollas peladas y cortadas en tiritas, sal, una pizca de hierbas aromáticas, 1 diente de ajo pelado y muy picado, una manzana pelada partida en trozos, sacado el centro, y en láminas finas; otra vez lombarda, y así, en capas, todos los ingredientes. Se rocía con el vinagre, el vino y el agua caliente. Se tapa bien y se pone a horno lento durante 1 hora más o menos.

Pasadas 2 horas se mira cómo está el guiso, pues si la lombarda es tierna y fresca es probable que esté en su punto. Si no, se deja algo más. Se sirve en la misma cacerola que se ha hecho.

413 ENSALADA DE LOMBARDA (6 personas)

2 lombardas de ½ kg cada una,
agua y sal.

Vinagreta:
2 cucharadas soperas de vinagre,
6 cucharadas soperas de aceite,
pimienta molida y sal.

Se separan las hojas de la lombarda, se les quita el tronco y la parte dura del centro de las hojas. Se cortan en tiritas finas poniendo varias hojas juntas en una tabla de la carne y cortándolas con un cuchillo grande. Se lavan bien en agua fría abundante.

En una cacerola amplia se pone agua y sal a hervir; cuando cuece a borbotones se sumerge la lombarda, apoyando con una espumadera para que entre toda bien en el agua. Se cuece durante 5 minutos. Se vuelca en un colador grande y se escurre muy bien. Cuando la lombarda está templada, se pone en una legumbrera y se aliña con la vinagreta, pudiéndola tomar templada o fría.

414 PREPARACIÓN DE LOS NABOS

Los mejores meses para comer los nabos son de mayo a febrero. Están entonces tiernos y con la carne apretada.

Para casi todas las formas de prepararlos hay que lavarlos, pelarlos y, aunque sean pequeños (que son mejores y más tiernos), se cortan en dos a lo largo, o en rodajas no muy finas. Se sumergen en agua abundante hirviendo y sal. Se cuecen durante 10 minutos, después de los cuales se escurren en un colador grande.

Así están listos para varias recetas.

415 NABOS CON BECHAMEL Y YEMAS (6 personas)

2 kg de nabos tiernos, agua y sal.	**2 cucharadas soperas de aceite fino,**
Bechamel:	**1½ vaso (de los de agua) de leche fría,**
2 cucharadas soperas de harina,	**2 yemas,**
30 g de mantequilla,	un poco de nuez moscada rallada y sal.

Preparar y cocer los nabos (receta 414), cortándolos en rodajas. Después de cocidos unos 10 minutos se escurren.

En una cacerola se pone la mantequilla a derretir con el aceite; una vez derretida se añade la harina, se dan unas vueltas con una cuchara de madera y se añade la leche fría poco a poco (si hiciese falta algo más de leche para cubrir los nabos, no importa). Se cuece durante unos 5 minutos y se sala. Se agregan los nabos bien escurridos, se pone un poco de nuez moscada rallada y se mueve bien todo. Se deja cocer despacio hasta que estén los nabos tiernos (para saberlo se pincha un nabo con un alambre), unos 25 minutos.

Se mueven de vez en cuando para que no se agarren. Al ir a servirlos se ponen las yemas en un tazón, se deslíen con un poco de salsa para que no se cuajen y se incorporan después a los nabos, moviendo bien todo antes de servir sin que vuelva a cocer la salsa.

NABOS CON BECHAMEL Y QUESO RALLADO, GRATINADOS (6 personas)

2 kg de nabos tiernos,
    agua y sal.
Bechamel:
 3 cucharadas soperas de harina,
40 g de mantequilla,
 2 cucharadas soperas de aceite fino,

³/₄ litro de leche fría,
 1 cucharadita (de las de moka) de
    extracto de carne,
75 g de gruyère rallado,
    sal.

Preparar y cocer los nabos (receta 414), cortándolos en rodajas de mediano grosor y cociéndolos unos 30 minutos. Después escurrirlos muy bien.

Hacer la bechamel como está explicado en la receta anterior, añadiéndole al final el extracto de carne y cuidando de poner la sal después del extracto de carne, pues éste sala bastante. Colocar los nabos en una fuente de cristal o porcelana resistente al fuego; cubrirlos con la bechamel y espolvorear ésta con el queso rallado. Meter al horno para gratinar hasta que esté bien dorada la bechamel.

417 NABOS CON ZANAHORIAS (6 personas)

³/₄ kg de zanahorias,
³/₄ kg de nabos,
 1 cebolla grande (125 g),
 1 cucharada sopera de harina,

6 cucharadas soperas de aceite,
1 cucharada (de las de café) de azúcar,
    agua y sal.

Se lavan y pelan las zanahorias y los nabos. Se cortan en 2 o 4 (según los gruesos que sean) a lo largo.

En una cacerola se pone el aceite a calentar; una vez caliente, se echa la cebolla pelada y picada menuda. Se rehoga hasta que esté transparente (unos 6 minutos) y entonces se ponen las zanahorias y los nabos. Se espolvorean con la harina, se salan y se añade el azúcar. Se mueve todo bien y se agrega agua, la justa para que los cubra. Se deja cocer lentamente, es decir, a fuego mediano durante más o menos ¹/₂ hora. Esto depende de lo frescos y tiernos que estén las zanahorias y los nabos.

Se sirven en fuente honda con su salsa.

418 PEPINOS PARA ENSALADA

Se escogen unos pepinos bien verdes y duros. Se pelan y cortan en rodajas finas, se espolvorean de sal y se tienen así por lo menos un par de horas.

Pasado este tiempo, se ponen en un colador grande o pasapurés y se lavan un poco al chorro de agua fría. Se secan con un paño de cocina limpio y se ponen en un plato con vinagreta y perejil picado (esto es facultativo). Se meten en la nevera un ratito para que estén bien frescos.

Se pueden servir solos o mezclados con tomates y pimientos.

419 BARCAS DE PEPINOS CON ENSALADILLA (6 personas)

6 pepinos medianos,	2 huevos duros,
¹/₄ kg de gambas cocidas,	sal.
2 dientes de ajo,	
1 cebolla pequeña (50 g),	Mayonesa:
3 tomates duros,	1 huevo,
1 cogollo de lechuga,	¹/₄ litro de aceite fino,
1 pimiento verde pequeño o un poco de	zumo de 1 limón,
pimiento rojo de lata,	sal.

Se lavan por fuera los pepinos, se secan y se parten por la mitad a lo largo. Se rocían con un poco de sal y se ponen boca abajo ¹/₂ hora antes de ir a prepararlos. Mientras sueltan su agua, se hace la mayonesa (receta 111).

Con la punta de un cuchillo se quitan los centros de los pepinos para que queden como unas barcas y se reserva, picada, esta carne. Se pican los dientes de ajo y la cebolla y se espolvorean en los pepinos. Se ponen en una fuente y se cubren los pepinos con papel de plata. Se meten en la nevera durante una hora. Mientras tanto se cuecen las gambas. Se ponen en un cazo con agua fría que las cubra y sal. Cuando el agua empieza a hervir, se retiran, se escurren y se pelan de su cáscara.

En una ensaladera se pone la ensalada muy picada. El pimiento cortado a cuadraditos, el pepino que se ha retirado al dar forma de barca, también picado, el tomate en trocitos, las gambas y la mayonesa. Se revuelve todo muy bien y se rellenan los pepinos con esta ensaladilla. Se pica muy fino el huevo duro y se espolvorea por encima. Se vuelve a cubrir con el papel de plata y se mete en la nevera otra hora. Se sirve así muy frío. Se come con cuchara.

420 MANERA DE PREPARAR LOS PIMIENTOS ROJOS

Se limpian frotándolos con un paño, sin mojarlos. Se ponen así en la parrilla del horno y a fuego mediano se asan. El tiempo depende mucho del gusto de cada cual, si gustan los pimientos más o menos blandos. Pero se puede calcular unos 25 minutos.

Pasado este tiempo se sacan. Se ponen en la tabla de la carne y se cubren con un paño o se envuelven en un papel, o se ponen entre dos platos. Cuando ya están fríos, se pelan y se cortan en dos a lo largo, vaciando las simientes. Se cortan entonces en tiras de un dedo de ancho. Se prepara una vinagreta bastante cargada de vinagre y se cubren con ella los pimientos un rato antes de ir a comerlos.

421 PIMIENTOS ROJOS CON HUEVOS DUROS

Se procede como en la receta anterior. Una vez macerados los pimientos una ¹/₂ hora en la vinagreta, se escurren un poco y se sirven con rodajas de huevo duro.

422 PIMIENTOS VERDES FRITOS, PARA ADORNAR LA CARNE (6 personas)

1 kg de pimientos verdes,	**sal,**
2 vasos (de los de vino) de aceite,	**2 cucharadas soperas de agua.**

Si hace falta se lavan los pimientos y luego con un paño limpio se secan muy bien. Si no, se frotan solamente en seco.

Se les corta el rabo con un trozo de carne alrededor (pues esta pulpa suele estar dura). Se vacían de simientes y, si son grandes, se cortan en tiras o en aros. Si son pequeños, se cortan en dos a lo largo e incluso se dejan enteros, salándolos entonces en el interior, una vez quitadas las simientes.

En una sartén se pone el aceite y el agua a calentar y cuando está templado se ponen los pimientos, se salan y se tapan con una tapadera. Se hacen a fuego lento más o menos 10 minutos. Se escurren bien de su aceite y se sirven.

423 PIMIENTOS VERDES RELLENOS DE CARNE (6 personas)

12 pimientos verdes medianos,	**2 cucharadas soperas de agua,**
¹/₂ litro de aceite (sobrará).	**1 cucharada sopera de vino blanco,**
Relleno:	**sal.**
300 g de carne picada (mitad ternera, mitad cerdo),	Salsa:
	5 cucharadas soperas de aceite frito,
100 g de jamón serrano veteado (picado con la carne),	**2 zanahorias medianas,**
	1 cebolla grandecita (100 g),
1 migajón de pan mojado en leche caliente,	**1 tomate maduro grande,**
	1 cucharada sopera de harina,
1 diente de ajo,	**1 vaso (de los de vino) de vino blanco,**
1 cucharada (de las de café) de perejil picado,	**1 litro de agua,**
	sal.
1 huevo,	

Se limpian los pimientos frotándolos con un paño limpio. Se les quita el rabo y la parte alrededor del rabo. Se vacían de simientes. En una ensaladera se prepara el relleno mezclando todos los ingredientes. Si el migajón de pan estuviese muy empapado al ir a ponerlo en la ensaladera, se estruja un poco. Una vez mezclado todo se rellenan los pimientos y se cierran con un palillo, cogiendo los bordes abiertos de los pimientos.

En una sartén se pone a calentar el ¹/₂ litro de aceite con 2 cucharadas soperas de agua y se dan unas vueltas a los pimientos de 3 en 3, retirándolos a medida que se van friendo y poniéndolos en una cacerola limpia. En la misma sartén se dejan sólo las 5 cucharadas de aceite, se calienta y se fríe la cebolla pelada y picada hasta que esté bien doradita; se añade el tomate cortado en cuatro trozos y vaciadas las simientes, las zanahorias peladas, lavadas y cortadas en rodajas finas. Después de esto se agrega la harina, el vino y el agua fría. Se deja cocer unos 15 minutos. Se pasa la salsa por el pasapurés, echándola por encima de los pimientos que están en la cacerola. Se pone sal y se deja cocer a fuego lento unos 15 minutos, moviendo de vez en cuando la cacerola para que no se agarren ni los pimientos ni la salsa (si ésta se espesara demasiado, se le puede añadir un poco de agua caliente).

Se sirven en una fuente más bien honda. Este plato se puede preparar de antemano, pues está bueno recalentado.

424 PIMIENTOS RELLENOS DE CARNE PICADA Y ARROZ CRUDO (6 personas)

- 6 pimientos verdes medianos redondos y carnosos,
- 6 cucharadas soperas rasadas de arroz (corriente),
- 375 g de carne picada,
- 1/2 diente de ajo y perejil picados,
- 1 vaso (de los de agua) bien lleno de aceite (sobrará),
- 1 huevo,
- 1 plato con harina,
- 1 cebolla mediana (50 g),
- 1 cucharada sopera de harina,
- 1 pastilla de caldo,
- 1 pellizco de azafrán en polvo, agua y sal.

Se escogen unos pimientos verdes que no sean muy alargados, sino redondos de forma. Se les quita el rabo y la tapa alrededor del rabo con un cuchillo. Se vacían de las simientes. Se salan ligeramente por dentro. Se rellena cada pimiento con una cucharada sopera rasada de arroz crudo. En un plato se mezcla la carne picada con el 1/2 diente de ajo, un poco de perejil muy picado y sal. Con esto se terminan de rellenar los pimientos.

En una sartén se pone el aceite a calentar mientras que en otro plato se bate el huevo como para tortilla y se remoja cada hueco donde está el relleno en harina primero y después en huevo. Asimismo, o sea, boca abajo, se ponen en la sartén para que se refrían un poco. Una vez cuajado el huevo, se tumban los pimientos y se refríen todos ellos durante 5 minutos. Esta operación se hace por tandas para que queden holgados los pimientos al freírlos. Se van colocando en una cacerola.

Se quita casi todo el aceite de la sartén, dejando sólo unas 4 cucharadas soperas. Se refríe la cebolla pelada y picada hasta que empieza a dorar (unos 7 minutos); se le añade la harina (una cucharada), se dan unas vueltas con una cuchara de madera y después se agrega sal (poca), el azafrán y 2 vasos (de los de agua) de agua. Se deja cocer unos 3 minutos y se cuela por el pasapurés, colocando éste encima de la cacerola donde están los pimientos. Se deslíe la pastilla de caldo con un poco de agua y se añade a los pimientos. Se agrega entonces más agua, hasta dejarlos medio cubiertos. Se cubre la cacerola y se pone al fuego.

Cuando están tiernos (más o menos 1/2 hora, pero esto depende de la clase y del tamaño de pimientos), se sirven con su salsa, o se pueden reservar, volviéndolos a calentar al ir a servirlos.

PUERROS CON VINAGRETA O CON MAYONESA
(6 personas)

2 o 3 puerros medianos por persona,   **agua y sal.**

Se cortan las raicitas de los puerros, así como la parte verde. Se lavan muy bien y se pone agua abundante con sal a cocer. Cuando rompe el hervor se sumergen en el agua y se dejan cocer más o menos 15 minutos. Pasado este tiempo, se escurren muy bien y se sirven templados. También se sirven con una vinagreta, unas alcaparras y unos trozos de anchoas de lata. Aparte se sirve una vinagreta con vinagre, sal, aceite y una punta de cuchillo de mostaza. O también con una mayonesa clásica, receta 111.

 PUERROS GRATINADOS (6 personas)

2 o 3 puerros por persona (según guste),
2 lonchas gruesas de bacon (tocino ahu-
mado), 200 g,
75 g de queso gruyère rallado,

30 g de mantequilla,
3 cucharadas soperas de aceite,
agua y sal.

Lavar, preparar y cocer los puerros como en la receta 425.

Sacarlos del agua y escurrirlos muy bien. Colocarlos en una fuente resistente al horno (inox, cristal o porcelana); cortar en tiritas el bacon, quitándole la piel dura del borde. Poner el aceite a calentar en una sartén y freír el bacon. Esparcirlo por los puerros y entre ellos. Espolvorear con el queso rallado. Poner la mantequilla en trocitos como avellanas y meter al horno hasta que estén gratinados. Servir en la misma fuente.

 PUERROS CON BECHAMEL (6 personas)

12 puerros grandes,
agua,
25 g de mantequilla,
2 cucharadas soperas de aceite fino,
1 cucharada sopera colmada de harina,
¹/₂ litro de leche fría,

1 cucharada sopera rasada de concen-
trado de tomate (o salsa de tomate
espesa),
75 g de gruyère rallado,
2 cucharadas soperas de perejil picado
(para adorno),
sal.

Se cortan las raicitas y la parte verde de los puerros. Se lavan muy bien y se sumergen en agua hirviendo abundante con sal. Se dejan cocer durante unos 15 minutos y, pasado este tiempo, se escurren bien.

En una sartén se pone a derretir la mantequilla con el aceite; cuando está caliente se añade la harina, se mueve con unas varillas y, poco a poco, se agrega la leche fría. Se dan vueltas y se cuece durante unos 10 minutos. Se pone un poco de sal y el concentrado de tomate, que le dará a la bechamel un ligero color rosa. Se colocan los puerros en una fuente de cristal o porcelana resistente al horno y se cubren con la bechamel. Se espolvorea con el queso rallado y se mete al horno a gratinar hasta que el queso esté dorado. Se espolvorea el perejil en dos rayas y se sirve.

 PUERROS AL CURRY (6 personas)

Se prepara exactamente igual que la anterior, sustituyendo el concentrado de tomate por una cucharadita (de las de moka) de curry, que da un sabor más exótico al plato.

429 **MANERA DE COCER LAS REMOLACHAS**

Se lavan bien las remolachas enteras con piel y hojas, sin cortar éstas, pues la remolacha pierde su bonito color rojo. Se ponen en un cazo con abundante agua fría y sal y se dejan cocer, desde que rompe el hervor, a fuego mediano $1^1/_2$ hora. Para saber si están blandas se pinchan con un alambre.

Se dejan enfriar fuera del agua, se pelan y se cortan en rodajas o en cuadraditos, aliñándolas después con aceite, vinagre y sal.

430 **MANERA DE PREPARAR EL REPOLLO**

Para quitar bien los gusanitos y bichos, que pueden estar entre las hojas, se debe lavar el repollo, a ser posible con las hojas ya sueltas, con agua abundante y un chorro de vinagre o de zumo de limón.

Nota.—Véase en consejos y trucos de cocina para aliviar el mal olor.

431 REPOLLO CON MAYONESA (6 personas)

2 kg de repollo tierno,   agua y sal.

Para adorno:
   Cuatro patatas nuevas cocidas con la piel, peladas después de cocidas y cortadas en 2 o en 4 trozos, según sean de grandes, o tomates en rodajas,

Mayonesa:

2 huevos,   el zumo de 1 limón o vinagre,
³/₄ de litro de aceite fino,   sal.

Se corta el tronco y se separan las hojas, quitándoles a las más exteriores las partes duras del centro de las hojas. Después se corta todo el repollo en tiras de un dedo de ancho.
   Se lava muy bien. En una olla se pone agua abundante con sal a cocer. Cuando hierve, se sumerge el repollo y se empuja con una espumadera para que se sumerja bien todo. Se tapa la olla y se deja cocer hasta que esté tierno (más o menos 30 minutos). Se hace la mayonesa mientras cuece (receta 111).
   Una vez cocido el repollo se escurre muy bien y, si se quiere caliente, se coloca en una fuente redonda u ovalada con los trozos de patata alrededor. Se cubre todo con la mayonesa y se sirve en seguida.
   También se pueden dorar unos ajos, retirarlos y con este aceite rehogar el repollo. Después de puesto en una fuente de horno, se cubre con mayonesa y se dora en el horno.
   Si se quiere frío o por lo menos templado, se adorna con las rodajas de tomate y se cubre igualmente con mayonesa. Esta salsa debe ser abundante, pues es la primera condición para que este plato sea bueno.

432 REPOLLO AL JUGO (6 personas)

2 kg de repollo tierno (francés si es   1 cebolla mediana (80 g),
   posible),   2 vasos (de los de agua) de caldo (o agua
70 g de manteca de cerdo,   con una pastilla),
150 g de tocino veteado,   2 hojas de laurel,
2 zanahorias medianas (100 g),   agua y sal.

Se quitan las primeras hojas, que suelen estar marchitas. Se corta el tronco y se separan las hojas primeras; se les quita el centro de la hoja, que está duro, y se pica en tiras de un dedo de grueso, así como el resto del repollo. Se lava y en una cacerola se pone agua abundante con sal. Cuando rompe a hervir se sumerge el repollo, ayudándole con una espumadera para que quede todo él cubierto de agua. Cuando vuelve a romper el hervor se suele dejar unos 20 minutos (este tiempo depende de lo tierno que sea el repollo).

En una cacerola se pone la manteca a calentar; cuando está caliente se rehoga el tocino, cortado en lonchas finas. Se separa el tocino en un plato.

Se rehoga la cebolla, pelada y cortada en redondeles. Se rehoga unos 5 minutos hasta que se pone transparente. Se añade entonces el repollo, bien escurrido, las zanahorias peladas, lavadas y cortadas en rodajas finas y la mitad del tocino, y se mueve bien todo junto. Se rocía con el caldo caliente y se cubre el repollo con el resto del tocino. Se ponen las dos hojas de laurel, se tapa la cacerola y se deja a fuego lento 1½ hora.

De vez en cuando se mueve la cacerola para que no se agarre el repollo. Se sirve en una fuente honda.

433 BUDÍN DE REPOLLO CON SALSA DE TOMATE
(6 personas)

1½ kg de repollo (francés con preferencia),
50 g de mantequilla,
100 g de jamón serrano,
3 huevos,
3 cucharadas soperas de leche,
sal.

Salsa de tomate:
1 kg de tomates maduros,
3 cucharadas de aceite frito,
1 cucharada (de las de café) de azúcar,
sal.

En primer lugar, se hace la salsa de tomate (receta 77). Se reserva una vez pasada.

Se corta el tronco del repollo, se quitan las hojas malas exteriores y se separan las que se vayan a preparar, quitando a las más exteriores la parte central de la hoja, que está dura. Se corta todo en tiras finas y se lava.

En una cacerola o en una olla se pone agua fría abundante con sal. Cuando hierve a borbotones se sumerge el repollo, apoyando con una espumadera para que entre todo, y se deja cocer ½ hora (más o menos, hasta que esté bien tierno). En un colador grande se escurre muy bien.

En una sartén honda se pone a calentar parte de la mantequilla (con parte de ella —unos 15 g más o menos— se pone en el fondo un redondel de papel de plata y se unta bien el molde del budín) y se echa el repollo y el jamón muy picado. Se rehoga bien y se separa del fuego.

En una ensaladera se baten los huevos como para tortilla con la leche y se añaden al repollo. Se revuelve todo bien y se vierte en la flanera untada con mantequilla. Se mete al horno al baño maría una hora más o menos. El agua del baño maría estará hirviendo al poner el budín y el horno se habrá calentado unos 6 minutos antes. Cuando está el budín, se apaga el horno y se abre durante 8 minutos, con el fin de que no se abra el budín al volcarlo.

Se desmolda en una fuente redonda y se cubre con la salsa de tomate. Se sirve en seguida.

HOJAS DE REPOLLO FRITAS (PARA ADORNO DE LA CARNE) (6 personas)

1 repollo de 1 kg más o menos,
agua y sal,

1 plato con harina,
³/₄ litro de aceite (sobrará mucho).

Se corta el tronco y se separan con cuidado las hojas para que no se rompan. Se lavan bien y se sumergen en agua hirviendo con sal, empujándolas con una espumadera para que todas queden bien metidas en el agua. Se cubre con tapadera y cuando rompe el hervor se deja unos 30 minutos. Una vez cocidas las hojas se sacan con cuidado, se escurren y se ponen sobre un trapo limpio para que absorba el agua que les quedaba.

Se doblan los dos costados laterales de las hojas y se enrollan para que se queden del tamaño de una croqueta grande, con los finales rectos. Se pasan por harina y se fríen de 4 en 4. Cuando están dorados se sacan, se dejan escurrir y se guardan al calor hasta el momento de ponerlas de adorno alrededor de la carne.

Estos rollitos van muy bien con carnes con salsa: redondo guisado, guisos, etc.

HOJAS DE REPOLLO RELLENAS DE JAMÓN DE YORK CON BECHAMEL (6 personas)

1 repollo de 1 kg,
150 g de carne ya hecha y picada (unas sobras) o
150 g de jamón de York,
80 g de queso gruyère rallado,
2 cucharadas soperas rasadas de harina,

2 vasos (de los de agua) de leche fría,
25 g de mantequilla,
2 cucharadas soperas de aceite fino,
agua,
sal.

Se preparan y cuecen las hojas de repollo como en la receta anterior. Una vez preparadas las hojas y muy escurridas sobre un paño, se rellenan con la carne o el jamón, muy picado. Se forman unos rollitos y se ponen en una fuente resistente al horno, como si fuesen canelones.

En una sartén se pone a calentar el aceite con la mantequilla; una vez derretidos se añade la harina, se da unas vueltas con una cuchara de madera o con las varillas. Se agrega poco a poco la leche fría. Se deja cocer esta bechamel unos 10 minutos, se echa un poco de sal y se vierte por encima de los rollitos. Se espolvorean con el queso rallado y se mete al horno a gratinar. Cuando está bien dorada la bechamel, se sirve en la misma fuente.

Nota.—Se puede hacer la bechamel con mitad leche y mitad caldo (o agua con una pastilla).

 **436** **TIRABEQUES** (6 personas)

1¹/₂ a 2 kg de tirabeques,
100 g de tocino veteado,
  5 cucharadas soperas de aceite,
  1 cebolla mediana (100 g),

2 cucharadas soperas de harina,
1 litro de caldo (o agua con una pastilla),
2 yemas de huevo,
  sal.

Se arreglan los tirabeques como las judías verdes, es decir, cortándoles las dos puntas y tirando de ellas para quitar los hilos si los tuviesen. Se dejan enteros. Se lavan bien en agua fresca. En una cacerola se pone el aceite a calentar; cuando está caliente se le agrega la cebolla, que se refríe durante unos 5 minutos, después de los cuales se pone el tocino cortado en cuadraditos. Pasados otros 5 minutos, se ponen los tirabeques bien escurridos de agua. Se tapa la cacerola y, a fuego vivo, y salteándolos de vez en cuando para que se rehoguen todos, se dejan 10 minutos. Se destapa la cacerola y se espolvorean los tirabeques con las 2 cucharadas soperas de harina y se salan. Se mueven bien con una cuchara de madera y se les vierte el litro de caldo encima. Se tapa de nuevo la cacerola y, cuando rompe el hervor, se deja a fuego lento (sin que dejen de cocer) durante media hora. Cuando se vayan a servir, se ponen las 2 yemas en un tazón y con un poco de salsa de los tirabeques se deslíen para que no se corten. Se incorporan a los tirabeques, moviendo bien para que se repartan por igual las yemas en toda la salsa.

Si se viese que los tirabeques tienen un exceso de salsa, antes de agregar las yemas se les quita un poco, dejándolos sólo con la necesaria.

437 **MANERA DE PELAR LOS TOMATES**

Cuando se quieran pelar los tomates, se procede de dos maneras: 1.ª: Se pone agua a hervir y cuando hierve a borbotones se sumergen los tomates durante unos 3 segundos. Se sacan acto seguido, se pelan y se echan en agua fría para que se endurezcan otra vez. 2.ª: Con un cuchillo se pasa el canto opuesto al filo del mismo apoyando bastante sobre el tomate. Después con el filo se pelan, desprendiéndose la piel así mucho más fácilmente.

438 TOMATES RELLENOS DE CARNE (6 personas)

12 tomates (bien colorados) medianos,
300 g de carne picada (mitad ternera y
   mitad magro de cerdo),
  1 huevo entero,
  2 cucharadas soperas colmadas de pan
   rallado,

1 diente de ajo muy picado,
1 cucharada (de las de café) de perejil
  picado,
2 cucharadas soperas de aceite,
  sal.

Con la punta de un cuchillo se cortan los rabos y la parte dura de los tomates. Se les hace un agujero en el centro. Se les pone un poco de sal y así preparados se tienen boca abajo durante una hora, más o menos, para que suelten el agua.

En una ensaladera se mezcla la carne picada, el huevo batido como para tortilla, el ajo, el perejil, el pan rallado y un poco de sal. Se mezcla bien, pero dejando la masa suelta. Con una cucharita se rellenan los tomates, dejando que sobresalga la carne de los tomates.

En una fuente de metal, porcelana o cristal resistente al horno se pone el aceite de manera que quede untado todo el fondo. Se colocan los tomates unos al lado de los otros y se meten a horno mediano durante una hora más o menos, hasta que se vea que los tomates están blandos.

Se sirven en la misma fuente.

439 TOMATES RELLENOS DE BECHAMEL
Y QUESO RALLADO (6 personas)

12 tomates maduros medianos,
  1 cucharada sopera de aceite,
25 g de mantequilla,
  2 cucharadas soperas de aceite,
  2 cucharadas soperas de harina,

½ litro de leche fría,
100 g de gruyère rallado,
  2 huevos,
  sal.

Con la punta de un cuchillo se quita la tapa alrededor del rabo y las simientes para que queden como unas cazoletitas. Se pone sal en el interior y se dejan boca abajo durante 1 hora para que suelten su agua.

Pasado este tiempo se colocan en una fuente resistente al horno. Se pone en cada tomate un poco de aceite (repartiendo las 5 cucharadas para los 12 tomates). Se meten a horno mediano durante 20 minutos, más o menos.

Mientras tanto se hace la bechamel. En una sartén se pone la mantequilla y el aceite a calentar. Cuando están derretidos se añade la harina, se da unas vueltas y se añade poco a poco la leche sin dejar de dar vueltas con unas varillas o con una cuchara. Se cuece durante unos 10 minutos. Se echa un poco de sal, pues el queso también está salado. Fuera del fuego, se agrega la mitad del queso y las yemas (teniendo cuidado de que la bechamel no esté muy caliente y las cuaje). Se montan a punto de nieve las 2 claras con un pellizco de sal, se incorporan a la bechamel y con esto se rellenan los tomates. Se espolvorean con el resto del queso y se meten a horno más bien fuerte hasta que esté la bechamel bien dorada. Se sirve en seguida en su misma fuente.

 440 TOMATES AL HORNO CON PEREJIL Y AJO PICADO
(6 personas)

6 tomates grandes maduros,
6 cucharadas soperas de aceite,
1 cucharada sopera de perejil picado,

1¹/₂ cucharada (de las de café) de ajo picado,
pan rallado,
sal.

Se lavan y cortan unos tomates grandes, maduros y carnosos en dos a lo ancho. Se les quita la simiente y se les echa sal. Se ponen boca abajo una hora antes de prepararlos para que suelten su agua.

Pasado este tiempo se colocan boca arriba en una fuente de barro, cristal o porcelana resistente al horno. Se pone en cada medio tomate un poco de perejil picado, un poco de ajo y se espolvorea un poco de pan rallado. Se vierte por encima ¹/₂ cucharada de aceite. Se mete en el horno mediano durante una hora más o menos, hasta que la carne esté bien asada y blanda.

Se sirven en su misma fuente.

Estos tomates, escogiéndolos más pequeños, se sirven también para adornar la carne.

441 TOMATES RELLENOS DE ENSALADILLA RUSA

Este plato sirve como entremés en verano.

6 tomates grandes,
unas hojas de lechuga,

300 g de ensaladilla rusa con mayonesa.

Con la punta de un cuchillo se les quita a los tomates el redondel alrededor del rabo para quitarles toda esa parte dura. Con una cuchara de las de café se les quita la simiente y algo de carne, con el fin de que queden un poco huecos. Se espolvorea el interior con un poco de sal y se colocan boca abajo durante una hora. Mientras tanto se prepara la ensaladilla rusa o se compra ésta hecha. También se venden latas de verduras ya preparadas y no hay más que mezclarlas con una mayonesa.

Se rellenan los tomates con la ensaladilla y se ponen en la nevera por lo menos 1 hora a enfriar; al ir a servir, se adornan con unas hojas de lechuga.

442 TOMATES RELLENOS DE SARDINAS EN ACEITE, PIMIENTOS VERDES Y ACEITUNAS (6 personas)

12 tomates redondos medianos,
9 sardinas en aceite grandes,
2 pimientos verdes medianos,
3 cucharadas soperas de aceite,
100 g de aceitunas rellenas de pimiento rojo,
unas hojas de lechuga,
sal.

Vinagreta:
3 cucharadas soperas de aceite fino,
1 cucharada sopera de vinagre,
1 cucharadita (de las de moka) de mostaza,
1 cucharada (de las de café) de perejil picado,
sal.

Se preparan los tomates como en la receta anterior.

Aparte se lavan y cortan los pimientos, quitándoles el rabo y las simientes. Se cortan en cuadraditos. En una sartén se pone el aceite a calentar y se ponen los pimientos a freír a fuego lento, tapando la sartén con una tapadera. Se dejan más o menos 10 minutos, sacudiendo la sartén para que no se agarren. Un poco antes de terminar de freírlos se les echa un poco de sal.

En una ensaladera se aplastan con un tenedor las sardinas, escurridas de su aceite y quitada la piel; se añaden los pimientos y se sazona con la vinagreta. Se rellenan con esto los tomates, se adornan poniendo en el centro una hoja de lechuga y unas aceitunas cortadas en dos.

Se meten en la nevera un par de horas. Al ir a servir, la fuente se adorna con unas hojas de lechuga.

443 RODAJAS DE TOMATE EMPANADAS Y FRITAS

Sirve como adorno de la carne o incluso de ciertos pescados.

Se deben coger unos tomates muy carnosos. Se cortan en rodajas gruesas y se sazonan con sal por las dos caras. Se dejan así una 1/2 hora para que suelten el agua.

Se secan con un paño limpio. Se pasan por pan rallado, después por huevo batido como para tortilla y por último por pan rallado otra vez, y se fríen en aceite abundante y caliente.

Se sirven en seguida.

444 ZANAHORIAS EN SALSA (6 personas)

1 1/2 kg de zanahorias tiernas,
1 cebolla mediana (125 g),
6 cucharadas soperas de aceite,
1 cucharada sopera de harina,
1 vaso (de los de vino) de vino blanco,

1 cucharada (de las de café) de perejil picado,
agua fría,
sal.

En una cacerola se pone el aceite a calentar; cuando está caliente, se echa la cebolla pelada y picada muy menuda. Se deja freír a fuego mediano unos 6 minutos, hasta que se ponga transparente. Después se añaden las zanahorias, raspadas la piel, lavadas y cortadas en rodajas de $1/2$ cm de grosor. Se rehogan bien dándoles vueltas con una cuchara de madera, luego se espolvorean con la harina y se vuelven a rehogar unos 5 minutos moviendo bien. Se añade entonces el vino blanco, la sal y finalmente se cubren con agua fría.

Se hacen a fuego mediano, moviéndolas de vez en cuando. Se cuecen entre $1/2$ y una hora (este tiempo depende de la clase y del frescor de las zanahorias).

Se sirve en fuente honda, espolvoreándolas con el perejil picado.

445 ZANAHORIAS EN ENSALADA PARA ENTREMESES

Se raspan las zanahorias con un cuchillo para quitarles la piel. Se lavan bien y luego se secan. Se cortan en gusanillos con el mismo aparato de hacer las patatas paja. Se aliñan con vinagreta y se sirven como entremés con tomates, lechuga, remolacha, etc.

En ensalada, mezcladas con escarola, están muy buenas y es sanísimo.

Como es natural, se deberán emplear zanahorias muy tiernas y frescas.

446 ZANAHORIAS GLASEADAS

Se hacen para adornar los platos de carne.

$1/2$ kg de zanahorias pequeñas y tiernas,
$1/2$ litro de agua,
50 g de mantequilla,

1 cucharada (de las de café) colmada de azúcar,
1 buen pellizco de sal.

Se escogen las zanahorias muy tiernas y se les raspa la piel con el filo de un cuchillo. Se les quita la rodaja más verde que tienen en la parte de los tallos y se lavan bien. Si son pequeñas, se dejan enteras, si no se cortan en dos a lo largo. Se meten en un cazo con el agua fría, la mantequilla, el azúcar y la sal. Se recorta un papel más bien grueso (estraza), un poco mayor que el cazo y se mete dentro de la cacerola hasta tocar casi las zanahorias y esto sirve de tapadera. Se cuecen a fuego vivo hasta que se haya consumido todo el agua. Cuando llega este momento, las zanahorias están en su punto para servirlas.

447 ZANAHORIAS CON NABOS

(Véase receta 417.)

Platos de varias verduras

448 **MENESTRA DE VERDURAS VERDES** (6 personas)

¹/₂ kg de judías verdes,
³/₄ kg de alcachofas pequeñas y tiernas,
1 kg de guisantes,
3 cebolletas medianas,
1 lechuga pequeña,
150 g de jamón serrano veteado picado,
1 cucharada sopera de harina,

4 cucharadas soperas de aceite,
2 cucharadas soperas de vino blanco,
1 vaso (de los de agua) de agua fría,
1 limón,
2 huevos duros para adornar (facultativo),
sal.

Se pelan y preparan todas las verduras, lavándolas bien (salvo los guisantes). Las alcachofas se cortan en 2 o 4 trozos, según su tamaño, y se les quitan las hojas de fuera, que son duras, y se cortan a media altura las hojas. Se frotan bien con limón, para que no se pongan oscuras. La lechuga se pica en tiritas, dejándole las hojas verdes sanas, que para la menestra son las mejores.

En una cacerola se pone el aceite a calentar; se rehogan las cebolletas picadas hasta que empiecen a dorarse ligeramente. Se les añade el jamón picado y se rehoga unos 3 minutos; después se incorpora la harina, la lechuga, las alcachofas y las demás verduras. Se rehoga todo bien durante 5 minutos, y a continuación se echa el vino y la sal, se mueve y se añade el agua, de manera que cubra justo las verduras. Se tapa la cacerola y, a fuego lento, se hace la menestra durante 45 minutos más o menos, salteando de vez en cuando la verdura para que no se agarre. (Si es necesario, se puede añadir algo más de agua.)

Se sirve en fuente honda, adornando la verdura con rodajas de huevo duro.

Nota.—Se pueden agregar habas, bien peladas o, si son muy tiernas, cortadas con sus vainas por donde termina cada grano.

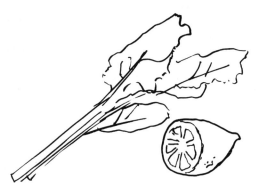

449 MENESTRA DE VERDURAS CORRIENTE (6 personas)

½ kg de zanahorias,
½ kg de judías verdes,
¾ kg de alcachofas pequeñas y tiernas,
1 kg de guisantes (o una lata),
2 nabos,
   unas hojas verdes de lechuga,

½ limón,
100 g de jamón serrano veteado,
4 cucharadas soperas de aceite,
1 cucharada sopera de harina,
1 cebolla pequeña (50 g),
   agua y sal.

Las verduras se ponen según la época del año. O sea, que se pueden suprimir las judías verdes y poner más guisantes, etc., haciendo toda clase de combinaciones.

Esta menestra es un ejemplo que se puede variar.

En una cacerola se pone el aceite a calentar; cuando está en su punto, se echa la cebolla muy picada y se deja unos 5 minutos, hasta que se ponga transparente y dándole vueltas con una cuchara de madera. Se pica luego el jamón en cuadraditos y se echa, así como las hojas verdes de lechuga (las exteriores que estén tiernas y sanas) cortadas en tiritas finas. Se deja rehogar un poco y se espolvorea la harina, moviéndola con una cuchara de madera. Se agregan entonces las zanahorias peladas y cortadas en cuadraditos, se añade agua que cubra todo y se deja cocer un rato. Cuando están medio tiernas las verduras, se van añadiendo las demás (los nabos picados también en cuadraditos). Después las judías, quitados los hilos y picadas en trocitos que resulten cuadrados, los guisantes, etc., y se echa la sal. Se revuelve de vez en cuando y se deja cocer a fuego lento, vigilando las verduras para que queden tiernas pero enteras.

Las alcachofas se preparan quitándoles las hojas duras, cortando las hojas por la mitad de su altura y frotándolas con limón; se lavan en agua fría con unas gotas de zumo de limón. Si son pequeñas se parten en dos, y si no en cuatro. Si son muy tiernas se cuecen con la menestra, pero si no se tiene seguridad, se cuecen aparte y se añaden después a la menestra.

Si se ve que la menestra está demasiado caldosa, al ir a servirla se quita algo de salsa y se sirve en fuente honda. Si se quiere, se adorna con un huevo duro cortado en rodajas.

BUDÍN DE VERDURAS (6 personas)

1¹/₂ kg de espinacas (o 1 kg de acelgas),
300 g de zanahorias,
³/₄ kg de guisantes frescos o una lata de
    150 g,
60 g de mantequilla (se reserva para
    untar el papel y el molde),
2 huevos enteros,
3 cucharadas soperas de leche.

Salsa:
2 cucharadas soperas de aceite,
20 g de mantequilla,
1¹/₂ cucharada sopera de harina,
¹/₂ litro de leche fría,
1 cucharada sopera rasada de concentrado de tomate,
sal.

Una vez lavadas y preparadas las verduras, se ponen a cocer cada una por separado en agua fría o caliente con sal. Las zanahorias se cortan después de peladas, en rodajas más bien finas y, cuando están tiernas, se reservan unas pocas rodajas para adornar el fondo del molde. Las demás se pican.

Se prepara una flanera, untándola de mantequilla. Se corta un papel fino, que se unta también con mantequilla, y se coloca en el fondo de la flanera. Después se hace un dibujo con las zanahorias y algún guisante.

Una vez bien escurridas todas las verduras, se pone en una sartén la mantequilla y se rehogan todas las verduras juntas muy bien. Se baten en un plato los 2 huevos como para tortilla y se les agregan las 3 cucharadas de leche; se añade esta mezcla a las verduras. Se pone todo en la flanera, apoyando un poco para que no quede ningún hueco. Se mete el molde en horno con calor mediano y al baño maría con el agua hirviendo. El horno estará previamente calentado unos 10 minutos. Se deja una hora más o menos.

Se apaga entonces el horno y se abre durante unos 5 a 8 minutos antes de servirlo (para que no se abra el budín). Se vuelca sobre la fuente donde se vaya a servir, pasando antes un cuchillo todo alrededor de la flanera. Se retira el papel con cuidado y se cubre con la salsa.

Mientras está en el horno el budín, se hace la salsa: en una sartén se pone el aceite y la mantequilla a calentar; se añade la harina, se dan unas vueltas con las varillas, se agrega poco a poco la leche fría para que no haga grumos. Se le echa sal y se da un hervor durante unos 10 o 15 minutos sin dejar de mover. Se incorpora entonces el tomate, moviendo mucho para que se deshaga muy bien.

Se vierte sobre el budín.

Nota.—Se pueden variar las verduras según el tiempo (judías verdes, repollo, etc.).

451 FLAN DE VERDURAS (6 personas)

³/₄ kg de guisantes desgranados (o congelados),
¹/₂ kg de judías verdes,
 4 zanahorias medianas (500 g),
 2 nabos grandecitos (300 g),
 4 o 5 huevos, según el tamaño,
 1 vaso (de los de vino) de leche fría,
   agua y sal,
   un poco de margarina para untar
   el molde,

Salsa:
Puede ser una bechamel clarita con un
par de cucharadas soperas de salsa de
tomate espesa o bechamel con un poco
de curry, etc.

Se empieza por cocer todas las verduras por separado, las judías verdes en trozos de unos 2 cm. de largo, las zanahorias en rodajas y los nabos en cuadraditos. se escurren muy bien. (Esto se podrá preparar con antelación, incluso la víspera.)

Se pone papel de plata en el fondo de una flanera y se unta todo el molde, incluso el papel, con bastante margarina. Se ponen las zanahorias en el fondo, por encima las judías verdes, luego los nabos y al final los guisantes. Como es lógico, se puede alterar el orden, yo los propongo así, pues creo que queda bonito al desmoldar. También se puede cambiar las verduras según la temporada.

En un cuenco se ponen los huevos, se baten un poco con un tenedor y se les añade la leche. Se sala ligeramente y se vierte despacio por encima de las verduras. Se remueven un poco las verduras con el fin de que penetre bien la crema de huevos y leche. Se pone al baño maría, con el agua ya caliente, un papel chaflado en el fondo o unas cáscaras de huevo flotando todo alrededor, para que no salpique el agua al cocer.

Debe de hacerse a horno mediano durante una hora. Antes de desmoldarlo se debe de dejar un rato reposar (unos 5 minutos), fuera del horno, con el fin que no se abra al desmoldarlo. Se pasa un cuchillo de punta redonda todo alrededor y se vuelca en la fuente donde se vaya a servir.

La salsa se puede echar por encima del flan de verduras o servir en salsera aparte.

REVUELTO DE BERENJENAS, CALABACINES, TOMATES Y PIMIENTOS (6 personas)

6 cucharadas soperas de aceite,	1 pimiento verde mediano,
1 cebolla mediana (100 g),	1 cucharada sopera rasada de harina,
³/₄ kg de tomates maduros (5 piezas medianas),	¹/₂ vaso (de los de vino) de agua,
3 calabacines grandes,	1 o 3 cucharadas soperas de salsa de carne (un resto) o una pastilla de pollo,
3 berenjenas grandes,	sal.

En una cacerola se pone el aceite a calentar. Cuando está, se le echa la cebolla pelada y picada. Se deja dorar. Se añaden entonces los tomates, pelados y quitadas las simientes. Se rehogan durante unos 8 minutos. Se añaden los calabacines y las berenjenas, pelados y cortados en trozos más bien grandes, así como el pimiento verde, lavado, partido en dos a lo largo, quitado el rabo y las simientes y cortado en tiras más bien finas a lo ancho. Se echa sal. Se rehoga todo bien durante unos 10 minutos, se echa entonces la cucharada de harina espolvoreándola y la salsa de carne si se tiene, o el cubito de pollo o carne y el agua. Se mueve todo bien con una cuchara de madera y se deja destapado a fuego mediano de 30 a 40 minutos, moviendo de vez en cuando la cacerola para que no se pegue el pisto. Se sirve en fuente honda.

Este plato se puede hacer de antemano y calentarlo en el momento de servir.

 RELLENO DE VERDURAS VARIADAS (6 a 8 personas)

2 calabacines medianos (partidos en dos),	harina en un plato, sal.
4 tomates medianos,	Relleno:
4 patatas medianas,	¹/₄ kg de carne picada (mitad ternera y mitad cerdo),
4 cebollas pequeñas,	
4 pimientos pequeños (rojos o verdes),	miga de pan mojada en leche caliente (si está muy mojada se escurre un poco al mezclarla con la carne),
2 zanahorias medianas (100 g) para la salsa,	
1 cebolla grande (125 g) picada,	1 diente de ajo,
¹/₂ litro de aceite (sobrará),	1 ramita de perejil,
1 cucharada sopera colmada de harina,	2 huevos,
1¹/₂ litro de agua,	1 cucharada sopera de vino blanco,
1 vaso (de los de vino) de vino blanco,	sal.

Se prepara el relleno con la carne picada cruda (también puede ser un resto de ternera mezclado con la carne de 3 ó 4 salchichas frescas en crudo), los huevos, el pan mojado en leche caliente, el vino y, picado en el mortero con la sal (para que no resbale), el diente de ajo y el perejil. Se amasa como si fuera para albóndigas.

Se preparan las verduras, pelándolas y haciéndoles un agujero del tamaño de una nuez; a los pimientos se les quita el rabo y se les vacían de simientes. Se rellenan con la carne.

En una sartén se pone el aceite a calentar; se pasa pieza por pieza por harina y se fríen. Se colocan en una cacerola amplia, salvo los tomates, que después de fritos se reservan en un plato para ponerlos a cocer sólo unos 15 minutos para que no de deshagan.

Se hace la salsa aparte. En una sartén se ponen 6 cucharadas soperas de aceite frito a calentar; se fríe la cebolla picada hasta que esté bien doradita, se añade la cucharada de harina y se deja dorar. Se cortan las zanahorias, después de peladas y lavadas, en rebanaditas muy finas, se agrega el vino y el agua y se deja cocer unos 15 minutos. Se pasa la salsa por el pasapurés, se sala y se echa por encima de los rellenos para que los cubra bien. Se deja cocer a fuego muy lento unos 45 minutos. Se añaden entonces los tomates y se dejan cocer otros 15 minutos. Se deja reposar un poco y se sirve en una fuente honda.

Nota.—Este relleno se puede preparar con anticipación y recalentar al momento de servir.

Champiñones, setas y criadillas (de tierra)

454 PREPARACIÓN DE LOS CHAMPIÑONES FRESCOS PARA SALSA

Escoger los champiñones que sean muy frescos (se reconocen porque son muy blancos y al partirlos poco correosos). Si son grandecitos, se separan los pedúnculos o rabos, de la cabeza. Se quita al pedúnculo la parte con tierra y se corta en dos o tres trozos a lo ancho. La cabeza se lava y cepilla si tiene tierra con un cepillo fino, se cortan en dos o en cuatro pedazos y se echan en agua fresca con unas gotas de zumo de limón. Se lavan bien y se escurren en seguida.

En un cazo se ponen con un trozo de mantequilla (unos 20 g por $^{1}/_{4}$ kg de champiñones más o menos), sal y el zumo de $^{1}/_{2}$ limón para esta misma cantidad. Se tapan y, a fuego mediano-lento, se dejan unos 6 minutos, sacudiendo de vez en cuando el cazo por el mango para que se cuezan por igual.

Así están listos para cualquier preparación con salsa.

También se pueden cortar en rebanadas finas para las salsas que acompañan a las carnes o para tortillas.

455 CHAMPIÑONES AL AJILLO (6 personas)

1½ kg de champiñones pequeños,
9 cucharadas soperas de aceite crudo
y fino,
3 dientes de ajo pelados y picados,

2 cucharadas soperas de perejil picado,
limón para zumo,
agua y sal.

Se cepillan bien los champiñones al chorro y se van echando en agua fresca con el zumo de limón. Se lavan bien y se sacan en seguida, secándolos mucho con un paño de cocina limpio.

Se preparan 6 platitos de barro, poniéndoles el aceite, los champiñones, sal y ajo picado. Se ponen a fuego mediano, primero durante unos 5 minutos y más vivo otros 5 minutos, sacudiendo de vez en cuando los platitos para que los champiñones se hagan por igual. Al ir a servir se espolvorean con perejil.

Se sirven en seguida y muy calientes.

456 CHAMPIÑONES CON BECHAMEL (6 personas)

1¼ kg de champiñones frescos,
50 g de mantequilla,
2 cucharadas soperas de aceite fino,
¾ litro de leche fría,
3 cucharadas soperas rasadas de harina,

2 yemas de huevo,
1 limón,
2 cucharadas soperas de perejil picado,
6 triángulos de pan frito (facultativo),
pimienta molida,
sal.

Se preparan y lavan los champiñones (receta 454); únicamente si son pequeños, se dejan enteras las cabezas, y si son grandes se cortan en dos o cuatro partes, dejando los trozos grandes. Se ponen con 25 g de mantequilla y unas gotas de zumo de limón para que se hagan durante unos 6 minutos, salteándolos de vez en cuando. Se reservan.

En un cazo se pone el resto de la mantequilla y el aceite a calentar. Cuando la mantequilla está derretida se le agrega la harina. Se dan unas vueltas con las varillas o con cuchara de madera y se añade la leche fría, poco a poco. Se hace una bechamel que quede espesa. Para ello se cuece durante unos 10 o 12 minutos, revolviendo siempre.

Aparte, en un tazón, se ponen las 2 yemas. Se deslíen, con cuidado de que no se cuajen, con un poco de bechamel. Se vierte lo del tazón en la bechamel; se echa sal y pimienta para que quede fuerte la bechamel, sin que cueza más con las yemas.

Se revuelven los champiñones con la bechamel; se escurren antes de incorporarlos a la bechamel. Se reparten en platitos individuales, que estén calientes. Se espolvorean con el perejil picado y se sirven en seguida, adornados, si se quiere, con un triángulo de pan de molde frito.

Nota.—Con estos mismos champiñones se pueden rellenar vol-au-vent individuales o uno grande.

457 CHAMPIÑONES CON ARROZ BLANCO
(6 personas)

(Véase receta 187.)

458 CHAMPIÑONES PARA ENTREMESES (6 personas)

$^3/_4$ kg de champiñones,
5 cucharadas soperas de aceite,
2 zanahorias pequeñas (o una grandecita),
1 cebolla mediana (80 g),
2 dientes de ajo enteros,
2 ramitas de perejil,

1 hoja de laurel,
1 cucharada sopera de perejil picado,
2 tomates medianos maduros,
$1^1/_2$ vaso (de los de vino) de vino blanco,
$^1/_2$ limón,
sal y pimienta molida.

Se escogen los champiñones de tamaño más bien pequeños; si no, una vez cortados los rabos a ras de la cabeza, se cortan éstas en dos. Se lavan bien con un cepillo y se echan en agua fresca con unas gotas de zumo de limón.

En un cazo se ponen 3 cucharadas de aceite a calentar. Se agrega la cebolla pelada y picada, las zanahorias raspadas, lavadas y picadas en cuadraditos, los dientes de ajo pelados pero enteros. Se rehoga todo esto durante unos 5 minutos y se añade el vino blanco, el perejil en rama, la hoja de laurel, la sal y la pimienta. Se rehoga todo junto durante unos 5 minutos más. Se agregan entonces los champiñones escurridos y los tomates pelados, cortados en trozos y quitadas las simientes. Se cuece esto destapado durante unos 5 minutos (más o menos). Se retira la ramita de perejil, el laurel y los dientes de ajo.

Se vierte en una fuente, se rocía con 2 cucharadas soperas de aceite fino y se espolvorea de perejil picado. Se revuelve y se deja enfriar antes de servir.

459 CHAMPIÑONES RELLENOS DE UN PICADITO
CON CHALOTA

Se preparan igual que los anteriores y en la parte hueca se rellenan como sigue:

Se pican los rabos de los champiñones y una chalota (mediana, para unos 4 champiñones). En una sartén pequeña se pone un poco de aceite, se rehoga el picado mezclado; se añade sal y unas gotas de zumo de limón. Se deja rehogar de 5 a 8 minutos y se rellenan los champiñones, metiéndolos al horno, igual que en la receta anterior.

460 ENSALADA DE CHAMPIÑONES CRUDOS (6 personas)

³/₄ kg de champiñones,
6 cucharadas soperas de aceite fino,
1¹/₂ limón para zumo,

1 cucharada sopera de perejil picado,
sal y pimienta.

Lavar los champiñones frotándolos con un cepillo. Cortar la parte de los pedúnculos o rabos que tengan tierra y cortar el resto en rodajitas. Cortar los champiñones en láminas y echarlas a medida que se cortan en agua fresca con el zumo de ¹/₂ limón. Sacarlos una vez bien lavados y secarlos con un paño limpio. Ponerlos en una ensaladera, rociarlos con el aceite, el zumo de 1 limón, la sal y la pimienta. Mezclar todo bien, espolvorear con el perejil picado. Meter la ensalada un par de horas en la nevera y servir tal cual después.

461 NÍSCALOS

Se ponen más bien de adorno para la carne; pero poniéndolos solos de primer plato se calcula ¹/₄ kg por persona.

Se cortan los pedúnculos o rabos, pues suelen estar vacíos o picados de gusanos. Se lavan muy bien las cabezas al chorro del grifo de agua fría, frotándolos muy bien de uno en uno con los dedos en la parte de encima y por debajo si tuviesen arena, ayudándose con un cepillito. Una vez bien lavados, se cortan en trozos grandecitos y se ponen sin nada en una sartén y se tapan con tapadera. Se ponen a fuego mediano y se mueve la sartén de vez en cuando por el mango; se dejan así unos 10 minutos. Pasado este tiempo, se vuelca la sartén de lado y sujetando con una tapadera los níscalos se les escurre todo el jugo que han soltado. Se salan, se rocían de aceite (más o menos 1¹/₂ cucharada sopera para cada ¹/₂ kg), se espolvorean con ajo muy picado y perejil. Se revuelven bien y se dejan unos 3 minutos más a fuego lento, revolviéndolos de vez en cuando. Tienen que quedar envueltos en grasa, pero sin que les sobre aceite en la sartén, y bien hechos por dentro pero sin estar fritos. Se sirven en seguida.

462 SETAS EN SALSA (4 personas)

1 kg de setas,
2 chalotas (o una cebolla francesa),
100 g de jamón serrano, bastante magro,
3 cucharadas soperas de aceite,

6 cucharadas soperas de buen jerez (¹/₂ vaso de los de vino),
3 cucharadas soperas de crema líquida,
sal y pimienta.

Lavar y cortar en trozos más bien pequeños las setas. En una sartén amplia poner el aceite a calentar, volcando un poco la sartén. Echar las chalotas bien picaditas, rehogarlas hasta que empiecen a dorarse ligeramente. Añadir entonces el jamón muy picado, darle unas vueltas y echar las setas.

Dejar que se rehoguen durante unos 8 minutos, dándoles vueltas de vez en cuando. Añadir entonces el jerez y dejar cocer durante otros 8 minutos. Salpimentar a gusto.

En el momento de ir a servir, rociar las setas con la crema, revolver un poco para que se caliente bien y servir en seguida.

463 SETAS GRATINADAS (6 personas)

24 setas grandes,
8 cucharadas soperas de aceite,
2 cucharadas soperas de perejil picado,
2 chalotas,
$^1/_2$ vaso (de los de vino) de vino blanco,

1 vaso (de los de vino) de caldo (o agua con una pastilla),
2 cucharadas soperas de pan rallado,
sal.

Se cortan los pedúnculos o rabos de las setas. Éstas se limpian de arena cepillándolas suavemente en el chorro de agua fría.

Se pican las chalotas y los rabos de las setas y se rehogan unos 4 minutos en 3 cucharadas soperas de aceite añadiéndoles al final el perejil picado.

Se unta con aceite una fuente de horno y se colocan en ella las setas boca arriba. Se salan y se rellenan con el picadito y se espolvorea cada seta con un poco de pan rallado. Se mezcla el caldo con el vino blanco y con ellos se rocían las setas. Se meten en el horno, previamente calentado, durante 10 minutos y se sirven en la misma fuente.

464 CRIADILLAS DE TIERRA (3 personas)

$^1/_2$ kg de criadillas de tierra,
2 cucharadas soperas de harina (rasadas),
1 cebolla mediana (80 g),

1 vaso (de los de vino) de vino blanco,
4 vasos (de los de vino) de agua,
4 cucharadas de aceite,
agua y sal.

Se lavan muy bien las criadillas de una en una, si puede ser, frotándolas con un cepillo. Se quitan con un cuchillo las partes malas que tengan y se cortan como si fueran patatas para tortilla (es decir, en láminas más bien finas). Se ponen en un cazo con agua que las cubra y se les da un hervor de 10 minutos, tapando el cazo con tapadera.

Durante este tiempo se hace la salsa. En una sartén se pone el aceite a calentar, se agrega la cebolla; cuando está dorada se le añade la harina, y, dando vueltas con una cuchara de madera, se le deja tomar color.

Después se añade el vino y el agua, se echa sal (un poco) y se deja cocer la salsa un par de minutos.

Se escurren las criadillas en un colador, se vuelven a poner en el cazo, y pasando la salsa por el chino se les vierte encima. Se tapan y se dejan cocer a fuego lento por espacio de unos 30 minutos.

Se prueba la salsa y se rectifica de sal si ha lugar.

Se sirven en un plato.

Huevos, flanes y soufflés

Para que los huevos duros, mollets, pasados por agua etc., no se casquen en el agua hay que pinchar la parte gorda con un arfiler sin profundizar.

 465 HUEVOS PASADOS POR AGUA

1.ª manera:

Poner un cazo con agua, la suficiente para que cubra bien todos los huevos que se vayan a hacer (nunca más de 6 a la vez, es mejor); añadirle sal (una cucharada sopera para 4 o 6 huevos) y poner al fuego. Cuando rompe a hervir el agua, zambullir los huevos y dejarlos 3 minutos exactamente.

Para medir bien este tiempo, lo mejor es comprar un reloj de arena de 3 minutos.

2.ª manera:

Poner los huevos en un cazo, cubrirlos de agua fría y echarles una cucharada sopera de sal. Ponerlos al fuego vivo y, cuando el agua rompe a hervir, retirarlos rápidamente del agua y servirlos en seguida.

Se suelen servir en huevera o sencillamente en una taza de té, para poderlos cascar cada cual y comer con más comodidad. Se suelen acompañar de unos picatostes de pan frito.

466 MANERA DE HACER LOS HUEVOS DUROS

Poner en un cazo agua suficiente para que pueda cubrir los huevos que se van a hacer; dejar que rompa a hervir y entonces echar una cucharada sopera de sal (por ejemplo, para 4 huevos; si son más añadir más sal, pero si son menos, dejar una cucharada sopera de sal). Cuando rompe a hervir el agua, meter los huevos con precaución y moverlos con una cuchara de madera para que al cuajarse se quede la yema bien en el centro. Dejar pasar 12 minutos (para huevos de tamaño mediano, minuto más o minuto menos si son más grandes o más pequeños de lo normal); después de este tiempo, tirar el agua caliente y poner fría, al chorro, para que se enfríe el cazo.

Dejarlos en agua hasta el momento de usarlos seguidamente.

467 HUEVOS DUROS CON BECHAMEL Y MEJILLONES (6 personas)

9 huevos,
1½ kg de mejillones,
½ vaso de vino blanco,
1 cebolla pequeña picada,
1 hoja de laurel,
1 cucharada de aceite fino,
25 g de mantequilla,
2 cucharadas soperas de harina,
1 litro de leche,
50 g de queso gruyère o parmesano rallado,
sal.

Se cuecen los huevos duros como va explicado anteriormente.

Se preparan los mejillones. Con un cuchillo se raspan bien las barbas que tienen en las conchas y se tiran los mejillones que estén entreabiertos. Se lavan bien en una cacerola con agua, moviéndolos bien con las manos para que choquen y queden así cerrados (de lo contrario se les va el jugo). Una vez bien lavados, se ponen en una sartén grande con el ½ vaso de vino, la cebolla picada y la hoja de laurel. Se tapan con tapadera y se ponen al fuego.

Se mueven todo el rato, haciéndolos saltar agarrando para ello la sartén por el mango. Cuando están bien abiertos se retiran del fuego; se quitan los bichos de su concha con precaución y se reservan en un plato cubierto con un paño húmedo para que no se sequen. Se tiran las conchas. Se cuela por un colador muy fino (o mejor poniendo en un colador un pañuelo o trapo fino, bien limpio) el jugo de los mejillones que ha quedado en la sartén.

Se hace la bechamel con la cucharada de aceite y la mantequilla; cuando ésta está derretida se añade la harina y luego la leche fría, poco a poco, así como la sal. Se deja cocer revolviendo con unas varillas por espacio de 10 minutos, y entonces se añade el caldo de los mejillones y se deja cocer otros 4 minutos.

En una fuente que vaya al horno se ponen los huevos duros descascarillados y partidos en dos, con la yema hacia arriba; para que no se vuelvan, se corta un poco la parte blanca para que quede sentado el ½ huevo en la fuente.

Se ponen algunos mejillones y la bechamel. Se coloca el resto de los mejillones sobre la bechamel, pero que se hundan un poco. Se espolvorea con el queso rallado y se mete al horno para que gratine unos 10 minutos, hasta que la bechamel esté dorada.

Se sirve en seguida.

468 CROQUETAS DE HUEVOS DUROS (6 personas)

6 huevos duros,	1 litro de aceite para freír (sobrará),
4 cucharadas soperas de harina,	2 huevos para envolver,
³/₄ litro de leche,	4 ramitas de perejil,
25 g de mantequilla,	pan rallado,
2 cucharadas soperas de aceite,	sal.

Se hacen los huevos duros (receta 466).

Se quitan las cáscaras, se cortan en dos a lo largo y cada mitad se corta en tres.

Aparte se hace la bechamel. En una sartén se pone la mantequilla y el aceite; cuando la primera está derretida y mezclada con el aceite, se añade la harina. Se revuelve con unas varillas y se va añadiendo la leche fría, poco a poco. Se echa la sal y se deja cocer sin dejar de mover durante unos 10 minutos.

En la misma sartén y con dos cucharadas soperas se envuelven las partes de huevo con bechamel. Se sacan y se ponen en un mármol untado con un poco de aceite, hasta que se enfríen (una hora antes de envolverlas). Después se rebozan pasando la croqueta por los huevos bien batidos como para tortilla y después por pan rallado fino.

Se fríen en aceite abundante y se sirven con ramilletes de perejil frito.

469 HUEVOS DUROS MIMOSA (6 personas)

9 huevos duros,	Mayonesa:
¹/₂ lata de anchoas en aceite,	2 huevos,
unas ramitas de perejil o berros,	¹/₂ litro de aceite fino (2 vasos de los de
sal.	agua),
	zumo de limón o vinagre,
	sal y pimienta molida.

Se hace la mayonesa (receta 111) y se reserva en sitio fresco.

Se cuecen los huevos (receta 466).

Una vez cocidos los huevos y ya fríos, se descascarillan, se cortan en dos a lo largo, se quitan las yemas y se reserva todo.

Se mezcla en una ensaladera algo menos de la mitad de la mayonesa con 5 yemas y las anchoas escurridas de su aceite y picadas. Se rellenan con esta mezcla las medias claras. Se corta un trocito de clara en el fondo para que los huevos asienten y no se vuelquen. Se colocan en la fuente donde se vayan a servir. Se cubren con el resto de la mayonesa y se espolvorean con las yemas reservadas, pasándolas por un colador (que no sea de tela metálica, sino de agujeros) o por una «moulinette» o pasapurés. Se adorna la fuente con ramitos de perejil o berros y se mete en la nevera durante una o dos horas; no más tiempo, pues se secaría la mayonesa y se cuartea, lo que resulta muy feo.

470 BUÑUELOS DE HUEVOS DUROS (6 personas)

9 **huevos duros,**
2 **huevos para envolver,**
³/₄ **litro de aceite.**

Bechamel:
3 **cucharadas soperas de harina,**
³/₄ **litro de leche fría,**
25 **g de mantequilla,**
2 **cucharadas soperas de aceite fino,**
sal,
pan rallado,
salsa de tomate para servir en salsera
(facultativo).

Hacer los huevos duros (receta 466), quitarles la cáscara y cortarlos por la mitad a lo ancho.

Aparte, preparar en una sartén la bechamel. Se derrite la mantequilla y el aceite, se añade la harina y con unas varillas se dan vueltas agregando poco a poco la leche fría. Se echa sal y se deja cocer unos 8 a 10 minutos. Después de lo cual se añaden las yemas de los huevos duros y se dan vueltas, hasta que estén bien deshechas e incorporadas a la bechamel. Entonces, con una cuchara pequeña, se rellenan los huevos con esta pasta, dejando que se unte un poco todo el huevo por fuera. Se dejan reposar por lo menos ¹/₂ hora, después de lo cual se rebozan en huevo bien batido como para tortilla y en pan rallado, y se fríen en aceite en su punto.

Se sirven las bolas en seguida, acompañadas de salsa de tomate servida en salsera.

471 HUEVOS DUROS CON GAMBAS (6 personas)

9 huevos duros,
350 g de gambas,
1 cebolla mediana (125 g),
3 cucharadas soperas de harina,
3 cucharadas soperas de aceite fino,

$^1/_2$ vaso (de los de vino) de vino blanco,
$1^1/_2$ vaso (de los de agua) de agua de cocer las gambas,
sal.

Se pone un cazo con agua abundante y sal. Cuando hierve a borbotones se echan las gambas y se cuecen de 2 a 3 minutos, según sean de grandes. Una vez cocidas, se escurren en un colador y se reserva el agua donde han cocido.

Se pelan dejando las colas. Éstas se cortan en dos o tres partes y se reservan.

Se cuecen los huevos según la receta 466. Se descascarillan, se cortan por la mitad a lo largo y se les sacan las yemas, que se reservan.

En una sartén se hace la salsa: Se calienta el aceite; cuando está caliente se refríe la cebolla pelada y picada hasta que empieza a dorarse (unos 8 minutos). Se añade la harina y se dan unas vueltas con una cuchara de madera. Se va agregando poco a poco el vino y después el agua de las gambas. Se cuece la salsa durante unos 5 minutos sin dejar de dar vueltas. Se pasa por el pasapurés, se sala y se reserva al calor.

Se mezclan 7 yemas con las gambas y 2 o 3 cucharadas soperas de salsa. Con esta mezcla se rellenan los huevos. Se les quita a éstos un trocito debajo para que asienten en la fuente. Se colocan en una fuente resistente al horno; se cubren con el resto de la salsa y se meten en el horno previamente calentado, durante unos 5 minutos. Al ir a servir, se espolvorean las yemas reservadas, picadas con un cuchillo o pasadas por un colador de agujeros (no de tela metálica). Se sirve en seguida.

472 HUEVOS DUROS CON ENSALADILLA RUSA (6 personas)

9 huevos duros,
macedonia hecha con $^1/_2$ kg de guisantes, $^1/_4$ kg de zanahorias y 2 patatas medianas cocidas con su piel o 1 lata de ensaladilla rusa de 500 g,
1 manojo de berros.

Mayonesa:
2 huevos,
2 vasos (de los de agua) de aceite fino,
$1^1/_2$ cucharada sopera de vinagre o zumo de limón,

Cocer los huevos (receta 466) y cortarlos por la mitad a lo largo (se les quita una rebanadita de abajo para que no bailen en la fuente). Se quitan las yemas, que se reservan para el adorno.

Aparte se cocerán las verduras; cuantas más haya mejor sabor tendrá la macedonia.

Se hace la mayonesa con la batidora (receta 111). Ésta se mezclará con las verduras y se rellenarán los huevos con ello.

Se espolvorean las yemas picadas o pasadas por un colador de agujeros (no de tela metálica) y apretando con el dorso de una cuchara.

Se sirve bien frío, con unos ramilletes de berros. Se puede preparar de antemano y meter en la nevera.

473 HUEVOS DUROS GRATINADOS (6 personas)

9 huevos duros,
60 g de mantequilla,
2 cebollas medianas (150 g),
4 cucharadas soperas de aceite fino,
¹/₄ kg de champiñones,
   zumo de ¹/₂ limón,

2 cucharadas soperas de harina,
¹/₂ litro de leche fría,
70 g de mantequilla,
   un pellizco de nuez moscada,
   sal,
3 cucharadas soperas de pan rallado.

Se cuecen los huevos (receta 466). Se les quita la cáscara, se cortan por la mitad a lo largo y se vacían las yemas, que se reservan. Se les corta una lonchita fina debajo para que no se tambaleen en la fuente donde se sirvan.

Con 20 g de mantequilla se unta una fuente (que sea resistente al horno).

En un cazo aparte se van haciendo los champiñones. Se lavan bien y se limpian de tierra, quitándoles las partes malas. Se cortan en láminas finas (si los champiñones fuesen grandes habría que cortarlos, para que los trocitos resulten pequeños). Se ponen con 20 g de mantequilla y el zumo de ¹/₂ limón. Se tapa el cazo y, a fuego lento, se van haciendo (unos 6 minutos).

En una sartén se ponen las 2 cucharadas soperas de aceite. Se calienta, se echa la cebolla muy picadita y se deja hasta que esté dorada (unos 8 minutos).

Al mismo tiempo, y mientras se dora la cebolla, se va haciendo la bechamel. En otra sartén se ponen 25 g de mantequilla y 2 cucharadas soperas de aceite. Cuando está derretida, se añade la harina, y, poco a poco, la leche fría y la sal. Se mueve con unas varillas y se deja cocer unos 8 o 10 minutos.

Cuando está hecha la bechamel, se cogen un par de cucharadas soperas y se mezclan con las yemas (reservadas), la cebolla y los champiñones. Se agrega un poco de nuez moscada y se mezcla todo bien. Se rellenan con esto los huevos duros, que se ponen en la fuente, vertiendo sobre ellos el resto de la bechamel (si estuviese un poco espesa se añade un poquito de leche fría para aclararla). Se espolvorea con el pan rallado y se ponen los 25 g de mantequilla que sobran por encima, en trocitos. Se mete al horno hasta que esté dorada la superficie.

Se sirve en la misma fuente.

474 HUEVOS A LA TOLEDANA (6 personas)

9 huevos duros,
1 huevo crudo,
150 g de jamón serrano muy picado,
1 lata pequeña de guisantes (100 g),
1 plato con harina,
$^1/_2$ litro de aceite (sobrará),

1 cebolla pequeña (50 g),
1 cuchara sopera de harina,
1 pellizco de hebras de azafrán,
2 vasos (de los de agua) de agua,
1 vaso (de los de vino) de vino blanco,
sal.

Una vez cocidos los huevos (13 minutos), se cortan por la parte más ancha. Se les vacían las yemas; tres de las cuales se reservan. Las demás se mezclan con el jamón picado y con esta mezcla se vuelven a rellenar los medios huevos vacíos. Se corta una rebanada pequeña a la clara del lado redondo, con el fin de que sienten luego en una fuente. Se pasa cada mitad primero ligeramente por harina, después por el huevo batido, insistiendo en la parte del relleno, con el fin de que éste no se salga. Se van friendo, y cuando están dorados se van colocando en una fuente de barro o de cristal resistente al fuego.

Salsa:

En una sartén se ponen unas 3 o 4 cucharadas soperas de aceite, de freír los huevos. Se rehoga la cebolla picada hasta que se dore (unos 8 minutos) y entonces se añade la cucharada de harina, dejándola que se dore, dándole vueltas con una cuchara de madera. Se añade entonces el vino y el agua y se cuece durante unos 10 minutos. Mientras tanto, en el mortero se machaca el azafrán y se disuelve con un poco de salsa de la sartén, se vuelca en la salsa. Se deja cocer unos 5 minutos más, y pasándola por el pasapurés se vierte por encima de los huevos. Se cuece sacudiendo la cacerola de vez en cuando, para que se trabe la salsa durante otros 10 minutos. Se prueba entonces de sal y se rectifica a gusto. Se añaden los guisantes, las 3 yemas reservadas picadas y, si hubiera sobrado, también el resto del relleno. Se calienta todo bien y se sirve en la misma cacerola.

475 HUEVOS DUROS CON SALSA CAZADORA (6 personas)

9 huevos duros,
4 cucharadas soperas de aceite,
200 g de cebollas,
$^1/_4$ kg de champiñones,
1 kg de tomates maduros,
$^1/_2$ diente de ajo,

$^1/_2$ vaso (de los de vino) de vino blanco,
$^1/_2$ vaso (de los de vino) de agua,
zumo de $^1/_2$ limón,
1 cucharada (de las de café) de azúcar,
1 ramita de tomillo,
sal y pimienta negra.

En una sartén se ponen las 4 cucharadas soperas de aceite, cuando están calientes se echan las cebollas peladas y cortadas en rodajas finas. Se deja que se hagan como unos 5 minutos. Entonces se añaden los tomates pelados y quitadas las pepitas y partidos en trozos; se machacan con el canto de la espumadera. Se añaden los champiñones limpios de tierra, lavados con agua y zumo de limón y cortados en trozos pequeños, el $^1/_2$ diente de ajo machacado con la sal en el mortero y disuelto con el $^1/_2$ vaso de agua, la ramita de tomillo y pimienta negra. Se deja cocer por espacio de 10 minutos. Se agrega entonces una cucharadita de azúcar y se dan unas vueltas para que se deshaga.

Se descascarillan los huevos y se cortan por la mitad por la parte más alargada; se les corta un trocito debajo para que no se tambaleen en la fuente y se ponen en la misma. Cuando está la salsa, se echa por encima y se sirve en seguida.

476 MANERA DE HACER LOS HUEVOS MOLLETS

Téngase una cacerola con agua hirviendo y 2 cucharadas soperas de sal. Se pasan por agua fría los huevos que se vayan a utilizar y se meten en una cesta de alambre (o en un colador grande), zambulléndolos en el agua cuando hierve a borbotones. Cuando rompe otra vez el hervor se cuentan 5 minutos exactamente, mirando bien el reloj (para que la clara esté cuajada y la yema líquida). Se ponen entonces al chorro de agua fría y se dejan hasta que el agua y la cacerola estén bien frías. Esto tiene que ser muy rápido, con el fin de que paren de cocer los huevos. Se dejan en agua fría hasta el momento de emplearlos. Se descascarillan entonces, dándoles unos golpes suaves para romper la cáscara por algún lado y proceder con mucho cuidado. Cuando se vayan a utilizar, ya descascarillados, se pueden poner con mucho cuidado en agua templada, para calentarlos un poco, pero nunca más de 2 a 3 minutos.

477 HUEVOS MOLLETS EN GELATINA (6 personas)

6 huevos,	1 lata pequeña de guisantes (100 g),
½ kg de gelatina (comprada o hecha con gelatina en polvo),	1 trufa,
100 g de jamón de York,	1 lechuga.

Se hacen los huevos mollets (receta 476) y se meten en agua fría hasta el momento de utilizarlos. En unas flaneritas de metal o, mejor, en unos moldes de porcelana, se vierte un poco de gelatina derretida (si se ha hecho en casa, cuando aún está líquida; si se ha comprado, derritiéndola al baño maría). Se ponen en sitio fresco un momento, hasta que se cuaje la gelatina. Entonces se adorna el fondo con unos guisantes puestos alrededor del molde, un trocito de trufa en el centro del mismo y un cuadradito de jamón de York encima de la trufa.

Se descascarillan los huevos y con precaución se ponen en los moldes. Se ponen otros trocitos de jamón encima del huevo y se rellena el molde con gelatina líquida hasta que quede bien lleno. Se meten los moldes en la nevera hasta el momento de utilizarlos, cuando la gelatina se haya cuajado. Se sirven desmoldados (se pasa un cuchillo todo alrededor del molde y se ayuda con la punta de un cuchillo redondo para que penetre el aire y no haga ventosa, lo cual es frecuentísimo en los platos de gelatina). Si no, se meten los moldes uno por uno en agua caliente sólo unos instantes (porque se derriten en seguida) y se desmoldan, sobre unas hojas de lechuga blancas, lavadas y secadas con un paño limpio.

478 HUEVOS MOLLETS CON SALSA DE VINO (6 personas)

6 huevos mollets,	½ cucharadita (de las de moka) de extracto de carne,
2 cebollas medianas (150 g),	
½ kg de tomates bien maduros,	3 cucharadas soperas de aceite,
2 cucharadas soperas de harina,	100 g de jamón serrano picado,
1 vaso (de los de agua) de agua,	sal y pimienta,
½ vaso (de los de agua) de vino blanco seco,	6 triángulos de pan de molde fritos.

Se hacen los huevos mollets y se dejan en espera.

En una sartén se pone el aceite; cuando está caliente se añade la cebolla pelada y picada; se deja dorar un poco (unos 8 minutos), moviendo con una cuchara de madera. Se añade la harina y se echa el tomate partido en trozos y quitadas las pepitas; después de unos 5 minutos se agrega el vino blanco y el agua, la sal y la pimienta. Se deja cocer a fuego mediano unos 10 minutos, más o menos. Se fríen los triángulos de pan de molde y se reservan.

Se descascarillan entonces los huevos y se ponen con precaución en la fuente donde se vayan a servir. Es mejor que esta fuente sea algo honda para que la salsa cubra bien los huevos. Se añade en este momento en la sartén el extracto de carne. Se pasa la salsa bien caliente por el pasapurés, sobre la misma fuente. Se espolvorea el jamón sobre la salsa y se adorna con los triángulos de pan, puestos alrededor de la fuente y se sirve en seguida.

479 TARTALETAS DE ESPINACAS Y HUEVOS MOLLETS (6 personas)

6 huevos mollets,	3 cucharadas soperas de aceite,
1 kg de espinacas,	$^3/_4$ kg de tomates,
$^1/_4$ litro de leche fría,	$^1/_2$ cucharada (de las de café) de azúcar,
1 cucharada sopera de harina,	sal,
un pellizco de bicarbonato,	6 tartaletas.
20 g de mantequilla,	

Se compran o hacen 6 tartaletas un poco grandes. Se hacen los huevos mollets (receta 476) y se tienen en espera.

En un cazo con agua hirviendo y sal se meten las espinacas, bien lavadas de tierra y cortados los tallos gordos y las raíces. Se meten en el agua hirviendo a borbotones, empujándolas con una espumadera para que queden bien cubiertas por el agua. Se añade un pellizquito de bicarbonato para que se pongan más verdes.

Se cuecen durante unos 5 minutos a partir de cuando rompe el hervor. Se escurren entonces bien, prensándolas con una cuchara para sacar toda el agua que tienen. Se pasan por la máquina de picar la carne y se dejan en espera.

Se prepara el tomate. En una sartén se ponen 2 cucharadas de aceite; cuando está caliente se añaden los tomates cortados en trozos grandes y quitadas las pepitas. Se deja que se haga a fuego mediano, más bien lento, unos 20 minutos (el tomate, una vez pasado, tiene que quedar bastante espeso), machacando bien con la espumadera. Una vez hecho se pasa por el pasapurés y se le añade la sal y la $^1/_2$ cucharadita de azúcar.

Se hace mientras la bechamel para las espinacas. En una sartén se ponen la mantequilla y una cucharada sopera de aceite; cuando están calientes se agrega la harina, se dan unas vueltas con las varillas y se va añadiendo la leche, y, por último, la sal. Se deja cocer durante unos 10 minutos, después de lo cual se incorporan las espinacas. Se calienta bien todo y se pone esta crema en las tartaletas, reservándolas al calor.

Se descascarillan los huevos y se ponen sobre la crema de espinacas; por último, se echa por encima del huevo una cucharada sopera de salsa de tomate bien caliente y se sirve en seguida.

480 MANERA DE HACER LOS HUEVOS ESCALFADOS

Lo principal para que salgan bien estos huevos es que sean muy frescos.

Poner agua en una cacerola o en una sartén profunda; por cada litro de agua poner una cucharada sopera de zumo de limón o bien un chorrito de vinagre. Cuando el agua rompe a hervir, echar los huevos de uno en uno; para esto se va rompiendo previamente cada huevo en una taza de las de té y se echa el huevo en el agua, casi desde la misma superficie de ésta, para que no se reviente la yema y la clara no se esparza. Puestos, por ejemplo, 3 huevos a la vez, cuando vuelve a romper el hervor se baja mucho el fuego y se dejan por espacio de 3 minutos en agua muy caliente pero que no hierva a borbotones. Se sacan entonces con una espumadera y se colocan en una tartera, dejando que se enfríen. Al momento de usarlos se echa agua caliente, pero no hirviendo, muy poco a poco en la tartera, y así se calientan. Nunca se dejarán más de 3 minutos en esta agua. Luego se sacan con precaución. Si estuvieran aún chorreando agua, se puede poner por encima con mucho cuidado un paño que absorberá el resto del agua.

Se utilizan entonces con cualquiera de las recetas que siguen.

481 HUEVOS ESCALFADOS CON ESPÁRRAGOS (6 personas)

6 rebanadas de pan de molde,
20 g de mantequilla,
18 puntas de espárragos (frescos o de lata),
6 huevos,
2 cucharadas soperas de vinagre,
2 cucharadas soperas de harina,
25 g de mantequilla,
$\frac{1}{2}$ litro escaso de leche fría (2 vasos de los de agua),
$\frac{1}{2}$ litro de aceite (sobrará),
sal y nuez moscada.

Poner los espárragos, si son de lata, a calentar en la misma lata con la tapa abierta, al baño maría.

Mojar en leche, luego en huevo batido como para tortilla y freír la rebanadas de pan. Reservar al calor.

Hacer la bechamel. En una sartén se pone a calentar el aceite con la mantequilla; cuando ésta está derretida se añade la harina, se revuelve con unas varillas y, poco a poco, se incorpora la leche fría. Sin dejar de dar vueltas se cuece durante 6 a 8 minutos, de manera que la bechamel quede más bien espesa. Se sazona entonces de sal y nuez moscada rallada. Se reserva al calor.

Se hacen ahora los huevos escalfados. Una vez hechos, se colocan las rebanadas de pan en una fuente caliente y se pone cada huevo sobre una rebanada de pan. Se cubre con la bechamel, se colocan los espárragos encima y se sirve rápidamente.

Nota.—Se puede poner, en vez de espárragos, un picadito de trufa o de jamón de York.

HUEVOS ESCALFADOS CON CHAMPIÑONES (6 personas)

  6 rebanadas de pan de molde,
40 g de mantequilla,
300 g de champiñones,
    el zumo de ¹/₂ limón,
  6 huevos,
  2 cucharadas soperas de vinagre (para
    cocer los huevos),

2 cucharadas soperas de harina,
2 vasos (de los de agua) de leche fría
  (no muy llenos; menos de
¹/₂ litro),
25 g de mantequilla,
 1 cucharada de aceite,
  sal.

Lo primero se preparan los champiñones, limpiándolos muy bien y cortándolos en láminas finas. Se reservan 6 cabecitas enteras sin quitarles más que el rabo, pero se hacen juntas con las demás. Se ponen una vez lavados y escurridos en un cazo con 20 g de mantequilla y unas gotas de zumo de limón. Se tapan y se dejan a fuego lento unos 6 minutos, reservándolos al calor,

Se freirán las rebanadas de pan como en la receta 481.

Mientras se tuestan, se van haciendo los huevos escalfados de tres en tres cociéndolos con vinagre.

Las tostadas, una vez en su punto, deben dejarse al calor en el horno apagado.

Aparte, y por último, se prepara la bechamel. En una sartén se pone la mantequilla y el aceite a calentar, se añade la harina, se mueve con unas varillas y se va agregando la leche fría y la sal. Se retira del fuego cuando haya cocido de 6 a 8 minutos y adquiera el espesor debido (tiene que estar bastante espesa para que no se escurra del huevo).

Se ponen en una fuente las rebanadas de pan, encima un poco de champiñón, luego el huevo que se cubrirá con una cucharada sopera de bechamel, y, por fin, una cabecita de champiñón arriba del todo como adorno.

Se sirve en seguida.

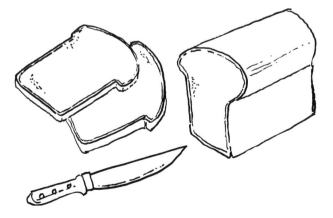

483 HUEVOS ESCALFADOS EN GELATINA (6 personas)

6 huevos frescos,	1 loncha de jamón de York un poco
¹/₂ kg de gelatina (comprada o hecha con	gruesa (unos 100 g),
polvos),	1 latita pequeña de guisantes (100 g),
1 cucharada sopera de jerez (si se hace	hojas de lechuga,
la gelatina en casa),	sal.

Hacer la gelatina según la explicación de cada marca. Si es comprada, derretirla al baño maría.

Cuando la gelatina esté líquida, verter en cada molde o cazuelita unas 3 cucharadas soperas de líquido para que cubra bien el fondo. Cuando está casi cuajada, hacer el adorno poniendo todo alrededor del fondo sobre la gelatina, un collar de guisantes bien escurridos, y en el centro un cuadradito de jamón de York.

Se hacen los huevos escalfados (receta 480), se escurren bien y se ponen con cuidado, una vez fríos, en la cazuelita. Finalmente, se vierte con cuidado otra vez gelatina (no muy caliente para no cuajar el huevo) hasta cubrir bien el huevo, y se mete en la nevera.

Servir desmoldados sobre unas hojas de lechuga.

Este plato se puede hacer la víspera.

484 MANERA DE HACER LOS HUEVOS EN CAZUELITAS

Estos huevos son un intermedio entre el huevo escalfado y el huevo al plato. Para hacerlos se precisan unas cazuelitas redondas de porcelana, resistentes al fuego.

En cada cazuelita se pone un poco de mantequilla (como una avellana), se ponen al calor para que se derrita (en una tartera con agua caliente o en el horno un minuto, para que la mantequilla no se tueste), o simplemente untándola con el dedo en el fondo del molde. A continuación se echa el huevo, que debe salir con la yema entera; se sazona de sal y se ponen las cazuelitas en una tartera con agua caliente y se meten en el horno de 4 a 5 minutos.

Se pueden servir en la cazuelita en caliente o sacados de ella con mucho cuidado de no romper la yema (que debe quedar blanda), o en frío.

485 HUEVOS EN CAZUELITAS CON RIÑONES AL JEREZ (6 personas)

1 riñón de ternera de unos 400 g,
1 vaso (de los de vino) de jerez,
3 cucharadas soperas de aceite,
1¹/₂ cucharada sopera de harina,

1¹/₂ vaso (de los de agua) de agua,
6 huevos,
sal.

Se cortan los riñones en cuatro trozos grandes y se limpian muy bien de pellejos y grasa. Se lavan en agua con vinagre y después en agua clara y se secan con un trapo limpio. Se cortan entonces en trozos pequeños y se ponen en una sartén a fuego mediano, cubiertos con una tapadera durante unos 2 minutos, sin dejar de mover la sartén. Se escurre el jugo que hayan soltado, que se tira. Se dejan los riñones en espera en un plato.

Se prepara la salsa. En la sartén se pone el aceite; cuando está caliente se le añade la harina, y, moviendo con una cuchara de madera, se deja que se tueste (unos 10 minutos). Entonces se agrega el jerez, el agua y la sal, moviendo para que no se formen grumos. Se deja cocer esta salsa unos 5 minutos y se incorporan los riñones para que cuezan unos 3 minutos.

En las cazuelitas se ponen repartidos los riñones con poca salsa en el fondo (una cucharada sopera en cada cazuelita). Se casca 1 huevo encima, se pone un poco de sal de mesa y se meten al horno al baño maría (el horno un poco fuerte y el agua para el baño maría, previamente hirviendo). Cuando la clara está cuajada y la yema tierna, están en su punto los huevos. Se echa entonces encima del huevo un poco de salsa bien caliente, que habrá sobrado, y se sirve en seguida.

486 HUEVOS EN CAZUELITAS CON QUESO EN PORCIONES Y JAMÓN (6 personas)

6 huevos,
6 quesos en porciones,
2 lonchas de jamón de York (100 g en total),

1 cajita de trufas,
20 g de mantequilla,
sal.

Se ponen las porciones de queso en las cazuelitas con una avellana de mantequilla. Se meten en el horno al baño maría, hasta que el queso esté muy blando o casi derretido (15 minutos más o menos). Entonces se casca 1 huevo en cada cazuelita, se salan ligeramente y se meten otra vez al horno, al baño maría. Cuando están los huevos en su punto (la clara cuajada y la yema blanda), se sirven poniendo sobre cada clara, en el borde del molde, un poco de jamón de York muy picado, y sobre la yema un trocito de trufa.

Se sirve inmediatamente.

HUEVOS EN CAZUELITAS CON CHAMPIÑONES (6 personas)

6 huevos,	unas gotas de zumo de limón,
¹/₄ kg de champiñones frescos,	sal.
40 g de mantequilla,	

Se limpian bien de tierra los champiñones y después de lavados se cortan en láminas finas. En un cazo se ponen 20 g de mantequilla y los champiñones con unas gotas de limón y sal. Se hacen a fuego lento y tapados con tapadera, por espacio de 6 minutos.

Mientras tanto, se pone en cada molde un poco de mantequilla (como una avellana), se casca en cada molde 1 huevo, se le echa un poco de sal de mesa y se meten al horno al baño maría. Cuando está la clara cuajada, se sacan del horno. Se reparten los champiñones por encima de los huevos y se sirven en seguida.

HUEVOS EN CAZUELITAS CON JAMÓN, NATA Y QUESO RALLADO (6 personas)

12 cucharadas soperas de nata líquida	50 g de gruyère rallado,
¹/₄ litro),	sal.
1 loncha de jamón de York de 100 g,	

En cada cazuelita se ponen 2 cucharadas de nata y un trozo de jamón de York. Se casca 1 huevo, que se sala muy poquito, y se espolvorea por encima el queso gruyère rallado.

En una besuguera se pone agua a calentar; cuando empieza a hervir se colocan las cazuelitas y se mete al horno previamente caliente, durante unos 6 minutos. Se sacan del horno y se sirven los huevos en su misma cazuelita.

HUEVOS EN CAZUELITAS CON SALSA DE TOMATE Y BACON (6 personas)

³/₄ kg de tomates bien maduros,	6 lonchas muy finas de bacon fritas,
3 cucharadas soperas de aceite,	1 vaso (de los de agua) de aceite
1 cucharada (de las de café) de azúcar,	(sobrará),
6 huevos frescos,	sal.

Hacer la salsa de tomate (receta 77). Poner en cada molde una cucharada sopera colmada de salsa de tomate espesa. Cascar los huevos en sus cazuelitas. Poner un poco de sal sobre cada huevo y meter al horno, al baño maría con agua previamente caliente, unos 5 a 6 minutos. Cuando la clara esté cuajada y la yema blanda se sirven, colocando encima de cada huevo la lonchita de bacon frito. Las lonchas deben cortarse en dos a lo largo, se enrollan y se pinchan en un palillo los dos rollos. Se fríen así en aceite y, en el momento de servir los huevos, se quita el palillo y se ponen los dos rollitos sobre cada huevo.

490 MANERA DE HACER LOS HUEVOS AL PLATO

Se usan unos platos con orejas de barro marrón, de porcelana blanca, de cristal que resista al fuego, o de metal especiales para estos huevos.

Se pone un poco de mantequilla en cada plato (unos 10 g) y se meten en el horno 1 minuto o 2, hasta que esté derretida pero no tostada. Se sacan y entonces se cascan los huevos, cada uno en su plato; se echa un poco de sal fina de mesa, en la clara, muy poca porque la yema se mancha, y se ponen los cacharros en el horno (si es de gas o eléctrico) y se enciende sólo por debajo; se dejan hasta que la clara esté bien cuajada y la yema quede líquida. Si la lumbre es de carbón, hay que hacerlo encima de la lumbre, intercalando entre el plato y la chapa un tostador de amianto que se vende en el comercio, o un tostador especial para cualquier cristal que vaya al fuego. Al retirar los platos del fuego, no se deben colocar directamente encima del mármol frío pues saltarían, sino encima de una bayeta o en una tabla de madera. Servir inmediatamente.

Se darán las proporciones para 1 huevo al plato por comensal, pero hay quien toma 2. Se procede lo mismo, únicamente hay que usar unos platos un poco mayores.

491 HUEVOS AL PLATO CON HIGADITOS DE POLLO
(6 personas)

6 higaditos de pollo,
2 cucharadas soperas de jerez,
1 cucharada sopera de fécula de patata,
3 cucharadas soperas de aceite,
1 cebolla pequeña picada (80 g),

1 vaso (de los de agua) de agua fría,
50 g de mantequilla,
1 cucharada sopera de perejil picado,
6 huevos,
sal.

En una sartén pequeña se pone el aceite a calentar. Cuando está caliente se rehoga la cebolla pelada y picada, hasta que empieza a ponerse transparente (unos 5 minutos más o menos). Mientras tanto se quita la hiel, se limpian de nervios los higaditos y se cortan en cuatro. Se añaden a la cebolla y se saltean unos 3 minutos. Con una espumadera se saca todo y se reserva en un plato.

En la misma sartén, y con el aceite que ha quedado, se añade la fécula. Se revuelve un poco y se añade poco a poco el jerez y después el agua. Se cuece la salsa durante 2 o 3 minutos. Se incorpora la cebolla y los higaditos y se sala. Se reserva al calor, pero sin que cueza más.

Se pone la mantequilla en los platitos y se hacen los huevos al plato según la receta 490.

Cuando los huevos están en su punto, se calienta la salsa con los hígados y se pone en la clara sin tapar las yemas. Se espolvorea un pellizco de perejil picado y se sirven en seguida.

492 HUEVOS A LA FLAMENCA (4 personas)

8 huevos,
5 cucharadas soperas de aceite,
1 cebolla mediana picada (80 gramos),
1 tomate mediano (10 g),
100 g de guisantes desgranados y cocidos,
150 g de judías verdes, cocidas y cortadas en cuadraditos,
2 patatas pequeñas (150 g), fritas, en cuadraditos,

1 pimiento morrón grande, de lata (o 2 pequeños),
1 lata pequeña de puntas de espárragos,
12 rajitas de chorizo,
1 loncha fina y un trozo de punta de jamón serrano (150 g),
2 cucharadas soperas de salsa de tomate espesa,
1 cucharada sopera de perejil picado,
sal y pimienta.

En una sartén, más bien pequeña, se pone el aceite a calentar; cuando está en su punto se fríe la loncha de jamón cortada en cuatro partes. Se reserva y luego se fríen ocho rajitas de chorizo quitándoles antes el pellejo del borde. Se reservan con el jamón al calor, si es posible.

En la misma sartén se echa la cebolla pelada y picada. Se refríe unos 3 minutos, después se añade el tomate pelado y cortado en trocitos (quitándole las simientes). Se rehoga todo un poco más y se añade entonces el resto del chorizo, cada rajita cortada en dos, el jamón de la punta picado no muy menudo, las patatas (peladas, cortadas en cuadraditos y fritas previamente), la mitad del pimiento, también picado, la salsa de tomate y, al final, las judías verdes, los guisantes y los espárragos. Una vez bien rehogado todo, se reparte en 4 platitos individuales de barro o cristal resistentes al horno. En cada plato se echan dos huevos. Se salan del pimiento cortado en tiras, el jamón y el chorizo que se había reservado antes. Se espolvorea con el perejil, se meten en el horno, previamente calentado, hasta que las claras se queden cuajadas y blancas, teniendo buen cuidado de que las yemas no se cuajen.

Se deben de servir en seguida.

493 HUEVOS AL PLATO CON SALCHICHAS (6 personas)

6 huevos,
6 salchichas frescas,
6 cucharadas soperas de salsa de tomate,

40 g de mantequilla,
$^1/_2$ vaso (de los de agua) de aceite,
sal.

Hacer la salsa de tomate, receta 77, de manera que esté espesa ($^3/_4$ kg de tomates, 2 cucharadas soperas de aceite frito, una cucharadita [de las de café] de azúcar y sal).

Preparar los huevos en platos individuales, según la receta 490.

Mientras se hacen, freír en una sartén pequeña las salchichas en el aceite caliente, pinchándolas con un palillo por varios lados para que no se revienten.

Calentar la salsa de tomate previamente hecha. Al momento de servir, poner en cada plato una salchicha a un lado de las yemas y una cucharada de salsa de tomate al otro lado.

494 HUEVOS AL PLATO CON ESPÁRRAGOS VERDES (6 personas)

1 manojo de espárragos verdes,	80 g de mantequilla,
6 huevos,	sal.

Cocer las puntas de los espárragos verdes (son más sabrosos para esto). Se ponen en un cazo con agua hirviendo y sal y se dejan cocer a fuego mediano 20 minutos (más o menos; se prueban, pues el que se cuezan más o menos deprisa depende de lo gruesos y frescos que sean). Cuando están cocidos, escurrirlos bien y en una sartén saltearlos con 40 g de mantequilla (sin que ésta se ponga negra).

Mientras se saltean los espárragos, se preparan los huevos al plato, receta 490, y en el momento de servirlos repartir los espárragos, poniéndolos en cada plato en forma de un manojito.

495 HUEVOS AL PLATO CON PURÉ DE PATATAS (6 personas)

6 huevos,	75 g de mantequilla,
1 paquete de puré de patatas de 125 g, o	100 g de queso gruyère rallado,
1 kg de patatas,	sal.
1 vaso (de los de agua) de leche templada,	

Se hace el puré de patatas, receta 234, o como viene explicado en el paquete. Una vez hecho éste, se añade casi todo el queso rallado (reservando sólo un poco).

En una fuente de metal, cristal o porcelana resistente al fuego se pone parte de la mantequilla que queda en el fondo. Cuando está derretida, se echa el puré. Con el dorso de una cuchara sopera se forman 6 huecos en el puré. Se espolvorea el queso sobrante y se mete la fuente en el horno a gratinar durante 5 minutos. Se saca y se cascan los huevos, que se van colocando en los hoyos hechos antes. Se salan ligeramente y se pone encima de cada yema una avellanita de mantequilla. Se vuelve a meter en el horno y, cuando la clara de los huevos está cuajada, se sirven en esta misma fuente en seguida.

496 **HUEVOS AL PLATO, ESTILO SOUFFLÉ, CON QUESO RALLADO Y JAMÓN (6 personas)**

6 huevos,
3 claras,
75 g de queso parmesano rallado,

20 g de mantequilla,
1 loncha de jamón de York picada,
sal.

Estos huevos están mejor presentados en una sola tartera grande. Untar la mantequilla en la tartera; cuando empieza a derretirse al calor, añadir las 6 claras de huevo montadas a punto de nieve muy duras y mezclarlas muy delicadamente con casi todo el queso rallado (es mejor si es parmesano, porque no hace tanta hebra al derretirse). Alisarlas con una cuchara para que cubran todo el fondo de la tartera, y con la misma cuchara, girándola en redondo, hacer 6 huecos para las 6 yemas. Éstas estarán cada una separada en su medio cascarón o en 6 tazas para que no se revienten. Echarlas en los agujeros, espolvorear el resto del queso rallado por encima de las claras. En las yemas poner un poco de sal y meter al horno caliente inmediatamente (pues si no las claras hacen agua) durante unos 10 minutos, hasta que quede un poco dorado.

En el momento de servir, se espolvorea el jamón picado por encima de las yemas; servir en seguida.

497 **MANERA DE HACER LOS HUEVOS FRITOS**

Para freír bien los huevos, es mejor hacerlos de uno en uno (si se quiere hacer más rápidamente, es preferible coger dos sartenes pequeñas y hacerlos así a un mismo tiempo). Si están recién sacados de la nevera mejor.

Poner en una sartén pequeña bastante aceite, y cuando sale humo se echa el huevo, que se tendrá previamente cascado en una taza. Se echa con cuidado, y con la espumadera se va echando aceite por encima. Cuando el huevo queda suelto y flotando en la sartén, se saca con la espumadera, quedando en su punto para servir.

Se deben salar los huevos después de sacados del aceite (pues éste saltaría y podría quemar).

498 **HUEVOS FRITOS CON PATATAS PAJA Y BACON (6 personas)**

1 kg de patatas,
1 litro de aceite (sobrará),
6 huevos,

6 lonchas de tocino ahumado (bacon),
sal.

Pelar o cortar las patatas en crudo con el «moulinex» o un cuchillo especial para las patatas paja. Se lavan y se secan con un paño. Freírlas en una sartén con el aceite a punto (para esto se prueba con un trocito de patata). Mientras se fríen, se mueven con un tenedor para que no se peguen y apelotonen. Cuando están fritas, ponerles la sal y colocarlas en el centro de una fuente redonda. Dejar la fuente a la boca del horno para que no se enfríen las patatas. Luego freír las lonchas de tocino y ponerlas todo alrededor de la fuente como los rayos de un sol.

Finalmente, freír los huevos y ponerlos entre las lonchas de bacon; se sirve en seguida.

499 **HUEVOS EN BOLLOS (6 personas)**

6 muffins o brioches,
6 yemas,
4 claras a punto de nieve,
1 cucharada (de las de café) de harina fina,
sal,
1 litro de aceite (sobrará),

Salsa de tomate:
³/₄ kg de tomates,
1¹/₂ cucharada sopera de aceite frito,
1 cucharada (de las café) de azúcar,
sal.

Se prepara lo primero una salsa de tomate espesa, receta 77.

En los muffins (que son unos bollos redondos con las tapas planas) se corta una capa fina en la tapa de arriba o el sobrero del brioche. Se saca un poco de miga del centro para hacer un hueco para la yema. Se pone en cada muffin así preparado una yema. Se sala ligeramente. Alrededor y debajo de la yema se pone un poco de salsa de tomate espesa.

Se baten las claras muy firmes con un pellizco de sal. Una vez bien montadas, se les añade la cucharadita de harina, revolviendo bien, pero lo menos posible. Se pone un montón de clara de huevo sobre cada yema, dándole una bonita forma de pirámide con las púas de un tenedor.

En una sartén honda se calienta el aceite; cuando está en su punto, se pone un muffin encima de una espumadera y se mete en el aceite, sin quitarlo de la espumadera. Con una cuchara sopera se echa aceite hirviendo sobre la clara, rápidamente, para dorarla sin que se cuaje la yema. Se saca del aceite y se pone en la fuente de servir. Hay que darse un poco de prisa para que no se enfríen los huevos ya hechos. Se podrá poner la fuente, en espera, en un horno templado previamente y ya apagado, para que no se cuajen las yemas.

Se sirve en seguida.

Nota.—Hay quien pincha en la clara unos piñones. Queda muy bonito, pero es facultativo.

A falta de muffins, también puede hacerse este plato con brioches o simplemente con pan de molde.

500 **HUEVOS FRITOS CON ARROZ** (6 personas)

350 g de arroz para blanco,
  6 huevos,
 50 g de mantequilla,
  6 lonchas de tocino ahumado (bacon) o
  3 plátanos sin cáscara y partidos a lo largo,
³/₄ litro de aceite (sobrará),
  sal.

Salsa de tomate espesa:
1 kg de tomates,
3 cucharadas soperas de aceite,
1 cucharada (de las de café) de azúcar,
  sal.

Con 350 g de arroz se prepara el arroz blanco (receta 186, 1.ª fórmula).

Aparte, hacer salsa de tomate espesa, receta 77.

Freír en el aceite el tocino o los medios plátanos, según guste más, y, finalmente, freír los huevos.

En una fuente redonda se forma una corona de arroz blanco. En el centro se rellena con salsa de tomate. Encima del arroz y montadas, se ponen las lonchas de bacon frito (o los plátanos fritos) y, por último, alrededor del arroz se colocan los huevos fritos y se sirven en seguida.

501 **HUEVOS FRITOS ENCAPOTADOS** (6 personas)

20 g de mantequilla,
 2 cucharadas soperas de aceite,
 3 cucharadas soperas de harina,
³/₄ litro de leche fría,
  sal,

8 huevos,
³/₄ litro de aceite (sobrará),
  pan rallado,
  sal,
  unos ramilletes de perejil frito.

En una sartén se pone aceite; cuando sale humo, se fríen 6 huevos, de uno en uno, y se van colocando en un mármol untado con aceite (para que no se peguen). Una vez fritos los huevos se recortan para que tengan una bonita forma redonda.

En otra sartén aparte se ponen los 20 g de mantequilla y 2 cucharadas soperas de aceite. Cuando está derretida la mantequilla, se añade la harina y, dando vueltas con unas varillas, se añade la leche fría poco a poco. Se deja cocer unos 8 minutos para que espese la bechamel, se sala y se retira del fuego. Dando vueltas se espera a que se enfríe un poco y se vierte sobre cada huevo, hasta cubrirlo bien, clara y yema. Se deja enfriar del todo (durante una hora más o menos). En el momento de ir a servirlos se envuelven en huevo batido (como para tortilla) y en pan rallado, y se fríen en aceite en su punto.

Se sirven en seguida con los ramilletes de perejil frito y, si se quiere, con salsa de tomate aparte en salsera.

502 MANERA DE HACER LOS HUEVOS REVUELTOS

Se cuentan por lo menos 2 huevos por persona, pues los huevos revueltos cunden poco.

Se ponen en un cazo los huevos que se vayan a hacer, según los comensales. Se baten $^1/_2$ minuto con un tenedor. En seguida se añade la sal, 2 cucharadas soperas de leche fría (por cada 4 huevos), unos 20 g de mantequilla (también para 4 huevos). Se pone el cazo al baño maría (con agua ya muy caliente) encima de la lumbre y se empieza a mover muy rápidamente con unas varillas, rebañando muy bien los costados del cazo, pues es donde se cuajan más de prisa los huevos. Cuando están hechos una crema muy espesa, se separan, pues siguen cuajándose aún fuera del fuego. Se agrega un chorrito de nata líquida, se mueve bien y se sirve inmediatamente.

503 HUEVOS REVUELTOS CON CHAMPIÑONES, O ESPÁRRAGOS, O JAMÓN (6 personas)

$^1/_4$ kg de champiñones frescos.

Se quitan las partes feas, se limpian bien al grifo con un cepillo y luego se cortan en láminas bastante finas. Se van echando en agua con zumo de limón. Una vez bien lavados, se escurren en un trapo y se ponen en un cazo con 20 g de mantequilla, unas gotas de zumo de limón y sal. Se tapa el cazo con tapadera y se deja que se hagan lentamente (unos 6 minutos).

Después se escurre el jugo que han soltado y se revuelven con los huevos, una vez batidos éstos con tenedor, y se procede como se ha explicado en la receta anterior.

1 manojo de espárragos.

Se preparan y cuecen según la receta 380. Se escurren en un paño de cocina limpio. Se corta la parte tierna en trozos de unos 3 cm de largo y se procede como anteriormente.

150 g de jamón serrano.

Se corta en cuadraditos muy pequeños todo el jamón y se añade a los huevos batidos.

Hay que tener en cuenta que el jamón es salado, así pues no añadir sal.

HUEVOS REVUELTOS CON ARROZ Y GAMBAS
504 (6 personas)

12 huevos,	6 cucharadas soperas de leche fría,
¼ kg de gambas (peladas) o más si se quiere,	400 g de arroz,
75 g de mantequilla (a repartir para las gambas y los huevos al hacerlos y después de hechos),	3 litros de agua,
	azafrán (unas hebras),
	sal,
4 cucharadas soperas de nata,	50 g de mantequilla.

Primero se hace el arroz. Se machacan las hebras de azafrán en el mortero con un poco de agua. Se añade esto a los 3 litros de agua hirviendo **sin sal**. Se agrega entonces el arroz y se deja cocer a fuego vivo unos 15 minutos más o menos. Cuando está en su punto el arroz (el tiempo depende de la clase de arroz), se vierte en un colador grande y se lava al grifo del agua fría. Cuando se vaya a comer, se echa la sal necesaria y los 50 g de mantequilla, y se rehoga muy bien para calentarlo.

Se preparan entonces las gambas. Se pelan las colas y se ponen en un cazo pequeño con 20 g de mantequilla y sal; se dejan hacer un ratito (unos 5 minutos), tapando el cazo con tapadera.

Al mismo tiempo que se va rehogando el arroz con los 50 g de mantequilla, se van haciendo los huevos revueltos. Se ponen en un cazo los 12 huevos, se baten bien con el tenedor y se añaden las gambas preparadas, las 6 cucharadas de leche, la mantequilla y la sal. Se pone el cazo al baño maría en agua muy caliente y con unas varillas se mueve muy rápidamente, rebañando bien los costados del cazo. Cuando está hecha una crema muy espesa, se retira y se añade un poco de nata.

Se pone el arroz en un molde en forma de corona y en el centro el revuelto de huevos y gambas y se sirve inmediatamente.

Nota.—Al rehogar el arroz se le puede agregar una latita de guisantes de 100 g, pues le hace muy bonito.

 HUEVOS REVUELTOS EN TOSTADAS CON TRUFAS
505 (6 personas)

12 huevos,	6 rebanaditas de pan de molde,
6 cucharadas soperas de leche fría,	½ litro de aceite (sobrará),
100 g de mantequilla,	1 huevo (para rebozar el pan),
4 cucharadas soperas de nata,	sal.
2 latitas de trufas,	

Se abren las latitas de trufas, se sacan y se cortan 6 rebanaditas, que se reservan para el adorno. Lo demás se pica muy menudo y se reserva, así como el caldo que tiene la lata.

Las rebanadas de pan se pasan por la leche y huevo batido y se fríen. Se reservan al calor.

Se van haciendo los huevos como en la receta 502, añadiendo el caldo de las trufas al poner la leche fría.

Cuando los huevos están en su punto, es decir, cremosos, se añade la nata y la trufa picada.

Se reparte sobre las tostadas y se pone una rebanadita de trufa en el centro. Se sirve inmediatamente.

 **506** **HUEVOS REVUELTOS EN TOSTADAS CON SALCHICHAS (6 personas)**

12 huevos,
 6 cucharadas soperas de leche fría,
40 g de mantequilla,
 6 rebanadas de pan de molde,
 4 cucharadas soperas de nata,

 6 salchichas de Frankfurt,
 6 cucharadas soperas de salsa de tomate
   espesa,
   sal.

Se hace la salsa de tomate, receta 77, de forma que quede bien espesa. Se reserva al calor.

Se prepara el pan de molde como en la receta 505. Se reservan las rebanadas en el horno templado.

En un cazo se pone agua; cuando está a punto de hervir, se meten las salchichas y se retira un poco de la lumbre para que queden bien calientes, pero sin hervir a borbotones el agua.

Entonces se hacen los huevos revueltos, receta 502. Una vez hechos y en su punto, se reparten sobre las tostadas y se ponen en dos de los lados un trozo de salchicha partida en dos, por la mitad, y en los otros dos lados un poco de salsa de tomate muy espesa y caliente.

Se sirve inmediatamente.

507 **REVUELTO DE HUEVOS, ESPINACAS Y GAMBAS**

(Véase receta 389.)

508 HUEVOS REVUELTOS CON PATATAS Y GUISANTES O ESPÁRRAGOS (6 personas)

8 huevos,
1¹/₂ kg de patatas,
1 kg de guisantes, o

¹/₂ kg desgranados o de lata,
³/₄ litro de aceite (sobrará),
sal.

Pónganse a cocer los guisantes desgranados en abundante agua hirviendo y sal con una pizca de bicarbonato (lo que se puede coger en un pellizco, pues si no se deshace la verdura). Cuando están tiernos, se separan del fuego y se escurren bien.

Mientras se cuecen, se van friendo las patatas peladas, lavadas y secadas, cortadas en cuadraditos más bien pequeños.

Cuando están bien doradas, para lo cual se tarda más o menos unos 15 minutos, se escurren y se dejan en espera. Se quita aceite de la sartén, dejando sólo lo necesario para que no se peguen los huevos, que se vierten previamente batidos y salados. Se mueve rápidamente y, cuando se ponen cremosos, se incorporan los guisantes y seguidamente las patatas fritas reservadas; se mueve muy rápido con un tenedor o una cuchara de madera.

Se sirve en seguida.

Nota.—En vez de guisantes se pueden poner espárragos verdes o blancos, frescos o de lata. También se pueden servir las patatas alrededor y los huevos en el centro.

509 HUEVOS REVUELTOS CON PATATAS PAJA Y BACALAO (A LA PORTUGUESA) (6 personas)

8 huevos,
1¹/₄ kg de patatas,
¹/₄ kg de bacalao (sin desalar),

1 cebolla grande (120 g),
1 litro de aceite (sobrará).

Se pela y quitan las espinas al bacalao y se desmenuza muy fino. (Los portugueses lo utilizan crudo; si se prefiere, se puede dar un hervor, es decir, meter los trozos de bacalao en agua fría, y cuando el agua empieza a hervir, retirarlo y desmenuzarlo.)

En el aceite se fríen las patatas paja (receta 246) y se van reservando.

En una sartén grande se pone aceite que cubra el fondo (unas 6 cucharadas soperas), se pica muy menuda la cebolla y se fríe hasta que tome un bonito color dorado. Se añaden entonces las patatas, se pone el bacalao desmenuzado y por fin se cascan los huevos. Se revuelve todo muy rápidamente a fuego vivo y cuando los huevos están cuajados se sirve este revuelto en una fuente.

510 HUEVOS REVUELTOS CON TOMATES (6 personas)

9 huevos,	2 cebollas medianas (200 g),
6 triángulos de pan de molde frito.	2 cucharadas soperas de aceite frito,
Salsa de tomate:	¹/₂ cucharada (de las de café) de azúcar,
1 kg de tomates maduros,	sal.

Se hace la salsa de tomate espesa, receta 77. Se reserva al calor. Se fríen los triángulos de pan de molde y también se reservan al calor.

Se baten bien los huevos durante 1 minuto, se agrega sal y se ponen al baño maría solos (sin leche ni mantequilla). Cuando están en su punto, es decir, cremoso espeso, se mezclan con el tomate en el mismo cazo y se sirven en seguida con unos triángulos de pan frito adornando la fuente.

511 HUEVOS AL PEREJIL (6 personas)

6 huevos,	1 plato con leche,
6 rebanadas de pan de molde,	1 huevo,
1 punta de jamón de York,	sal,
1 manojo de perejil,	flaneritas individuales de 5 cm de
1 vaso (de los de agua) de aceite (sobrará),	diámetro,
unos 70 g de mantequilla para untar los	6 redondelitos de papel de aluminio, para
moldes,	el fondo de los moldes.

Poner en el fondo de cada flanerita un papel de aluminio (con el fin de que se desmolden bien los huevos).

Untar cada molde con mantequilla abundante, incluyendo el papel del fondo.

Lavar y secar muy bien el perejil picado muy fino, así como el jamón de York picado normalmente. (Ambas cosas se pueden picar en la picadora.)

Espolvorear todo el interior de los moldes con abundante perejil, apoyando ligeramente para que quede bien adherido. Cascar en un molde un huevo. Salarlo y reservar.

Cortar las rebanadas de pan en redondo con 1¹/₂ cm más todo alrededor. Mojarlos ligeramente en leche y pasarlas después en el huevo batido como para tortilla, freírlas y reservar.

Poner el jamón de York todo alrededor del pan. Poner los moldes en una cacerola al baño maría (con el agua ya caliente) y cocerlos 7 minutos. Rápidamente volcar cada huevo en su rebanada de pan, quitarle el papel y servir enseguida.

512 HUEVOS REVUELTOS CON QUESO RALLADO
(6 personas)

12 huevos,	sal,
40 g de mantequilla,	unos triángulos de pan de molde fritos.
5 cucharadas soperas de leche fría,	
100 g de queso rallado (gruyère o parmesano),	

Se baten los huevos durante un minuto, se añade la leche, la mitad de la mantequilla y el queso rallado. Se bate otro poco y se pone el cazo al baño maría. Cuando están en su punto, es decir, de crema espesa, fuera del fuego se añade el resto de la mantequilla, moviendo bien y probando de sal, por si a pesar del queso rallado quedase soso. Se sirve en fuente de metal o porcelana, que se tendrá previamente al calor para que los huevos no se enfríen, y se ponen los triángulos de pan alrededor de la fuente.

513 MANERA DE HACER LAS TORTILLAS

Se cuentan 2 huevos por persona. Aunque para ir más deprisa se pueden hacer las tortillas para varias personas, nunca se harán de más de 5 huevos de una vez. En una sartén de tamaño adecuado al número de huevos que se vayan a hacer se pone aceite fino, lo suficiente para que cubra bien el fondo (si no se agarra la tortilla). Se pone a fuego vivo. Mientras se calienta, se baten muy fuerte los huevos durante un minuto y se añade sal. Se vierte en la sartén y se deja cuajar un poco moviendo la sartén por el mango. Con el tenedor se desprenden los bordes y, cuando se ve que al mover la sartén se desprende la tortilla, entonces rápidamente, ayudándose con el tenedor o con una espumadera, se inclina la sartén y se dobla la tortilla, dándole bonita forma. Se manda a la mesa inmediatamente.

Hay quien agrega al batir los huevos un poco de leche, en la proporción de una cucharada sopera por cada tres huevos. Así cunde un poco más.

514 TORTILLA A LA FRANCESA (2 personas)

4 huevos,	½ cucharada de perejil picado,
2 cucharadas soperas de aceite,	sal.

Se procede como en la explicación anterior, añadiendo únicamente el perejil en el momento de batir los huevos.

515 TORTILLA SOUFFLÉ CON PEREJIL O QUESO
(2 personas)

3 huevos,
3 cucharadas soperas de aceite,
$^1/_2$ cucharada (de las de café) de perejil picado o

2 cucharadas soperas de queso gruyère rallado,
sal.

Se procede como en la receta 513, pero se reservan dos de las claras, que se baten a punto de nieve. Cuando están batidas y firmes, se bate con tenedor el huevo entero y las 2 yemas y, una vez batidas, se incorporan las claras a punto de nieve y el perejil. Se procede desde aquí como siempre.

Para variar, en vez de perejil se baten con los huevos 2 cucharadas soperas de queso rallado (gruyère) fresco, y se procede igual que anteriormente.

516 TORTILLA CON QUESO RALLADO, JAMÓN
Y CUSCURROS DE PAN FRITO (6 personas)

6 huevos,
50 g de queso gruyère recién rallado,
150 g de jamón serrano,
$^1/_2$ vaso (de los de vino) de leche fría,

2 rebanadas de pan,
1 vaso (de los de agua) lleno de aceite
($^1/_4$ litro) (sobrará),
sal.

Se cortan las rebanadas de pan en cuadraditos pequeños y, en una sartén con el vaso de aceite bien caliente, se fríen. Se escurren cuando están dorados y se reservan. Se pica el jamón bastante menudo.

En una ensaladera se baten muy bien los huevos (incluso con el aparato de montar las claras). Se agregan entonces el queso rallado, la leche y el jamón, y algo de sal (poca, por el queso y el jamón). Se pone aceite (del de freír el pan) de forma que cubra el fondo de la sartén, pero sin que sobre mucho. Se vierte la mezcla de la ensaladera en la sartén. Se deja que se haga un poco la tortilla y se esparcen los cuscurros de pan. Cuando la tortilla se va cuajando del lado que toca la sartén, pero que aún está algo líquida por dentro (unos 6 minutos), se dobla en dos y se pasa a la fuente donde se vaya a servir, escurriéndola desde la sartén.

TORTILLA DE JAMÓN (2 personas)

4 huevos,   30 g de jamón serrano.
3 cucharadas soperas de aceite,

Se pica en cuadraditos pequeños el jamón serrano, se fríe un poquito en el aceite caliente de la tortilla y se retira con la espumadera en un plato.

Se echan entonces los huevos batidos durante un minuto, se añade el jamón (se pone muy poca sal, pues el jamón sala bastante) y se procede como en la receta 513.

Si el jamón estuviese muy salado, se pone a desalar unos 10 minutos en leche templada. Se saca y se seca con un paño limpio y se emplea normalmente.

TORTILLA DE CHAMPIÑONES O ESPÁRRAGOS, O ESPINACAS, O TRUFAS, O GAMBAS (2 personas)

3 huevos,   2 trufas o 100 g de gambas peladas,
100 g de champiñones, unas puntas de   3 cucharadas soperas de aceite,
  espárragos, un resto de espinacas   sal.
  cocidas (como 50 g),

Los espárragos o las espinacas se tendrán previamente cocidos y después se rehogan con unos 20 g de mantequilla (para las espinacas, un poco más). Cuando están calientes, se va haciendo la tortilla y se colocan en el centro los espárragos o las espinacas, doblando la tortilla cuando está en su punto.

Las gambas se van haciendo en mantequilla y un poco de sal un ratito antes. Cuando están opacas, lechosas y una vez batidos los huevos, se añaden antes de verter éstos en la sartén.

Si sobrase mantequilla, se escurre para que no engrase la tortilla por dentro.

Los champiñones se preparan, receta 454.

Las trufas se cortan en rebanadas finas y se calientan previamente con un poco de mantequilla y una cucharada sopera de vino de Madeira. Una vez preparadas, se baten los huevos y, escurriendo la salsa, se añaden a los huevos y se procede como siempre.

519 TORTILLA DE ATÚN ESCABECHADO (2 personas)

4 huevos,
50 g de atún escabechado,
1 cebolla pequeña (pelada y picada),

5 cucharadas soperas de aceite,
sal.

En una sartén pequeña se ponen 2 cucharadas soperas de aceite; cuando está caliente, se rehoga la cebolla picada durante unos 5 minutos; antes de que se dore, se agrega el atún en escabeche y se mezcla bien con la cebolla, deshaciendo el atún con un tenedor o una espumadera.

Después, en otra sartén se ponen las 3 cucharadas de aceite; cuando está caliente, se vierten los huevos previamente batidos durante un minuto, con sal (poca, por el escabeche que ya está salado). Cuando se va cuajando se pone la mezcla de escabeche y cebolla en el centro y se dobla la tortilla como de costumbre, sirviéndose en seguida.

Nota.—Se puede servir con salsa de tomate alrededor de la tortilla.

520 TORTILLITAS RELLENAS DE BERENJENAS (6 personas)

8 huevos,
¹/₄ kg de cebolla,
¹/₂ kg de berenjenas,
3 cucharadas soperas de aceite,
1 cucharada sopera colmada de harina,
50 g de queso gruyère rallado,
1 vaso (de los de agua) bien lleno de leche,
sal.

Salsa de tomate:
3 cucharadas soperas de aceite,
100 g de cebolla,
1¹/₂ kg de tomates,
1 cucharada (de las de café) de azúcar,
sal.

Se hace la salsa de tomate, receta 77.

Se pasan por la máquina de picar la carne las berenjenas peladas y crudas. En una sartén se pone el aceite y la cebolla muy picada con la berenjena. Cuando están bien fritas, se añade la harina, la leche y la sal. Se hace una bechamel espesa con esto.

Aparte, en una sartén pequeña, se van haciendo unas tortillitas (2 por persona) pequeñas que se rellenan de la bechamel hecha anteriormente. Se van colocando, a medida que se hacen, en una fuente que vaya al horno. Una vez colocadas todas las tortillitas, se cubren con la salsa de tomate y el queso rallado y se meten al horno unos 8 minutos, hasta que el queso esté dorado.

Se sirven en la misma fuente.

521 TORTILLA DE PATATAS A LA ESPAÑOLA (6 personas)

8 huevos,
1 kg de patatas,

2 vasos (de los de agua) de aceite
(¹/₂ litro) (sobrará),
sal.

Se lavan las patatas, una vez peladas, y se secan con un paño; se parten en dos a lo largo y después se cortan en láminas finitas. Se pone el aceite en la sartén a calentar y se fríen las patatas, moviéndolas de vez en cuando y echándoles un poco de sal.

Una vez fritas (más o menos doradas, según gusten), se separan y se ponen a escurrir en un colador grande. Se quita el aceite sobrante de la sartén.

Aparte se baten los huevos con tenedor y muy fuerte; se pone un poco de sal; en el mismo plato de los huevos se echan las patatas y se mueven con un tenedor.

En una sartén grande (o en dos pequeñas) se ponen 2 cucharadas soperas de aceite para que sólo cubra el fondo. Cuando está caliente se vierte la mezcla de huevos y patatas. Se mueve la sartén por el mango para que no se pegue la tortilla. Cuando se vea que está bien despegada y dorada (esto depende del gusto de cada cual), se pone una tapadera encima, se vuelca la sartén y se escurre suavemente la tortilla otra vez en la sartén. Se vuelve a mover por el mango y cuando esté cuajada (a gusto) se pasa a una fuente redonda y se sirve.

Nota.—Se puede servir la tortilla de patatas fría y acompañada de mayonesa. Ésta la puede cubrir, o se sirve aparte en salsera.

522 TORTILLA DE PATATAS GUISADA (6 personas)

1.300 g de patatas,
8 huevos
¹/₂ litro de aceite (sobrará),
sal.
Salsa:
4 cucharadas de aceite,
1 cebolla mediana (100 g),

1¹/₂ cucharada sopera de harina,
³/₄ litro de agua (3 vasos de los de agua),
unas hebritas de azafrán,
1 cucharada sopera de perejil picado,
1 latita de guisantes (100 g),
100 g de jamón serrano picado,
sal.

Se hace la tortilla de patatas con algo más de patata, para que quede más gruesa (receta 521). Se reserva al calor en la sartén.

Salsa:
Se pone en una sartén o un cazo el aceite a calentar; cuando está caliente se le añade la cebolla pelada y picada. Se dan unas vueltas hasta que se empieza a poner dorada (unos 7 minutos); se agrega la harina, se revuelve un par de minutos y poco a poco se añade el agua fría.

En un mortero se machacan las hebras de azafrán y se deslíen con un poco de salsa. Se añade esto a la sartén; se da un hervor de 5 minutos y se cuela esta salsa por el pasapurés. Se vuelve a poner en el cazo o sartén, y se incorpora el jamón, dejándolo cocer otros 5 minutos muy despacio. Se echan los guisantes y se sala, teniendo en cuenta que el jamón está bastante salado.

Ahora se puede proceder de dos maneras:

1.ª: Se echa esta salsa por encima de la tortilla y se cuece despacio unos 2 minutos. Se vuelca la tortilla en la fuente donde se vaya a servir con la salsa por encima y se corta toda la tortilla en cuadrados.

2.ª: Se pone la tortilla seca en la fuente, se corta y se vierte la salsa por encima sin que cueza la tortilla. Así queda la tortilla más seca por dentro.

523 TRES PISOS DE TORTILLAS CON SALSA DE TOMATE (6 personas)

Salsa de tomate:
- 1 kg de tomates maduros,
- 3 cucharadas soperas de aceite frito,
- 1 cucharada (de las de café) de azúcar,
- sal.

Tortillas:
- 12 huevos,
- ³/₄ kg de patatas (4 grandes),
- atún al natural (una lata de 150 g),
- guisantes (una lata de 1/2 kg),
- 100 g de jamón serrano,
- ¹/₂ litro de aceite,
- sal.

Se hace la salsa de tomate (receta 77) y se reserva al calor.

Se pelan y lavan las patatas. Se secan y se cortan en láminas. En una sartén se pone como 1 vaso (de los de agua) de aceite y se fríen las patatas. Con 4 huevos se procede a hacer una tortilla de patatas corriente como va explicado en la receta 521. Una vez hecha, se pone en la fuente donde se vaya a servir y se reserva al calor.

Con otros 4 huevos y en la misma sartén donde se ha hecho la tortilla de patatas (para que tengan el mismo tamaño de diámetro) se procede a hacer la tortilla de escabeche. Se baten los huevos con un tenedor, se salan, se les añade el atún bien escurrido y desmenuzado y se vierten en la sartén, que tendrá un fondo de aceite. Se procede entonces igual que para la tortilla de patatas. Una vez cuajada se coloca encima de la anterior.

Con los 4 últimos huevos se hace otra tortilla con los guisantes y el jamón muy picadito. Se baten los huevos con un tenedor, se añaden los guisantes y el jamón, se sala muy poco (pues el jamón ya está salado) y se hace igual que las anteriores tortillas. Se coloca esta tercera encima de las otras dos. Se cubre todo con la salsa de tomate y se sirve en seguida.

Nota.—La base tiene que ser siempre una tortilla de patata, pero las otras dos pueden variar como se quiera; por ejemplo, en vez de atún se pueden poner gambas, y en vez de guisantes, espárragos, o chorizo, etc.

Flanes y soufflés

 FLAN DE HUEVOS CON SALSA DE TOMATE
524 (6 a 8 personas)

4 cucharadas soperas de harina,
40 g de mantequilla,
2 cucharadas soperas de aceite fino,
2 vasos bien llenos (de los de agua) de leche fría,
5 huevos,
3 claras,
nuez moscada o pimienta molida,
sal.

Salsa de tomate:
1 kg de tomates bien maduros,
1 cucharada sopera de aceite frito,
1 cucharada (de las de café) de azúcar,
sal.

Se hace la salsa de tomate (receta 77) y se reserva.

Se unta una flanera (de unos 18 cm de diámetro) con una tercera parte de la mantequilla, que quede muy untada, y se reserva.

En una sartén se pone a calentar el resto de la mantequilla con el aceite. Una vez derretida la mantequilla se añaden las 4 cucharadas de harina, dando vueltas con unas varillas, sin que tome color la harina. Se va echando poco a poco la leche fría, la sal y un poco de nuez moscada rallada. Se dan vueltas hasta que cueza la bechamel y quede bastante espesa (unos 10 minutos). Se deja templar fuera del fuego y se añaden las 5 yemas, una por una.

Se pueden incorporar a la bechamel del flan unas colas de gambas ($^1/_4$ kg) o un picadito de jamón serrano o de York (150 g). Esto la mejora mucho.

Se baten las 8 claras a punto de nieve muy firme, con un pellizco de sal, y se incorporan por tandas, moviendo justo lo necesario para que queden mezcladas con la bechamel, que se vierte en la flanera.

Se tendrá el horno encendido 5 minutos antes y con agua hirviendo, se pone la flanera al baño maría a fuego mediano durante una hora, más o menos.

En el momento de ir a servir el flan se pasa un cuchillo todo alrededor del mismo y se vuelca en la fuente donde se va a servir, dejando la costra formada arriba contra la fuente. Se cubre con salsa de tomate caliente y se manda en seguida a la mesa.

Nota.—Se puede cubrir también con una bechamel clarita con 2 o 3 cucharadas soperas de salsa de tomate (o una cucharada sopera de concentrado de tomate). O haciendo la bechamel con la mitad de leche y la mitad de caldo.

525 **FLAN SALADO** (6 personas)

8 huevos,
5 cucharadas soperas de buen jerez,
3 vasos (de los de agua) de leche templada,
100 g de jamón serrano muy picado,
20 g de mantequilla o 2 cucharadas
  soperas de aceite fino,
  sal y nuez moscada.

Salsa bechamel:
1 cucharada sopera de harina,
1 vaso (de los de agua) bien lleno de
  leche fría,
20 g de mantequilla,
2 cucharadas soperas de aceite fino,
1 cucharada sopera de concentrado de
  tomate, o
2 cucharadas soperas de salsa
  de tomate espesa,
  sal.

Con la mantequilla (o el aceite fino) se unta un molde que forme corona, o una flanera. En una ensaladera se baten bien los huevos, se les añade el jamón muy picado, el jerez, sal (no mucha, pues el jamón está salado) y un poco de nuez moscada.
Se bate todo junto y se añade poco a poco la leche templada (no caliente). Una vez
bien mezclado todo, se pone en un molde en forma de corona y se mete al horno
mediano (pero no al baño maría) para que se cuaje, durante unos 30 a 40 minutos.
Mientras está el flan en el horno se hace la bechamel (receta 81). Se le agrega
tomate, se revuelve bien y se reserva al calor.

Cuando el flan está cuajado se vuelca en una fuente y se rellena el centro con la
bechamel. Se sirve en seguida.

Nota.—A este flan se le puede añadir en el momento de ir a servirlo, todo alrededor,
champiñones frescos cortados en trozos grandes y salteados con mantequilla, zumo
de limón y sal (receta 454).

526 SOUFFLÉ DE QUESO (6 a 8 personas)

4 cucharadas soperas rasadas de harina,
4 cucharadas (de las de café) de fécula de patata,
100 g de mantequilla,

$^1/_2$ litro de leche (2 vasos de los de agua),
100 g de gruyère rallado,
5 huevos enteros,
3 o 4 claras de huevo,
un poco de sal.

En una sartén o un cazo se ponen 75 g de mantequilla. Cuando está derretida se añade la harina y la fécula, se dan un par de vueltas con las varillas y se agrega el $^1/_2$ litro de leche fría, dejando que rompa a hervir y dando vueltas continuamente. Se cuece unos 5 minutos. Se separa del fuego y se añade entonces el queso rallado, moviendo para que quede bien incorporado. Una vez templada la bechamel se añaden una por una las 5 yemas, se prueba de sal y se rectifica si hace falta. Se baten las claras en varias veces para que queden bien montadas y duras. Las primeras se incorporan bien y las segundas muy poco a poco, moviendo lo menos posible para que el soufflé suba mucho.

Se unta una fuente de borde alto, de porcelana o cristal resistente al horno, con los 25 g de mantequilla. Se calienta el horno unos 10 minutos antes y se vierte la masa en la fuente. Se mete en el horno que estará encendido sólo abajo, y a fuego mediano primero, más fuerte pasados 20 minutos. Se deja unos 30 a 45 minutos más o menos (depende del horno), y, una vez bien subido y dorado por arriba, se sirve inmediatamente. Este plato no puede esperar ni un momento, pues el soufflé, cuando pasa su punto, se baja y no tiene vista.

Nota.—El principio de los soufflés es siempre el mismo, únicamente varía la materia que le da el gusto. Para hacerlo de gambas hay que contar $^1/_2$ kg de éstas, de las cuales no se utiliza más que las colas, que se ponen en un cazo con unos 25 g de mantequilla y sal. Se tapa y se dejan a fuego mediano unos 6 a 8 minutos. Después se incorporan las colas y el jugo que han soltado a la bechamel.

527 FLANECILLOS CON SALSA DE TOMATE (6 personas)

7 huevos,
8 cucharadas soperas de leche fría,
25 g de mantequilla,
sal y nuez moscada.

Salsa de tomate:
$^3/_4$ kg de tomates maduros,
3 cucharadas soperas de aceite frito,
1 cucharada (de las de café) de azúcar,
sal.

Se hace la salsa de tomate de antemano (receta 77) y se reserva.

En una ensaladera se baten los 7 huevos con las varillas de montar las claras (a mano), se les añade la leche fría, la sal y un poco de nuez moscada rallada. Se untan con la mantequilla las flaneritas individuales. Se vierte la mezcla en las flaneras.

Se calienta previamente el horno durante unos 10 minutos. Se ponen las flaneritas al baño maría (con el agua caliente) y se meten a horno mediano durante unos 15 minutos. Se pone la salsa de tomate en la fuente de servir y sobre la salsa se vuelcan los flanecitos. Se sirven en seguida.

Nota.—Se puede sustituir la salsa de tomate por una bechamel rosada hecha con:

25 g de mantequilla,
 1 cucharada sopera de aceite fino,
 1 cucharada sopera colmada de harina,
1¹/₂ vaso (de los de agua) de leche fría,

1 cucharada (de las de café) de concentrado de tomate (o 2 cucharadas soperas de salsa de tomate espesa),
sal.

(Véase receta 82.)

528 SOUFFLÉ DE PATATAS (6 personas)

1¹/₄ kg de patatas,
 agua fría,
 ¹/₄ litro de leche caliente (1 vaso de los de agua),

70 g de mantequilla,
 4 huevos enteros,
 3 claras de huevo,
 nuez moscada y sal.

Se ponen las patatas, peladas, cortadas en trozos grandes y lavadas, en un cazo, se cubren de agua fría y se les echa sal. Cuando rompe el hervor, se dejan cociendo de 20 a 30 minutos (según la clase de patata; hay que pincharlas con un cuchillo para ver si están blandas y, por tanto, cocidas).

Se escurren en un colador grande y se pasan por el pasapurés. Se agrega en seguida 50 g de mantequilla en varios trozos para que se derrita mejor en el puré, y se añade después, poco a poco, la leche caliente, dando vueltas con una cuchara de madera. Se unta una fuente con borde alto con mantequilla (20 g) y se enciende el horno para que esté caliente.

Se añaden las 4 yemas de huevo al puré, un poco de nuez moscada rallada, dando vueltas y después las claras con un pellizco de sal, batidas a punto de nieve muy firmes. (Es mejor batirlas en dos tandas.) Se incorporan al puré removiendo poco, lo justo para incorporarlas sin que se bajen. Se vierte este preparado en la fuente y se mete en el horno caliente de ³/₄ a una hora, encendido abajo. Si 10 minutos antes de finalizar el tiempo de cocerse el soufflé no está dorado por arriba, se enciende el horno general, es decir, arriba y abajo. Se sirve en seguida en su misma fuente.

529 SOUFFLÉ DE ARROZ BLANCO (6 personas)

1 plato sopero (no lleno) de arroz blanco cocido (unas 20 cucharadas soperas),	50 g de mantequilla,
4 yemas de huevo,	2 cucharadas soperas de aceite fino,
6 claras,	¹/₂ cucharadas soperas de harina,
100 g de queso gruyère rallado,	³/₄ litro de leche fría,
	sal.

Se aprovecha un resto de arroz blanco ya cocido pero aún no rehogado.

Se hace una bechamel (en una sartén se calienta la mitad de la mantequilla y el aceite, se echa la harina, se dan unas vueltas y, poco a poco, se añade la leche fría, moviendo con unas varillas. Se sala ligeramente y se cuece unos 8 minutos).

Una vez hecha la bechamel se aparta del fuego, y cuando está templada se añaden las yemas, de una en una, luego la mitad del arroz y casi todo el queso rallado (reservando un poco). Se ponen unos trocitos de mantequilla como avellanas encima. Cuando se vaya a meter en el horno se emplea lo que queda de mantequilla para untar la fuente de borde alto donde se vaya a hacer el soufflé (porcelana o cristal resistente al fuego).

Se montan muy firmes las claras con un pellizco de sal; se mezcla el resto del arroz y se vierte esto en la bechamel, moviendo muy delicadamente para que, quedando mezclado, no se bajen las claras. Se espolvorea con el resto de queso rallado y se mete al horno. Éste se calentará previamente durante 5 minutos, primero a fuego mediano y, después de unos 20 minutos, se pone más fuerte y se deja hasta que esté bien dorado y subido, unos 15 minutos más o menos.

Se sirve inmediatamente en su misma fuente.

Pescados

Todo el pescado se debe lavar con agua fresca y al chorro del grifo. Se debe secar inmediatamente con un trapo muy limpio.

 530 CALDO CORTO CON VINO BLANCO

Para 1 kg de pescado, más o menos, se suele poner:

agua fría abundante,
1 hoja de laurel,
1 trozo de cebolla pelada (40 g más o menos),
1 zanahoria grande, raspada la piel, lavada y cortada en rodajas,

1 vaso (de los de vino) de vino blanco bueno,
zumo de $\frac{1}{2}$ limón (para que no se deshaga el pescado),
sal.

Se cuecen todos estos ingredientes juntos durante unos 10 minutos y se retira del fuego, dejando que se enfríe.

Cuando se va a cocer el pescado, se pone este caldo corto en la pesquera (cacerola alargada con una rejilla). Se colocan las zanahorias, cebolla, etc., debajo de la rejilla. Se pone el pescado en la rejilla y se sumerge. Si el caldo corto no cubre bien el pescado, se puede añadir agua fría.

Se pone la pesquera a fuego mediano, cubriéndola con su tapadera. Si rompiera el hervor muy rápidamente, se abrirá el pescado.

Si el pescado que se cuece es plano (lenguados, etc.), una vez que empieza a hervir el agua a borbotones se apaga el fuego y se deja dentro del agua un ratito (5 a 6 minutos). Si el pescado es ancho (merluza, etc.), se baja el fuego y se cuece despacio unos minutos más. Cuando está, se saca la rejilla, se pone al bies encima de la pesquera, para que escurra pero sin enfriarse, y se cubre con un paño limpio mojado en agua bien caliente y estrujado. Se puede tener así un ratito en espera.

🄓 CALDO CORTO CON VINO TINTO O VINAGRE

Se prepara exactamente igual que el anterior, sustituyendo el vino blanco por tinto o por vinagre (de vino tinto).

Este caldo corto se utiliza para dar color y sabor a la carne del pescado, por ejemplo, para las truchas, el lucio, etc.

🄓 CALDO CORTO ESPECIAL

(Véase receta 680.)
Para el salmón, las truchas asalmonadas, etc.

🄓 CALDO CORTO CON LECHE

1½ litro de agua fría,
  1 vaso (de los de agua) de leche cocida
    y fría,

½ limón en rodajas sin piel,
  1 hoja de laurel,
    sal.

Estas cantidades son sólo para orientación.

El caldo corto siempre debe ser abundante y cubrir todo el pescado. Se aumentará según haga falta.

Se prepara todo en frío, se sumerge el pescado y se pone al fuego sin cocerlo previamente como los anteriores.

Este caldo corto se emplea sobre todo para pescados del tipo del rodaballo, raya, etc.

534 FILETES DE ABADEJO CON CERVEZA (4 personas)

4 filetes de pescado,	20 g de mantequilla o margarina,
4 cucharadas soperas de aceite,	2 cucharadas soperas de pan rallado,
1 cebolla grande (150 g),	1 pellizco de hierbas aromáticas,
1 botellín de cerveza,	sal.

En una sartén poner el aceite a calentar. Pelar y cortar las cebollas en rodajas finas y rehogarlas en aceite hasta que se pongan transparentes (unos 6 minutos).

Lavar, secar y salar los filetes de pescado.

En una fuente de horno poner el aceite y las cebollas, cubriendo con éstas todo el fondo de la fuente. Poner los filetes encima y espolvorear con un pellizco de hierbas aromáticas. Verter la cerveza y espolvorear con el pan rallado y poner unas motitas de mantequilla por encima.

Meter en el horno (previamente calentado) durante unos 35 minutos.

Servir en la misma fuente.

535 MANERA DE PREPARAR LA ANGUILA

Para que la anguila sea buena debe estar viva. Hay que tener mucho cuidado, pues siendo así se escapan con mucha facilidad. Se agarra por la cola con un trapo y se le da un fuerte golpe en la cabeza con algo duro.

Para quitarle la piel se da un corte alrededor de la cabeza, y con un trapo se agarra la piel y se tira hacia la cola. Debe salir entera. Después se corta la cabeza y la cola. Se hace un corte en la tripa y se vacían los intestinos. Se lava con agua fría y se corta en trozos.

536 ANGUILA FRITA (6 personas)

1½ kg de anguilas más bien pequeñas,	harina en un plato,
½ litro de vinagre,	2 dientes de ajo picados,
½ litro de aceite (sobrará),	2 cucharadas soperas de perejil picado,
	sal y pimienta.

Se pone la anguila en adobo por lo menos 3 horas, en vinagre. Se saca y con un paño limpio se seca muy bien. Se salan los trozos, se pasan por harina y se fríen. Se quita casi todo el aceite de freír que sobra en la sartén y se ponen todos los trozos de anguila, se espolvorean con el ajo, perejil y pimienta. Se saltean un poco y se sirven en seguida.

537 ANGUILA A LA MARINERA (6 personas)

1¹/₂ kg de anguilas medianas,	2 cucharadas soperas de aceite,
1 cebolla mediana (80 g),	1 pellizco de hierbas aromáticas,
¹/₂ litro de vino blanco,	1 cucharada sopera de perejil picado,
¹/₂ vaso (de los de agua) de agua,	1 diente de ajo picado,
1 cucharada de harina,	sal y pimienta.

Se prepara, pela y corta la o las anguilas, según está explicado anteriormente (receta 535).

Se pela y pica la cebolla, se pone en una cacerola, se echan encima los trozos de anguila, se rocían con el vino blanco y el agua que debe medio cubrir los trozos de pescado, se echa sal y pimienta, se añade el pellizco de hierbas aromáticas y se cuece a fuego vivo unos 10 minutos.

En una sartén pequeña se pone a calentar el aceite, se le agrega la harina, se le da unas vueltas, se añade poco a poco el agua fría y después algo de líquido de cocer las anguilas.

Se cuece esta salsa un par de minutos y se vierte sobre las anguilas que están en la cacerola (esto se hace con la cacerola retirada del fuego). Se mueve con cuidado para que se quede todo mezclado y se vuelve a cocer unos 10 minutos, más o menos, moviendo la cacerola por las asas de vez en cuando.

Se sirve en seguida en una fuente algo honda, espolvoreando el pescado con el ajo y perejil picados.

538 ARENQUES ASADOS, SERVIDOS CON SALSA DE MOSTAZA (6 personas)

6 arenques de ración frescos, aceite y sal,	1 vaso (de los de agua) de agua caliente,
Salsa de mostaza:	2 yemas de huevo,
80 g de mantequilla,	1 o 2 cucharadas (de las de café) de mostaza,
1 cucharada sopera de harina fina,	sal.

En la pescadería se manda quitar la espina central.

Se salan por dentro y por fuera ligeramente. Con una brocha plana se les pasa aceite en el centro, después se cierra, se hacen un par de tajos en el lomo y se unta bien con aceite por los dos lados. Se enciende el horno con un poco de anticipación y se ponen en la parrilla. Mientras tanto se hace la salsa de mostaza (receta 93).

Cuando están asados (unos 15 a 20 minutos), se colocan con cuidado en una fuente caliente y se sirven con la salsa de mostaza en salsera aparte.

539 ARENQUES ASADOS CON ANCHOAS (6 personas)

6 **arenques de ración,**
3 **cucharadas soperas de aceite,**
2 **latas pequeñas de anchoas en aceite,**
50 **g de mantequilla,**

8 **ramitas de perejil,**
1 **cucharada (de las de café) de mostaza,**
sal (si hiciese falta).

Se mandan limpiar los arenques en la pescadería. Después, en casa, se lavan con agua y se secan muy bien con un paño limpio.

De las latas de anchoas se reservan 6 filetes para adornar los arenques. En el mortero se machacan las demás, escurridas de su aceite, con la mantequilla y 2 ramitas de perejil. Se rellenan las tripas de los arenques con esta pasta y se cierran sujetándolas con un palillo. Se mezcla el aceite con la mostaza, y, con la mitad de esta mezcla, se embadurnan los lomos de los arenques del lado que no se ponen en la parrilla. Se meten a horno mediano hasta que queden bien asados de este lado (unos 10 minutos). Se vuelven con cuidado y se unta el otro lado con el resto del aceite y la mostaza. (Para esta operación se puede utilizar una brocha plana.) Se asan bien de este segundo lado, unos 10 minutos más. Se colocan en una fuente previamente calentada. Se adornan los lomos de los pescados con un cruzadillo hecho con las anchoas reservadas y se pone un poco de perejil encima. Se sirve en seguida.

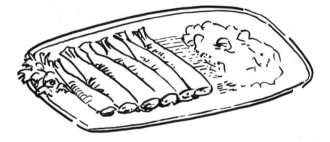

540 ATÚN

Siendo este pescado casi igual que el bonito, las mismas recetas sirven para ambos.

541 GRATINADO DE ATÚN DE LATA (6 personas)

1 kg de mejillones,
1 lata grande (¹/₂ kg) de atún al natural,
3 cucharadas soperas de harina,
2 vasos (de los de agua) de leche fría,
1 vaso (de los de vino) de caldo de los mejillones,
1 vaso (de los de vino) mitad vino blanco y mitad agua,
2 cebolletas frescas, o 2 chalotas grandecitas,
el zumo de 1 limón,
1 cucharada sopera de perejil picado,
3 cucharadas soperas de pan rallado,
50 g de mantequilla,
2 cucharadas soperas de aceite fino,
2 yemas de huevo,
2 claras a punto de nieve (facultativo),
sal.

Después de quitarles bien las barbas a los mejillones, se lavan y se ponen en un cazo con el vaso de mitad de agua y mitad de vino blanco con un poco de sal. Cuando se empiezan a abrir, se quitan los bichos de sus conchas y se cuela el caldo de los mejillones por un colador de tela metálica con un trapo fino y limpio metido en el colador. Si los mejillones son grandes se cortan con unas tijeras y se reservan en su caldo.

En una sartén se pone la mitad de la mantequilla y el aceite a calentar; cuando está derretida se añade la harina y se dan unas vueltas con una cuchara de madera. Poco a poco se añade la leche y se deja cocer esta bechamel unos 10 minutos. Se agrega entonces el atún (bien escurrido de su jugo) desmenuzado, los mejillones con el vaso de su caldo, el perejil y las cebolletas o chalotas picadas muy menudas. Se prueba y rectifica de sal; se incorpora entonces el zumo de limón y las 2 yemas disueltas en un poco de salsa para que no se corten, y las claras a punto de nieve muy firme. Estos dos últimos ingredientes mejoran el plato pero no son indispensables. Se reparte en platitos individuales (de huevos al plato, o conchas, o bien incluso en una sola fuente de porcelana resistente al fuego). Se espolvorea con pan rallado y se pone el resto de la mantequilla en trocitos como avellanas.

Se mete al horno a gratinar y, cuando está dorado, se sirve en sus mismos platitos.

542 MANERA DE DESALAR EL BACALAO

Se escogen los trozos de bacalao que sean blancos y con la piel oscura. Que no sean muy gruesos. Se ponen en agua fría unas 12 horas, cambiándoles el agua 4 veces. Para esto se sacan cada vez todos los trozos de bacalao y se lava muy bien el cacharro cada vez, poniéndole agua fresca y volviendo a colocar los trozos de bacalao dentro.

Si se tiene mucha prisa, pero este método no es aconsejable más que para croquetas, brandada, etc., se pone el bacalao bastante desmenuzado en agua templada. Se cambia unas 3 veces, procediendo igual que anteriormente, pero con unas 3 horas bastará para desalar el bacalao.

543 BACALAO AL AJO ARRIERO (6 personas)

½ kg de bacalao más bien grueso y con la piel tirando a clara,
1 vaso (de los de agua) de aceite,
2 cucharadas soperas de aceite (para freír el pimiento),

1 cebolla grande (200 g),
3 o 4 dientes de ajo,
1 lata pequeña de pimientos rojos (de 100 g), o
2 pimientos secos puestos en remojo.

Desmigar el bacalao la víspera, guardando la piel, y ponerlo todo en remojo, según se explica anteriormente.

Al ir a hacer el ajo arriero, se saca el bacalao y se seca suavemente, sin estrujarlo, con un paño. Las pieles se cortan con unas tijeras en tiritas finas.

En una cazuela de barro resistente al fuego se pone el aceite a calentar; cuando está caliente se echa la cebolla picada muy menuda, así como los ajos también picaditos. Se fríen despacio (a fuego lento) y sin que se doren (unos 10 minutos). Se agrega entonces la carne de los pimientos remojados.

Luego se echa el bacalao y las pieles y se sacude la cazuela, para que vaya soltando la gelatina, pero sin necesidad de darle vueltas con una cuchara. Añadirle a los 10 minutos el pimiento bien escurrido y dado unas vueltas en una sartén con un poco de aceite. Mezclar todo y dejar a fuego lento una hora, más o menos.

Variación de la receta anterior:

Se prepara como anteriormente el ajo arriero, pero sin ponerle el pimiento. Se baten 2 o 3 huevos como para tortilla y se echan en el ajo arriero ya hecho, revolviendo todo con rapidez en el fuego hasta que los huevos queden como revueltos con el bacalao.

544 FRITOS DE BACALAO (6 personas)

1 kg de patatas,
½ kg de bacalao,
3 yemas de huevo,
3 claras de huevo,

1 diente de ajo picado,
1 cucharada sopera de perejil picado,
1 litro de aceite (sobrará).

Se lavan bien las patatas sin pelarlas y se ponen a cocer en agua fría con el bacalao (sin desalar). Cuando rompe el hervor, se cuece más o menos durante 30 minutos (hasta que las patatas estén cocidas; para saberlo se pinchan con un alambre).

Se escurre todo, se pelan las patatas y se pasan por el pasapurés, después se pasa el bacalao, al cual se le habrán quitado las espinas y la piel. Una vez pasado todo se revuelve con el ajo y el perejil y se van añadiendo las yemas de una en una. Se montan las claras a punto de nieve firme (añadiéndoles un pellizco de sal al montarlas) y se incorporan suavemente a la masa.

Se forman unas bolitas con dos cucharas y se fríen en aceite abundante y bien caliente. Se sirven en seguida en una fuente.

545 BUÑUELOS DE BACALAO CON SALSA DE TOMATE
(6 personas)

¹/₂ kg de filetes de bacalao,
1 litro de aceite (sobrará),
Salsa de tomate:
  1 kg de tomates bien maduros,
  3 cucharadas soperas de aceite frito,
  1 cucharada (de las de café)
    de azúcar,
    sal.

Masa de buñuelos:
250 g de harina,
  1 cucharada sopera de aceite fino,
  1 cucharada sopera de ron o coñac,
  1 cucharada (de las de café) de leva-
    dura,
  1 yema de huevo,
  2 claras,
    sal y agua fría.

Se tendrá el bacalao remojado (receta 542). Una vez remojado, se cuece de la siguiente manera:

En un cazo se pone agua abundante fría que cubra bien el bacalao; se pone a fuego vivo y cuando empiezan las burbujas alrededor del cazo se separa del fuego, se tapa y se tiene así 10 minutos. Pasado este tiempo se saca del agua, se le quitan las espinas y la piel y se separa en trozos (escamas) grandecitas.

Masa de los buñuelos:

En una ensaladera se pone la harina mezclada con la sal y la levadura. Se hace un hoyo en el centro y se pone la yema, el aceite, el coñac o ron. Se mezclan estos ingredientes y se añade agua hasta que la masa tenga la consistencia de una papilla clara. Se deja reposar unas 2 horas. En el momento de ir a freír los buñuelos, se baten las 2 claras a punto de nieve firme (con un pellizco de sal) y se mezclan a la masa con cuidado y sólo lo justo para que queden las claras incorporadas. Se meten los trozos de bacalao de 3 en 3 en la masa, se sacan cuando están bien envueltos y se fríen en aceite caliente (se probará si está en su punto friendo una rebanada de pan).

Una vez dorados los buñuelos se sacan, se escurren, se conservan al calor a la boca del horno y se sirven en una fuente con la salsa de tomate (receta 77) en salsera aparte.

Croquetas de patatas y bacalao
(Véase receta 68).

546 BOUILLABAISSE DE PATATAS Y BACALAO (6 personas)

1 kg de patatas rojas (holandesas)
    (6 a 8),
400 g de bacalao,
  5 cucharadas soperas de aceite,
  2 cebollas medianas (150 g),
  2 tomates rojos medianos,
  3 dientes de ajo,

1 buen pellizco de hierbas aromáticas, o,
1 hoja de laurel, una ramita de perejil y
    una ramita de tomillo,
2 litros de agua fría,
    unas hebras de azafrán,
    sal.

Se desala el bacalao (receta 542).

En una cacerola se pone el aceite a calentar, se le añade la cebolla muy picada, se da unas vueltas para que se rehogue, pero sólo hasta que esté transparente (5 minutos), se añaden entonces los 3 dientes de ajo pelados y dados un golpe para aplastarlos un poco, se rehogan y se añaden los tomates lavados, pelados, cortados en trozos y quitadas las simientes. Se rehoga todo un poco y se ponen los 2 litros de agua y las hierbas aromáticas. Se lavan, pelan y cortan las patatas en rodajas de 1$^1/_2$ cm de gruesas y se añaden.

En el mortero se machaca el azafrán y se disuelve con 2 ó 3 cucharadas de caldo de las patatas y se vierte en la cacerola. Éstas se cuecen durante unos 20 minutos y entonces se añade el bacalao. Se cuece hasta que estén las patatas tiernas (para saberlo se pinchan con un alambre), más o menos otros 10 minutos a fuego vivo. Se prueba de sal y se rectifica si hace falta.

Se sirve en fuente honda o sopera con unas rebanaditas de pan frito aparte si se quiere, pero esto es facultativo.

547 **BACALAO CON ESPINACAS Y BECHAMEL (6 personas)**

3 kg de espinacas,	Bechamel:
500 g de bacalao,	1$^1/_2$ cucharada sopera de harina,
1 cebolla mediana (50 g),	25 g de mantequilla.
5 cucharadas soperas de aceite,	2 cucharadas de aceite fino,
50 g de queso gruyère rallado,	$^1/_2$ litro de leche fría,
20 g de mantequilla,	sal.

Se desala el bacalao (receta 542). Se pone para cocerlo en una cacerola con agua fría. Se pone a fuego vivo y cuando rompe el hervor se separa del fuego, se cubre con tapadera y se deja 10 minutos. Pasado este tiempo se escurre, se le quita la piel y las espinas y se separa en escamas más bien pequeñas. Se reserva tapándolo con un plato para que no se seque.

Se cortan los tallos de las espinacas y se lavan muy bien. En una olla se pone agua abundante con sal (2 litros por cada kg de espinacas y 20 g de sal). Cuando hierve a borbotones se sumergen las espinacas, empujándolas con una espumadera para que queden bien sumergidas. Se cuecen durante unos 10 minutos, destapadas. Se escurren de agua en un colador grande y se refrescan al chorro del agua fría, estrujándolas muy bien para que no les quede agua. Se cortan con un machete y se prepara entonces la bechamel como está explicado en la receta 81.

En una cacerola o sartén se pone a calentar el aceite; cuando está, se le añade la cebolla muy picada y cuando se pone transparente (unos 5 minutos) se le agregan las espinacas, y se rehogan bien.

Se unta con mantequilla el fondo de una fuente de cristal, porcelana o barro (resistente al horno) y se ponen las espinacas bien repartidas. Se coloca el bacalao sobre ellas y se cubre con la bechamel, espolvoreando con el queso rallado.

Se mete en el horno a gratinar y se sirve cuando la bechamel está bien dorada, en su misma fuente.

548 **BACALAO EN SALSA VERDE (6 a 8 personas)**

1 kg de bacalao en trozos,
1 cebolla grande (150 g),
harina en un plato para rebozar,
$^1/_4$ litro de vino blanco (1 vaso de los de agua),
$^1/_2$ litro del agua de cocer el bacalao,
unas ramitas de perejil,
1 cucharada sopera de perejil picado,
1 hoja de laurel,

1 diente de ajo,
$^3/_4$ litro de aceite para freír el pescado (sobrará),
6 cucharadas soperas de aceite para la salsa,
2 cucharadas soperas rasadas de harina,
sal (facultativa).

Se desala el bacalao (receta 542).

Se cuece el bacalao cubriéndolo con agua fría, se pone a fuego vivo y, cuando rompe el hervor, se separa del fuego. Una vez cocido se escurre bien y se seca con un paño o se estruja bien con las manos. Se pasa por harina cada pedazo y se fríe en aceite caliente. Se reserva en un plato.

En una sartén se ponen 6 cucharadas de aceite y cuando está caliente se pone la cebolla muy picada a rehogar hasta que esté dorada (7 minutos más o menos). Mientras se dora la cebolla se machaca en el mortero el diente de ajo pelado, con un poco de sal y las ramitas de perejil. Se añaden unas 3 ó 4 cucharadas de agua de cocer el bacalao. Se espolvorea harina en la sartén (2 cucharadas rasadas o una colmada), se dan unas vueltas y se añade lo del mortero, el vino blanco, el $^1/_2$ litro de caldo y una hoja de laurel. Se cuece esta salsa unos 5 a 8 minutos. Se coloca el bacalao en una fuente de cristal, porcelana o barro resistente al fuego. Se vierte la salsa encima pasándola por el chino. Se pone encima del fuego para que cueza otros 10 minutos a fuego lento y se sacude de vez en cuando la fuente para que se trabe bien la salsa. Se espolvorea entonces con el perejil picado y se sirve en la misma fuente en seguida.

549 **BACALAO CON PIMIENTOS Y SALSA DE TOMATE** (6 personas)

$^3/_4$ a 1 kg de bacalao (2 trozos por persona),
1 lata de pimientos rojos ($^1/_2$ kg),
$^1/_2$ litro de aceite,
1 plato con harina.

Salsa de tomate:
1 kg de tomates maduros,
1 cebolla grande,
3 cucharadas soperas de aceite,
1 cucharada (de las de café) de azúcar,
sal.

Se hace la salsa de tomate más bien clara (receta 77).

Se tendrá el bacalao cortado en trozos más bien grandes, en remojo según se ha explicado en la receta 542.

Se escurre bien y se envuelve cada trozo con una tira de pimiento de lata (o asado previamente) de un dedo de ancho, que se sujetará con un palillo. Se pasa por harina cada trozo y se fríen de cuatro en cuatro, para que no tropiecen demasiado unos con otros. Se van poniendo a medida que están fritos en una fuente de barro, porcelana o cristal (resistente al fuego). Se vierte por encima la salsa de tomate y se pone a fuego lento durante unos 10 minutos, sacudiendo de vez en cuando la fuente para que se trabe bien la salsa.

Se sirve en la misma fuente.

 550 BACALAO CON PATATAS Y MAYONESA (6 personas)

$^1/_2$ **kg de patatas,**
$^1/_2$ **kg de bacalao,**
$^1/_2$ **litro de leche,**
$^3/_4$ **litro de aceite** (sobrará),
 1 **plato con harina,**

Mayonesa (hecha con la batidora):
 2 **huevos enteros,**
$^1/_2$ **limón (zumo),**
 la punta de un cuchillo de mostaza (facultativo),
$^1/_2$ **litro de aceite fino,**
 sal.

Se hace la mayonesa (receta 111).

Se tendrá el bacalao desalado (receta 542). Una vez desalado se mete una hora en leche fría o templada, separando en escamas grandes los trozos y quitadas las espinas y la piel. Se saca de la leche y se escurre bien, se pasa por harina ligeramente y se fríe.

Mientras tanto se habrán lavado y puesto a cocer las patatas con su piel, en agua fría con sal, unos 30 minutos más o menos (se pinchan con un alambre para saber si están en su punto). Se pelan y cortan en trozos grandes. Se ponen alrededor de la fuente y el bacalao en el centro. Se sirven en seguida con la mayonesa cubriendo la fuente o en salsera aparte.

551 BACALAO CON PURÉ DE PATATAS Y MAYONESA, AL HORNO (6 personas)

Puré:
 1 kg de patatas,
1¹/₂ vaso (de los de agua) de leche caliente,
 40 g de mantequilla,
 agua y sal.

Bacalao:
³/₄ kg de bacalao,
 agua.

Mayonesa:
 2 huevos,
³/₄ litro de aceite fino,
 zumo de 1 limón,
 sal.

Se hace la mayonesa en la batidora (receta 111).

Se lavan las patatas y, sin pelar, se ponen en un cazo bien cubiertas de agua fría, se les echa sal y se cuecen 30 minutos más o menos. Se pinchan con un alambre y cuando están cocidas se escurren, se pelan y se pasan por el pasapurés. Se les añade el trozo de mantequilla, se mueve un poco y se les vierte poco a poco la leche caliente. Tiene que quedar el puré un poco espeso, por lo cual habrá que rectificar quizá la cantidad de leche, pues, según la clase de patata, absorbe más o menos. También se puede hacer con puré de patatas en caja; hará falta entonces un paquete y medio.

El bacalao se habrá desalado según la receta 542. Se pondrá cubierto de agua fría y a fuego vivo; en cuanto rompe el primer hervor se aparta y se tiene 5 minutos. Se saca del agua, se le quitan las espinas y la piel y se parte en escamas grandecitas. En una fuente de cristal o porcelana (resistente al fuego) se pone el puré de patatas todo alrededor y en el centro de la fuente el bacalao de manera que quede hueco. Se cubre todo con la mayonesa, que debe ser abundante. Con un poco de papel de plata (o aluminio) se hace una chimenea, enrollando el papel en un dedo. Esta chimenea se planta en un lado de la fuente. Se mete a horno suave unos 15 minutos hasta que se dore. Se vuelca un poco la fuente, para que por el agujero del tubo de papel de plata salga el líquido sobrante, y, si no, se quita con una cuchara.

Se sirve en seguida en la misma fuente.

552 BACALAO CON PATATAS PAJA Y HUEVOS REVUELTOS (6 personas)

¹/₂ kg de patatas,
350 g de bacalao,
 4 huevos,
 3 cebollas (¹/₂ kg más o menos),

³/₄ litro de aceite (sobrará),
 5 cucharadas soperas de aceite,
 sal.

Se desmenuza el bacalao y se lava bien al chorro.

Se pelan las patatas y se lavan enteras; después se cortan pajas no muy finas por la «moulinette» o cualquier aparato o cuchillo especial.

Se pone a calentar el aceite en una sartén profunda y se fríen bien doradas, pero por tandas, pues si no se apelotonan.

Una vez fritas, se separan y se dejan en espera. En la misma sartén se deja un poco de aceite en el fondo (4 o 5 cucharadas soperas), se calienta y se rehoga la cebolla pelada y cortada en aros finos. Se deja dorar ligeramente (unos 8 minutos), se le incorpora el bacalao y se rehoga igualmente. Se cascan allí mismo los huevos y con un tenedor se revuelven rápidamente como para huevos revueltos. Cuando están empezando a cuajarse pero aún están cremosos, se les añaden las patatas fritas. Se sala ligeramente y se dan un par de vueltas rápidas y se vierte en una fuente, donde se servirá en seguida para que no se ablanden las patatas.

553 **BRANDADA (Puré de bacalao) (4 personas)**

1 tazón de bacalao desmigado (300 g),
1 vaso (de los de vino) de nata líquida espesa,
1 tazón de bechamel espesa, hecha con:
½ vaso (de los de vino) de aceite de oliva,

4 cucharadas soperas de harina,
1 vaso (de los de agua) de leche,
sal (poca),
unos triangulitos de pan frito para el adorno.

Limpiar de pieles y espinas el bacalao; una vez limpio debe tener el volumen de un tazón. Desalarlo en varias aguas y ponerlo a cocer en agua fría.

Cuando rompa a hervir, sin llegar a hacer borbotones, retirar la cacerola del fuego y cuando el agua esté templada, escurrir bien el bacalao y picarlo en la picadora o en una batidora (adecuada a este uso).

Aparte hacer la bechamel con los ingredientes reseñados, empleando aceite de oliva en vez de mantequilla.

En el fuego mezclar la bechamel y el bacalao, muy mezclados, y justo antes de servirlo agregar la nata, calentando todo muy bien.

Servir este puré con costrones de pan frito, adornando la fuente.

554 BESUGO AL HORNO CON ZUMO DE LIMÓN, PEREJIL Y MANTEQUILLA (6 personas)

1 besugo de 1¹/₂ kg (más o menos),	2 rodajas de limón,
4 cucharadas soperas de aceite fino,	1 ramita de perejil,
80 g de mantequilla,	sal.
el zumo de 1 limón,	

Se manda limpiar el besugo en la pescadería y en casa se lava muy bien por fuera y por dentro con agua fresca. Se seca con un paño limpio.

En una besuguera se pone el aceite, después se sala el besugo por los dos lados y un poco por el agujero de la tripa; se le hacen dos tajos profundos con un cuchillo en el lomo que quedará arriba. Se posa el besugo en la besuguera, se le pone la ramita de perejil en la tripa y las dos rodajas de limón bien incrustadas en los tajos del lomo. Se rocía con el zumo de limón, se pone la mantequilla en trozos por encima del besugo y se mete a horno mediano más bien fuerte y previamente templado, unos 20 a 25 minutos.

Se sirve en la misma besuguera.

555 BESUGO AL HORNO CON AJO, PEREJIL Y VINAGRE (6 personas)

1 besugo de 1¹/₂ kg,	3 dientes de ajo muy picados,
1 patata grande,	1 cucharada sopera colmada de perejil
1 vaso (de los de agua) de aceite	picado,
(sobrará),	3 cucharadas soperas de vinagre,
2 o 3 ramitas de hinojo,	sal.

Se pela la patata, se lava, se seca y se corta en rodajas medianamente finas. En una sartén pequeña se pone el aceite a calentar; cuando esté en su punto, se fríen las patatas de manera que estén fritas, pero antes de que empiecen a dorarse, se retiran del aceite y se salan ligeramente. Se ponen en el fondo de una besuguera o fuente resistente al horno, donde se hará el pescado, de forma que estén sólo debajo del besugo y no sobresalgan casi.

Ya vaciado el besugo de sus tripas, se lava y se seca bien. Se le hace un tajo (con un cuchillo bien afilado) desde la cabeza hasta la cola, todo lo largo del lomo y profundo hasta la espina. Se separan los dos filetes así formados, y cortando la espina central en la cola y cerca de la cabeza, se retira ésta. Se sala por dentro y fuera el besugo y se vuelve a recomponer dejando un poco abierto el centro, donde se le pone una ramita de hinojo y 2 por encima del lomo. Se rocía el besugo con 2 cucharadas soperas de aceite y se mete a horno mediano y previamente calentado durante unos 10 minutos. Pasado este tiempo, se saca la besuguera, se quita el hinojo y, separando con cuidado de no romper los lomos del besugo, se rocía el interior con la mitad del vinagre. Se espolvorea la mitad del ajo y la mitad del perejil, se cierra un poco el pescado y se rocía por encima con el resto del vinagre y se espolvorea con lo que queda de ajo y perejil. Se vuelve a meter al horno a gratinar con fuego bastante fuerte durante 8 minutos más o menos. Se saca y se sirve en su misma besuguera.

556 BESUGO AL HORNO CON VINO BLANCO Y PAN RALLADO (6 personas)

1 besugo de 1¹/₂ kg (más o menos),
1 vaso (de los de vino) de vino blanco,
¹/₂ vaso (de los de vino) de agua,
4 cucharadas soperas de aceite,
4 cucharadas soperas de pan rallado,

el zumo de 1 limón,
50 g de mantequilla,
¹/₂ cebolla pequeña (50 g),
sal.

Se manda vaciar el besugo en la pescadería y en casa se lava muy bien con agua fresca. Se seca con un paño limpio.

En una besuguera o fuente resistente al horno se pone el aceite a calentar. Se pela y corta la cebolla en rajas muy finas y se rehoga en el aceite hasta que se ponga transparente. Se quita la besuguera del fuego. Se pone la cebolla en el centro de la misma para que caiga debajo del lomo del besugo. Se sala el pescado por dentro de la tripa y por los dos lomos. Se hacen un par de tajos profundos con un cuchillo encima del lomo que queda arriba.

Se coloca el besugo sobre la cebolla, se rocía con el agua y el vino mezclados y el zumo de limón; se espolvorea con el pan rallado y se pone la mantequilla en trozos sobre el besugo, cuidando de poner un buen trozo en cada tajo cortado.

Se mete al horno mediano-fuerte (previamente encendido durante 5 minutos) unos 20 minutos, cuidando de rociar de vez en cuando el pescado con el jugo de la besuguera.

Se sirve en la misma besuguera o fuente donde se ha hecho.

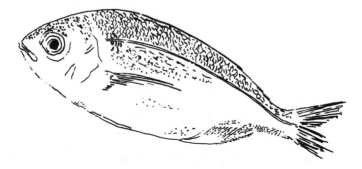

BESUGO AL HORNO CON TOMATES, CEBOLLA Y CHAMPIÑONES (6 personas)

1 besugo de 1¹/₂ kg,
6 tomates medianos (³/₄ kg),
1 cebolla grande (125 g),
100 g de champiñones frescos,
4 cucharadas soperas de aceite,

50 g de mantequilla,
1 vaso (de los de vino) de vino blanco,
unas gotas de zumo de limón,
sal.

Se manda vaciar el besugo en la pescadería y en casa se lava bien con agua y se seca con un paño limpio.

En una besuguera o en un plato resistente al horno se echa el aceite; se ponen encima 4 tomates lavados, pelados, cortados en rodajas finas y quitadas las simientes; encima de los tomates se pone la mitad de la cebolla pelada y picada bastante menuda, se espolvorea con un poco de sal. Se coloca encima el besugo, al cual se habrá puesto un poco de sal en la tripa y se le habrán hecho dos tajos en el lomo. Se sala el besugo y se cubre con los otros tomates, con la cebolla y con los champiñones preparados, cortándoles las partes malas, lavándolos bien con agua y unas gotas de zumo de limón, escurridos y cortados en láminas finas. Se sala esto, se rocía con el vino blanco y se pone la mantequilla en trozos encima del besugo y de su guarnición.

Se mete a horno mediano, previamente encendido, durante 20 minutos más o menos.

Se sirve entonces en la misma besuguera.

 BESUGO A LA PARRILLA CON SALSA MAYONESA (6 personas)

1 besugo de 1¹/₂ kg (más o menos),
aceite,
unas ramas de hinojo o tomillo,
2 lonchitas finas de bacon,
sal.

Salsa:
1 huevo,
¹/₄ litro de aceite fino,
el zumo de ¹/₂ limón,
1 cucharada sopera de alcaparras,
1 cucharada (de las de café) de perejil picado,
2 anchoas picadas,
sal.

Se hace una mayonesa en la batidora, receta 111.

Aparte se pican con tijeras o machete las alcaparras, las anchoas y el perejil picado. Todo esto se revuelve con la mayonesa y se reserva en un sitio fresco.

El besugo se mandará limpiar en la pescadería y en casa se lava muy bien por dentro y por fuera, secándolo después con un paño limpio.

Se hacen un par de tajos profundos en cada lomo del besugo. Se sala y se mete dentro de los cortes un trocito de bacon. Se unta todo el besugo con aceite, así como la parrilla del horno. En la parte de la tripa del besugo se mete la ramita de hinojo y se mete al horno mediano, previamente encendido, durante 15 minutos, volviéndolo de vez en cuando con cuidado y untándolo cada vez con un poco más de aceite. Una vez bien asado, se pone en una fuente previamente calentada. Se quita el hinojo y el bacon y se sirve con la salsa aparte en salsera.

559 BOQUERONES O ANCHOAS EN VINAGRE

1½ kg de boquerones muy frescos,
½ litro de vinagre,
1 vaso (de los de vino) de aceite fino,
2 cucharadas soperas de perejil picado,
2 dientes de ajo muy picados,
sal.

Se limpian los boquerones quitándoles la cabeza y la espina central, así como las tripas y las colas. Se corta cada boquerón en dos filetes, se lavan y se secan muy bien con un trapo limpio.

Una vez preparados todos los boquerones, se ponen en una fuente honda de porcelana o cristal y se cubren con vinagre. Se dejan así por lo menos 6 horas. Pasado este tiempo, se escurre todo el vinagre de la fuente sujetando con un plato llano los boquerones y volcando la fuente. Se rocían con un poco de sal, un poco de vinagre y el aceite y se espolvorean con el ajo y el perejil picado. Se saltea bien la fuente para que se impregnen por igual y se sirven así.

560 BOQUERONES O ANCHOAS FRITOS

También se toman los boquerones de aperitivo o de entremés, por lo que no doy cantidades.

Se escogen los boquerones más bien pequeños, pues son más finos. Se les quita la cabeza y las tripas y se lavan. Se secan con un paño limpio. Se cogen 3 o 4 boquerones juntos y se forma un abanico poniendo todas las colas juntas, se salan ligeramente por las dos caras, se pasan por harina, se sacuden para que se caiga la harina sobrante y se fríen con aceite bastante caliente (sin que se quemen); se sirven calientes.

También de esta forma se pueden servir juntos con calamares fritos y gambas encapotadas (es decir, envueltas en una masa de buñuelos). Así resulta un plato de pescado muy bueno. Se adorna entonces la fuente con trozos grandes de limón.

561 BONITO CON CEBOLLA Y TOMATE (6 personas)

1 o 2 rodajas de bonito (1¼ kg más o menos),
¼ kg de cebolla (2 grandes),
4 tomates maduros grandes (³/₄ kg),
6 cucharadas soperas de aceite,

1 cucharada (de las de café) de harina,
1 vaso (de los de vino) de vino blanco,
1 pellizco de hierbas aromáticas, o,
2 hojas de laurel o una ramita de tomillo,
sal.

Pedir en la pescadería que quiten la piel de alrededor de la rodaja de bonito y que hagan unos filetes más bien gruesos.

En una sartén grande se pone el aceite a calentar, se echa la cebolla pelada y muy picada; cuando se empieza a poner transparente (5 minutos), se añade la harina y después de unas vueltas dadas con una cuchara de madera se ponen los tomates, pelados, cortados y quitadas las simientes. Se machacan bien con el canto de una espumadera y se echa el vino blanco, la sal y las hierbas aromáticas. Se deja cocer esta salsa unos 15 minutos. Después se añade el pescado y se cuece unos 10 minutos más a fuego lento y cubierta la sartén con una tapadera. Se sirve en una fuente con su salsa.

562 BONITO CON CEBOLLA Y VINO BLANCO (6 personas)

2 rodajas de bonito (1¼ kg más o menos),
3 cebollas grandes (250 g),
8 cucharadas soperas de aceite,

1 vaso (de los de vino) de vino blanco,
1 hoja de laurel,
sal.

En una cacerola se pone el aceite a calentar, se echan las cebollas peladas y muy picadas; se colocan encima las rodajas de bonito, se sala y se rocía con el vino blanco. Se pone una hojita de laurel. Se tapa con una tapadera y se deja a fuego muy lento unos 15 minutos. Se sacude de vez en cuando la cacerola.

Se sirve en fuente con la cebolla por encima.

Si hiciese falta, se puede añadir un poquito de agua (1½ vaso de los de vino).

563 BONITO ASADO CON BACON (6 personas)

1½ kg de bonito en un trozo (mejor de la cola),
6 lonchitas de tocino ahumado (bacon),
2 zanahorias medianas (100 g),
1 cebolla mediana (50-80 g),

5 cucharadas soperas de aceite,
1 vaso (de los de agua) no lleno de vino blanco,
1 ramita de tomillo,
sal.

Se quita la piel, las espinas y el hueso central del pescado (se queda el bonito partido en dos, pero se vuelve a poner como estaba antes de quitar la espina central). Se sala ligeramente y se cubre con las lonchitas de bacon. Se sujetan con una cuerda fina, dando así al pescado una forma parecida a un asado de carne.

Se pone a calentar el aceite en una cacerola. Se pela y se pica la cebolla, y se lavan, se pelan y se cortan en rodajas finas las zanahorias. Se echan en la cacerola y se les dan unas vueltas con una cuchara de madera. Se pone el pescado y se dora por todos lados. Se le añade el vino y el tomillo y, cubriendo la cacerola con una tapadera, se deja a fuego lento más o menos 25 minutos, dándole vuelta de vez en cuando.

Cuando se vaya a servir, se le quita la cuerda, el tocino y el tomillo. Si hiciese falta, se agrega un poco de agua, calentando bien la salsa, que se pasará por el pasapurés con la cebolla y las zanahorias.

Se cortan lonchitas como de carne y se sirve con la salsa por encima. Se pueden poner de adorno unas patatas cocidas.

Nota.—Si sobrase pescado, está muy bueno desmenuzado y mezclado con una salsa bechamel más bien clarita. Se pone en una fuente resistente al horno (porcelana, barro o duralex), se espolvorea con queso rallado y se ponen unos trocitos de mantequilla. Se mete en el horno a gratinar y se sirve en la misma fuente.

564 BONITO ASADO CON MAYONESA VERDE (6 personas)

1 rodaja de bonito (1¼ kg),
½ vaso (de los de vino) de aceite,
3 cucharadas soperas de vino blanco,
   sal.
Mayonesa:
 2 huevos enteros,
   el zumo de ½ limón,
1½ vaso (de los de agua) bien lleno de
   aceite fino,

3 ramitas de perejil,
1 cucharada (de las de café) de perejil
   picado,
2 pepinillos pequeños,
2 cucharadas soperas de alcaparras,
   sal.

Se hace una mayonesa, receta 111, y se reserva en sitio fresco.

Se sala la rodaja de bonito y se untan las dos caras con el aceite, se pone en una besuguera, se rocía con el vino blanco y se mete al horno fuerte, previamente calentado. Se rocía de vez en cuando con el jugo que va soltando el pescado. Se le da la vuelta una vez, con mucho cuidado para que no se rompa la rodaja, y cuando esté dorada se sirve en una fuente adornada con unas ramitas de perejil. El tiempo de horno es más o menos 20 minutos.

BONITO EMPANADO CON MAYONESA VERDE
565 (6 personas)

1¼ kg de bonito en una rodaja,
2 huevos,
1 plato con pan rallado,
sal.

Mayonesa verde:
1 litro de aceite.

Igual que para el bonito asado (véase receta 563), pero poner el doble de cantidad, pues el bonito es seco y necesita mucha salsa para acompañarlo.

Se manda quitar la piel y las espinas en la pescadería y hacer filetes finos. Se lavan y se secan muy bien, se salan ligeramente, se pasan por huevo batido como para tortilla y se pasan después por pan rallado, apretando un poco para que el pan rallado se quede bien adherido.

Se pone el aceite a calentar en una sartén amplia y profunda. Cuando está en su punto, que no debe ser muy fuerte para que el pescado se cueza por dentro antes de dorarse por fuera, se fríen los trozos por tandas para que no se tropiecen en la sartén.

Se sirven en una fuente previamente calentada y adornada con unas ramitas de perejil. La mayonesa se sirve en salsera.

566 **MARMITAKO DE BONITO** (6 a 8 personas)

400 g de bonito fresco,
1 cebolla grande,
2 tomates medianos (250 g),
1 kg de patatas,
1 lata pequeña de guisantes (100 g),
1 lata pequeña de pimientos rojos (100 g),
1 trozo de guindilla,

2 dientes de ajo,
2 ramitas de perejil,
1 hoja de laurel,
4 cucharadas soperas de aceite,
agua,
1 pastilla de caldo,
sal.

En una cacerola de barro un poco honda o de porcelana resistente al fuego se pone el aceite a calentar. Cuando está caliente se rehoga el bonito, sin piel ni espinas y cortado en taquitos como de 2 cm. Una vez algo dorado se retira y reserva. En el mismo aceite se echa la cebolla pelada y muy picada. Se revuelve con una cuchara de madera hasta que esté dorada (unos 6 a 8 minutos), se añaden entonces los tomates, pelados, quitadas las simientes y picados. Se les da unas vueltas y se les añade las patatas cortadas en rodajas algo gruesas y se cubre todo con agua. Se sala moderadamente.

En el mortero se maja el diente de ajo con el perejil (y algo de sal para que no escurra). Se disuelve con un par de cucharadas de caldo de cocer las patatas y se agrega al guiso, así como el laurel y la guindilla. Se mezcla bien y se deja cocer a fuego muy lento durante unos 30 minutos. Se añade entonces la pastilla de caldo machacada, los guisantes, el pimiento cortado en tiritas finas o en cuadraditos y el bonito. Se deja cocer todo junto 10 minutos más y se sirve en su misma cacerola de barro.

567 PASTEL DE BONITO FRÍO (6 a 8 personas)

1 kg de bonito,
6 cucharadas soperas de pan rallado (60 g),
1 huevo,
1 loncha gruesa de jamón serrano (100 g),
1 loncha gruesa de tocino (100 g),
1 vaso (de los de vino) de jerez,

sal y pimienta.
Caldo corto:
Agua fría,
2 hojas de laurel,
$\frac{1}{2}$ cebolla pequeña partida en dos,
$\frac{1}{2}$ vaso (de los de vino) de vino blanco.

Se quita la piel y las espinas del bonito y se pica la carne con un machete, o simplemente con un cuchillo que corte bien. Se pone el pescado picado en una ensaladera, se espolvorea con el pan rallado, se añade el huevo, el jerez, sal y pimienta. Se mezcla muy bien a mano y se extiende esta masa sobre un paño limpio, formando un rectángulo. Se cortan las lonchas de jamón y de tocino a lo largo y de $\frac{1}{2}$ cm de anchas. Se ponen encima de la masa alternando, como a rayas. Con el paño se ayuda uno para enrollar este preparado y alrededor de la masa se enrolla el paño. Se ata en las dos extremidades. Se pone en una cacerola bien cubierto de agua fría, se añade el vino blanco, el laurel, la cebolla y la sal. Cuando rompe el hervor, se deja cocer tapado durante $\frac{3}{4}$ de hora. Se saca del caldo y se pone envuelto con su paño en un mármol o en una fuente y se cubre con algo de peso encima (la tabla de la carne, por ejemplo). Se deja por lo menos 2 horas. Pasado este tiempo, se quita el paño y se corta igual que un pastel de carne.

Se sirve adornado con lechuga y tomate.

568 BUDÍN DE BONITO FRÍO (6 personas)

$\frac{3}{4}$ kg de patatas (6 medianas),
200 g de atún en aceite,
1 cucharada sopera de concentrado de tomate,

1 cebolla mediana (80 g),
3 cucharadas soperas de aceite,
sal.

Se ponen a cocer las patatas, lavadas y sin pelar, en agua abundante con sal. Mientras se van cociendo, se pone en una sartén mediana el aceite a calentar y cuando está en su punto se echa la cebolla muy picada. Se deja cocer ligeramente ésta. Cuando están cocidas las patatas (unos 30 minutos más o menos), se pelan y se pasan por el pasapurés; también se pasa por el pasapurés el atún, escurrido de su aceite. Se mezcla bien con el concentrado de tomate y la cebolla con su aceite. Se revuelve muy bien todo junto. Se unta con aceite fino un molde de cake (alargado es mejor). Se vierte dentro la mezcla, se aprieta con el dorso de una cuchara para que no queden huecos y se mete en la nevera unas 4 horas (o más si se quiere).

Para servir, se saca del molde, pasando primero un cuchillo de punta redonda todo alrededor del molde, y se vuelca en una fuente. Se sirve con mayonesa en salsera, y se puede adornar la fuente con rodajas de tomate y lechuga o gambas si se quiere.

ASPIC DE BONITO CON MAYONESA (6 a 8 personas)

1 lata de bonito asalmonado al natural (300 g),	Mayonesa: (Véase receta 111.)
2 huevos duros,	1 huevo,
1 latita de pimientos morrones (de unos 100 g),	el zumo de ¹/₂ limón,
1 cebolla mediana (80 g),	1 vaso (de los de agua) no lleno de aceite, sal.
1 latita de guisantes (de unos 150 g),	
1 taza de mayonesa espesa,	
1 cucharadita (de las de moka) bien llena de mostaza,	
1 caja de Aspic Royal,	

Se hace la mayonesa en batidora que quede bien dura, y se reserva en sitio fresco.

Gelatina:

Se disuelve como va explicado en la caja, pero **con la mitad de cantidad de agua**, es decir, ¹/₄ litro.

Se cubre el fondo de la flanera donde se va a poner el áspic con una capa muy fina de gelatina aún caliente. Todo alrededor del fondo de la flanera se pone una fila de guisantes de adorno y una X hecha con dos tiritas de pimiento. Se mete ésta en la nevera para que cuaje bien la gelatina. La gelatina que queda se deja en sitio fresco (pero no en la nevera, pues se cuajaría) y sólo se utilizará cuando, aún líquida, esté casi fría.

En una ensaladera se pone el atún, se desmenuza, se agregan los huevos duros, picados en trozos no muy pequeños, se añade la cebolla pelada y muy picada, los guisantes y los pimientos cortados en cuadraditos. Se revuelve todo y se añade la mayonesa y, al final, la gelatina cuando ésta está casi fría. Se mezcla bien y se vierte en la flanera ya preparada. Se mete en la nevera por lo menos durante dos horas.

En el momento de servir el aspic, se pasa un cuchillo de punta redonda todo alrededor de la flanera y se vuelca en una fuente redonda. Se adorna con unas rodajas de tomate y unas hojas de lechuga, y se sirve.

 CABALLA CON SALSA DE AJO Y ZUMO DE LIMÓN (6 personas)

6 caballas de ración,	2 hojas de laurel,
1 vaso (de los de agua) de aceite,	2 limones,
1 plato de harina,	1 vaso (de los de vino) de agua,
4 dientes de ajo,	sal.

Se mandan vaciar las caballas en la pescadería, conservándoles la cabeza (o bien se hacen filetes con las dos partes del cuerpo, quitadas las cabezas y la espina central). Se lavan y se secan bien con un paño y se les echa sal por los dos lados y por la raja de la tripa.

En una sartén se pone el aceite a calentar; cuando está en su punto, se pasan las caballas de dos en dos por harina y se fríen, por los dos lados, hasta que tengan un bonito color dorado. Se van colocando a medida que se fríen en una fuente resistente al fuego o una besuguera contrapeadas (unas con la cabeza de un lado y otras con la cola), para que no estén montadas. Se pelan y se da un golpe con el mango de un cuchillo a los ajos. Se le quita bastante aceite a la sartén donde se ha frito el pescado, dejando sólo un fondo como de unas 5 o 6 cucharadas soperas.

Se fríen los dientes de ajo hasta que empiezan a estar dorados, se añade entonces la hoja de laurel, que se fríe también; después se añaden las rodajas de $^1/_2$ limón, se calienta bien, se añade fuera del fuego el zumo de $1^1/_2$ limón, el vaso de agua y se vierte esta salsa, colándola, por encima de las caballas. Se calienta unos 5 minutos y se sirve en seguida.

 571 FILETES DE CABALLA CON SALSA DE MOSTAZA
(6 personas)

6 caballas de ración,
1 cucharada sopera de harina,
$^1/_2$ litro de leche fría,
20 g de mantequilla,
1 cucharada sopera de aceite fino,
3 cucharadas soperas de mostaza oscura,

el zumo de $^1/_2$ limón,
1 cucharada sopera de perejil picado,
40 g de mantequilla,
sal.

En la pescadería se mandan vaciar, quitar la cabeza y cortar en dos filetes, quitándoles la espina central a las caballas. Se lavan después y se secan muy bien con un trapo limpio. Se colocan en una besuguera de forma que los filetes no monten unos encima de otros.

En una sartén se derrite la mantequilla con el aceite; una vez derretidos, se añade la harina, se dan unas vueltas con una cuchara de madera y después, poco a poco, se añade la leche fría sin dejar de dar vueltas. Se cuece la bechamel unos 10 minutos y se agrega entonces la mostaza, fuera del fuego, y el zumo de limón. Se prueba de sal y, si hace falta, se rectifica, pero con la mostaza es fácil que se tenga que salar muy poco.

Se vierte esta salsa sobre los filetes de caballa, se espolvorea el perejil y se ponen trocitos de mantequilla. Se mete al horno mediano unos 10 a 15 minutos. Se sirven entonces en su misma fuente.

572 PASTEL DE CABALLA Y PATATA (6 personas)

1 caballa grande (800 g) o 2 pequeñas,
1 kg de patatas,
4 cucharadas soperas de aceite,
³/₄ vaso (de los de vino) de aceite,
1 cebolla grande (200 g),

1 vaso (de los de vino) de nata,
4 hojas de laurel,
un pellizco de tomillo,
1 cucharada sopera de alcaparras,
sal y pimienta.

Pedir en la pescadería que le quiten al pescado la cabeza, la cola y las espinas.

Cocer las patatas con su piel en agua salada durante 45 minutos (algo más de lo normal).

Mientras, estofar la cebolla picada en dos cucharadas de aceite, hasta que se ponga trasparente (unos 6 minutos), escurrirla y reservarla.

En una sartén antiadherente con dos cucharadas de aceite, dorar los filetes. Sacarlos y procurar quitarles lo más posible la piel. Cortarlos en filetes de unos 2 cm de anchos, parte de ellos.

Untar un molde de porcelana o cristal con unas gotas de aceite. Posar dos hojas de laurel y encima los filetes para que cubran el fondo. Salpimentar y espolvorear con el tomillo machacado. En un cuenco, una vez peladas las patatas, machacarlas con un tenedor y añadirles el resto del pescado desmenuzado, la cebolla rehogada, un poco de aceite, las alcaparras y la nata espesada a punto de chantilly. Salpimentar y espolvorear con algo más de tomillo. Mezclar bien y echar en un molde. Posar encima las otras dos hojas de laurel. Poner un papel de aluminio por encima del molde y dejar tres horas en sitio fresco (pero no en la nevera).

Meter entonces en la nevera con algún peso encima del papel (unas botellas de cerveza o Coca-Cola).

Dejar reposar el pastel por lo menos 12 horas. Servir frío, desmoldado si se quiere y acompañado con una mayonesa clarita.

573 CALDEIRADA (6 personas)

¹/₂ kg de sardinas pequeñas,
3 tomates grandes (300 g),
2 cebollas medianas (250 g),
2 ó 3 pimientos verdes (250 g),
3 patatas grandes (350 g),
6 cucharadas soperas de aceite,
1 cucharada (de las de café) rasada de pimentón,

1 vaso (de los de vino) no muy lleno de agua,
2 dientes de ajo picados,
1 cucharada sopera de perejil picado,
sal.

Este plato se prepara todo en crudo.

En una fuente de barro, porcelana o cristal, resistente al fuego y que pueda servirse a la mesa, se ponen dos cucharadas soperas de aceite, que cubra el fondo. Se pone la mitad de las cebollas, peladas y cortadas en rodajas muy finas. Encima se ponen las patatas, lavadas, peladas y cortadas en rodajas finas. Por encima se pone la mitad de los tomates (pelados) y cortados en trocitos y sobre éstos la mitad de los pimientos, cortados en tiras de un dedo de ancho. Se sala ligeramente. Se abren las sardinas y se les quita la cabeza, la espina y la cola, y se colocan cubriendo toda la fuente. Se espolvorea con un ajo picado y la mitad de perejil. Encima se vuelve a cubrir con el resto de la cebolla, los tomates y los pimientos, no poniendo esta vez las patatas. Se vuelve a salar discretamente y se espolvorea con el segundo ajo picado y lo que queda de perejil. Se rocía con las 4 cucharadas soperas de aceite que han sobrado. Después de colocados todos los ingredientes en la fuente se disuelve el pimentón en el agua y se vierte por los lados de la fuente.

Se cubre la fuente con una tapadera o con papel de plata. Se pone en el fuego, primero bastante fuerte (unos 10 minutos) y después que haya empezado a cocer, se baja el fuego y se deja a fuego lento una hora en total.

Se sirve en su misma fuente.

Nota.—Se pueden sustituir las sardinas por besugo en rajas, pescadillas abiertas como las sardinas, merluza, etc.

574 MANERA DE LIMPIAR LOS CALAMARES

Se desprende del cuerpo (bolsa) todo lo que cuelga, que son la cabeza, tripas, tentáculos y barbas. Se retira la bolsita de tinta que está entre las barbas y se ponen todas las que se tengan en un tazón en espera de usarlas si viene al caso.

Se arranca con los dedos el sitio donde están los ojos y las tripas, dejando las barbas y la cabeza. Se retira también el espadón, que es una parte dura y plana que está en el cuerpo, que se quita muy fácilmente.

Después de esto se lavan en varias aguas, metiendo bien el dedo por la bolsa para que quede bien limpia. Se secan con un trapo limpio los calamares, que están así preparados para condimentarlos.

575 CALAMARES FRITOS ENVUELTOS (6 personas)

1¼ kg de calamares medianos,	1 plato con un poco de harina,
4 cucharadas soperas de harina,	1 limón cortado en gajos grandes,
1 vaso (de los de agua) de sifón,	sal.
1½ litro de aceite (sobrará),	

Se preparan primero los calamares como está explicado anteriormente. Una vez preparados, se cortan en redondeles de 1 cm de ancho y se lavan muy bien en varias aguas. Se secan un poco y se prepara la masa de envolver.

En una ensaladera se pone la harina con un poco de sal y se va echando el sifón poco a poco, hasta formar una masa más bien espesa.

Se escurren los calamares, se salan muy poco y se pasan por harina, sacudiéndolos muy bien después y metiéndolos seguidamente en la masa de freír.

Se fríen en aceite que esté en su punto (no demasiado caliente, pues no se cuecen los calamares y se arrebatan; para ello se prueba friendo primero una rebanadita de pan).

Se fríen por tandas, escurriéndolos después en un colador grande que esté en la boca del horno para que no se enfríen.

Se sirven en una fuente con los gajos de limón.

Nota.—Se puede añadir a la masa un pellizco de azafrán en polvo. Adquiere así un color más bonito.

576 CALAMARES FRITOS SENCILLOS (6 personas)

1.ª manera:

1¼ kg de calamares,	1 plato con harina,
1½ litros de aceite (sobrará),	sal, limón.

Se preparan, se lavan y se secan muy bien los calamares (receta 574). Se salan muy ligeramente, moviéndolos bien. Se pasan por un plato con harina y se fríen en aceite abundante bien caliente. Se escurren y se sirven en una fuente adornada con cuartos de limones sin pelar.

2.ª manera:

1¼ kg de calamares,	1 plato con harina y pan rallado,
1½ litro de aceite (sobrará),	sal, limón.

Se preparan igual que la receta anterior. En un plato se mezcla harina y pan rallado, poniendo algo más de harina que de pan. Se procede en todo como en la receta anterior.

CALAMARES EN SU TINTA CON ARROZ BLANCO
577 (6 personas)

1.ª receta:

1 kg de calamares pequeños, con su tinta, unas cuantas bolsas de tinta más,	**5** cucharadas soperas de aceite,
1 tomate mediano (200 g),	**¹/₄** litro de aceite (que sólo se usará para freír),
1 cebolla mediana (60 g),	**2** vasos (de los de agua) de agua,
1 cucharada sopera de harina colmada,	**400** g de arroz,
1 vaso (de los de vino) de vino tinto,	agua,
1 diente de ajo,	**40** g de mantequilla,
1 ramita de perejil,	sal.
1 rebanada de miga de pan,	

Se limpian bien los calamares, como se explica en la receta 574, y se separan las bolsitas de tinta de los calamares y las que se pedirán de más al pescadero, que se ponen en un tazón con ¹/₂ vaso de vino tinto y se reservan.

En una sartén mediana se ponen las 5 cucharadas soperas de aceite a calentar y cuando está caliente se añade la cebolla picada, se refríe durante 10 minutos hasta que esté doradita; se agrega entonces el tomate pelado, cortado y quitadas las simientes y, después de frito un rato, se añade la harina y el agua.

En una sartén se pone el ¹/₄ litro de aceite a calentar y se fríe la miga de pan, el perejil y el diente de ajo. Todo esto se machaca muy bien en el mortero y se añade al refrito con el otro ¹/₂ vaso de vino. Se machaca bien con el dorso de una cuchara la tinta con el vino y se echa también en la sartén. Antes de que empiece a hervir la salsa, se añaden los calamares cortados en trocitos, o enteros si son muy pequeños, y se dejan cocer a fuego lento de 1¹/₂ a 2 horas. Todo esto se hace sin sal, pues al cocer los calamares tanto tiempo no hace falta; en todo caso, al momento de servirlos se prueban y se rectifica si hace falta.

Se hace el arroz blanco según va indicado en la receta 186, 1.ª fórmula. Se forma en un molde de corona y se vuelca en una fuente redonda. En el centro se echan los calamares con su salsa y se sirve en seguida.

Para hacer los calamares solos, habrá que calcular unos 2 kg de calamares y aumentar todos los demás ingredientes en proporción.

Se suelen servir en una fuente de barro o en platitos de barro individuales, donde darán un hervor antes de pasarlos a la mesa.

2.ª receta:

1 kg de calamares pequeños con su tinta,	**¹/₂ vaso (de los de vino) de vino blanco,**
unas cuantas bolsas de tinta más,	**2 ramitas de perejil,**
1 kg de cebollas,	**1 cucharada sopera de pan rallado,**
1 diente de ajo,	**1 vaso (de los de vino) de aceite,**
2 cucharadas soperas de salsa de tomate,	**sal.**

Se limpian igual que en la receta anterior. Se guardan las bolsitas de tinta en un tazón (si se limpian con bastante anticipación, se cubre la tinta con un poco de aceite para que no se reseque).

En una cacerola (si puede ser de barro, mejor) se pone el aceite, se añaden las cebollas peladas y muy picaditas, el diente de ajo también picado menudo. Se pone a calentar y se refríe la cebolla muy despacio durante 10 minutos sin que llegue a dorarse. Se añaden los calamares cortados en trozos, se dejan durante 15 minutos, moviéndolos de vez en cuando. Mientras tanto se machacan las tintas con el perejil. Se echan en la cacerola, así como el tomate y el vino. Se deja cocer todo junto unos 10 minutos. Se ve entonces si la salsa queda clara, y si hace falta se espesa con el pan rallado.

Se prueba y se rectifica de sal a última hora.

 578 CALAMARES PEQUEÑOS EN SU TINTA O CHIPIRONES

De 4 a 6 chipirones por persona, según tamaño. Se preparan igual que las recetas anteriores, pero una vez limpios se les dejan las aletas y se rellenan con las barbas. Se aumentan los ingredientes según se pase de chipirones. Se suelen servir en cazoletas de barro individuales.

579 CALAMARES RELLENOS (6 personas)

6 u 8 calamares medianos (unos	**harina en un plato para rebozar,**
60 g cada pieza),	**¹/₂ vaso (de los de vino) de vino blanco,**
300 g de carne magra de cerdo, picada,	**1 litro de agua,**
2 huevos duros,	**1 ramita de perejil,**
1 cebolla mediana (100 g),	**1 pellizco de azafrán en polvo,**
¹/₄ litro de aceite (sobrará),	**sal.**
1 cucharada sopera (un poco colmada)	
de harina,	

Se limpian los calamares como se ha explicado (receta 574). No se conserva la tinta. Una vez bien lavados los calamares, se pican muy menudos los tentáculos y las barbas, dejando la bolsa del calamar entera.

Se mezcla muy bien la carne picada con lo picado del calamar y los huevos duros, también picados.

No se echa sal y con esta pasta se rellenan los calamares. No deben quedar muy rellenos, pues al guisarlos se encogen bastante. Se cosen por arriba con una aguja gorda y cuerda fina o hilo grueso.

En una sartén se pone el aceite a calentar. Cuando está en su punto se pasan los calamares por harina y se fríen de dos en dos. Se reservan en un plato.

En una cacerola se ponen unas 5 o 6 cucharadas soperas del aceite que ha sobrado. Se fríe la cebolla picada muy fina hasta que se dore (unos 8 minutos); se le añade la harina y se le da vueltas hasta que se dore un poco (5 minutos). Se agrega el vino, el agua y un pellizco muy pequeño de azafrán en polvo. Se ponen los calamares dentro. Se cubre la cacerola con una tapadera y a fuego lento se cuecen durante una hora. Se prueba la salsa y entonces se le echa la sal que haga falta, moviendo bien la cacerola y la salsa para que se reparta bien.

Se quita la cuerda con la cual han quedado cosidos los calamares y se sirven en una fuente un poco honda con su salsa.

580 FILETES DE CASTAÑOLA AL HORNO (4 personas)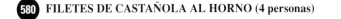

1 castañola pequeña (de $^3/_4$ a 1 kg),
1 cebolla grande (120 g),
1 vaso (de los de vino) bien lleno de aceite fino crudo,
$^1/_2$ vaso (de los de vino) de vino blanco,
1 cucharada sopera de perejil picado,
sal.

En la pescadería se manda preparar la castañola en filetes, quitándole primero la piel negra y dejando los 4 filetes como si fueran de lenguado.

En una besuguera (de cristal, porcelana, etc., resistente al horno) se colocan los filetes. Se salan, se rocían con el aceite y el vino. Se pone encima de cada filete la cebolla muy picada mezclada con el perejil. Todo esto en crudo. Se mete a horno mediano unos 20 minutos y se sirve en la misma fuente.

FILETES DE CASTAÑOLA CON CEBOLLA Y TOMATE
(4 personas)

1 castañola de ³/₄ a 1 kg,	1 vaso (de los de vino) de vino blanco,
1 diente de ajo,	1 ramita de tomillo o 2 hojas de laurel,
2 cebollas grandes (200 g),	1 cucharadita (de las de moka) de azúcar,
3 tomates maduros grandes,	sal.
6 cucharadas soperas de aceite,	

En la pescadería se manda preparar la castañola como para la receta anterior, en filetes.

En una sartén grande se pone el aceite a calentar; una vez caliente se echa la cebolla pelada y muy picada; cuando se ha puesto transparente (unos 6 minutos) se añaden el diente de ajo, los tomates pelados, quitadas las simientes y partidos en trozos, se echa el azúcar y se machacan bien con el canto de una espumadera y se deja cocer el refrito durante unos 10 minutos más. Se añaden entonces los filetes de castañola, el vino blanco, el tomillo y la sal. Se cubre la sartén y se hace a fuego más bien lento durante 20 minutos más o menos. Si hiciese falta se puede añadir un poco de agua. Se sirve en una fuente con la salsa por encima y retirando el tomillo o el laurel y el diente de ajo.

Se puede preparar este plato de antemano y calentarlo al ir a servirlo.

 CONGRIO

Hay que comprar la parte abierta del congrio, pues la cola tiene muchas espinas.

Este pescado se guisa como la mayoría de las recetas de la merluza, por ejemplo, merluza en salsa verde, merluza con cebolla y limón, merluza frita con currusquitos de pan y alcaparras, merluza a la catalana y merluza guisada con chirlas.

 DENTÓN EN SALSA (6 personas)

6 rodajas de dentón (150 g cada rodaja),	1 cucharada sopera de harina,
1 lata pequeña de guisantes (100 g),	1 plato con harina,
1 cebolla mediana (100 g),	³/₄ litro de aceite (sobrará); se reservan 3
2 dientes de ajo,	cucharadas soperas para el refrito,
1 cucharada sopera de perejil picado,	2 vasos (de los de agua) de agua de
1 pellizco de azafrán en rama,	cocer la cabeza y la cola del dentón,
1 hoja de laurel,	sal.

En un cazo se ponen los desperdicios del dentón (cabeza y cola) con una hoja de laurel, agua fría y sal, y se ponen a cocer. Cuando ha hervido unos 10 minutos se retiran y se cuela el agua, que se reserva.

En una sartén se pone el aceite a calentar. Mientras se calienta se lavan bien las rodajas de dentón, se secan con un paño limpio, se salan por las dos caras, se pasan por harina sacudiendo para que caiga lo sobrante, y se fríen. Cuando están doradas se reservan en una fuente honda resistente al fuego.

En una sartén pequeña se ponen 3 cucharadas soperas de aceite a calentar, se echa la cebolla pelada y picada a dorar, así como los dientes de ajo pelados. Cuando están dorados se separan y se machacan en el momento con el azafrán y un poco de sal. Se echa algo del agua de cocer los desperdicios y se cuela todo por el chino.

En la misma sartén se rehoga un poco la harina y se añade poco a poco el agua restante y lo del mortero colado. Se deja cocer un par de minutos, se rectifica de sal y se vierte por encima del pescado. Se espolvorea el perejil y se echan los guisantes. Se pone la fuente a fuego mediano unos 10 minutos, sacudiendo de vez en cuando la fuente para que se trabe la salsa; se sirve en seguida en su misma fuente.

 GALLOS

Se preparan de la misma manera que los lenguados. Es un pescado muy similar, pero menos fino.

585 FILETES DE LENGUADO

Para que no se encojan los filetes, una vez sacados del pescado se agarran por una de las puntas y se golpean sobre un mármol, por los dos lados.

Esto se hará igualmente para los filetes de gallo.

FILETES DE LENGUADO CON ESPINACAS, BECHAMEL Y LANGOSTINOS (6 personas)

2 kg de espinacas,
50 g de mantequilla,
25 g de mantequilla más,
    agua,
3 ó 4 lenguados de ración grandes (300 g
    cada uno más o menos),
½ kg de langostinos o gambas grandes,
    sal.

Caldo corto:
(Véase receta 530.)

Bechamel:
25 g de mantequilla,
3 cucharadas soperas de aceite,
1 cucharada sopera de harina,
½ vaso (de los de agua) de mitad leche
    fría, mitad caldo corto,
50 g de queso gruyère o parmesano
    rallado,
un pellizco muy pequeño de curry
(facultativo),
sal.

Anteriormente se tendrá preparado el caldo corto.

En la pescadería se manda quitar la piel negra de los lenguados y hacer filetes. Se piden todos los desperdicios de los lenguados.

Se ponen en la pesquera los desperdicios de los lenguados y las verduras del caldo corto en el fondo, o sea, debajo de la rejilla. Se lavan bien los filetes, se golpean y se doblan en forma de horquilla. Se ponen en el caldo corto encima de la rejilla así como los langostinos. Se ponen al fuego y cuando dan el primer hervor se aparta la cacerola del fuego y se saca la rejilla para que escurra el pescado y el marisco.

Se preparan mientras las espinacas (receta 387). Una vez cocidas éstas se escurren muy bien, se pican con un cuchillo (o sea, no muy picadas) y se rehogan en un cazo con la mantequilla (50 g). Con el resto de la mantequilla se unta la fuente de porcelana o cristal resistente al horno y se ponen las espinacas extendidas en el fondo de la fuente. Se colocan los filetes de lenguado y las colas de los langostinos peladas encima, y se hace la bechamel.

En una sartén se derrite la mantequilla y el aceite juntos. Se añade la harina, se da unas vueltas y, poco a poco, sin dejar de dar vueltas con las varillas, se agrega la leche y el caldo corto. Se deja cocer unos 10 minutos, se prueba de sal, se añade el curry y se vierte la bechamel sobre el pescado. Se espolvorea con el queso y se mete la fuente al horno previamente calentado, hasta que esté bien dorado (de 15 a 20 minutos más o menos). Se sirve en la misma fuente.

587 FILETES DE LENGUADO AL WHISKY (6 personas)

3 lenguados medianos (350 g cada uno),
50 g de mantequilla,
   un trocito de mantequilla para untar la fuente,
2 cucharadas soperas de aceite fino,
150 g de champiñones frescos,
3 cucharadas soperas de buen whisky,
2 yemas de huevo,

1 vaso (de los de vino) de crema líquida espesa (algo menos de ¹/₄ litro),
1¹/₂ vaso (de los de agua) de caldo corto,
30 g de gruyère rallado fresco,
   zumo de ¹/₂ limón,
   un pellizco de curry,
1 cucharada de harina,
   sal.

Caldo corto:
(Véase receta 530.)

En la pescadería se manda quitar la piel negra de los lenguados y sacar los filetes enteros. Se guardan las raspas y los desperdicios.

Se hace un caldo corto abundante, pues habrá que repartirlo en dos. Una parte se reserva para cocer los filetes, con la otra parte se cuecen los desperdicios. Cuando rompe el hervor, se dejan unos 35 minutos para que quede muy concentrado. Se cuela por un colador muy fino y se reserva.

Se golpean los filetes en un mármol y se ponen en el caldo corto frío reservado; cuando rompe el hervor se retiran del fuego.

Se unta la fuente, de metal o porcelana resistente al fuego donde se vayan a servir, con mantequilla, y se ponen los filetes de pescado bien escurridos. Se cubren con un paño mojado en agua caliente y bien retorcido (o con papel de plata) y se reservan al calor en su fuente.

En un cazo pequeño se ponen los champiñones previamente quitadas las partes con tierra de los pedúnculos y lavados. Se cortan en láminas y se les añade un poco de mantequilla (menos de la mitad), un chorrito de zumo de limón y sal. Se cuecen unos 6 minutos, más o menos, y se reservan.

En una sartén se pone el aceite y el resto de la mantequilla a calentar; cuando están derretidos se añade la harina, se dan unas vueltas y se agrega poco a poco el caldo corto concentrado de los desperdicios. Sin dejar de dar vueltas, se cuece unos 5 minutos y se añade el whisky. Se cuece otros 3 o 4 minutos y se echan los champiñones con su jugo.

En un tazón se deslíen las yemas con la nata (si está muy líquida se bate para que espese un poco, con cuidado para que no se haga mantequilla o se corte). Se añade a la bechamel, pero sin que cueza ya ésta. Se agrega el curry y un poco de sal. Se prueba y se rectifica de sal si hace falta.

Se vierte esta salsa por encima de los filetes. Se espolvorea ligeramente con el queso rallado y se mete al horno fuerte a gratinar, hasta que esté dorada la salsa, y se sirve en seguida.

Esta última operación debe ser rápida para que no se reseque el pescado.

**FILETES DE LENGUADO CON BECHAMEL
GRATINADA (6 personas)**

3 lenguados de ración grandes (350 a
  400 g cada uno),
¹/₄ kg de gambas,
25 g de mantequilla,
2 cucharadas soperas de aceite fino,
1 vaso (de los de agua) de leche fría,
1 vaso (de los de agua, más o menos) de
  caldo de desperdicios,

1 cucharada sopera colmada de harina,
1 pellizco de curry (facultativo),
2 yemas de huevo,
60 g de queso gruyère rallado,
  sal.

En la pescadería se manda quitar la piel negra de los lenguados y hacer filetes. Se piden los desperdicios.

En casa se sacan las colas de las gambas, reservándolas, y se cuecen las cabezas y las cáscaras de las gambas con las espinas de los lenguados con agua fría y sal durante 5 minutos. Se cuela muy bien este caldo apretando bien los desperdicios para que rindan todo su jugo.

Se lavan los filetes de lenguado, se secan bien con un paño limpio y se golpean en un mármol. Se salan ligeramente y se colocan en la fuente (de metal, porcelana o cristal) donde se vayan a servir, doblados en dos en forma de horquilla, sin que monten unos encima de otros.

Aparte, en una sartén, se hace una bechamel. Se pone a calentar el aceite con la mantequilla; cuando está caliente se añade la harina, se dan unas vueltas con las varillas y se agrega poco a poco la leche y después el agua de cocer los desperdicios. Se cuece durante unos 10 minutos, añadiendo luego las colas de las gambas y cociendo la bechamel unos 5 minutos más, sin dejar de dar vueltas. Si se quiere se pone un pellizquito de curry. Se prueba de sal y se rectifica si hiciese falta.

En un tazón se ponen las yemas y con una cuchara se añade muy poco a poco unas cucharadas de bechamel, moviendo muy bien para que no se cuajen las yemas. Se mezcla esto con la bechamel y se vierte por encima de los filetes de lenguado. Se espolvorea con el queso rallado y se mete a horno previamente calentado y mediano unos 10 minutos, con el fuego por debajo. Pasado este tiempo se pone a gratinar unos 10 minutos más, hasta que esté todo dorado, y se sirve en la misma fuente.

 **LENGUADOS CON ZUMO DE NARANJA
Y ALMENDRAS PICADAS (3 personas)**

3 lenguados de ración,
2 naranjas,
6 almendras,
50 g de mantequilla,

1 plato de harina,
¹/₂ litro de aceite (sobrará),
  sal

Se manda quitar en la pescadería la piel oscura y las tripas.

Los lenguados se lavan, se secan y se pasan por harina, sacudiendo los pescados para que caiga lo sobrante. Se pone el aceite a calentar en una sartén y se fríen los lenguados en aceite no muy caliente, para que se hagan por dentro. Una vez fritos, se colocan en una fuente resistente al horno, en la cual se servirán.

Se pica muy menudita la corteza de $1/2$ naranja, así como las almendras (crudas o tostadas sin sal, da lo mismo). Se exprime el zumo de las 2 naranjas y se pone en un cazo con la mantequilla (blanda), el picadito de almendras y la cáscara de naranja. Cuando está caliente la salsa (sin cocer), se rocían los lenguados con una cuchara sopera, con el fin de repartir por encima de cada lenguado el picadito y la salsa. Se mete la fuente al horno previamente calentado durante 10 minutos y se pone a gratinar.

Cuando los lenguados están dorados se sirven en seguida.

590 FILETES DE LENGUADO AL HORNO, CON VINO BLANCO Y PICADITO DE CEBOLLAS (4 personas)

2 lenguados de ración grandes (350 a 400 g cada uno),
1 cucharada sopera de perejil,
1 vaso (de los de vino) de aceite fino,
$1/2$ cucharada (de las de café) de hierbas aromáticas en polvo,
1 vaso (de los de vino) de buen vino blanco,
1 vaso (de los de vino) bien lleno de agua de cocer los desperdicios,
1 cebolla pequeña (40 g),
sal.

En la pescadería se manda quitar la piel negra de los lenguados y sacar los filetes. Se piden los desperdicios. Los filetes se lavan y secan muy bien y se golpean contra el mármol.

En un cazo se ponen los desperdicios del pescado a cocer con agua, justo para que los cubra, y sal. Se cuecen unos 30 minutos a fuego mediano y se cuelan muy cuidadosamente para que no tengan ninguna espina.

En una besuguera de metal, cristal o porcelana resistente al horno, se pone un poco de aceite en el fondo. Se salan ligeramente los filetes y se colocan en la fuente, sin que monten unos encima de otros. Se rocían con el vino blanco y después con el resto del aceite.

En un platito se mezclan bien la cebolla y el perejil muy picados con las hierbas aromáticas; se reparten por encima del pescado. Se vierte todo alrededor de la fuente 1 vaso (de los de vino) no lleno del agua de cocer los desperdicios. Se sacude un poco para que penetre bien.

Se mete en el horno, previamente calentado (durante 5 minutos más o menos), de 15 a 20 minutos y se sirve en la misma fuente.

591 FILETES DE LENGUADO AL HORNO CON SALSA DE TOMATE, CHAMPIÑONES, MEJILLONES Y QUESO RALLADO (6 personas)

3 lenguados de ración grandes (de 350 a 400 g cada uno),
$^1/_2$ kg de mejillones,
50 g de queso gruyère o parmesano rallado,
200 g de champiñones,
20 g de mantequilla,
$^1/_2$ limón,

1 vaso (de los de vino) de vino blanco,
1 hoja de laurel,
agua y sal.
Salsa de tomate:
1 kg de tomates maduros,
3 cucharadas soperas de aceite frito,
1 cucharada (de las de café) de azúcar,
1 cebolla mediana (60 g).

Se tendrá hecha y pasada la salsa de tomate con anticipación (receta 77).

En la pescadería se manda quitar la piel negra de los lenguados y hacer los filetes. Éstos se lavan y secan bien y se golpean contra un mármol.

Se preparan los mejillones. Se les quitan con un cuchillo las barbas estropajosas que llevan en la cáscara. Se lavan muy bien en varias aguas para quitarles la arena y se ponen en un cazo con un poco de vino ($^1/_3$ del vaso), una hoja de laurel, agua y un pellizco de sal. Se ponen a fuego mediano, se saltean de vez en cuando, y cuando empiezan a abrirse las cáscaras se retiran. Se quitan los bichos de las cáscaras, se cuela muy bien el caldo donde han cocido (por un colador y un trapo), y se reservan en este caldo.

Se preparan los champiñones. Se limpian muy bien al chorro con un cepillo si puede ser. Se les quita la parte con tierra del rabo y se cortan en láminas, los rabos y las cabezas. Se ponen en un cazo con los 20 g de mantequilla, unas gotas de zumo de limón y sal; se cubren y se cuecen a fuego lento unos 8 minutos. Se mezclan con el tomate y el resto del vino blanco.

En una fuente de porcelana o cristal resistente al fuego se pone un poco de salsa en el fondo. Se colocan los filetes de lenguado, que no se monten demasiado unos encima de otros, se ponen los mejillones repartidos encima del pescado y se vierte el resto de la salsa de tomate con los champiñones. Se espolvorea con el queso rallado y se mete a gratinar unos 10 minutos más hasta que el queso esté dorado. Se sirve en la misma fuente.

592 CAZOLETAS DE FILETES DE LENGUADO CON CHAMPIÑONES Y BECHAMEL (8 personas)

8 cazoletas de masa quebrada (se venden en pastelerías o, en su lugar, 8 volovanes individuales),
2 lenguados grandes (400 a 500 g cada uno),
125 g de champiñones frescos,
1 trufa bien negra (facultativo),
1 limón,
20 g de mantequilla,
sal.

Caldo corto:
(Véase receta 530.)
Salsa bechamel:
1 cucharada sopera colmada de harina,
1 vaso (de los de agua) de leche fría,
$^1/_2$ vaso (de los de agua) de caldo corto,
30 g de mantequilla,
2 cucharadas soperas de aceite fino,
2 yemas de huevo,
sal y pimienta.

Se tendrá preparado el caldo corto de antemano, si es posible; si no, se prepara igual en el momento (sin cocerlo antes) y se ponen los filetes (éstos los habrá hecho el pescadero, reservando los desperdicios). Los filetes primero se lavan bien y se secan, se golpean en un mármol y se enrollan dejando un agujero en el centro, y se sujetan con un palillo. Se ponen en el caldo corto y se cuecen. Cuando rompe el hervor se retiran con una espumadera y se reservan en un plato, tapándolos con un paño mojado en agua caliente y estrujado, o con papel de plata. Se pondrán en el horno templado (pero apagado) en espera.

En el caldo de cocer los filetes, una vez retirados éstos, se añaden los desperdicios del pescado y se cuece durante 20 minutos. Se cuela y se reserva.

Aparte se lavan muy bien los champiñones y se cortan en láminas, que se van echando en agua fría con el zumo de $^1/_2$ limón.

En un cazo pequeño se ponen los champiñones escurridos con los 20 g de mantequilla, unas gotas de zumo de limón y sal. Se tapa el cazo y se hacen a fuego mediano durante unos 6 minutos. Se reservan.

En una sartén se pone a calentar la mantequilla y el aceite; cuando la mantequilla está caliente se añade la harina, se dan unas vueltas y, poco a poco, se añade la leche fría y después un poco de caldo corto bien colado. Se cuece esta bechamel durante unos 10 minutos. En un tazón se ponen las yemas y, poco a poco, se deslíen con un poco de bechamel (para que no se cuajen las yemas). Se agrega esto a la salsa, así como los champiñones escurridos de su jugo se aparta del fuego y se rectifica de sal.

Se pondrán las cazoletas a calentar en el horno. Se colocan los rollitos de lenguado en cada una y se reparte la bechamel por encima, se coloca una rodaja de trufa. Se sirven.

Nota.—Este plato se puede presentar sin las cazoletas y únicamente puestos los rollitos en una fuente de cristal o porcelana resistente al fuego.

Al no llevar pasta, habrá que calcular, al menos, 2 filetes por persona.

ROLLITOS DE FILETES DE LENGUADO RELLENOS CON JAMÓN EN SALSA (6 personas)

6 lenguados de ración,
200 g de jamón serrano no muy curado, picado,
1 cucharada sopera bien llena de perejil picado,
2 huevos duros,
Caldo corto:
   agua fría,
   un chorrito de vino blanco,
   (3 cucharadas soperas),
1 hoja de laurel,

1 casco de cebolla (40 g),
1 zanahoria en rodajas,
   el zumo de ¹/₂ limón,
   sal.
Bechamel:
30 g de mantequilla,
 2 cucharadas soperas de aceite,
 1 cucharada sopera de harina,
 1 vaso (de los de agua) de leche fría,
 1 vaso (de los de agua) de caldo corto,
   sal.

En la pescadería se mandan sacar los filetes a los lenguados. Se lavan y se secan muy bien con un trapo limpio y se golpean contra un mármol.

Se tendrá preparado de antemano el caldo corto para que esté frío, receta 530.

Se forman unos rollitos con los filetes de lenguado, pero con un hueco en el centro. Se les pone un palillo plantado para que al cocer no se desenrollen. Se colocan en la rejilla de la pesquera y se sumergen en el caldo corto frío. Se pone a fuego mediano y cuando rompe el hervor se saca la rejilla y se pone al bies sobre el cacharro, tapando los filetes con un paño mojado en agua caliente y retorcido para que no se enfríen ni se sequen.

Se hace la bechamel: En una sartén se derrite la mantequilla con el aceite, se añade la harina, se da un par de vueltas con una cuchara de madera. Se agrega poco a poco la leche fría, se deja cocer unos 5 minutos y luego se echa caldo corto de cocer el pescado hasta que quede la salsa clarita. Se cuece otros 5 minutos, se rectifica de sal y se aparta, incorporando el perejil picado.

En una fuente se colocan los filetes de lenguado, quitándoles los palillos. Se rellenan con un poco de jamón picado. Se vierte la bechamel por encima y se espolvorean con el huevo duro picado (éste debe llevar sobre todo la yema y poca clara).

Se sirve en seguida.

FILETES DE LENGUADO CON ARROZ (6 personas)

½ kg de arroz para blanco,
40 g de mantequilla,
unas hebras de azafrán,
agua y sal,
3 lenguados mayores que de ración (350 a 400 g) cada uno,
125 g de champiñones,
125 g de jamón serrano o de York picado,
unas gotas de zumo de limón,
2 cucharadas soperas de aceite fino,
1 cucharada sopera colmada de harina,

1 vaso (de los de agua) de leche fría,
½ vaso (de los de agua) de caldo corto.
Caldo corto:
Agua,
1 chorrito de vino blanco (3 cucharadas soperas),
1 hoja de laurel,
el zumo de ½ limón,
1 casco de cebolla (40 g),
1 zanahoria mediana en rodajas,
agua y sal.

Se prepara el caldo corto de antemano para que esté frío, receta 530.

En la pescadería se mandan sacar los filetes a los lenguados. En casa se lavan y secan bien y se golpean contra un mármol antes de cocerlos.

Se preparan los champiñones: se lavan muy bien, se les quita la parte con tierra, se pican menudos y se ponen en un cazo pequeño con un poco de mantequilla, zumo de limón y sal. Se cubren con tapadera y se dejan a fuego mediano unos 6 minutos, más o menos. Se les agrega el jamón picado y se mezcla para que se caliente todo junto. Se reservan.

Se hace el arroz según la receta 186, nota; pero sin ponerle los guisantes. Una vez rehogado, cuando se vaya a servir se pone en un molde (flanera) y se vuelca en el centro de una fuente redonda. Se reserva al calor.

Se doblan los filetes de lenguado como una horquilla, se colocan en la rejilla de la pesquera y se sumergen en el caldo corto frío. Se ponen a fuego mediano y cuando rompe el hervor se saca la rejilla, se coloca al bies sobre el cacharro de cocer el pescado y se tapan los filetes con un paño limpio para que no se enfríen.

Se procede a hacer la bechamel. En una sartén se pone el aceite y la mantequilla a calentar; se le agrega la harina, se dan unas vueltas con una cuchara de madera y poco a poco se incorpora la leche fría; se deja cocer unos 5 minutos y después se añade el caldo corto para que quede la bechamel más bien clarita (½ vaso de los de agua más o menos). Se sala.

En una fuente redonda se vuelca en el centro el molde de arroz. Se colocan los filetes de lenguado alrededor. Con una cuchara se rellenan de picadito los filetes. Se vierte la bechamel por encima de los filetes y se sirve en seguida.

FILETES DE LENGUADO EN BUÑUELOS (6 personas)

**3 lenguados más grandes que de ración,
para sacar 12 filetes (350 a 400 g cada
uno),
sal.**

Pasta de envolver: cualquiera de las tres variantes de la receta 63.

En la pescadería se mandan sacar los filetes, que se lavan y se secan muy bien con un paño limpio. Se golpean contra un mármol, se salan ligeramente y se sumergen en la masa de buñuelos. Se fríen y se escurren bien y se sirven en seguida en una fuente adornada con dos ramilletes de perejil.

Nota.—Se puede servir aparte una salsa de tomate, pero esto es facultativo.

596 FILETES DE LENGUADO EMPANADOS CON ARROZ BLANCO Y SALSA DE TOMATE (6 personas)

**4 lenguados de ración (200 g cada uno),
2 huevos enteros,
1 plato con pan rallado,
³/₄ litro de aceite** (sobrará),
sal.
Arroz blanco:
**¹/₂ kg de arroz,
agua y sal,
50 g de mantequilla** (receta 186.)

Salsa de tomate:
**1 kg de tomates,
3 cucharadas soperas de aceite frito,
1 cucharada (de las de café) de azúcar y
sal** (receta 77.)

En la pescadería se manda quitar la piel negra y hacer filetes los lenguados. Estos filetes se lavan y se secan con un paño limpio y se golpean contra un mármol.

Se hacen la salsa de tomate y el arroz blanco de antemano.

Un poco antes de ir a servir se pone el aceite de freír a calentar y cuando está en su punto (no muy caliente, para que se cuezan por dentro los filetes antes de que se doren) se pasan por huevo batido como para tortilla y luego por pan rallado. Se aprieta un poco el pan con las palmas de las manos para que quede bien pegado y se fríen.

Una vez fritos todos los filetes, se reservan a la boca del horno.

Se rehoga el arroz con la mantequilla. Se pone en un molde para flan, apretando ligeramente, y se vuelca en el centro de la fuente donde se vaya a servir. Se colocan los filetes empanados alrededor y se vierten un par de cucharadas de salsa de tomate encima del molde de arroz. El resto del tomate se sirve en salsera aparte. Se sirve todo en seguida.

597 **FILETES DE LENGUADO REBOZADOS Y FRITOS, SERVIDOS CON MAYONESA DE COÑAC Y TOMATE**
(6 personas)

4 lenguados grandecitos (300 a 400 g
  cada uno),
1 plato con harina,

2 huevos,
1 litro de aceite (sobrará),
sal.

Hacer la receta de la mayonesa con coñac y tomate, pero doblando todas las cantidades, menos, quizá, la mostaza (receta 93).

En la pescadería se mandan sacar los filetes de los lenguados. Se calculan 2 por persona, más o menos. Se lavan y se secan muy bien con un paño limpio y se golpean contra un mármol. Se salan ligeramente por las dos caras. Se pasan por la harina, sacudiendo un poco los filetes para que caiga el sobrante de harina. Se baten los huevos como para tortilla, se pasan los filetes y se echan en una sartén amplia, donde estará el aceite caliente, pero no mucho, para que el pescado se haga por dentro antes de dorarse por fuera. Para saber el punto del aceite se prueba con una rebanadita de pan.

Se sirven en seguida en una fuente calentada previamente, con la mayonesa en salsera aparte.

598 **LENGUADOS MOLINERA CON MANTEQUILLA**
(6 personas)

6 lenguados de ración (150 a 200 g cada
  uno),
1 plato con harina,
1 litro de aceite (sobrará),
150 g de mantequilla,

2 cucharadas soperas de perejil picado,
el zumo de un limón,
unos gajos de limón cortados con su
  piel,
sal.

En la pescadería se manda quitar la piel oscura de los lenguados. Se lavan y se secan muy bien con un paño limpio. En una sartén se pone el aceite a calentar. Cuando está en su punto (no demasiado caliente para que el pescado se haga por dentro antes de dorarse), se sala ligeramente cada cara de los lenguados, se pasan de uno en uno por harina, sacudiéndolos para que caiga la que sobra. Se fríen de dos en dos a lo sumo. Cuando están bien dorados, se colocan en la fuente donde se van a servir. Se espolvorean con el perejil picado y se adornan con los trozos de limón.

Aparte se derrite la mantequilla sin que cueza. Cuando empieza a hacer espuma, se le quita ésta con una cuchara, se mezcla con el zumo de limón colado para que no tenga ni pepitas ni pulpa y se vierte la mantequilla bien caliente por encima de los lenguados. Se sirve en seguida.

LENGUADO GRANDE ENTERO CON VINO BLANCO, AL HORNO (6 personas)

1 lenguado grande de 1¹/₂ kg, o 2 de 600 g cada uno,	1 vaso (de los de vino) de vino blanco,
2 cucharadas soperas de pan rallado,	¹/₂ cucharadita (de las de moka) de páprika (facultativo),
3 cucharadas soperas de aceite fino,	1 cucharada sopera de perejil picado,
50 g de mantequilla,	sal,
el zumo de un limón,	1 hoja de papel de plata.

Se manda quitar en la pescadería la piel negra del lenguado. En casa se lava y se seca muy bien con un trapo limpio. En una besuguera de cristal o porcelana se pone el aceite, luego se sala ligeramente el lenguado por los dos lados y se pone en la besuguera. Se rocía con el zumo del limón y después con el vino blanco. Con la punta de los dedos se unta la páprika por todo el pescado, pero esto, aunque da un sabor muy bueno, es facultativo. Se espolvorea con el pan rallado ligeramente y después con el perejil picado. Se esparce en trocitos la mantequilla, se cubre la besuguera con el papel de plata posado encima y se mete al horno unos 15 minutos. Pasado este tiempo, se quita el papel de plata y se gratina otros 5 minutos. Se sirve en seguida en la misma fuente.

 LUBINA COCIDA

Para 6 personas se calcula una lubina de más o menos 1¹/₂ kg, pues la cabeza y la piel pesan bastante.

Se prepara un caldo corto según la receta 530.

Se manda vaciar y limpiar la lubina en la pescadería y en casa se lava bien, se seca con un paño limpio, se sala en la tripa un poco, se coloca en la rejilla de la pesquera y se sumerge en el caldo corto, con el agua que cubra muy bien el pescado. Se pone a fuego vivo y cuando empieza a cocer se baja el fuego y se tiene unos 7 minutos con el agua cociendo despacio. Después se deja en el agua, ya con el fuego apagado, otros 10 minutos.

Para más seguridad de que la piel de la lubina no se estropee, se puede envolver el pescado en una gasa fina mojada antes de cocerlo.

Una vez la lubina cocida, se saca la rejilla y se deja escurrir unos minutos, poniendo la rejilla al bies encima de su cacerola. Después se coloca con cuidado en la fuente donde se vaya a servir, con una servilleta doblada en el fondo de la fuente, que se adorna con rajitas de tomate y huevo duro, o con perejil, limón y patatas cocidas, o con lechuga y gambas, etc.

Se puede servir en caliente con salsa holandesa, bearnesa, etc., o en frío con vinagreta, mayonesa simple o más historiada, como la mayonesa verde o con tomate y coñac, etc.

601 **LUBINA COCIDA EN CALDO CORTO ESPECIAL**

(Véase receta 680.)
Las mejores lubinas para esta receta deben pesar entre $^1/_2$ kg y 1 kg.

602 **LUBINA AL HORNO (6 personas)**

1 lubina de 1$^1/_2$ kg (más o menos),
5 o 6 cucharadas de aceite fino o, mejor,
   de salsa de grasa que haya sobrado de
   un asado,

75 g de mantequilla,
   el zumo de un limón,
4 lonchitas de bacon,
   sal.

En la pescadería se manda vaciar y limpiar la lubina. En casa se lava muy bien y se seca con un paño limpio.

En una besuguera (de metal, porcelana o cristal resistente al fuego) se pone el aceite o la grasa de carne. Se sala la lubina por las dos caras y por dentro del hueco de las tripas. Se pone en la besuguera, se meten en el hueco de la tripa dos lonchitas de bacon, se hacen unos tajos profundos en el lomo de la lubina y se pone en cada uno de ellos una lonchita de bacon enrollada. Se pone la mantequilla en trocitos por encima de la lubina y alrededor de ella. Se rocía todo con el zumo del limón y se mete en el horno, previamente calentado, unos 5 minutos y a fuego mediano. De vez en cuando se rocía con la salsa la lubina y cuando está hecha (unos 20 minutos más o menos) se sirve en su misma fuente.

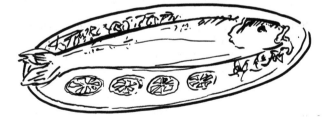

603 LUBINA RELLENA AL HORNO (6 personas)

1 lubina de 1¹/₂ kg,
50 g de mantequilla,
5 cucharadas soperas de aceite fino,
el zumo de un limón,
1 cebolla pequeña (40 g),
sal.
Relleno:
125 g de champiñones,
miga de pan, un puñado (80 g más o
menos),

1 vaso (de los de vino) de leche
caliente,
1 cebolla pequeña,
2 cucharadas soperas de aceite,
1 huevo,
10 g de mantequilla,
unas gotas de zumo de limón,
1 cucharada (de las de café) de perejil
picado,
sal.

En la pescadería se manda limpiar bien de escamas la lubina y abrir por la parte de la tripa. Se manda quitar toda la espina central, pero dejando la cabeza y la cola.

En casa se lava bien el pescado, se seca con un paño limpio, se sala ligeramente y se prepara el relleno.

En un tazón se pone la miga de pan con la leche muy caliente. Mientras se remoja, se preparan los champiñones. Se les quita la parte con tierra del rabo y se lavan muy bien, cepillándolos con un cepillo pequeño si puede ser. Se pican menudo y se ponen en un cazo con la mantequilla, unas gotas de zumo de limón y sal. Se cubre el cazo y se dejan a fuego mediano unos 6 minutos.

En una sartén pequeña se pone el aceite a calentar y se le añade la cebolla picada muy fina. Cuando está empezando a dorarse (unos 8 minutos), se reserva.

En una ensaladera se pone la miga de pan remojada, la cebolla, los champiñones, el perejil, el huevo batido como para tortilla y sal. Se mezcla muy bien y se coloca este relleno dentro del pescado. Se cose con una cuerda fina la tripa para que no se salga el relleno, dejando un rabo de cuerda para agarrarla cuando el pescado se vaya a servir y quitarle la cuerda.

En una besuguera (de cristal o porcelana, resistente al fuego) se pone el aceite, se coloca la lubina encima, se le hacen 2 tajos con un cuchillo en la piel del lomo que quedará arriba, pero que no pasen a la carne. Se rocía con el zumo del limón, se echa sal encima y debajo de la lubina y se pone la mantequilla en trozos. Se mete al horno (previamente calentado) y se deja a horno mediano unos 20 minutos más o menos, rociándola de vez en cuando con su misma salsa.

Al ir a servir se quita la cuerda. Se sirve en la misma fuente con cubiertos de servir el pescado, con el fin de que con el cuchillo se pueda partir.

604 LUBINAS DE RACIÓN FRITAS (6 personas)

6 lubinas de ración,
1 plato con harina,
1¹/₂ vaso (de los de agua) de aceite
(sobrará),

el zumo de un limón,
1 cucharada sopera de perejil picado,
1 buen trozo de mantequilla (30 g),
sal.

Se mandan limpiar y escamar las lubinas en la pescadería.

Se lavan y se secan muy bien con un paño limpio en casa y se les hacen 2 tajos en el lomo con un cuchillo. Se salan por los dos lados y un poco en el hueco de la tripa y los tajos. Se pasan por harina y se fríen de 2 en 2 en aceite caliente (pero no mucho para que se hagan por dentro antes de dorarse). Se reservan al calor, una vez fritas, en la fuente donde se van a servir. Se vacía completamente el aceite de freír el pescado y en la misma sartén se pone la mantequilla a derretir, sin que llegue a cocer. Fuera del fuego se vierte en la sartén el zumo de limón y el perejil. Se vuelve a calentar rápidamente dando vueltas con una cuchara de madera y se vierte por encima de las lubinas. Se sirve en seguida.

605 MERLUZA COCIDA, SERVIDA CON SALSA MAYONESA, VINAGRETA U HOLANDESA (6 personas)

Caldo corto:
Para una cola de merluza de 1¹/₂ a 2 kg:

2¹/₂ litros de agua fría,
1 zanahoria grande raspada y cortada a rodajas (125 g),
1 cebolla grandecita (100 g) cortada en 4 rodajas, después de pelada,

zumo de ¹/₂ limón,
1 hoja de laurel,
1 vaso (de los de vino) de vino blanco,
sal.

Se pone todo esto en la pesquera. Se cuece durante 15 minutos. Después se aparta y se deja enfriar totalmente. Por lo tanto, hay que preparar el caldo corto con anticipación. Cuando se vaya a cocer la merluza, se coloca ésta encima de la rejilla y se deja en el fondo, debajo de la rejilla, las zanahorias y la cebolla.

Se pone a fuego mediano y cuando rompe el hervor se baja el fuego y se deja cocer muy despacio, es decir, que el agua sólo se debe estremecer, unos minutos (15 minutos para 1¹/₂ kg). Pasado este tiempo, se saca la rejilla con el pescado y se pone oblicuamente sobre la cacerola, tapando el pescado con un paño humedecido en agua caliente y retorcido, para que no se enfríe. Se escurre unos 5 a 10 minutos y se pasa a la fuente donde se va a servir, poniendo en ésta una servilleta doblada debajo del pescado con el fin de que absorba el agua. Se adorna con unos ramitos de perejil y rajas de limón.

Se sirve con cualquiera de las salsas mencionadas antes; recetas 77, 78, 92 o 96.

COLA DE MERLUZA AL HORNO, CON TOMATES Y QUESO RALLADO (6 personas)

1 cola de merluza de 1½ kg,	150 g de queso gruyère rallado,
50 g de mantequilla,	4 tomates maduros medianos,
3 cucharadas soperas de aceite fino,	sal.

En la pescadería se manda abrir la cola de merluza y quitar la espina central. Se lava y se seca bien con un trapo limpio. Se sala ligeramente el interior, se ponen un par de trocitos de mantequilla, se espolvorea con parte del queso rallado y se cierra, como si no la hubiesen abierto para quitarle la espina.

En una besuguera (de metal, cristal o porcelana resistente al horno) se pone el aceite. Se pelan los tomates y se parten por la mitad. Se ponen en el centro de la besuguera con un poco de sal encima, reservando 3 mitades.

Se coloca la merluza encima de los tomates. Se le da un par de tajos en el lomo, se unta toda la cola con la mantequilla que sobra; encima de cada tajo se pone ½ tomate y se espolvorea con el queso rallado. Se mete al horno (previamente calentado 5 minutos) y se deja a horno mediano, más o menos 20 minutos, hasta que tenga un bonito color dorado.

Se sirve en la misma fuente en que se ha hecho.

RODAJAS DE MERLUZA CON TOMATE, CEBOLLA Y QUESO RALLADO (6 personas)

6 rodajas de merluza,	1 cebolla grande (sobrarán los dos
5 cucharadas soperas de aceite,	extremos),
3 tomates grandes bien maduros,	100 g de gruyère rallado,
	sal.

Después de lavar y secar bien las rodajas de merluza, se ponen 4 cucharadas soperas de aceite en el fondo de una besuguera o fuente (de metal, cristal o porcelana resistente al fuego). Se ponen las rodajas de merluza, se salan ligeramente, echando un poco de aceite encima de cada una (una cucharadita de las de café). Se pone una rodaja de cebolla fina (del centro de la cebolla). Se pelan los tomates, se cortan en dos mitades, se quitan las simientes y cada mitad se pone encima de la cebolla. Se espolvorea cada rodaja así preparada con queso rallado y se mete al horno previamente calentado y a fuego suave durante unos 25 minutos. Se sirve en la misma fuente donde se ha hecho el pescado.

608 FILETES DE MERLUZA EMPANADOS, SERVIDOS CON SALSA MAYONESA VERDE (6 personas)

1¼ kg de filetes de merluza,
  1 vaso (de los de agua) de leche fría,
  1 plato con pan rallado,
  2 huevos,
  1 litro de aceite para freír (sobrará),
    anchoas enrolladas,
    sal.

Mayonesa verde (receta 112):
  2 huevos,
    zumo de un limón,
½ litro de aceite,
  1 ramillete de perejil,
  3 cucharadas soperas de alcaparras,
  2 pepinillos,
    sal.

Se hace la mayonesa de forma que resulte un poco dura.

Se dejan un ratito (½ hora más o menos) los filetes de pescado crudo en un plato sopero con la leche. Se revuelven de vez en cuando para que se empapen bien. Se les escurre la leche muy bien, se salan y se baten los huevos como para una tortilla, pasando los filetes dentro y después por el pan rallado.

Se pone el aceite a calentar. Cuando está en su punto, se fríen los filetes. Cuando están dorados, se escurren bien y se colocan en la fuente donde se vayan a servir. Se pone un rollito de anchoa sobre cada uno y se sirve con la mayonesa verde aparte en salsera.

Nota.—Se puede hacer muy bien con filetes de merluza congelada, dejándola descongelar antes de ponerla en la leche.

609 FILETES DE MERLUZA REBOZADOS Y FRITOS (6 personas)

1¼ kg de merluza abierta,
  2 huevos,
  1 plato con harina,

1 litro de aceite (sobrará),
  sal,
1 limón cortado en 6 con su corteza.

En la pescadería se manda hacer filetes con la merluza.

Se deben preparar (lavar, secar, salar) y freír en el momento de ir a comerlos.

Se pone el aceite a calentar a fuego mediano en una sartén más bien honda. Se sala cada filete por las dos caras, se pasa por harina, también por las dos caras, y se sacuden para que caiga la harina sobrante.

En un plato hondo se baten como para tortilla los 2 huevos, se pasan los filetes de uno en uno y se fríen con el aceite no muy caliente para que cuezan un poco por dentro y se doren luego por fuera, forzando el fuego al rato. Cuando tengan un bonito color, se sacan, se posan un momento en un papel de estraza o simplemente en un colador grande. Después se pasan a la fuente donde se vayan a servir y se adorna con el limón cortado a lo largo.

Nota.—Para que la merluza esté más jugosa, se pone leche en un plato hondo y se meten los filetes dentro (que los cubra muy poco la leche); pasados unos 10 minutos se les da la vuelta y después de 10 minutos se sacan. Se secan muy bien con un trapo limpio y se procede como está explicado anteriormente.

FILETES DE MERLUZA ENVUELTOS EN JAMÓN DE YORK (6 personas)

12 filetes de merluza (750 g a 1 kg),
6 lonchas finas de jamón de York,
2 huevos,
1 plato con harina,

1 litro de aceite (sobrará),
1 vaso (de los de agua) de leche fría,
1 limón cortado en gajos,
sal.

Se ponen los filetes de merluza en un plato hondo y se rocían con la leche fría. Se dejan así durante ¹/₂ hora, dándoles un par de veces la vuelta, y se secan con un paño limpio. Se salan y se envuelven con media loncha de jamón de York, que se sujeta con un palillo. Se pasa ligeramente por harina y después por huevo batido como para tortilla. Se fríen los filetes en aceite bien caliente y se sirven en seguida con trozos de limón.

 FILETES DE MERLUZA CON JOROBA (6 personas)

1¹/₄ kg de merluza en filetes,
¹/₄ kg de gambas,
2 cucharadas soperas de harina,
1¹/₂ vaso (de los de agua) de leche fría,
25 g de mantequilla,
2 cucharadas soperas de aceite fino,
1 litro de aceite de freír (sobrará),
1 cebolla mediana,
1 cucharada sopera colmada de harina,

1 vaso (de los de vino) no lleno de vino blanco,
2 huevos,
1 chorrito de vino blanco,
1 hoja de laurel,
1 plato con pan rallado,
agua,
sal y pimienta molida.

En un cazo se ponen los desperdicios de la merluza y de las gambas (se dejan sólo las colas aparte y crudas). Se cubren de agua fría y se les añade sal, un chorrito de vino blanco (una cucharada sopera, más o menos) y una hoja de laurel. Se dejan cocer a fuego mediano unos 15 minutos. Se retiran, se cuela y se reserva el caldo corto.

En una sartén mediana se pone la mantequilla y el aceite a calentar. Cuando está la mantequilla derretida, se añade la harina y se dan un par de vueltas con una cuchara de madera. Se añade entonces, poco a poco, la leche. Se cuece unos 10 minutos, se sala y se retira del fuego.

Se ponen los filetes en una mesa, se salan y encima de cada uno se echa como una cucharada de las de postre (más pequeña que la sopera) de bechamel. Se deja enfriar. Se pone a calentar el aceite y cuando está en su punto se pasa cada filete por huevo batido y después por pan rallado. Se fríen por tandas y se van colocando en la fuente de cristal o porcelana (resistente al fuego) de forma que no estén montados unos encima de otros.

Aparte, en otra sartén pequeña, se ponen 2 cucharadas soperas del aceite de freír los filetes y se añade la cebolla pelada y picada. Cuando empieza a dorarse ligeramente, se agrega una cucharada sopera colmada de harina. Se dan unas vueltas y se vierte poco a poco el caldo de cocer los desperdicios (más o menos 2 vasos de los de agua) y el vino. Se sala y se pone un poco de pimienta molida. Se cuece esta salsa durante unos 5 minutos y se cuela por el pasapurés. Se añaden las colas de las gambas y se cuece otros 2 minutos más. Unos 10 minutos antes de ir a servir la merluza se vierte la salsa por encima. Se pone la fuente al fuego y se cuece unos 10 minutos, sacudiendo de vez en cuando la fuente para que se trabe la salsa y no se peguen los filetes.

Se sirve en la misma fuente.

612 MERLUZA EN ALLADA (4 personas)

3 cucharadas soperas de aceite,
8 dientes de ajo, pelados y cortados en rebanaditas,
1 cebolla mediana picada (125 g),
1 cucharada (de las de café) colmada de pimentón,

2 patatas grandes (600 g),
4 rajas de merluza (también puede ser otro pescado),
agua y sal.

Pelar y lavar las patatas. Cortarlas en rodajas un poco gordas. Echarlas en agua fría con sal para cocerlas durante unos 20 minutos (si es posible, en cacerola de barro).

Mientras tanto, en una sartén pequeña poner el aceite a calentar; cuando está en su punto, echar la cebolla picada y dándole vueltas con una cuchara de madera dejarla 5 minutos hasta que se ponga transparente. Añadirle los ajos y dejar que se dore todo junto. Separar entonces la sartén del fuego y echarle el pimentón. Dar unas vueltas.

Cuando las patatas lleven los 20 minutos añadir las rajas de merluza, salando ligeramente el pescado. Cuando vuelve a romper el hervor dejar 5 minutos cociendo.

Volcar un poco la cacerola y quitarle casi toda el agua, añadiendo el refrito de la sartén, sacudiendo bien la cacerola para que no penetre. Volver a dejar todo junto para que se cueza 5 minutos más. En este punto hay quien sirve el plato así y hay quien lo mete en el horno (previamente calentado) unos minutos más.

613 MERLUZA A LA CATALANA (6 personas)

³/₄ de kg de filetes de merluza,
3 patatas medianas (300 g),
2 vasos (de los de agua) de aceite (sobrará),
¹/₂ cucharada sopera de harina,
1 cebolla grande (125 g),
1 diente de ajo,
6 cucharadas soperas de salsa de tomate muy espesa (o 2 de concentrado de tomate),

1 plato con harina,
1 cucharada (de las de café) de pimentón,
1 pellizco de azafrán en rama,
sal.
Caldo corto (receta 530):
1¹/₄ litro de agua,
1 hoja de laurel,
2 cucharadas soperas de vino blanco,
1 trozo de cebolla (30 g),
sal y los desperdicios del pescado.

Todos los ingredientes del caldo corto se cuecen con los desperdicios del pescado, a fuego vivo, durante unos 20 minutos para que quede el caldo algo reducido. Se cuela por un colador muy fino y se reserva.

En una sartén se pone el aceite a calentar. Mientras, se pelan, se lavan y se cortan las patatas en rodajas no muy finas. Se secan con un paño limpio y se fríen por tandas. Una vez fritas (no mucho, es decir, que se retiran del aceite antes de que empiecen a dorarse), se reservan en un plato. Después se lavan y se secan bien los filetes de merluza, se pasan por un plato con harina y se fríen también por tandas. Se reservan igualmente.

Se vacía casi todo el aceite de la sartén, no dejando más que para cubrir bien el fondo. Se echa la cebolla pelada y muy picada, el diente de ajo igual. Se rehogan hasta que la cebolla empieza a dorarse (más o menos 10 minutos). Se añade entonces la harina, luego el tomate y, después de darle unas vueltas, el pimentón; se revuelve y rápidamente se aparta del fuego (pues el pimentón se quema muy de prisa). Fuera del fuego se va añadiendo poco a poco el caldo corto de los desperdicios (3 o 4 vasos de los de agua). En el mortero se machacan un par de hebras de azafrán y se le añade un poco de salsa. Se vierte esto en el resto de la salsa de la sartén. Se echa sal, se cuece unos 3 minutos y se pasa por el pasapurés. Se pone un poco de salsa en el fondo de una fuente de barro, porcelana o cristal resistente al horno, donde se ponen las patatas y, encima de ellas, el pescado. Se cubre con el resto de la salsa y se pone a fuego mediano la fuente hasta que las patatas estén blandas (unos 15 a 20 minutos), moviendo la fuente de vez en cuando; se sirve en su misma fuente.

614 COLA DE MERLUZA AL HORNO CON BECHAMEL Y CHAMPIÑONES (6 personas)

1 cola de merluza de 1¹/₄ a 1¹/₂ kg.
25 g de mantequilla,
2 cucharadas soperas de aceite fino,
¹/₂ litro de leche fría,
1 cucharada sopera colmada de harina,

75 g de gruyère rallado,
125 g de champiñones medianos,
25 g de mantequilla,
unas gotas de zumo de limón,
sal.

Poner la cola de merluza muy ligeramente salada en una fuente honda resistente al horno. En una sartén se ponen la mantequilla y el aceite a derretir; cuando están, se añade la harina, se dan unas vueltas con una cuchara de madera y, poco a poco, se añade la leche fría sin dejar de dar vueltas; se echa sal y se deja cocer la bechamel 10 minutos para que quede algo espesa. Se vierte entonces sobre el pescado que está en la fuente, se espolvorea con el queso rallado y se mete al horno (que estará previamente calentado) unos 25 minutos.

Mientras tanto, se limpian muy bien los champiñones con un cepillo. Se echan en agua fresca con unas gotas de zumo de limón, dejando las cabezas enteras. Una vez limpios todos, se escurren y se ponen en un cazo con un poco de mantequilla, unas gotas de zumo de limón y sal. Se dejan unos 6 minutos para que estén bien tiernos y se reservan.

Gratinada la bechamel, se medio saca del horno la fuente del pescado y en el lomo de la cola de merluza se colocan las cabezas de los champiñones en fila, poniendo las más grandes en el empiece cortado y disminuyendo hasta la cola. Se vuelve a meter la fuente en el horno, con fuego sólo por debajo, unos 5 minutos más, y se sirve el pescado en su misma fuente.

615 COLA DE MERLUZA RELLENA (6 personas)

1½ kg en una cola de merluza o pescadilla grande.
Relleno:
125 g de champiñones,
  1 puñado pequeño de miga de pan
    (unos 80 g) mojada con un vaso (de
    los de vino) de leche muy caliente,
  1 cebolla pequeña (50 g),
  2 cucharadas soperas de aceite,
  1 huevo,
 15 g de mantequilla y unas gotas de
    zumo de limón,

  1 cucharada (de las de café) de perejil
    picado,
    sal.
Adorno:
  1 huevo,
    pan rallado (grueso),
 50 g de mantequilla,
  3 cucharadas soperas de aceite fino,
  3 cucharadas soperas de vino blanco,
    sal.

En la pescadería se manda quitar la espina central a la cola de merluza, dejando ésta entera, abierta como un libro.

Se pone sobre un mármol o tabla y se sala ligeramente.

Aparte se prepara el relleno. Se lavan y se cortan los champiñones muy menudos, se ponen en un cazo con un poquito de mantequilla (como una nuez) y unas gotas de limón; se tapa el cazo con tapadera y se hacen a fuego lento unos 5 minutos.

Aparte, en un tazón, se pone la miga de pan en remojo con la leche caliente. Por fin, en una sartén se calientan las 2 cucharadas soperas de aceite, se pone a dorar la cebolla. Cuando está empezando a dorarse, se retira, y en una ensaladera se echa la cebolla, el pan remojado, el champiñón, el perejil, un poco de sal y el huevo batido como para tortilla. Se mezcla todo muy bien y se pone en una tira en el centro del pescado. Se cose la cola con una cuerda fina, dejando un rabo al final para quitarla cómodamente.

Se pone en una besuguera con un fondo de aceite. Se coloca el pescado, se bate el huevo y con un pincel se pasa por todo el pescado y se espolvorea con el pan rallado, apretando un poco para que se adhiera bien. Se pone alrededor del pescado la mantequilla en trocitos y el vino blanco. Se mete en el horno caliente durante 20 minutos. Se saca del horno y se sirve en su misma fuente.

616 MERLUZA CON MAYONESA AL HORNO (6 personas)

1 cola de merluza de 1¼ kg (más o menos),
2 patatas grandes,
1 vaso (de los de agua) de aceite (sobrará),
2 cucharadas soperas de perejil picado,
  el zumo de ½ limón,
  sal.

Mayonesa (receta 111):
  2 huevos,
¾ litro de aceite fino,
  el zumo de ½ limón,
  sal,
  1 hoja de papel de plata (de 10 x 30 cm).

Se hace la mayonesa de manera que no quede muy dura.

En la pescadería se manda abrir la cola de merluza para poderle quitar la espina central y que quede en dos trozos el pescado. Se lava y se seca muy bien.

En una sartén se pone el aceite a calentar. Se pelan las patatas, se lavan y se cortan en rodajas finas. Se refríen en el aceite de manera que queden fritas, pero sin llegar a dorarse. Se escurren y se ponen en el fondo de la fuente (de cristal o porcelana resistente al horno) donde se vaya a hacer la merluza para que quede cubierto todo el fondo. Se salan ligeramente. Por encima se colocan los dos trozos de merluza contrapeados. Se salan, se espolvorean con el perejil y se rocía con el zumo del $^1/_2$ limón.

Se cubre todo el pescado y la fuente con la mayonesa. Se pone en una esquina un tubo hecho con papel de plata en forma de chimenea (se enrolla el papel alrededor de un dedo para hacer como un tubito). Se enciende el horno unos 5 minutos antes de meter la fuente. Se mete el pescado al horno 20 minutos y se sirve en su misma fuente. Antes de ir a servirlo, se vuelca un poco la fuente del lado de la chimenea para sacar el líquido sobrante debajo de la costra, se quita la chimenea y por el agujero sale el líquido, que se quita con una cuchara.

Nota.—Se puede hacer este plato con merluza congelada, una vez descongelada ésta.

 RODAJAS DE MERLUZA FRITA SÓLO CON HARINA
617 (6 personas)

1 litro de aceite (sobrará),
1 plato con harina,
6 rodajas de merluza (de la parte cerrada del pescado),

6 rodajas gruesas de limón,
sal.

Una vez lavada y bien seca la merluza, se sala por las dos caras. Se pone a calentar el aceite en una sartén y cuando está en su punto, es decir, no demasiado fuerte para que la merluza se fría de dentro afuera y quede bien hecha, se pasan las rodajas por la harina y se fríen de 2 en 2 hasta que tengan un bonito color dorado.

Se colocan en una fuente y se adorna cada rodaja con una rodaja de limón y se sirve.

618 RODAJAS DE MERLUZA FRITAS REBOZADAS
(6 personas)

6 rodajas de merluza cerrada,
1 litro de aceite (sobrará),
1 plato con harina,

2 huevos batidos como para tortilla,
1 limón entero,
sal.

Se pone a calentar el aceite a fuego mediano. Mientras tanto, se lavan y se secan con un paño limpio las rodajas de merluza. Se salan ligeramente por las dos caras. Se pasan por el plato de harina también por las dos caras, se sacuden para que caiga lo que sobra y se pasa después por los huevos batidos como para tortilla. Se fríen en el aceite de 2 en 2 hasta que tengan las rodajas un bonito color dorado.

Se sirven en una fuente con unos trozos de limón, sin pelarles la cáscara.

619 RODAJAS DE MERLUZA CONGELADA FRITAS
(6 personas)

6 rodajas de merluza,
1 vaso (de los de agua) de leche,
2 huevos,
1 litro de aceite (sobrará),

1 plato con harina,
sal,
1 limón.

Se descongela la merluza poniéndola en agua fría abundante con 3 cucharadas soperas de sal. Una vez blanda, se escurre y se pone en un plato hondo y se le vierte la leche, que la cubra. Se vuelven las rodajas varias veces para que queden bien empapadas. Se tienen así una $^1/_2$ hora. Se escurren y se procede a rebozar y freír igual que en la receta anterior.

Se sirven en seguida con unos trozos de limón.

620 RODAJAS DE MERLUZA FRITAS ADORNADAS CON CURRUSQUITOS DE PAN FRITO Y ALCAPARRAS
(6 personas)

6 rodajas de merluza (de la parte cerrada),
1 cucharada sopera de perejil picado (rasada),
1 plato con harina,

3 rebanadas de pan de 2 cm de gruesas,
3 cucharadas soperas de alcaparras,
40 g de mantequilla,
1 litro de aceite (sobrará),
sal.

Se pone el aceite a calentar en una sartén. Se cortan las rebanadas de pan a cuadraditos muy pequeños y se fríen poco.

Se pone sal por las dos caras de cada rodaja de merluza. Se pasan de una en una por harina, sacudiéndolas para que no haya mucha, y con las puntas de los dedos se pone en cada rodaja un poco de perejil picado espolvoreado, pero apretándolo luego con la palma de la mano para que quede bien adherido al pescado. Se fríen las roda-jas de 2 en 2 y, una vez bien fritas, con un bonito color dorado por cada cara, se reser-van en la fuente donde se vayan a servir y ésta se pone en sitio caliente.

Se retira casi todo el aceite, no dejando más que un fondo en la sartén. Se añade la mantequilla; cuando está derretida, se quita la espuma que se forma con una cuchara, se añaden las alcaparras, los curruscos de pan, se da una vuel-ta y se vierte toda esta salsa, repartiéndola por cada rodaja de merluza. Se sirve en seguida.

 RODAJAS DE MERLUZA GUISADA CON CHIRLAS
621 (6 personas)

6 rodajas de merluza (de la parte cerrada),	¹/₂ vaso (de los de vino) de vino blanco,
¹/₄ kg de chirlas grandecitas,	1 diente de ajo,
1 litro de aceite (sobrará),	1 cebolla pequeña (50 g),
1 plato con harina,	1 cucharada sopera de perejil picado,
4 cucharadas soperas de aceite,	1 cucharadita (de las de moka) de con-
1 cucharada sopera rasada de harina,	centrado de carne,
	agua y sal.

En una sartén se pone el aceite a calentar; cuando está en su punto (el aceite no debe estar muy caliente, para que se cueza el pescado antes de que se dore), se salan las rodajas de merluza por las dos caras, se pasan por la harina del plato y se sacuden para que caiga la sobrante. Se fríen y se van colocando en una fuente de cristal, porcelana o barro resistente al fuego.

Se lavan muy bien las chirlas en varias aguas; la primera con un poco de sal para que suelten bien la arenilla. Se ponen en un cazo con agua fría que las cubra bien y se ponen a cocer hasta que se abren. Se apartan y se van quitando las chirlas de sus cáscaras, reservándolas en un tazón con un poco del agua de cocerlas. Se tiran las conchas y se reserva el agua de cocerlas. En una sartén se ponen las 4 cucharadas soperas de aceite a calentar, cuando están calientes, se echa la cebo-lla y el diente de ajo pelados y picados, se da unas vueltas con una cuchara de madera y a los 5 minutos se añade la harina, se da vueltas hasta que esté doradita y se agrega poco a poco el vino blanco y el agua de cocer las chirlas (sin apurar el fondo del cazo, donde se deposita siempre algo de arena). Se cuecen durante unos 10 minutos, más o menos. Fuera del fuego se añade el concentrado de carne y se pasa por el chino o el pasapurés, vertiendo la salsa por encima de las rodajas de merluza. Se espolvorean las chirlas y el perejil. Si se ve que es poca salsa, se puede añadir un poco de agua templada. Se prueba de sal y se rectifica si hace falta. Encima del fuego se cuece a fuego mediano otros 10 minutos más o menos, sacu-diendo de vez en cuando la fuente para que la salsa se trabe bien. Se sirve en seguida en su misma fuente.

622 **RODAJAS DE MERLUZA EN SALSA VERDE**
(6 personas)

6 rodajas gruesas de merluza cerrada
(unos 200 g cada una),
4 cucharadas soperas de aceite,
1 cucharada sopera de harina,
1 cebolla mediana (80 g),
1 diente de ajo,
unas ramitas de perejil,

1 cucharada sopera de perejil picado
muy menudo,
1½ vasos (de los de agua) de agua fría,
1 lata pequeña (125 g) de guisantes
(facultativo),
1 o 2 huevos duros (facultativo),
sal y pimienta.

En una sartén se pone el aceite a calentar; cuando está, se echa la cebolla a freír. Mientras tanto, en el mortero se machaca el diente de ajo y las ramitas de perejil con un poco de sal. Cuando la cebolla se va poniendo transparente (unos 5 minutos más o menos), se añade la harina, se dan unas vueltas con una cuchara de madera y se agrega poco a poco el agua fría, se cuece un poco esta salsa y se cogen un par de cucharadas que se añaden a lo machacado en el mortero, revolviendo muy bien. Se incorpora el contenido del mortero a la salsa de la sartén y se revuelve todo junto.

En una cacerola de barro o porcelana (resistente al fuego) se cuela la salsa por un chino o un colador de agujeros grandes. Se colocan las rodajas de merluza ligeramente saladas y holgadas de sitio. La salsa las debe cubrir justo; si es necesario, se puede añadir algo más de agua (teniendo en cuenta que la merluza soltará agua también al cocerse). Se espolvorea un poco de pimienta molida, el perejil picado y los guisantes (si se quiere). Se agarra la cacerola por un costado y se sacude suavemente durante unos 15 minutos. Esto es fundamental para que se trabe bien la salsa. Se prueba entonces la salsa y se rectifica si fuese necesario. Se pican los huevos duros y se espolvorean por encima del pescado (esto es facultativo).

Se sirve en seguida en su misma cacerola de barro.

 623 **RODAJAS DE MERLUZA A LA VASCA** (6 personas)
(Con espárragos, guisantes, etc.)

6 rodajas gruesas de merluza cerrada
muy fresca (unos 200 g cada raja),
1 manojo de espárragos frescos finos (si
no, una lata de puntas de espárragos),
½ kg de guisantes frescos (o una lata de
125 g),
1 huevo duro picado,
4 cucharadas soperas de aceite,

1 cucharada sopera de perejil picado,
1 ramita de perejil,
1 diente de ajo,
1 cebolla mediana (80 g),
1 cucharada sopera de harina,
1½ vasos (de los de agua) de agua, más o
menos,
sal.

Antes de empezar el guiso de la merluza se tendrán preparados y cocidos los espárragos y los guisantes, o abiertas y escurridas las latas.

En una sartén se pone el aceite a calentar. Cuando está, se echa la cebolla y el diente de ajo picados. Se refríen hasta que la cebolla se va poniendo transparente (unos 6 a 7 minutos), se agrega la harina, la ramita de perejil y en seguida un vaso de agua fría. Se cuece un poco esta salsa (unos 8 minutos) sin dejar de moverla con una cuchara de madera.

En una cacerola de barro o de porcelana (resistente al fuego) se van poniendo las rodajas de merluza ligeramente saladas y holgadas de sitio. Se pasa por un pasapurés o colador de agujeros grandes la salsa de la sartén y se vierte sobre la merluza, añadiendo entonces el $^1/_2$ vaso de agua, si hace falta, para que cubra justo la merluza (pues ésta soltará agua al hacerse). Se sacude constantemente la cacerola de barro durante los 12 minutos que hacen falta a la merluza para cocerse, agarrándola con un agarrador y moviendo con cuidado para que no se rompan las rodajas.

Al ir a servir en esta misma cacerola en que se ha hecho el pescado, se añaden el perejil picado espolvoreado, los guisantes bien repartidos, los espárragos y el huevo duro picado. Se calienta todo unos 5 minutos más, probando la salsa y rectificando de sal si hace falta. Se sirve en seguida.

 RODAJAS DE MERLUZA AL HORNO CON SALSA DE VINO Y NATA (6 personas)

6 rodajas de merluza (mejor cerrada),	1 cebollita francesa (30 g),
30 g de mantequilla,	$^1/_4$ litro de nata líquida,
3 o 4 cucharadas soperas de pan rallado,	2 cucharadas soperas de aceite,
1 vaso (de los de vino) de buen vino blanco,	sal.

En una besuguera de metal, cristal o porcelana resistente al fuego se ponen 3 cucharadas de aceite; después se lavan, se secan y se salan las rodajas de merluza y se ponen en la besuguera. Se les echa en cada una un poco de pan rallado y por encima una avellana de mantequilla. Se meten a horno mediano (previamente calentado) unos 15 minutos. Mientras, en una sartén se ponen las 2 cucharadas soperas de aceite a calentar, se echa la cebollita pelada y picada muy fina. Se dan unas vueltas con una cuchara de madera hasta que está transparente (unos 5 minutos más o menos), se añade entonces el vaso de vino y se cuece otros 8 minutos. Se retira del fuego y poco a poco se añade la nata. Se abre el horno y se vierte por encima de las rodajas de merluza la salsa. Se apaga el horno, pero se vuelve a meter la besuguera un ratito para que se caliente la salsa sin hervir. A los 5 minutos, más o menos, se sirve en la misma fuente.

625 RODAJAS DE MERLUZA AL HORNO CON SALSA DE NATA Y CHAMPIÑONES (6 personas)

6 rodajas de merluza (mejor de la parte cerrada),
3 cucharadas de aceite fino,
40 g de mantequilla,
1½ limón,
¾ de vaso (de los de vino) de vino blanco,

4 ramitas de perejil,
2 cucharadas soperas de pan rallado,
100 g de champiñones,
¼ litro de nata líquida,
sal.

En una besuguera de cristal o porcelana resistente al horno se pone el aceite. Encima se colocan las rodajas de merluza lavadas, secadas y saladas por las dos caras. Se rocían con el vino blanco y el zumo de un limón y se colocan las ramitas de perejil entre las rodajas. Se espolvorea cada una con un poco de pan rallado (un pellizco en cada una), se pone un trozo de mantequilla encima de cada rodaja (reservando un trocito para los champiñones). Se mete en el horno, previamente calentado, unos 5 minutos a fuego mediano, hasta que las rodajas están hechas y con un bonito color dorado (más o menos 10 minutos).

Mientras la merluza se va haciendo, se preparan los champiñones. Se separan las cabezas de los pedúnculos. Se cepillan bien para quitarles la tierra, se lavan y se van echando en agua con unas gotas de limón. Se cortan en láminas finas, se ponen escurridos en un cazo con la mantequilla y el resto del zumo de limón. Se tapa el cazo y se dejan unos 6 minutos a fuego mediano.

Una vez hechos los champiñones, se les añade la nata líquida. Se revuelve bien todo, teniendo cuidado de calentar la nata un poco sin que cueza (pues se puede cortar).

Se quitan las ramitas de perejil a la merluza y se rocían con la salsa de los champiñones. Se vuelve a meter la fuente en el horno casi apagado 5 minutos y se sirven en su misma fuente.

626 MERLUZA RÁPIDA (6 personas)

6 rodajas de merluza (fresca o congelada),
1 vaso (de los de agua) de aceite,
2 patatas medianas,

zumo de un limón,
2 dientes de ajo muy picados,
1 cucharada sopera de perejil picado,
sal.

Se descongelan las rodajas de merluza poniéndolas en agua fría que las cubra bien y 3 cucharadas soperas de sal durante una hora, más o menos. Después se sacan, se lavan al grifo y se secan; después se emplean normalmente.

Se pelan y se lavan las patatas. Se cortan en rodajas finas (algo menos de ½ cm). En una sartén se pone el aceite a calentar y una vez caliente se ponen las patatas a freír; tienen que freírse, pero sin dorar casi. Cuando están, se sacan.

En una fuente de cristal, barro o porcelana resistente al fuego se ponen las patatas y encima se posan las rodajas de merluza. A la sartén donde se han frito las patatas se le retira casi todo el aceite, dejando sólo un poco. Se rehogan los dientes de ajo hasta que empiezan a dorarse. Se retira la sartén del fuego y se echa el perejil picado. Se revuelve y se vierte por encima de las rodajas de merluza.

Se mete entonces la fuente en el horno, previamente calentado durante 5 minutos, y se deja que se haga. Cuando la merluza está blanca (unos 15 minutos) está el pescado en su punto.

Justo en el momento de servirla y fuera del fuego, se sala y se echa el zumo de limón.

La gracia de este plato consiste en no echar ni la sal ni el limón antes de lo dicho, por esto se insiste en ello.

Nota.—Se puede hacer en el fuego en vez del horno, pero queda algo más seco.

 RODAJAS DE MERLUZA CONGELADA CON CEBOLLA
627 (6 personas)

6 rodajas de merluza congelada un poco
  gruesas y cerradas,
5 cucharadas soperas de aceite crudo,

2 cebollas grandes picadas (400 g),
el zumo de 1 limón,
sal.

Se descongela la merluza como en la receta anterior.

En una cacerola amplia se pone el aceite, se coloca más de la mitad de la cebolla picada en el fondo, y sobre ella las rodajas de merluza saladas que queden holgadas de sitio; se rocían con el limón, se coloca el resto de la cebolla repartida encima de las rodajas de pescado y se tapa la cacerola. Se pone a fuego lento durante unos 15 minutos.

Se pueden servir en una fuente, teniendo cuidado de sacar las rodajas enteras con una espumadera, o se puede hacer en una fuente de cristal, porcelana o barro resistente a la lumbre y servir en la misma fuente.

628 COLA DE MERLUZA AL HORNO CON SALSA DE ALMENDRAS, AJOS Y VINO BLANCO (6 personas)

1¼ a 1½ kg de merluza fresca o congelada,
 1 plato con harina,
½ litro de aceite (sobrará),
 2 patatas medianas,
  sal.
Salsa:
 8 almendras,
 3 dientes de ajo,

 2 ramitas de perejil,
 3 rebanadas de pan frito (de 1 cm de
  grueso),
 1 cebolla pequeña (50 g),
 1 vaso (de los de agua) bien lleno de
  vino blanco,
½ vaso (de los de vino) de agua,
 2 cucharadas soperas de aceite,
  sal.

Si la merluza es congelada, se descongelará como en la receta 619.

Se preparan los filetes quitando las espinas y cortándolos en cuatro a lo largo.

En una sartén se pone el aceite a calentar; cuando está caliente se fríen las rebanadas de pan y se reservan. Después se pelan, se lavan y se cortan en rodajas finas las patatas y se fríen, de manera que estando fritas no se doren casi. Se colocan en el fondo de la fuente de cristal, barro o porcelana (resistente al fuego) donde se hará la merluza.

El pescado, después de lavado y seco se sala ligeramente, se pasa por harina y se fríe filete por filete. Se colocan en la fuente encima de las patatas.

En una sartén pequeña se ponen 2 cucharadas soperas de aceite a calentar y se fríe la cebolla picada hasta que empiece a dorarse (unos 8 minutos).

Mientras tanto, en el mortero se machaca el pan frito, los dientes de ajo, el perejil y las almendras. Se vierte en la sartén de la cebolla y se añade el vino, el agua y un poco de sal. Se cuece esta salsa durante 5 minutos, se cuela por un chino apretando mucho y se echa por encima del pescado.

Se mete a horno mediano (previamente calentado durante 5 minutos), 10 minutos. Se sirve en seguida en su misma fuente.

629 MERLUZA A LA SIDRA (4 personas)

 4 rajas de merluza,
 2 chalotas (40 g),
 1 cebolla pequeña (40 g),
 1 botella de sidra (4 vasos),
25 g de mantequilla o margarina,

 3 cucharadas soperas de alcaparras,
 8 cucharadas soperas de nata líquida,
 1 plato de harina,
½ litro de aceite (sobrará),
  sal y pimienta.

Después de lavar y secar muy bien el pescado, salarlo. Pasarlo por harina, sacudiéndolo para quitarle lo sobrante. Freírlo hasta que se haya puesto dorado. Reservarlo.

En una sartén pequeña poner la mantequilla a derretir, añadiéndole la mezcla de las chalotas y cebolla, muy picadas. Dejar que empiecen a dorarse y rociarlas entonces con algo menos de la mitad de la sidra. Dejar cocer a fuego lento hasta que se consuma el líquido. Añadir entonces el resto de la sidra, las alcaparras y la nata. Sazonar con sal y pimienta.

En una besuguera colocar el pescado reservado y cubrirlo con la salsa de la sartén.

Cubrir la fuente con papel de plata y meter en el horno (previamente calentado) durante unos 30 minutos. Quitar el papel de plata y servir en la misma besuguera.

Nota.—Si no se dispone de chalotas, poner sólo cebollas pero en mayor cantidad.

630 COCOCHAS DE MERLUZA EN SALSA VERDE
(4 personas)

800 g de cocochas de merluza,
 1 cucharada sopera de harina.
1½ vaso (de los de vino) de aceite,
 1 cebolla mediana (80 g),
 1 diente de ajo grandecito,

1½ vaso (de los de vino) de caldo o agua
 con pastilla,
 1 cucharada sopera de perejil picado,
 unas ramitas de perejil,
 sal y pimienta.

Retirar las espinas y telillas negras. Lavar y secar con un trapo.

En una sartén poner el aceite a calentar, rehogar la cebolla picada hasta que se ponga transparente (unos 5 minutos).

Mientras, en el mortero, machacar el diente de ajo con las ramitas de perejil. Disolver con un poco de caldo.

Cuando las cebollas se hayan puesto transparentes, añadir la harina, dar unas vueltas y agregar lo del mortero y el resto del caldo. Cocer esta salsa un par de minutos y colar por el chino en una cazuela de barro que vaya al fuego.

Disponer las cocochas en todo el fondo bien repartidas. Salpimentar y espolvorear con el perejil picado.

Dejar cocer de 6 a 8 minutos y servir en la misma cacerola.

631 COCOCHAS REBOZADAS Y FRITAS

Después de limpiar de telillas negras y espinas, se lavan y secan con un trapo.

Se pasan por harina ligeramente, de una en una. Se bate un huevo como para tortilla y, después se pasan por la harina, se rebozan en el huevo y se fríen en aceite abundante (previamente probando su punto con una rodajita de pan).

Se van escurriendo en papel absorbente y se sirven en seguida.

Nota.—También puede hacerse con cocochas de bacalao, que resulten más baratas aunque no son tan finas.

632 MERO ASADO (6 personas)

1½ kg de mero en 1 o 2 rodajas,
un poco de aceite (½ vaso de los de
vino),
2 ramitas de tomillo,

6 patatas medianas cocidas con la piel
(facultativo),
sal.

Con los dedos o, mejor, con una brocha, se pasa un poco de aceite por las dos caras del mero. Se le pone sal y se mete a horno mediano. Éste se habrá encendido 5 minutos antes, bastante fuerte. Se pone una ramita de tomillo encima y se coloca en la misma parrilla poniendo una besuguera sólo en el fondo del horno por si gotea el pescado. A los 10 minutos se da la vuelta al mero, colocándole la otra ramita de tomillo. Se deja 10 minutos más y se sirve en seguida en una fuente caliente con platos calentados.

Se puede adornar con patatas cocidas y peladas, o simplemente con unos ramilletes de perejil.

Se sirve aparte la salsa en salsera. Ésta puede ser una mousselina, bearnesa, mayonesa o mantequilla derretida y ligeramente tostada con alcaparras, según guste más.

633 MERO EN SALSA VERDE (6 personas)

1½ kg de mero en 2 rodajas.

Se procede igual que en la receta 622, teniendo en cuenta que el mero, por ser más anchas las rodajas, tarda algo más en cocerse.

634 MERO A LA VASCA

Se procede igual que para las rodajas de merluza a la vasca (receta 623).

635 MERO AL HORNO CON SALSA DE NATA Y CHAMPIÑONES

Se hace igual que las rodajas de merluza (receta 625).

636 FILETES DE MERO AL HORNO CON VINO BLANCO Y PICADITO DE CEBOLLAS

Se procede igual que para los filetes de lenguado (receta 590), dejando un poco más de tiempo de horno.

637 MERO CON VINO BLANCO AL HORNO

Se procede igual que para el lenguado entero, teniendo en cuenta que al ser un pescado más grueso se tendrá que aumentar el tiempo de horno (receta 599).

638 PALOMETA

(Recetas para castañola.)

639 PESCADILLAS FRITAS QUE SE MUERDEN LA COLA (6 personas)

6 **pescadillas de ración,**
1 **plato con harina,**
1 **litro de aceite** (sobrará),
sal,
1 **limón.**

En la pescadería se mandan vaciar y limpiar las pescadillas.

Se lavan al chorro y se secan muy bien con un paño limpio. Se salan un poco en la parte abierta de la tripa y por el cuerpo. Se les mete la cola en la boca y se aprieta un poco para que los dientes la agarren bien.

Se calienta el aceite, se pasan las pescadillas por harina y se fríen de dos en dos para que no tropiecen, hasta que tengan un bonito color dorado. Se escurren bien y se ponen en una fuente adornada con trozos de limón sin pelarle a éste la cáscara. Se sirven recién fritas.

640 PESCADILLAS ABIERTAS, REBOZADAS Y FRITAS (6 personas)

6 **pescadillas de ración,**
1 **plato con harina,**
1 **litro de aceite** (sobrará),
2 **huevos enteros,**
1¹/₂ **limón en trozos,**
sal.

En la pescadería se manda quitar la cabeza, abrirlas y quitarles la espina central, pero dejando la cola de las pescadillas.

En casa se lavan, se secan y se salan. Se pasan primero por harina, se sacuden para que no quede demasiada, y se pasan por el huevo bien batido como para tortilla. Se tendrá el aceite caliente y se fríen (pero que no esté el aceite demasiado caliente, con el fin de que se cuezan un poco por dentro antes de dorarse). Se fríen las pescadillas por tandas para que no tropiecen y se sirven en una fuente con gajos grandes de limón sin pelar.

PESCADILLAS AL HORNO CON VINO Y PASAS
(6 personas)

6 pescadillas de ración,
1 vaso (de los de vino) de moscatel,
2 yemas de huevo,
1 puñadito de pasas de Corinto
  (o Málaga),

1¹/₂ limón,
3 cucharadas soperas de aceite,
50 g de mantequilla,
1 cucharada sopera de pan rallado,
  sal.

En la pescadería se mandan limpiar las pescadillas, quitarles las cabezas y la espina central.

En casa se lavan bien y se secan. En una besuguera (de metal, cristal o porcelana resistente al horno) se pone el aceite en el fondo. Se salan y se doblan en dos como una horquilla, con la piel para fuera. Se espolvorean ligeramente con pan rallado y se les pone algo menos de la mitad de la mantequilla en varios trocitos. Se rocían con la mitad del vino y el medio zumo de limón, y se meten a horno mediano 15 minutos.

Mientras tanto se les quitan los rabos a las pasas y se ponen en un cazo pequeño con lo que queda del vino. Se calienta éste, pero sin que cueza y se retira del fuego, dejando las pasas dentro para que se ablanden.

En una sartén pequeña se pone el resto de la mantequilla a derretir, el zumo del limón y el vino con las pasas. Se calienta bien dando unas vueltas. En un tazón se ponen las 2 yemas de huevo y se les agrega un poco de salsa, despacio y sin dejar de mover para que no se cuajen. Se incorpora esto al resto de la salsa, se mueve bien y se vierte por encima de las pescadillas, sacudiendo un poco la fuente para que la salsa se mezcle con la de las pescadillas. Se apaga el horno y se deja unos 5 minutos más el pescado en él.

Se sirve en la misma fuente que se han hecho.

 PESCADILLA AL HORNO (6 personas)

1 pescadilla de 1¹/₂ kg,
  el zumo de 1 limón,
1¹/₂ cucharada sopera de pan rallado,
1 cucharada sopera de perejil picado,

4 cucharadas soperas de aceite fino,
50 g de mantequilla,
  sal.

En la pescadería se manda quitar la cabeza y abrir la pescadilla para quitarle la espina central.

Se lava y se seca bien con un paño limpio.

En una besuguera se pone el aceite en el fondo. Se coloca la pescadilla abierta con la piel tocando el aceite. Se sala, se rocía con el perejil picado y luego con el pan rallado. Se pone la mantequilla en trocitos encima de la pescadilla y se mete a horno mediano (que estará previamente calentado) unos 15 minutos, más o menos. Se sirve en la misma fuente.

643 COLA DE PESCADILLA GRANDE RELLENA

Se prepara exactamente igual que va explicado en la cola de merluza rellena (receta 615). Como las pescadillas se compran siempre enteras, se podrá hacer con la parte de cerca de la cabeza unas croquetas, para aprovechar esta parte que no se rellena bien.

644 PESCADILLA GRANDE

(Véase la receta del besugo al horno con tomates, cebolla y champiñones, receta 557.)

Lubina al horno (receta 602),
Merluza cocida (receta 605),
Cola de merluza al horno con tomate y queso rallado (receta 606),
Pescadilla en rodajas o en filetes;
Filetes de merluza rebozados y fritos (receta 609),

Rodajas de merluza guisada con chirlas (receta 621),
Rodajas de merluza en salsa verde (receta 622),
Rodajas de merluza a la vasca (receta 623).

La mayoría de las recetas de merluza se pueden hacer con pescadilla.

645 PESCADO A LA SAL

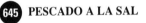

1 pescado (dorada, besugo, lubina, etc.) de 1½ kg,

3 o 4 kg de sal gruesa marina, un poco de agua.

Es un plato fácil de hacer, pero para tener éxito se debe emplear unos pescados gruesos. Otro requisito indispensable es que no se tiene que destripar, con el fin de que no tome por la abertura, que normalmente se hace mucho, sabor a la sal. Una vez bien descamado el pescado, se lava rápidamente y se seca con un paño. En una fuente de barro algo honda y de tamaño adecuado para que el pescado quepa holgadamente, se pone en el fondo una buena capa de sal. Se coloca el pescado encima y se cubre completamente con una capa de sal. Una vez bien tapado por la sal, se espolvorea con un poco de agua, para que forme una costra y se mete en el horno previamente calentado durante unos 5 minutos. Se cocerá durante más o menos 40 minutos, según el tamaño del pescado.

Una vez hecho, se saca del horno, se pone un paño por encima o un papel algo grueso y se rompe la costra con un martillo o con el mango del mortero. Se pasa con cuidado el pescado a otra fuente, sin estropearlo, y se sirve.

Se acompaña muy bien con mayonesa en sus varias fórmulas, salsa holandesa, etc.

646 PEZ ESPADA CON CEBOLLA Y VINO BLANCO
(6 personas)

1 kg de pez espada en filetes finos,
2 cebollas grandes (300 g),
1 plato con harina,
1 vaso (de los de vino) de agua,

1 vaso (de los de vino) de vino blanco,
1¹/₂ vaso (de los de agua) de aceite,
sal.

En una sartén se pone aceite a calentar; mientras se calienta se salan los filetes por las dos caras y se pasan por harina. Se fríen rápidamente hasta que estén dorados. Se separan y se reservan en un plato.

En una cacerola se pone un poco de aceite de freír el pescado (unas 3 cucharadas soperas), se añade la cebolla, pelada y cortada en tiras finas y largas, que se refríen hasta que se pongan transparentes (unos 5 minutos); se añade entonces el vino y el agua y se cuece unos 10 minutos más a fuego lento y moviendo de vez en cuando con una cuchara de madera.

Se agrega el pescado y se deja unos 10 minutos hasta que está hecho. Se sirve en seguida en una fuente.

647 PEZ ESPADA CON SALSA TOSTADA (4 personas)

4 rajas de pez espada,
1¹/₂ cucharada sopera de harina,
1 vaso (de los de agua) de aceite (sobrará),
2 cebollas pequeñas (100 g),

2 cucharadas soperas de jerez (opcional),
1 vaso (de los de vino) bien lleno, de caldo o agua con pastilla,
1 cucharada sopera de alcaparras,
sal y pimienta.

En una sartén antiadherente, dorar bien la harina sin nada, dándole vueltas. Reservar.

En una sartén amplia, o una cacerola, poner el aceite a calentar. Lavar y secar bien el pescado y freírlo dándole tan sólo una vuelta. Sacarlo y reservarlo.

Retirar casi todo el aceite no dejando más que el necesario para que cubra el fondo. Echar las cebollas peladas y cortadas en redondeles finos. Dejar que se rehoguen unos 5 o 6 minutos, sin que tomen color pero que estén transparentes. Añadir entonces la harina, dar unas vueltas con una cuchara de palo y, poco a poco, ir echando el caldo y después el jerez. Salpimentar a gusto y, una vez que haya espesado un poco la salsa, poner el pescado. Dejar que cueza muy lentamente, unos 5 minutos. Añadir entonces las alcaparras, revolverlas con la salsa para que se calienten bien y servir.

648 PEZ ESPADA EMPANADO (6 personas)

1 kg de pez espada en filetes finos,
1 plato con pan rallado,
2 huevos,

1 litro de aceite (sobrará),
sal,
salsa mayonesa con alcaparras.

Hacer una salsa mayonesa como va explicado en la receta 111 añadiéndole unas alcaparras.

Freír el pescado, salándolo y pasándolo por huevo batido como para tortilla, y después por pan rallado.

Los filetes se freirán por tandas, en aceite abundante. Escurrir bien después de frito y servir en una fuente con la salsa en salsera aparte.

Se puede adornar la fuente con lechuga aliñada o con ramilletes de perejil frito y cada filete con una anchoa enrollada puesta encima.

649 FILETES DE PEZ ESPADA CON SALSA DE GAMBAS Y ALMEJAS (6 personas)

1 kg de pez espada en filetes finos,
$^1/_4$ kg de gambas,
$^1/_4$ kg de almejas (chirlas o chochas),
$^1/_2$ litro de aceite (sobrará),
1 plato con harina,
1 cebolla grande (150 g),
1 cucharada sopera colmada de harina,
unas hebras de azafrán (poco) o pellizco en polvo,
1 diente de ajo,
3 cucharadas soperas de jerez,
$1^1/_4$ vaso (de los de agua) de caldo de cocer los desperdicios,
agua y sal.

Se lavan en varias aguas con sal las almejas. Se ponen en una sartén con un vaso (de los de vino) de agua, y, a fuego vivo, se saltean hasta que se abran. Se sacan los bichos de su concha y se reservan en un tazón con su jugo (colado por un colador de tela metálica o incluso con una gasa).

Se les quitan las cabezas y los caparazones a las gambas, dejando sólo las colas en un plato. Los desperdicios se cuecen en agua y sal durante 10 minutos. Se cuela y se reserva el caldo.

Se lavan, se secan y se salan los filetes de pescado. Se pasan por harina, ligeramente. En una sartén se pone el aceite a calentar y se fríen muy rápidamente, por cada cara. Se van colocando en una fuente de barro, cristal o porcelana resistente al fuego.

En un cazo o en la misma sartén se ponen a calentar unas 4 cucharadas soperas de aceite de freír el pescado. Cuando está caliente se le añade la cebolla pelada y picada. Se refríe hasta que empiece a dorar (unos 8 minutos), se añade entonces la harina. Se revuelve un par de minutos con una cuchara de madera, y, poco a poco, se añade el jerez, el caldo de las chirlas y el de las gambas (en total $1^1/_2$ vaso de los de agua). Se machaca el azafrán, con el diente de ajo pelado, en el mortero y se disuelve con 2 cucharadas soperas de agua. Se incorpora a la salsa, se cuela ésta por el chino, apretando bien, y se vierte por encima del pescado. Se añaden las colas de gambas y las almejas, se rectifica de sal y se cuece a fuego mediano durante unos 8 minutos, sacudiendo de vez en cuando la fuente para que se trabe la salsa.

Si hiciese falta se puede agregar algo más de agua.

Se sirve en la misma fuente en que se ha hecho.

650 **RAPE ESTILO LANGOSTA (6 personas)**

1¼ kg de rape crudo, de la parte ancha,
   pimentón (unos 100 g),
  3 cucharadas soperas de aceite fino,
   sal.
Adorno:
  Unas hojas de lechuga.

1 huevo duro en rodajas, o gambas, etc.
Salsa:
  Mayonesa simple o mayonesa
  con tomate y coñac, o vinagreta
  (recetas 111, 113, 105).

En la pescadería se manda quitar la piel y deshuesar el rape que tiene que ser de la parte ancha, pero mejor cerrada; de lo contrario, se cortarán las aletas de la parte abierta. Salen como 2 lomos. Se guarda el hueso.

En casa se lava el rape y se seca muy bien. Se ata con una cuerda fina como si fuese un asado de carne. Se sala y con la punta de los dedos se unta ligeramente con aceite primero y con pimentón después, de forma que quede muy cubierto de rojo todo el trozo de rape.

Se ponen en una cacerola los trozos de rape y el hueso solos. Se tapa con tapadera y se cuece a fuego mediano más o menos durante 20 minutos, volviendo los lomos de vez en cuando. Estos se cocerán en el jugo que el rape va soltando.

Se sacan y se dejan enfriar puestos en la tabla de cortar la carne. En el momento de servir el rape se quita la cuerda y se cortan en rodajas los lomos, de un dedo de grosor, como la cola de langosta.

Se adorna la fuente y se sirve con la salsa en salsera.

Nota.—El caldo que ha soltado el rape al cocerse está muy bueno para aprovecharlo en una sopa de pescado.

651 RAPE CON LECHE (6 personas)

1½ kg de rape en filetes,
  1 cebolla grande (150 g) picada menuda,
  3 cucharadas soperas de aceite fino,
 30 g de mantequilla,
1½ cucharadas soperas de harina,

2½ vasos (de los de agua) de leche fría, o
  ³⁄₄ litro escaso,
 ½ cucharada sopera de puré concentrado de tomate,
  sal.

En una sartén se pone a calentar el aceite con la mantequilla. Cuando está derretida, se echa la cebolla muy picada. Se deja unos 10 minutos para que se fría sin tomar color y se añade la harina. Se vierte poco a poco la leche fría, dando vueltas para que no se formen grumos. Después de echar toda la leche se añade la cucharada de concentrado de tomate y el hueso del rape para que cueza y vaya dando gusto, y un poco de sal.

Antes de servir el rape se saca el hueso y se sala ligeramente cada filete, metiéndolos en la salsa para que den un hervor durante más o menos 8 minutos. Tiene que estar poco tiempo porque el rape se encoge mucho y se pone correoso. Se sirve en fuente de porcelana honda.

 652 RAPE A LA AMERICANA CON TOMATE, COÑAC Y VINO BLANCO (6 personas)

1½ kg de rape en filetes,
8 cucharadas soperas de aceite,
1 cebollita francesa (30 g),
1 diente de ajo grande,
½ vaso (de los de vino) de buen coñac,
1 vaso (de los de agua) bien lleno de vino blanco seco,
1 buen pellizco de hierbas aromáticas,
6 tomates medianos bien maduros,
el zumo de 1 limón,
1 cucharada sopera de perejil muy picado,
1 plato con harina,
sal y pimienta.

En una sartén amplia se ponen 6 cucharadas de aceite a calentar. Se sala cada filete, se pasan por harina ligeramente y se ponen en la sartén a rehogar hasta que la carne no esté ya transparente sino blanco mate. Como el rape suelta mucho caldo, éste se retira volcando un poco la sartén y sujetando el pescado con una tapadera. Una vez bien escurrido todo el caldo, se vuelven a poner 2 cucharadas soperas de aceite y se refríe otro poco el rape. Se espolvorea con una cebollita pelada y picada menuda y se pone el diente de ajo pelado y dado un golpe (con el fin de que desprenda más aroma). Se espolvorea con las hierbas aromáticas, se echa el coñac, que se habrá puesto en un cazo a calentar un poco y prendido con una cerilla para flamearlo. Después se añade el vino blanco y los tomates partidos en trozos y quitadas las simientes. Se sala ligeramente y se echa pimienta negra (un pellizco). Se tapa la sartén con una tapadera y se cuece a fuego mediano más bien vivo durante 10 minutos. Se retiran los filetes de rape de la salsa y se ponen en una fuente honda donde se vaya a servir.

Se pasa la salsa por el pasapurés, se añade el zumo de limón y se vierte sobre el rape. Se espolvorea con el perejil picado y se sirve en seguida.

RAPE EN SALSA CON TOMATES Y GUISANTES
653 (6 personas)

1¹/₂ kg de rape en filetes,	2 dientes de ajo,
¹/₄ litro de aceite (1 vaso de agua bien lleno),	2 tomates medianos (250 g),
1 plato con harina,	1 cucharada sopera de perejil picado,
1 cucharada sopera de harina,	unas hebras de azafrán,
1 cebolla grande (200 g),	1 lata de guisantes pequeña (100 g),
	agua y sal.

En la pescadería se manda hacer filetes con el rape.

Se lava el pescado y se seca con un paño limpio. Se pone el aceite a calentar en una sartén, y, cuando está caliente, se reboza ligeramente el rape con harina y se fríen un poco (pasados por las dos caras rápidamente) los filetes. Se sacan y se reservan en un plato.

En una cacerola se ponen unas 4 cucharadas soperas del aceite de freír el rape. Se calienta y se echa la cebolla muy picada. Se deja dorar, dándole unas vueltas con una cuchara (unos 8 minutos). Se añaden entonces los tomates pelados y cortados en trozos, quitándoles la simiente. Se refríen bien (unos 10 minutos) y se agrega la harina, y, poco a poco, agua suficiente para que cubra el pescado (1¹/₂ vaso de los de agua, primero, y al poner el pescado se ve si basta o no).

En un mortero se machacan los dientes de ajo, pelados, con la sal y el azafrán. Una vez machacados se les añade un par de cucharadas soperas de caldo de la salsa y se vierte esto en la salsa. Se prueba de sal, rectificando si hiciese falta.

Se da un hervor de unos 10 minutos, y se agrega entonces el rape. Se cuece todo junto otros 10 minutos más y se añaden los guisantes; se mueve todo bien y se vierte en la fuente donde se vaya a servir, espolvoreando ésta con perejil picado.

 BOUILLABAISSE DE RAPE Y PATATAS (6 personas)
654

1 kg de rape,	1 cucharada (de las de café) de concentrado de tomate o sopera de salsa muy espesa,
¹/₂ kg de patatas,	
1 cebolla mediana (150 g),	
2 dientes de ajo,	¹/₂ vaso (de los de vino) de vino blanco,
unas hebras de azafrán,	6 cucharadas soperas de aceite,
1 cucharada sopera de perejil picado,	el zumo de ¹/₂ limón,
	agua y sal.

Se lava y se seca bien el rape, quitándole la piel negra si la tiene. Se corta en trozos más bien grandecitos y se ponen en una ensaladera para que macere unas 3 o 4 horas, con la siguiente preparación vertida en la ensaladera con el rape.

En el mortero se machaca el azafrán, un diente de ajo y un poco de sal. Se disuelve con el vino blanco. Se vierte esto en la ensaladera, con 2 cucharadas de aceite, el zumo del ¹/₂ limón y ¹/₂ vaso (de los de vino) de agua. Se revuelve de vez en cuando.

Al ir a hacer la bouillabaisse, se cuecen los desperdicios del rape con el hueso en un poco de agua y sal. Una vez cocido se cuela este caldo.

En una cacerola se pone el resto del aceite a calentar. Cuando está caliente se rehoga la cebolla pelada y picada menuda, así como el diente de ajo (éste entero). Cuando está todo dorado se añaden las patatas peladas, lavadas y cortadas en rodajas no muy finas y partidas por la mitad si la patata es grande; se rehogan un poco y se les agrega el caldo de los desperdicios y un poco más de agua si hiciese falta, para que las cubra bien, y un poco de sal. Se dejan cocer a fuego vivo unos 20 minutos (más o menos, para que no se deshagan las patatas). Pasado este tiempo se añade el pescado con su maceración, se revuelve bien y se deja cocer unos 10 minutos más, rectificando de sal si hiciese falta. Se sirve en fuente honda con su caldo y se espolvorea con el perejil en el momento de servir.

Se toma en plato sopero.

655 RAYA COCIDA CON SALSA DE MANTEQUILLA NEGRA Y ALCAPARRAS (6 personas)

1 raya de 1¹/₂ a 1¹/₄ kg,
150 g de mantequilla,
  2 cucharadas soperas de alcaparras,
    sal.
Caldo corto:
  agua abundante,

¹/₂ vaso (de los de vino) de buen vinagre,
  1 cebolla mediana (150 g),
  2 hojas de laurel,
10 g de pimienta (10 bolitas)
    sal.

En la pescadería se manda cortar la raya en tres trozos en el sentido de las espinas, quitándole la cabeza y la cola; también se recorta todo alrededor hasta donde empieza la carne.

Lávese muy bien en casa y póngase en una cacerola amplia con los ingredientes indicados para el caldo corto. Cuando rompe el hervor a borbotones, se baja el fuego y se deja unos 15 minutos cociendo muy despacio.

Se sacan los trozos de raya, se quitan las dos pieles (la negra y la blanca) y se pone bien escurrido el pescado en trozos en la fuente de servir.

En una sartén se pone la mantequilla a derretir y cuando empieza a tener un color tostado (cuidando de que no llegue a quemarse) se separa del fuego y, con cuidado, se ponen las alcaparras con algo de su jugo. Se calienta un poco y se vierte por encima del pescado, que se servirá en seguida, en platos calientes.

656 RAYA EN GELATINA CON MAYONESA DE ALCAPARRAS (6 personas)

1 kg de raya,
    caldo corto como en la receta anterior,
    mayonesa verde (receta 110),
2 cucharadas soperas de gelatina en polvo,

$^{1}/_{2}$ litro de agua,
2 cucharadas soperas de jerez,
    unas hojas de lechuga,
2 tomates rojos pero duros,
    sal.

Se prepara y cuece el pescado igual que en la receta anterior. Una vez cocido, se escurre y se quitan las espinas dejando el pescado en trocitos (o se aprovecha un resto).

Se prepara $^{1}/_{2}$ litro de gelatina según va explicado en el envase de la marca elegida y se le añade el jerez, o se compra gelatina hecha y se derrite al baño maría.

Se pone un poco de gelatina en un molde redondo de 5 cm de borde; se deja cuajar y se pone el pescado en trocitos. Se vierte el resto de la gelatina y se deja cuajar unas 3 horas en sitio fresco.

Al ir a servir el pescado se pasa un cuchillo todo alrededor del molde y se vuelca en una fuente redonda. Se adorna con unas hojas de lechuga y rajas de tomate y se sirve así, con mayonesa aparte.

Esta gelatina se puede hacer con cualquier pescado un poco firme: besugo, merluza, lubina, etc.

657 MANERA DE COCER EL RODABALLO

En la pescadería se escogerá un rodaballo (o parte de él, si son pocos comensales) que no sea muy grande, pues siendo así es más fina la carne. Se manda quitar la cabeza, las tripas, la cola, las aletas y las barbas que tiene todo alrededor.

Se lava muy bien con agua fresca y abundante. Se espolvorea de sal y se pone en una besuguera un poco inclinada para que escurra durante unas 2 horas. Pasado este tiempo, se vuelve a lavar y se coloca en la rejilla de la pesquera (con la piel oscura hacia abajo). Con un cuchillo bien afilado (si se cuece el pescado entero) se hacen 2 tajos, uno a cada lado de la espina dorsal y bien profundos.

Se cuece en caldo corto con leche (receta 533).

Se pone a fuego vivo y cuando rompe el hervor se baja el fuego, de forma que cueza muy lentamente durante unos 15 a 20 minutos.

No se saca antes de servir, como los demás pescados. Se puede conservar en el caldo corto una $^{1}/_{2}$ hora, pero sin que cueza antes de servirlo.

Si se sirve frío, se dejará enfriar en su caldo antes de sacarlo. Se tendrá que escurrir muy bien antes de servirlo, puesto sobre una servilleta doblada. Se le quita la piel antes de servir.

Si se va a servir en filetes, se mandarán hacer éstos por el pescadero, que tiene más costumbre.

Se calculan 200 g en crudo por comensal.

658 RODABALLO COCIDO

Servido caliente:
Se cuece como está explicado anteriormente y se sirve caliente con la salsa aparte:

Holandesa (receta 92), **o mousselina**
(receta 91),

o mantequilla negra con alcaparras (receta 103).

Servido en frío:
Mayonesas y sus variaciones (receta 111).

659 FILETES DE RODABALLO AL HORNO (6 personas)

1¹/₂ kg de rodaballo (en filetes),
3 cucharadas soperas de aceites,
50 g de mantequilla,
2 cucharadas soperas de pan rallado,
1 cebolla grande (200 g),

1 vaso (de los de vino) bien lleno de vino blanco,
1 vaso (de los de vino) de agua,
1 cucharada sopera de perejil picado,
sal.

Se mandan hacer los filetes en la pescadería y se lavan muy bien en casa.

En una besuguera de metal, cristal o porcelana, resistente al horno, se pone el aceite. Se echa la mitad de la cebolla muy picada. Se posan los filetes de rodaballo, se salan, se espolvorean con la cebolla que queda mezclada con el perejil y después con el pan rallado. Se pone la mantequilla en trocitos repartida por encima de los filetes. Se mezclan el agua y el vino y se rocía todo alrededor de la fuente.

Se mete a horno mediano, previamente calentado 5 minutos, durante unos 20 minutos, rociando de vez en cuando con el caldo de la besuguera.

Se sirve en la misma fuente donde se ha hecho.

660 **RODABALLO AL HORNO CON MEJILLONES**
(6 personas)

1¹/₄ a 1¹/₂ kg de rodaballo en un trozo,
1 kg de mejillones,
1 vaso (de los de vino) de buen vino blanco,
2 cucharadas soperas de aceite fino,
25 g de mantequilla,
1 cucharada sopera colmadita de harina,
1 vaso, más o menos (de los de agua), de caldo (o agua y una pastilla),

2 yemas de huevo,
1 cucharada sopera de perejil picado,
sal.

Caldo corto con leche:
agua fría,
leche,
rodajas de limón,
1 hoja de laurel,
sal y pimienta en grano.

(Véase receta 533.)

Se lava muy bien el rodaballo en varias aguas, después se sala ligeramente y se deja escurrir en un plato inclinado por un lado para que expulse el agua.

Después de esto se prepara el caldo corto con leche, se pone el rodaballo encima de la rejilla, se sumerge en el líquido de la pesquera y se cuece (más o menos 20 minutos) muy lentamente, de modo que el agua haga sólo burbujas muy pequeñas.

Mientras se cuece, se limpian muy bien los mejillones, quitándoles las barbas. Se lavan y se ponen en una sartén. Se rocían con el vino blanco y a fuego mediano se saltean para que se abran. Una vez abiertos se saca el bicho de su concha y se reserva. Se cuela el caldo por un colador y una tela fina puesta dentro de éste.

En una sartén se pone el aceite y la mantequilla a calentar; cuando ésta está derretida se añade la harina, se dan unas vueltas y, poco a poco, se añade el agua de los mejillones y después el caldo en la proporción que haga falta. Se cuece unos 10 minutos sin dejar de dar vueltas a la salsa, y se echa sal.

En la fuente donde se vaya a servir el rodaballo se coloca éste sin piel y en trozos grandes, pero sin espinas.

En un tazón se ponen las yemas y se revuelven con un poco de salsa, con mucho cuidado para que no se cuajen. Se agrega entonces lo del tazón a la salsa, así como los mejillones. Se revuelve bien y se vierte por encima del rodaballo. Se espolvorea muy ligeramente con el perejil, y se sirve.

661 SALMÓN COCIDO

Se cuece el salmón en un caldo corto especial o con vino blanco, en rodajas, o la cola entera, e incluso el salmón entero teniendo muchos comensales y una pesquera bastante grande (véanse recetas 530 y 532).

Ha de tenerse en cuenta que, una vez roto el hervor fuerte, se debe bajar el fuego para que cueza el salmón muy lentamente. El tiempo es de unos 20 minutos por cada kg de pescado.

Se puede servir frío o caliente con varias salsas.

Caliente: Con salsa holandesa, muselina, etc.

Frío: Con toda clase de mayonesas.

Se suele poner una servilleta doblada en la fuente de servirlo para que empape el agua.

Se adorna con unas patatas cocidas y unos ramitos de perejil.

662 SALMÓN ASADO (6 personas)

3 rodajas grandes o 6 pequeñas de salmón,

1 vaso (de los de agua) de aceite fino, sal.

Salsas: Cualquier mayonesa simple o historiada.

Se lava y se seca muy bien el pescado. Se pone el aceite en una fuente y se ponen las rodajas encima. Se les da la vuelta de vez en cuando, dejándolas en total una hora macerando en el aceite.

Pasado este tiempo se sacan, se salan por las dos caras. Se unta de aceite (que sobra del adobo del salmón) una parrilla, se calienta bien el horno y se ponen las rodajas de pescado en la parrilla, poniendo una besuguera debajo de la parrilla para recoger lo que gotee. Se vuelven las rodajas un par de veces, con cuidado, para que no se pegue el salmón.

Se verá que está ya asado el salmón y en su punto cuando al tratar de sacar el hueso central de la rodaja con un tenedor pueda éste salir fácilmente.

Se sirve en una fuente previamente calentada, con la salsa en salsera aparte.

663 RODAJAS DE SALMÓN AL HORNO CON MANTEQUILLA (6 personas)

3 rodajas grandes o 6 pequeñas de salmón,
1 vaso (de los de agua) de aceite fino,

100 g de mantequilla,
1 cucharada sopera de perejil picado, sal.

Se lava bien el pescado y se seca con un paño limpio. Se pone el aceite en una fuente amplia y se posan las rodajas de salmón encima, sin que monten unas encima de otras. Se dejan $1/2$ hora y se vuelven para que la otra cara toque el aceite.

Se retiran y se escurren un poco las rodajas, se salan por las dos caras y se colocan en una besuguera de porcelana o cristal resistente al horno. Se pone en cada rodaja un buen trozo de mantequilla y se meten a horno mediano hasta que estén bien doradas, más o menos 20 minutos. Se recoge varias veces el jugo y se rocía el pescado con él mientras se cuece. Se saca del horno, se espolvorea con el perejil y se adorna la fuente con gajos de limón enganchados en el borde de la besuguera. Para esto se separa la piel del limón como si se fuese a pelar, algo menos de la mitad de la altura de cada gajo de limón. Se sirve.

MEDALLONES DE SALMÓN EMPANADOS (6 personas)

1 kg de salmón,	2 huevos,
$^1/_2$ kg de champiñones frescos,	1 plato con harina,
40 g de mantequilla,	1 plato con pan rallado,
el zumo de $^1/_2$ limón,	1 litro de aceite (sobrará),
$^1/_2$ litro de nata líquida (o bechamel),	sal.

En la pescadería se manda quitar la piel y las espinas del salmón y se corta en filetes.

En casa se lavan y se secan muy bien los filetes y se salan.

Se limpian bien los champiñones, lavándolos al chorro, y se cortan, si hace falta, en trozos más bien grandes. Se ponen en un cazo con la mantequilla, un poco de sal y el zumo del $^1/_2$ limón. Se ponen a fuego mediano, salteándolos de vez en cuando. Después de unos 6 minutos se retiran y reservan al calor.

En un plato sopero se baten los huevos como para tortilla. Se pasan los filetes de salmón, primero por harina muy ligeramente, después por huevo y por último por pan rallado.

En una sartén se pone el aceite a calentar; cuando está en su punto (esto se comprueba friendo una rebanadita de pan) se fríen los filetes por tandas para que no tropiecen. Se reservan al calor colocándolos en la fuente donde se vayan a servir.

En el cazo de los champiñones se va añadiendo poco a poco la nata líquida, moviendo bien con una cuchara de madera, para que al calentar ésta no cueza y no se corte. Cuando esta salsa está bien caliente, se vierte por encima del pescado o se sirve en salsera aparte.

Nota.—Si no se tiene nata líquida, se puede sustituir por bechamel clarita:

1 cucharada sopera de harina,	2 cucharadas soperas de aceite,
20 g de mantequilla,	$^1/_2$ litro de leche fría.

(Véase receta 81.)

 MANERAS DE ADEREZAR EL SALMÓN AHUMADO

Sea para canapés o sea para plato, el salmón ahumado se puede servir con varios acompañamientos, según el gusto de cada cual.

1) Un picadito de cebollas francesas.
2) Un picadito de huevo duro.
3) Alcaparras, etc.

Nota.—El salmón ahumado mejora mucho si se rocía ligeramente con un poco de aceite de oliva fino antes de cualquier aderezo.

666 SALMÓN A LA PESCADORA (AL HORNO, CON GAMBAS Y MEJILLONES) (6 personas)

1 kg de salmón (en 2 rodajas),
$1/_4$ kg de gambas grandes,
$1/_2$ kg de mejillones,
6 cucharadas soperas de aceite,
1 cebolla pequeña (50 g),
un plato con harina,
1 cucharada sopera de perejil picado,

$1^1/_2$ vaso (de los de vino) de vino blanco,
1 vaso (de los de agua) de agua,
1 limón,
2 yemas de huevo,
1 cuchara sopera de leche fría,
60 g de mantequilla,
sal.

Se lavan y se secan muy bien las dos rodajas de salmón. Se salan las dos caras y después se pasan, también las dos caras, por harina.

En una besuguera se pone el aceite y la cebolla muy picada. Se posa el salmón encima, se rocía con el zumo de limón y el vino blanco. Se colocan las gambas peladas alrededor y unos trozos de mantequilla encima de cada rodaja (más o menos la mitad de la mantequilla). Se cubre la besuguera con un papel de plata y se mete a horno moderado (previamente calentado) unos 15 minutos.

Mientras tanto se limpian las barbas de los mejillones, se lavan muy bien y se ponen en un cazo con algo de sal y 1 vaso (de los de agua) de agua, a fuego moderado. Se saltea de vez en cuando el cazo y cuando están abiertos los mejillones se retiran del fuego. Se quitan los bichos de sus conchas, se cuela por un paño fino el agua de cocerlos, dejando la justa para que los cubra y no se sequen.

Se pone el salmón con cuidado (con una espumadera) en una fuente; se colocan las gambas alrededor y se cubre con el papel de plata. Se tiene así en el horno (apagado) para que no se enfríe.

En un tazón se mezclan las yemas de huevo con la cucharada de leche. En un cazo se echa la salsa del pescado de la besuguera colada por un colador, y los mejillones con su caldo; se mezcla y calienta bien y se añade un poco de esta salsa a las yemas, teniendo cuidado de mover bien para que no se cuezan y corten. Se mezcla todo, se añade el perejil picado, se vierte por encima del salmón y se sirve en seguida.

Nota.—Si se quiere la salsa un poco más trabada, se disuelve con la leche 2 cucharadas (de las de café) de fécula de patata, se añade a la salsa de la besuguera, se cuece un par de minutos y se une esto a la crema con las yemas. Se espolvorea el perejil.

667 SALMONETES AL HORNO (6 a 8 personas)

6 salmonetes de ración (200 g cada uno),
4 cucharadas soperas de aceite,
80 g de mantequilla,

el zumo de un limón,
6 rodajas de limón,
sal.

Se mandan limpiar los salmonetes en la pescadería.

Se lavan y se secan bien los salmonetes. Se les hacen dos rajas en el lomo. En una besuguera de metal, cristal o porcelana resistente al horno se pone el aceite, cuidando de que quede todo el fondo cubierto. Se ponen los salmonetes con un poco de sal en la tripa y media raja de limón en cada tajo. Se colocan de forma que no monten unos encima de otros. Se salan ligeramente, se rocían con el zumo de limón y se pone la mantequilla en trocitos por encima del pescado. Se meten en el horno (previamente calentado) durante más o menos 15 minutos y se sirven en la misma fuente donde se han hecho.

668 SALMONETES AL HORNO ENVUELTOS EN PAPEL (PAPILLOTES) (6 a 8 personas)

Este guiso tiene la ventaja de que el pescado puede esperar un buen rato antes de servirlo sin que se reseque, y que además no se extienda el olor a pescado.

6 salmonetes de ración (200 g más o
  menos cada uno),
1 cebolla grande (250 g),
6 cucharadas soperas de aceite,

unos pellizcos de hierbas aromáticas (o
  unas ramitas de tomillo o de hinojo),
sal,
6 hojas de papel de plata.

Córtense las hojas de papel 5 cm más largas que los salmonetes y después darles la forma de un corazón.

En la pescadería se mandan limpiar los salmonetes. Se salan por las dos caras y por dentro de la tripa. Se pica la cebolla muy fina. Se unta cada salmonete por las dos caras con bastante aceite. Se pone un poco de cebolla en el papel y se posa el salmonete encima. Se espolvorea con un pellizco de hierbas aromáticas o, si no se tienen, se pone en la tripa una ramita de tomillo o de hinojo. Se espolvorea el lomo de cada salmonete con cebolla y se cierra el papel por los bordes.

Se posan los 6 paquetes encima de una parrilla y ésta sobre una besuguera o placa de horno (esto para que el fuego no les dé directamente). Se enciende el horno unos 5 minutos antes de meter los salmonetes con calor mediano. Se meten los salmonetes y se ponen a horno mediano más bien bajo. Se dejan unos 15 minutos.

Pasado este tiempo se sacan y se sirven en su papel entreabierto en una fuente.

669 **SALMONETES AL HORNO CON PAN RALLADO Y VINO RANCIO (6 personas)**

6 salmonetes de ración (200 g más o menos),
4 cucharadas soperas de aceite,
  el zumo de ¹/₂ limón,
1 vaso (de los de vino) de vino rancio (moscatel, etc.),
1 cebolla pequeña (50 g),
2 cucharadas soperas de pan rallado,
50 g de mantequilla,
  sal.

Se limpian los salmonetes, quitándoles las tripas y las escamas. Se lavan y se secan muy bien. Se salan en la parte de la tripa y por los dos lomos.

En una fuente de cristal o porcelana resistente al horno se pone el aceite y la cebolla muy picada. Se colocan los salmonetes de forma que no monten unos encima de otros. Se les hace un tajo con un cuchillo en el lomo y se rocían con el limón y el vino rancio. Se espolvorean con pan rallado y se pone por encima, en trocitos, la mantequilla. Se meten a horno mediano, previamente calentado, unos 15 minutos, hasta que estén bien dorados, y se sirven en su misma fuente.

670 **SALMONETES FRITOS (6 personas)**

12 salmonetes,
 1 plato con harina,
 1 litro de aceite (sobrará),
sal,
1 limón cortado en gajos.

Se quitan las tripas y las escamas de los salmonetes. Se lavan y se secan muy bien. Se salan por los dos lomos y en el hueco de la tripa.

Se pone el aceite a calentar y, cuando está en su punto, se pasa cada salmonete por harina y se fríen en tandas, pero sin que tropiecen en la sartén. Una vez bien dorados, se ponen en una fuente adornada con trozos de limón (con cáscara) y se sirven en seguida.

SALMONETES EMPANADOS A LA PARRILLA, CON SALSA MAYONESA VARDE (6 personas)

6 salmonetes de ración,
1 vaso (de los de agua) de aceite,
  el zumo de un limón,

pan rallado en un plato,
sal.

Mayonesa verde: Véase receta 112.

Se quitan las tripas y las escamas de los salmonetes. Se lavan y se secan muy bien. En una fuente se pone el aceite y el limón. Se salan ligeramente los salmonetes por los lomos y por el hueco de la tripa. Se ponen durante 2 horas a macerar en el aceite, dándoles de vez en cuando la vuelta. Pasado este tiempo, se pasan por el pan rallado, que queden bien cubiertos. Se ponen a horno caliente en una parrilla untada con aceite (con un pincel). Cuando están bien dorados por un lado, se les da la vuelta (en total unos 20 minutos). Se sirven en una fuente, con la mayonesa aparte en salsera.

 SARDINAS FRITAS (6 personas)

$^1/_2$ kg de sardinas medianas,
1 litro de aceite (sobrará),
1 plato con harina,

1 limón en trozos,
sal.

Se limpian las sardinas quitándoles la cabeza y las tripas, pero sin abrirlas. Se lavan y se secan muy bien y se salan ligeramente.

    En una sartén se pone el aceite a calentar; cuando está en su punto, se pasa cada sardina por harina, por las dos caras, y se fríen por tandas para que no tropiecen. Se sacan cuando están doradas y se ponen en una fuente, reservándolas en sitio caliente hasta que se terminen de freír todas.

    Se adorna la fuente con trozos de limón y se sirven en seguida.

Nota.—También se pueden hacer abiertas. Se les quita entonces la cabeza y la espina central y se procede igual.

 SARDINAS REBOZADAS CON HUEVO Y FRITAS (6 personas)

$1^1/_2$ kg de sardinas de tamaño mediano,
1 litro de aceite (sobrará),
1 plato con harina,

2 huevos,
1 limón en trozos (sin quitarle la piel),
sal.

Se les quita la cabeza y la espina a las sardinas, se lavan bien, se secan y se salan ligeramente por las dos caras dejándolas abiertas. Se pone el aceite a calentar en una sartén; cuando está en su punto, se pasa cada sardina por harina, agarrándolas por la cola (que no se habrá quitado) y sacudiéndolas para que caiga la harina sobrante, y luego por huevo (batido como para tortilla, en un plato hondo).

Se fríen en tandas para que no tropiecen demasiado. Una vez fritas, se escurren en un colador grande y se reservan en sitio caliente.

Una vez fritas todas, se ponen en una fuente adornada con trozos de limón y se sirven en seguida.

674 SARDINAS AL HORNO CON VINO BLANCO Y PAN RALLADO (6 personas)

1¹/₂ kg de sardinas más bien grandes,
 5 cucharadas soperas de aceite,
 1 vaso (de los de vino) no lleno de vino blanco,
 3 cucharadas soperas de pan rallado,

1 cucharada sopera de perejil picado,
 zumo de ¹/₂ limón,
40 g de mantequilla,
 sal.

Se les quitan las cabezas y las espinas a las sardinas. Se lavan y se secan muy bien. Se salan ligeramente por la parte de dentro (donde se ha quitado la espina).

En una besuguera de porcelana o cristal resistente al horno se pone el aceite. Se colocan las sardinas crudas de forma que no se monten unas encima de otras. Se rocían con el vino blanco y el zumo de limón. Se espolvorean con el perejil picado y después con el pan rallado. Se les pone la mantequilla en trocitos por encima y se meten al horno medianamente caliente durante unos 15 minutos, rociándolas de vez en cuando con su jugo.

Se sirven en la misma fuente.

675 SARDINAS AL HORNO RELLENAS DE ESPINACAS (6 personas)

1¹/₂ kg de sardinas más bien grandes,
1¹/₂ kg de espinacas,
100 g de mantequilla,
 2 cucharadas soperas de pan rallado,

4 cucharadas soperas de aceite,
 agua,
 sal.

Véase en el capítulo de verduras la manera de cocer las espinacas (receta 387). Una vez cocidas y bien escurridas, se pican y se ponen en una sartén con los 75 g de mantequilla. Se rehogan muy bien y se dejan al calor en espera.

Se quitan las cabezas y las espinas de las sardinas. Se lavan y se secan muy bien y se ponen en una mesa con la parte de la espina por arriba. Se salan ligeramente. En el centro de cada sardina se pone un poco de espinacas. Se enrolla cada sardina.

En una fuente resistente al horno se ponen las 4 cucharadas soperas de aceite, que cubran todo el fondo de la fuente. Se colocan las sardinas unas junto a otras. Se espolvorean con el pan rallado y se pone la mantequilla reservada en trocitos (25 g). Se meten al horno previamente calentado y a fuego mediano unos 15 minutos. Se sirven en la misma fuente.

676 SARDINAS EN ESCABECHE

1 kg de sardinas (no muy grandes),	1 vaso (de los de agua) de vinagre no muy
1 plato con harina,	lleno,
1 litro de aceite (sobrará),	1 vaso (de los de agua) de agua no muy
2 hojas de laurel,	lleno,
6 granos de pimienta,	sal.
2 dientes de ajo,	

Se limpian las sardinas quitándoles la cabeza, las tripas y la espina. Se lavan y se secan muy bien. Se salan ligeramente, se vuelven a doblar y se pasan por harina.

En una sartén se pone el aceite a calentar y se van friendo las sardinas por tandas. Se ponen en una fuente un poco honda y unas encima de otras, pero no muy apretadas.

En una sartén pequeña se ponen unas 5 cucharadas soperas de aceite del de freír las sardinas (pero colado por un colador de tela metálica). Se fríen las hojas de laurel, la pimienta y los dientes de ajo. Una vez bien dorados y fuera del fuego, se añade el vinagre y el agua. Se vuelve a poner al fuego y se cuece unos 5 minutos, después de los cuales se vierte por encima de las sardinas para que queden bien cubiertas. Se sacude un poco la fuente y se deja enfriar antes de comerlas.

No se dan cantidades por persona, pues estas sardinas se toman más bien de aperitivo o de entremeses.

677 TRUCHAS FRITAS

Se escogen las truchas de 150 g más o menos (más pequeñas no tienen carne y mayores no se fríen bien). Se destripan, se escaman, se lavan y se secan muy bien. Se salan en la parte de la tripa y los lomos y se tienen así 10 minutos para que penetre bien la sal. Se pasan por leche y después por harina y se fríen en una sartén amplia y con aceite abundante durante unos 10 minutos, más o menos.

Se sirven en seguida con trozos de limón (con su piel).

678 TRUCHAS A LA MOLINERA (6 personas)

12 truchas pequeñas (125 a 150 g por pieza),
1 plato con harina,
1 plato con leche fría,
$^1/_2$ litro de aceite (sobrará),
el zumo de un limón,
1 cucharada sopera de perejil,
100 g de mantequilla,
sal.

Se destripan las truchas, se escaman, se lavan y se secan muy bien con un paño limpio. Se salan en la parte de la tripa. Se pone en una sartén el aceite a calentar. Se pasan las truchas primero por leche y luego por harina y se fríen por tandas y con el aceite no demasiado caliente, para que se cuezan por dentro antes de dorarse por fuera. A medida que están fritas, se salan por las dos caras y se ponen en la fuente donde se vayan a servir y se reserva ésta al calor (horno bajo, o encendido primero fuerte y luego apagado). Se vacía todo el aceite de la sartén y se pone a derretir la mantequilla a fuego mediano para que quede transparente; una vez líquida toda la mantequilla, fuera del fuego se le añade el zumo de limón, se mezcla bien y se echa por encima de las truchas. Se espolvorea el perejil y se sirve en seguida.

679 TRUCHAS ESTILO SAROBE (VARIANTE DE LAS TRUCHAS A LA MOLINERA) (6 personas)

12 truchas pequeñas (de 125 a 150 g cada una),
tocino de jamón, 350 g (más o menos),
el zumo de 1$^1/_2$ limón,
50 g de mantequilla,
1 cucharada sopera de perejil muy picado,
sal.

Se vacían, se escaman, se lavan y se secan las truchas. Se salan copiosamente por los dos lomos y por el sitio de la tripa y se dejan reposar así 10 minutos con el fin de que se salen bien. En una sartén se derriten los trozos de tocino de jamón (que no esté rancio). Una vez derretido, se quitan los chicharroncillos formados y en la grasa caliente se colocan las truchas (en dos tandas, por ejemplo, para que no se monten unas encima de las otras). Se fríen muy despacio con la sartén tapada durante 3 minutos y luego con mucho cuidado se les da la vuelta y se dejan otros 3 minutos con la sartén también tapada. Luego se retira ésta del fuego y se dejan reposar las truchas un minuto. Se trasladan con cuidado a una fuente de metal o porcelana resistente al fuego y se reservan al calor. Una vez fritas todas las truchas, se rocían con el zumo de limón, se espolvorean con el perejil y se pone la mantequilla en trocitos por encima de las truchas. Se mete al horno mediano, y cuando la mantequilla está derretida se sirven rápidamente en su misma fuente.

TRUCHA ASALMONADA EN CALDO CORTO ESPECIAL (3 personas)

1 trucha asalmonada de ¹/₂ kg más o menos,
25 g de mantequilla,
2 cucharadas soperas de aceite,
2 o 3 zanahorias medianas (150 g las 2 o 3),
1 cebolla mediana (50 g),
1 loncha de tocino veteado de 100 g,
1 pellizco de hierbas aromáticas,
¹/₂ litro de vino blanco,
¹/₂ litro de agua,
pimienta y sal, una cucharada sopera.

Salsa holandesa:

(Véase receta 92. Se sirve en salsera aparte.)

Se vacía, se escama, se lava y se seca bien la trucha. Se sala por dentro de la tripa y por los lomos y se deja reposar así unos 10 minutos para que penetre bien la sal.

En una sartén honda se pone la mantequilla y el aceite a calentar, mezclados. Cuando están calientes, se echan las zanahorias, la cebolla y el tocino, todo ello cortado en trocitos. Se rehoga bien, se sala ligeramente y se añaden las hierbas aromáticas y la pimienta. Se dan unas vueltas más y se añade el agua y el vino. Se deja hervir lentamente durante ¹/₂ hora y luego se cuela el caldo. Se pone éste en una besuguera y se mete la trucha dentro (debe estar cubierta de líquido). Se tapa con una tapadera y se pone a fuego lento para que apenas cueza sin hervir a borbotones. Se deja más o menos unos 15 minutos, hasta que esté cocida.

Se sirve en una fuente con una servilleta doblada debajo de la trucha y con la salsa holandesa aparte en salsera.

TRUCHAS CON JAMÓN, ALMENDRAS Y AJO (6 personas)

6 truchas de ración (¹/₄ kg cada una),
1 plato con harina,
2 vasos (de los de agua) de aceite,
6 lonchitas pequeñas de jamón serrano,
1 punta de jamón serrano de 100 g,
8 almendras crudas,
3 dientes de ajo,
2 ramitas de perejil,
zumo de un limón,
3 cucharadas soperas de jerez,
sal y pimienta molida.

Se vacían, se lavan y se secan bien las truchas. Se les pone sal y pimienta.

En una sartén se pone el aceite a calentar y se fríen ligeramente las 6 lonchitas de jamón, dándoles sólo una vuelta para que no se endurezcan. Se mete en la tripa de cada trucha este jamón. Se enharinan las truchas y se fríen por tandas. Se van colocando en la fuente (resistente al horno), de forma que no queden muy apretadas.

Se mondan las almendras (poniéndolas en un tazón con agua caliente durante unos 10 minutos se les quita muy bien la piel), se pican menudas. Se pelan los dientes de ajo, que se pican muy menudos también, así como la punta de jamón y el perejil.

En una sartén pequeña se ponen unas 8 cucharadas soperas de aceite a calentar, se les añade el jamón, las almendras, los ajos y el perejil. Se refríe un poco hasta que los ajos y las almendras se doren ligeramente (unos 5 minutos). Se agrega entonces el jerez y el limón, se revuelve bien y se vierte todo por encima de las truchas. Se meten en el horno a gratinar a fuego mediano durante unos 10 minutos y se sirven en su misma fuente, o se trasladan a otra, como más guste, vertiendo la salsa por encima de las truchas.

 682 TRUCHAS CON JAMÓN (A LA NAVARRA) (6 personas)

6 truchas de ración,
6 lonchas finas de jamón serrano,
³/₄ litro de aceite (sobrará),
1 plato con harina,
1 kg de tomates,
1 pimiento colorado fresco (de 300 g más

o menos) o una latita de conserva,
3 cucharadas soperas de aceite frito,
1 cucharada (de las de café) de azúcar,
1 cebolla mediana (80 g) (facultativo),
sal.

Se vacían, se escaman, se lavan y se secan bien las truchas. Se salan por los dos lomos y se dejan reposar así unos 10 minutos para que penetre bien la sal.

Se cortan por el lado de la tripa para abrirlas. Se pone en cada trucha una loncha de jamón y se vuelve a cerrar, atándolas con un palillo para que no se abran y se salga el jamón.

Se hará la salsa de tomate espesa (receta 77) y se le agregará, una vez hecha, unas tiritas de pimiento de lata o asado, previamente pelado y vaciado después, si es fresco. Esta salsa, bien caliente, se pone en la fuente donde se sirvan las truchas. Esta fuente se reservará al calor.

En una sartén se pone el aceite a calentar y se fríen las truchas, pasándolas antes por harina, hasta que estén bien doradas. Se ponen en la fuente y se sirven en seguida.

Nota.—Hay quien no las sirve con el tomate; también están muy buenas, y hay quien en vez de poner el jamón dentro de la tripa sólo se lo pone alrededor de la trucha (sujetándolo con un palillo) y friéndola sin harina.

Estas dos variaciones son cuestión de gusto.

TRUCHAS AZULADAS (6 personas)

6 truchas de ración,
1 vaso (de los de agua) de vinagre.
Caldo corto con vino tinto:
2¹/₂ litros de agua,
1¹/₂ vaso (de los de agua) de vino tinto,
  2 zanahorias medianas,

1 cebolla mediana,
1 hoja de laurel,
1 ramita de perejil,
2 o 3 granos de pimienta negra,
1 cucharada de sal.

Se tendrá hecho el caldo corto de antemano (receta 531), pero no se dejará enfriar como para los demás pescados cocidos.

Se vacían las truchas, pero sin escamarlas y tocándolas lo menos posible. Se ponen en una fuente honda. Se calienta el vinagre en un cazo y cuando empieza a hervir se vierte por encima de las truchas, se les da la vuelta para que toquen bien el vinagre. Después se sacan y se zambullen en el caldo corto hirviendo. Se cuecen despacio durante unos 10 minutos, tapadas. Pasado este tiempo se sacan, escurriéndolas en la rejilla y colocándolas en una fuente con una servilleta doblada para que empape bien el caldo de las truchas. Se sirven en seguida con salsa holandesa o con vinagreta historiada (recetas 92 y 105).

684 **TRUCHAS FRÍAS EN GELATINA** (6 personas)

 6 truchas de ración,
¹/₂ litro de agua,
 1 vaso (de los de vino) de vinagre,
  sal.
Caldo corto:
 3 litros de agua,
 1 hoja de laurel,
 1 trozo de cebolla pelada y cortada en 2
  trozos (60 g, más o menos),

2 zanahorias medianas (100 g),
1¹/₂ vaso (de los de vino) de vino blanco,
  el zumo de ¹/₂ limón,
4 o 5 granos de pimienta,
1 cucharada sopera de sal.
Gelatina:
¹/₂ litro de caldo corto,
2 cucharadas soperas de polvos de
  gelatina.

Adornos para las truchas:
Hojas de lechuga o berros, rodajas de tomate, de huevo duro, etc.
Mayonesa en salsera aparte (receta 111).

Se prepara lo primero el caldo corto, haciéndolo cocer unos 20 minutos y echando, en el momento de romper a hervir, el vino blanco (receta 530).

Se destripan, se lavan y se secan las truchas sin escamarlas. Se ponen en una fuente honda.

En un cazo se pone a cocer el ¹/₂ litro de agua con el vaso de vinagre. Una vez que rompe el hervor, se separa del fuego y cuando está aún caliente, pero no en seguida de apartarlo, se vierte sobre las truchas. Se les da a éstas un par de veces la vuelta para que estén bien empapadas. Se sacan y se colocan en la rejilla de la pesquera, zambulléndolas en seguida en el caldo corto, que estará cociendo. Se separa inmediatamente del fuego y se dejan enfriar en el caldo corto. Una vez frío éste, se saca la rejilla, se escurren muy bien las truchas y con mucho cuidado se les quita la piel desde la base de la cabeza hasta un poco antes de la cola. Se colocan en una fuente.

Se separa $1/2$ litro de caldo corto y se prepara la gelatina según la explicación de cada marca, utilizando en vez de agua el caldo corto. Se deja templar, y, cuando empieza casi a cuajarse, con una brocha plana se pasa por encima de cada trucha. Esta operación se repite 3 o 4 veces, con el fin de que las truchas queden bien cubiertas de gelatina. Se meten en la nevera durante por lo menos 3 o 4 horas (más si se quiere preparar este plato con tiempo). Se deja cuajar la gelatina que ha sobrado, que se pica y se pone alrededor de la fuente. Ésta se adornará con berros u hojas de lechuga, rodajas de tomate y de huevo duro, trufas, etc.

Se sirven acompañadas de mayonesa en salsera aparte.

685 TRUCHAS ESCABECHADAS (6 personas)

4 truchas hermosas y bien frescas,
1 plato de harina,
3 vasos (de los de agua) de aceite (sobrará),
$3/4$ de vaso (de los de vino) de vinagre,

2 dientes de ajo,
1 hoja de laurel,
1 cucharada sopera rasada de harina,
sal y agua.

Una vez lavadas y secadas las truchas, se salan un poco por dentro y se pasan por harina, ligeramente. Se fríen en el aceite caliente y se colocan en una fuente de barro o cristal, resistente al fuego.

Se cuela el aceite de la sartén y se pone la mitad de un vaso (de los de vino) a calentar. Se doran los ajos y la hoja de laurel, se añade la harina, se rehoga un poco y se añade otro $1/2$ vaso pequeño de aceite, el vinagre, un vaso grande de agua y se sala. Se deja este caldo durante unos 3 minutos. Se echa por encima de las truchas y se completa con agua hasta que el pescado quede cubierto. Se sacude la fuente para que la salsa quede bien unida. Se pone a cocer y cuando ha dado un hervor (3 o 4 minutos bastan), se retira del fuego y se deja enfriar.

Así se conservan las truchas bastantes días (casi durante un mes). Las truchas están mejores pasados unos días en el escabeche.

Mariscos

686 ALMEJAS A LA MARINERA (6 personas)

3 kg de almejas medianas,	1 hoja de laurel,
1 cebolla mediana (80 g),	1 cucharada sopera rasada de perejil
2 dientes de ajo,	picado,
4 cucharadas soperas de aceite,	el zumo de ¹/₂ limón,
1¹/₂ cucharada sopera de pan rallado,	1 vaso (de los de vino) de agua fría,
1 vaso (de los de vino) de vino blanco,	sal.

Se lavan muy bien las almejas con agua abundante y sal. Se ponen en una sartén con el vaso de agua y a fuego vivo. Se sacude la sartén y cuando se vayan abriendo las almejas se retiran de una en una quitándoles una de las conchas (la vacía). Se van apartando en una cacerola. Se cuela el jugo que han soltado por un colador con un trapo fino dentro para que no pase nada de arenilla.

En una cacerola se pone el aceite a calentar; cuando está a punto, se añade la cebolla y 2 dientes de ajo muy picados hasta que la cebolla esté transparente (unos 5 a 7 minutos); se añade entonces el pan rallado, se rehoga un poco y después se pone la hoja de laurel (que se retira al ir a servir las almejas), el vino blanco, el agua de cocer las almejas, el zumo del ¹/₂ limón y la sal. Se da unas vueltas y se añaden las almejas. Si se ve que la salsa queda corta, se puede añadir algo de agua. Se espolvorea con el perejil picado, se saltea todo junto y se sirve en platos de barro individuales, repartiendo las almejas y la salsa.

687 ANGULAS EN CAZUELITAS (6 personas)

600 g de angulas,	2 guindillas,
2 dientes de ajo,	12 cucharadas soperas de aceite.

Las angulas deben estar bien blancas y sueltas para que sean frescas.

Se sirven en platitos de barro individuales resistentes al fuego. En cada plato se ponen 2 cucharadas soperas de aceite con 2 dientes de ajo. Se pone a fuego vivo hasta que estén los ajos dorados. Entonces se retira la cazuela del fuego y se deja que el aceite se temple; se ponen entonces las angulas repartidas en las cazoletas y un par de rodajitas de guindilla cortadas con unas tijeras. Se vuelven a poner a fuego vivo, moviendo las angulas con un tenedor de madera, de forma que todas se calienten y se impregnen de aceite. Cuando rompe el hervor, se retiran del fuego y se sirven en seguida, poniendo la cazuelita en un plato y tapándola hasta llegar a la mesa con otro plato para que no salpiquen aceite y se conserven muy calientes.

Se han de comer en seguida con tenedor de madera. No se pueden recalentar, pues están incomibles.

688 BOGAVANTE

Se cuece o se prepara como la langosta. Teniendo en cuenta que es un marisco menos fino que la langosta, no se debe comprar mayor del kg para que la carne sea buena y fina.

689 CALAMARES Y CHIPIRONES

(Véase en la parte de los pescados: recetas 574 a 579.)

690 CANGREJOS DE MAR PEQUEÑOS

Éstos se sirven de aperitivo y también se ponen de adorno en la paella cuando no se tienen cangrejos de río, que son más ricos de comer y más finos.

Para 3 docenas de cangrejos:

4 cucharadas soperas de aceite,
   agua fría,
   un buen pellizco de hierbas aromáticas
   (o una ramita de tomillo, 2 hojas de laurel y una ramita de perejil),

1 diente de ajo,
   pimienta en grano (3 piezas).
   Si es molida, poca,
   sal.

Se lavan con agua fría y sal los cangrejos, sin dejarlos en el agua. Se les quitan las patas (esto va a gusto del consumidor, pues hay quien prefiere conservarlas). Se machacan en el mortero 4 o 5 cangrejos.

En un cazo se pone el aceite a calentar; cuando está a su punto, se le añade el diente de ajo pelado; una vez dorado se agregan los cangrejos machacados. Se les dan unas vueltas y se añaden los cangrejos enteros (con o sin patas). Se echa el pellizco de hierbas aromáticas o el ramillete y se cubren de agua. Se echa sal y la pimienta y, cuando rompe el hervor, se dejan cocer unos 5 minutos a fuego vivo.

Se retiran del fuego y se escurren en un pasapurés de agujeros grandes. Cuando están fríos, se sirven de aperitivo o se colocan por encima de la paella en el momento de servir.

691 CANGREJOS GRANDES DE MAR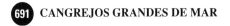

(Véanse las recetas de centollo números 699 y 700.)

MANERA DE LIMPIAR LOS CANGREJOS DE RÍO

Se lavan en agua abundante fría en el momento de ir a cocerlos (pues si se hace con anticipación se vacían de su agua). Se les arranca el intestino amargo, para lo cual se retuerce y rompe la aleta del centro de la cola, tirando de ella para que salga el intestino entero.

Así quedan en condiciones de cocerse o de guisarlos, según se elija.

693 MANERA DE COCER LOS CANGREJOS DE RÍO

Una vez preparados como anteriormente se explica, se hace un caldo corto como sigue:

Para 2 docenas de cangrejos medianos (más o menos):

agua fría (unos 2 litros),	2 hojas de laurel,
1 vaso (de los de agua) de vino blanco,	1 ramita de perejil,
2 zanahorias medianas (100 g) ,	1 ramita de tomillo,
1 cebolla mediana (50 g),	1 cucharada sopera de aceite fino,
6 granos de pimienta,	sal.

Se ponen todos estos ingredientes en una cacerola o una olla, con la cebolla y las zanahorias peladas y cortadas en trozos. Se pone a fuego vivo y, cuando rompe el hervor, se zambullen los cangrejos de manera que queden bien cubiertos de líquido. Se aviva el fuego y, cuando vuelve a romper el hervor, se cuecen entre 4 y 6 minutos, según sean pequeños o grandes. Pasado este tiempo, se escurren en un colador grande y, después de escurridos, se pueden comer templados o fríos.

694 CANGREJOS CON ARROZ BLANCO Y SALSA AMERICANA

Se procede igual que para los langostinos (receta 719).

695 COLAS DE CANGREJOS CON SALSA BECHAMEL Y COÑAC (6 personas)

Para rellenar volovanes o cazoletas.

Según sean de tamaño, se calculan de 6 a 10 colas para cada comensal.

75 g de mantequilla,
 2 cucharadas soperas de aceite fino,
 2 cucharadas soperas de harina,
¹/₂ litro de leche fría,

1 cucharada (de las de café) de concentrado de tomate,
2 cucharadas soperas de coñac,
1 trufa,
 sal y pimienta.

Una vez cocidos los cangrejos (receta 693), se separan las cabezas y se sacan las colas de su caparazón, reservándolas.

En un cazo se ponen 50 g de mantequilla y las cabezas. Se calienta y se dan unas vueltas. Se vierte esto en el mortero y se machaca mucho. Después se vierte esta pasta en un trapo fino y limpio y se retuerce bien para recoger el jugo que sale y que se reserva.

En una sartén o cacerola se pone el resto de la mantequilla y el aceite a calentar; cuando está derretida, se añade la harina y se dan unas vueltas con la cuchara de madera o las varillas.

Poco a poco se va añadiendo la leche y se deja cocer unos 10 minutos. Se sala, se echa pimienta y se añade el concentrado de tomate.

En un cazo pequeño se pone el coñac a calentar y se le prende una cerilla; se vierte por encima de las colas de los cangrejos y se revuelve un poco hasta que se apague el coñac.

Se corta la trufa en láminas finas y se echa a la bechamel, así como las colas con su coñac y el jugo sacado de las cabezas. Se revuelve todo bien un minuto en el fuego, se prueba de sal y pimienta, rectificando si hace falta.

Se tendrán los volovanes al calor templado en el horno. Se rellenan y se sirven en seguida.

CANGREJOS DE RÍO AL ESTILO DE BURDEOS
696 (6 personas)

36 cangrejos grandes,
 2 zanahorias grandecitas (125 g),
 1 cebolla pequeña (50 g),
 1 chalota (40 g),
 2 tomates bien maduros y medianos
   (150 g),
 1 vaso (de los de agua) de vino blanco
   seco,
 1 vaso (de los de agua) de agua,

3 cucharadas soperas de buen coñac,
 1 buen pellizco de hierbas aromáticas
   (o un ramillete con un diente de ajo,
   perejil, tomillo y laurel),
 3 cucharadas soperas de aceite,
30 g de mantequilla,
 1 cucharada sopera de perejil picado,
   sal, pimienta común y un pellizquito de
   pimienta de Cayena (es muy fuerte).

En una cacerola se pone el aceite a calentar; se añaden las zanahorias peladas, lavadas y picadas muy menudas, así como la cebolla y la chalota, también muy picados.

A fuego lento y tapada la cacerola, se dejan unos 5 minutos. Después se vierte el agua y se deja cocer otros 10 minutos.

Aparte se limpian los cangrejos como va explicado anteriormente y se les quita la cola central con el intestino (receta 692). Se ponen en una sartén con el vino blanco y sal. Se saltean a fuego más bien vivo, tapada la sartén, hasta que se ponen colorados.

Se calienta el coñac en un cazo pequeño y se prende con una cerilla. Una vez prendido, se vierte en los cangrejos, se saltean y se reservan.

En la cacerola donde se está haciendo la salsa se añaden los tomates partidos en trozos y quitadas las simientes. Se machacan bien y se añaden los cangrejos y su salsa, el pellizco de hierbas aromáticas y la pimienta. Se tiene todo cociendo unos 5 minutos. Después se sacan los cangrejos con una espumadera y se reservan al calor. Se cuece la salsa otros 10 minutos. Se pasa por el chino, apretando mucho; si hiciese falta, se puede añadir algo de agua caliente, se echa la cayena, se prueba de sal, se añade la mantequilla y los cangrejos. Se espolvorean con el perejil. Se saltea todo un poco para que estén bien calientes los cangrejos y se sirven en seguida en una fuente con su salsa.

697 **TORTILLA DE COLAS DE CANGREJOS DE RÍO**

Se calculan unos 6 cangrejos medianos por persona, 2 huevos, 20 g de mantequilla y 3 cucharadas soperas de aceite.

Se limpian y cuecen los cangrejos como va explicado anteriormente (recetas 692 y 693). Una vez preparados, se separan las colas y se les quita el caparazón. Si los cangrejos son grandecitos, se cortan las colas en dos o tres trozos; si no, se dejan enteras.

Se pone la mantequilla en un cazo, así como las colas, un poco de sal y pimienta molida. Se saltean de 1 a 2 minutos. Se baten los huevos y se salan un poco. Se calienta el aceite para la tortilla; cuando está a punto se vierten los huevos y, después de escurrida la grasa de los cangrejos, se echan éstos en el huevo, procurando que queden repartidos. Se procede entonces como para una tortilla a la francesa corriente.

698 CARABINEROS

Son mucho menos finos que los langostinos.

Se pueden utilizar muy bien para sopas. Si se quieren comer en vez de langostinos, puesto que resultan mucho más baratos, se aconseja comprar los carabineros que no sean grandes. Se les quitan las cabezas, que es lo que al cocer les da el gusto más fuerte, y después se cuecen igual que los langostinos (receta 716). Sirven las mismas recetas.

699 CENTOLLO FRÍO A LA PESCADORA (6 personas)

	2 hermosos centollos,	5	litros de agua,
300	g de merluza,	1	vaso (de los de vino) de vinagre,
4	cucharadas soperas de aceite fino,	1	cucharada sopera de vino blanco,
3	yemas de huevo duro,	10	granos de pimienta,
½	cucharadita (de las de moka) de mostaza,	3	hojas de laurel (una para la merluza),
	el zumo de un limón,	1	casco de cebolla (25 g),
			sal.

Se prefieren los centollos hembras, pues tienen huevas, que es lo que más gusto da. Tienen que ser muy frescas para que tengan mucha carne.

En una olla se pone el agua, el vinagre, la pimienta, 2 hojas de laurel y la sal. Se pone a fuego vivo y cuando rompe el hervor se zambullen las centollas, se tapa la olla con tapadera y, cuando vuelve a romper el hervor, se cuecen durante 8 minutos a fuego muy vivo. Se sacan entonces del agua y se dejan enfriar. También, mientras tanto, se cocerá la merluza. Se pone para ello en agua fría una hoja de laurel, una cucharada sopera de vino blanco, un casco de cebolla y sal. Cuando rompe a hervir, se retira del fuego. Se saca del agua, se le quita la piel y las espinas, se desmenuza y se reserva.

Una vez cocidas las centollas y frías ya, se abren con cuidado para no romper el caparazón. Se saca la carne del cuerpo y de las patas y se corta en trocitos. Se limpia y se lava el caparazón y se reserva. Las huevas y la parte marrón se ponen en el mortero. Se machacan con las yemas de los huevos duros, la mostaza, el zumo de limón y poco a poco se le agregan las 4 cucharadas soperas de aceite, para que esté bien ligada la salsa. Se rectifica de sal. Esta salsa se revuelve con la merluza y la carne de las centollas. Se rellenan los caparazones y se reservan en sitio fresco hasta el momento de servir.

700 CENTOLLOS AL HORNO (6 personas)

8 centollos de ración,
300 g de merluza,
2 cucharadas de aceite,
30 g de mantequilla,
50 g de mantequilla,
pan rallado,
6 cucharadas soperas de salsa de tomate espesa (¹/₂ kg de tomates y hacer la salsa con anticipación),

2 cebollitas francesas medianas (50 g),
2 dientes de ajo,
5 cucharadas soperas de buen coñac,
1 cucharada sopera de perejil picado,
pimienta común, una punta de cuchillo de pimienta de Cayena,
3 o 4 cucharadas soperas de caldo de cocer la merluza,
sal.

Se cuecen los centollos (hembras) y la merluza como en la receta 699.

Se saca la carne del cuerpo y de las patas de las centollas y se pica. Se quitan las espinas y la piel de la merluza, se desmenuza y se reserva mezclando estas dos cosas.

Sólo se limpian, se lavan y se reservan 6 caparazones de centollas (pero se compran 8 para tener más carne).

En una sartén se pone el aceite y los 30 g de mantequilla a derretir. Una vez calientes, se les añaden los 2 dientes de ajo pelados; se dejan dorar y se retiran. Se echan entonces las cebollitas peladas y muy picadas, se revuelven unos 5 minutos hasta que estén transparentes, se agrega entonces la salsa de tomate y, seguidamente, el coñac y las huevas con la parte oscura de las centollas. Se dan unas vueltas y se agrega el pescado mezclado. Se pone el perejil, la sal y la cayena (poco pues es muy fuerte) y, si hace falta, un poco de caldo de cocer la merluza, si la pasta está espesa.

Se reparte esto en los caparazones. Se espolvorea con un poco de pan rallado y se ponen unos trocitos, como 2 o 3 avellanas, de mantequilla en cada centolla.

Se meten al horno fuerte durante 5 minutos y se sirven en seguida en los mismos caparazones.

701 MANERA DE COCER LAS CIGALAS

Se pone una olla con agua abundante y sal a cocer; cuando hierve a borbotones se meten las cigalas con el agua que las cubra muy bien; cuando vuelve a romper el hervor, se retira la olla y se deja enfriar durante 8 minutos.

Entonces se sacan las cigalas, se escurren y se sirven frías.

702 CIGALAS CON MAYONESA Y CIGALAS CON VINAGRETA

Una vez cocidas como se explica anteriormente, se sirven con mayonesa en salsera aparte (receta 111).

Con vinagreta (salpicón):

Se preparan la víspera. Se hace una vinagreta con aceite, vinagre (una cucharada sopera de vinagre por 3 de aceite), cebolla picada muy fina, perejil también muy picado, huevo duro, sal, pimienta y una cucharada sopera de buen coñac. Se sacan las colas de las cigalas de su caparazón y se cortan en rodajas de 2 cm de grosor. Se ponen en un plato hondo, bien cubiertas por la vinagreta, y se dejan por lo menos de 3 a 5 horas en sitio fresco. Se sirven frías.

703 CHANQUETES FRITOS

Como se suelen servir de aperitivo, no ponemos cantidad. Sólo diré que $^1/_4$ kg hace muy bien para unas 4 personas.

No se lavan los chanquetes. En un plato se tiene puesta bastante harina y, cogiendo un puñado de chanquetes, se rebozan bien en ella. Después se ponen en un colador grande de tela metálica y se les hace saltar para que se les caiga la harina sobrante.

Se fríen en aceite abundante y bien caliente (se echa un chanquete para probar el punto). Después de fritos, se sala cada puñadito que se va sacando y se ponen en una fuente. Se sirven en seguida bien calientes.

704 MANERA DE COCER LAS GAMBAS

Se pone agua abundante con sal. Cuando ésta hierve a borbotones se echan las gambas y se reduce el fuego para que cuezan más lentamente. Se cuecen de 2 a 4 minutos, según el tamaño. Se escurren en seguida en un colador grande y se dejan enfriar.

CÓCTEL DE GAMBAS (6 personas)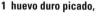

1¹/₂ kg de gambas,
  1 lechuga grande,
Mayonesa:
Con coñac y tomate (receta 113).

1 huevo duro picado,

Se cuecen las gambas como va explicado anteriormente. Una vez frías, se pelan dejando sólo las colas. Se lava y se pica a tiritas la lechuga. Se escurre muy bien (envolviéndola en un paño limpio y sacudiéndola para que quede bien seca). Se prepara también la mayonesa.

En unas copas de champán o copas especiales de mariscos, se pone un fondo de lechuga encima de una cucharada sopera de mayonesa; después, las gambas. Se cubren éstas con mayonesa y se espolvorean con un poco de huevo duro picado muy menudo. Se meten en la nevera, para que estén bien frías, durante una hora o dos y se sirven en su misma copa.

 GAMBAS CON VINAGRETA

Se prepara igual que está explicado en cigalas a la vinagreta. Únicamente se dejan las colas de las gambas enteras. Por lo demás, se procede lo mismo (receta 702).

 **GAMBAS AL AJILLO** (6 personas)

1¹/₂ kg de gambas grandecitas,
 12 cucharadas soperas de aceite crudo,
  1 guindilla,

3 o 4 dientes de ajo muy picados,
 sal.

No se deben lavar las gambas. Se pelan en crudo, dejando sólo las colas enteras. Se sirven en cazoletas de barro individuales. Se pone en cada una 2 cucharadas soperas de aceite y un trozo de guindilla (un arito cortado con unas tijeras). Se ponen las gambas repartidas en los platos, se salan y se espolvorean con el ajo picado. Se ponen a fuego vivo unos 4 a 5 minutos escasos, moviendo la cazoleta de vez en cuando. Se sirven en seguida, tapando cada cazoleta con un plato, hasta llegar a la mesa, para que no se enfríen y no salpiquen aceite.

 GAMBAS CON GABARDINA

Como se suelen servir de aperitivo, o bien juntas con otros pescados para fritos (calamares, boquerones, etc.), no pondré cantidades (se suele calcular para esto unos 150 g de gambas por persona).

Masa de envolver:

3 cucharadas soperas de harina,	**sifón,**
1 pellizco de azafrán en polvo o colo-	**sal,**
rante,	**1 litro de aceite** (sobrará).

No se lavan las gambas, puesto que se pelan. Se les deja sólo un poco de caparazón junto a la cola. Se salan ligeramente.

Se pone el aceite en una sartén y a fuego mediano. Mientras se calienta, se hace la masa. En un plato sopero se pone la harina y, dando vueltas con unas varillas o una cuchara, se va añadiendo sifón poco a poco hasta tener una papilla. Se echa un poco de sal y el pellizquito de azafrán para dar bonito color.

Se cogen las gambas de una en una y se envuelven con la masa, agarrándolas por la cola para que ésta quede limpia. Se van echando en el aceite por tandas, para que no tropiecen, y cuando está la masa dorada se sacan del aceite con una espumadera y se reservan al calor. Una vez hechas todas las gambas, se sirven en seguida, pues cuanto más recién fritas estén mejores son.

709 **REVUELTO DE GAMBAS, ESPINACAS Y HUEVOS**

(Véase receta 389.)

710 **MANERA DE PREPARAR Y COCER LA LANGOSTA**

Para 2 personas se calcula de 500 a 600 g de langosta.

Se ata la langosta en una tabla de madera fina para que tenga bonita forma. Se ponen en una olla 3 o 4 litros de agua fría, una zanahoria mediana raspada y cortada en rodajas gordas, un trozo de cebolla pelada entera (40 g), una hoja de laurel, una ramita de tomillo, otra de perejil, $^1/_2$ vaso (de los de vino) de vino blanco seco, una cucharadita (de las de café) de sal, unos 6 granos de pimienta.

Se pone a cocer esto a fuego vivo 20 minutos. Se sumerge entonces la langosta, se tapa la cacerola, se baja el fuego lento unos 8 minutos por cada kg de langosta (se separa la olla del fuego y se deja enfriar en el agua unos 15 minutos). Se saca entonces la langosta del agua, se desata y se deja escurrir.

Se separa la cabeza de la cola. Ésta se abre con unas tijeras grandes por la parte de debajo del caparazón. Se saca la carne de la cola entera y se quita la tirita negra que tiene a lo largo.

En la cabeza se le quita (sobre todo al bogavante) la bolsa del estómago, que suele tener gravilla. Se sirve siempre fría cuando está cocida.

711 LANGOSTA COCIDA, SERVIDA CON SALSA MAYONESA

Se prepara como va explicado anteriormente.

En una fuente alargada se pone la cabeza vaciada de las partes comestibles y el caparazón. Encima del caparazón de la cola se ponen las rodajas cortadas de la carne de la cola y alrededor de la fuente las patas y, en trozos, las partes de la cabeza. Se adorna también con hojas de lechuga, rodajas de tomate, huevo duro, etc.

Se sirve una mayonesa aparte, receta 111.

712 LANGOSTA EN VINAGRETA

Se prepara igual que las cigalas con vinagreta, calculando una langosta de 600 g (más o menos) para 2 personas (receta 702).

713 LANGOSTA A LA AMERICANA (4 personas)

2 langostas vivas de 700 g cada una (o una sola pieza de 1½ kg, más o menos, para 4 personas),
50 g de mantequilla,
1 vaso (de los de agua) de aceite,
1 vaso (de los de agua) de buen vino blanco seco,
1 vaso (de los de vino) de buen coñac,
300 g de tomates bien maduros (3 piezas),
1 diente de ajo,
1 pellizco de hierbas aromáticas,
1 cebolla pequeña (50 g),
1 chalota (20 g),
1 cucharada sopera de harina, un poco de pimienta de Cayena,
1 cucharadita (de las de moka) de extracto de carne,
sal.

Cortar las langostas en dos a lo largo o en trozos si es grande (por las articulaciones de la cola). En un tazón se recoge el líquido que pueda sacar la cabeza, así como las partes blandas de dentro, las huevas si las hay y la carne de las patas. Se pone todo con la mantequilla y un poco de coñac. Se deja en espera, machacándolo un poco.

Póngase en una sartén la mitad del aceite, caliéntese y póngase un diente de ajo pelado y aplastado (dándole para esto un golpe con el mango de un cuchillo). Cuando está dorado el diente de ajo, se saca y se tira. Se ponen entonces los trozos de langosta con sus caparazones y se saltean hasta que están bien rojos. Se tira el aceite. Se calienta el resto del coñac en un cazo pequeño, se prende con una cerilla y se flamean los trozos de langosta. Una vez bien flameados, se vierten en un plato sopero y se reservan.

En la misma sartén se pone el resto del aceite, se calienta y se añade la cebolla y el chalota peladas y muy picadas; se dejan unos 5 minutos hasta que se pongan transparentes, se agrega la harina y se dan unas vueltas con una cuchara de madera. Se añaden los tomates pelados, quitadas las semillas y cortados en trozos pequeños; se refríen un rato, machacándolos con el canto de la cuchara, y se añade el vino, el extracto de carne, las hierbas aromáticas, la sal (con cuidado, pues el extracto es salado), la pimienta negra molida y la pimienta de Cayena (con moderación, pues es muy fuerte). Se cuece esta salsa durante unos 15 minutos y, pasado este tiempo, se agrega la langosta. Se cuece otros 10 minutos. Hay quien entonces prefiere quitarles los caparazones a las langostas; esto según los gustos. Se machaca mientras tanto lo del tazón, se calienta un poco para que se deshaga bien la mantequilla, se pasa por un colador o un trapo fino y se añade al guiso. Éste se puede servir así o acompañado de arroz blanco.

714 LANGOSTA ASADA (2 personas)

1 langosta pequeña (600 g para cada 2 personas),
60 g de mantequilla,
2 cucharadas soperas de pan rallado,
2 cucharadas soperas de aceite fino,
pimienta molida,
sal.

Se cortan las langostas cuando están vivas aún. Se espolvorean de sal y pimienta y se untan con una brocha plana (o la punta de los dedos) con un poco de aceite. Se meten a horno mediano (previamente encendido 5 minutos antes) durante unos 10 minutos.

Entonces la carne se ha separado del caparazón. Se pone un poco de mantequilla entre los dos. Se espolvorea ligeramente con pan rallado y se ponen trocitos de mantequilla como avellanas por encima. Se vuelve a meter al horno más vivo para que gratine bien y se sirven en su caparazón rápidamente.

Si hiciese falta algo más de mantequilla, se puede añadir para que quede la langosta bien jugosa.

715 LANGOSTA CON BECHAMEL AL HORNO (4 personas)

2 langostas de unos 600 g cada una,
130 g de mantequilla,
$^{1}/_{2}$ litro de leche,
1 cucharada sopera colmada de harina,
2 yemas de huevo,
zumo de $^{1}/_{2}$ limón.
50 g de queso parmesano rallado,
1 trufa grande en láminas finas,
un pellizco de curry,
sal.

Caldo corto como para cocer la langosta (receta 710).

Una vez cocidas las langostas y templadas, se parten a lo largo en dos mitades. Se les cortan las patas y las antenas. Se suelta la carne de la cola, sin sacarla, y se vacían las medias cabezas de todo lo que tienen (quitándoles la bolsita del estómago, que suele tener arena, y el hilo negro de la cola, que se tiran). Todo lo que se quita de la cabeza, las huevas color coral y las patas, se ponen con 100 g de mantequilla en un cazo. Se calienta y se machaca todo lo posible. Cuando la mantequilla empieza a espumar, se le vierte el $^{1}/_{2}$ litro de leche hirviendo. Se da un hervor y se vierte en un colador grande donde se habrá puesto un trapo limpio. Se cuela y se retuerce el trapo para sacarle toda la sustancia que tenga. Se deja reposar un poco, y entonces con una cuchara se retira la grasa color rosa fuerte que flota encima de la leche, y se reserva en una taza.

En una sartén se ponen 30 g de mantequilla a derretir; se le añade la harina, se dan unas vueltas con la cuchara de madera y, poco a poco, se agrega la leche. Sin dejar de dar vueltas se cuece durante unos 10 minutos. Se sala, se pone el curry y la trufa en láminas finas. Se añade poco a poco la mantequilla roja apartada en la taza y, batiendo bien, se incorpora a la bechamel.

En un tazón se ponen las yemas y el zumo de limón y se les añade poco a poco unas cucharadas de bechamel, moviendo bien la cuchara para que no se cuajen las yemas. Se unen a la bechamel de la sartén, ya apartada del fuego. Se vierte por encima de las medias langostas, puestas con la carne hacia arriba. Se espolvorean con un poco de queso rallado y se meten en seguida al horno para gratinar. Cuando están doradas se sirven asimismo en seguida.

716 MANERA DE COCER LOS LANGOSTINOS

Se calculan unos 6 langostinos de tamaño mediano por persona.

No se deben cocer con mucha anticipación, para que queden más jugosos.

Si se van a tomar langostinos congelados, hay que dejarlos descongelar.

Se pone agua con sal a cocer, cuando hierve a borbotones se sumergen los langostinos y se dejan cocer 2 minutos y se sacan enseguida del agua.

717 CORONA DE LANGOSTINOS CON GELATINA (6 personas)

¹/₂ **litro de gelatina hecha con polvos,**
¹/₂ **kg comprada y derretida,**
  unas hojas de lechuga,

unas rodajas de tomate,
salsa mayonesa verde (receta 112).

Se calculan unos 4 o 5 langostinos medianos por persona.

Se cuecen los langostinos como está indicado anteriormente. Se les quitan los caparazones y se reservan. Se hace la gelatina como está indicado en cada marca o bien se derrite al baño maría, si se compra hecha. Cuando está líquida se vierte un poco en un molde en forma de corona, pasando previamente éste por agua fría y escurriéndolo. Una vez cuajada la gelatina, se colocan los langostinos en el molde para que tengan bonita presencia y se vierte el resto de la gelatina aún líquida. Se mete en la nevera para que cuaje y se enfríe, por lo menos unas 3 horas. Una vez bien cuajada la gelatina, se pasa un cuchillo todo alrededor del molde y se vuelca en una fuente redonda. (También se puede meter el molde unos segundos en agua caliente, pero con mucho cuidado para que no se derrita la gelatina.)

Se adorna la fuente con las hojas de lechuga y las rodajas de tomate; se pone la mayonesa en el centro y se sirve.

718 LANGOSTINOS EMPANADOS Y FRITOS (6 personas)

36 langostinos medianos,
 2 huevos,
 1 plato con harina,
 1 plato con pan rallado,

1 litro de aceite (sobrará),
 sal y pimienta,
6 pinchos metálicos (brochetas).

Se les quitan los caparazones a los langostinos y se doblan para que tengan bonita forma. Se sazonan con sal y pimienta y se dejan unos 10 minutos. Se pone el aceite en una sartén y se calienta.

Mientras tanto se baten los huevos como para tortilla y se pasan los langostinos de uno en uno por harina muy ligeramente, después por huevo y al final por pan rallado. Se pinchan de 6 en 6 en los pinchos (brochetas) y, cuando el aceite está en su punto (para saberlo se prueba con una rebanadita de pan), se fríen de 5 a 6 minutos. Se ponen las brochetas en una fuente y se sirven con una mayonesa aparte en salsera.

719 **LANGOSTINOS CON SALSA AMERICANA Y ARROZ BLANCO (6 personas)**

¹/₂ **kg arroz** (receta 186, 1.ª fórmula),	1 **ramita de perejil,**
36 **langostinos medianos,**	4 **o 5 cucharadas soperas de nata líquida,**
1 **vaso (de los de vino) de aceite fino,**	2 **chalotas (o una cebollita francesa**
50 **g de mantequilla,**	**mediana),**
1 **vaso (de los de vino) bien lleno de vino**	1 **pellizco de pimienta de Cayena,**
blanco seco,	1 **pellizco de pimienta común,**
¹/₂ **vaso (de los de vino) de buen coñac,**	**sal,**
3 **tomates grandes bien maduros (más o**	**unas gotas de carmín** (facultativo),
menos 350 g),	1 **cucharada (de las de café) de fécula de**
1 **pellizco de hierbas aromáticas,**	**patata** (facultativo).

Se separan las cabezas de los langostinos y se les quita a las colas el caparazón. Estas colas peladas se reservan en un plato tapadas con otro, para que no se sequen. Se podrá entonces hacer el arroz que, una vez rehogado, se moldeará en flanes pequeños o en corona.

Salsa americana:

En una sartén se pone la mitad del aceite y la mitad de la mantequilla a calentar. Cuando está la mantequilla derretida se saltean las cabezas sazonadas con sal y pimienta común a fuego vivo unos 5 minutos. Pasado este tiempo, se retiran y se reservan las cabezas en un plato hondo. En esta misma grasa se ponen las chalotas (o cebollitas) peladas y picadas, así como el tomate en trozos y quitadas las simientes. Se ponen también las hierbas aromáticas, la cayena y el perejil. Se rehoga bien todo otros 5 minutos y se añade el vino. A fuego moderado se deja cocer la salsa un rato (10 a 15 minutos).

Aparte, en una sartén o cacerola, se pone el resto del aceite y la mantequilla y cuando están calientes se rehogan las colas de los langostinos, hasta que tomen un bonito color sin tostarse. En un cazo pequeño se calienta el coñac, se prende con una cerilla y se vierte prendido en los langostinos, flameándolos muy bien. Por el chino se pasa la salsa con las cabezas, apretando mucho. Se vierte esta salsa por encima de los langostinos con su grasa y su coñac, se pueden poner unas gotas de coñac para subir un poco el color de la salsa. Se les deja unos 6 minutos a fuego lento que se hagan, y fuera del fuego se agrega la nata. Se rectifica de sal y pimienta si hace falta.

Si se tuviese que esperar un poco para servirlos, se pondría la nata sólo a última hora.

Se colocan en una fuente los langostinos con su salsa y a un lado los moldes de arroz, ya salado y rehogado.

Nota.—Si la salsa está demasiado clara, se espesa antes de poner la crema con una cucharadita de las de café de fécula, desleída en una cucharada sopera de agua.

720 MANERA DE COCER LAS QUISQUILLAS

Se pone agua abundante y sal a cocer; cuando hierve a borbotones se echan las quisquillas, y al volver a romper el hervor se dejan cocer unos 5 minutos. Se echan entonces en un colador grande. Se dejan escurrir y enfriar para servirlas. Sólo se sirven de aperitivo por ser su tamaño tan pequeño.

721 MANERA DE LIMPIAR Y COCER LOS MEJILLONES

Se raspan con un cuchillo las conchas de los mejillones, cogiendo cada uno en la mano con la parte ancha en el sitio de los dedos y la parte estrecha en la palma de la mano. Se pasa el cuchillo tirando de las barbas (como hierbas estropajosas) que tienen, dejando la superficie de la concha limpia. Se lavan bien en agua con un pellizco de sal, pero sin dejarlos permanecer mucho en ella y moviéndolos con la mano. Se sacan, se escurren y se ponen en una sartén con 1 vaso (de los de agua para 2 o 3 kg de mejillones) de agua fría y 1 pellizco de sal. Se ponen a fuego vivo, se saltean de vez en cuando, y cuando se abren, ya están. Se retiran en seguida del fuego (hay que desechar los bichos que se han quedado cerrados, pues es señal de que están malos y, por lo tanto, no se pueden aprovechar).

Se les van quitando las conchas, las dos o solamente la que está sin bicho, según se vayan a hacer. Se recoge el agua que se cuela por un colador de tela metálica con una tela fina puesta dentro, con el fin de que no se pase la arenilla. Así ya están dispuestos para guisar y preparar según la receta que se elija.

722 MEJILLONES EN VINAGRETA (PARA APERITIVO)

Se preparan como va explicado anteriormente.

Lo único es que se pondrá la cantidad de agua necesaria para que los cubra, con el fin de que queden bien jugosos.

Una vez abiertos y quitada la concha vacía, se prepara un picadito de cebolla, pimiento rojo (de lata) y unos pocos guisantes (de lata también). Se reparte este picadito por encima de cada mejillón y se rocían después cada uno con una vinagreta bien batida y repartida con una cuchara (1 pellizco de sal disuelto en una cucharada sopera de vinagre y 3 cucharadas soperas de aceite, después de disuelta la sal; éstas son las proporciones de una buena vinagreta).

723 MEJILLONES REBOZADOS Y FRITOS

Estos mejillones se toman mejor como aperitivo.

1 kg de mejillones grandes,	**1 plato con pan rallado,**
³/₄ litro de aceite de freír,	**mayonesa** (facultativo).
1 huevo,	

Se limpian, se lavan y se cuecen los mejillones (receta 721). Se quitan de su concha. Se ponen entre dos paños limpios con algo de peso encima, para que se escurra toda el agua que llevan dentro.

Se bate el huevo como para tortilla con un poco de sal. Se pone el aceite en una sartén para que se caliente. Una vez el aceite en su punto (se prueba con una rebanadita de pan), se pasa cada mejillón por huevo y luego por pan rallado. Se fríen y cuando están dorados se sacan con una espumadera. Se sirven en seguida, pinchados con palillos y acompañados de un bol de mayonesa.

724 MEJILLONES A LA MARINERA (6 personas)

2 kg de mejillones.

(Véase almejas a la marinera, receta 686.)

725 MEJILLONES EN SALSA BECHAMEL CLARITA (POULETTE) (6 personas)

3 kg de mejillones,	**agua de cocer los mejillones,**
1¹/₂ vaso (de los de vino) de agua,	**2 yemas,**
¹/₂ vaso (de los de vino) de vino blanco,	**1 cucharada sopera de perejil picado,**
25 g de mantequilla,	**el zumo de 1 limón,**
2 cucharadas soperas de aceite fino,	**sal.**
1 cucharada sopera colmada de harina,	

Se limpian, se lavan y se cuecen los mejillones (receta 721); únicamente se pone el agua mezclada con el vino. Una vez abiertos (los cerrados se desechan por malos), se les quita la concha vacía y se reservan al calor. Se cuela el jugo que han soltado por un colador fino y por una tela fina puesta dentro del colador para que no pase arenilla.

En una sartén se pone la mantequilla a derretir con el aceite; una vez calientes, se añade la harina. Se dan unas vueltas con una cuchara de madera y se añade poco a poco el agua de cocer los mejillones y algo más de agua si hace falta. Se cuece la salsa unos 5 minutos más. En un tazón se ponen las yemas, con el zumo de limón, se les agrega poco a poco unas cucharadas de bechamel para que no se cuajen y sin dejar de mover. Se vierte esto en la salsa, se añade sal y el perejil picado. Se prueba y se añaden entonces los mejillones, calentando todo, pero sin que vuelva a cocer. Se sirven en una fuente honda.

726 CONCHAS DE MEJILLONES AL CURRY (6 personas)

1½ a 2 kg de mejillones,
1 vaso (de los de vino) de agua fría,
1 vaso (de los de vino) de vino blanco,
1 chalota,
50 g de mantequilla,
2 cucharadas soperas de aceite fino,
3 cucharadas soperas de harina (no muy llenas),
½ litro de leche fría,
2 yemas de huevo,
1 cucharadita (de las de moka) rasada de curry,
el zumo de ½ limón,
1 cucharada sopera de perejil picado,
3 cucharadas soperas de pan rallado, sal.

Se limpian y se lavan muy bien los mejillones (receta 721) y se ponen en una sartén con 1 vaso de agua, otro de vino blanco, la chalota pelada y picada menuda y sal. Se ponen a fuego vivo y se saltean. Cuando están abiertos se retiran del fuego, desechando los que quedan cerrados, pues es señal de que están malos. Se vacían de su concha, se pican en dos o más trozos, si son muy grandes, y se reservan en un tazón tapado para que no se resequen. Se deja cocer el caldo de la sartén unos 10 minutos más para que quede más concentrado. Se cuela entonces por un colador de tela metálica con una tela fina metida dentro para que no pase la arenilla. Se reserva también este líquido.

En una sartén se pone el aceite y algo más de la mitad de la mantequilla a derretir; cuando está derretida se añade la harina, se dan unas vueltas (sin que llegue a tomar color) y, poco a poco, se agrega la leche fría, sin dejar de dar vueltas con una cuchara o las varillas. Se añade entonces como 1 vaso (de los de agua) del líquido de cocer los mejillones. Se deja cocer unos 5 minutos. Se echa el curry, el perejil y la sal (se prueba).

En un tazón se tienen las 2 yemas con el zumo de limón. Se mezcla muy poco a poco con algo de bechamel, para que no se cuajen las yemas, y se vierte esto en la bechamel, así como los mejillones reservados al principio. Se reparte esto en 6 platitos o mejor en unas conchas verdaderas o de porcelana. Se espolvorean con un poco de pan rallado y se ponen unos trocitos de mantequilla encima de cada concha. Se meten al horno fuerte a gratinar, hasta que las conchas estén doradas.

Se sirven en las mismas conchas.

MEJILLONES CON MANTEQUILLA, AJO Y PEREJIL
727 **(AL ESTILO CARACOLES) (6 personas)**

2 kg de mejillones grandes,
1 vaso (de los de vino) de agua fría,
1 vaso (de los de vino) de vino blanco,
1 chalota,
1 pellizco de hierbas aromáticas,
sal.

Mantequilla:
250 g de mantequilla,
2 dientes de ajo,
3 cucharadas soperas de perejil picado.

Se limpian y se lavan los mejillones (receta 721). Pero se cuecen en la sartén con agua, vino blanco, una chalota picada, un buen pellizco de hierbas aromáticas y sal. Se calientan y saltean bien, y cuando las conchas están abiertas se retiran. Se les quita la concha vacía y se colocan todos los mejillones con la concha tocando el fondo en platitos de metal individuales.

Se mezclan bien en una ensaladera la mantequilla (que no tiene que estar fría, pero tampoco a punto de derretirse), los dientes de ajo, pelados y picados muy finos, y el perejil. Una vez bien mezclada esta pasta, se pone con un cuchillo de punta redonda un poco encima de cada mejillón. Debe quedar bien cubierto. Se meten en el horno unos 3 minutos solamente, lo justo para que esté la pasta derretida y muy caliente, y se sirven en seguida.

728 **PINCHOS DE MEJILLONES, BACON Y CHAMPIÑONES**

Salen 6 pinchos grandes y bien llenos.

3 kg de mejillones grandes,
9 lonchas finas de bacon,
$^1/_4$ kg de champiñones medianos,
$^1/_2$ limón,

aceite,
sal,
6 pinchos largos.

Se lavan, se limpian y se abren los mejillones (receta 721). Cuando están abiertos se retiran en seguida del fuego, pues se terminarán de hacer en los pinchos.

Se cogen los champiñones y se separan las cabezas de los pedúnculos, se cepillan bien las cabezas y se lavan en agua fresca con el zumo de $^1/_2$ limón.

Se pone en cada pincho la cabeza de un champiñón al principio, en mitad de la brocheta y al final. Entre medias se alternan los mejillones (sacados de sus conchas) de dos en dos con unos trocitos de bacon doblados. Se sala todo y con una brocha plana, mojada en aceite fino, se unta el conjunto del pincho.

Se ponen éstos en una besuguera de forma que el alambre quede en el reborde de la besuguera y lo que está relleno en alto para que no toque el fondo. Se mete a horno mediano, previamente calentado, unos 8 a 10 minutos, dando vueltas a los pinchos de vez en cuando. Tiene que estar el bacon y el champiñón hecho, esto determina el tiempo de horno.

Se sirven asimismo los pinchos, puestos en una fuente de servir.

MANERA DE COCER LOS PERCEBES

Se lavan primero muy bien con agua fría pero sin dejarlos permanecer en ella mucho tiempo.

En una cacerola se pone agua muy abundante para que cubra bien los percebes, y sal en la proporción de 2 cucharadas soperas de sal por litro de agua. Cuando cuece el agua a borbotones se echan los percebes, y cuando vuelve a hervir se dejan cocer 5 minutos; después de este tiempo se aparta la cacerola, y al estar el agua templada, casi fría, se sacan, se escurren y se sirven.

 VIEIRAS O CONCHAS PEREGRINAS (6 personas)

9 vieiras,	1 cebolla mediana (50 g) picada,
200 g de champiñones frescos,	1 pellizco de hierbas aromáticas,
150 g de mantequilla,	4 cucharadas soperas de pan rallado,
zumo de 1 limón,	4 cucharadas soperas de salsa de tomate,
1$^1/_2$ vaso (de los de vino) de buen vino blanco,	espesa,
	sal y pimienta de Cayena.

Se abren las conchas como las ostras. Se tira la concha de arriba y se quita la bolsa marrón que lleva dentro el bicho y se tira. Se desprenden con cuidado las carnes del bicho y el coral (parte roja).

En un cazo se pone un trozo de mantequilla (unos 35 g), la cebolla pelada y muy picada; se dan un par de vueltas con una cuchara de madera, se añade la carne de las vieiras y se espolvorean las hierbas aromáticas, un poco de sal, la cayena, y se rocía con el vino blanco. Se saltean durante unos 5 minutos.

Se lavan con agua y unas gotas de limón los champiñones, quitándoles bien la arena con un cepillo; se cortan en láminas y se ponen en un cazo, con un trozo de mantequilla (25 g), unas gotas de zumo de limón y sal. Se hacen a fuego lento durante unos 6 minutos (más o menos) y se reservan.

Una vez salteadas las vieiras, se escurren del jugo y se cortan en rebanaditas de 1$^1/_2$ cm de grosor, así como el coral. Se untan las conchas con mantequilla abundante y se reparten en ellas la carne de las vieiras, los champiñones y el coral, que se coloca por encima en el centro.

En el cazo donde se ha quedado la cebolla y el vino blanco se añade el tomate. Se mezcla y calienta bien y se reparte esta salsa por encima de las vieiras. Se espolvorean con pan rallado y se ponen varios trocitos como avellanas de mantequilla encima de cada concha. Se mete al horno, previamente calentado, hasta que se doren por arriba y se sirven en la misma concha.

731 VIEIRAS A LA GALLEGA (4 personas)

8 hermosas vieiras,
4 cucharadas soperas de aceite,
1 cebolla mediana (150 g) picada,
1 diente de ajo picado,

1 cucharada (de las de moka) de pimentón,
2 cucharadas soperas de pan rallado,
sal.

Quitarles la concha de arriba y quitarles las partes oscuras. Lavarlas bien al grifo y dejarlas después $1/2$ hora en agua con sal (o mejor en agua de mar).

Mientras tanto, en una sartén calentar el aceite y cuando está en su punto añadirle la cebolla y el ajo, picadas ambas cosas. Dejar que se rehoguen despacio durante unos 8 minutos. Añadir entonces, apartando la sartén del fuego, para que no se queme, el pimentón y después el perejil. Dar unas vueltas y repartir este refrito por encima de las vieiras bien escurridas. Espolvorear con un poco de pan rallado y meter un rato en el horno, hasta que estén ligeramente doradas, pero sin que se resequen.

Servirlas en sus mismas conchas.

Nota.—Como en la receta anterior, hay quien (para que resulte más abundante) reúnen dos vieiras en cada concha.

Budines y platos con pescados variados

732 BUDÍN FINO DE MERLUZA (6 personas)

$3/4$ kg de merluza (puede ser fresca o congelada, u otro pescado blanco),
4 huevos enteros,
2 claras,
la miga de una barra de pan (mejor del día anterior), unos 200 g,

$1^1/2$ vaso (de los de agua) muy lleno de leche muy caliente,
un poco de nuez moscada,
50 g de mantequilla,
sal.

La salsa puede ser de tomate clarita, o bechamel clara (con mitad leche y mitad agua de cocer el pescado) y una yema y unas colas de gambas.

Se pone la merluza a cocer en agua fría y sal, y cuando empieza el agua a hervir a borbotones se retira y se deja templar. Se saca entonces el pescado del agua y se le quita la piel, la raspa y las espinas y se desmenuza muy fino.

Se pone en una ensaladera la miga de pan con la leche hirviendo, y cuando está bien embebida se mezcla con el pescado y se machaca bien con un tenedor. Se añade la mitad de la mantequilla, que se deshaga bien, las yemas de huevo, la sal y un poco de nuez moscada rallada, y, al final, las 6 claras a punto de nieve muy firmes.

Se unta con el resto de la mantequilla una flanera de unos 20 cm de diámetro y se vierte la masa dentro.

Se enciende el horno unos 15 minutos antes de meter el budín y se tiene preparada una bandeja algo profunda con agua hirviendo. Se mete al baño maría, más o menos una hora, a fuego mediano (250°).

Se desmolda en la fuente donde se vaya a servir, pasando antes un cuchillo por todos los bordes.

Se cubre con la salsa deseada y se sirve en seguida.

Salsa bechamel:
25 g de mantequilla,
  2 cucharadas soperas de aceite,
  2 cucharadas soperas de harina fina,
¹/₂ litro de leche,
¹/₄ litro de agua de cocer el pescado.

Se procede como siempre (receta 81) y se añade a última hora una yema (desliéndola con un poco de salsa en un tazón para que no se cuaje).

Si son colitas de gambas, se pone un poco menos de líquido para hacer la salsa y se añaden las gambas crudas en cuanto empieza a hervir la salsa, pues así dan más gusto y se quedan más jugosas.

733 BUDÍN DE PESCADO CON PATATAS Y TOMATE, FRÍO O CALIENTE (6 personas)

³/₄ kg de pescado blanco (merluza, pescadilla, etc.),
2 patatas medianas (150 g cada pieza),
2 huevos enteros,
1 clara de huevo,
50 g de mantequilla,
un poco de pan rallado,
sal.
Salsa de tomate:
¹/₂ kg de tomates blandos,

2 cucharadas soperas de aceite,
1 cucharada (de las de café) de azúcar,
sal.
Caldo corto:
agua,
1 chorro de vino blanco (2 cucharadas soperas),
2 trozos de cebolla (25 g),
1 hoja de laurel,
sal.

Con los tomates, el aceite, el azúcar y la sal hacer una salsa de tomate (receta 77). Después de pasada por el pasapurés se deja unos 20 a 35 minutos que espese mucho, se aparta y se tiene en espera.

Se pone el pescado a cocer en un caldo corto previamente preparado.

Cuando hierve a borbotones, se separa en seguida y se deja unos 10 minutos en el agua caliente. Después se saca. Cuando está templado se quita la piel y las espinas. Se desmenuza con mucho cuidado. Se reserva.

Mientras se prepara el pescado se cuecen las patatas lavadas y sin pelar en agua fría que las cubra bien, y sal. Se cuecen durante 30 minutos (más o menos); se pinchan para saber si están. Se pelan y se pasan por el pasapurés, poniendo el puré en una cacerola más bien grande. Se les añade la mitad de la mantequilla, se mueve bien, y después se añade el pescado muy desmenuzado y 2 cucharadas soperas de tomate (que es más o menos lo que quedará en la sartén, después de hecho).

Se baten como para tortilla 1 huevo entero con la yema del otro. Se añade al puré y se echa la sal; por fin se montan las 2 claras a punto de nieve y se agregan suavemente.

Se unta con el resto de la mantequilla el molde (que puede ser alargado, pues se corta y aprovecha mejor el budín. Puede tener unos 24 cm de largo para esta cantidad). Se espolvorea con pan rallado y se sacude el molde para que no quede más que el pan preciso pegado a la mantequilla. Se rellena con la masa y se mete en el horno al baño maría, unos 45 minutos más o menos. Se pincha a la media hora con un alambre, y si queda limpio es que el budín ya está.

Se pasa un cuchillo de punta redonda todo alrededor del molde.

Se puede servir caliente, cubierto con salsa de tomate, o con bechamel; o frío con mayonesa aparte. Se adorna entonces con rodajas de tomate y huevo duro o con gambas.

734 GUISO DE PESCADO A LA MARINERA (6 personas)

600 g de merluza (pescadilla u otros pescados que se quiera),
700 g de rape,
  4 cucharadas soperas de aceite,
  1 cebolla grande (150 g),
  2 zanahorias medianas (100 g),
  2 tomates medianos maduros (200 g),
  1 diente de ajo,
  1 cucharada sopera de harina,

1 vaso (de los de agua) de agua,
1 vaso (de los de vino) de vino blanco,
2 pastillas de caldo,
2 yemas de huevo (facultativo),
3 cucharadas soperas de leche fría,
1 pellizco de hierbas aromáticas (o una hoja de laurel, tomillo y perejil),
1 cucharada sopera de perejil picado, sal y pimienta.

Se pone el pescado que se quiera, siempre que sea de clase bastante fina. Se hacen filetes para quitarles las espinas, se lava y se seca bien y se corta todo en cuadraditos no muy pequeños. En una cacerola se pone el aceite a calentar, una vez caliente se echa la cebolla pelada y picada, así como el diente de ajo picadito; se añaden las zanahorias también peladas y los tomates pelados, cortados en trozos y quitadas las simientes. Se deja todo esto de 6 a 8 minutos. Se agrega la harina, se dan unas vueltas y, poco a poco, se añade el agua y el vino. Se ponen las pastillas de caldo deshechas en un poco de agua y se añade el pescado y el pellizco de hierbas aromáticas. Se da vueltas con una cuchara y se deja cocer a fuego mediano unos 10 minutos. Se sala y se pone pimienta, teniendo en cuenta que los calditos son salados.

En el momento de servir el pescado, se ponen en un tazón las 2 yemas de huevo y se baten con la leche, se añaden poco a poco unas cucharadas de la salsa de cocer el pescado, con el fin de que no se cuajen las yemas. Se vierte esto en el pescado, se mueve bien, sin que cueza ya (esto es facultativo, aunque mejora mucho el guiso). Se prueba de sal. Se espolvorea el perejil picado y se sirve en seguida.

735 CONCHAS DE PESCADO (6 personas)

Un resto de pescado (rape, rodaballo, merluza, besugo, lubina, etc.),
150 g de gambas,
 30 g de mantequilla,
  2 cucharadas soperas de aceite fino,
  1 cucharada sopera colmada de harina,
  1 vaso (de los de agua) lleno de leche fría,

¹/₂ vaso, más o menos (de los de agua), de agua de cocer los desperdicios de las gambas,
  1 pellizco de curry (facultativo),
100 g de queso gruyère rallado,
sal.

Se pelan las colas de las gambas y se reserva.

En un cazo se ponen los desperdicios de las gambas, se cubren de agua y se cuecen unos 15 minutos. Se cuela luego el agua apretando bien los desperdicios para que suelten bien la sustancia.

En unas conchas naturales o de porcelana (no teniéndolas se utilizan también los platitos de los huevos al plato) se reparten los restos del pescado (que estará cocido, o al horno). En una sartén se pone el aceite y la mantequilla a derretir; cuando están se añade la harina. Se dan unas vueltas y, poco a poco, se añade la leche fría. Se cuece unos 5 minutos, se agregan las colas de las gambas, se revuelven y, poco a poco, se vierte el agua de cocer las gambas; se cuece otros 5 minutos más. Se añade el pellizco de curry y se sala.

Se vierte esta bechamel por encima del pescado, repartiéndola entre los platitos o las conchas. Se espolvorea el queso rallado y se meten en el horno para gratinar hasta que esté dorada la bechamel. Se sirven en las mismas conchas.

Nota.—Se pueden sustituir las gambas por unos mejillones que, además de buen gusto, hacen bonito. Se lavan, se pelan y se abren éstos según la receta 721.

736 COPAS DE PESCADO Y MARISCO CON SALSA DE HORTALIZAS (PIPIRRANA) (6 personas)

¹/₂ kg de gambas,
¹/₄ kg de rape,
¹/₂ kg de pescado blanco (merluza, pescadilla),
agua,
  1 hoja de laurel,
sal.

Salsa:
  2 tomates maduros grandes,
  1 pepino mediano,
  1 pimiento verde mediano,
  1 cebolla pequeña (40 g),
  3 cucharadas soperas de vinagre,
  6 cucharadas soperas de aceite fino,
sal y pimienta molida.

Se cuece cada pescado y marisco aparte con agua fría que lo cubra, una hoja de laurel y sal. Cuando el agua empieza a hervir a borbotones, se retira del fuego. Se saca el pescado del agua, se limpia de piel, espinas y caparazones el marisco, y se corta en trozos no muy pequeños. Se colocan en copas individuales y se deja en sitio fresco.

Se prepara la salsa (receta 117).

Unos 10 minutos antes de que se vaya a servir, se revuelve bien la salsa con su jugo, repartiéndola entre las copas.

Nota.—El pescado y el marisco se pueden variar todo lo que se quiera.

ALBÓNDIGAS DE PESCADO (6 personas)

¹/₂ kg de merluza (puede ser congelada), un trozo de miga de pan de 125 g (mejor del día anterior),
1 vaso (de los de agua) de leche caliente,
1 diente de ajo,
1 cucharada (de las de café) de perejil picado,
1 huevo,
   agua,
1 plato con harina,
¹/₂ litro de aceite (sobrará),
   sal.

Salsa:
6 cucharadas soperas de aceite,
1 cebolla mediana (100 g) picada,
1 cucharada sopera de harina,
¹/₂ litro de agua (de cocer la merluza),
1 hoja de laurel,
   unas hebras de azafrán,
   sal.

En un tazón se pone la miga de pan en remojo con la leche muy caliente.

Se pone la merluza en un cazo y se cubre de agua fría con sal. Se pone al fuego y, cuando el agua empieza a hervir, se retira en seguida. Se escurre bien, se quitan la piel y las espinas y se desmenuza con un tenedor. Se mezcla entonces en una ensaladera el pescado, la miga de pan remojada, el huevo entero, el ajo, el perejil y la sal. Se mezcla bien y se forman bolitas como las albóndigas de carne. Se pasan por harina. En una sartén se pone el ¹/₂ litro de aceite a calentar y se van friendo las albóndigas de 5 en 5 para que no se estropeen.

En otra sartén se ponen las 6 cucharadas soperas de aceite (del que ha sobrado de freírlas). Se echa la cebolla picada, se deja dorar y después se añade la harina, removiendo con una cuchara de madera hasta que quede un poco dorada (5 minutos). Se agrega entonces el ¹/₂ litro de agua de cocer el pescado (colada y enfriada, para que no forme grumos) y la hoja de laurel; en el mortero se machacan las hebras de azafrán, que se disuelven con un par de cucharadas de la salsa que está cociendo en la sartén. Se añade esto a la salsa, que cocerá unos 10 minutos. Se cuela la salsa y se ponen las albóndigas dentro una vez colada, para que se calienten, y se sirve en seguida con triángulos de pan frito o moldes de arroz blanco, como más guste.

Nota.—Se pueden servir también las albóndigas con una salsa de tomate clarita en vez de la salsa indicada anteriormente (salsa de tomate, receta 77).

BOUILLABAISSE (8 personas)

¹/₂ kg de merluza en rodajas,	1 hoja de laurel,
¹/₂ kg de rape en rodajas,	1 ramita de perejil,
2 salmonetes,	1 cáscara de naranja,
1 lubina de ¹/₂ kg,	1 ramita de hinojo,
1 cola de besugo de ¹/₂ kg,	8 cucharadas soperas de aceite,
¹/₂ kg de cangrejos de mar,	agua hirviendo,
2 cebollas medianas,	1 barra de pan de ¹/₂ kg (del día anterior si
3 dientes de ajo,	puede ser),
2 tomates pelados y sin pepitas,	sal, pimienta y unas hebras de azafrán.
1 ramita de tomillo,	

Poner en una cacerola la cebolla picada en trozos grandes, los 3 dientes de ajo (dados un golpe, para estallarlos), los tomates pelados y sin pepitas, el tomillo, el laurel, el perejil, el hinojo, la cáscara de naranja. Encima de todo esto, el pescado más duro (rape, cangrejos, besugo) y las 8 cucharadas soperas de aceite, el agua hirviendo (la suficiente para que cubra el pescado), la sal, la pimienta y las hebras de azafrán (previamente machacadas en el mortero con una cucharada sopera de agua).

Poner a fuego vivo y cuando rompe a hervir dejar 5 minutos, después de lo cual se añade el resto del pescado y más agua, si hiciese falta. Se pone de nuevo a cocer y, tan pronto como vuelva a hervir, se deja unos 8 minutos.

Retirar entonces del fuego, poner el pescado en una fuente y colar el líquido echándolo en una sopera, en la cual se habrán colocado las rebanadas de pan cortadas de 1¹/₂ cm de gruesas, y verter el líquido por encima.

Se sirven juntos la sopera y la fuente de pescados.

Vaca o buey

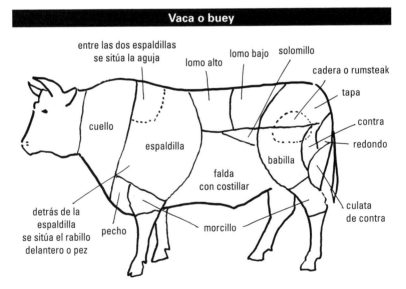

entre las dos espaldillas
se sitúa la aguja

lomo alto

lomo bajo solomillo

cadera o rumsteak

tapa

cuello

contra

espaldilla

redondo

babilla

falda
con costillar

culata
de contra

detrás de la
espaldilla
se sitúa el rabillo
delantero o pez

pecho

morcillo

Se calcula normalmente unos 125 g de carne de vaca por persona cuando es para filetes a la plancha o fritos.

Para asada, unos 150 g, pues merma algo (solomillo, lomo, etc.).

Para guisada, 200 g por persona (redondo, ragoût, etc.), pues es la forma en que mengua más.

VACA

Fritos o a la plancha			Asados — El horno bien caliente desde el principio			Guisos		
Qué parte pedir	Peso por persona	Tiempo	Qué parte pedir	Peso por persona	Tiempo	Qué parte pedir	Peso por persona	Tiempo
Solomillo en filetes			Solomillo					
		3 a 4 minutos por cada cara para fritos medianos	Lomo alto			Redondo		
Filetes picados (hamburguesas)	125 g a 150 g por persona		Lomo bajo	150 g sin huesos		Rabillo	180 g a 200 g por persona	2 a 2½ horas
			Cadera o rumsteak		15 minutos por cada medio kilo	Espaldilla		
Lomo bajo		4 a 6 minutos para bien fritos	Tapa o contra	250 g con huesos		Falda		
Tapa, cadera, babilla			Tapa (es más seco)			Tapa		

Para el cocido: pez, morcillo o culata de contra.

739 MANERA DE HACER LOS FILETES A LA PLANCHA O FRITOS

Los filetes de solomillo, lomo bajo o lomo alto y rumsteak (tapa o contratapa) son los mejores.

Son muy buenos también y muy clásicos los filetes de babilla y cadera, pero son algo más duros y secos, sobre todo si la res estuviese recién matada. Se compran más delgados que los anteriores.

Acompañamiento:
Los filetes se pueden acompañar de muchas maneras:

Patatas fritas: cortadas gordas, paja o a la inglesa.

Con puré de patatas.

Con toda clase de verduras: guisantes, judías verdes, pimientos verdes fritos, etc., cebollas fritas en buñuelos, tomates rebozados y fritos o al horno asados, etc. (estas recetas vienen en el capítulo de verduras).

O simplemente con una ensalada.

No pondremos para cada filete el acompañamiento, que será a gusto de cada uno.

740 FILETES A LA PLANCHA

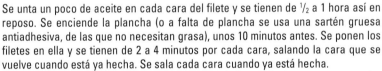

Se unta un poco de aceite en cada cara del filete y se tienen de $^1/_2$ a 1 hora así en reposo. Se enciende la plancha (o a falta de plancha se usa una sartén gruesa antiadhesiva, de las que no necesitan grasa), unos 10 minutos antes. Se ponen los filetes en ella y se tienen de 2 a 4 minutos por cada cara, salando la cara que se vuelve cuando está ya hecha. Se sala cada cara cuando ya está hecha.

Se suele poner, al servir cada filete, una rodaja fina de limón con un montoncito de mostaza encima (como una avellana con cáscara), o con mantequilla revuelta con perejil, como más guste.

Mantequilla con perejil (como acompañamiento):
Se tiene la mantequilla blanda (fuera de la nevera) y se revuelve con perejil picado. Una vez mezclada, se mete otra vez en la nevera un rato para que se endurezca y tenga mejor presentación.

Se sirve también, cuando son filetes de solomillo (tournedos), con salsa bearnesa (receta 88) o salsa de mantequilla y anchoas (receta 102), servidas aparte.

741 FILETES FRITOS

Se salan los filetes por las dos caras y se fríen en una sartén en la que se habrá puesto un poco de aceite a calentar (sólo el fondo de la sartén cubierto con un poco de aceite). Se fríen unos 4 minutos de cada lado (este tiempo medio es muy personal según guste el filete, se puede dejar menos o también más).

Se ponen los filetes en una fuente caliente con la salsa de freírlos por encima.

Se salan antes de freír con el fin de facilitar la salida de la sangre del filete. Ésta se mezcla al aceite de freír y da una salsa muy buena, con la cual se rocían los filetes.

742 FILETES DE SOLOMILLO CON SALSA DE OPORTO Y MOSTAZA (6 personas)

6 filetes de solomillo,
4 cucharadas soperas de aceite,
5 cucharadas soperas de vino de Oporto,

1 cucharada (de las de café) de mostaza,
sal.

Con los dedos se unta un poco de aceite en las dos caras de los filetes y se dejan reposar así una $1/2$ hora.

Se echa sal a los filetes, se fríen según guste a cada persona, un término medio de 2 minutos por un lado y 3 minutos por el otro. Se reservan en una fuente al calor.

En la sartén donde se han frito los filetes y con el jugo que han soltado al freírlos se pone el oporto y la mostaza. Se revuelve bien y se cuece un par de minutos. Se vierte esta salsa sobre cada filete y se sirve en seguida, acompañando con la guarnición que se quiera (verduras, puré de patatas, patatas fritas o rehogadas, etc.).

 743 FILETES DE SOLOMILLO O LOMO, CON UN PICADITO DE CHAMPIÑÓN, CEBOLLA Y JAMÓN (6 personas)

6 filetes de solomillo o lomo bajo (un poco gruesos, de unos 150 g cada uno),
5 cucharadas soperas de aceite,
3 cebollitas francesas medianas (150 g),
200 g de champiñones frescos,

100 g de jamón serrano veteado (no muy curado, pues está más duro),
20 g de mantequilla,
zumo de un limón,
sal.

Se untan los filetes por las dos caras con el aceite $1/2$ hora antes de ir a hacerlos.

Se lavan y cepillan los champiñones, quitándoles la parte terrosa del pedúnculo. Se van echando en agua fría con unas gotas de limón. Se escurren en seguida para que no pierdan su aroma y se pican en trocitos como de $1^1/_2$ cm. Se ponen en un cazo con la mantequilla, unas gotas de limón y sal. Se hacen a fuego mediano durante unos 6 minutos. Se reservan. En una sartén se ponen 3 cucharadas de aceite a calentar. Se pelan y se pican las cebollas y se ponen en la sartén a fuego mediano, revolviéndolas de vez en cuando con una cuchara de madera. Cuando la cebolla se pone transparente (unos 5 minutos), se le añade el jamón picado, se revuelve un poco y se añaden los champiñones con su jugo. Se reserva al calor muy suave.

Se hacen a la plancha o se fríen en una sartén (según se quiera) los filetes. Se salan cuando ya está una cara frita y luego por el otro lado. Se ponen en una fuente donde se vayan a servir y con una cuchara se pone encima de cada filete un montón del revuelto de champiñones, jamón y cebollas con el jugo que ha soltado. Se sirve en seguida en platos calientes, a ser posible.

 ### 744 FILETES DE SOLOMILLO CON MANTEQUILLA Y ANCHOAS (6 personas),

6 filetes de solomillo (pequeños pero gruesos),
3 cucharadas soperas de aceite,
100 g de mantequilla,

8 anchoas (de lata),
1 cucharada sopera de perejil,
el zumo de un limón,
sal.

Se untan los filetes con un poco de aceite por las dos caras una $^1/_2$ hora antes de hacerlos.

Se hacen a la plancha o en una sartén con muy poca grasa, unos 3 minutos por cada cara. Se salan muy ligeramente después de fritos y se reservan al calor.

En un mortero se machacan las anchoas (bien escurridas de su aceite) con parte de la mantequilla primero. Después de bien hechas puré, se agrega el resto de la mantequilla. Esto se pone en la sartén donde se han hecho los filetes. Una vez derretida la mantequilla (sin que se fría), se añade el zumo de limón y el perejil picado. Se revuelve todo y se vierte por encima de los filetes, ya puestos en su fuente de servir (o se sirve en salsera aparte). Se adorna con patatas fritas o puré de patatas.

745 FILETES DE SOLOMILLO A LA PIMIENTA Y FLAMEADOS CON COÑAC (6 personas)

6 filetes de solomillo (de 150 g cada uno),
1 cucharada sopera de pimienta en grano (15 g) para cada filete,

6 cucharadas soperas de buen coñac ($^1/_2$ vaso de los de vino),
3 cucharadas soperas de aceite, sal.

Se salan las dos caras de cada filete. Se machacan un poco los granos de pimienta, de forma que queden en trozos y no en polvo. Se ponen repartidos encima de las dos caras de cada filete, apretando luego bien para incrustarlos y que no se caigan al freír éstos.

Se coge una sartén amplia y de chapa gruesa, se pone el aceite a calentar; una vez bien caliente, se ponen los filetes de 3 en 3 y se dejan 3 minutos de cada lado (para una carne medianamente frita, cuyo centro saldrá rosado).

Mientras se fríen los filetes, se pone el coñac en un cazo pequeño a calentar. Cuando está templado, se le prende fuego con una cerilla y flameando se rocían los filetes: se coge en seguida el coñac con una cuchara sopera y se flamean lo más posible para que se queme el coñac bien y no resulte fuerte.

Se ponen los filetes en la fuente de servir (que estará caliente) y se rocían con su salsa. Se sirven en seguida.

746 FILETES DE SOLOMILLO CON CHAMPIÑÓN, TRUFA Y NATA (6 personas)

6 filetes de solomillo (150 g cada uno),
un poco de aceite fino para untar los filetes,
6 rebanadas de pan tostado,
20 g de mantequilla (para el pan),
3 cucharadas soperas de buen coñac,

100 g de champiñones frescos,
el zumo de ¹/₂ limón,
20 g de mantequilla,
1 latita de trufas,
4 a 5 cucharadas soperas de nata líquida,
sal y pimienta.

Se limpian de tierra, se lavan bien los champiñones y se pican. Se ponen en un cazo con unas gotas de zumo de limón, la mantequilla y un poco de sal. Se saltean de vez en cuando durante los 6 minutos que necesitan para hacerse. Se pica también la trufa y se mezcla con el champiñón, añadiendo también el jugo de la trufa. Se reserva al calor.

Se unta una cara de las rebanadas de pan (de molde o corriente) con un poco de mantequilla y se tuestan. Se reservan al calor.

Se fríen los filetes, previamente untados por las dos caras, con aceite fino. Cuando están fritos de un lado se vuelven y se sala la cara ya frita (de 2 a 4 minutos de cada lado, según guste). Se ponen en la fuente donde se van a servir.

En un cazo se calienta el coñac, se prende con una cerilla y se vierte prendido por encima de los filetes, flameándolo bien. Se pone entonces debajo de cada filete una rebanada de pan y se reserva la fuente al calor mientras se hace la salsa.

En el cacito de los champiñones se añade la nata líquida. Se calienta revolviendo todo, pero con mucho cuidado de que la nata no hierva; se rectifica de sal y se rocían los filetes con esta salsa.

Se sirve con puré de patatas o bolitas de puré.

747 FILETES CON ACEITUNAS Y VINO BLANCO (6 personas)

6 filetes de lomo bajo o cadera (125 g cada uno),
¹/₂ vaso (los de vino) de vino blanco,
125 g de aceitunas sin huesos,
1 cucharada (de las de café) de concen-

trado de tomate (o de salsa espesa),
¹/₂ cucharada (de las de café) de extracto de carne,
4 cucharadas soperas de aceite,
sal.

Se echan las aceitunas en un cazo con agua fría, se ponen al fuego y se les da un hervor de 2 minutos; después se escurren bien, se secan con un paño limpio y se cortan en dos mitades.

En una sartén se pone el aceite a calentar. Mientras tanto, se echa sal ligeramente por cada cara de los filetes. Se fríen de dos en dos y se reservan al calor.

En la misma sartén, escurrida de la mitad de la salsa, se ponen las aceitunas, el vino blanco, el tomate y el extracto de carne. Se revuelve todo bien y se deja cocer unos 3 o 4 minutos. Se colocan los filetes en una fuente, con la guarnición que se haya elegido (patatas fritas, puré, etc.), y se vierte la salsa por encima de los filetes. Se sirven en seguida.

748 FILETES EMPANADOS (6 personas)

6 filetes de cadera o babilla, delgados
(125 g cada uno),
1 diente de ajo (facultativo),
1 ramita de perejil,

1 plato con pan rallado,
2 huevos,
³/₄ de litro de aceite (sobrará mucho),
sal.

Se piden en la carnicería unos filetes delgados; si no, se aplastan para que queden finos.

En el mortero se machaca el diente de ajo, la ramita de perejil y un poco de sal (esto es facultativo).

Con la punta de los dedos se untan las dos caras de cada filete con esto. Después se pasan por el huevo batido como para tortilla y luego por pan rallado, que tiene que quedar muy uniforme por todo el filete.

Se preparan con un poco de anticipación (¹/₄ hora basta) para que el pan rallado quede bien adherido.

Se fríen en aceite abundante.

Nota.—Se puede suprimir el ajo y el perejil machacados en el mortero y sólo salar y empanar los filetes.

749 FILETES A CABALLO (CON HUEVOS) (6 personas)

6 filetes de solomillo (de unos 150 g
cada uno),
6 rebanadas de pan de molde,
50 g de foie-gras,

el zumo de ¹/₂ limón,
6 huevos,
¹/₂ litro de aceite (sobrará),
sal y pimienta.

Se cortan los filetes gruesos y se les ata una cuerda alrededor con el fin de que no ensanchen al freír.

Se untan con un poco de aceite (con la punta de los dedos) una ¹/₂ hora antes de hacerlos. Se salan y se echa pimienta en los filetes (por cada cara) y se fríen en una sartén gruesa antiadhesiva, previamente calentada y sin más grasa que la que tienen los filetes untados. Se hacen unos 2 minutos por una cara y 3 por la otra (o más si se quiere). Se reservan al calor.

Mientras tanto, se tuestan o se fríen las rebanadas de pan y, una vez doradas, se untan con un poco de foie-gras por una cara. Se reservan al calor.

En una sartén se pone el aceite a calentar y se fríen los huevos.

En una fuente se colocan las rebanadas de pan y encima de cada una 1 filete. Se calienta la salsa que han soltado, añadiéndole el zumo de limón. Se rocía cada filete con esto y sobre cada filete se coloca 1 huevo frito. Se suele servir solo o con ensalada aparte o acompañados de patatas fritas (paja o a la inglesa).

750 FILETES DE CEBÓN, RELLENOS DE JAMÓN, ACEITUNAS Y HUEVO DURO (6 personas)

6 filetes de cadera de cebón (125 g cada uno, cortados muy delgados),	**1 cebolla pequeña** (60 g),
12 aceitunas,	**1 diente de ajo,**
100 g de jamón serrano,	**1 ramita de perejil,**
2 huevos duros,	**1 cucharada sopera rasada de harina,**
harina en un plato para rebozar,	**¹/₂ vaso** (de los de vino) de vino blanco,
aceite para freír, ¹/₄ litro (sobrará),	**4 vasos** (de los de agua) de agua,
	sal.

Se pican las aceitunas, el jamón y el huevo duro. Con ello se rellenan los filetes, dejando un poco de relleno para añadir luego en la salsa. Se enrollan los filetes y se atan con una cuerda fina, dejándole un rabo para poderlo agarrar cuando se vaya a quitar, al servir.

En una sartén se pone el aceite. Cuando está caliente, se rebozan los filetes ligeramente con harina y se fríen de 3 en 3. Se reservan en un plato.

En una cacerola se ponen 6 cucharadas soperas del aceite donde se han frito los filetes, se echa la cebolla muy picadita, que se dora. Se ponen entonces los filetes, el vino blanco y el agua.

En un mortero se machaca el diente de ajo con el perejil y un poco de sal; se deslíe lo del mortero con 2 o 3 cucharadas de salsa donde está cociendo la carne y se echa en la cacerola.

Se revuelve bien y se cuece a fuego mediano-lento durante unos 25 minutos (según sean de duros los filetes).

Al ir a servirlos, se les quita la cuerda y se le echa a la salsa el resto del relleno para que dé un hervor. Se vierte por encima y se sirven con picatostes, arroz blanco o puré de patatas.

751 FILETES RELLENOS DE JAMÓN YORK Y ACEITUNAS (6 personas)

6 filetes de babilla o cadera, de 125 g cada uno y cortados delgados,	**1 vaso** (de los de agua) de aceite,
3 lonchas grandes (pero finas) de jamón de York,	**2 cubitos de caldo de pollo o carne,**
100 g de aceitunas rellenas de pimientos,	**2 cucharadas soperas de harina,** el zumo de un limón,
2 vasos (de los de vino) no muy llenos de vino blanco,	**1 pellizco de hierbas aromáticas,**
1¹/₂ vaso (de los de agua) de agua,	**1 cebolla mediana** (50 g),
	1 diente de ajo,
	sal y pimienta.

Se sazona con sal y pimienta ligeramente cada filete. Se coloca en cada uno ¹/₂ loncha de jamón y en el centro un poco de aceitunas picadas. Se enrolla cada filete y se mantiene así con un palillo o con una cuerdecita (que luego al servir se quitará).

Se pone en una cacerola el aceite a calentar. Se doran los filetes de 2 en 2 y se van reservando en un plato aparte. Una vez fritos, se retira un poco de aceite, no dejando más que el preciso para dorar la cebolla y el diente de ajo, pelados y picados. Se refríen hasta que están empezando a dorarse (unos 10 minutos). Se añade la harina, se dan unas vueltas con una cuchara de madera y se echa el vino, los calditos desmenuzados, las hierbas aromáticas y algo de agua. Se da un hervor a la salsa y se ponen en ella los rollitos de carne, dejándolos cocer a fuego lento durante 1 de hora. Se añade entonces el zumo de limón y se cuece durante otros 15 minutos.

Hay que comprobar después de este tiempo si la carne está tierna (esto depende de la clase), pinchándola con un alambre; si hace falta, se deja un poco más.

Se sacan los rollitos, se les quita el palillo o la cuerda y se colocan en la fuente donde se servirán. Se cubren con la salsa, que se pasará por el chino o la batidora.

Se puede adornar con puré de patatas o arroz blanco.

752 FILETES DE CEBÓN, GUISADOS CON CERVEZA Y CEBOLLA (6 personas)

6 filetes cortados gruesos (redondo, rabillo, tapa, etc.),
5 cucharadas soperas de aceite,
3 cebollas grandes (700 g),

1 botella de cerveza (o 1^1/$_2$, según tamaño),
sal.

Se pone el aceite a calentar en una cacerola. Cuando está en su punto, se pasan los filetes sólo un minuto de cada lado y se sacan. Se reservan en un plato.

Se pelan las cebollas y se cortan en redondeles finos a lo ancho (para que cuando se separe la cebolla forme unos aros). Se pone la mitad de las cebollas donde está el aceite de freír la carne, se posa la carne encima, se sala y se cubre con la otra mitad de las cebollas. Se tapa la cacerola y se deja a fuego muy lento durante unos 10 minutos más o menos, hasta que la cebolla se ponga transparente; entonces se le echa la cerveza, lo bastante para que cubra la carne. Se vuelve a tapar la cacerola y se deja a fuego mediano lento 1 a 1^1/$_2$ horas (según sea de dura la carne).

En este tiempo conviene mover de vez en cuando la carne en su salsa para que no se agarre.

Se sirve en una fuente con la salsa y la cebolla por encima de la carne, y se puede acompañar con molde de arroz blanco o puré de patatas.

753 LOMO DE VACA CON PEREJIL, MANTEQUILLA Y LIMÓN (6 personas)

800 g a 1 kg de lomo alto, en 1 o 2 filetes grandes (también se puede hacer lo mismo con rumsteak),	2 cucharadas soperas de aceite, el zumo de un limón,
50 g de mantequilla,	1 cucharada sopera de perejil picado, sal y pimienta.

Se unta el filete grande de lomo con aceite por cada cara. Se enciende el horno fuerte unos 5 minutos y, pasado este tiempo, se pone encima de la parrilla el lomo unos 4 minutos por una cara y 8 por la otra. Se saca y se le echa sal y pimienta por las dos caras, y se coloca en la fuente donde se va a servir. Se corta entonces en trozos de unos 3 dedos de ancho (4 cm). Se recoge el jugo que haya soltado y se pone en una sartén pequeña con la mantequilla. Se calienta todo sin que la mantequilla haga más que derretirse y no cocer. Se agrega el limón y el perejil. Se revuelve bien y se vierte por encima del lomo. Se sirve en seguida en platos calientes.

754 LOMO DE VACA CON SALSA DE VINO TINTO (6 personas)

800 g a 1 kg de lomo alto, en 1 o 2 filetes gruesos y grandes,	1¹/₄ vaso (de los de agua) de buen vino tinto,
4 cucharadas soperas de aceite fino,	3 cucharadas soperas de nata líquida,
2 chalotas medianas (60 g),	sal y pimienta negra molida.

Se echa el aceite en una sartén grande y, cuando está caliente, se pone el filete de lomo 5 minutos de cada lado (si se quiere medianamente hecha la carne, algo más si se prefiere, pero esta forma de servir la carne siempre es a base de carne poco hecha para que esté buena).

Una vez la carne en su punto y estando en la sartén, se sala y se le pone pimienta de los dos lados. Se retira y se coloca en la fuente donde se vaya a servir, reservándola al calor.

Se pelan y se pican las chalotas, se echan en la sartén donde se ha frito la carne y en el mismo jugo se dejan las chalotas unos 5 minutos. Se revuelven de vez en cuando con una cuchara de madera y se añade el vaso y cuarto de vino tinto (éste debe ser bueno, pues es la gracia de la salsa). A fuego bajo se deja cocer esta salsa durante unos 8 a 10 minutos, con el fin de que se reduzca. Se añade entonces la nata líquida, teniendo buen cuidado de que no cueza; se revuelve bien todo y se vierte encima del lomo que está en espera y que se habrá trinchado en tiras gruesas de 3 dedos de ancho cada una (unos 4 cm de ancho).

Se sirve en seguida acompañada de patatas cocidas o salteadas, o simplemente de una buena ensalada servida aparte.

Nota.—Se puede sustituir la nata líquida por 75 g de mantequilla. Ésta se incorpora a la salsa al final, en 3 veces, batiendo cada vez mucho y sin que cueza.

755 FILETES PICADOS O HAMBURGUESAS (6 personas)

Para 6 personas se suelen comprar 750 g de carne picada. Esta puede ser de cebón o de vaca, pero siempre es más sabrosa si se mezcla con carne de salchichas o simplemente con magro de cerdo.

La proporción para las hamburguesas es de $^1/_2$ kg de carne picada y $^1/_4$ kg de cerdo o salchicha.

Para las albóndigas o la carne en rollo, se suelen poner 400 g de vaca o cebón y 150 g de cerdo o salchicha.

También se puede mezclar vaca y ternera, mitad y mitad.

756 FILETES PICADOS (HAMBURGUESAS) REBOZADOS (6 personas)

6 hamburguesas,
1 plato con harina,
2 huevos,

$^1/_4$ litro de aceite,
sal.

Se salan las hamburguesas por las dos caras. Se pasan ligeramente por harina y después por huevo batido como para tortilla.

Se tiene una sartén con el aceite caliente y se van friendo los filetes por tandas.

Una vez fritos todos, se sirven en una fuente con el acompañamiento que se quiera.

Nota.—Están también muy buenos los filetes de carne picada solamente salados, pasados por harina y fritos sin rebozar en huevo.

757 FILETES PICADOS (HAMBURGUESAS) EN SALSA CON CEBOLLA (6 personas)

6 hamburguesas,
1 plato con harina,
1 cucharada (de las de café) de harina,
1 vaso (de los de agua) de aceite (sobrará),

1 vaso (de los de vino) de vino blanco,
$^1/_2$ vaso (de los de vino) de agua,
1 cebolla grande (250 g),
sal.

En una sartén se pone el aceite a calentar. Cuando está caliente, se salan las hamburguesas por las dos caras, se pasan por harina y se fríen de 2 en 2. Se van poniendo en una cacerola amplia para que no se monten unas sobre otras. Se quita casi todo el aceite de la sartén, dejando sólo un fondo (como 3 cucharadas soperas). Se pela la cebolla y se corta toda a tiras finas. Se fríe y cuando empieza a dorarse se echa la harina, dando unas vueltas con una cuchara de madera; luego se añade poco a poco el vino y el agua. Se cuece la salsa unos 5 minutos. Luego se vierte en la cacerola donde están las hamburguesas y se da un hervor de 8 minutos. Se colocan las hamburguesas en la fuente donde se vayan a servir, se recoge la cebolla con un tenedor y se coloca encima de ellas y se vierte la salsa en el plato. Se sirve en seguida acompañado de puré de patatas, o patatas rehogadas.

STEAK TÁRTARO (2 personas)

400 g de carne picada (de vaca),
1 yema de huevo,
1 diente de ajo,
1 cucharada (de las de moka) de mostaza, más si se quiere,
1 cucharada sopera colmada de perejil picado,

1 cebolla pequeña, picada (unos 50 g) o
1 chalota,
sal y pimienta.

Opcional:
200 g de espinacas,
100 g de champiñones.

En una ensaladera mezclar hasta que forme una pasta: la cebolla muy picada, el ajo también muy picado, el perejil, la mostaza, la yema de huevo, la sal y la pimienta (bastante). Una vez muy mezclado, añadir la carne y formar los filetes.

Si se quiere hacer algo más original, se añaden las hojas de espinacas bien limpias y puestas a sudar un rato y después muy picadas y los champiñones bien lavados y muy picados también. Entonces hay que poner 2 yemas de huevo, para que ligue bien toda la mezcla.

 ALBÓNDIGAS (6 personas)

½ kg de carne picada,
1 ramita de perejil,
1 diente de ajo,
4 cucharadas soperas de pan rallado,
3 cucharadas soperas de vino blanco,
1 huevo batido,
½ litro de aceite,
1 plato sopero con harina,
sal.

Salsa:
4 cucharadas soperas de aceite,
100 g de cebolla picada,
2 tomates maduros medianos,
2½ vasos de agua (de los de agua),
unas ramitas de azafrán (pocas),
2 cucharadas soperas rasadas de harina,
sal.

En una ensaladera se ponen el perejil y el ajo muy picados y el huevo un poco batido. Se pone la carne (puede ser ternera, vaca, mezcla de las dos, o mezcla de cada una de ellas con un poco de cerdo), el pan rallado, el vino y la sal. Se mezcla muy bien con una cuchara de madera. Después de bien mezclado todo se hacen bolas con las manos y, una vez formadas, se pasan ligeramente por harina.

En una sartén se pone el aceite a calentar y se fríen las albóndigas, dándoles unas vueltas para que se doren un poco. Se retiran y se van colocando en una cacerola donde no estén apretadas.

Se hace la salsa.

En una sartén se pone el aceite a calentar, cuando está, se echa la cebolla y se deja dorar unos 5 minutos, después se añaden los tomates en trozos y se machacan con el canto de una espumadera otros 6 u 8 minutos. Se agregan entonces 2 vasos de agua y la sal. Cuando rompe el hervor, se pasa por el pasapurés sobre la cacerola de las albóndigas.

En un mortero se machacan en seco las ramitas de azafrán, se añade un poco de agua del ¹/₂ vaso reservado. Se vierte por encima de las albóndigas, se enjuaga el mortero con el resto del agua y se vuelve a echar sobre las albóndigas, moviendo para que se mezcle bien la salsa.

Se dejan cocer de 10 a 15 minutos las albóndigas en su salsa (10 minutos para ternera, 15 minutos para otras carnes).

760 CARPACCIO DE CARNE AL LIMÓN (4 personas)

8 lonchas finísimas de lomo bajo de vaca,	Salsa:
4 cucharadas soperas de aceite de oliva,	**1 huevo,**
zumo de limón,	**1¹/₂ vaso (de los de agua) de aceite de**
sal y pimienta.	**oliva,**
	la cáscara rallada de 1 limón,
	sal.

El secreto de un buen «carpaccio» es el cortar la carne en lonchas finísimas y que ésta sea de buena calidad.

Se tiene que comprar un trozo de lomo por lo menos de ³/₄ de kg. Se mete en el congelador de 2 a 3 horas, para que se endurezca sin congelarse del todo. Se corta entonces bien en lonchas con una máquina de cortar jamón (suelen tenerla los carniceros) o con un cuchillo que corte muy bien y bastante maña.

Media hora antes de servirlo, se bate muy bien el aceite y el zumo de limón y se pone en una fuente de porcelana o de cristal, para que se macere.

Se deja en la nevera durante este tiempo, pues ha de servirse muy frío. Se saca, se escurre y se salpimenta por los dos lados en el mismo plato donde se irá a comer, pues al ser tan fina la carne no admite mucha manipulación.

Salsa:
Es una mayonesa corriente, algo más fluida y que se hará con zumo de limón en vez de vinagre. Una vez hecha se le añade la cáscara de limón rallado.

También se reserva al frío y se sirve en salsera. Se puede adornar la carne con algo de lechuga o berros.

761 STEAK A LA PIMIENTA

La carne para este tipo de guiso debe de ser o lomo (o sea, entrecot) o mejor aún trozos gordos de solomillo. Se pondrá naturalmente 1 por comensal.

Se machaca en el mortero, y no muy machacada, pimienta en granos o verde o seca, según se tenga o guste más. Se clava bien en las dos caras de cada filete.

Se puede asar a la parrilla o bien en una sartén, poniendo un poco de manteca de cerdo (muy poco). El tiempo dependerá de cómo guste de hecha la carne.

Lo que sí es importante es salar la carne una vez que una de las caras esté ya hecha y nunca antes, en crudo.

Será siempre muy importante poner los platos calientes a los comensales en la mesa.

En la parte de salsas doy varias recetas para acompañar estos filetes: salsa de vino, de chalotas o con coñac y crema líquida, etc.

762 ROLLO DE CARNE PICADA (6 personas)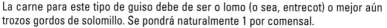

½ kg de carne picada (ternera, vaca o mezcladas con cerdo),
2 huevos,
1 diente de ajo muy picado,
1 cebolla grande (150 g),
1 puñado de miga de pan (unos 125 g),
1 vaso (de los de vino) no lleno de leche caliente,
6 cucharadas soperas de aceite,
sal y un poco de nuez moscada.

En una sartén poner la mitad, más o menos (que cubra el fondo), de aceite. Calentar y echar la cebolla. Cuando empieza a dorar (apenas) retirar la mitad.

En un tazón poner la miga de pan con la leche caliente.

En una ensaladera mezclar la carne, el ajo, el perejil, la cebolla ya frita, la nuez moscada y la miga de pan mojada en leche. Esta última se estrujará un poco si se ve que lleva mucha leche. Batir los huevos y añadirlos. Mezclar todo muy bien. En una fuente de horno echar aceite de forma que cubra el fondo sin más. Si la masa se viese que resulta muy blanda, se puede añadir un poco de pan rallado.

Mójense las manos y fórmese un rollo con la carne como si fuese un asado. Colóquese en una asadera. Con un cuchillo se hace una raya ligera (poco profunda) a lo largo del rollo y encima. Póngase en el horno, a calor mediano (y previamente calentado durante 10 minutos) durante 45 minutos. Apáguese el horno y déjese reposar la carne antes de trincharla.

Salsa:

¹/₂ cebolla ya frita anteriormente,
1 cucharada sopera de harina,
1 vaso (de los de agua) de agua,

¹/₂ vaso (de los de vino) de vino blanco,
¹/₂ hoja de laurel,
sal.

En la misma sartén donde se ha frito anteriormente la cebolla se rehoga un par de minutos más para que empiece a dorar. Se añade la harina, se revuelve un poco con una cuchara de madera. Se añade el agua fría, el vino, el laurel y la sal.

Se deja cocer despacio durante unos 8 minutos. Se cuela por el pasapurés.

 763 **CARNE PICADA CON PURÉ DE PATATAS Y HUEVOS DUROS, AL HORNO (6 personas)**

¹/₂ kg de carne picada de vaca,
1 vaso (de los de agua) de leche caliente,
40 g de mantequilla,
1 cebolla grande (200 g),
2 huevos duros,

1 huevo,
1 puñado de pasas (facultativo),
6 cucharadas soperas de aceite,
1 kg de patatas,
1¹/₂ cucharadas soperas de azúcar,
agua y sal.

Se ponen las pasas a remojar con agua caliente que las cubra bien.

Con agua, sal, patatas, mantequilla y leche caliente se hace un puré de patatas (receta 234) y se reserva al calor.

Mientras se cuecen las patatas del puré, se ponen en una sartén las 4 cucharadas soperas de aceite a calentar. Cuando están calientes, se pone la cebolla pelada y muy picada a freír. Se le da vueltas hasta que empiece a dorarse (unos 8 minutos). Se añade entonces la carne picada y se revuelve con la cebolla durante unos 4 minutos más o menos; se sala. Se añaden las pasas escurridas y se revuelven con la carne (esto es si gustan las pasas). Se pone la carne en una fuente de cristal o porcelana resistente al horno. Encima de la carne se ponen los 2 huevos duros cortados en gajos o en rodajas no muy finas. El puré de patatas se mezcla con el huevo batido como para tortilla. Con este puré se cubre la carne. Se rocían las 2 cucharadas soperas de aceite por encima del puré y se espolvorea el azúcar con la mano como si fuese sal.

Se mete en el horno, previamente calentado, durante unos 15 minutos y se sirve en la misma fuente.

764 **ASADO AL HORNO**

Se ata la carne con una cuerda fina para darle bonita forma.

En la asadera se derrite manteca de cerdo o se pone aceite. Se dora el asado por todos lados y se sala. Se unta entonces todo el asado con extracto de carne.

Se tendrá el horno al máximo de calor un buen rato antes de meter el asado (unos 10 minutos a 300°).

Un asado de 1¹/₂ kg se suele asar durante unos 30 minutos para que salga rosado en el centro, pero este tiempo es muy personal, pues hay quien le gusta la carne más cruda o más hecha. De todas maneras un buen asado debe quedar bastante rosado.

Se abre entonces el horno para que la carne no se haga más y se deja reposar unos minutos, pues al reposar la carne se trincha mejor.

Se quita el asado de la asadera y se reserva al calor tapada con papel de plata. En la asadera se echa agua hirviendo, se rasca con una cuchara todo el fondo, se cuece un poco y se sirve en salsera.

765 **ASADOS EN CACEROLA**

A falta de horno, se usan unas cacerolas de hierro especiales que son gruesas (cocotte).

Se calienta la manteca de cerdo y, una vez derretida, se pone el asado a dorar por todos lados; una vez dorada toda la carne se volverá solamente cada 10 minutos, dejando destapada la cacerola.

Se procede para la sal y la salsa igual que en la fórmula anterior.

Para este procedimiento de asado se debe calcular unos 10 minutos por cada ¹/₂ kg de carne.

Carnes guisadas

Para hacer platos de carne guisada se compra redondo, rabillo, aguja, falda, tapa o espaldilla. También al comprar un lomo para asar, los trozos que sobran al darle bonita forma son muy buenos para guisar. Igualmente pasa con el solomillo: la parte baja y la parte alta son buenísimas para guisar en trozos.

Se calcula unos 200 a 250 g por persona, sin huesos.

La cacerola donde se haga el guiso debe ser gruesa, pues se hace mejor. Se suelen encontrar de importación en grandes almacenes o en tiendas especializadas en baterías de cocina, etc.

766 RAGOÛT CON ZANAHORIAS, CEBOLLITAS FRANCESAS Y GUISANTES (6 personas)

1¹/₂ kg de carne de vaca cortada en trozos,
¹/₂ kg de zanahorias,
¹/₄ de cebollitas francesas,
  1 cebolla mediana (50 g) muy picada,
  2 cucharadas soperas de salsa de tomate espesa (facultativo),
  1 lata pequeña de guisantes (o un puñado frescos y sin cáscara),

  1 vaso (de los de agua) no lleno de aceite,
  1 vaso (de los de agua) no lleno de vino blanco,
  1 cucharada sopera rasada de harina,
  1 pellizco de hierbas aromáticas,
20 g de mantequilla (para las cebollitas), agua y sal.

Se corta la carne en trozos cuadrados de unos 3 dedos de grosor. Puede ser morcillo, falda, o sea, carne de segunda. En una cacerola se pone el aceite a calentar; cuando está caliente se ponen los trozos por tandas a dorar, y se van reservando en un plato cuando están bien rehogados.

Una vez rehogada toda la carne se quita casi todo el aceite, no dejando más que un poco en el fondo de la cacerola; se pone la cebolla picada y se deja dorar ligeramente. Se añade la harina y se rehoga todo unos 5 minutos. Se vuelve a poner la carne en la cacerola, se le echa el vino blanco, después agua para que justo la cubra. Se sala y se espolvorea el pellizco de hierbas, se mueve bien, se deja que rompa el hervor y se tapa con tapadera. Se cuece durante 1¹/₂ hora y entonces se agregan las zanahorias, peladas, lavadas y partidas a lo largo en trozos grandecitos. Se cuece ³/₄ de hora más. Se añaden entonces las 2 cucharadas de tomate.

Durante este tiempo, se ponen las cebollitas francesas previamente peladas a cocer en un cazo pequeño con un poco de agua (justo que las cubra) y la mantequilla. Una vez que están tiernas, pero enteras, se reservan. Unos 10 minutos antes de servir el guiso, se añaden las cebollitas y los guisantes escurridos de su agua.

Se sirve en una fuente, previamente templada, y con los platos del servicio también templados, pues este tipo de ragoût debe comerse muy caliente para que no se solidifique la grasa.

767 RAGOÛT DE CARNE EN CANELONES

(Véase receta 292.)

768 CARNE ADOBADA Y GUISADA EN VINO TINTO
(6 personas)

1¹/₂ kg de carne de vaca en trozos (tapa y babilla),
1 cebolla grande (200 g),
1 zanahoria grande,
¹/₂ litro de vino tinto,
2 hojas de laurel,
¹/₃ de vaso (de los de vino) de buen vinagre,
1 ramillete con perejil, 1 diente de ajo y unas ramas de tomillo,
150 g de tocino fresco veteado en lonchitas,
2 cucharadas soperas de aceite,
¹/₂ litro de agua caliente,
sal y pimienta molida.

Se corta la carne en trozos cuadrados de 3 a 4 cm de lado.

En un cacharro de barro hondo se ponen los trozos de carne, encima se corta ¹/₂ cebolla en unos 3 trozos grandes (después de pelada), la zanahoria pelada y cortada en rodajas un poco gruesas (como un duro), las 2 hojas de laurel, el ramillete, se sala y se echa un poco de pimienta. Después se rocía con ¹/₂ litro de vino tinto y el vinagre. Se tapa con tapadera y se tiene así de 6 a 10 horas, en sitio fresco (pero no en la nevera), moviendo de vez en cuando los trozos para que todos se remojen bien.

Al ir a hacer el guiso se escurren bien los trozos de carne en un plato. En una cacerola se pone el aceite y el tocino; cuando están calientes se les echa la otra ¹/₂ cebolla picada, hasta que quede bien dorada. Se echan entonces los trozos de carne y se les da una vuelta durante unos 10 minutos, moviéndolos bien con una espumadera para que todos queden rehogados. Se les añade entonces el adobo (vino, cebolla, laurel, etc.) y con la cacerola destapada se deja reducir el caldo a la mitad. Se le agrega entonces ¹/₂ litro de agua caliente y se tapa con tapadera, dejándolo a fuego lento de 2 a 3 horas, según la clase de carne.

Se sirve en una fuente honda con acompañamiento de puré de patatas o simplemente con triángulos de pan frito.

769 CARNE GUISADA CON VINO TINTO (BOURGUIGNON, ESTILO FRANCÉS) (6 personas)

1¹/₂ kg de carne en trozos (tapa, espaldilla, pecho, etc.),
1 cebolla mediana (100 g),
200 g de tocino veteado,
3 cucharadas de aceite,
1 litro de buen vino tinto,
2 cucharadas soperas colmadas de harina,

¹/₄ kg de cebollitas francesas,
20 g de mantequilla (1 trocito),
agua,
pimienta y nuez moscada
sal.

En una cacerola se pone el aceite a calentar. Cuando está caliente (sin que salga humo) se le añade el tocino cortado en dados pequeños y la cebolla pelada y picada. Se rehoga bien todo unos 10 minutos, hasta que la cebolla empieza a dorarse. Se retiran entonces con una espumadera la cebolla y el tocino, que se reservan. Se agrega la carne cortada en trozos de 3 cm de costado; se refríen bien y, cuando están rehogados por todos lados, se espolvorean con la harina. Se vierte poco a poco el vino moviendo todo bien con una cuchara de madera, se echa un poco de pimienta molida y se ralla un poco de nuez moscada. Se revuelve bien todo junto hasta que empieza a cocer el vino. Se ponen entonces otra vez el tocino y la cebolla ya refritos, y, si hiciese falta, algo de agua caliente para que cubra justo la carne. Se tapa la cacerola y se cuece durante unas 2¹/₂ horas (según sea de tierna la carne). Se moverá el guiso de vez en cuando para que no se agarre el fondo de la cacerola.

Aparte, mientras tanto, se pelan las cebollitas francesas, se ponen en un cazo de forma que no se monten unas encima de otras, se cubren justo con agua fría, se salan y se les añade la mantequilla. Se cuecen así unos 20 minutos.

Cuando la carne está ya en su punto, se sala muy ligeramente si hace falta, se añaden las cebollitas y se revuelve todo junto durante unos 10 minutos. Se sirve el guiso en plato más bien hondo, con su salsa por encima y con patatas cocidas o fritas alrededor.

Carne guisada con vino tinto (otra variación):
Se hace igual que la anterior, pero después de rehogar bien la carne se añaden 3 cucharadas soperas de salsa de tomate bien espesa, o 1¹/₂ cucharada sopera de concentrado de tomate. Luego se espolvorea la harina, etcétera.

Se sirve este guiso con unos coditos, cocidos en agua y sal, escurridos y mezclados con un poco de mantequilla y queso rallado.

770 RABILLO DE CADERA O TAPILLA GUISADA CON ZANAHORIAS Y CEBOLLITAS (6 personas)

1¹/₂ kg de un rabillo o tapilla de vaca,
4 cortezas de jamón,
¹/₂ pata de ternera grande o una pequeña partida en dos (¹/₂ kg),
3 cucharadas soperas de coñac,
1¹/₄ litros de agua (más o menos),
1 vaso (de los de vino) bien lleno de vino blanco,
4 cucharadas soperas de aceite,
2 zanahorias medianas,
¹/₄ kg de zanahorias pequeñas y muy tiernas,

1 cebolla pequeña (50 g),
¹/₄ kg de cebollitas francesas,
20 g de mantequilla,
1 pastilla de caldo de pollo,
1 cucharadita (de las de moka) rasada de hierbas aromáticas en polvo (o un ramillete: perejil, 1 diente de ajo pelado, una hoja de laurel, una ramita de tomillo),
sal y pimienta molida.

Se mecha la carne en la carnicería o en casa y se ata con una cuerda para darle bonita forma. Se chamusca la pata para quemarle los pelos.

En una cacerola se pone el aceite a calentar; cuando está caliente (sin humear) se añaden las cortezas de jamón y la cebolla picada; se pone la carne y la pata de ternera a dorar por todos los lados, volviéndolas con una cuchara de madera y un tenedor, hasta que estén doradas. Se rocían con el coñac calentado previamente en un cazo pequeño y prendiéndolo con una cerilla para quitarle fuerza. Una vez preparada así la carne, se agregan las 2 zanahorias lavadas, raspada la piel y cortadas en rodajas. Se espolvorean las hierbas aromáticas y se cubre la carne con agua (más o menos el ¹/₂ litro). Se sala ligeramente y se echa un poco de pimienta molida. Se cubre la cacerola con tapadera y, a fuego mediano, más bien lento, se deja cocer unas 3 horas. Pasado este tiempo, se añade el vino blanco, la pastilla de caldo disuelta en 2 o 3 cucharadas de salsa de la carne y se incorporan también las zanahorias, peladas y cortadas en dos a lo largo. Se deja cocer ¹/₂ hora más. Se rectifica de sal si hace falta. Mientras tanto, en un cazo pequeño se cuecen las cebollitas francesas, peladas y apenas cubiertas de agua, con la mantequilla y un poco de sal.

Cuando la carne está tierna, se saca y se le quita la cuerda que le daba bonita forma. Se corta en lonchas y se coloca en una fuente. Se deshuesa la pata de ternera y se ponen los trocitos encima. Se ponen las zanahorias en trozos grandes alrededor, mezcladas con las cebollitas francesas, y se cuela la salsa por un chino, machacando las rodajas de zanahorias y la cebolla picada. Se sirve con la salsa por encima.

Receta anterior servida fría:

Se hace igual que la anterior, con muchas menos cantidades, o mejor, se aumenta algo de carne en la otra receta y con las sobras se hace el paté de carne (con carne de la pata de ternera y 100 g de jamón serrano, todo en trocitos menudos, como dados). Se hace también $\frac{1}{2}$ litro de gelatina y se derrite.

En un molde alargado (de cake) se pone parte de la salsa del guiso mezclada con la gelatina; se deja cuajar en la nevera y se adorna el fondo con rodajas de zanahoria y algunos guisantes (de lata o cocidos): se alternan capas de carne, jamón y pata mezclados, con algunos guisantes y trozos de zanahorias. Después se vierte la salsa, hasta que cubra bien el paté. Se mete en la nevera unas horas, hasta que cuaje la gelatina.

Se desmolda y se sirve frío, adornado con rodajas de tomate, remolacha y hojitas de lechuga.

771 **ROPA VIEJA (6 personas)**

Un resto de carne de redondo (de cocido, etc.), ya guisado, o trozos de carne sobrante que se freirán calculando lo que haga falta (1 kg más o menos en crudo),
1 kg de tomates maduros,
1 pimiento colorado grande (400 gramos) o de lata,
1 cebolla grande (200 g),
4 cucharadas soperas de aceite,
1 cucharada (de las de café) de azúcar,
sal.

En una sartén se pone el aceite a calentar y se añade la cebolla picada; se deja unos 5 minutos que se dore sola. Después se añaden los tomates cortados en trozos y quitadas las simientes, y se machaca lo de la sartén con el canto de una espumadera. Una vez que haya cocido unos 15 minutos, se pasa por el pasapurés y se añade el azúcar y la sal.

En el horno, previamente calentado, se asa un pimiento entero, hasta que esté blando (unos 30 minutos). Se saca, se deja enfriar cubriéndolo con un plato o un paño y se pela, quitando las simientes. Se corta en tiras de un dedo de ancho.

En la sartén se echa la carne cortada en trozos grandes, con el pimiento, para que todo junto dé un hervor.

Se sirve en una fuente con moldecitos de arroz blanco (receta 186, 1.ª fórmula).

REDONDO GUISADO (8 a 10 personas)

2 a 2¹/₂ kg de redondo de cebón,	**4 cucharadas soperas de aceite,**
2 cebollas grandes (300 g),	**1¹/₂ vaso (de los de vino) de vino blanco,**
1 hoja de laurel,	**agua y sal.**
2 cucharadas soperas de harina,	

En una cacerola se pone el aceite a calentar; cuando está caliente (sin que salga humo) se pone el redondo a dorar por todos lados. Cuando está bien dorado, se saca y se reserva en un plato. Se echan entonces las cebollas peladas y picadas, que se rehogan hasta que estén bien doradas (unos 10 a 12 minutos). Se agrega entonces la harina, se dan unas vueltas, se vierte el vino, se mueve y se vuelve a poner el redondo. Se sala y se pone la hoja de laurel, agregando agua templada o fría hasta que lo cubra. Se tapa la cacerola y, cuando vuelve a romper el hervor, se baja el fuego hasta que cueza lentamente durante unas 2¹/₂ horas (según sea de dura la carne, más tiempo si hace falta). Se da de vez en cuando una vuelta al redondo para que se haga bien por todos lados.

Para servirlo se saca de la salsa y en la tabla se trincha en rodajas de 1¹/₂ cm de ancho. Se cuela la salsa por el chino o la batidora y se sirve en salsera aparte, acompañado de puré de patatas.

Nota.—El redondo de vaca está mejor mechado con unos trozos de tocino. Lo pone más jugoso.

Se puede añadir al redondo una manzana reineta, pelada y cortada en dos, que se pasará con la salsa.

 MANERAS DE UTILIZAR EL RESTO DEL REDONDO

1. En ropa vieja (receta 771).

2. Envuelto con bechamel:

2 cucharadas soperas colmaditas de harina,	**2 huevos,**
2 vasos (de los de agua) bien llenos de leche fría (algo más de ¹/₂ litro),	**1 plato con pan rallado, aceite para untar la tabla de la carne,**
25 g de mantequilla,	**1 litro de aceite para freír (sobrará),**
3 cucharadas soperas de aceite fino crudo,	**sal.**

En una sartén se pone el aceite con la mantequilla a derretir; cuando están, se añade la harina, se dan unas vueltas y, poco a poco, se agrega la leche fría, dando vueltas continuamente para que no se formen grumos. Se cuece la bechamel unos 10 minutos para que quede espesa, echándole entonces la sal.

Fuera del fuego, se meten de una en una las rodajas de redondo, de forma que queden bien cubiertas por la bechamel. Se sacan y se ponen a enfriar en la tabla de la carne bien untada con aceite (para que no se peguen). Se hace esto por lo menos una hora antes de ir a freírlas.

Un poco antes de ir a servirlas, se pone el aceite a calentar. Mientras tanto se baten los huevos como para tortilla. Se pasa cada pedazo de redondo primero por el huevo batido y después por pan rallado. Se fríen hasta que tengan un bonito color dorado y se sirven en seguida.

3. Otra manera de utilizar un resto de redondo, contra, etc., ya guisado, con bechamel y alcaparras (6 personas):

6 o 12 rodajas de carne (según sean de grandes),
2 cebollas medianas (150 g),
3 cucharadas soperas de aceite,
25 g de mantequilla,
2 cucharadas soperas de harina,
1 cucharada sopera de vinagre,
$^{1}/_{4}$ litro de leche,
$^{1}/_{4}$ litro de caldo (o agua con un cubito de caldo de pollo),
2 cucharadas soperas de alcaparras,
2 cucharadas soperas de pan rallado,
1 diente de ajo,
1 hoja de laurel,
50 g de mantequilla,
sal.

Se pelan y se pican muy menudas las cebollas. En una sartén se pone el aceite a calentar y, cuando está, se rehogan hasta que estén transparentes (unos 5 minutos). Se añade entonces la hoja de laurel y el diente de ajo pelado y aplastado con un golpe dado con el mango de un cuchillo. Se rehoga un poco y se agregan los 25 g de mantequilla y la harina; se rehoga todo dando vueltas un ratito, y luego, poco a poco, se añade primero el vinagre, la leche fría y luego el caldo. Sin dejar de mover, se cuece unos 10 minutos. Se sala.

En una fuente de porcelana, cristal o barro (resistente al horno) se ponen 3 cucharadas de salsa en el fondo, teniendo cuidado de quitar de ella la hoja de laurel y el diente de ajo. Se colocan las rodajas de carne. En el resto de la salsa se echan las alcaparras, se revuelven y se vierte por encima de la carne. Se espolvorea con el pan rallado, se pone la mantequilla en trocitos por encima y se mete al horno a gratinar hasta que esté bien dorado.

Se sirve en la misma fuente.

CARNE GUISADA CON TOMATES Y ACEITUNAS (6 personas)

1½ kg de carne en trozos (aguja, falda, morcillo, etc.),
1 vaso (de los de agua) de aceite (sobrará),
150 g de jamón serrano veteado picado,
2 cebollas grandes (200 g),
½ kg de tomates muy maduros (3 grandes),
100 g de aceitunas rellenas de pimiento,
2 cucharadas soperas rasadas de harina,
1 vaso (de los de vino) de vino blanco,
1 pellizco de hierbas aromáticas (o un ramillete con perejil, 1 diente de ajo y una hoja de laurel),
agua y sal.

En una cacerola se pone el aceite a calentar. Cuando está a punto (sin que salga humo) se rehogan bien los trozos de carne y, a medida que están, se retiran y se reservan en un plato.

Se retira parte del aceite, no dejando más que lo justo para cubrir el fondo de la cacerola (4 cucharadas soperas, más o menos). Se echa la cebolla pelada y muy picada para que se rehogue. Cuando empieza a dorarse (unos 8 minutos) se agrega la harina, se vuelve a rehogar un poco y después se ponen los tomates pelados, cortados en trozos y quitadas las simientes. Se rehogan otros 5 minutos, machacándolos bien con el canto de una espumadera o con el de la cuchara. Se incorpora entonces la carne, el jamón y después el vino blanco. Se sala y se pone el pellizco de hierbas aromáticas o el ramillete. Se revuelve todo junto unos 5 minutos y se pone el agua suficiente para que quede la carne cubierta. Se cubre la cacerola, y, cuando rompe el hervor, se deja cocer a fuego mediano unas 2 horas (este tiempo depende de la clase de carne que se haya empleado; puede ser más o menos tiempo). Si entonces está la carne tierna se incorporan las aceitunas, a las cuales, aparte, se les habrá dado un hervor de 1 minuto y después cortadas en dos. Se revuelve bien, se tiene 10 minutos más al fuego con la cacerola ya destapada. Se sirve en fuente honda adornada con triángulos de pan frito.

 CONTRA GUISADA (6 personas)

1¼ kg de contra de cebón,
150 g de tocino para mechar,
1 vaso (de los de agua) de aceite,
1 vaso (de los de agua) de vino blanco,
1 vaso (de los de agua) de agua,
2 cebollas grandes (250 g),
½ kg de zanahorias,
8 granos de pimienta,
1 manzana reineta (facultativo),
sal,
agua, si hiciese falta en la salsa.

Se manda mechar el trozo de contra y se ata con una cuerda.

Se pone el aceite a calentar y cuando está caliente se rehoga la carne, de manera que esté dorada por todos lados. Se retira y se reserva en un plato. En el aceite se pone la cebolla pelada y picada hasta que empiece a dorarse (unos 10 minutos); se vuelve a poner la carne y se rocía ésta con el vaso de agua. Se echa la pimienta en grano y la sal. Se tapa muy bien y se cuece a fuego muy lento durante 1¹/₂ hora, dándole de vez en cuando la vuelta. Pasado este tiempo se añaden las zanahorias lavadas, raspada la piel y en trozos grandes y el vino. Se vuelve a tapar la cacerola y se cuece otros ³/₄ de hora más (este tiempo depende de lo tierna que esté la carne).

Al ir a servir se quita la cuerda de la carne, se trincha en rodajas no muy gruesas. Se retiran casi todas las zanahorias menos 2 que se reservan para la salsa; las demás se pondrán de adorno en la fuente.

Se pasa la salsa por el pasapurés o la batidora (si está muy espesa después de pasada se añade un poco de agua), se calienta bien y se vierte por encima de la carne.

Se pueden poner de adorno patatas cocidas, puré o verduras en montones alrededor de la fuente.

Nota.—Después de echar el vino, se puede añadir una manzana reineta pelada y cortada en trozos. Ésta se pasará con lo demás.

776 CARNE FIAMBRE (6 a 8 personas)

1 kg de redondo de cebón,	1 hoja de laurel,
30 g de sal de nitro (comprada en farmacia),	1 ramita de tomillo,
	1 vaso (de los de vino) de vino blanco,
4 litros de agua,	2 puerros medianos,
350 g de sal,	2 zanahorias medianas (100 g),
6 granos de pimienta,	2 huesos de rodilla u otros de vaca.

Se unta la carne ligeramente con sal de nitro y se deja unas horas así en sitio fresco, pero no en la nevera (toda la noche, por ejemplo). Después se pone en una salmuera.

En una cacerola se pone la carne; se cubre con los 4 litros de agua, se le añade la sal, la pimienta, el laurel y el tomillo, y así se tiene 24 horas. Se mueve de vez en cuando la salmuera para que la sal no se deposite en el fondo.

Se saca, se lava ligeramente y luego se pone en una cacerola con los puerros y las zanahorias cortados en trozos grandes, los huesos, el vino blanco y agua suficiente para que la cubra. Una vez que rompa el hervor, se cuece a fuego mediano durante unas 3 horas. Se saca y se prensa (con una tabla de la carne por encima), y, una vez fría, se corta y se sirve como si fuese fiambre, con ensaladilla o ensalada de adorno.

777 RABO DE BUEY GUISADO (6 personas)

2 rabos de buey cortados en trozos,
2 cebollas grandes (180 g),
1 hoja de laurel,
4 granos de pimienta,
2 clavos (especia),
¼ kg de zanahorias,
2 vasos (de los de vino) de vino blanco,
3 o 4 litros de agua,
sal.

En una cacerola grande se pone agua fría y los trozos de rabo de buey, de forma que bailen bien en el agua (unos 3 litros). Se pone a cocer, y cuando empieza a hervir el agua se quita la espuma que se forma por encima; sin separarlo del fuego, se añaden entonces las cebollas enteras, peladas y con un clavo metido en la pulpa de cada cebolla, los granos de pimienta, la hoja de laurel, las zanahorias raspadas y lavadas, cortadas en dos a lo largo, el vino y la sal.

Se deja cocer destapado unas 2 a 3 horas, hasta que se separa la carne del hueso y se queda el caldo bien consumido (lo justo para hacer una salsa).

Se quitan el laurel y los granos de pimienta y se pasan por el chino o el pasapurés las zanahorias y las cebollas. Se pone la carne sin los huesos en una fuente y se cubre con la salsa. Se sirve en seguida, adornado con patatas fritas o puré de patatas.

Ternera

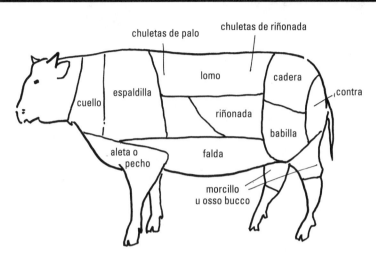

chuletas de palo
chuletas de riñonada
lomo
cadera
espaldilla
contra
cuello
riñonada
babilla
aleta o pecho
falda
morcillo u osso bucco

Se calcula para filetes corrientes 150 g por persona (125 g para empanados, pues deben ser muy delgados).

Para ternera asada, de 200 a 225 g por persona, pues esta carne merma mucho.

Para ternera guisada, 200 a 250 g por persona.

778 FILETES FRITOS (6 personas)

6 filetes de babilla o solomillo,
3 cucharadas soperas de aceite,

2 cucharadas soperas de manteca de cerdo o de aceite (60 g),
sal.

Se salan los filetes por las dos caras. Se pone la manteca, o el aceite, a calentar.

Se fríen unos 3 minutos por cada cara a fuego vivo, procurando darles la vuelta con una pinza para no pincharlos, pues así se les va el jugo. Después se tapa la sartén con una tapadera y se dejan otros 2 minutos a fuego muy lento.

Se sirven en una fuente con el adorno que se haya elegido de verduras o de patatas en puré, rehogadas o fritas.

TERNERA

Frita			El horno mediano al principio y más fuerte en la mitad del tiempo de asar			Guisos		
Qué parte pedir	Peso por persona	Tiempo de cocción	Qué parte pedir	Peso por persona	Tiempo de cocción	Qué parte pedir	Peso por persona	Tiempo de cocción
Chuletas	180 g	10 minutos para chuletas	Contra			Falda		2 horas para los guisos
Filetes de babilla	150 g normales		Babilla	250 g sin huesos	20 minutos por cada medio kilo	Aguja		
Tapa		8 a 10 minutos para los filetes, primero a fuego vivo, después más lento	Chuletas deshuesadas o silla			Morcillo	200 a 250 g	
Cadera						Contra		1½ a 2½ horas para platos en salsa
Espaldilla	125 g para empanar					Osso bucco		

779 FILETES FRITOS CON LIMÓN Y MANTEQUILLA (6 personas)

6 filetes de babilla,
4 cucharadas soperas de aceite,
  el zumo de 1 limón,

1 cucharada sopera de perejil picado,
50 g de mantequilla,
  sal.

Se salan los filetes. En una sartén se pone el aceite a calentar y, cuando está caliente (sin que salga humo), se fríen los filetes unos 3 a 4 minutos de cada lado, procurando darles la vuelta con una pinza para no pincharlos. Se sacan y se reservan en la fuente donde se vayan a servir, al calor.

Se escurre un poco de aceite de la sartén, no dejando más que el fondo que está más oscuro de freír la carne. Se pone la mantequilla a derretir y el zumo de limón. Se mueve esto junto muy bien, teniendo cuidado de no dejar cocer la mantequilla, pues así sienta peor y se pone oscura. Se añade el perejil y se rocían los filetes con la salsa.

Se adornan éstos como los anteriores.

780 FILETES DE TERNERA EMPANADOS (6 personas)

6 filetes finos de babilla o tapa,
1 plato con pan rallado (muy fino),
2 huevos,

³/₄ litro de aceite (sobrará),
  sal.

Se aplastan bien los filetes y se recortan los bordes para darles bonita forma. Se les echa sal por las dos caras y se pasan ligeramente por pan rallado muy fino (para ello se cuela por un colador de agujeros grandes, sacudiéndolo para que caiga sólo lo más fino). Una vez untados todos los filetes, se baten los huevos en un plato sopero, como para tortilla. De uno en uno se pasan los filetes por el huevo y después otra vez por el pan rallado, pero esta vez el pan tiene que quedar bien uniforme.

Se fríen en aceite abundante y caliente (para saber el punto del aceite se prueba friendo una rebanadita de pan, que no se debe arrebatar en seguida, pues así los filetes quedarían crudos por dentro).

FILETES DE TERNERA RELLENOS CON BACON Y GRUYÈRE (6 personas)

6 filetes de ternera (babilla, tapa o cadera),
6 lonchas finas de bacon,
6 lonchitas finas de queso gruyère,
1 pellizco de hierbas aromáticas,
2 cucharadas soperas de aceite,
50 g de mantequilla,

1 cucharada (de las de café) de perejil picado,
zumo de $\frac{1}{2}$ limón,
sal,
2 cucharadas soperas de nata líquida (facultativo).

Se compran unos filetes delgados y con forma de óvalo más bien alargado. Se extienden de uno en uno, se salan ligeramente; en la mitad se coloca una lonchita de bacon (cortándole la parte dura del borde) y encima la lonchita de queso. Se espolvorean un poco con polvo de hierbas. Se doblan como si fuese una empanadilla y se pincha el borde o los dos bordes con un palillo, para que no se mueva el relleno.

Se salan las dos caras externas ligeramente (pues el queso ya sala el filete).

En una sartén se pone a calentar el aceite con la mitad de la mantequilla. Cuando está caliente se fríen los filetes, primero a fuego vivo un par de minutos por cada cara, y, después, a fuego más lento 5 minutos de cada lado. Se separan una vez fritos, se ponen en una fuente caliente y se reservan a la boca del horno templado para que no se enfríen. En la sartén se quita la grasa que han soltado, si hubiese mucha, se pone la mantequilla que se tiene separada y el zumo de limón, y, si se quiere más salsa, un par de cucharadas soperas de agua caliente. Se revuelve bien, y, ya fuera del fuego, se echan las 2 cucharadas de nata (calentando con cuidado esta salsa para que ya no cueza, pues se cortaría la nata).

Se espolvorean los filetes con perejil picado y se rocían con la salsa. Se sirven en seguida. Se pueden adornar con patatas paja o puré de patatas.

FILETES DE TERNERA CON SALSA DE OPORTO, MOSTAZA Y PEREJIL (6 personas)

6 filetes de babilla, tapa o cadera,
5 cucharadas soperas de aceite,
5 cucharadas soperas de vino de Oporto,

1 cucharada sopera de perejil picado,
2 cucharadas (de las de café) de mostaza,
sal.

Se salan ligeramente los filetes. Se pone a calentar el aceite y se fríen de dos en dos, unos 4 minutos por cada cara, volviéndolos con una pinza para no pincharlos. Se van reservando al calor, en la fuente donde se vayan a servir.

Una vez fritos los filetes, se retira un poco de aceite, dejando sólo el fondo con grasa; se añade el oporto y la mostaza. Se revuelve bien y se cuece un par de minutos. Se agrega el perejil y se vierte esta salsa por encima de los filetes, que se servirán en seguida, con el adorno de patatas (puré, rehogadas, fritas, etc.) que más guste.

783 FILETES MIGNON CON CHAMPIÑONES Y BECHAMEL (6 personas)

6 filetes de solomillo de ternera,	25 g de mantequilla,
6 redondeles de pan de molde fritos,	2 cucharadas soperas de aceite,
¼ kg de champiñones de París frescos,	2 cucharadas soperas rasadas de harina,
20 g de mantequilla,	¾ litro de leche fría (2 vasos de los de
el zumo de ½ limón grande,	agua, muy llenos),
1 vaso (de los de agua) de aceite,	sal.

Se separan las cabezas de los champiñones de los pedúnculos. Se lavan bien con agua y unas gotas de zumo de limón, y se escurren. Las cabezas (que deben ser pequeñas y bastante iguales) se ponen en un cazo con 20 g de mantequilla, zumo de limón y un poco de sal. A fuego lento se van haciendo durante unos 6 minutos, después se reservan. Los rabos de los champiñones se pican muy menudos y se reservan así en crudo.

En una sartén se ponen los 25 g de mantequilla y el aceite a calentar; cuando están derretidos se añade la harina, se dan unas vueltas con una cuchara de madera o unas varillas y, poco a poco, se va agregando la leche fría, y, por último, el picadito de champiñones crudos.

Se cuece la bechamel durante unos 10 minutos. Se reserva al calor sin que cueza más.

Aparte, en otra sartén, se pone el aceite a calentar y se fríen los canapés de pan, que deben ser un poco mayores que la carne. Se ponen en una fuente. Se fríen después los filetes de solomillo, echándoles antes un poco de sal por cada cara y quitando un poco de aceite de la sartén. Se fríen unos 3 o 4 minutos de cada lado. Se posa cada uno sobre las rebanadas de pan. Se rocían con la bechamel que ha de estar espesa, se ponen las cabezas de los champiñones todo alrededor de los filetes, pero encima del pan. Se mete todo unos 5 minutos en el horno previamente calentado a gratinar, y se sirve en cuanto empieza a dorarse un poco.

**ESCALOPINES DE TERNERA REBOZADOS
Y CON PICADITO DE CHAMPIÑONES (6 personas)**

12 filetes pequeños y delgados (escalo-
    pines) de babilla o cadera,
 2 huevos,
 1 plato con harina,
¹/₂ kg de champiñones frescos medianos,
25 g de mantequilla,
    el zumo de limón,

 1 cucharada sopera de harina,
 2 cucharadas soperas de aceite,
20 g de mantequilla,
 3 cucharadas soperas de coñac,
 1 vaso (de los de agua) de agua fría,
³/₄ litro de aceite (sobrará),
    sal y pimienta.

Se preparan los champiñones. Se les quitan las cabezas, se lavan al chorro cepillándolas bien y se ponen enteras en un cazo con el trozo de mantequilla (25 g), unas
gotas de limón, 2 cucharadas soperas de agua y sal. Se cuecen hasta que están tiernos (unos 8 minutos). Se pinchan con una aguja para saber si están en su punto. Se
reservan al calor.

A los pedúnculos o rabos se les cortan las partes sanas y sin tierra, se lavan
bien con agua y el zumo del ¹/₂ limón, se escurren en seguida y se reservan.

En una sartén se pone el aceite y la mantequilla (20 g) a calentar. Cuando ésta se
ha derretido, se añade la harina. Se deja que se tueste ligeramente, dándole vueltas
con una cuchara de madera; se añade el coñac y el agua, se mueve para que no
forme grumos y se añaden los pedúnculos de los champiñones picados, la sal y la
pimienta. Se deja cocer unos 8 minutos a fuego lento.

En una sartén amplia se pone el aceite a calentar. Mientras tanto se salan los filetes, se pasan por harina, sacudiéndolos para que caiga la sobrante. Se baten en un
plato sopero los huevos como para tortilla y se pasan los escalopines de uno en uno
dentro del huevo. Se fríen por tandas y se reservan al calor en la fuente donde se vayan
a servir. Se colocan en redondo. Alrededor de la fuente se ponen las cabezas de
champiñón enteras y alguna en el centro, y se sirve con la salsa aparte en una salsera.

 ROLLITOS DE TERNERA CON BACON Y ANCHOAS
(6 personas)

 6 filetes de ternera delgados (150 g cada
    uno) de babilla, tapa o cadera,
12 lonchas de bacon finas,
 6 anchoas en aceite,
 1 cucharada sopera rasada de harina,
 1 cebolla mediana (80 g),

 1 vaso (de los de vino) de vino blanco,
 2 vasos (de los de vino) de agua,
 4 cucharadas soperas de aceite,
 1 hoja de laurel,
    sal.

Se ponen los filetes de ternera en una tabla y se sazonan con sal y pimienta. Se
corta la parte dura de las lonchas de bacon con unas tijeras. En cada filete se
ponen 2 lonchas, y en el centro se coloca una anchoa a lo largo, bien escurrido el
aceite, y se enrolla cada filete para que tenga la forma de un chorizo. Se ata con una
cuerda (se dejará un rabo para agarrar bien en el momento de ir a quitarla).

En una cacerola se pone el aceite a calentar; cuando está en su punto, se ponen los rollos a dorar y se van separando cuando están bien dorados, reservándolos en un plato.

Se pela y se pica la cebolla y se rehoga en el aceite de la carne durante unos 7 minutos, hasta que empieza a dorarse. Se agrega la harina y se le da unas vueltas con una cuchara de madera; se añade el vino poco a poco (para que no haga grumos), y después 1 vaso de agua y la hoja de laurel. Se ponen los rollos y se echa el agua del segundo vaso hasta que cubra los rollos. Se sazona con un poco de sal y se pone a cocer. Cuando rompe el hervor se tapa la cacerola y, a fuego mediano, se deja cocer durante una hora o 1¹/₄ hora.

Se sacan entonces los rollos, se les quita la cuerda y se colocan en una fuente. Se cubren con la salsa pasada por el pasapurés o la batidora. Se sirven con triángulos de pan frito o puré de patatas.

786 ROLLITOS DE TERNERA CON TOCINO Y CARNE PICADA (6 personas)

6 filetes de ternera delgados (125 g cada uno) de babilla, tapa o cadera,	1 cebolla mediana (80 g),
¹/₄ kg de carne picada,	1 vaso (de los de vino) de vino blanco,
1 loncha gruesa de panceta,	2 vasos (de los de agua) de agua,
6 ramitas de perejil,	4 cucharadas soperas de aceite,
1 cucharada sopera rasada de harina,	1 hoja de laurel,
	sal.

Se ponen los filetes en una tabla, se sazonan con un poco de sal y se reparte la carne picada entre los 6 filetes, aplastándola un poco. En el centro de la carne picada se pone como un dedo de tocino y una ramita de perejil entera, lavada y seca. Se enrolla cada filete y se ata con una cuerda, dejando un rabo para poder agarrarla después de hechos los filetes y cortarla para quitarla. Para todo lo demás se procede como en la receta anterior.

TODAS LAS RECETAS QUE SIGUEN SE HACEN IGUAL CON TERNERA

Filetes de solomillo con picadito de champiñón, cebolla y jamón (receta 743).
Filetes de cebón rellenos de aceitunas, jamón y huevo duro (receta 750).
Filetes rellenos de jamón de York y aceitunas (receta 751).
Filetes con aceitunas y vino blanco (receta 747).
Albóndigas (receta 759).

787 CHULETAS DE TERNERA CON REVUELTO DE TOMATES Y PIMIENTOS VERDES (6 personas)

6 chuletas de ternera (de riñonada o de palo),
6 tomates maduros medianos (750 g),
4 pimientos verdes (400 g),
¹/₂ litro de aceite,
2 cucharadas soperas de agua,
1 cucharada (de las de café) de azúcar,
sal.

En una sartén pequeña se ponen 2 cucharadas de aceite a calentar. Cuando está caliente (sin que salga humo) se echan los tomates pelados, cortados en trozos y quitadas las simientes. Se machacan con el canto de una espumadera y se hacen a fuego vivo durante unos 20 minutos para que quede la salsa espesa. Se añade entonces el azúcar y la sal, y se revuelve bien. Se reserva en su sartén.

En otra sartén se pone un vaso de aceite y el agua a calentar. Mientras se calienta, se preparan los pimientos, cortándoles el rabo con un trozo de pulpa alrededor y se vacían sus pepitas. Se cortan en cuadraditos y se salan. Cuando el aceite está caliente, se ponen los pimientos dentro y, a fuego más bien lento, se fríen durante 10 minutos, tapándolos con una tapadera. Pasado este tiempo, se escurren de su aceite y se añaden al tomate, revolviendo bien.

Aparte se fríen en una sartén amplia con unas 6 cucharadas de aceite las chuletas previamente saladas. Se ponen de 3 en 3 para que no tropiecen. Se fríen unos 4 minutos de cada lado, primero a fuego vivo y después a fuego más lento.

Se colocan las chuletas ya fritas en la fuente donde se vayan a servir. Se pone encima de cada chuleta un par de cucharadas soperas de revuelto de tomate con pimientos, y alrededor de la fuente se pueden poner patatas rehogadas.

788 CHULETAS DE TERNERA CON ALMENDRAS Y VINO DE MÁLAGA (6 personas)

6 chuletas de palo o de riñonada,
5 o 6 cucharadas soperas de aceite (un vaso de los de vino bien lleno),
100 g de almendras en láminas,
1 vaso (de los de vino) de vino de Málaga,
sal.

En una sartén se pone el aceite a calentar y se fríen las chuletas por tandas (unos 4 minutos de cada lado, primero a fuego vivo y después más lento). Se salan luego y se reservan al calor en la fuente donde se vayan a servir.

En la misma grasa se refríen las almendras hasta que estén tostadas. Una vez doradas, se rocían con el vino, se revuelve bien y se reparten las almendras y la salsa por encima de las chuletas.

Se sirven con puré de patatas o lo que más guste de acompañamiento.

789 CHULETAS DE TERNERA EN PAPILLOTE (6 personas)

6 chuletas de ternera de palo (200 g cada una),
3 lonchitas muy finas de jamón serrano,
125 g de champiñones,
1 cucharada sopera de perejil picado,
2 cebollitas francesas (100 g),
25 g de mantequilla,
unas gotas de zumo de limón,
10 cucharadas soperas de aceite (sobrará),
sal y pimienta,
3 hojas de papel de plata.

En un cazo pequeño se pone la mantequilla a derretir; cuando está, se echan las cebollas peladas y muy picadas. Se rehogan unos 5 minutos y después se añaden los champiñones previamente limpios de tierra, lavados y picados. Se rocían con un poco de zumo de limón (una cucharadita de las de café) y se echa sal. Se saltea esto durante unos 6 minutos y se agrega el perejil; se deja otro minuto y se reserva.

En una sartén se ponen unas 8 cucharadas de aceite a calentar. Se fríen las chuletas por tandas y sólo un minuto de cada lado. Se retiran.

Se cortan las hojas de papel de plata. Se unta cada papel muy ligeramente con aceite, con un pincel. Se echa sal y pimienta por las dos caras de cada chuleta.

Se coloca cada una en su papel, se reparte el champiñón con la cebolla y el perejil, en un montoncito encima de cada chuleta, y se cubre con $1/2$ lonchita de jamón. Se cierra muy bien el papel y se ponen los paquetes así formados en el horno. Éste estará encendido previamente unos 5 minutos. Se hacen las chuletas a horno mediano-lento durante unos 20 minutos. Se debe dar en este tiempo una vez la vuelta a las chuletas, para que durante un rato se haga también la parte de abajo.

Se sirven en su mismo papel entreabierto en una fuente.

790 CHULETAS DE TERNERA EN PAPILLOTE CON HIGADITOS DE POLLO (6 personas)

6 chuletas de ternera de riñonada,
6 higaditos de pollo,
6 ramitas de perejil,
1 cebolla mediana (80 g),
6 cucharadas soperas no llenas de aceite fino,
6 cucharadas soperas no llenas de vino blanco,
sal,
pimienta molida (facultativo),
papel de aluminio.

Se salan y se pone pimienta molida (poca) en cada cara de las chuletas. Se limpian los higaditos de nervios, se les quita la bolsita de hiel si la tuviesen y se cortan en dos sin llegar al final, para formar un filetito pequeño. Se aplica el hígado en una cara de la chuleta. Se vuelve a salar un poco. Se pone una ramita de perejil, se pela la cebolla y se cortan redondeles finos, aplicando uno en el hígado. Se rocía con una cucharada de aceite y luego con otra de vino blanco.

Se envuelve cada chuleta en papel de aluminio, dejando éste bastante holgado. Se mete a horno mediano, previamente calentado, durante 5 minutos, y se dejan las chuletas durante 20 minutos.

Se sirven en una fuente con su papel entreabierto.

791 CHULETAS EN SALSA (6 personas)

6 chuletas de palo o riñonada (de 225 g
cada una, más o menos),
30 g de mantequilla,
8 cucharadas soperas de aceite,
1 vaso (de los de vino) de vino blanco
ajerezado,
1 vaso (de los de vino) de agua,

1 cucharadita (de las de moka) de extracto de carne,
1 cucharada (de las de café) de perejil
picado,
el zumo de ¹/₂ limón,
1 cucharadita rasada (de las de moka) de
fécula de patata,
sal.

En una sartén se pone el aceite a calentar. Cuando está caliente, se fríen las chuletas por tandas, primero a fuego vivo y luego algo más lento, unos 4 minutos de
cada lado. A medida que están fritas las chuletas, se salan y se colocan en la fuente donde se vayan a servir y se reservan al calor.

Una vez fritas todas, se escurre la sartén, volcándola un poco para quitarle
casi toda la grasa, dejando sólo el fondo de salsa que han dejado las chuletas. Se
echa entonces el vino y el agua y se cuece a fuego vivo para dejar la salsa reducida
a la mitad. Se añade la fécula disuelta en un poco de agua y se agrega el resto de la
mantequilla, el extracto de carne y el zumo de limón. Se revuelve todo (sin que
cueza ya la mantequilla) y se vierte por encima de cada chuleta esta salsa.

Se sirven con puré de patatas, patatas fritas o rehogadas, o bien verduras.

792 CHULETAS EMPANADAS

Se procede como para los filetes empanados, teniendo en cuenta que las chuletas deben ser más bien delgadas para que salgan buenas (receta 780).

793 ASADO DE TERNERA AL HORNO (6 personas)

1¹/₂ kg de contra, babilla, riñonada, etc.,
100 g de manteca de cerdo o 5 o 6 cucharadas soperas de aceite,
1 cebolla pequeña (50 g) (facultativo),

agua caliente,
¹/₂ limón
sal.

Se ata el trozo de ternera que se va a asar para que tenga bonita forma.

En una besuguera se pone el trozo de ternera bien untado de manteca de cerdo.
Se mete al horno, previamente calentado, durante 5 a 10 minutos, y a fuego mediano
se derrite la manteca y se da un par de vueltas al asado. Pasada ¹/₂ hora, se sala, se
rocía con un poco de agua caliente (primero ¹/₂ vaso de los de vino) y se pone la
cebolla pelada y partida en dos trozos grandes de cada lado de la besuguera (esto
es para que al asarse la cebolla dé un bonito color a la salsa) y se sube un poco el

calor del horno. De vez en cuando se le da la vuelta al asado y se añade un poco de agua si hace falta. Se rocía el asado con su jugo. Se asa durante 1 hora. Pasado este tiempo, se apaga el horno, se abre un ratito (2 minutos) y se vuelve a cerrar para que repose el asado al calor unos 5 minutos antes de trincharlo.

Se quitan las cebollas; se sirve la salsa en salsera aparte y la carne adornada con verduras, bolas de puré de patatas, etc.

794 ASADO DE TERNERA, PRESENTADO CON MAYONESA Y HUEVO DURO

2 huevos duros.

Se prepara y asa igual que en la receta anterior.

Se tiene hecha mayonesa (2 huevos, $1/2$ litro de aceite fino, sal, zumo de un limón, en la batidora), que tiene que quedar bastante dura (receta 111).

En la fuente de servir la carne se pone la ternera asada y trinchada. Se cubre con la mayonesa y se espolvorean por encima de ésta los huevos duros muy picados. Se adorna la fuente con verduras y se sirve en seguida. Aparte, en salsera, se sirve la salsa de asar la ternera bien caliente. Es un plato muy lucido y bueno.

795 ASADO DE TERNERA HECHO EN CACEROLA (6 personas)

1$1/2$ kg de contra, babilla o riñonada,
2 huesos,
5 o 6 cucharadas soperas de aceite o
100 g de manteca de cerdo,
1 cebolla mediana (60 g),

1 pellizco de hierbas aromáticas (o un ramillete con perejil, laurel y un diente de ajo),
1 vaso (de los de vino) de agua,
sal.

Se ata el asado para que tenga bonita forma.

En una cacerola se pone el aceite a calentar. Cuando está caliente, se pone la ternera y se dora por todos lados. Una vez bien dorada la carne, se añade la cebolla pelada y partida en dos trozos grandes; se añade sal, el pellizco de hierbas aromáticas, los huesos y el agua. Se cubre la cacerola con tapadera y a fuego mediano-lento se asa durante 1 hora, volviendo la carne cada $1/4$ de hora.

Una vez hecha, se le quita la cuerda a la carne, se deja reposar unos 5 minutos en la cacerola fuera del fuego y se trincha. Se quitan los huesos y se cuela por colador de agujeros grandes la salsa para quitarle la cebolla. Generalmente hay bastante salsa, pero si no se añade un poco de agua caliente, se revuelve toda la salsa en la cacerola donde se ha hecho la carne y se sirve en salsera aparte, adornada la carne con verduras, bolitas de patata, berenjenas o calabacines rebozados y fritos, etc.

Nota.—La cacerola es mejor que sea de hierro fundido, del estilo de las llamadas «cocotte». Al ser gruesa, sale mucho mejor y sabrosa la carne.

BABILLA DE TERNERA CON PIÑA (6 personas)

1 babilla de ternera de 1¹/₂ kg,	1 trozo de guindilla (como de 2 cm),
1 lata de piña de ¹/₂ kg,	4 cucharadas soperas de aceite,
1 puñado de pasas de Corinto,	1 cucharada sopera colmadita de
¹/₂ vaso (de los de vino) de ron,	harina,
1¹/₂ vaso (de los de vino) de vino blanco,	25 g de margarina o mantequilla,
8 clavos (especia),	sal.

Atar la carne, para que tenga bonita forma al hacerse.

En una cacerola, o mejor una «cocotte», se pone la carne a macerar durante una hora por lo menos con el ron, las pasas, los clavos (pinchados en la carne), el trozo de guindilla, el almíbar de la piña y dos rodajas de piña cortadas en trocitos. Se le da la vuelta a la carne varias veces durante este tiempo.

Se saca la carne y se guarda todo lo de la maceración, reservándolo. Se pone el aceite a calentar y se dora muy bien la carne. Se espolvorea con la harina y se rocía con toda la maceración, incluida la piña, pero se reservan las pasas. Se añade el vino blanco, se sala y se pone a cocer, primero a fuego vivo, y cuando arranca el hervor, a fuego más lento durante más o menos 1¹/₂ hora (el tiempo se verá pinchando un poco la carne con un tenedor). Se le debe dar varias veces la vuelta a la carne durante la cocción.

En la última ¹/₂ hora, y aparte, se pone en una sartén mediana la mantequilla a calentar y se rehogan las rodajas de piña, hasta que estén bien doradas. Se reservan al calor.

Una vez echa la carne, se saca para trincharla, más bien en rajas finas. La salsa se cuela por el pasapurés.

Se pone la carne en la fuente de servir, se adorna con las rodajas de piña y las pasas y se sirve con la salsa en salsera aparte.

Si se quiere, se puede completar el plato con arroz amarillo.

 CONTRA DE TERNERA ASADA CON NARANJA
(6 personas)

1¹/₂ kg de contra de ternera,	el zumo de 2 naranjas medianas,
100 g de manteca de cerdo o 6 cucharadas soperas de aceite,	1 naranja grande o 2 pequeñas para adorno,
¹/₂ vaso (de los de vino) de coñac,	20 g de mantequilla,
1 cucharada sopera de cáscara de naranja rallada,	2 cucharadas soperas de azúcar, agua y sal.

Se ata la carne para que tenga bonita forma. Se calienta un poco el coñac y una vez puesta la carne en una besuguera se prende el coñac y se flamea con él la carne. Se unta después con la manteca de cerdo y se mete al horno, previamente calentado 5 minutos. Una vez que la carne se empieza a dorar, se sala por todos lados y se añade un poco de agua caliente ($\frac{1}{2}$ vaso de los de vino). Con el jugo se rocía varias veces el asado, que se tendrá durante 1 hora asando a horno mediano, dándole la vuelta de vez en cuando.

Mientras, se cortan las naranjas en rodajas sin pelarlas. En un cazo se pone un vaso no lleno (de los de agua) de agua, 2 cucharadas soperas de azúcar y un trocito de mantequilla. Se cuece unos 6 minutos y se meten las rodajas a dar un hervor. Se reservan al calor en su caldo.

Cuando la carne está asada, se apaga el horno, se abre y se vuelve a cerrar con el fin de que deje de asar pero esté caliente. Se deja la carne unos 15 minutos antes de trincharla.

Se trincha y se ponen las lonchas en la fuente donde se vaya a servir, adornándola con montones de puré de patatas y las rodajas de naranja preparadas anteriormente y escurridas. En la salsa de la besuguera se pone la ralladura de la naranja y el zumo. Se mezcla bien, calentando la salsa, que se servirá en salsera aparte.

798 OSSO BUCCO EN SALSA CON CHAMPIÑONES (6 personas)

6 trozos de osso bucco,
5 o 6 cucharadas soperas de aceite,
3 tomates grandes y maduros (500 g),
$\frac{1}{4}$ kg de champiñones frescos,
1 vaso (de los de agua) de vino blanco,
1 vaso (de los de agua) de caldo (o agua con una pastilla),
1 plato con harina,
sal y pimienta (ésta es facultativo).

Se limpian y se lavan bien los champiñones, cortándolos en trozos grandes. Se reservan.

En una cacerola se pone el aceite a calentar (lo suficiente para que cubra el fondo, pero sin sobrar). Una vez caliente, se pasa cada trozo de carne por harina y se van dorando.

Se añaden los champiñones y también se les dan unas vueltas para que se rehoguen. Se echan entonces los tomates pelados, quitadas las simientes y cortados en trozos no muy grandes. Se rocía todo esto con el vino y después con el caldo. Se echa un poco de pimienta y de sal (con cuidado, pues el caldo ya sala el guiso, si es de pastilla).

Se tapa la cacerola y se cuece a fuego lento durante 1 hora más o menos (según sea de tierna la carne).

Se sirve en una fuente un poco honda con la salsa por encima.

799 OSSO BUCCO EN SALSA (6 personas)

6 trozos de osso bucco,
1¹/₂ vaso (de los de agua) de aceite,
20 g de mantequilla,
   unas gotas de zumo de limón,
¹/₄ kg de cebollitas francesas,
1 cebolla mediana (80 g),
3 tomates medianos (300 g),
1 cucharadita (de las de moka) rasada de hierbas aromáticas (o un ramillete con perejil, tomillo y laurel),
1 cucharada sopera de corteza de limón rallada,
1 vaso (de los de agua) de vino blanco (bien lleno),
1 vaso (de los de agua) de caldo (o agua con una pastilla de caldo),
1 cucharada sopera de perejil picado,
1 diente de ajo,
1 plato con harina,
   sal y pimienta (facultativo).

En una sartén se pone el aceite a calentar; cuando está en su punto, se pasan los trozos de osso bucco de uno en uno por harina, se sacuden para que no quede demasiada pegada y se fríen hasta que estén bien dorados por las dos caras. Una vez dorados, se reservan en un plato al calor.

En una sartén se ponen unas 3 cucharadas soperas del aceite de freír la carne (pero colándolo para que no quede harina). Se rehoga la cebolla y el ajo, ambas cosas bien picaditas, hasta que empiece a dorarse (unos 8 minutos). Se añaden entonces los tomates lavados y cortados en trozos, quitadas las simientes. Se machacan bien con el canto de una espumadera durante 10 minutos, se echan las hierbas aromáticas y el limón rallado y se revuelve bien.

Se colocan los trozos de osso bucco en una cacerola. Se echa en la sartén el vino blanco, el caldo, la sal y la pimienta molida. Se revuelve y se vierte por encima de la carne. Se cuece a fuego lento durante 1 hora con la cacerola tapada.

Mientras tanto, en un cazo se cuecen las cebollitas francesas peladas, con agua que las cubra, la mantequilla, unas gotas de zumo de limón y sal. Cuando están tiernas (más o menos 20 minutos, se pinchan con un alambre para saber si están cocidas), se escurren de todo su caldo. Se ponen 2 cucharadas soperas de aceite (del de freír la carne, colado) en el mismo cazo, se doran las cebollitas y se reservan.

Se sacan los trozos de osso bucco de su salsa y se colocan en una fuente caliente y se vierte por encima la salsa pasándola por el pasapurés o la batidora. Se adorna la fuente con las cebollitas y se espolvorea con el perejil picado; se sirve en seguida.

Nota.—Hay quien prefiere la salsa sin pasar.

800 GUISO DE TERNERA EN SALSA DE WHISKY CON ARROZ BLANCO (6 personas)

1¹/₂ kg de morcillo o falda o aguja de ternera,
¹/₂ kg de arroz,
1 hoja de laurel,
2 cebollas medianas (125 g),
4 zanahorias medianas (300 g),
¹/₂ vaso (de los de vino) de vino blanco,
1 cucharada sopera de harina,
2 cucharadas soperas de aceite,
25 g de mantequilla,
3 cucharadas soperas de buen whisky,
50 g de mantequilla (para rehogar el arroz),
1 cucharada sopera de perejil picado,
agua y sal.

En un cazo se pone la carne en trozos, las zanahorias lavadas, raspadas y cortadas en dos a lo largo, una cebolla pelada y cortada en dos trozos, la hoja de laurel, el vino blanco, agua fría que cubra bien la carne y sal. Cuando rompe el hervor, se quita la espuma que se forma por encima del agua y se tapa el cazo. Se deja cocer a fuego mediano una hora o 1¹/₂ (según sea de tierna la carne). Mientras cuece la carne se hace el arroz blanco (receta 186, 1.ª fórmula). Una vez refrescado, se reserva. Después de cocida la carne se hace la salsa.

En una sartén se pone el aceite y la mantequilla a calentar; cuando están calientes, se echa la otra cebolla pelada y picada muy menuda. Se rehoga y cuando empieza a dorar (unos 10 minutos) se añade la harina, se rehoga un poco y se pone el whisky y, poco a poco, caldo de cocer la carne (colado). Se mueve bien con unas varillas o una cuchara y se cuece unos 10 minutos esta salsa. Se pondrá más o menos ³/₄ de litro de caldo para que la salsa resulte abundante.

Se echa dentro la carne escurrida y se deja cocer unos 5 minutos todo junto.

Se rehoga el arroz con la mantequilla, se sala y se pone en un molde en forma de corona. Se vuelca y se adorna con las zanahorias picaditas por encima de la coronilla del molde de arroz.

Se pone la carne con su salsa en el centro del molde y se espolvorea con el perejil picado. Se sirve en seguida.

GUISO DE TERNERA CON ZUMO DE LIMÓN
801 (6 personas)

1½ kg de ternera en trozos (falda, aguja o morcillo),
1 cucharada sopera de harina,
6 cucharadas soperas de aceite,
el zumo de 3 limones,
la ralladura de un limón,
1 cebolla mediana (60 g),
3 vasos (de los de agua) de agua,
1 vaso (de los de vino) de moscatel,
1 cucharada (de las de café) de azúcar,
1 cucharadita (de las de moka) de concentrado de carne,
1 cucharada (de las de café) de mostaza,
1 cubito de caldo,
1 plato con harina,
¼ kg de cebollitas francesas,
15 g de mantequilla,
sal y pimienta.

Se rebozan en harina los trozos de carne cortados en cuadraditos, sacudiéndolos, para que sólo quede la necesaria. En una cacerola se pone el aceite a calentar. Se refríe la cebolla pelada y picada en trocitos hasta que esté transparente (5 minutos más o menos). Se ponen los trozos de carne, para darles una vuelta.

Una vez dorados, se espolvorea con la harina, se mueve bien con una cuchara de madera y se añade el agua templada o fría, el zumo y la ralladura de los limones. Se aplasta un poco entre los dedos el cubito de caldo y se mueve bien después de echarlo en el agua. Se tapa la cacerola con tapadera y a fuego mediano se deja durante 1½ hora más o menos (hasta que la carne esté tierna).

Mientras cuece, se preparan las cebollitas francesas. Se pelan y se ponen a cocer en un cazo con un poco de agua que las cubra y el trocito de mantequilla unos 15 minutos.

Cuando se vaya a servir, unos 15 o 20 minutos antes se prepara la salsa que sigue:

En otro cazo se pone la cucharadita de azúcar a tostar. Cuando está color caramelo se le añade la mostaza y el moscatel. Se vierte esto sobre el guiso, se mueve muy bien, se rectifica de sal y se deja cocer todo junto con las cebollitas francesas escurridas del jugo de cocerlas durante unos 8 minutos.

Se sirve en una fuente con la salsa por encima y adornada la carne con triángulos de pan frito o con moldecitos de arroz blanco.

802 FILETES DE FALDA DE TERNERA GUISADOS (6 personas)

6 filetes de falda (tiras de unos 200 g cada una),
5 cucharadas soperas de aceite,
2 tomates medianos maduros,
1/4 kg de cebollitas francesas,
1 cebolla mediana picada (50 g),
3 dientes de ajo,
200 g de champiñones frescos,
50 g de aceitunas deshuesadas,
el zumo de un limón,
40 g de mantequilla,
1 1/2 vaso (de los de vino) de vino blanco,
1 vaso (de los de vino) de agua (o algo más si hiciese falta),
1 pellizco de hierbas aromáticas (o un ramillete),
sal.

En una cacerola (o «cocotte») se pone el aceite a calentar. Cuando está en su punto, se doran los trozos de carne de 2 en 2. Se van reservando en un plato. Una vez dorada toda la carne, se pone la cebolla muy picada y se deja unos 5 minutos, así como los dientes de ajo, pelados y dados un golpe con el mango de un cuchillo (para que suelten más aroma). Se vuelve a poner la carne en la cacerola. Se pela y quita la simiente a los tomates y se cortan en trocitos que se van echando por encima de la carne. Se rocía el guiso con el vino y el agua, se agrega el pellizco de hierbas aromáticas y la sal. Se mueve, se tapa y cuando rompe el hervor se baja el fuego para que cueza despacio durante una hora.

Mientras tanto, se pelan las cebollitas francesas, se ponen en un cazo con agua que las cubra, sal, la mitad de la mantequilla y unas gotas de zumo de limón. Se cuecen unos 20 minutos (depende de su tamaño). Una vez cocidas, se reservan.

Se cortan, se limpian y se lavan los champiñones, cortándolos (si hiciese falta) en trozos grandes. Se lavan en agua con el zumo de 1/2 limón, se escurren y se ponen en un cazo con lo que queda de zumo de limón, la mantequilla que sobra de las cebollas y sal. Se tapan y se saltean unos 6 minutos.

A la hora de cocer la carne se incorporan las cebollitas escurridas, el champiñón con su jugo y las aceitunas partidas en dos a lo largo. Se revuelve todo junto, se deja 5 minutos más a fuego mediano y se sirve en una fuente.

803 BLANQUETA DE TERNERA (6 personas)

½ kg de arroz,
1½ kg de pecho de ternera en trozos (como para ragoût),
2 zanahorias medianas (100 g),
1 cebolla pequeña (50 g),
1 hoja de laurel,
½ vaso (de los de vino) de vino blanco, agua fría,
2 yemas de huevo, el zumo de ½ limón,

1½ cucharadas soperas de harina,
¼ litro de leche fría (un vaso de los de agua),
½ litro de caldo de cocer la carne,
2 cucharadas (de las de café) de perejil picado,
2 cucharadas soperas de aceite fino,
75 g de mantequilla, sal.

Se pone en un cazo la carne. Se cubre con agua fría, se echa una hoja de laurel, una cebolla partida en dos, las 2 zanahorias en rodajas, el vino blanco y la sal. Cuando empieza a cocer, se quita la espuma que se forma encima y se deja cocer más o menos una hora o 1½ (depende de lo tierna que ésta sea) a fuego lento, pero sin dejar de hervir.

Aparte se va haciendo el arroz blanco (receta 186, 1.ª fórmula).

Una vez escurrido, se deja en espera.

En una sartén se ponen 25 g de mantequilla y las 2 cucharadas soperas de aceite. Cuando está caliente se añade la harina y con la leche fría se deslíe. Se agrega entonces ½ litro del caldo de cocer la carne. En un tazón se ponen las 2 yemas y el zumo de ½ limón; se van deshaciendo muy poco a poco con la salsa. Se incorpora todo a la salsa, se espolvorea el perejil y se rectifica de sal. Se guarda al calor, pero sin que cueza más.

Se ponen en un cazo los 50 g de mantequilla a derretir, se añade el arroz y se sala. Se mueve bien rehogando el arroz, que se coloca en una fuente alargada en la mitad de la fuente. En la otra mitad se ponen los trozos de carne y, por encima de ésta, se echa la salsa; se sirve en seguida.

Se deben calentar los platos para la carne, pues este guiso se enfría rápidamente.

804 ALETA DE TERNERA RELLENA CLÁSICA (8 a 9 personas)

1 aleta de ternera de 1½ kg, carne picada (los sobrantes de la aleta, o más o menos ¼ kg),
125 g en una loncha de jamón serrano,
1 huevo duro,
3 zanahorias medianas (una se reserva para la salsa),

1 cebolla grande (225 g),
4 cucharadas soperas de aceite,
1 manzana reineta en trozos,
1 vaso (de los de vino) de vino blanco seco,
agua fría,
sal.

El carnicero habrá preparado la aleta cortándola en medio por la parte más fina, sin llegar al otro borde, para que quede como un filete grande. Los picos de carne de todo alrededor se cortan y se pican.

Una vez extendida la aleta, se pone un poco extendida en el centro la carne picada. Se colocan sobre ella y todo a lo largo unas tiras de un dedo de grueso del jamón y la zanahoria (evitando poner el centro de éstas, que suele ser más pálido) y el huevo duro pelado y cortado a lo largo en tiras (6 trozos, por ejemplo). Después se le echa sal y se enrolla toda la aleta a lo largo; se ata con cuerda fina apretando un poco para que quede todo bien pegado al desatarlo.

En una cacerola se pone el aceite a calentar y se da una vuelta a la aleta. Cuando está dorada, se retira. Se pone la cebolla a dorar, picada, y una vez dorada se vuelve a poner la carne, la manzana pelada y en trozos, una zanahoria en rodajas y sal. Se agrega el vino blanco y, cuando empieza a dar un hervor, se echa el agua fría hasta que casi la cubra. Cuando rompe el hervor, se tapa y se hace a fuego lento (más o menos 1$^1/_4$ hora) hasta que quede sólo la salsa suficiente para servir.

Se retira la aleta y se quita la cuerda. Se trincha en rodajas de 1 cm (como un asado). Se pasa la salsa por el pasapurés y se sirve bien caliente en salsera. Se puede adornar la fuente de la aleta con grupitos de verduras, puré de patatas o con patatas fritas en cuadraditos.

805 **ALETA DE TERNERA RELLENA CON ESPINACAS Y TORTILLAS (6 personas)**

$^3/_4$ kg de aleta de ternera (abierta por el carnicero),
200 g de carne picada con 100 g de jamón serrano (una punta),
2 huevos,
3 cucharadas soperas de aceite (para hacer las tortillas),
1 kg de espinacas,
5 cucharadas soperas de aceite (o manteca de cerdo),
$^1/_2$ vaso (de los de vino) de vino blanco,
1 vaso (de los de vino) de agua caliente,
sal.

Se cuecen las espinacas (receta 387). Se escurren bien, se pican con un cuchillo y se reservan.

Una vez abierta la aleta, se pone la parte abierta contra la mesa. Si la otra parte tuviese mucho pellejo, se quita cortándolo con unas tijeras. Se sala ligeramente y se extiende la carne picada.

En una sartén pequeña se hacen dos tortillas planas, como crêpes. Para esto se bate cada huevo por separado, se sala y con 1$^1/_2$ cucharada de aceite se hace cada tortilla. Se colocan éstas encima de la carne picada, una al lado de la otra, en la parte más larga de la aleta. Por encima de las tortillas se ponen las espinacas en una tira ancha de unos tres dedos, y todo lo larga que es la aleta. Se enrolla con cuidado de no desplazar nada y se ata con una cuerda fina.

En una besuguera se ponen a calentar las 5 cucharadas soperas de aceite, se dora la aleta por todos lados, se sala muy ligeramente por fuera y se mete al horno mediano, previamente calentado durante 5 minutos. Se asa durante $^1/_2$ hora y entonces se rocía con el vino. Se asa otro $^1/_4$ de hora y se rocía con agua caliente (primero, $^1/_2$ vaso y si va haciendo falta, el otro $^1/_2$). Se deja 1$^1/_4$ de hora en total, rociando la aleta de vez en cuando con su salsa.

Se puede servir caliente, pero hay que dejarla reposar con el horno abierto durante unos 10 minutos antes de trincharla; o bien fría, que también resulta muy buena.

806 ESPALDILLA DE TERNERA GUISADA (6 personas)

1 espaldilla (o sea, paletilla) de 2 kg más o menos,
50 g de manteca de cerdo o 5 cucharadas soperas de aceite,
1 vaso (de los de agua) de vino blanco,
1/4 kg de zanahorias,
2 cebollas medianas (200 g),
2 tomates maduros medianos (400 g),
1 cucharada sopera de fécula de patata,

1 cucharada (de las de café) rasada de pimentón,
1/2 cucharadita (de las de moka) de extracto de carne,
1 pellizco de hierbas aromáticas (o 1 ramillete con perejil, laurel y tomillo),
sal y agua,
patatas rehogadas o puré para acompañar.

Se manda deshuesar la espaldilla en la carnicería y se piden los huesos. Se enrolla la carne y se ata.

En una cacerola se pone la manteca a derretir (o el aceite a calentar). Se añade la carne, las cebollas peladas y cortadas en trozos, las zanahorias raspadas, lavadas y en rodajas o trozos grandecitos y los huesos.

Se dora la carne por todos lados y se agregan los tomates pelados, quitadas las simientes y cortados en trozos. Se espolvorea con el pellizco de hierbas aromáticas y un poco de sal. Se rocía con el vino blanco y 1 vaso (de los de vino) de agua templada. Cuando empieza a cocer, se pone la cacerola en el horno previamente calentado y con calor mediano; se deja 1 1/2 hora. Se le da la vuelta de vez en cuando a la carne y se rocía con la salsa.

Una vez tierna, se saca de la cacerola, se trincha y se reserva al calor. Se pone la cacerola en el fuego, con una cuchara se le quita un poco de la grasa que esté encima de la salsa. Se disuelve en un tazón la fécula de patata con un poco de agua y el extracto de carne. Se añade a la salsa. Se quitan los huesos y se pasa la salsa por el chino. Se echa entonces el pimentón, moviendo bien la salsa, se prueba de sal y, si hace falta, se rectifica. Si la salsa está muy espesa, se añade un poco de agua caliente. Si está clara, se deja cocer un poco antes de poner el pimentón. Se vierte por encima de la carne y se sirve adornando la fuente con puré de patatas o patatas rehogadas.

807 TERNERA CON CEBOLLA Y VINO DE JEREZ (6 personas)

1 1/2 kg de babilla, contra o tapa,
5 cucharadas soperas de aceite (o 75 g de manteca de cerdo),
3/4 kg de cebollas,
2 dientes de ajo,

1 vaso (de los de vino) de jerez no lleno,
2 vasos (de los de vino) de agua,
2 clavos (de especia),
sal y pimienta.

Se ata la carne como para un asado, dándole bonita forma. En una cacerola (o mejor, una «cocotte») se pone el aceite a calentar (o la manteca a derretir), se pone entonces la carne para que se dore por todos lados.

Una vez dorada, se agregan las cebollas peladas y picadas en trozos más bien gruesos, los dientes de ajo pelados y dados un golpe con el mango de un cuchillo; el vino, el agua, los clavos, la sal y un poco de pimienta molida. Se tapa la cacerola y, a fuego mediano, más bien lento, se cuece durante una 1³/₄ de hora (más o menos). Se saca la carne, se le quita la cuerda y se trincha. Se pasa la salsa por el pasapurés o la batidora. Se sirve con patatas cocidas o con unos coditos cocidos con agua y sal, y rehogados con mantequilla y un poco de queso rallado.

808 **TERNERA ESTOFADA (6 personas)**

1¹/₂ kg de falda, aguja o morcillo en tro-
    zos,
  1 vaso (de los de vino) de vinagre,
  1 vaso (de los de vino) de aceite,
  1 cabeza de ajo,
  1 cebolla grande (150 g),

1 pellizco de hierbas aromáticas (o una
    hoja de laurel, 2 ramitas de perejil y una
    de tomillo),
1 cucharada (de las de café) de
    pimentón,
    sal,
    agua (si hace falta).

En una cacerola se pone la carne en trozos con todos los ingredientes. Se tapa con una tapadera que encaje muy bien (o con un papel, la tapadera y un peso encima). Se pone a fuego lento durante unas 2 horas más o menos (hasta que la carne esté tierna). Durante este tiempo, de vez en cuando se revuelve, para que no se pegue la carne al fondo, y si hiciese falta, se puede añadir un poquito de agua caliente para que el estofado quede jugoso.

Se sirve en fuente más bien honda con unos triángulos de pan de molde fritos.

809 TERNERA A LA CAZUELA CON SETAS (6 personas)

1¹/₂ kg de redondo de ternera,
100 g de manteca de cerdo (o 6 cucharadas soperas de aceite),
1 vaso (de los de vino) de agua,
1 vaso (de los de vino) de Málaga o
jerez dulce,

³/₄ kg de setas frescas,
1 cucharadita (de las de moka) de concentrado de carne,
1 cucharada (de las de café) de fécula
de patata,
sal.

En una cacerola (o mejor, en una «cocotte») se pone a calentar la manteca (o el aceite). Se rehoga bien la carne a fuego mediano durante ¹/₄ de hora. Se añade entonces el vino y el agua, y se sala ligeramente. Se cubre la cacerola con tapadera y se cuece la carne durante otra ¹/₂ hora, volviéndola de vez en cuando.

Mientras, se limpian de tierra las setas, se lavan y se cortan en trozos más bien grandes. Se secan y se incorporan a la carne. Se vuelve a tapar la cacerola y se deja otra ¹/₂ hora.

Pasado este tiempo, se saca la carne y se trincha. Se coloca en la fuente donde se vaya a servir, reservándola al calor. Se disuelve la fécula y el concentrado de carne con un poco de agua y se vierte en la salsa, se mueve bien y se deja dar un hervor. Se revuelve bien, se prueba de sal y se cubre la carne con esta salsa y con las setas.

Se sirve en seguida.

Nota.—Se puede hacer también con setas secas, pero habrá que preparar éstas según venga explicado en el paquete.

810 TERNERA AL AJILLO CON TOMATE (6 personas)

1¹/₂ kg de falda o morcillo,
4 cucharadas soperas de aceite,
1 cucharada sopera de pan rallado,
1¹/₂ vaso (de los de vino) de agua hirviendo,
1 cabeza de ajo (50 g más o menos),
1 pastilla de caldo,
sal.

Salsa de tomate:
1 kg de tomates muy maduros,
3 cucharadas soperas de aceite frito,
1 cucharada (de las de café) de azúcar,
1 pellizco de hierbas aromáticas (o una
hoja de laurel y una ramita de tomillo),
sal.

Primero se hace una salsa de tomate que quede muy espesa (receta 77).

En una cacerola (o «cocotte») se pone el aceite a calentar. Se echa la ternera cortada en trozos de 3 dedos de costado. Se rehogan bien, hasta que están dorados los trozos. Se espolvorea entonces el pan rallado por encima de la carne, se añade la salsa de tomate, los dientes de ajo pelados pero enteros y el agua hirviendo, con la pastilla de caldo disuelta. Se echa sal (pero no mucha).

Se tapa la cacerola y, a fuego más bien lento, se cuece durante 1¹/₂ hora.

Se retiran los dientes de ajo y se sirve en una fuente con acompañamiento de patatas rehogadas, de arroz blanco, o simplemente con unos triángulos de pan de molde fritos.

Cerdo

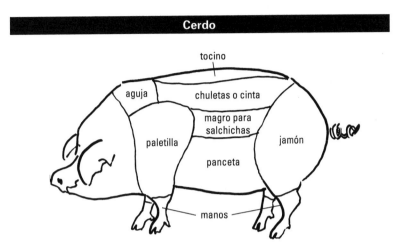

tocino

aguja

chuletas o cinta

magro para salchichas

paletilla

jamón

panceta

manos

La buena carne de cerdo debe ser rosada o roja pálida, según la parte que sea. Mengua mucho al asar, freír y guisarla, casi $1/3$ de su peso. Un asado de cinta de $1^1/_2$ kg en crudo se queda en 1 kg asado.

Es muy sabrosa, pero, como es una carne con mucha grasa, es un poco indigesta.

811 LOMO DE CERDO ASADO (6 personas)

$1^1/_2$ kg de lomo de cerdo,
    sal y pimienta,

$1/_2$ limón,
    agua.

Se ata el cerdo como un asado corriente. Se le pone sal y pimienta por lo menos 1 hora antes de ir a meterlo en el horno.

Se pone una besuguera primero sin nada. Se enciende el horno unos 5 minutos antes de meter la carne. Se mete y se deja dorar con su grasa (si la tiene, si no, se unta el lomo ligeramente con manteca de cerdo). Se le da la vuelta varias veces hasta que esté dorado por todos lados; entonces se agregan unas 3 o 4 cucharadas soperas de agua caliente, y con la salsa se rocía el asado de vez en cuando. Se tendrá asando $1^1/_4$ hora, después de lo cual se sacará del horno el asado y se dejará reposar 5 minutos fuera del horno, antes de trincharlo en rodajas finas. Se mezcla a la salsa unas gotas de zumo de limón antes de servirla en la salsera.

Se sirve adornado con puré de patatas, patatas rehogadas con manteca y perejil, bolas de puré de patata, berros, nouilles o cintas, etc.

Como el asado de cerdo es buenísimo frío, servido con una ensalada, tiene cuenta asar más cantidad y reservar un trozo para tomar frío.

Nota.—Hay a quien le gusta más, una vez salada la carne, frotarla con 1 diente de ajo pelado.

CERDO

Frito o a la plancha			Asado			Guisado		
Qué parte pedir	Peso por persona	Tiempo de cocción	Qué parte pedir	Peso por persona	Tiempo de cocción	Qué parte pedir	Peso por persona	Tiempo de cocción
Chuletas	200 g	6 minutos por cada cara, primero a fuego vivo y después más lento	Cinta	200 a 225 g (sin hueso) por persona	30 minutos por cada medio kilo	Costillas	200 g por persona	$1^1/_2$ a $1^3/_4$ de hora según el tamaño del trozo
Filetes de jamón	150 g por persona		Solomillo			Aguja		
Cinta			Jamón fresco			Paletilla		

CINTA O LOMO DE CERDO ASADO CON MOSTAZA
(6 personas)

1¹/₂ kg de cinta o de lomo,
  2 cucharadas soperas de buena
    mostaza,

1 vaso (de los de vino) de vino blanco,
  agua caliente,
  sal.

Se ata el asado para darle una bonita forma y se sala 1 hora antes de ir a asarlo.

Se enciende el horno fuerte unos 5 minutos antes de meter la carne. Mientras se calienta el horno, se unta todo el asado con la mostaza.

Se coloca en una besuguera y se mete en el horno. Se deja dorar, dándole la vuelta de vez en cuando. Cuando la carne está dorada, se va rociando unas tres veces con el vino blanco y se baja el fuego. Se rocía de vez en cuando con el jugo de la besuguera. Estará asado en 1¹/₄ hora. Se apaga el horno, se abre un par de minutos y se vuelve a cerrar para que esté caliente pero no mucho, y se deja durante unos 6 minutos el asado para que repose. Se saca entonces, se le quita la cuerda y se trincha en lonchas más bien finas, pues está mejor. Se ponen en la fuente donde se vayan a servir y se reserva al calor, tapando la carne con una hoja de papel de aluminio para que no se reseque.

En la besuguera se ponen 2 o 3 cucharadas soperas de agua caliente. Se revuelve bien, rascando la besuguera con un tenedor y calentando mucho la salsa. Se sirve ésta en salsera aparte.

La carne se adorna con patatas fritas, puré o coditos cocidos y revueltos con un poco de mantequilla y queso rallado.

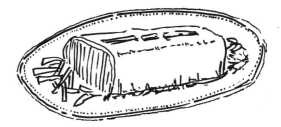

813 CINTA O LOMO DE CERDO CON LECHE (6 personas)

1¹/₂ kg de cinta o lomo de cerdo,
  1 litro de leche templada,
 30 g de manteca de cerdo (una cucha-
    rada sopera),

4 dientes de ajo sin pelar,
4 granos de pimienta,
 sal.

Se ata el trozo de cerdo como un asado corriente y se sala 1 hora antes de ir a hacerlo.

Se pone la manteca a derretir en una cacerola o, mejor, en una cocotte. Se dora la carne por todos lados y entonces se rocía con la leche templada, se añade la pimienta y los dientes de ajo sin pelar. Destapada la cacerola y a fuego mediano, se calienta hasta que rompe el hervor, después se tapa y se deja a fuego lento, sin que deje de cocer despacio, durante 2¹/₂ horas más o menos, teniendo la precaución de darle vueltas a la carne de vez en cuando, para que no se agarre la leche.

Si pasado el tiempo debido para cocer la carne la salsa fuese mucha, se destaparía la cacerola, se sacaría la carne reservándola al calor y se reduciría la salsa a fuego vivo.

Para servir, se le quita la cuerda a la carne, se trincha en lonchas más bien finas y se colocan en la fuente. Ésta se puede adornar con puré de patatas o compota de manzana, como más guste.

Se cuela la salsa por un colador de agujeros grandes, o un pasapurés, quitando la pimienta y los ajos. Con un tenedor se bate la salsa (se puede batir también en la batidora) y se sirve aparte en salsera.

814 CINTA DE CERDO ASADA CON COSTRA DE SAL
(6 personas)

1¹/₂ kg de cinta de cerdo.

1¹/₂ a 2 kg de sal gorda.

En el fondo de una besuguera se pone una capa de sal de 1 cm de gruesa y del largo y ancho del asado. Se posa ésta encima y se echa el resto de la sal cubriendo toda la carne con una capa espesa. Se aprieta un poco con las manos mojadas para formar como un caparazón. Se enciende el horno unos 5 minutos antes de meter la carne, y, a fuego mediano, se mete el cerdo durante 1³/₄ hora más o menos (el mismo tiempo de un asado normal). El tiempo lo suele señalar la sal, que se resquebraja. Se rompe la corteza de sal. Se saca la carne y se trincha como un asado normal.

Esta receta es muy sabrosa pero no da salsa. Se puede tomar la carne caliente, con cualquier acompañamiento, o fría.

815 LOMO DE CERDO BRASEADO CON REPOLLO
(6 personas)

1¹/₂ kg de lomo de cerdo,
  1 loncha gruesa de bacon (100 g),
 50 g de manteca de cerdo,

1 repollo francés de 1 kg,
 agua y sal.

Se ata con una cuerda la carne, como un asado corriente, y se sala por lo menos 1 hora antes de ir a hacerlo.

En una cacerola, o mejor en una «cocotte», se pone la manteca a derretir, se le quita la corteza dura al bacon y se corta en trocitos, se rehoga y se pone el lomo a dorar, por todos lados. Una vez dorado, se tapa la cacerola y a fuego lento se hace el lomo. Mientras tanto se corta en tiritas el repollo, se lava y se pone una cacerola con agua abundante y sal, a cocer. Cuando hierve a borbotones, se echa el repollo bien escurrido. Se empuja con una espumadera para que quede bien sumergido todo él. Se cuece unos 15 minutos, después de lo cual se añade a la carne poniendo el repollo alrededor, bastante escurrido. Se tapa otra vez la cacerola y se deja cocer a fuego mediano ³/₄ de hora moviendo de vez en cuando la carne y la verdura.

Se deja reposar la carne en la cacerola unos 5 minutos, fuera del fuego. Se saca, se quita la cuerda y se trincha en lonchas finas, que se ponen en la fuente donde se servirá, y se coloca todo alrededor el repollo. Se echa la salsa por encima o se sirve en salsera aparte, como más guste.

816 CERDO ASADO CON PIÑA (6 personas)

1¹/₂ kg de cinta o de lomo de cerdo,
  2 cucharadas soperas de mostaza,
30 g de manteca de cerdo,
  1 lata de 6 rodajas de piña en almíbar,

1 cucharada (de las de café) de fécula de patata,
3 cucharadas soperas de agua fría,
  sal.

Se ata el asado de cerdo con una cuerda para darle bonita forma. Se sala 1 hora antes de ir a asarlo.

Al ir a meterlo en el horno, se encenderá éste bastante caliente durante unos 10 minutos antes. Mientras tanto, se unta el asado con la mostaza.

En la besuguera se pone la manteca a derretir, y en el fuego (no en el horno) se pone el asado para que se dore; una vez bien dorado por todos lados, se mete en el horno durante 1¹/₄ hora más o menos, dándole vueltas de vez en cuando y rociándolo con su salsa (si es necesario se añade un poquito de agua caliente).

Pasado este tiempo se saca el asado, se le quita la cuerda y se trincha en rodajas más bien finas, que se colocan en la fuente donde se vayan a servir, reservándola al calor y tapándola con una hoja de papel de aluminio, mientras se hace la salsa, para que no se seque.

Se escurren las rodajas de piña de su jugo. Se pasan éstas por la salsa de la besuguera y se cortan en dos. Se ponen unas cuantas medias rajas encima del asado y las otras alrededor.

En un tazón se pone la fécula y se disuelve con el agua; se vierte en la salsa del asado, así como el almíbar de la piña. Se revuelve todo junto, calentándolo mucho, y se sirve en salsera aparte.

CINTA O LOMO DE CERDO CON MANZANAS
817 (6 personas)

1¹/₂ kg de cinta o lomo de cerdo,
 50 g de mantequilla,
  6 manzanas reinetas pequeñas,
  3 cucharadas de jerez,
  2 cucharadas soperas de manteca de cerdo (60 g),

3 cucharadas soperas de agua,
1 cucharada (de las de café) de fécula de patata,
3 cucharadas (de las de café) de azúcar, agua y sal.

Se ata la carne con una cuerda como un asado normal. Se unta de sal 1 hora antes de ir a asarla.

Al ir a hacer la carne, se unta con la manteca de cerdo y se mete en el horno, previamente calentado unos 5 minutos. Se deja dorar dándole la vuelta varias veces y añadiéndole de vez en cuando una cucharada sopera de agua caliente (hasta unas 3 cucharadas). Se asa así durante ³/₄ de hora.

Mientras tanto, se pelan las manzanas y se les quita el corazón duro y las pepitas, pero con cuidado de no vaciar el fondo de las manzanas. En el sitio del corazón se les pone ¹/₂ cucharada de azúcar y como una avellana de mantequilla y se ponen alrededor de la carne en la misma besuguera. Se rocían las manzanas con el jerez (¹/₂ cucharada en cada una) y se asan durante ¹/₂ hora a fuego ya más lento, pues las manzanas tienen que quedar enteras pero blandas.

Se saca la carne, se le quita la cuerda y se trincha en rodajas más bien finas; se ponen en la fuente donde se vayan a servir, con las manzanas alrededor. Se le agrega a la salsa la fécula de patata disuelta con un poco de agua fría, se revuelve todo bien con la salsa del asado y se vierte por encima de la carne. Se sirve en seguida.

818 **CINTA DE CERDO ADOBADA Y GUISADA** (6 personas)

1¹/₂ kg de cinta de cerdo,
 50 g de manteca de cerdo,
¹/₂ litro de vino blanco,
  3 cucharadas soperas de vinagre,
  1 cebolla mediana (100 g),
  2 zanahorias medianas (100 g),
  1 diente de ajo,
  1 buen pellizco de hierbas aromáticas (o una hoja de laurel,

1 diente de ajo, perejil y tomillo),
6 granos de pimienta,
1 cucharada (de las de café) de fécula de patata,
1 cucharada sopera de concentrado de tomate,
sal.

Se ata la carne con una cuerda, como un asado corriente. Se pone en un cacharro de barro o de cristal, con el vino blanco, el vinagre, la cebolla pelada y partida en cuatro, las zanahorias raspadas la piel, lavadas y partidas en rodajas, la pimienta y el pellizco de hierbas aromáticas. Se tapa y se deja así unas 8 o 10 horas (la noche anterior).

Al ir a hacer la cinta, se escurre del caldo de su adobo, se sazona con bastante sal, se unta con la manteca y se pone la cebolla y las zanahorias alrededor de la carne. Se mete al horno bastante fuerte y previamente calentado durante unos 5 minutos. Cuando empiezan la cebolla y la carne a dorarse, se rocía varias veces con el caldo del adobo y se le da vuelta a la carne también de vez en cuando. Pasadas 1^1/$_4$ hora, se saca la carne, se trincha en lonchas más bien finas y se reservan al calor. Se pone la fécula en un tazón, se deslíe con un poco de agua fría, se añade a la salsa, así como el concentrado de tomate. Se calienta y se revuelve todo bien; se cuela la salsa por el chino, apretando muy bien para que pasen las zanahorias. Se puede servir la carne con patatas cocidas o con coditos cocidos y salteados con mantequilla y queso rallado. Todo ello cubierto con la salsa.

 ### 819 CINTA O LOMO DE CERDO EN ADOBO (PARA CONSERVAR)

Se corta el trozo de lomo o de cinta en filetes y se ponen en una cacerola. Se machacan en un mortero unos dientes de ajo, pimentón en polvo y sal. Se disuelve con agua y se echa por encima de la carne, así como un pellizco de orégano. Se cubre la carne de agua y se mueve todo para que se reparta bien. Se tiene así en sitio fresco (sin ser la nevera) unos 4 o 5 días.

Pasado este tiempo, se sacan las rodajas de carne del líquido y se escurren. En una sartén se pone aceite o manteca de cerdo y cuando está caliente se fríen los filetes por los dos lados, unos 3 minutos cada cara. A medida que están fritos se van poniendo en un puchero de barro, y cuando están todos preparados se vierte manteca de cerdo derretida por encima hasta que los cubre bien.

Así se conserva mucho tiempo la carne. Para servirlos, se calientan en la misma grasa que los cubría y se sirven.

ASADO DE CERDO CON MANZANAS
(5 a 6 personas)

1¼ kg de magro de cerdo (cinta o pierna deshuesada),
100 g de manteca de cerdo,
  2 dientes de ajo,
  1 vaso (de los de vino) bien lleno de agua,

6 manzanas golden,
6 clavos (especia),
1 pellizco de hierbas aromáticas,
  sal y pimienta molida.

Untar con parte de la manteca el fondo de la asadera donde se irá a asar la carne. Frotar bien la carne con los dientes de ajo por todos lados, untarla después con lo que ha sobrado de manteca, salarla y ponerla en la asadera (o besuguera). Espolvorearla a gusto con la pimienta y con las hierbas aromáticas, nunca mucho, para no alterar el sabor. Poner lo que queda de los ajos de cada lado de la carne.

Meter el asado en el horno (previamente calentado durante 5 minutos) a fuego mediano, durante ½ hora, echar ½ vaso de agua. En este tiempo se volverá un par de veces, para que se dore por todos lados.

Mientras tanto, se pelan las manzanas y se pincha cada una con un clavo. Pasada ½ hora se colocan las manzanas alrededor de la carne. Se añade entonces el otro ½ vaso de agua, rociando de vez en cuando y dándole la vuelta. Pasada una hora, debe de estar en su punto. O sea, el asado deberá estar en total 1½ hora en el horno.

Se saca, se trincha en lonchas más bien finas, que se colocan en la fuente donde se irá a servir, se ponen las manzanas alrededor. Se pone la asadera con la salsa en el fuego y se añade un poco de agua hirviendo, para formar salsa, que se servirá en salsera aparte, rascando bien con un tenedor todo el fondo de la asadera.

FILETES DE CINTA DE CERDO CON MOSTAZA,
SALSA DE VINO Y ZUMO DE NARANJA (6 personas)

12 filetes de cinta de cerdo,
  mostaza,
  1 cebolla mediana (100 g) picada,
  1 cucharada sopera rasada de harina,
  el zumo de una naranja grande,
  1 cucharada sopera de perejil picado muy fino,

1 vaso (de los de vino) de vino blanco,
1½ vaso (de los de vino) de agua,
  1 vaso, no lleno (de los de agua) de aceite,
  sal.

Se untan con sal y mostaza las dos caras de cada filete de cerdo. Una vez untados todos, se fríen por tandas en una sartén donde se habrá puesto el aceite a calentar, reservándolos después de fritos en un plato, al calor. En esta misma sartén, en la que se deja sólo un poco de aceite para cubrir el fondo de la misma, se dora la cebolla (unos 6 a 8 minutos) y después se agrega la harina, dando a todo esto unas vueltas con una cuchara de madera. Se añade entonces, poco a poco, el vino, el agua y el zumo de la naranja y se cuece un ratito, dando vueltas. Se cuela la salsa por el chino y se pone en una cacerola. Se agrega el perejil picado y se meten los trozos de cerdo a calentar en esta salsa unos 2 minutos. Se sacan pasado este tiempo, colocándolos en una fuente, que se adorna con puré de patatas, y se pone un poco de salsa por encima de la carne, sirviendo el resto de la salsa en salsera.

Puré de patatas:

1 kg de patatas,	**¹/₄ litro de leche caliente (un vaso de los**
50 g de mantequilla,	**de agua, bien lleno),**
	sal.

(Véase receta 234.)

822 **FILETES DE CERDO CON SALSA DE MOSTAZA Y NATA LÍQUIDA (6 personas)**

6 filetes de magro de cerdo (o 12 de cinta delgados),	**1 cucharada sopera de buena mostaza,**
4 cucharadas soperas de aceite,	**¹/₄ litro de nata líquida (o de bechamel:**
1 cucharada sopera de manteca (un trozo de unos 35 g),	**una cucharada sopera rasada de harina y un vaso no lleno, de los de agua, de leche fría).**

Se salan los filetes un buen rato antes de ir a freírlos.

En una sartén se pone el aceite y la manteca a calentar. Cuando están calientes, se fríen los filetes por tandas, unos 5 minutos de cada lado, a fuego mediano. Se ponen en la fuente donde se irán a servir y se reservan al calor.

En la sartén donde se han frito se echa primero la mostaza y después la nata, se revuelve bien sin que hierva y se vierte esta salsa por encima de los filetes. Estos se adornan con patatas rehogadas.

Nota.—Si no se tiene nata, después de la mostaza se añade la harina, se revuelve un par de minutos y se agrega poco a poco la leche fría. Se cuece esta salsa durante unos 6 minutos y se vierte por encima de los filetes.

823 **FILETES DE CINTA DE CERDO CON ALMENDRAS Y VINO DE MÁLAGA**

(Véase receta 788.)

824 CHULETAS DE CERDO CON CEBOLLAS EN SALSA (6 personas)

6 chuletas de cerdo de palo,
1 vaso (de los de agua) de aceite (so-brará),
20 g de mantequilla,
1 vaso, no muy lleno (de los de agua), de leche fría,

3 cebollas grandes (¹/₂ kg),
1 cucharada sopera de harina,
agua caliente,
sal y pimienta.

Se les pone sal y pimienta a las chuletas 1 hora antes de ir a freírlas.

En una sartén se pone el aceite a calentar; cuando empieza a estar caliente, se fríen las chuletas (de 2 en 2 o de 3 en 3). Cuando están bien fritas por cada lado (4 minutos por cada cara a fuego mediano, volviéndolas solamente una vez para no endurecerlas), se reservan en un plato al calor.

Se vacía casi todo el aceite y sólo se deja un poco en el fondo de la sartén (2 o 3 cucharadas soperas). Se calienta y se echan las cebollas peladas y cortadas a lo ancho en rodajas finas. Se rehogan unos 6 minutos, más o menos, y se cubren (justo cubiertas; es decir, con poca agua) con agua caliente. Se cuecen a fuego lento unos 15 minutos y se separan del fuego, reservándolas en su sartén al calor suave.

En otra sartén se ponen la mantequilla y 2 cucharadas soperas de aceite (de freír las chuletas); una vez caliente, se añade la harina, se revuelve unos 2 minutos y se agrega la leche fría. Se cuece la bechamel unos 5 minutos sin dejar de moverla. Se añaden entonces las cebollas y su jugo. Bien revueltas con la bechamel, se deja cocer unos 5 minutos hasta que espese un poco la salsa.

Se ponen las chuletas en la fuente donde se vayan a servir, se cubren con la salsa de cebolla y se sirven en seguida.

Se puede adornar la fuente alrededor con patatitas redondas rehogadas.

825 CHULETAS DE CERDO CON CIRUELAS PASAS (6 personas)

6 chuletas de cerdo de palo,
1¹/₂ vaso (de los de vino) de aceite,
¹/₂ kg de ciruelas pasas,
1¹/₂ vasos (de los de agua) de vino tinto,
1 vaso (de los de agua) de agua,
2 palitos de canela en rama,
2 cucharadas soperas de azúcar,

1 cucharada sopera de fécula de patata o maizena,
1 kg de patatas nuevas pequeñas,
50 g de manteca de cerdo,
1 cucharada sopera de perejil picado,
sal y pimienta.

Se ponen las ciruelas pasas en remojo la noche anterior (o sea, unas 6 horas por lo menos). Una vez remojadas, se tira el agua del remojo y se ponen en un cazo con el vino, la canela, el azúcar y el agua que las cubra justo lo necesario. Se revuelve todo bien y se cuecen a fuego lento, destapadas, durante unos 20 minutos (tienen que estar blandas, pero sin abrirse). Se reservan, sin que que se enfríen.

Se salan y se pone pimienta a las chuletas una hora antes de freírlas.

En una sartén se derrite la manteca de cerdo y se ponen las patatas peladas y lavadas para que se vayan dorando lentamente. Se sacude de vez en cuando la sartén para que se doren por todos lados. Tardarán para estar buenas de 35 a 40 minutos. Se salan y se espolvorean con el perejil picado. Se reservan al calor.

En una sartén se pone el aceite a calentar y se fríen las chuletas por tandas y con fuego mediano durante 5 minutos de cada lado, volviéndolas sólo una vez para no endurecerlas.

Una vez fritas y bien doradas, se ponen en la fuente donde se vayan a servir con las patatas de un lado y las ciruelas escurridas del otro.

En la salsa de las ciruelas se agrega la fécula desleída con una cucharada sopera de agua fría (o maizena, algo menos de cantidad); se revuelve bien para espesar y calentar la salsa y se sirve en salsera aparte.

 826 **CHULETAS DE CERDO CON SALSA DE TOMATE**
(6 personas)

6 chuletas de cerdo de palo,	**1 diente de ajo** (facultativo),
8 cucharadas soperas de aceite,	**1 pellizco de hierbas aromáticas (o una**
1 cebolla mediana (60 g),	**hoja de laurel y una ramita de tomillo),**
6 tomates medianos (600 g),	**sal.**
²/₃ de vaso (de los de vino) de vino blanco,	

Se salan las chuletas una hora antes de ir a freírlas.

En una sartén se ponen 2 cucharadas soperas de aceite a calentar; cuando está a punto, se echa la cebolla pelada y picada. Se rehoga hasta que se ponga transparente (unos 5 minutos); se agregan entonces los tomates cortados en trozos y quitadas las simientes. Se añade el diente de ajo pelado y picado, el vino blanco, las hierbas aromáticas y la sal. Se machaca todo con el canto de una espumadera y se revuelve bien. Se tiene a fuego vivo durante unos 20 minutos, se pasa por el pasapurés y se vuelve a poner en la sartén, una vez pasada la salsa. Se pone entonces a fuego lento hasta que quede bastante espesa la salsa (a gusto del consumidor).

En otra sartén se pone el resto del aceite a calentar suavemente y se fríen las chuletas durante unos 5 minutos de cada lado a fuego mediano, volviéndolas solamente una vez para no endurecerlas. Se colocan en la fuente donde se vayan a servir, cubriendo cada chuleta con salsa de tomate. Se puede adornar la fuente con patatas fritas cortadas gruesas.

CHULETAS DE CERDO CON NARANJA (6 personas)

6 chuletas de cerdo de palo,	1 cucharada sopera de Cointreau o
6 cucharadas soperas de aceite,	Curaçao,
2 naranjas,	sal y pimienta blanca.

Se salan y se pone pimienta a las chuletas una hora antes de ir a freírlas.

Se pone el aceite a calentar medianamente y cuando empieza a estar caliente se fríen las chuletas por tandas, 5 minutos de cada lado, no volviéndolas más que una vez para no endurecerlas. Se colocan en la fuente donde se vayan a servir, reservándolas al calor.

Se pela una de las naranjas y se corta en rodajas. Con la otra se hace zumo. En la misma sartén donde se han frito las chuletas, se fríen con cuidado las rajas de naranja. Se escurren y se ponen encima de las chuletas o alrededor de la fuente. En la salsa se agrega el zumo y el licor. Se calienta y revuelve muy bien y se vierte por encima de las chuletas.

Se puede acompañar la fuente con puré de patatas, y se sirve bien caliente.

CHULETAS DE CERDO QUE SE HACEN IGUAL QUE LAS DE TERNERA

Chuletas con revuelto de tomates y pimientos verdes (receta 787).
Chuletas con almendras y vino de Málaga (receta 788).
Chuletas en papillote (receta 789).
Chuletas en papillote con higaditos de pollo (receta 790).

 COCHINILLO ASADO

Se debe escoger un animalito joven (de mes y medio, más o menos). Se limpia por dentro y se corta en dos partes a lo largo. Se sala muy bien varias horas antes de asarlo. Se le mete en el interior un buen pellizco de hierbas aromáticas y se unta por dentro y por fuera con un poco de aceite. Se mete en el horno previamente calentado unos 10 minutos antes y a fuego más bien flojo. Se rocía de vez en cuando con el jugo que va soltando y se le da la vuelta de vez en cuando. Se tiene así durante 1½ hora.

Pasado este tiempo, se rocía por la parte de la piel con un vaso (de los de agua) de vino blanco. Se rocía con la salsa de vez en cuando y, al estar la salsa casi consumida, se sirve trinchado en trozos grandes.

Lo clásico era asar el cochinillo en un horno de pan; resulta mucho mejor que hecho en casa, pero es más complicado de lograr, por lo cual damos este método.

829 CODILLOS DE JAMÓN FRESCO CON SALCHICHAS, REPOLLO Y PATATAS (6 personas)

1¹/₂ kg de repollo francés,	6 patatas pequeñas,
2 codillos de jamón frescos,	1 cebolla mediana,
220 g de tocino entreverado en un trozo,	2 zanahorias medianas,
3 cucharadas soperas de aceite,	4 clavos (especias),
6 salchichas de Frankfurt,	agua y sal.

En una olla se ponen los codillos, el tocino, la cebolla con los clavos pinchados en ella y las zanahorias, lavadas y raspada la piel.

Se añade agua fría abundante (3 litros, más o menos) y se pone a cocer. Cuando rompe el hervor, se baja el fuego para que cueza despacio durante ¹/₂ hora.

Aparte se lava y se pica el repollo. Se tiene una olla con agua cociendo y sal. Cuando hierve a borbotones se echa el repollo, empujándolo con una espumadera para que quede bien sumergido. Se tapa la olla y se cuece a fuego vivo 5 minutos, a partir del momento en que vuelve a romper el hervor. Con la espumadera se saca, se escurre y se echa en seguida en la olla donde cuecen los codillos y el tocino. Cuando vuelve a romper el hervor, se baja el fuego para que cueza despacio durante 20 minutos.

Mientras, se pelan y se lavan las patatas y se echan en la olla. Se vuelve a dejar unos 30 minutos hasta que las patatas estén tiernas pero enteras (este tiempo último depende de la clase de patatas).

Una vez cocido todo, se escurre el repollo. En una sartén se pone el aceite a calentar y se fríen a fuego lento las salchichas (que se habrán pinchado antes con un palillo en varios sitios). Una vez fritas, se reservan al calor.

En la misma sartén se rehoga el repollo con la grasa de las salchichas, se pone en la fuente y las patatas se colocan alrededor de la misma. Entre patata y patata se pone un codillo, y por encima del repollo las salchichas y el tocino cortado en tiras de un dedo de gruesas. Se sirve todo en seguida.

Nota.—Con el caldo se hace una sopa muy buena con las zanahorias y las patatas cocidas y picadas en cuadraditos.

830 MANERA DE FREÍR LAS SALCHICHAS

Se pinchan las salchichas en varios sitios con una aguja un poco gruesa (o un palillo fino, de los redondos). Se ponen en una sartén, se rocían con aceite y se ponen a fuego lento y se dejan dorar, volviéndolas de vez en cuando hasta que estén en el punto deseado, más o menos doradas.

831 MANERA DE COCER LAS SALCHICHAS

Se pinchan en varios sitios las salchichas con una aguja gruesa o un palillo fino (de los redondos). Se tiene una sartén con agua y un chorrito de vino blanco hirviendo. Se sumergen las salchichas y, cuando rompe otra vez el hervor, se baja el fuego para que el agua cueza muy despacio (sólo con burbujas alrededor del cazo). Se tienen así unos 8 a 10 minutos y se sacan para servirlas en seguida.

832 SALCHICHAS ENCAPOTADAS (6 personas)

Masa de envolver las salchichas:

300 g de harina fina,	1 vaso (de los de vino) de agua, más o
150 g de mantequilla,	menos,
1 cucharadita (de las de moka) rasada	harina para espolvorear la mesa,
de sal,	12 salchichas de Frankfurt,
	1 huevo.

Se hace la masa quebrada (receta 988, 1.ª receta). Se deja reposar una hora por lo menos. Se espolvorea la masa con un poco de harina y se extiende sobre el mármol cortando unos rectángulos de 18 por 16 cm. Se pone cada salchicha en un ángulo para enrollarla en diagonal. Se doblan las esquinas apretando un poco con los dedos y poniendo la punta de la masa hacia arriba. Se bate el huevo como para tortilla y con una brocha plana se untan todos los rollos. Se colocan sobre una parrilla en el horno, previamente calentado, durante unos 30 minutos, a temperatura mediana, dándoles la vuelta una vez doradas y untándoles huevo por la segunda cara. Se sirven calientes.

También se pueden hacer con masa se hojaldre congelada.

833 SALCHICHAS DE FRANKFURT CON SALSA DE MOSTAZA (6 personas)

12 salchichas de Frankfurt,	1 vaso (de los de agua) de leche fría,
6 rebanadas de pan de molde,	1 cucharada sopera de mostaza,
40 g de mantequilla,	3 cucharadas soperas de pan rallado,
1 cucharada sopera de aceite fino,	sal.
1 cucharada sopera de harina,	

En una sartén se pone la mitad de la mantequilla a derretir con el aceite. Una vez calientes, se añade la harina, se dan unas vueltas con unas varillas y poco a poco se agrega la leche; se cuece durante 5 minutos sin dejar de dar vueltas y fuera del fuego se añade la mostaza. Se prueba y, si hace falta, se añade sal. Se reserva la salsa.

En un cazo se pone agua a cocer y cuando empieza a hervir se meten las salchichas dentro y se cuecen durante 6 minutos (despacio, con burbujas alrededor del cazo).

Mientras tanto se tuestan o fríen (como más guste) las rebanadas de pan. Una vez tostadas, se colocan en la fuente donde se vayan a servir (que será resistente al fuego). Se sacan las salchichas del agua. Se escurren muy bien y se cortan en dos a lo ancho. Se colocan encima de las tostadas.

Se cubren en parte con la salsa, dejando los finales de las salchichas sin cubrir. Se espolvorean con un poco de pan rallado y se ponen encima como dos avellanitas de mantequilla; se meten en el horno fuerte a gratinar hasta que esté la salsa dorada.

Se sirven en seguida.

JAMÓN DE YORK CON ESPINACAS Y SALSA DE VINO DE MADEIRA (6 personas)

2½ kg de espinacas bien frescas (o un 1 kg congeladas),
25 g de mantequilla,
2 cucharadas soperas de aceite fino,
1 cucharada sopera de harina,
1 vaso (de los de agua) de leche fría,
6 lonchas de jamón de York pequeñas y un poco más gruesas de lo corriente, agua y sal.

Salsa:
3 cucharadas soperas de aceite,
1 cebolla pequeña,
1 cucharada sopera de harina,
¼ litro de agua,
1 cucharadita (de las de moka) de extracto de carne,
¾ de vaso de vino de Madeira (o de Málaga, o de Jerez, si no se tiene de Madeira),
20 g de mantequilla, sal.

Se cuecen y se preparan las espinacas con bechamel (receta 81).

Se prepara la salsa (receta 95) y, una vez hecha la salsa, se ponen las lonchas de jamón dentro para que se calienten.

Para servir este plato se pone la crema de espinacas a un lado o en los dos extremos de la fuente. Se doblan las lonchas de jamón en dos y se colocan en la fuente. Se vierte la salsa por encima del jamón, y se sirve.

JAMÓN DE YORK CON BECHAMEL Y CHAMPIÑONES
835 (6 personas)

6 lonchas de jamón de York cortadas
   algo gruesas,
125 g de champiñones frescos,
 20 g de mantequilla,
   zumo de limón,
   sal.

Bechamel:
 25 g de mantequilla,
  2 cucharadas soperas de aceite fino,
 1¹/₂ vasos (de los de agua) de leche fría,
 1¹/₂ vasos (de los de agua) de caldo (o
   agua más una pastilla),
  2 cucharadas soperas de harina,
  1 pellizco (muy pequeño) de curry,
   sal.

Se lavan, se cepillan y se cortan en láminas los champiñones. Se van poniendo en agua fresca con zumo de limón. Cuando están todos preparados, se escurren y se ponen en un cazo con la mantequilla (20 g), zumo de limón y sal. Se cubre el cazo con una tapadera y, a fuego lento, se hacen durante unos 6 minutos.

Mientras tanto, en una sartén se hace la bechamel. Se calienta la mantequilla con el aceite; cuando está derretida ésta, se añade la harina, se dan unas vueltas y, poco a poco, se vierte primero la leche, se cuece un par de minutos y después, también poco a poco, el caldo. Se echa el curry y la sal con cuidado, pues el caldo ya está salado. Se cuece, sin dejar de mover, unos 5 minutos. Se agregan entonces los champiñones con su jugo.

Se meten en esta salsa las lonchas de jamón todas juntas, es decir, en un solo bloque. Se dejan así, separadas del fuego, para que se calienten.

Al ir a servirlas, con un tenedor se separan de una en una, se colocan en la fuente donde se vayan a servir, doblándolas como una hoja de papel. Se vuelve a calentar un poco la bechamel, que se vierte por encima de las lonchas colocadas, y se sirve en seguida.

836 **JAMÓN CALIFORNIANO CON PIÑA (10 a 14 personas)**

1 lata de jamón de York de unos 3 kg
   (de muy buena marca),
300 g de azúcar morena,
 10 a 14 clavos (especias),

1 lata de zumo de pomelo (¹/₂ litro),
3 o 4 rodajas de piña en lata,
6 guindas en almíbar.

Si se encuentra el jamón de lata con hueso, sale aún más sabroso que sin él.

Se le quita al jamón unos trozos todo alrededor (que se podrán aprovechar para otra cosa), para dejarlo del tamaño de un asado de ternera grande. Con un cuchillo bien afilado se hacen unos cuadros por encima. Se cubre el jamón de azúcar, apretando un poco para que no se caiga. Se pone también azúcar debajo y en los costados. En cada ángulo de los cuadros se mete un clavo. Se pone el jamón en una chapa de horno o una besuguera y se rocía con el zumo de pomelo.

Se mete al horno, previamente calentado durante 5 minutos, y con temperatura mediana durante más o menos una hora.

Pasado este tiempo, se adorna por arriba con las rodajas de piña y las guindas cortadas en dos. Se vuelve a meter en el horno durante unos 5 minutos para que se caliente la piña.

Se coloca en la fuente de servir, cortando unas rodajas, como las de un asado de ternera, y se sirve.

Se puede acompañar con arroz blanco, bolas de puré de patatas, etc.

Nota.—En vez de rociar el jamón con pomelo se puede rociar con cerveza, que también resulta muy bueno.

837 CANUTILLOS DE JAMÓN DE YORK CON ENSALADA RUSA Y GELATINA

(Véase receta 47.)

838 ROLLOS DE JAMÓN DE YORK CON MAYONESA Y ESPÁRRAGOS

(Véase receta 48.)

839 EMPAREDADOS DE JAMÓN DE YORK (6 personas)

3 lonchas grandes o 6 pequeñas de jamón de York,	1 plato sopero con leche fría,
	2 huevos,
12 rebanadas de pan de molde,	1 litro de aceite (sobrará).

Se pone entre dos rebanadas de pan una loncha de jamón de York. Una vez formado el emparedado, se pasa rápidamente por la leche.

Se colocan en un mármol y se prensan ligeramente con una tapadera o un plato. Se tienen así durante $^1/_2$ hora. Al ir a hacerlos, se corta cada uno en dos triángulos.

Se pone el aceite a calentar en una sartén. Se baten los huevos como para tortilla y se pasan los emparedados de uno en uno por el huevo. Se fríen y cuando están bien dorados por un lado se vuelven. Una vez fritos (por tandas, para que no se estropeen al chocar), se colocan en la fuente donde se vayan a servir, que se reservará al calor hasta que estén fritos todos los emparedados. Se sirven calientes.

840 CROQUETAS DE JAMÓN DE YORK

(Véase receta 66.)

Para 6 personas se pondrán 200 g de jamón de York picado menudo o 150 g de jamón serrano, también bastante picado. Se tendrá en cuenta que el jamón está salado, para echar la sal debida a la masa de las croquetas.

841 FILETES DE JAMÓN DE YORK CON BECHAMEL Y EMPANADOS (6 personas)

3 lonchas gruesas de jamón de York (125 g
  cada una).

Bechamel:
 2 cucharadas soperas de harina (colmadas),
 2 vasos (de los de agua) bien llenos de
  leche fría,
25 g de mantequilla,
 2 cucharadas soperas de aceite crudo,
  sal.

Envuelto:
1 plato con pan rallado,
2 huevos,
 aceite para untar la tabla de la carne,
1 litro de aceite para freír (sobrará).

Cortar las lonchas de jamón en tiras de dos dedos de anchas. Hacer la bechamel y seguir como la receta 773, 2.ª. Una vez fritos los filetes, se sirven en una fuente adornada con unos ramilletes de perejil frito.

Cordero

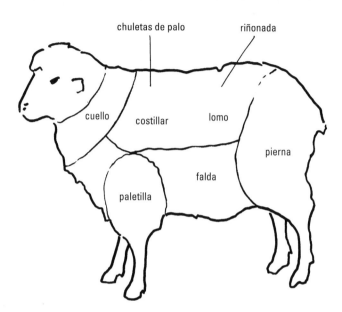

chuletas de palo   riñonada

cuello   costillar   lomo

pierna

falda

paletilla

PASCUAL:

La carne del cordero pascual debe ser color rojo claro. Siendo oscura, es de un animal viejo y, por lo tanto, tendrá un sabor fuerte que no agrada.

Debe estar la carne cubierta de grasa blanca. Se debe dejar reposar 2 o 3 días antes de comerla, siendo recién matado.

Se calculan unos 200 g por persona.

LECHAL:

La carne del cordero lechal es sonrosada pero pálida. Es menos alimenticia que la del cordero pascual, pero muy rica.

Se calculan unos 250 g por persona.

CORDERO PASCUAL

Frito o a la plancha			Asado			Guisado		
Qué parte pedir	Peso por persona	Tiempo	Qué parte pedir	Peso por persona	Tiempo	Qué parte pedir	Peso por persona	Tiempo
Chuletas de palo o de riñonada	200 a 225 g (con hueso)	5 minutos por cada lado para una chuleta mediana	Pierna Paletilla	200 a 225 g (con hueso)	20 minutos por cada 1/2 kg con horno previamente calentado	Paletilla Cuello Falda	200 a 225 g por persona	1¼ de hora para los guisos 1½ hora los platos en salsa

CORDERO LECHAL

Frito o a la plancha			Asado			Guisado		
Qué parte pedir	Peso por persona	Tiempo	Qué parte pedir	Peso por persona	Tiempo	Qué parte pedir	Peso por persona	Tiempo
Chuletas de palo o de riñonada	250 g	3 minutos por cada lado	Medio corderito	250 g	30 minutos por cada 1/2 kg con horno previamente calentado	Chuletas Paletillas Cuello	250 g por persona	1½ hora

CORDERO LECHAL ASADO

Se suele comprar para asar $1/2$ corderito. Se le dan unos golpes en la carnicería para trincharlo más fácilmente al ir a servirlo.

Se frotan los trozos con un diente de ajo. Se unta ligeramente con manteca de cerdo y se espolvorea de sal. Se mete a horno mediano durante 30 minutos por cada $1/2$ kg y se rocían de vez en cuando con su jugo. Cuando está casi hecho el cordero, se rocía con una cucharada (de las de café) de vinagre (o, mejor, con una brocha se unta un poco de vinagre por el lado externo del cordero, es decir, del lado pegado a la piel del animal). Se vuelve a meter en el horno unos 15 minutos, y se sirve bien caliente.

843 PIERNA DE CORDERO PASCUAL ASADA (6 personas)

1 pierna de cordero de $1^1/2$ a 2 kg,
40 g de manteca de cerdo,
2 dientes de ajo,
1 cucharada (de las de café) de vinagre,
agua caliente para la salsa,
sal.

Se debe escoger con preferencia la pierna redonda y no alargada.

Una hora antes de ir a asar el cordero, se frota bien por todos lados con los 2 dientes de ajo pelados. Se unta con la manteca de cerdo y se le pone sal. Se deja así.

Se calienta el horno previamente unos 5 minutos antes de meter la carne. Se pone ésta en una chapa del horno o en una asadera y se mete a horno más bien fuerte durante 15 minutos; después se baja el fuego y se deja mediano (una hora en total para una pierna de $1^1/2$ kg; una hora y cuarto para 2 kg). Se rocía de vez en cuando con su jugo. Con una brocha se unta con muy poco vinagre un $1/4$ de hora antes de acabar el tiempo de asarla.

Cuando está ya asado el cordero, se apaga el horno y se deja la pierna dentro unos 5 minutos para que repose al calor. Se saca, se trincha recogiendo todo el jugo que sale al partirla, y se reserva. Se pone un poco de agua caliente en la besuguera, se rasca con un tenedor el fondo y los bordes, y en el fuego se calienta bien la salsa así hecha, añadiendo el jugo de partirla. Se sirve en salsera aparte.

Se puede acompañar con patatas rehogadas, puré de patatas o judías blancas de adorno (receta 224).

844 CORDERO ASADO A LA SEPULVEDANA

Se puede hacer con cordero lechal o cordero pascual que no sea muy grande.

Se unta la pierna de cordero o el trozo de cordero (costillas, paletilla, etc.) con manteca de cerdo. Se sala, se pone en la bandeja de horno o en una besuguera. Se enciende el horno unos 5 minutos antes de meter la carne. Se mete y, cuando está la carne un poco dorada (unos 15 minutos), se rocía con el siguiente líquido:

En un cazo se cuece (para 6 personas):

1¹/₂ **vaso (de los de vino) de agua,**
  2 **ramitas de perejil,**
  2 **dientes de ajo (sin pelar),**
  1 **hoja de laurel,**

¹/₂ **cebolla grande (100 g),**
  2 **cucharadas soperas de vinagre,**
  el zumo de un limón,
  sal.

Una vez que haya cocido todo durante 5 minutos, se cuela y con esto se rocía la carne.

Al mismo tiempo que se echa el líquido se pueden poner unas patatitas redondas, peladas, lavadas, que se hacen con el líquido de la carne. Ésta se rocía de vez en cuando con el jugo. Cuando el cordero está asado, se deja reposar la carne al calor unos 5 minutos antes de trincharla.

845 CORDERO ASADO SERVIDO CON SALSA DE YEMAS Y PURÉ DE TOMATE (6 a 8 personas)

  1 **pierna de 1¹/₂ a 2 kg,**
40 **g de manteca de cerdo,**
  1 **cebolla pequeña (60 g),**
  2 **ramitas de perejil,**
¹/₂ **hoja de laurel,**
  1 **diente de ajo,**
  1 **vaso (de los de vino) de vino blanco,**
  4 **cucharadas soperas de puré de tomate (salsa espesa),**
  sal y pimienta.

Salsa:
  2 **yemas,**
  el zumo de un limón,
1¹/₂ **cucharadas soperas de perejil picado,**
25 **g de mantequilla.**

Se unta la pierna de cordero con la manteca de cerdo, se sala y se le pone un poco de pimienta molida. En la bandeja de horno (o en una besuguera) se coloca la pierna, se pone de cada lado de la carne un trozo de cebolla pelada y partida en dos y el ramillete hecho con el perejil, el ajo y el laurel. Se calienta el horno unos 5 minutos antes de ir a meter la carne. Se pone el cordero 10 minutos a horno bastante fuerte, y luego otros 15 minutos algo más flojo. Se rocía entonces la carne con el vino blanco y se vuelve a dejar otros 15 minutos, rociándola con su jugo de vez en cuando. Se añade entonces a la salsa el puré de tomate y se deja otros 5 a 10 minutos más.

Se trincha el cordero y se coloca en la fuente donde se vaya a servir, cubierto con papel de aluminio para que no se seque. Se reserva al calor.

Se vierte su salsa en un cazo y con una cuchara sopera se le quita la grasa que flota en la superficie. Se pone el cazo al baño maría con agua muy caliente.

En un tazón se baten las 2 yemas, el zumo de limón y el perejil picado y **sólo cuando se va a servir la carne se hace la salsa**.

Se pone un poco de ésta en el tazón para que no se cuajen las yemas y se agregan al cazo, así como la mantequilla, batiendo la salsa constantemente con unas varillas. Cuando la salsa se ve fina y brillante, es que está terminada y en su punto.

Se puede reservar un ratito al baño maría, pero poco tiempo, pues se espesa rápidamente. Se sirve el cordero adornado, si se quiere, con patatas rehogadas, y la salsa en salsera aparte (previamente calentada con agua casi hirviendo).

846 PIERNA DE CORDERO PASCUAL RELLENA
(6 a 8 personas)

1 pierna de 1¹/₄ a 1¹/₂ kg (deshuesada),
6 salchichas frescas,
100 g de champiñones,
¹/₂ vaso (de los de vino) de jerez,
20 g de mantequilla,
¹/₂ limón,

¹/₂ vaso (de los de vino) de agua,
3 cucharadas soperas de aceite,
1 pellizco de hierbas aromáticas,
sal,
harina en un plato para rebozar.

Se le pide al carnicero que le quite el hueso central a la pierna. En el sitio donde estaba el hueso se coloca un relleno hecho de la siguiente manera:

Se lavan muy bien los champiñones y se van echando en agua fría con unas gotas de zumo de limón. Una vez limpios todos, se pican menudos y se ponen a rehogar con la mantequilla, unas gotas de zumo de limón y sal en un cazo tapado y a fuego lento unos 6 minutos.

Mientras tanto, se abren las salchichas y se les quita la piel, se amasa el picado con la mitad del jerez, las hierbas y los champiñones cuando éstos están en su punto. Se pone el relleno en el centro de la pierna y ésta se cose o se ata con cuerda fina para darle una bonita forma. Se le echa sal por encima y se pasa ligeramente por harina, sacudiendo la sobrante. Se coloca en una asadera con el aceite y el jerez sobrante y se pone a horno mediano (más bien lento) durante 1 hora o 1¹/₄, dándole la vuelta varias veces y rociándola con la salsa para que se dore por todos lados. Si hiciese falta, se irá añadiendo poco a poco agua caliente para formar salsa.

Para servir, se corta como un asado corriente, quitando la cuerda antes, y se acompaña con patatas fritas o en puré, con la salsa aparte en salsera.

847 PIERNA DE CORDERO COCIDA A LA INGLESA
(6 personas)

1 pierna de 1½ a 2 kg,
1 mata de apio (pequeña o unas ramas),
3 zanahorias medianas,
1 cebolla mediana (100 g),

1 cucharada (de las de café) de hierbas aromáticas (o un ramillete: perejil, laurel, tomillo y un diente de ajo),
4 granos de pimienta,
agua y sal.

Esta pierna de cordero se puede pedir al carnicero deshuesada; se partirá así en lonchas de forma muy bonita y se trinchará entonces como un asado corriente.

Se ponen todos los ingredientes (salvo la carne) en una cacerola amplia con mucha agua. Se pone a cocer; cuando rompe el hervor, se sumerge la pierna, y cuando rompe el hervor de nuevo se cuece despacio (sin grandes borbotones), a razón de 15 minutos por cada ½ kg de carne.

Una vez pasado este tiempo, se saca del agua, se escurre un poco y se trincha. Se sirve caliente o fría con jalea de menta (como si fuese mostaza).

848 PIERNA DE CORDERO CON SALSA DE GUISANTES
(4 personas)

1 pierna de 1,200 kg deshuesada (queda 1 kg).
4 cucharadas soperas de aceite,
2 zanahorias medianas (150 g),
200 g de guisantes desgranados (mejor congelados que de lata),
1 cebolla mediana (125 g),
un puñado de espinacas frescas (8 hojas),

3 clavos de especias,
1 hueso de codillo de jamón,
1 vaso (de los de vino) de vino blanco,
1 pellizco de hierbas aromáticas,
1 hoja de laurel,
sal y pimienta.

Se manda deshuesar la pierna en la carnicería y se conservan los huesos.

En una cacerola o mejor en una «cocotte», se pone aceite a calentar. Cuando está en su punto se dora la pierna y se añaden las zanahorias raspadas, lavadas y cortadas en trozos, la cebolla con los clavos pinchados, la hoja de laurel, el pellizco de hierbas, el codillo, los huesos y se salpimenta a gusto. Se rocía con ½ litro de agua (2 vasos de los de agua). Cuando empieza a hervir se echan los guisantes alrededor de la pierna y se cuece suavemente durante ¾ de hora. Se añade entonces el vino y se sigue cociendo otros ¾ de hora más.

Mientras, se lavan las espinacas, se escurren y se ponen en un cazo sólo con un poco de sal, se tapan y se dejan cocer unos 8 minutos en su propia agua. Pasada la hora y media de cocción de la carne, se saca y se reserva envuelta en papel de aluminio al calor.

Se quitan los huesos, la zanahoria, la hoja de laurel y la cebolla si no se ha deshecho. Se pasa la salsa por la batidora con las hojas de espinacas escurridas.

Se trincha la carne y se pone en la fuente rociándola con un poco de salsa, sirviendo la restante en salsera.

Se puede acompañar con bolitas de patatas fritas o con patatitas cocidas al vapor, puestas alrededor de la fuente.

849 SILLA DE CORDERO ASADA

La silla de cordero es todo el lomo del animal en una pieza. Se enrolla la falda y se ata como un asado. Se prepara y se asa como la pierna, haciéndole antes de meterla en el horno unas incisiones poco profundas a lo largo de la carne.

850 PALETILLA DE CORDERO DESHUESADA (6 personas)

De 1 a $1^1/_4$ kg de paletilla deshuesada por el carnicero y atada como un asado corriente. Se procede lo mismo que para la pierna de cordero pascual asada (receta 843).

851 PALETILLA DE CORDERO CON PATATAS Y CEBOLLA (PANADERA) (6 personas)

$1^1/_4$ a $1^1/_2$ de paletilla deshuesada,
2 cebollas grandes (250 g),
1 diente de ajo,
5 patatas medianas (600 g) o, mejor, patatitas nuevas,

80 g de manteca de cerdo,
1 vaso (de los de agua) bien lleno de caldo (o simplemente agua con una pastilla),
sal.

Se enrolla, se ata y se sala la paletilla deshuesada. Se frota primero con un diente de ajo y luego se unta con manteca de cerdo y se pone en una cacerola de porcelana o una «cocotte» (cacerola de hierro fundido). Se mete destapada en el horno previamente calentado fuerte durante 10 minutos. Se baja el horno y se asa la paletilla durante 20 minutos, dándole la vuelta de vez en cuando para que esté dorada por todos lados.

Aparte se pelan las patatas, se lavan y se secan bien. Se pelan las cebollas y se cortan en redondeles finos y las patatas en rodajas de $1^1/_2$ cm de grosor.

Se pone el resto de la manteca en una sartén. Cuando está caliente, se echan las cebollas y se refríen unos 6 minutos hasta que empieza a dorarse. Se añaden las patatas y se hace todo a fuego mediano, echándole un poco de sal. Cuando la paletilla lleva los 20 minutos en el horno, se ponen las patatas y las cebollas alrededor de la carne. Se rocía el caldo por encima de la carne y las patatas, y se vuelve a dejar en el horno otros 20 minutos, rociando el asado y su acompañamiento unas 3 o 4 veces en este tiempo.

Se trincha la carne en la tabla y se coloca en el centro de la fuente con su adorno de patatas y cebollas alrededor. Se deben calentar los platos de la carne, pues el cordero y su salsa se enfrían de prisa y no resulta bueno.

852 PALETILLA DE CORDERO DESHUESADA BRASEADA (6 personas)

1 paletilla deshuesada de 1¹/₂ a 1³/₄ kg,
2 cebollas grandes (125 g),
4 cucharadas soperas de aceite,
1¹/₂ vaso (de los de agua) de caldo (o agua con una pastilla),
¹/₂ vaso (de los de vino) de vino blanco,

1 plato con harina,
1 cucharadita (de las de moka) de hierbas aromáticas (o perejil, laurel, tomillo y un diente de ajo),
sal.

En una cacerola (o, mejor, una «cocotte») se pone el aceite a calentar. Se pelan y se pican las cebollas y se ponen a fuego lento en la cacerola con el fin de que se hagan despacio. Cuando están doradas (unos 10 o 12 minutos), se sacan con una espumadera y se reservan en un plato.

Se pasa la paletilla (atada como un asado corriente) ligeramente por harina. Se pone a dorar en la cacerola y, una vez dorada por todos los lados, se vuelven a poner las cebollas. Se rocía todo con el vino, después con el caldo, finalmente se añaden las hierbas aromáticas y la sal. Se mueve bien todo, se tapa muy bien la cacerola, y a fuego mediano se deja que rompa el hervor. Después se baja el fuego, y lentamente se deja cocer durante unos ³/₄ a 1 hora (según sea la carne).

Para servir, se saca la carne, se le quita la cuerda que la ata y se trincha. Se cuela la salsa por el pasapurés o el chino, apurando bien las cebollas, y se vierte por encima de la carne.

Se puede adornar la carne con patatas o, mejor, con pimientitos verdes fritos enteros.

Nota.—Hay a quien le gusta con unas aceitunas deshuesadas y cortadas en dos o tres trozos. Entonces se pondrán a cocer durante 2 minutos en un poco de agua. Se escurren y se añaden a la carne unos 5 minutos antes de retirarla para trinchar.

853 CORDERO ESTOFADO (6 personas)

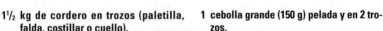

1¹/₂ kg de cordero en trozos (paletilla, falda, costillar o cuello),
1 vaso (de los de vino) de vinagre,
1 vaso (de los de vino) de aceite,
1 cabeza de ajos entera, sin pelar,

1 cebolla grande (150 g) pelada y en 2 trozos,
1 hoja de laurel,
1 cucharada (de las de café) de pimentón,
sal.

En una cacerola se ponen con la carne todos los ingredientes. Se tapa muy bien la cacerola y se pone a fuego lento durante unas 2 horas (hasta que la carne esté tierna).

Durante este tiempo de vez en cuando se revuelve para que no se pegue la carne al fondo y, si hiciese falta, se puede añadir un poquito de agua caliente para que el estofado esté jugoso.

854 GUISO DE CORDERO CON GUISANTES, ALCACHOFAS Y PATATAS (6 personas)

2 paletillas de cordero (1¹/₂ a 1³/₄ kg),
1 kg de guisantes,
1 kg de alcachofas,
¹/₂ kg de patatas,
1 cebolla grande (125 g),

1 cucharada sopera rasada de harina,
5 a 6 cucharadas soperas de aceite,
¹/₂ litro de aceite (sobrará),
¹/₂ vaso (de los de vino) de vino blanco,
agua y sal.

En la carnicería se piden las paletillas cortadas en trozos.

En una cacerola se pone el aceite a calentar. Cuando está caliente, se echa la cebolla pelada y picada bastante menuda. Se le da vueltas durante unos 5 minutos hasta que se ponga transparente. Se añade entonces el cordero, se rehoga bien y se agregan las alcachofas lavadas, quitadas las primeras hojas duras y las puntas de las hojas, cortadas en 2 o 4 trozos (según sean de grandes), los guisantes y la harina. Se rehoga todo junto; se añade la sal, el vino y se cubre el guiso de agua fría. Se cuece a fuego mediano lento, con la cacerola cubierta con tapadera, durante unos 45 minutos. Se mueve de vez en cuando el guiso para que no se agarre al fondo de la cacerola.

Mientras tanto, se pelan y se lavan las patatas. Se cortan en cuadraditos. En una sartén se pone el ¹/₂ litro de aceite a calentar y se echan las patatas, que se fríen a fuego bastante lento con el fin de que queden duritas pero no doradas. Se sacan, se escurren de su aceite y se añaden al guiso. Se revuelve todo bien y se vuélve a dejar cocer durante unos 20 minutos, más o menos, moviendo la cacerola de vez en cuando para que no se agarre el guiso; se sirve en fuente honda.

855 GUISO DE CORDERO CON ZANAHORIAS Y NABOS
(6 personas)

2 paletillas de cordero (1¹/₂ a 2 kg), o falda, o costillar, o cuello,
5 cucharadas soperas de aceite,
1 cebolla mediana (80 g),
¹/₄ kg de zanahorias tiernas,
³/₄ kg de nabos,
400 g de patatas,
1 vaso (de los de agua) de caldo,
¹/₂ vaso (de los de vino) de vino,
1 clavo (especia),
1 ramita de tomillo,
1 diente de ajo,
2 tomates bien maduros o una cucharada sopera rasada de tomate concentrado,
sal.

En una cacerola se pone el aceite a calentar; cuando está, se echa la cebolla pelada y picadita. Se deja ésta hasta que empiece a ponerse transparente, dándole vueltas con una cuchara de madera (unos 5 minutos).

Se echa el cordero, quitados los huesos más grandes (esto lo hace el carnicero) y cortado en trozos. Se le deja dorar y se añaden las zanahorias lavadas, raspadas y cortadas en rodajas más bien finas. Se agrega el vino, la sal, el clavo, la ramita de tomillo, el diente de ajo pelado y los tomates lavados, pelados y cortados en cuatro, quitándoles las simientes.

Se tapa la cacerola con tapadera y se deja a fuego mediano durante ³/₄ de hora. Se añaden entonces los nabos lavados, pelados y cortados en cuadraditos, así como las patatas, también en cuadraditos. Se añade el caldo y se vuelve a tapar la cacerola, dejándolo otra hora más (más o menos), hasta que la carne está tierna.

Se sirve en una fuente honda, con unos trozos de pan frito si se quiere.

856 CORDERO AL AJILLO Y TOMATE

Se aprovecha la falda, el cuello o el costillar alto y se procede como para la ternera al ajillo con tomate (receta 810).

857 CHULETITAS DE CORDERO CON BECHAMEL
(6 personas)

18 chuletitas de palo de cordero lechal,
1 litro de aceite (sobrará),
2 huevos,
1 plato con pan rallado,
sal.

Bechamel:
2 cucharadas soperas colmaditas de harina,
2 vasos (de los de agua) bien llenos de leche fría,
25 g de mantequilla,
2 cucharadas soperas de aceite,
sal.

Se pelan muy bien los huesos de las chuletas, de manera que queden limpios. Se salan las chuletas.

En una sartén se pone aceite (como un dedo de espesor en el fondo). Se calienta y se fríen las chuletas. Se sacan y se reservan en un plato.

Se unta de aceite un mármol o la tabla de la carne.

En otra sartén se ponen la mantequilla y el aceite a calentar. Cuando están, se añade la harina, se dan unas vueltas y poco a poco se va añadiendo la leche, dando vueltas con unas varillas para que no se formen grumos. Se echa sal.

Se cuece durante unos 10 minutos con el fin de que la bechamel esté espesa. Se cogen las chuletitas de una en una por el hueso, se sumergen en la bechamel de forma que queden bien cubiertas por los dos lados. Se colocan en el mármol o la tabla untada de aceite y se dejan enfriar.

Cuando se van a servir, se pone todo el aceite en la sartén donde se han frito y se calienta. Se baten los huevos como para tortilla y se pasan las chuletas primero por huevo y después por pan rallado. Se fríen por tandas, reservándolas al calor, y cuando están bien doraditas se ponen en una fuente y se sirven.

858 PIERNA O PALETILLA DE CORDERO, ESTILO CAZADOR (6 personas)

1 pierna o paletilla de 1¹/₂ kg deshuesada,
2 tiras de tocino finas,
1 cucharada sopera de harina,
7 cucharadas soperas de aceite,
3 cucharadas soperas de vinagre,
1 vaso (de los de agua) de buen vino tinto,
2 cebollas medianas (200 g),
 2 chalotas,

1 diente de ajo pelado,
4 rodajas de limón,
1 buen pellizco de hierbas aromáticas,
³/₄ de vaso (de los de agua) de agua,
2 clavos (especias),
6 gramos de pimienta,
 sal.

La víspera poner la carne a macerar. En una «cocotte» se pone la carne deshuesada y envuelta con las tiras de tocino cortadas muy finas y atadas para dar bonita forma a la carne. Se rocía ésta con dos cucharadas soperas de vinagre, el vino tinto, las cebollas picadas, el diente de ajo, las rodajas de limón, los granos de pimienta, los 2 clavos, el pellizco de hierbas, 3 cucharadas soperas de aceite y un poco de sal.

Se dan varias vueltas a la carne durante las 24 horas. Al día siguiente se saca la carne de su maceración y se escurre bien. En la «cocotte» se ponen 4 cucharadas soperas de aceite a calentar. Cuando está en su punto se pone la carne y se dora por todos lados. Se saca y se reserva en un plato. En este mismo aceite se pone la cebolla y el diente de ajo de la maceración y las chalotas picadas. Se deja dorar ligeramente. Se espolvorea con la harina, se mezcla y se vuelve a poner la carne. Se la rocía entonces con el vino de la maceración, se agrega otra cucharada sopera de vinagre y el agua. Se sala ligeramente, se tapa, y a fuego suave, una vez que ha empezado a cocer, se deja durante 1¹/₂ hora.

Sacar la carne, trincharla y reservarla al calor. Pasar la salsa por el pasapurés y servirla en salsera aparte.

MANERA DE APROVECHAR UNOS RESTOS DE CORDERO (paletilla o pierna)

En ropa vieja (receta 771).

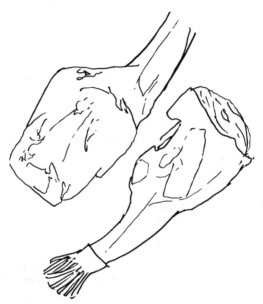

Pollo y gallina

 MANERA DE DESPLUMAR LAS AVES

Se suelen vender las aves con las plumas ya quitadas. Si no es así, conviene hacerlo en seguida después de muerta el ave. En caso de no haber podido quitarlas en
seguida, se facilita mucho la operación sumergiendo el ave en agua hirviendo un
minuto, sujetándola para ello por las patas. Esta manera de desplumar es rápida,
pero tiene el inconveniente de que pierde sabor la carne del animal.

861 MANERA DE VACIAR LAS AVES

Una vez desplumadas, se hace un corte pequeño atravesado cerca y debajo de la
rabadilla. Por ese agujero se mete la mano y se sacan las tripas, el hígado, el corazón, la molleja, etc. La molleja se corta en dos, se le quita la bolsa interior y la piel de
fuera. Se corta el cuello con la cabeza a ras del cuerpo del ave. En el hígado hay una
bolsita con la hiel, que se tiene que quitar en seguida y entera, pues de romperse
amargaría mucho el hígado y el ave.

MANERA DE FLAMEAR LAS AVES

Se agarran por el cuello y las patas y se pasan por la llama del gas, o mojando un algodón con alcohol se prende y se pasa así el ave por todos lados. Una vez chamuscados los pelos, con un cuchillo se arrancan los rebeldes que sean más grandes. Una vez pelada y vaciada y chamuscados los pelos, se cortan las patas (la parte con piel amarilla y sin carne) y el cuello; así está el ave preparada para hacerla de la manera que se desee.

 MANERA DE PELAR LAS PATAS DE LAS AVES

El cuello y las patas (una vez quitada la piel) son muy sabrosos para emplearlos en un caldo. Para pelar las patas se puede sumergir $1/2$ minuto en agua hirviendo, luego con un paño se tira de la piel como si fuese un guante. También se puede quemar la piel y se quita entonces a trozos.

Para que el pollo y las aves en general tengan bonita forma hay que atarles las patas y los alones con una cuerda fina. Ésta sujetará también las lonchitas de bacon.

 MANERA DE TRINCHAR UN POLLO

Todas las aves se trinchan más o menos igual; la única dificultad consiste en encontrar la articulación para sacar la pata entera, que después se cortará en dos partes, y la pechuga con el alón, también una vez separada del caparazón, se trinchará en dos o más pedazos.

POLLO ASADO (4 a 6 personas)

1 **pollo tierno y grande (1$1/2$ a 2 kg),**	$1/2$ **limón,**
3 **lonchas de bacon (finas),**	**agua caliente,**
30 **g de manteca de cerdo,**	**sal.**

Una vez pelado, vaciado, chamuscados los pelos y quitados el cuello y las patas (la parte amarilla), como va explicado al principio del capítulo, se unta todo el pollo con la manteca de cerdo, se sala por fuera y por dentro y se atan 2 lonchas de bacon, una en la pechuga y otra en la espalda; la 3.ª se mete dentro del pollo.

Se coloca en una asadera y se mete en el horno, previamente calentado unos 5 minutos. Se asa a horno mediano, más bien fuerte, más o menos una hora, según el tamaño, dándole varias veces la vuelta para que se dore bien por todos lados. Al volverlo, se rocía bien con la salsa que se va formando en el fondo de la asadera. De esto depende que el pollo esté bien asado y sabroso.

Cuando está ya bien asado y dorado, se retira de la asadera, se le quita la cuerda y las lonchas de bacon (que se tiran) y se trincha para servir.

En la asadera, con una cuchara sopera se quita gran parte de la grasa, se añade agua caliente y un chorrito de zumo de limón. Se pone a fuego vivo, moviendo bien la salsa con un tenedor para raspar toda la parte tostada del fondo de la asadera. Se sirve la salsa en salsera y el pollo con patatas paja, verduras o puré de patatas, como más guste.

866 POLLO ASADO EN «COCOTTE» (O CACEROLA)

A falta de horno se pueden hacer los pollos en una «cocotte» (cacerola de hierro fundido) o incluso en una cacerola corriente, pero de aluminio bastante grueso.

Se prepara el pollo con el bacon y la sal, igual que para asarlo al horno. La manteca se mezcla con un par de cucharadas soperas de aceite, se calienta y se pone a dorar el pollo por todos lados.

Una vez dorado, se cubre la cacerola y, a fuego mediano, se hace el pollo calculando 20 minutos por cada $1/2$ kg. Cuando el pollo está hecho, se destapa la cacerola, se sube el fuego y se deja dorar el pollo dándole vueltas. Se saca, se le quita la cuerda y el bacon, se trincha y se pone en la fuente de servir.

Se añaden unas 4 o 5 cucharadas soperas de agua caliente al jugo del pollo y un chorrito de zumo de limón. Se dan unas vueltas rápidas y se sirve el jugo en una salsera aparte.

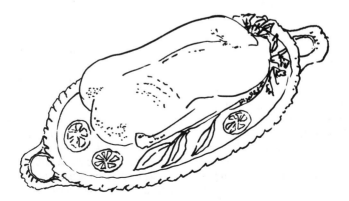

867 POLLO CON LIMONES (4 personas)

1 pollo de 1¹/₂ a 2 kg,
10 cucharadas soperas de aceite,
1 cucharada sopera de azúcar,
1 vaso (de los de vino) de vino blanco,
1 vaso (de los de agua) de caldo o agua
con pastilla,

1 cebolla grande (200 g) muy picada,
1 hoja de laurel,
3 limones cortados en 4 partes sin pelar,
sal.

En una cacerola, o mejor en una «cocotte» amplia, se pone el aceite a calentar. Una vez en su punto, se pone el pollo ya chamuscado a dorar por todos lados. Una vez bien dorado se reserva en un plato al calor. Se echa entonces la cebolla y se rehoga durante unos 6 o 7 minutos, para que se dore ligeramente.

En el interior del pollo se introducen 3 trozos de limón. Se vuelve a poner éste en la cacerola con los trozos restantes de limón alrededor. Se rocía con el vino y después con el caldo. Se pone la hoja de laurel y se espolvorea con el azúcar, se sala teniendo en cuenta que el caldo sala un poco.

Se deja cocer tapado unos ³/₄ de hora más o menos, este tiempo dependerá de la clase del pollo.

Se saca, se trincha y se coloca en la fuente donde se vaya a servir. Se cuela la salsa por el chino o colador de agujeros grandes, con el fin de que retenga los limones, pero pase lo espesito de la salsa, y se sirve en salsera.

Se puede acompañar con arroz amarillo o costrones de pan frito.

868 POLLO ASADO CON POMELOS O NARANJAS (6 personas)

1 pollo de 1¹/₂ kg a 1³/₄ (grande),
2 pomelos o 4 naranjas,
50 g de manteca de cerdo,
2 lonchas de bacon,

2 cucharadas soperas de buen coñac,
pimienta,
1 manojo de berros,
sal.

Un poco antes de asar el pollo, se sala por dentro y por fuera, se le pone un poco de pimienta molida.

En un cazo pequeño se calienta un poco el coñac y se prende con una cerilla. Cuando ha ardido un poco, se vierte dentro del pollo y se meten los gajos de un pomelo pelado y separado cada gajo.

Cuando se va a asar, se enciende el horno durante unos 5 minutos antes. Se ata el pollo y se pone una loncha de bacon arriba (pechugas) y otra abajo (lomo). Se unta con la manteca de cerdo y se mete al horno. Se asará 1 hora. Mientras se va asando, se rocía de vez en cuando con su jugo y se le da la vuelta. A medio asar, se añade a la salsa el jugo del otro pomelo y se sigue rociando el pollo. Cuando está asado, se quita la cuerda y el bacon, se trincha el pollo y se coloca en la fuente donde se vaya a servir, con los gajos de pomelo alrededor y 2 ramilletes de berros bien limpios y lavados adornando la fuente.

Nota.—Se pueden sustituir los pomelos por naranjas. Se procede en todo igual.

869 POLLO CON LANGOSTA (6 personas)

1 pollo grande (de unos 2 kg),
1 langosta fresca, de unos 500 a 600 g,
1 cebolla pequeña (60 g),
3 tomates bien maduros (500 g),
4 dientes de ajo grandes y sin pelar,
unas 20 almendras tostadas,
2 galletas «María»,
1 higadito de pollo,

2 onzas de chocolate,
1 cucharada (de las de moka) de azúcar,
1 vaso (de los de vino) bien lleno de aceite,
1 vaso (de los de vino) bien lleno de nata líquida,
1 vaso (de los de vino) bien lleno de jerez,
sal y pimienta molida.

Lo primero es sumergir la langosta en agua cociendo a borbotones durante 1 minuto para matarla.

Se corta el pollo y también la langosta en trozos medianos, dejando la cabeza de la langosta vacía pero entera, para poder adornar el guiso con ella cuando se sirva.

Se tendrá buen cuidado al partir la langosta de recoger todo el jugo que pueda soltar, así como las huevas, si las hay.

En una cacerola (mejor si es de barro) se pone el aceite a calentar, cuando está en su punto se dora en tandas el pollo, ligeramente salado, y se reserva en un plato. Se da una pasadita al hígado, friéndolo sólo un poquito y se reserva también. En este mismo aceite también se doran los trozos de langosta y se reserva igualmente.

Siempre en el mismo aceite se echa la cebolla y se rehoga durante unos 5 minutos para que, apenas empiece a dorar, se añadan los tomates pelados, quitadas las simientes y cortados en trozos pequeños. Se les echa un poco de sal y el azúcar.

Mientras se van rehogando se machacan con un tenedor durante unos 10 minutos. Se rocían entonces con el jerez y seguidamente se añade el pollo y la langosta. Se salpimienta, se tapa la cacerola y se deja cocer suavemente durante $^1/_2$ hora.

Mientras tanto, en una sartén pequeña, sin nada, se doran los ajos (también se pueden asar en el horno). Cuando están bien asados, se pelan y se ponen en el mortero con el higadito, las almendras y las galletas. Se machaca todo junto y se incorpora al guiso, revolviendo éste con cuidado para que quede bien mezclado. Cuando el pollo lleva unos 25 minutos se deslíe el chocolate con un poco de salsa y se echa al guiso. Se deja cocer todo junto los 5 minutos que faltaban.

Al ir a servir se añade la nata líquida, teniendo buen cuidado de que ya no cueza más.

Se sirve en seguida.

Si se ha guisado en cazuela de barro, se sirve en la misma cazuela, si no, en una fuente, plantando la cabeza de la langosta en el centro, como adorno de importancia.

870 POLLITOS FRITOS (4 personas)

2 pollitos de 700 g cada uno,
4 cucharadas soperas de aceite,
1 limón,
1 cebolla mediana (60 g),
4 ramilletes de perejil para freír,
3 ramitas de perejil,
1 plato con harina mezclada con 3 cucharadas soperas de pan rallado, pimienta en polvo,

1 litro de aceite (sobrará),
    sal.
Salsa de tomate:
³/₄ kg de tomates maduros,
    2 cucharadas soperas de aceite (frito),
    1 cucharada (de las de café) de azúcar,
    1 cebolla mediana,
    sal.

Se chamuscan los pelos de los pollos, se trinchan en cuatro trozos. Se salan y se les echa pimienta. Se colocan en una fuente honda o una ensaladera; se rocían con el aceite, el limón cortado en rodajas, la cebolla pelada y cortada en rodajas y las ramitas de perejil. Se deja así un par de horas, dando de vez en cuando unas vueltas a todo para que se impregne bien.

Mientras tanto se va haciendo la salsa de tomate (receta 77), que se reservará al calor mientras se fríen los trozos de pollo.

Al ir a servir el pollo, se escurren bien los trozos, se pasan por el plato con harina y pan rallado mezclado y se fríen en aceite abundante, medianamente caliente al principio, unos 10 minutos, y más fuerte después, 5 minutos más, hasta que los trozos estén bien dorados.

Se colocan en la fuente donde se vayan a servir y se adorna con los ramilletes de perejil atados con un hilo, lavados, bien secos con un trapo limpio y fritos (cuidando de separar la sartén del fuego al poner el perejil, pues salta el aceite). Se sirve con la salsa de tomate aparte en salsera.

871 POLLO AL CURRY CON PIÑA (6 personas)

1 pollo de 1³/₄ kg a 2 kg,
2 cebollas medianas (300 g),
60 g de margarina,
1 puñado de pasas sin pepitas,
1 vaso (de los de agua) de caldo o agua con pastilla,
1 vaso (de los de vino) de vino blanco,
1 cucharada (de las de café) de curry,

1 manzana rallada,
4 o 5 rodajas de piña de lata, picadas en cuadraditos,
6 cucharadas soperas del almíbar de la piña,
1 vaso (de los de vino) de aceite,
    sal.

Poner en agua templada las pasas para que se ablanden.

En una sartén poner el aceite a calentar. Se irán salando los trozos de pollo y se van dorando por tandas. Se retiran y se reservan en un plato. En una cacerola se pone a calentar la margarina y una vez caliente se añaden las cebollas picadas para que doren ligeramente (unos 8 minutos). Se ponen por encima de la cebolla una vez dorada los trozos de pollo. Se añade la manzana rallada, después se espolvorea con el curry, se añade el caldo, el vino, la sal y se mezcla bien. Se deja cocer durante unos 20 minutos, después de lo cual se añaden los trozos de piña cortada, las pasas y el almíbar de la piña.

Se deja cocer todo junto durante 10 minutos y se sirve.

Se puede acompañar con arroz blanco o triangulitos de pan frito.

872 POLLO RELLENO A LA ANDALUZA (6 personas)

1 pollo de 1½ kg,
½ kg de manzanas ácidas (tipo perillos o reineta verde),
6 cucharadas soperas de aceite,
150 g de jamón serrano, magro,
2 vasos (de los de vino) de amontillado,
⅓ de vaso (de los de vino) de anís,

50 g de manteca de cerdo,
1 cebolla grande (150 g),
1 puñado de piñones (unos 40 g),
1 cucharada sopera de perejil picado,
1 clavo (de especia),
sal y pimienta molida.

En una cacerola se pone el aceite a calentar. Se pelan y cortan las manzanas en trocitos y se ponen a rehogar en el aceite, a fuego lento. Se les añade el jamón, cortado a cuadraditos pequeños, los piñones, el perejil, el clavo, sal y pimienta. Se rehoga todo durante unos 3 o 4 minutos y se le añade el amontillado y el anís. Se revuelve bien y se deja cocer durante ½ hora con la cacerola tapada, para que se conserven los aromas, pero quedando casi seco el relleno y revolviendo de vez en cuando.

Se limpia y flamea el pollo. Se cose con bramante el cuello. Se rellena y se cose por abajo, para que no se salga el relleno.

En una asadera se coloca el pollo, bien untado con la manteca. Se sala. Se pone la cebolla, pelada y cortada en 2 o 3 trozos grandes, a cada lado del pollo y se mete a asar en el horno, previamente calentado durante 5 minutos. Se le da vueltas a medida que se va dorando, y a los 20 minutos, más o menos, se rocía con el otro vaso de vino. Se asa en total durante unos 45 minutos o 1 hora, según se vea.

Se trincha, se corta el relleno y se sirve todo en una fuente con la salsa junta o aparte en salsera.

873 POLLO AL AJILLO **(6 personas)**

1 **pollo tierno de 1.600 g o dos pequeños,**	4 **dientes de ajo,**
8 **cucharadas de aceite** (sobrará),	**sal.**

Se parte el pollo en trozos y se salan. Se pone el aceite a calentar en una sartén grande; cuando está caliente, se refríen los trozos de pollo hasta que estén dorados, luego se echan los dientes de ajo, se revuelve con una cuchara de madera de vez en cuando y se dejan unos 45 minutos; tapada la sartén, se retiran los ajos, se escurre un poco de aceite para que no esté tan grasiento y se sirve en una fuente con su jugo por encima.

Nota.—Se pueden poner, si se quiere, los ajos muy picaditos en vez de enteros para que el gusto sea aún más marcado.

874 POLLO GUISADO CON VINO MOSCATEL Y PASAS
(6 personas)

1 **pollo de 1½ a 2 kg,**	2 **vasos de aceite** (sobrará),
1 **cebolla mediana (100 g),**	3 **vasos (de los de agua) de agua,**
1 **ramillete de perejil y un diente de ajo,**	1½ **vaso (de los de vino de moscatel o**
1 **plato con harina,**	**Madeira),**
1 **buen puñado de pasas (100 g),**	**sal y pimienta molida.**

Se corta el pollo en trozos. Se pone en una cacerola a calentar el aceite; cuando está caliente, se pasa cada trozo de pollo por harina y se fríen por tandas hasta que estén dorados. Se van separando en un plato. Cuando todo el pollo está frito, se quita casi todo el aceite, no dejando más que lo justo para cubrir el fondo.

Se pela y se pica la cebolla y se dora en este aceite; se vuelve a poner el pollo, se rocía con la mitad del vino, se mueve bien y luego, poco a poco, se le echa el agua. Se pone el ramillete, sal y pimienta molida. Se deja cocer a fuego mediano y cubierta la cacerola unos 30 minutos (hasta que esté tierno el pollo).

Aparte, en un cazo pequeño, se ponen las pasas (sin rabos) y el resto del vino. Se calienta sin que hierva. Se dejan un buen rato (mientras se hace el pollo) y a última hora se vierte esto en la cacerola. Se revuelve todo, se quita el ramillete y se sirve en una fuente con su salsa.

Se puede adornar la fuente con unos triángulos de pan frito (mojados en leche, según se quiera que queden blandos o no).

875 POLLO CON SALSA DE CHAMPIÑÓN (8 personas)

2 pollos de 1¹/₄ cada uno, trinchados en trozos no muy grandes,
300 g de champiñones frescos,
25 g de mantequilla,
el zumo de ¹/₂ limón,
1 sobre de sopa-crema de champiñón de 4 raciones,
1 vaso (de los de vino) de vino blanco,
1 cebolla pequeña (60 g),
5 cucharadas soperas de aceite,
1 ramillete (un diente de ajo, una hoja de laurel, una ramita de tomillo y una ramita de perejil),
1 litro de agua (menos un vaso de los de vino),
1 vaso (de los de vino) de nata (facultativo),
sal.

En una cacerola se pone a calentar el aceite. Una vez en su punto, se doran los trozos de pollo por tandas y se reservan en un plato. En este mismo aceite se echa la cebolla pelada y muy picada, dándole vueltas con una cuchara de madera durante 7 minutos, más o menos, hasta que se empieza a dorar.

Se vuelven a poner los trozos de pollo en la cacerola.

En un tazón se disuelve la sopa con el vino y se añade el agua caliente (la que indique el sobre, menos la correspondiente al vino, que suele ser, más o menos, un litro). Se vierte esto en la cacerola por encima del pollo. Se añade el ramillete y se sala ligeramente, teniendo en cuenta que la sopa lleva sal. Se cubre la cacerola con tapadera y, a fuego mediano, se deja unos 35 minutos a una hora (según sean de tiernos los pollos).

Mientras tanto, se lavan muy bien los champiñones, se cortan en láminas, quitándoles las partes con tierra, y se ponen en un cazo con la mantequilla, unas gotas de zumo de limón y sal. Se hacen a fuego lento durante unos 6 minutos. En el momento de ir a servir el pollo, se retira el ramillete y se agregan los champiñones con su jugo y la nata (si se quiere). Se revuelve todo muy bien y se sirve en fuente más bien honda.

Se puede adornar la fuente con unos triángulos de pan fritos o servir un poco de arroz blanco aparte.

876 POLLO CON PUERROS Y NATA (4 personas)

1 pollo de 1½ kg, más o menos,
8 puerros medianos (½ kg),
1 vaso (de los de vino) de aceite,
4 cucharadas soperas de aceite,
1 cucharada sopera de harina,
½ vaso (de los de vino) bien lleno, de vino blanco,

1 vaso (de los de vino), bien lleno, de agua,
1 vaso (de los de vino) de nata,
8 gramos de pimienta negra,
sal.

Después de chamuscado el pollo, se corta en 4 trozos quitándole los huesos que no sirvan para que los trozos tengan buena forma.

Se lavan bien los puerros y se cortan en dos, a lo largo. La parte de arriba, una vez quitadas las raicillas, se cuecen en agua y sal abundante durante unos 15 minutos. Una vez cocidos, se escurren y se reservan entre dos platos, para que no se sequen.

En una cacerola (mejor de barro) o una «cocotte» se pone el vaso de aceite a calentar. Cuando está en su punto se doran los trozos de pollo, bien dorados, y se reservan. Se quita casi todo el aceite de la cacerola, dejando sólo como unas 4 cucharadas soperas. En ese aceite se estofan los trozos de puerro que han sobrado, y que se habrán cortado en trozos de 2 cm de largo. Se rehogan con fuego suave durante unos 8 minutos.

Una vez bien estofados, se espolvorean con la harina. Se vuelven a poner los trozos de pollo y se rocían con el agua y el vino. Se añaden los granos de pimienta, se tapa la cacerola y se deja cocer durante 30 minutos hasta que el pollo esté bien hecho.

Se ponen en la cacerola los trozos de puerro que se habían reservado y se añade la nata. Se sacude la cacerola para que la salsa cubra el guiso. Se calienta y se sirve en una fuente algo honda, con la salsa por encima y los puerros adornando la fuente.

877 POLLO EN SALSA CON SETAS SECAS, CEBOLLITAS, NATA Y YEMAS (6 personas)

1 pollo de 1.600 g,
18 cebollitas francesas,
1 cucharada (de las de café) de azúcar,
20 g de mantequilla,
1 puñado de setas secas (o 300 g de frescas),
8 cucharadas soperas de aceite fino,
3 cucharadas soperas de aceite fino para las cebollitas,
1 vaso (de los de agua) de vino blanco,
½ vaso (de los de agua) de agua,
1 vaso (de los de vino) lleno de nata líquida,
2 yemas de huevo,
el zumo de ½ limón,
1 cucharada sopera rasada de maizena,
1 cucharada sopera de agua,
sal y pimienta,
6 triángulos de pan de molde fritos.

Se ponen las setas secas en agua templada en un tazón para que se ablanden (unos 15 minutos).

En una cacerola se pone el aceite a calentar. Cuando está, se echa el pollo trinchado en crudo en trozos grandes. Se doran bien por todos lados, moviéndolos con una cuchara de madera durante unos 7 u 8 minutos. Entonces se echa la mitad de las cebollitas francesas peladas y, si alguna fuese grande, cortada en dos. Se dejan dorar, moviendo bien la cacerola por un asa. Cuando todo está dorado, se echa el vaso de vino blanco y el medio vaso de agua. Se agregan las setas escurridas, si son secas, o lavadas, si son frescas. Se echa sal y pimienta molida. Se tapa y se deja a fuego lento unos 20 a 30 minutos.

Las otras cebollitas, escogidas muy iguales de tamaño y peladas, se ponen en un cazo con agua fría que las cubra, azúcar, mantequilla y sal. Se dejan una ½ hora cociendo despacio y, cuando están cocidas (pinchándolas con un alambre se ve si el centro está tierno) se escurren y se rehogan en una sartén con las 3 cucharadas soperas de aceite hasta que estén doradas.

En un tazón se bate la nata líquida con las yemas y el zumo de limón. En otro tazón se deslíe la maizena con el agua y se va añadiendo la salsa de los pollos, colándola para que no pase la cebolla. Se mueve y se deja dar un hervor para que no sepa a cruda la maizena. Esto se va añadiendo muy poco a poco al tazón con la nata y las yemas. Se baten bien las dos salsas juntas, se ponen en un bol al baño maría (con el agua caliente pero fuera de la lumbre) para que se conserve bien caliente.

Se colocan en una fuente honda los trozos de pollo y alrededor los triángulos de pan fritos y las cebollitas doradas. Se cubre todo con la salsa y se sirve en seguida.

878 GUISO DE POLLO CON PIÑONES, PIMIENTOS VERDES Y TOMATES (6 personas)

1 pollo de 1¹/₂ a 1³/₄ kg,
4 tomates medianos (¹/₂ kg),
3 pimientos verdes (¹/₄ kg),
2 cebollas medianas (¹/₄ kg),
1 cucharada sopera rasada de pan rallado,
50 g de piñones,

¹/₂ cucharadita (de las de moka) de hierbas aromáticas (o un ramillete con tomillo, laurel y perejil),
2 dientes de ajo,
1 vaso (de los de vino) de vino blanco,
1 vaso (de los de vino) de aceite,
2 pastillas de caldo de pollo,
sal y pimienta.

Se trincha el pollo en trozos. En una fuente de barro resistente al horno se ponen las cebollas peladas y picadas; por encima se colocan los trozos de pollo. Se pelan y se cortan los tomates en trozos, quitándoles la piel y las simientes, y se colocan por encima del pollo. Los pimientos verdes se lavan, se secan y se les quita el rabo y la simiente de dentro, y se cortan en redondeles finos (1 cm de ancho cada uno), que se ponen también por encima del pollo.

Se espolvorea el pan rallado y después los piñones, las hierbas aromáticas, la sal y la pimienta. Se pelan y se colocan los 2 dientes de ajo entre el pollo. Se rocía todo con el aceite, se revuelve y se mete a horno mediano, previamente calentado. A los 15 minutos se revuelve todo y se añade el vino y los calditos disueltos en un poco de agua caliente (3 cucharadas soperas).

Se cuece el guiso durante unos 20 minutos más, revolviéndolo de vez en cuando, y se sirve en la misma cazuela donde se ha guisado, procurando volver a colocar los redondeles de pimiento por encima del pollo.

Nota.—Si los pimientos son nuevos, se hacen antes; por lo tanto, se guarda la mitad y se ponen por encima de la fuente a la mitad del tiempo de guisar el pollo para que no se ablanden demasiado y sirvan de adorno.

879 POLLO EN SALSA (6 personas)

1 pollo grande (1¹/₂ a 2 kg) o,
1¹/₂ pollos medianos trinchados en trozos,
1 puñado de miga de pan (en rebanadas gruesas, como de 3 cm, sin corteza),
1 diente pequeño de ajo,
1 cebolla mediana (100 g),
2 ramitas de perejil,
1 cucharada (de las de café) rasada de perejil muy picado,

1 cucharada (de las de café) rasada de hierbas aromáticas, o bien un ramillete (tomillo, laurel y perejil, etc., atado),
1 pellizco de azafrán en polvo,
1 vaso (de los de vino) de vino blanco,
¹/₄ litro de aceite,
3 vasos (de los de agua) de agua,
sal.

Se pone el aceite a calentar en una sartén mediana. Cuando está, se fríen los trozos de pollo en tandas y se reservan, una vez fritos, en un plato.

Se fríe la miga de pan y se reserva también. Se quita aceite y no se deja más que un poco, que cubra bien el fondo de la sartén. Se pone la cebolla a dorar en este aceite y cuando empieza a dorarse (unos 6 a 8 minutos), se retira con una espumadera y se pone en el mortero. Se fríe en este aceite un diente de ajo y, cuando empieza a tomar color, también se retira y se machaca en el mortero con el perejil, el azafrán, la cebolla y la miga de pan.

Se ponen unas 3 cucharadas soperas de aceite (del de freír el pollo) en una cacerola, se calienta y se echa el pollo. Se rocía con el vaso de vino blanco y se cuela por encima lo del mortero, pasándolo por un chino y desliéndolo con un vaso de agua vertido en 2 o 3 veces. Se revuelve todo bien, se espolvorea con las hierbas aromáticas y se añade agua, si hace falta, hasta que cubra los trozos de pollo. Se sazona de sal, se mueve bien y se deja cocer a fuego mediano unos 30 minutos, hasta que el pollo esté tierno, pero cuidando de que no se deshaga. Unos 10 minutos antes de ir a servir el pollo, se espolvorea con el perejil picado.

Se sirve en una fuente honda y, aparte, se sirve arroz blanco.

880 POLLO EN SALSA AL HORNO (6 personas)

1 pollo de 1³/₄ kg (2 pollos de 1 kg, más o menos),
1 vaso (de los de agua) de aceite,
25 g de manteca de cerdo,
   harina en un plato para rebozar,
1 cucharada sopera de harina,
1 cebolla pequeña (50 g) muy picada,
1 diente de ajo pelado,
2 ramitas de perejil,
   unas hebras de azafrán,
1 vaso (de los de vino) de vino blanco,
   sal.

Se corta el pollo en trozos. Se echa sal en cada trozo y se pasan por harina. En una sartén se pone el aceite a calentar con la manteca y se van friendo los trozos. Cuando están bien doraditos, se colocan en una fuente honda resistente al horno (porcelana, cristal o barro). En el aceite que queda en la sartén se echa la cebolla picada; cuando está dorada se añade la cucharada de harina.

En el mortero se machaca un diente de ajo, el perejil y el azafrán. Se añade allí mismo el vaso de vino y esto se agrega a lo de la sartén. Se revuelve todo junto y cuando rompe a hervir la salsa, se rocía por encima de los trozos de pollo. Se mete a horno más bien fuerte la fuente durante una ¹/₂ hora, y se sirve en la misma fuente.

Se puede preparar este plato de antemano hasta poner el pollo en el horno. Esta última fase no se hace más que al ir a servirlo.

POLLO ASADO CON SALSA DE ZUMO DE NARANJAS
881 (6 personas)

1 pollo tierno y grande (unos 1.600 g),
30 g de manteca de cerdo,
3 lonchas finas de bacon,
sal.
Salsa:
1¹/₂ cucharada sopera de azúcar «glass» (molida como harina),
1 cucharada sopera de vinagre,
1 decilitro de agua (un vaso de los de vino no lleno),
1 cucharadita (de las de moka) de extracto de carne,

1 cucharada (de las de café) de fécula de patata,
3 naranjas grandecitas,
1 cucharada sopera de agua,
1 para desleír la fécula,
Guarnición (puré de patatas):
1 kg de patatas,
40 g de mantequilla,
1 vaso (de los de agua) de leche caliente,
(véase receta 234).

Se limpia, se flamea y se prepara el pollo como lo indican las recetas 861 y 865. Se mete al horno, previamente calentado, durante 1 hora (más o menos) hasta que esté bien dorado, rociándolo de vez en cuando con su propia salsa y volviéndolo unas cuantas veces para que esté dorado. Una vez asado en su punto el pollo, se reserva al calor. Se puede tapar con papel de plata para que no se reseque.

Salsa:

A la salsa del pollo se le quita la grasa con una cuchara y se le añaden 3 o 4 cucharadas soperas de agua caliente. Con un tenedor se rasca bien el fondo de la fuente, para que se mezcle bien toda la salsa y lo tostado.

En una sartén se pone el azúcar «glass» a calentar. Cuando se empieza a dorar (como caramelo), se le añade el vinagre, para lo cual se separa la sartén del fuego, se agrega en seguida el zumo de 2 naranjas, el decilitro de agua y el extracto de carne. Se mezcla bien y, tapando la sartén con una tapadera, se deja cocer lentamente unos 5 minutos.

Se trinchan los pollos y se ponen en la fuente donde se vayan a servir. Se adornan con medias rodajas de naranja y montoncitos de puré de patatas. Se reservan al calor tapados.

En un tazón se disuelve la fécula con un poco de agua, se añade a la salsa de la sartén, dejándola cocer un par de minutos. Se añade entonces la salsa de asar los pollos y se sirve en salsera aparte.

Nota.—Si se hacen varios pollos, no hay que multiplicar exactamente los ingredientes de la salsa, entre otras cosas porque el jugo de los pollos no aumenta al doble por cada pieza. Para 3 pollos se pondrán 2 cucharadas de azúcar, 3 zumos de naranja, 2 de vinagre, 2 de extracto de carne y 2 de fécula. Esto, más o menos.

882 POLLO GUISADO CON CEBOLLITAS Y TOMATE
(6 a 8 personas)

2 pollitos de 1¹/₄ kg cada uno (cortados en trozos medianos),
100 g de tocino veteado,
4 cucharadas soperas de aceite,
6 tomatitos pequeños,
8 cebollitas francesas,
1 nuez de mantequilla (15 g),

1 lata pequeña de pimiento colorado (100 g),
¹/₂ vaso (de los de agua) de vino blanco,
¹/₂ vaso (de los de agua) de agua,
1 pellizco de hierbas aromáticas,
1 cucharada sopera de perejil picado, sal.

Una vez flameado y preparado se corta el pollo.

En una cacerola se pone el aceite a calentar. Cuando está en su punto, se rehogan bien los trozos de pollo. Se les añade el tocino cortado en dados. Se echan los tomates pelados, pero enteros. Se sazona con sal y las hierbas aromáticas. Se mueve bien con una cuchara de madera y se rocía con el vino y el agua. Se cubre con una tapadera la cacerola y, a fuego mediano, se hace el pollo durante más o menos ³/₄ de hora (si son tiernos; un poco más si hace falta, pero cuidando de que no se deshagan).

Aparte, en un cazo pequeño, se cuecen las cebollas peladas, con la mantequilla, un poco de agua que las cubra y sal. Cuando el pollo está tierno, se le agregan las cebollitas, el pimiento cortado en tiras finas y el perejil picado. Se dan unas vueltas con una cuchara de madera y se sirve acto seguido en una fuente.

POLLO CON SALSA AL CURRY (6 personas)

1 pollo de 1³/₄ kg,
los despojos de otro pollo,
3 lonchas de bacon,
25 g de manteca de cerdo,
sal.
Salsa:
1 cucharada sopera de harina,
25 g de mantequilla,
2 cucharadas soperas de aceite fino,
¹/₂ vaso (de los de agua) de leche fría,

1 vaso (de los de agua) de caldo de
pollo,
¹/₂ cucharadita (de las de moka) de curry,
1 yema.
Acompañamiento:
¹/₂ kg de arroz,
agua y sal,
50 g de mantequilla,
1 latita de guisantes.

Una vez preparado el pollo, se ponen a cocer las patas (peladas) y el cuello del pollo, así como los otros despojos, en agua fría con sal. Se tiene cociendo durante una hora y se deja que el caldo se quede reducido a un vaso de los de agua. Se reserva para hacer la salsa.

Se sala y se pone el bacon como para asar el pollo (o sea, una loncha en la pechuga, otra en el dorso y la 3.ª dentro del pollo). Se se tiene una «cocotte» (y si no en una cacerola gruesa), se pone el pollo y tapándola con tapadera se asa el pollo encima de la lumbre (receta 866). Si no se tiene, se asa sencillamente como va explicado en la receta 865, en el horno.

Se asa durante ³/₄ de hora más o menos, sin que sea necesario que el pollo se dore mucho. Se prepara mientras el arroz, y seguidamente la salsa.

Se procede para el arroz blanco como va explicado en la receta 186, 1.ª fórmula.

En una sartén se pone el aceite y la mantequilla a calentar, se añade entonces la harina, se le dan unas vueltas con unas varillas y, poco a poco, se añade la leche y después el caldo, sin dejar de dar vueltas. Se deja cocer unos 10 minutos, se prueba de sal y se incorpora el curry.

En un tazón se pone la yema y se deshace con un poco de salsa, uniéndolo al resto de la bechamel.

Una vez asado el pollo, se trincha, se pone en la fuente donde se vaya a servir y se reserva al calor. Se añade la salsa del pollo (quitándole primero toda la grasa con una cuchara) a la bechamel. Se vierte por encima del pollo. Se adorna la fuente con el arroz blanco salteado con mantequilla y revuelto con los guisantes, y se sirve en seguida.

POLLO GUISADO CON CERVEZA Y CEBOLLAS

884 (6 personas)

1 pollo grande (1³/₄ kg),
¹/₂ kg de cebollas,
1 botella de cerveza (1¹/₂ vasos de los de agua),
1 vaso (de los de agua) de aceite (sobrará),

1 cucharada (de las de café) de fécula de patata,
1 cucharadita (de las de moka) de extracto de carne,
sal.

Se limpia y se prepara el pollo como de costumbre. Se sala por dentro. En una cacerola (o, mejor, una «cocotte») se pone el aceite a calentar. Cuando está caliente, se echa el pollo para que se dore por todos lados. Una vez bien dorado, se retira y se reserva en un plato. Se quita parte del aceite, no dejando más que el necesario para cubrir el fondo de la cacerola. Se pelan y se cortan las cebollas en rodajas finas que, al deshacerse, formen anillas. Se ponen éstas en aceite y se rehogan hasta que se vayan poniendo transparentes (unos 6 minutos). Se vuelve a poner el pollo en la cacerola y se rocía con la cerveza. Se sala ligeramente, se cubre y se deja, una vez que ha roto el hervor, a fuego muy lento durante ³/₄ de hora (más o menos, depende del pollo). Durante este tiempo se volverá el pollo varias veces y cada vez se rociará con la salsa.

Una vez hecho, se saca el pollo, se trincha y se colocan los trozos en la fuente de servir. Se cuela la salsa por un colador grande. La cebolla, una vez separada de la salsa, se coloca alrededor del pollo.

En un tazón se pone la fécula, se deshace con una cucharada sopera de agua fría y se añade a la salsa. Se dará un hervor a ésta de un par de minutos. Ya separada del fuego, se le agrega el jugo de carne, se revuelve bien y se sirve en salsera aparte.

885 PECHUGAS DE POLLO RELLENAS (6 personas)

6 pechugas deshuesadas (se encuentran ya preparadas en algunas pollerías) y sin piel,
3 lonchas finas de jamón de York (o 6 pequeñas),
200 g de champiñones,
25 g de mantequilla,
50 g de aceitunas rellenas de pimientos,
2 vasos, no muy llenos (de los de vino), de vino blanco,
el zumo de un limón,
1 cucharada sopera rasada de pan rallado,
1 vaso (de los de agua) lleno de aceite,
1½ pastilla de caldo de pollo,
2 dientes de ajo,
1 cebolla pequeña (50 g más o menos),
1 ramita de perejil,
1 cucharada sopera rasada de perejil picado,
1½ vaso (de los de agua) de agua,
1 plato con harina,
sal y pimienta.

Se sazona con sal, y luego con pimienta molida, cada pechuga. Se colocan las medias lonchas de jamón y en el centro un poco de aceitunas rellenas picadas. Se doblan las pechugas y se cierran con uno o dos palillos. Se pone el aceite a calentar y, cuando está en su punto, se pasan las pechugas ligeramente por harina y se fríen de 2 en 2. Se separan en un plato una vez doradas.

Se retira un poco de aceite, no dejando más que lo preciso para freír la cebolla picada, los 2 dientes de ajo cortados en cuatro trozos cada uno y la ramita de perejil. Una vez doradas las cebollas y los ajos, se añade el pan rallado, se dan unas vueltas y se agrega el vino, las pastillas de caldo desmenuzadas y algo de agua. Se da un hervor a la salsa y se pasa por el pasapurés, apurando bien la cebolla.

Se colocan las pechugas en una fuente de barro, cristal o porcelana resistente al fuego y se vierte la salsa encima, añadiéndole el resto del agua para que queden las pechugas casi cubiertas.

Se preparan los champiñones, lavándolos muy bien y cortándolos en láminas más bien finas. Se ponen en un cazo pequeño con la mantequilla y unas gotas de limón. Se hacen así durante unos 6 a 8 minutos.

Se ponen a cocer las pechugas durante 15 minutos. Se prueba entonces la salsa, por si hubiese que añadirle sal (las pastillas ya salan). Pasados unos 10 minutos, se incorpora lo que queda del zumo de limón, el perejil picado y los champiñones con su jugo. Se mezcla bien y se cuece durante 5 minutos más.

Se puede servir con arroz blanco o con picatostes de pan frito adornando la fuente. Este plato se puede preparar unas horas antes y calentarse en el momento de servir.

886 PECHUGAS DE POLLO ASADAS CON HIGADITOS Y BACON (6 personas)

6 pechugas de pollo deshuesadas (véase receta anterior),
6 higaditos de pollo,
unos pellizcos de hierbas aromáticas,
6 lonchas grandes y finas de bacon,
60 g de manteca de cerdo (más o menos),
agua y sal.

Se compran las pechugas deshuesadas. Se les pone sal y un pellizco pequeño de hierbas aromáticas. En el centro de cada pechuga se pone un higadito de pollo, limpio y quitada la hiel. Se enrolla cada pechuga y, una vez enrollada, se pone alrededor una lonchita de bacon. Se atan los rollitos con una cuerda fina. Se unta cada pechuga con un poco de manteca de cerdo. Se enciende el horno unos 5 minutos antes de meter las pechugas. Éstas, una vez colocadas en una asadera, se meten en el horno durante más o menos $^1/_2$ hora, dándoles la vuelta de vez en cuando y rociándolas con su jugo. Una vez hechas, se les quita la cuerda a cada pechuga y se colocan en la fuente donde se servirán.

A la salsa que queda en la asadera de asar las pechugas, con una cuchara sopera se le quita parte de la grasa y se añaden unas cucharadas de agua caliente. Se da un hervor a la salsa, removiéndola bien, y se vierte por encima de las pechugas.

Se sirven éstas con un acompañamiento de patatas paja o bien con unos tomates al horno con perejil y ajo picado (receta 440).

887 SUPREMA DE POLLO (4 personas)

Plato frío.

4 **pechugas**,	Suprema:
2 **zanahorias grandecitas (100 g)**,	25 **g de mantequilla**,
1 **cebolla grande (125 g)**,	1$^1/_2$ **cucharadas de harina**,
agua,	1$^1/_2$ **litros de caldo de cocer los pollos**,
1 **pastilla de pollo**,	2 **yemas**,
sal.	**sal**,
	unas trufas de adorno.

Se ponen las pechugas a cocer en una cacerola, cubiertas con agua fría; se añaden las zanahorias peladas, lavadas y cortadas en trozos grandes, la cebolla pelada y cortada en cuatro cascos, la pastilla de pollo y un pellizco muy pequeño de sal. Cuando rompe el hervor, se deja cocer durante $^1/_2$ hora más o menos, hasta que el pollo esté tierno. Entonces se sacan las pechugas, se les quita la piel y se colocan en una fuente.

Se hace entonces la bechamel. En un cazo se pone la mantequilla a derretir; cuando está (sin que cueza), se añade la harina, se da unas vueltas y poco a poco se añade el caldo de cocer los pollos, que deberá estar templado nada más. Se hace una salsa medianamente espesa y se deja enfriar un poco. Se ponen las 2 yemas en un tazón, se añade un poco de salsa para que no se cuajen y se agrega después a la salsa bechamel. Con ella se cubren los trozos de pollo. Se meten en la nevera y, una vez fríos, se adorna con unas rodajitas de trufa.

Este plato se sirve frío, con lo cual se debe preparar de antemano; esto resulta muy cómodo para una cena fría.

SOPA DE POLLO A LA BELGA: WATERZOOI
(8 personas)

¹/₂ pata de ternera,	5 cucharadas soperas de aceite,
los despojos de un pollo,	25 g de mantequilla,
1 pollo grandecito o 2 pequeños (1¹/₂ kg),	1 cucharada sopera, más bien colmada, de harina,
1 mata de apio,	
2 puerros medianos,	2¹/₂ litros de agua,
3 zanahorias medianas tiernas (150 g),	2 yemas,
1 pellizco de hierbas aromáticas (o un	el zumo de ¹/₂ limón,
ramillete con tomillo, una hoja de lau-	sal y pimienta molida,
rel y perejil),	1 plato con rebanaditas de pan frito.

En una olla se pone la pata de ternera chamuscada y bien lavada, los despojos del pollo, 1 puerro entero (quitadas las partes más verdes), ¹/₂ mata de apio (lo verde, bien lavado), una zanahoria lavada, raspada y cortada en rodajas, sal y 2¹/₂ litros de agua fría. Se pone a cocer todo esto a fuego lento durante una hora. Pasado este tiempo, se cuela el caldo y se reserva.

Se pica el otro puerro, las zanahorias y el resto del apio y se rehogan en una cacerola honda, donde se habrán puesto 3 cucharadas soperas de aceite a calentar. Se rehogan sin que lleguen a dorarse (unos 5 minutos); se añade el pollo cortado en trozos grandes, se espolvorea con las hierbas aromáticas y un pellizco de pimienta. Se le agrega el caldo reservado y se deja cocer suavemente unos 20 minutos (según sea de duro el pollo).

Pasado este tiempo, en una sartén se calienta la mantequilla y el aceite que queda, se añade la harina, se dan unas vueltas con la cuchara de madera y se añade, poco a poco, caldo de cocer el pollo. Se cuece esta bechamel durante unos 8 minutos y se incorpora al pollo en su cacerola. Se envuelve bien y se cuece unos 10 minutos más.

En un tazón se ponen las 2 yemas con el zumo del ¹/₂ limón; muy poco a poco se les agrega un poco de caldo de cocer el pollo. Se echa el pollo con su caldo en la sopera donde se vaya a servir (si hay algún hueso suelto se quita, pues el pollo debe quedar bastante deshecho) y se le revuelven las yemas desleídas. Se sirve en seguida en platos soperos y las rebanaditas de pan frito servidas aparte.

 GALLINA EN PEPITORIA (6 personas)

1 gallina de 1¹/₂ kg, tierna,	15 almendras tostadas y peladas,
1 vaso (de los de agua) de aceite,	2 huevos duros,
1 vaso (de los de vino) de vino blanco,	unas hebras de azafrán,
1 cebolla mediana (70 g),	1 hoja de laurel,
1 diente de ajo,	1 plato con harina,
1 ramita de perejil,	agua y sal.
2 cucharadas soperas de piñones,	

Se pone el aceite a calentar en una sartén. Se trincha la gallina en trozos no muy grandes y se reboza cada pedazo en harina. Se fríen en el aceite por tandas y, cuando están bien dorados, se van reservando en un plato. En este mismo aceite se rehoga la cebolla muy picada, el diente de ajo entero, la hoja de laurel; cuando está todo bien dorado, se echan los piñones y se les da unas vueltas. Con la espumadera se saca todo y se echa en el mortero con el azafrán, las almendras, el perejil y la sal. Se machaca todo un poco.

En una cacerola se pone la gallina, se rocía con el aceite de la sartén, se añade el vino blanco, todo lo del mortero y se cubre con agua. Se pone a cocer $1\frac{1}{2}$ a 2 horas a fuego lento (según sea de dura la gallina).

En el momento de servir se machacan las 2 yemas de los huevos duros con un tenedor y un poco de salsa de la gallina. Se incorporan a la cacerola, sin que hierva ya la salsa. Las claras se pican muy finas y se mezclan también.

Se sirve en plato hondo con su salsa, y se adorna la fuente con triángulos de pan frito o bien se acompaña con arroz blanco servido aparte.

890 BLANQUETA DE GALLINA (6 personas)

- 1 gallina tierna de $1\frac{1}{2}$ kg,
- $\frac{1}{2}$ kg de arroz,
- 1 cebolla pequeña (50 g),
- 1 hoja de laurel,
- 2 zanahorias medianas (100 g),
- 3 clavos (especias) clavados en la cebolla,
- $\frac{1}{2}$ vaso (de los de vino) de vino blanco, agua fría,
- 2 yemas de huevo,
- el zumo de $\frac{1}{2}$ limón,
- $1\frac{1}{2}$ cucharada sopera de harina,
- $\frac{1}{4}$ litro de leche fría (un vaso de los de agua),
- $\frac{1}{2}$ litro de caldo de cocer la gallina,
- 1 cucharada sopera de perejil picado,
- 2 cucharadas soperas de aceite fino,
- 30 g de mantequilla,
- sal.

Se procede igual que para la blanqueta de ternera (receta 803); lo único que cambia es que la gallina se pone entera y se cuece de $1\frac{1}{2}$ a 2 horas, según sea de dura. Una vez cocida y tierna, se trincha y se reservan al calor los trozos en un poco de caldo para que no se sequen.

891 PECHUGA DE GALLINA RELLENA (6 personas)

1 pechuga de gallina grandecita (¹/₂ kg
  más o menos),
¹/₄ kg de carne de ternera picada,
¹/₄ kg de carne de cerdo picada,
1 loncha gruesa de jamón serrano
  (150 gramos),
1 trufa (facultativo),
  sal.

Caldo corto:
1 vaso (de los de vino) de vino blanco,
1 ramita de apio (facultativo),
2 zanahorias medianas,
2 puerros medianos,
1 pellizco de hierbas aromáticas (o un
  ramillete con tomillo, laurel y perejil),
4 granos de pimienta,
  agua y sal.

Se deshuesa la pechuga de gallina; cortando ésta por la pechuga, se tira de los huesos y del caparazón, dejando la gallina sin huesos. Se extiende esta carne encima de un paño limpio, con la piel de la gallina tocando el paño.

En una ensaladera se mezclan las dos carnes y se ponen extendidas encima de la pechuga. Se corta en tiritas finas la loncha de jamón por la parte más estrecha y se colocan por encima de la carne picada todas en el mismo sentido (el más largo de la pechuga). Se pone, por fin, la trufa cortada en láminas finas. Se enrolla la carne primero y después el paño, que se ata por las puntas dándole bonita forma.

En un cazo o una ollita se pone la carne, se cubre de agua fría, se le añade el vino blanco, los puerros (solamente la parte blanca), el apio y las zanahorias raspadas, lavadas y partidas en trozos, el pellizco de hierbas aromáticas, los granos de pimienta y un poco de sal. Se tapa con tapadera y se pone al fuego. Cuando rompe a hervir, se baja éste y se deja cocer de 1¹/₂ a 2 horas (contando que la gallina no ha de ser dura). Se saca entonces del caldo y se deja enfriar con algún peso encima para que adquiera bonita forma (el peso no debe ser mucho).

Una vez fría, se trincha como un fiambre y se sirve con gelatina y ensalada aparte.

Nota.—Con el caldo de cocer la pechuga y gelatina en polvo se hace la gelatina, que se pondrá picada alrededor de la gallina.

Si no se quiere hacer gelatina, se puede utilizar el caldo para una sopa, pues es muy bueno.

892 GALLO AL VINO TINTO (6 personas)

1 gallo hermoso,
  la sangre del gallo,
2 cucharadas soperas de coñac,
1 vaso más de coñac (de los de vino),
150 g de mantequilla,
12 cebollitas francesas,
100 g de tocino entreverado salado,
1 botella de buen vino tinto,

1 cucharada (de las de café) de azúcar,
1 diente de ajo,
1 ramillete de hierbas aromáticas o un
  pellizco,
¹/₄ kg de champiñones frescos,
2 cucharadas soperas de harina,
  sal y pimienta.

Desangrar bien el gallo, y recoger la sangre en un cuenco donde se habrán puesto 2 cucharadas soperas de coñac, para evitar la coagulación. Una vez vaciado y bien flameado, cortarlo en trozos. Sazonarlos con sal y pimienta.

Al día siguiente, en una cacerola, poner como unos 50 g de mantequilla, dejar que se derrita y echar en seguida las cebollitas peladas y algunos taquitos de tocino (que se habrán escaldado previamente). Cuando las cebollas y el tocino se hayan dorado, ir echando los trozos de gallo para que también se doren. Retirar la grasa que haya soltado, rociarlo con un vaso de coñac templado y prenderlo. En cuanto se haya apagado el coñac echar el vino tinto, sazonar y añadir el azúcar, un diente de ajo pelado y aplastado y un ramillete de hierbas. Añadir también los champiñones frescos previamente bien lavados y sin nada de tierra. Para trabar la salsa mezclar 100 gramos de mantequilla (reservando como una nuez) con las 2 cucharadas soperas de harina e incorporar esta mezcla por pequeñas porciones como avellanas, dando a la cacerola un movimiento circular.

Poco antes de ir a servir, retirar el ramillete, incorporar a la salsa la sangre del gallo, así como una nuez de mantequilla fresca. La salsa ya no debe de cocer.

Servir el gallo en fuente honda, cubriéndolo con la salsa y adornándolo con triángulos de pan frito.

Pavo, capón, pato, pichones

Se limpia y prepara igual que el pollo (recetas 860, 861 y 862).

Para un pavo de $1^1/_2$ a 2 kg = 1 hora 15 minutos de horno.
Para un pavo de 2 a 3 kg = 1 hora 30 minutos de horno.
Para un pavo de 3 a 5 kg = 2 a $2^1/_2$ horas de horno.

893 MANERA DE QUITAR LOS TENDONES A LOS MUSLOS

Se da un golpe en la coyuntura de la pata (entre la parte amarilla y el nacimiento del muslo), después se destroza dándole vueltas y al final se tira de los 5 o 6 tendones que hay. Así el muslo se queda mucho más tierno para comer.

PAVO ASADO (8 personas)

A ser posible, es mejor elegir una pava, que suele ser más tierna y sabrosa que el macho.

Un par de días antes de asar el pavo, se le pone en el interior un vasito de coñac (unas 6 a 8 cucharadas soperas). Se mueve de vez en cuando el animal, para que quede bien empapada toda la parte de dentro. Al prepararlo para asar, se vacía el coñac que quede.

1 pava de 2¹/₂ kg,	¹/₂ limón,
6 lonchas no muy finas de bacon,	agua y sal.
75 g de manteca de cerdo,	

Se procede igual que para el pollo asado, poniendo 5 lonchas de tocino ahumado envolviendo la pava exteriormente. La última loncha se mete en el interior del animal.

Se suele tapar el pavo con una hoja de papel de plata. Esto se hace para que no se dore desde el principio, sino que se ase por dentro primero. Se retira cuando se va a dorar, es decir, en la ¹/₂ hora final.

Se asará a fuego mediano durante 1¹/₂ hora, y después a fuego más vivo la ¹/₂ hora final, dándole varias veces la vuelta y rociándola cada vez muy bien con su jugo.

Para saber si está bien asada, se pincha con un alambre un muslo; si sale jugo rosado, aún está poco asada.

Se trincha, se le quita la grasa a la salsa y se añade agua caliente y un chorrito de zumo de limón. Se rasca muy bien el fondo de la fuente y se sirve la salsa en salsera.

 PAVO RELLENO (10 personas)

Para un pavo de unos 4 kg,	100 g de manteca de cerdo,
6 lonchas de bacon,	sal.

Relleno 1.º:

¹/₂ kg de salchichas frescas,	2 cucharadas soperas de piñones (20 g),
100 g de bacon,	100 g de ciruelas pasas (un puñado),
25 g de especias en polvo (nuez moscada, pimienta y sal),	1 vaso (de los de vino) no lleno de jerez seco.
1 huevo más una yema,	

En una ensaladera se mezclan todos los ingredientes. El bacon picado, las ciruelas sin el hueso y cortadas en dos y los huevos batidos como para tortilla.

Se rellena por el cuello y por la parte de abajo, por donde se sacan las tripas. Se cosen los dos agujeros, dejando un trozo de cuerda, de rabo, para poder tirar de él al ir a quitarlo.

Se procede después de relleno igual que para el pavo asado.

Para servirlo, se trinchan las patas y los alones en varios trozos, y las pechugas, una vez separadas, en lonchas; con un cuchillo grande y bien afilado se abre el caparazón, se saca el relleno y éste se pone cortado, en un lado de la fuente, al lado de la carne del pavo. Una vez hecha, se sirve la salsa en salsera aparte.

Nota.—Hay mucha gente que sirve aparte compota de manzana o puré de castañas. Esto va en gusto.

Relleno 2.º:

¹/₂ **kg de magro de cerdo,**	1 **huevo batido como para tortilla,**
150 **g de jamón serrano,**	**pimienta,**
1 **lata de foie-gras (125 a 150 g),**	**sal.**

En una ensaladera se mezcla todo, una vez picada la carne de cerdo con el jamón, y se procede igual que para el relleno 1.º.

 CAPÓN

Se limpia y se prepara igual que los pollos (recetas 860, 861 y 862), y se asa como el pavo.

Sirven las mismas recetas.

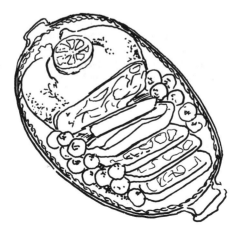

PATO (MANERA DE TRINCHARLO)

Para que sea tierno el pato debe ser joven, de unos 4 meses para poderlo asar o guisar.

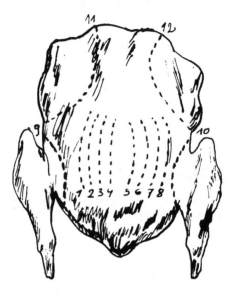

Se prepara igual que los pollos: se pelan, se chamuscan las pelusillas, etc.; pero, además, se les tiene que quitar dos glándulas que están colocadas a cada lado de la rabadilla.

Se trincha de una manera algo diferente del pollo.

Buscando el encuentro (o coyuntura), se trinchan las patas y los alones igual que el pollo. La pechuga se trincha en filetes, como se puede ver en el dibujo.

Para asar un pato se calculan de 15 a 20 minutos por cada $1/2$ kg. Hay que tener en cuenta que el pato es un animal que tiene mucha grasa, por lo tanto se le pondrá poca manteca al prepararlo y se suprime el bacon.

898 PATO A LA NARANJA (4 a 5 personas)

1 pato de 1¹/₂ kg,	1 vaso (de los de agua) de caldo,
3 naranjas medianas,	2 vasos (de los de agua) de agua,
50 g de manteca de cerdo,	1 zanahoria grande (50 g),
1 cucharada sopera de fécula de patata,	2 o 3 cebollitas francesas (125 g),
3 naranjas de zumo medianas,	2 cucharadas soperas de Curaçao (licor),
1 vaso (de los de vino) de vino blanco,	sal.

Lo primero se cuecen los despojos del pato en 2 vasos de agua fría y sal durante 30 minutos a fuego mediano. Se aparta y se cuela el caldo.

Se flamea y prepara el pato, metiéndole una de las naranjas pelada y cortada en trozos en la tripa. Se sala.

En una cacerola se pone la manteca a derretir. Cuando está derretida, se pone el pato, la zanahoria raspada, lavada y cortada en rodajas y las cebollas peladas y también cortadas en rodajas. Se vuelve por todos lados el pato, para que quede bien dorado. Se vierte el vino blanco, un vaso (de los de agua) de caldo y el zumo de ¹/₂ naranja. Se tapa la cacerola y se cuece a fuego mediano durante ³/₄ de hora.

Pasado este tiempo, se saca el pato. Se vacía la naranja (ésta no se aprovecha) y se cuela la salsa. En un tazón se deslíe la fécula con un par de cucharadas soperas de agua y se le añade el zumo de 1¹/₂ naranja y un trozo de cáscara cortado muy fino para que no lleve blanco. Con una cuchara se le quita a la salsa la grasa que sobre y se le agrega la fécula con el zumo. Se cuece un par de minutos.

Se trincha el pato como va indicado en un dibujo anterior y se sirve con la salsa aparte (a ésta se le retirará, al servir, la corteza).

Se puede adornar la fuente con rodajas de naranjas, con su cáscara, partidas en dos.

Otra receta para la salsa:

1 hígado de pato,	2 cucharadas soperas de licor de Curaçao,
20 g de mantequilla,	
1 cucharada sopera de aceite,	la salsa de asar el pato (sin la grasa),
1 cucharada sopera de harina,	agua y sal.
el zumo de 2 naranjas grandes,	

Se fríe un poco el hígado de pato y en el mortero se machaca muy bien. En una sartén se pone un trocito de mantequilla (20 g) y una cucharada sopera de aceite; cuando están calientes, se añade una cucharada sopera de harina y el hígado machacado. Se agrega el zumo de 2 naranjas, 2 cucharadas soperas de Curaçao, y el jugo de asar el pato, quitándole primero la grasa. Se revuelve todo esto junto, y si fuese necesario se puede agregar una cucharada sopera de agua caliente. Se cuela la salsa por un colador, se prueba de sal y se sirve en salsera aparte.

899 **PATO BRASEADO CON ACEITUNAS (6 personas)**

1 pato de 1¹/₂ kg (más o menos),	¹/₂ litro de caldo (agua con una pastilla),
1 cebolla grande (100 g),	1 vaso (de los de vino) de vino blanco,
2 zanahorias grandes (125 g),	100 g de aceitunas sin hueso,
1 cucharada bien llena (de las de café)	2 tomates maduros grandes,
de fécula,	sal y pimienta,
3 o 4 cucharadas soperas de aceite.	6 triángulos de pan de molde fritos.

En una cacerola (o, mejor, una «cocotte») se pone el aceite a calentar; cuando está en su punto, se pone el pato ya preparado. Se deja dorar por todos lados, teniendo cuidado de darle la vuelta a menudo, pero con una paleta o dos cucharas para no pincharlo. Mientras se va dorando, se añade la cebolla pelada y cortada en trozos y las zanahorias raspadas, lavadas y cortadas en rodajas. Se deja dorar todo lentamente unos 15 minutos. Se añaden entonces los tomates lavados, pelados y cortados en trozos, quitándoles las simientes. Se rehogan con lo demás unos 10 minutos más. Se añade entonces el vino, el caldo, la pimienta y la sal (el caldo sala también, luego hay que salar con cuidado). Se tapa la cacerola y se cuece así lentamente durante una hora. Pasado este tiempo, se saca el pato entero y se reserva al calor. Se pasa la salsa por el pasapurés o el chino.

En un tazón se deslíe la fécula con un poco de salsa para que no haga grumos y se añade a la salsa. Se añaden también las aceitunas, las cuales antes se ponen en un cazo pequeño cubiertas con agua fría y se les da un hervor de 1 minuto. Se escurren, se cortan en 2 o 3 trocitos y se agregan a la cacerola, así como el pato que se vuelve a poner en la cacerola.

Se cuece todo unos 8 o 10 minutos más. Se saca el pato, se trincha y se colocan los trozos en la fuente donde se vayan a servir. Se cubre con la salsa y se sirve la fuente adornada con unos triángulos de pan fritos.

900 **MAGRET DE PATO (6 personas)**

1 magret de pato grande (500 g),	50 g de manteca de cerdo o de oca.

Se unta la chapa de metal especial para las carnes a la plancha, con manteca abundante. Se pone en el fuego a calor muy fuerte durante 10 minutos antes. Se coloca entonces el magret y se deja 8 minutos asando. Se vuelve y se salpimienta, volviéndolo de nuevo para asarlo un par de minutos más.

En una tabla de trinchar la carne y con un cuchillo de trinchar bien afilado, se corta todo el magret al bies, para que las lonchas sean mayores. Se recoge el jugo y se puede servir con varias salsas como la bearnesa (receta 88) o salsa de zumo de naranja (receta 96).

901 PICHONES RELLENOS Y SERVIDOS CON COMPOTA DE MANZANA (6 personas)

3 pichones jóvenes,
12 salchichas corrientes,
5 cucharadas soperas de aceite,
1 vaso (de los de vino) de vino añejo,
1 vaso (de los de agua) de agua,
  sal,

$^1/_2$ kg de manzanas reinetas,
2 cucharadas soperas de azúcar,
3 cucharadas soperas de agua,
1 cucharada sopera de coñac,
  sal.

Una vez preparados, vaciados y flameados los pichones, se salan ligeramente. Se rellenan con la carne de las salchichas, a las cuales se les habrá quitado la tripa que las envuelve. Se ponen unos palillos pinchados en la piel del agujero que se ha hecho para vaciar los pichones, con el fin de que no se salga el relleno.

En una cacerola (o, mejor, una «cocotte») se pone el aceite a calentar. Se doran los pichones, volviéndolos varias veces para que se hagan por igual. Una vez dorados, se rocían con el vino y el agua. Se salan ligeramente y se cuecen a fuego mediano durante más o menos 40 minutos, hasta que estén tiernos.

Mientras tanto se va haciendo la compota de manzana. Se pelan y cortan en 4 trozos las manzanas, quitándoles el corazón con las pepitas. Se cortan entonces en dados de 2 cm de costado y se rocían con unas 3 cucharadas soperas de agua. Se mezcla bien y se tapa la cacerola, cociéndolas unos 20 minutos a fuego lento. Si entonces no estuviese la compota bien seca, se cuece un poco más destapada y se añade entonces el azúcar. Se calienta en un cazo pequeño el coñac, se prende con una cerilla y se flamea; después se mezcla con la compota (hay quien prefiere la compota pasada por el pasapurés, o así tal cual, esto va en gusto). Ésta se reserva al calor.

Cuando los pichones están hechos, se echa la compota en el fondo de la fuente donde se vayan a servir. Encima se colocan los pichones partidos en dos a lo largo (no hay que olvidarse de quitar los palillos) y se pone el relleno alrededor de la fuente, sirviéndose en seguida.

Si se quiere, se puede adornar la fuente con unos triángulos de pan de molde fritos.

902 **PICHONES EN SALSA** (4 personas)

2 pichones tiernos de ¹/₂ kg cada uno,
8 cucharadas soperas de aceite,
1 cebolla mediana (150 g),
2 tomates medianos (200 g),
²/₃ de vaso (de los de vino) de vino blanco,
3 vasos (de los de vino) bien llenos de agua,
1 cucharada sopera llena de harina,
1 diente de ajo,
1 ramita grande de perejil,
1 pastilla de caldo,
sal y pimienta molida.

En una cacerola se pone a calentar el aceite; cuando está en su punto se doran los pichones y se reservan. En este mismo aceite se rehoga la cebolla muy picada. Cuando empieza a dorar se añade la harina y se le deja tomar color. Se añaden entonces los tomates pelados, cortados en trozos pequeños, quitándoles antes las simientes.

En el mortero se machaca el ajo, la pastilla de caldo y el perejil. Se deslía con un vaso pequeño de agua y se agrega al refrito. Se vuelven a poner los pichones, se salan y se pone pimienta molida a gusto. Se rocían con el vino y el agua, se cubre la cacerola y se deja cocer a fuego muy lento casi durante 2 horas (hasta que estén tiernos).

Para servir se cortan en 2 a lo largo, se pasa la salsa por el pasapurés y se les vierte encima.

Se puede adornar la fuente con triángulos de pan frito.

Nota.—Se reconocen los pichones de las palomas (que son más duras) porque tienen el pico más corto y más fino.

903 **AVESTRUZ**

Este ave cada día se va a poner más de moda por su buen sabor y por sus cualidades dietéticas, pues al tener muy poca grasa es un gran aliado contra el colesterol y los kilos.

Se puede hacer con las mismas recetas del buey, es decir, en filetes gordos a la plancha, igual que el solomillo. También asada, con la precaución de que, al tener menos grosor que el lomo de buey, necesitará menos tiempo de horno.

Un trozo de 1 kg escaso se podrá servir en su punto en 17 minutos.

La única salvedad de esta carne es que no se puede **recalentar** una vez guisada, pues se pone dura.

Aparte de esto, es una carne riquísima, que no desmerece nada a la de buey.

Conejo

Los conejos de monte son más sabrosos que los caseros, porque muchas veces se alimentan de hierbas aromáticas.

904 CONEJO CON NARANJA (6 a 8 personas)

2 conejos tiernos (1¼ kg cada uno),
3 naranjas grandes,
6 cucharadas soperas de aceite,
1 cebolla mediana (100 g),
1½ vaso (de los de agua) de vino blanco,

1 cucharada (de las de moka) de hierbas aromáticas, o un ramillete (perejil, laurel, un diente de ajo y tomillo),
1 cucharada sopera colmada de harina,
1 cucharada sopera de perejil picado, sal.

En una cacerola se pone a calentar el aceite; cuando está en su punto, se echa la cebolla pelada y picada. Cuando ésta se empieza a dorar, se ponen los conejos cortados en trozos; cuando están bien dorados, se espolvorean con la harina, se revuelven bien con una cuchara de madera y se rocía con el vino blanco. Se añaden un par de trozos de corteza de naranja, las hierbas aromáticas y la sal. Se cuece a fuego mediano durante ¾ de hora, cubierto con tapadera, y pasado este tiempo se agrega el zumo de 2 naranjas. Se vuelve a tapar y se deja cocer unos 10 minutos más, revolviendo de vez en cuando el guiso.

Se pela la tercera naranja y se corta en rodajas y éstas en dos. Con ella se adorna la fuente, previamente calentada, donde se va a servir el conejo. Se pone el guiso en el centro, se retiran las cortezas de naranja y el ramillete (si lo hay) y se vierte la salsa por encima. Se espolvorea con perejil picado y se sirve en seguida.

905 CONEJO CON ALMENDRAS (4 o 5 personas)

1 conejo grande (1¹/₄ kg),	50 g de almendras,
2 vasos (de los de vino) de aceite,	3 ramitas de perejil, atadas juntas,
1 cebolla pequeña picada (50 g),	1 cucharada (de las de café) de canela,
1 diente de ajo,	1 cucharada sopera de perejil picado,
2 rebanadas de pan frito (25 g),	1 plato con harina,
1 vaso (de los de vino) bien lleno de vino blanco,	agua, sal y pimienta.

Cortar el conejo en trozos, sazonarlo con sal y pimienta. Pasarlos por harina y saltearlos en el aceite, hasta que estén doraditos. Reservarlos en un plato al calor. En el mismo aceite freír el pan y las almendras (con cuidado de que no se quemen). Poner las dos cosas en el mortero y machacarlas bien, una vez fritas.

En el mismo aceite refreír la cebolla y al ajo, ambas cosas bien picaditas, hasta que empiecen a dorar ligeramente (unos 6 o 7 minutos). Volver a poner el conejo en la cacerola, añadirle las ramitas de perejil y rociar todo con el vino. Disolver lo del mortero con dos vasos (de los de vino) de agua y echarlo en el guiso. Espolvorear la canela y revolver todo con una cuchara de madera. Dejar cocer tapado y a fuego lento durante más o menos 1 hora. Al ir a servirlo, espolvorearlo con el perejil picado.

Si la salsa fuese poca, se puede añadir durante la cocción un poco más de agua.

Al servir se puede adornar la fuente con cuscurros de pan frito.

906 CONEJO CON SALSA DE HIGADITOS, PIÑONES Y PIMIENTOS

1 conejo grande o 2 pequeños (trinchados),	1 lata pequeña de pimientos colorados (100 g),
100 g de tocino veteado,	1 buen pellizco de hierbas aromáticas,
4 cucharadas soperas de aceite,	1 vaso (de los de agua) con mitad vino blanco y mitad agua,
1 cebolla pequeña (50 g) picada,	sal,
4 tomates medianos,	1 cucharada sopera de perejil picado,
30 g de piñones,	sal.
2 higaditos (de pollo si no se tienen de conejo),	

En una cacerola se pone el aceite a calentar; cuando está caliente, se refríe el tocino cortado en dados y la cebolla. Cuando se les ha dado unas vueltas, se añaden los trozos de conejo y, moviéndolos con una cuchara de madera, se les deja dorar ligeramente. Se agregan los tomates pelados, cortados y quitadas las simientes, se sazona con la sal y las hierbas y se echan casi todos los piñones (reservando unos pocos). Se rocía con el vaso de agua y vino y se añaden entonces los higaditos. Se cubre la cacerola con una tapadera y se deja a fuego mediano más o menos ³/₄ de hora (siendo el conejo tierno; un poco más si hiciese falta, sin que se deshagan los trozos). Un poco antes de servir se ponen en el mortero y se machacan los higaditos crudos (pero teniendo buen cuidado de quitarles la bolsita de la hiel) con los piñones reservados y un trocito de pimiento, y se incorpora esta pasta a la salsa.

Se pone el resto del pimiento cortado en tiras finas y se espolvorea el perejil picado. Se da una vuelta a todo con una cuchara de madera y se sirve bien caliente en una fuente.

907 CONEJO GUISADO CON CEBOLLITAS, TOMATES Y ZANAHORIAS (6 a 8 personas)

2 conejos pequeños de 1¼ kg cada uno,
100 g de tocino veteado,
6 cucharadas soperas de aceite,
3 o 4 tomates maduros grandes (400 g),
8 cebollitas francesas,
3 zanahorias tiernas medianas (125 g),
1 lata pequeña de pimientos colorados (100 g),
1 nuez de mantequilla (15 g),
½ vaso (de los de agua) de vino blanco,
½ vaso (de los de agua) de agua,
1 cucharadita (de las de moka) de hierbas aromáticas (rasada), o un ramillete: perejil, laurel, tomillo y un diente de ajo,
sal.

Se trinchan los conejos. En una cacerola se pone el aceite a calentar; cuando está en su punto, se rehogan bien los trozos de conejo. Se les añade el tocino cortado en dados, los tomates pelados y cortados en cuatro (quitándoles la simiente) y las zanahorias raspadas, lavadas y cortadas en rodajas finas. Se sazona con sal y las hierbas aromáticas. Se mueve bien todo con una cuchara de madera y se rocía con el vino y el agua. Se cubre con una tapadera la cacerola y se hace a fuego lento en cuanto ha roto a hervir. Si los conejos son tiernos, ¾ de hora más o menos; pero cuidando de que no queden deshechos.

Aparte, en un cazo pequeño, se cuecen las cebollitas, previamente peladas; para ello se cubren con agua fría y se pone la mantequilla y sal. Se cuecen durante unos 10 a 15 minutos.

Cuando el conejo está tierno, se le agregan las cebollitas escurridas y el pimiento cortado en tiras finas. Se da una vuelta con una cuchara de madera y se sirve en seguida en una fuente. Se puede adornar ésta con triángulos de pan de molde fritos, si se quiere.

908 CONEJO GUISADO CON VINO BLANCO (6 a 8 personas)

2 conejos de 1¹/₄ kg cada uno (cortados en trozos),
1 cebolla mediana (100 g),
8 cucharadas soperas de aceite,
1 vaso (de los de vino) de vino blanco seco,

¹/₂ vaso (de los de agua) de agua,
1 cucharadita (de las de moka) de hierbas aromáticas,
1 cucharada sopera de perejil picado,
sal.

En una cacerola se pone a calentar el aceite; cuando está en su punto, se echa la cebolla muy picada. Cuando empieza a ponerse transparente (unos 5 minutos), se echan los trozos de conejo hasta que queden bien doraditos (unos 10 minutos más o menos). Se espolvorea la cucharada de harina, se mueven bien los trozos con una cuchara de madera y se vierte el vino blanco y el agua; se sala y se espolvorean las hierbas aromáticas. Se cubre la cacerola y se deja a fuego mediano, más bien lento, para que cueza despacio durante unos 45 minutos. Si el conejo es tierno, debe estar en su punto (si no, se cuece algo más).

Se sirve en una fuente espolvoreando el conejo con perejil y con la salsa por encima.

Se puede acompañar con una guarnición de puré de patatas o unos coditos cocidos con agua y sal y rehogados con un poco de mantequilla y queso rallado.

909 CONEJO GUISADO CON ACEITUNAS Y ALMENDRAS (4 personas)

1 conejo tierno de 1¹/₄ kg,
5 cucharadas soperas de aceite,
1 plato con harina,
1 cebolla grande (125 g),
100 g de aceitunas sin hueso,

1 vaso (de los de vino) de vino blanco,
3 dientes de ajo,
50 g de almendras tostadas,
agua,
sal.

Se trincha el conejo en trozos, se salan y se pasan por harina.

En una cacerola se pone el aceite a calentar; cuando está caliente, se fríen los trozos por tandas hasta que estén dorados y se van reservando en un plato. En el aceite de freírlos se rehogan 2 dientes de ajo, pelados y dando un golpe con el mango de un cuchillo. Una vez bien dorados, se retiran. Se echa entonces la cebolla pelada y muy picada, se deja dorar ligeramente (unos 8 minutos), se vuelven a poner los trozos de conejo y se rocían con el vino. Se deja unos 10 minutos para que se consuma un poco el vino y se añade la pimienta molida y el agua templada, la justa para que cubra el conejo. Se tapa la cacerola y a fuego mediano, más bien lento, se deja hasta que el conejo esté tierno, sin estar deshecho (unos 45 minutos).

Mientras tanto se ponen las aceitunas en un cazo con agua fría, se cuecen unos 2 minutos, se escurren bien y se secan con un paño limpio. Se cortan en dos o tres a lo ancho y se agregan al conejo.

En el mortero se machacan las almendras (sin piel) con el diente de ajo y se agrega también al guiso. Se revuelve todo bien. Estas dos cosas, es decir, las aceitunas y el ajo con las almendras, se añaden unos 15 minutos antes de terminar de cocer el guiso.

Se sirve en una fuente con la salsa por encima y adornada ésta con bolas de puré de patatas.

910 TRASERO DE CONEJO ASADO CON MOSTAZA

- 1 conejo grande y tierno (de 2 kg) o 2 pequeños,
- mostaza (Louit),
- 2 cebollas medianas (150 g),
- 100 g de tocino veteado,
- 4 cucharadas de aceite,
- 1 cucharadita (de las de moka) de hierbas aromáticas (o 2 o 3 ramitas de tomillo),
- 4 o 5 cucharadas soperas de agua hirviendo,
- ¹/₄ litro de nata,
- 1 cucharada sopera de harina,
- sal.

Abrir bien las patas traseras del conejo para que quede bien plano y cortar toda la parte delantera, es decir, después de las patas delanteras. Esta parte, que comprende patas y cabeza, no se utiliza.

Una vez vaciado el conejo de hígado, riñones, etc., se sala y se unta bien con mostaza.

En una asadera o fuente honda de barro o porcelana resistente al horno se cubre el fondo con el aceite, se posa el trasero del conejo con la parte interior del mismo tocando la fuente. Todo alrededor del conejo y muy cerca de él se ponen las cebollas peladas y picadas en trozos grandes y el tocino en cuadraditos. Se espolvorea con las hierbas aromáticas (o se posan las ramitas de tomillo encima del lomo) y se mete a horno bastante fuerte y previamente calentado 5 minutos. Se asa durante 30 minutos, rociándolo de vez en cuando con el jugo y las cucharadas de agua, que se irán añadiendo poco a poco. Después de pasado este tiempo, se agrega algo menos de la mitad de la nata, se baja el fuego y se tiene otros 10 minutos más.

En un tazón se pone la harina y se mezcla con el resto de la nata. Se trincha el conejo y se pone en la fuente de servir, formando con los trozos el mismo trasero que antes de trinchar. Se cuela la salsa de asar el conejo, se mezcla con lo del tazón, se calienta con cuidado para que no sepa a harina cruda sin dejar de mover con una cuchara de madera. Se rocía la carne y se sirve.

911 GUISO DE CONEJO CON SALSA DE SANGRE (CIVET)

(Véase la receta 913.)

912 CONEJO ESCABECHADO (4 o 5 personas)

1 conejo tierno de 1¼ kg (sin piel),
1 vaso (de los de agua) de aceite,
3 dientes de ajo,
2 hojas de laurel,
6 granos de pimienta,

1 vaso (de los de vino) de buen vinagre
de vino,
agua fría,
sal.

Se trincha el conejo. En una sartén se pone el aceite a calentar y se doran los trozos por tandas. A medida que están dorados, se ponen en una cacerola. Se deja en la sartén un fondo de aceite (unas 5 o 6 cucharadas soperas); se rehogan los dientes de ajo pelados, las hojas de laurel y los granos de pimienta. Se separa la sartén del fuego y se añade el vinagre y el agua. Se revuelve todo junto y se vierte por encima del conejo. Si el caldo del escabeche no cubriese el conejo, se añadiría un poco más de agua. Se echa sal, se tapa la cacerola y se cuece a fuego lento hasta que el conejo esté tierno, es decir, ¾ de hora más o menos.

Se puede servir caliente o frío.

Liebre

913 GUISO DE LIEBRE CON SALSA DE SANGRE: CIVET

1 liebre joven de 1½ a 2 kg sin piel,
Adobo:
1 cebolla mediana (100 g),
2 zanahorias pequeñas (100 g),
1 ramita de tomillo,
1 hoja de laurel,
2 clavos (de especias),
2 dientes de ajo,
1 litro de vino tinto bueno,
sal y 6 granos de pimienta.

Guiso:
150 g de tocino con poca veta,
1 cebolla mediana (100 g),
2 cucharadas soperas de harina,
1 vaso (de los de agua) de caldo (o
agua y una pastilla de caldo),
2 cucharadas soperas de vinagre,
sal,
unos triángulos de pan frito.

Para que el civet sea bueno, la liebre tiene que ser joven, tiene que tener sangre y hay que conservar el hígado, quitándole con mucho cuidado la bolsita de hiel.

Para recoger bien la sangre, se pone el vinagre en la tripa y se recoge así toda la sangre arrastrada, con cuajos y todo, en un tazón. Se reserva en sitio fresco.

La noche antes de hacer el civet se trincha la liebre en trozos medianos, se ponen en una cazuela de porcelana o barro. Se sazona con sal y pimienta. Se corta una cebolla en trozos grandes, las zanahorias se raspan y se lavan y se cortan en 4 trozos y se ponen con la liebre, así como los 2 dientes de ajo pelados. Se añade el tomillo y el laurel y se rocía todo con el vino tinto (que ha de ser de buena clase). Se tapa la cacerola y se deja en sitio fresco (pero no en nevera). Se procura mover unas 3 o 4 veces.

Cuando se va a guisar la liebre, se pone el tocino cortado en dados en una cacerola o, mejor, una «cocotte»; se calienta y, cuando está la grasa bien derretida, con una espumadera se quitan los trocitos de tocino ya rehogados, no dejando más que la grasa. Se doran los trozos de liebre escurridos y se reservan en un plato sopero. Se pone la cebolla pelada y picada a dorar unos 8 minutos; cuando empieza a tomar color, se añade la harina y se dan unas vueltas; se vuelven a poner los trozos de liebre y se cubren con el vino del adobo colado. Se recogen el tomillo, el laurel y el ajo, que se atan juntos, añadiéndolos a la liebre. Se pone a cocer y, al romper el hervor, se deja a fuego mediano 1¹/₂ hora. Se revuelve de vez en cuando y se va añadiendo poco a poco el caldo, según haga falta. Si la salsa se ve clarita, se destapa el guiso para que se consuma un poco. Poco antes de ir a servir la liebre, se machaca el hígado crudo en el mortero, se le añade una vez hecho puré la sangre con el vinagre y en el mismo mortero se ponen unas cucharadas soperas de salsa para que se deshaga; después se añade todo lo del mortero a la salsa. Se revuelve, se quita el ramillete y se sirve en fuente honda con la salsa por encima.

Nota.—Este guiso está mejor recalentado, con lo cual se guardará algo de caldo, por si la salsa está espesa. El hígado y la sangre se pondrá sólo en el momento de servir.

914 GUISO DE LIEBRE ADOBADA

1 liebre de 1¹/₂ kg,
2 cebollas medianas (200 g),
¹/₂ litro de vino blanco,
¹/₂ litro de caldo (o agua con una pastilla),
2 cucharadas soperas de vinagre,
200 g de tocino veteado,
5 cucharadas soperas de aceite,
1 plato con harina,
1 ramillete (una hoja de laurel, 2 ramitas de perejil, una ramita de tomillo, un diente de ajo),
1 cucharada sopera de perejil picado,
sal y pimienta.

La noche anterior de ir a guisar la liebre se prepara como sigue: Se corta la liebre en trozos y se ponen en un cacharro de barro o cristal. Se sazona con sal y pimienta, se pela y se corta en 4 una de las cebollas, se pone el ramillete, el vinagre y se rocía con el vino. Se saltea (en crudo) todo esto varias veces para que quede la liebre bien impregnada. (Tiene que estar unas 12 horas.) Al ir a guisar la liebre, se sacan los trozos y se escurren muy bien. En una cacerola se pone el aceite a calentar y se le añade el tocino cortado en cuadraditos pequeños y la cebolla picada menuda. Se rehoga todo esto hasta que empieza a dorar (pero sólo empezar), unos 7 minutos. Se pasan los trozos de liebre muy ligeramente por la harina y se sacuden bien; se ponen en la cacerola. Con una cuchara de madera se les da unas vueltas, después se añade poco a poco el vino del adobo con todos los ingredientes y, pasados unos 5 minutos, el caldo.

Se cubre la cacerola con un papel de estraza o un paño limpio y se cierra muy bien con la tapadera encima del papel. Se cuece a fuego lento durante 1¹/₂ a 2 horas, sacudiendo de vez en cuando la cacerola para revolver la liebre con la salsa.

Para servir, se presenta en un plato hondo con su salsa por encima. Se espolvorea con el perejil picado, sacando entonces el ramillete, que se tira. Se adorna con unos triángulos de pan frito, o bien con unos coditos cocidos aparte y salteados con queso rallado y mantequilla, éstos servidos en fuente aparte.

915 TRASERO DE LIEBRE ASADO CON MOSTAZA

(Véase la receta 910.)

Perdiz

916 MANERA DE CONOCER Y PREPARAR LAS PERDICES

Son más sabrosas las hembras de perdiz que los machos. Éstos se conocen porque tienen un botón en la pata.

Se sabe que una perdiz es tierna si la parte de abajo del pico es blanda.

La perdiz se pela tirando de las plumas, que suelen ser fáciles de arrancar. Se agarra la perdiz por las patas y se tira de las plumas empezando por el trasero. Se corta la piel cerca del trasero y se sacan por allí las tripas. Al hígado hay que quitarle la hiel.

Después se chamuscan los pelos que quedan con una llama de gas o quemando un algodón mojado en alcohol y prendido con una cerilla.

Se cortan las patas. El cuello se corta hacia la mitad, de largo; se tira de la piel hacia los hombros del animal y se corta entonces el cuello a ras de los hombros. Se junta la piel, que se cose o se sujeta con un palillo.

Si se quieren lavar, se tendrán que secar muy bien después con un paño limpio.

917 PERDICES CON SETAS (4 personas)

2 perdices jóvenes y tiernas,
¹/₂ kg de setas (100 g para el relleno y
   400 g para adorno),
Relleno:
 1 miga de pan del grosor de un huevo,
 1 vaso (no lleno) de los de vino, de leche
   caliente,
   los hígados de las perdices,
 7 cucharadas soperas de aceite,

1 cucharada (de las de café) de perejil
   picado,
1 chalota pequeña picada,
¹/₂ vaso (de los de vino) de coñac,
1 vaso (de los de vino) de agua
   templada,
1 pellizco de hierbas aromáticas, o un
   ramillete (tomillo, laurel, perejil y un
   diente de ajo),
   sal.

Se arreglan las perdices. Se prepara el relleno, calentando la leche y poniendo dentro la miga de pan en remojo. En una sartén pequeña se ponen a calentar 2 cucharadas soperas de aceite; cuando están calientes, se echan los 100 g de setas (previamente lavadas y picadas), se les dan unas vueltas y se añaden los hígados. Cuando éstos están fritos (unos 3 minutos), se separa la sartén del fuego y se machacan bien los hígados en la misma sartén con un tenedor. Se agrega la miga de pan (un poco escurrida para quitarle la leche sobrante), la chalota muy picada y el perejil. Se mezcla todo muy bien. Se salan un poco las perdices por dentro y se les pone el relleno, cosiendo el agujero de la tripa por donde se han rellenado para que no se salga éste.

En una cacerola se ponen a calentar las 5 cucharadas de aceite que quedan; se colocan las perdices. En un cazo pequeño se calienta el coñac y, prendiéndolo con una cerilla, se flamean las perdices.

Se colocan las demás setas (lavadas y cortadas en trozos grandes) alrededor de las perdices y se sala el conjunto. Se vierte el agua y se espolvorea el pellizco de hierbas aromáticas. Se mete la cacerola tapada a horno mediano durante unos 20 minutos, y después a horno más fuerte durante otros 15 minutos, destapada, moviendo la cacerola y volviendo de vez en cuando las perdices para que se doren.

Una vez en su punto, se sacan las perdices, se cortan en dos a lo largo, repartiendo el relleno, y se sirven en una fuente con las setas alrededor. La fuente estará caliente, para que no se enfríe el guiso al ir a servirlo.

918 PERDICES CON CHOCOLATE (4 personas)

2 perdices jóvenes y tiernas,	1 cebolla grande (250 g),
1 vaso (de los de vino) de aceite,	1 hoja de laurel,
1¹/₂ vasos (de los de vino) de vino blanco,	3 onzas de chocolate,
2 vasos (de los de vino) de agua,	sal.

Una vez arregladas y saladas las perdices, se les atan las patas. Se pone el aceite a calentar en una cacerola o, mejor, una «cocotte». Cuando está caliente, se ponen las perdices y se doran por todos lados. Después de doradas, se sacan y se reservan en un plato. En este mismo aceite se echa la cebolla pelada y picada muy menuda. Se dan vueltas hasta que se ponga transparente (unos 6 minutos, más o menos). Se vuelven a poner las perdices en la cacerola y se rocían con el vino y un vaso de agua. Se echa el laurel y un poco de sal en la salsa. Se cubre la cacerola y a fuego muy lento se van haciendo dándoles la vuelta de vez en cuando.

Si son tiernas, en 45 minutos estarán hechas, pero esto depende de las perdices; se pinchan para saber si están en su punto; quizá haya que añadirles entonces un poco más de agua caliente, si se tienen que cocer más tiempo.

Una vez hechas, se reservan al calor muy suave y 10 minutos antes de ir a servirlas se agrega el chocolate rallado fino, se revuelve con la salsa y se incorpora el 2.º vaso de agua (caliente esta vez) en dos o tres veces.

Se sacan las perdices, se les quita la cuerda y se trinchan en dos a lo largo. Se ponen en la fuente donde se vayan a servir y se cubren con su salsa bien caliente. Se puede adornar la fuente con unos triángulos de pan de molde fritos.

919 PERDICES CON SALCHICHAS Y ZANAHORIAS

3 perdices tiernas,
9 salchichas corrientes (de carnicería),
¹/₂ kg de zanahorias,
1 cebolla grande (150 g),
1 vaso (de los de vino) de aceite,

1 vaso (de los de agua) de vino blanco,
2 vasos (de los de agua) de agua,
1 hoja de laurel,
sal.

Una vez preparadas las perdices, se salan y se rellenan cada una con una salchicha. Las otras dos salchichas se cortan de manera que queden abiertas como un libro y se aplican una en la pechuga y otra en el dorso de cada perdiz. Se atan con una cuerda las perdices con sus salchichas.

En una cacerola (o, mejor, «cocotte») se pone el aceite a calentar. Cuando está en su punto, se doran bien las perdices por todos lados, se sacan y se reservan en un plato.

Se echa la cebolla pelada y picada, se deja dorar ligeramente (unos 8 minutos), se agregan las zanahorias peladas, lavadas y cortadas en rodajas gruesas. Se rehogan unos 5 minutos, se vuelven a poner las perdices y se rocían con el vino y el agua. Se les añade una hoja de laurel. Cuando rompe el hervor del líquido, se cubre la cacerola y se dejan a fuego lento más o menos 1¹/₄ hora, hasta que estén tiernas (se pinchan para saberlo).

Se separan las perdices en un plato, se les quitan las cuerdas y las salchichas de fuera y se pasa por la batidora toda la salsa con las salchichas y las zanahorias. Se vuelve a poner la salsa en la cacerola y se reserva hasta el momento de servirla. Se trincha en dos cada perdiz, se ponen en la fuente de servir. Las salchichas que llevaban dentro se cortan en dos y se ponen de adorno. Se puede adornar la fuente con montoncitos de coles de Bruselas cocidas y rehogadas con mantequilla (¹/₂ kg), alternando con cebollitas francesas (¹/₂ kg), también cocidas y luego rehogadas con aceite para que se doren un poco.

También se puede adornar la fuente con patatas paja o lo que más guste.

920 PERDICES RELLENAS DE PASAS Y GUISADAS CON LECHE (4 personas)

2 perdices medianas y tiernas,
100 g de uvas pasas,
5 cucharadas soperas de aceite,
1 cebolla mediana (125 g),
1¹/₂ cucharadas soperas de harina (rasada),

3 cucharadas soperas de coñac,
¹/₂ litro de leche (más o menos),
pimienta negra molida,
sal.

Se preparan las perdices. Una vez preparadas y saladas por dentro, se rellenan con las pasas. Se pone un palillo en la piel del trasero para que no se salgan.

Se ponen en remojo en agua templada las pasas.

En una cacerola se pone el aceite a calentar y se rehogan las perdices hasta que estén doradas. Se sacan y se reservan en un plato. Se pone la cebolla pelada y picada a dorar. Cuando se pone transparente (unos 5 minutos), se espolvorea con la harina, se da unas vueltas con una cuchara de madera hasta que esté dorada.

Mientras tanto se calienta el coñac en un cazo pequeño, se prende con una cerilla y se flamean bien las perdices en el plato. Una vez flameadas, se ponen en la cacerola con el coñac y se cubren con leche templada. Se sala y se pone un buen pellizco de pimienta. Se cuece a fuego lento en cuanto ha roto el hervor y se dejan así tapadas una hora (según sean de tiernas las perdices).

Pasado este tiempo, se sacan las perdices, se trinchan en dos a lo largo y se ponen en la fuente donde se vayan a servir. Se adornan con las pasas escurridas y se vierte la salsa por encima, pasándola por un pasapurés o la batidora. Se puede servir de adorno unas bolas de puré de patatas.

921 PERDICES CON SALSA DE NATA (4 personas)

2 perdices pequeñas y tiernas,
1 cebolla mediana (125 g),
4 cucharadas soperas de aceite,
1 vaso (de los de vino) de agua,
$^1/_2$ vaso (de los de vino) de vino blanco,
$^1/_2$ cucharadita (de las de moka) de extracto de carne,
$^1/_4$ litro de nata líquida,
1 cucharada (de las de café) de fécula de patata,
zumo de $^1/_2$ limón,
1 pellizco de hierbas aromáticas (o un ramillete con laurel, tomillo y perejil),
pimienta molida y sal.

Una vez preparadas las perdices, se salan por dentro. En una cacerola se pone el aceite a calentar y se ponen las perdices y la cebolla pelada y picada en trozos grandes. Se deja dorar, volviendo las perdices para que se doren por todos lados. Cuando están doradas, se rocían el agua y el vino. Se salan ligeramente y se les echa pimienta y el ramillete o pellizco de hierbas. Se tapa la cacerola y se dejan cocer, a fuego lento, más o menos una hora (hasta que estén tiernas). Cuando están, se retiran de la salsa, se cortan en dos a lo largo y se colocan en la fuente donde se van a servir. Ésta se reserva en sitio caliente.

Se cuela la salsa por el chino y se le agrega el extracto de carne. En una taza se deshace la fécula con una cucharada sopera de agua fría y el zumo del limón y se añade un poco de salsa; dando vueltas con una cuchara se echa todo lo de la taza en la salsa. Se añade entonces la nata y se calienta bien, con mucho cuidado de no dejar cocer la salsa para que no se corte. Se vierte por encima de las perdices y se sirve.

Se puede adornar la fuente con triángulos de pan de molde fritos o con coles de Bruselas cocidas y rehogadas con mantequilla.

922 PERDICES CON UVAS (6 personas)

3 perdices más bien pequeñas y tiernas,
45 g de manteca de cerdo,
3 cucharadas soperas de aceite,
1 vaso (de los de vino) de vino blanco,

1 vaso (de los de vino) de agua,
400 g de uvas blancas,
3 cucharadas soperas de coñac,
sal y pimienta.

Una vez preparadas las perdices, se salan en el interior, se untan con un poco de manteca y se salan por fuera, metiendo en el interior de cada una un puñadito de uvas peladas.

En una cacerola (o, mejor, una «cocotte») se pone el aceite a calentar, se añaden entonces las perdices, se doran por todos lados, volviéndolas con cuidado de no pincharlas. Una vez doradas, se rocían con el vino, se espolvorean con pimienta, se tapa la cacerola y, a fuego más bien lento, se dejan una hora (más o menos, según sean de tiernas), volviéndolas de vez en cuando.

Mientras tanto se pelan las demás uvas.

Cuando las perdices están tiernas, se les ponen las uvas alrededor.

En un cazo pequeño se calienta el coñac, se prende con una cerilla y, una vez prendido, se rocía con él las perdices, procurando que el coñac se queme lo más posible. Se vuelve a tapar la cacerola y se deja otros 5 minutos a fuego mediano.

Se sirven las perdices partidas en dos a lo largo, con las uvas alrededor y la salsa por encima.

Si la salsa fuese un poco escasa, se le puede agregar unas cucharadas soperas de agua muy caliente, revolviendo bien la salsa antes de servirla.

923 PERDICES CON MELÓN

Se prepara exactamente igual que las perdices con uvas, pero sustituyendo las uvas por dados de melón.

Los dados deben ser de 2 × 2 cm, es decir, grandecitos.

El melón debe ser bueno, dulce y bien maduro.

924 PERDICES ESTOFADAS (4 personas)

1.ª receta:

2 perdices tiernas,
1 vaso (de los de vino) bien lleno de aceite,
1 vaso (de los de vino) bien lleno de vino blanco,
1 cebolla grande (200 g),
1 tomate pequeño (100 g),
20 g de mantequilla (una nuez), pimienta molida, canela en polvo, nuez moscada rallada, orégano,

½ cucharadita (de las de moka) de pimentón,
1 cucharadita (de las de moka) de mostaza,
1 vaso (de los de vino) de aceite para freír el pan (sobrará),
1 rebanada de pan frito,
1 cucharada sopera de vinagre,
2 dientes de ajo grandes,
sal.

Se preparan las perdices. En un mortero se machacan los dientes de ajo pelados con la sal. Con esto se untan las perdices por dentro y por fuera. Se ponen en una cacerola y se les añade en crudo el aceite, el vino, la mantequilla, la cebolla pelada y picada, el tomate entero (lavado y secado) y la mostaza; la canela, la nuez moscada, la pimienta y el orégano (de cada cosa un pellizquito). Después se añade el pimentón. Se tapa la cacerola y se pone a fuego lento, dándoles a las perdices la vuelta de vez en cuando. Después de una hora de estarse guisando, se fríe una rebanada de pan; al estar dorada, se retira del aceite y caliente aún se rocía con el vinagre. Se mete a cocer con las perdices más o menos durante otra hora. Este tiempo depende de lo duras que sean las perdices, teniendo que vigilar; si una es más tierna, se sacará antes que la otra y se reservará al calor.

Se sacan, se trinchan en dos o cuatro partes, se pasa la salsa, con el pan y la cebolla, por el chino o el pasapurés y se vierte por encima de las perdices.

Se pueden adornar con cebollitas francesas cocidas aparte (véase receta 356) o triángulos de pan frito.

2.ª receta:

2 **perdices medianas,**	12 **cebollitas francesas,**
1 **vaso (de los de agua) de vino blanco,**	20 **g de mantequilla,**
1 **vaso (de los de agua) de aceite,**	1 **cucharadita (de las de moka)**
1 **vaso (de los de agua) de agua,**	**de azúcar,**
1 **ramillete con una ramita de tomillo,**	**agua,**
2 **hojas de laurel, 2 ramitas de perejil,**	**sal,**
1 **cabeza pequeña de ajos,**	8 **triángulos de pan de molde fritos.**

Se preparan las perdices.

En una cacerola (o, mejor, «cocotte») se pone todo en crudo: las perdices (saladas por dentro), el vino, el aceite, el agua, el ramillete, la cabeza de ajos, 4 cebollitas peladas y enteras y sal.

Se tapa la cacerola y, a fuego lento, se dejan más o menos durante 1¹/₂ hora (hasta que estén tiernas).

En un cazo aparte se ponen las 8 cebollitas sobrantes con agua (que justo las cubra), sal, azúcar y la mantequilla. Se cuecen durante unos 20 minutos y se reservan.

Se sacan entonces las perdices, se trinchan en cuatro y se ponen en la fuente donde se vayan a servir. Ésta se adorna con el pan frito, se ponen las cebollitas reservadas alrededor y la salsa por encima de las perdices. Se sirven bien calientes.

925 PERDICES ESTOFADAS Y ENVUELTAS EN REPOLLO

2 perdices medianas,
1 vaso (de los de agua) de vino blanco,
1 vaso (de los de agua) de aceite,
1 vaso (de los de agua) de agua,
1 ramillete (un diente de ajo, una hoja de laurel, 2 ramitas de perejil, una de tomillo),
2 tomates medianos maduros,
1 cebolla mediana,

6 a 12 hojas de repollo francés,
agua,
1$^1/_2$ cucharadas soperas de harina,
20 g de mantequilla,
2 cucharadas soperas de aceite,
1 vaso (de los de agua) de leche fría ($^1/_4$ litro),
100 g de queso rallado,
sal.

Se limpian y se preparan las perdices. En una cacerola (o, mejor, una «cocotte») se pone todo en crudo: las perdices, saladas ligeramente por dentro, el vino, el aceite, el agua, el ramillete, la cebolla (partida en cuatro), los tomates (lavados, cortados en cuatro y quitadas las simientes) y la sal. Se cubre la cacerola y, a fuego más bien lento, se cuecen más o menos durante 1$^1/_4$ hora (este tiempo depende de lo duras que estén las perdices).

Mientras se van haciendo las perdices, se lavan las hojas enteras de repollo (deben ser las hojas de fuera para que sean grandes). Se pone en una olla agua abundante con sal y cuando hierve a borbotones se sumergen las hojas de repollo; se tapa la olla y se cuecen más o menos 20 minutos. Pasado este tiempo, se escurren y se reservan.

Una vez cocidas las perdices, se sacan, se trinchan las dos patas y las dos pechugas (como si fuesen pollos asados). Se les quitan los huesos, dejando los trozos de carne lo más grandes posibles. Se reparte la carne en las 12 hojas de repollo (o en 6 si se prefieren los paquetes como de ración). Se doblan las hojas, formando un paquete. Se van colocando en una fuente de cristal o porcelana resistente al horno. Se pasa la salsa por el chino y se reserva.

En una sartén se calienta la mantequilla y el aceite, se les añade la harina, se dan unas vueltas y, poco a poco, se agrega la leche fría. Se hace una bechamel que se cuece unos 6 minutos. Se le agrega entonces como $^1/_2$ vaso (de los de agua) de salsa. Se mezcla bien, se cuece todo unos 5 minutos, se rectifica de sal y se vierte por encima de los paquetes de repollo y perdiz. Se espolvorea con queso rallado y se mete al horno a gratinar. Cuando está bien dorada la bechamel, se sirve en la misma fuente.

PERDICES EN SALSA CON CÁSCARA DE NARANJA
926 (4 personas)

2 perdices medianas,
5 cucharadas soperas de aceite,
2 cebollas grandes (250 g),
1 vaso (de los de vino) de vino blanco,
1 pastilla de caldo de pollo,

1 cucharada sopera colmada de harina,
el zumo de una naranja corriente,
2 cáscaras de naranja,
agua y sal.

Se limpian y preparan las perdices. En una cacerola (o, mejor, una «cocotte») se pone el aceite a calentar. Cuando está caliente, se ponen las perdices a dorar. Una vez doradas por todos lados, se sacan y se reservan en un plato. Se pelan y se pican las cebollas, se ponen en la cacerola y con una cuchara de madera se les dan vueltas hasta que empiezan a dorarse; se echa entonces la harina y también se revuelve durante unos 5 minutos. Se ponen de nuevo las perdices. Se rocían con el vino blanco y después con el agua templada, de forma que queden cubiertas. Se ponen las cáscaras de naranjas y la pastilla de caldo machacada o desleída con una cucharada de agua caliente (teniendo en cuenta que esto sala algo la salsa) y la sal (con cuidado). Se tapa la cacerola y cuando rompe el hervor se baja mucho el fuego, de manera que cuezan muy despacio durante $1^1/_4$ a $1^1/_2$ horas (hasta que estén tiernas). Se sacan de la cacerola, se trinchan en cuatro partes y se ponen en la fuente de servir.

Se pasa la salsa por el pasapurés o la batidora, se le añade el zumo de naranja, se prueba de sal, rectificando si hace falta, y se rocían con algunas cucharadas de salsa.

El resto de la salsa se servirá en salsera aparte. Se puede adornar la fuente con coditos cocidos y rehogados con mantequilla y queso rallado, o con puré de patatas o con coles de Bruselas cocidas y salteadas con mantequilla.

Nota.—Si la salsa se aclarase demasiado al poner el zumo de naranja, se podría añadir una cucharadita (de las de café) de fécula de patata disuelta con 1 cucharada sopera de agua. Se agrega a la salsa, se cuece un par de minutos y se sirve como hemos dicho.

927 PERDICES CON REPOLLO

2 perdices medianas (tiernas),
4 lonchas de bacon,
150 g de tocino veteado,
3 cucharadas soperas de aceite,
1 cucharada sopera de harina,

1 pellizco de hierbas aromáticas (o un ramillete con un diente de ajo, 2 ramitas de perejil, una de tomillo y una hoja de laurel),
1 cucharadita (de las de moka) de extracto de carne,
agua y sal.

Se limpian y se preparan las perdices.

Se les ata a cada una 2 lonchas de bacon en el lomo y la pechuga y se salan ligeramente por dentro.

En una cacerola (o, mejor, una «cocotte») se pone el aceite a calentar. Cuando está caliente, se ponen las perdices a dorar, dándoles la vuelta para que queden bien doradas. Se espolvorean con harina y se cubren a media altura con agua templada. Se les agrega el ramillete y sal (con moderación). Se tapa la cacerola y cuando rompe el hervor se deja a fuego mediano más o menos $1^{1}/_{4}$ hora.

Aparte se lava y pica el repollo. En una olla se pone agua fría con sal y el tocino partido en dos trozos. Cuando rompe el hervor, se echa el repollo, empujándolo al fondo con una espumadera. Se cuece durante 20 minutos. Se escurre en un colador grande y, una vez bien escurrido, se coloca alrededor de las perdices, así como el tocino. Se deja con las perdices unos 10 minutos más. (Se supone que las perdices estarán entonces tiernas.) Se sacan éstas, se les quita el bacon y el ramillete y se trinchan en cuatro partes, que se colocan en la fuente donde se vayan a servir. Se escurre el repollo y se pone alrededor de las perdices. El tocino se corta en tiras de un dedo y se ponen de adorno encima del repollo.

Si la salsa está demasiado líquida, se la deja cocer destapada para que se reduzca un poco; se cuela, se le añade el extracto de carne y se sirve aparte en salsera.

928 PERDICES GUISADAS CON VINAGRE CALIENTE

3 perdices pequeñas,
100 g de manteca de cerdo o un vaso (de los de vino) de aceite,
1 cebolla grande (150 g),
3 zanahorias medianas (125 g),
1 vaso (de los de vino) de vino blanco,
$^{1}/_{2}$ vaso (de los de vino) de buen vinagre,

1 pastilla de caldo de pollo,
agua,
1 pellizco de hierbas aromáticas (o un ramillete con tomillo, laurel, perejil, un diente de ajo),
sal,
unos triángulos de pan de molde fritos.

Se arreglan las perdices. En una cacerola se pone el aceite o la manteca a calentar. Se ponen las perdices (saladas por dentro) a rehogar; cuando están bien doradas, se sacan y se reservan en un plato. Se echa entonces la cebolla, pelada y picada, se deja que se ponga transparente y se añaden las zanahorias raspadas, lavadas y cortadas en rodajas. Se rehogan bien (unos 10 minutos), se vuelven a poner las perdices y se rocían con el vino y el vinagre. Se deshace la pastilla de caldo en un poco de agua. Se vierte, se añade agua caliente, la necesaria para que cubra bien las perdices. Se pone sal (con cuidado, pues el caldo sala). Se tapa la cacerola y, a fuego lento, se dejan cocer más o menos durante $1^1/_4$ hora. Este tiempo depende de lo tiernas que sean las perdices.

Se sacan de la salsa y se trinchan en dos a lo largo, se colocan en la fuente donde se vayan a servir. Se pasa la salsa por el chino y se vierte por encima de las perdices.

Se adorna la fuente con unos triángulos de pan de molde fritos.

 929 PERDICES ESCABECHADAS

3 perdices pequeñas,
1 vaso (de los de vino) de aceite,
1 vaso (de los de vino) de vino blanco,
1 vaso (de los de vino) de buen vinagre,
  agua,
3 zanahorias medianas (125 g),
1 cebolla mediana (125 g),

2 dientes de ajo,
1 ramita de apio,
1 ramita de tomillo,
1 ramita de perejil,
2 hojas de laurel,
6 granos de pimienta,
  sal.

Se preparan las perdices (vaciadas, chamuscadas, etc., receta 916). En una cacerola se pone el aceite a calentar; cuando está caliente, se ponen las perdices para que se doren. Se retiran después de unos minutos y se reservan en un plato. Se quita casi todo el aceite de la cacerola y se vuelven a poner las perdices, la cebolla pelada y picada en trozos grandes, las zanahorias raspadas, lavadas y cortadas en rodajas, el tomillo, el laurel, el perejil, el apio y los dientes de ajo, que se atan juntos con un hilo. Se echan los granos de pimienta y se rehoga todo durante 5 minutos. Se añade entonces el vino blanco y el vinagre, se tapa la cacerola y se deja durante 10 minutos a fuego mediano; pasado este tiempo, se añade agua para que cubra justo las perdices. Se sala y se cuecen tapadas a fuego lento durante más o menos $1^1/_2$ hora (depende de lo tiernas que sean las perdices).

Se retira la cacerola del fuego y se dejan enfriar en su salsa. Si se va a comer, se sacan y se cortan por la mitad. Se pasa la salsa por el chino y se cubren con ella.

Si se han de conservar, se dejan enteras y se ponen en una olla de barro o un cacharro de cristal con boca más bien estrecha. Se cubren con salsa de cocerlas, sin pasar por el chino, de modo que queden bien cubiertas. Se vierten unas cucharadas soperas de aceite y se tapa muy bien la olla, que se conservará en sitio fresco.

Para servirlas, se trinchan en dos, se adornan con las rodajas de zanahoria y se cuela la salsa, que se echa por encima.

Se sirven frías en los dos casos.

Becada

 MANERA DE PREPARAR LAS BECADAS

Se calcula una becada por cada 2 o 3 comensales.

Se deben tener unos 4 o 5 días después de muertas colgadas por las patas, al aire libre, en sitio fresco, pero sin humedad y sin pelarlas.

Cuando se van a guisar, se despluman, se les quitan los ojos y la molleja, pero **no se vacían**. Se flamean, se salan y se les pone pimienta por dentro y por fuera; así están preparadas para el guiso que más guste.

 BECADAS ASADAS

3 becadas,
6 lonchas de tocino veteado, finas,

6 costrones de pan,
sal y pimienta.

Se preparan las becadas como va explicado anteriormente. Después se envuelven en unas lonchas finas de tocino, que se sujetan con un hilo. Se atraviesan con el asador y se meten a horno bien caliente y previamente calentado durante unos 5 minutos. Se ponen unos costrones de pan debajo de las becadas, con el fin de que recojan el jugo que éstas rezuman. Si el asador da vueltas, mejor; si no habrá que darles vueltas bastante a menudo. Se asan 20 minutos (más o menos, según tamaño). Una vez asadas, se trinchan en dos a lo largo (se vacían las tripas si se quiere) y se pone el tocino encima de los costrones y las medias becadas encima. Se sirven así bien calientes.

Nota.—Hay quien en el momento de pasarlas a la mesa y en la misma fuente las rocía con coñac previamente calentado (sin que llegue a hervir) y prendido con una cerilla. Resulta bonito y sabroso servirlas así flameantes.

932 BECADAS EN CACEROLA

3 becadas,
6 lonchitas de tocino veteado,
50 g de manteca de cerdo o 4 o 5 cucharadas soperas de aceite,

1 vaso (de los de vino) de jerez,
unas cucharadas soperas de agua
caliente,
sal y pimienta molida.

Se preparan igual que para asarlas. Se pone la manteca de cerdo o las cucharadas soperas de aceite en una cacerola (o, mejor, una «cocotte»). Cuando está caliente la grasa, se ponen las becadas, se doran por todos lados y se cubre la cacerola. Se hacen a fuego mediano durante unos 20 a 25 minutos, dándoles la vuelta de vez en cuando.

En mitad de la cocción se les añade el jerez.

Una vez hechas las becadas, se sacan y se trinchan en dos a lo largo. Se les quitan las tripas, que se pondrán en la salsa. Se colocan en una fuente las medias becadas y se tienen al calor. Se rasca bien el fondo de la cacerola, se agregan unas 3 o 4 cucharadas soperas de agua hirviendo y se pasa la salsa por el chino, apretando muy bien. Se vierte por encima de las becadas y se sirve.

Se puede adornar la fuente con triángulos de pan frito o bolas de puré de patatas.

 933 BECADAS CON COÑAC

3 becadas,
100 g de manteca de cerdo,
1 vaso (de los de vino) bien lleno de
   coñac,

el zumo de ¹/₂ limón,
1 cucharada sopera de perejil picado,
sal y pimienta molida.

Se preparan las becadas (receta 930). Se salan y se les unta muy bien con manteca de cerdo, por fuera, y se mete dentro de ellas como una avellana de manteca. Se asan a horno caliente y previamente calentado. Se asan sólo durante 12 a 15 minutos. Se sacan y se trinchan como si fuese un pollo, quitándoles las dos pechugas y las dos patas. Se recoge bien el jugo rosado que sueltan al trincharlas y se reservan las partes trinchadas en una fuente al calor.

Los caparazones se pican en la tabla de la carne con un cuchillo o un machete.

En un cazo mediano se pone el coñac a calentar y se prende con una cerilla. Una vez apagado, se le añade lo picado, el jugo de las becadas, sal y pimienta. Se cuece a fuego vivo, dando vueltas con una cuchara de madera durante 10 minutos. Se pasa por el chino, apretando mucho. Una vez colada la salsa, se sala y se pone pimienta; se agrega el zumo de limón y el perejil. Se vierte esta salsa por encima de las becadas y se sirve con triángulos de pan o bolitas de puré de patatas.

Codorniz

 MANERA DE PREPARAR LAS CODORNICES

Las codornices se deben comer lo más rápidamente posible después de cazadas. Se despluman, se flamean con alcohol para quitarles la pelusa, se vacían y se salan.

Normalmente se calcula dos codornices por persona, según sean de gruesas.

 CODORNICES ASADAS

6 codornices bien gorditas,
6 lonchas de tocino finas,
6 hojas de viña (si se tienen, pero, aunque resultan muy buenas con ellas, es facultativo),
50 g de manteca de cerdo,

3 o 4 cucharadas soperas de agua caliente,
2 manojos de berros,
6 rebanadas de pan frito,
sal.

Se preparan las codornices como va explicado anteriormente. Una vez saladas, se untan con un poco de manteca las hojas de viña y se aplican contra las pechugas. En el lomo se pone el tocino. Se unta también con un poco de manteca. Se atan y se meten a horno mediano (previamente calentado) durante 15 o 20 minutos (en una besuguera).

Se les quita el tocino y la hoja de viña. Se colocan sobre una rebanada de pan frito, con el tocino por encima. Se rocían con jugo y se sirven en seguida con la fuente adornada con unos montoncitos de berros ligeramente aliñados.

 CODORNICES EN NIDO DE PATATAS PAJA

Se preparan igual que para asadas, pero no se les pone la hoja de viña. Se fríen las patatas paja. Se forman los nidos (hay un aparato especial para ello) y se coloca en cada uno una codorniz con la pechuga hacia arriba. Se pone el tocino encima y se sirven.

La salsa se pondrá en salsera aparte. Si ésta fuese poca, se le añade una cucharada sopera de agua hirviendo. Se rasca bien el fondo de la besuguera con un tenedor y se revuelve bien esta salsa.

CODORNICES EN CACEROLA

6 codornices bien gorditas,
6 lonchas de tocino finas,
6 hojas de viña,
50 g de manteca de cerdo,
3 cucharadas soperas de aceite,

4 o 5 cucharadas soperas de agua
caliente,
agua,
6 rebanadas de pan frito.

Se preparan igual que para asadas. Una vez preparadas, se pone el aceite en una cacerola (o, mejor, una «cocotte») a calentar. Cuando está caliente, se ponen las codornices y se doran por todos lados; se baja el fuego y se dejan ya a fuego mediano durante unos 15 o 20 minutos, destapadas.

Se sacan, se les quita el tocino y las hojas y se ponen en una fuente encima de las rebanadas de pan frito. Se rasca la cacerola con un tenedor, se añaden las cucharadas de agua caliente, se mueve bien la salsa, que se servirá en salsera aparte o rociando las codornices.

 CODORNICES EN PIMIENTOS

12 codornices,
12 pimientos verdes (de suficiente tamaño para que quepa una codorniz dentro de cada uno),

100 g de panceta en lonchas finas,
5 cucharadas soperas de aceite,
sal.

Se preparan las codornices (receta 934).

Se salan las codornices por dentro y por fuera. Se envuelve cada pieza con una loncha de tocino de panceta. Se les quita el rabo a los pimientos y se vacían de las simientes. Se mete cada codorniz dentro de cada pimiento.

En una cacerola se pone el aceite que cubra ligeramente el fondo (5 cucharadas más o menos), se calienta un poco y se ponen los pimientos. Se guisan a fuego mediano, más bien lento, tapando la cacerola, de forma que se vayan haciendo con el jugo de los pimientos y del tocino. Se destapa de vez en cuando para darles la vuelta, con cuidado de no estropear los pimientos.

Se tendrán haciendo más o menos 30 minutos. Se sirven calientes con su jugo.

CODORNICES EN SALSA

12 codornices,
 5 cucharadas soperas de aceite,
 3 cebollas grandes ($^3/_4$ de kg),
12 cucharadas soperas de vino blanco,
12 cucharadas soperas de caldo de cocido (o agua y una pastilla),

pimienta en polvo, nuez moscada, canela,
 1 cucharada (de las de café) de mostaza, sal,
12 triángulos de pan de molde fritos (o picatostes, rectángulos de pan mojados en leche o agua y fritos).

Una vez desplumadas y limpias las codornices (receta 934), se pone el aceite a calentar en una cacerola. Se fríen de manera que quede la carne blanquecina, dándoles la vuelta y sin dejarlas que se tuesten. Se van reservando en un plato. En el mismo aceite se fríen las cebollas peladas y muy picadas. Se rehogan hasta que se pongan transparentes, dándoles vueltas con una cuchara de madera, pero sin que lleguen a dorarse (unos 6 minutos, más o menos).

Se colocan las codornices encima de la cebolla. Deben estar apretadas las unas con las otras. Se les añade el caldo y el vino blanco (en una cucharada de éste se deshace la mostaza antes de echarla). Se espolvorea con un poco de sal (pues el caldo está ya salado), se añade la pimienta, la nuez moscada y la canela (la punta de un cuchillo de cada cosa). Se cubren y se ponen a cocer; cuando rompe el hervor, se baja mucho el fuego para que cuezan lentamente durante 1 a 2 horas.

Se sirven en una fuente caliente, con la salsa, sin pasar, por encima y los triángulos de pan frito adornando la fuente alrededor.

 CODORNICES GUISADAS

6 codornices gordas o 12 más pequeñas,
1 cebolla grande (150 g),
5 cucharadas soperas de aceite,
1 plato con harina,

$^1/_2$ litro, más o menos, de vino blanco ($1^1/_2$ vaso de los de agua),
 sal, pimienta, nuez moscada y canela (un pellizco),
 1 hoja de laurel, una ramita de tomillo.

Se preparan las codornices (receta 934).

En una cacerola se pone el aceite a calentar; una vez caliente se echa la cebolla pelada y picada. Cuando ésta empieza a dorar (6 minutos más o menos), se pasan las codornices por harina y se ponen en la cacerola. Cuando están doradas, se les echa la sal, la pimienta, un poco de nuez moscada rallada y un pellizco de canela. Se rocían con vino blanco (que las debe medio cubrir). Se agrega el laurel y el tomillo, se pone un papel de estraza encima de la cacerola y encima la tapadera. Se cuecen a fuego mediano, sacudiendo la cacerola de vez en cuando.

Cuando las codornices están hechas (unos 25 minutos más o menos), se sacan de la salsa, se ponen en la fuente (caliente) donde se vayan a servir. Se quita el laurel y el tomillo y se pasa la salsa por el chino o la batidora, apretando bien la cebolla. Se vierte por encima de las codornices.

Éstas se podrán adornar con triángulos de pan frito.

Faisán o poularda

 FAISANES O POULARDAS

1 faisán de 2 kg (o una poularda),
4 lonchas finas de tocino veteado,
100 g de manteca de cerdo,
1¹/₂ vaso (de los de agua) de caldo de cocido (o agua y unas pastillas),

1 cucharada sopera rasada de pan rallado,
100 g de jamón serrano en cuadraditos,
2 zanahorias medianas (100 g),
1 lata pequeña de guisantes (100 g), sal.

Se arreglan igual que los pollos (recetas 862 y 863).

Una vez flameado, etc., se sala por dentro y por fuera y se atan las lonchas de tocino en el lomo y la pechuga. Se unta con la punta de los dedos con la manteca de cerdo, se coloca en una asadera y se mete a asar a horno mediano durante ³/₄ de hora, igual que un pollo, dándole la vuelta de vez en cuando.

Después de asado el faisán, se le quita el tocino y se trincha. Se ponen los trozos en una cacerola con la salsa que haya soltado, se rocía con el caldo y se le añade el jamón en cuadraditos, las zanahorias peladas, lavadas y cortadas en rodajas finas y el pan rallado. Se ponen a fuego mediano-lento. Cuando las zanahorias están tiernas (más o menos 30 minutos), se agregan los guisantes, se dejan unos 5 ó 6 minutos para que se calienten bien y se sirven en una fuente.

Se puede adornar la fuente con champiñones frescos (véase receta 454), o unos fondos de alcachofas, rehogados con un poco de aceite y espolvoreados con perejil picado.

Nota.—Las poulardas, siendo más tiernas, tienen que hacerse durante menos tiempo.

FAISÁN AL CHAMPÁN (4 o 5 personas)

1 hermoso faisán,	1 botella de buen champán seco,
1 cebolla mediana (60 g),	½ vaso (de los de vino) de coñac,
2 clavos (especia),	5 cucharadas soperas de crema líquida,
100 g de manteca de cerdo,	sal.
1 lata de sopa de rabo de buey,	

A ser posible guisar el faisán en una «cocotte» (cacerola de hierro fundido).

Se pinchan en la cebolla los dos clavos. Se sala el faisán y se le introduce la cebolla. En la «cocotte» se pone la manteca a derretir y se dora muy bien el faisán por todos los lados. Una vez dorado se rocía con el caldo de rabo de buey, previamente calentado. Se cuece lentamente y cuando la salsa está consumida como a la mitad se va añadiendo en veces el champán. Se sigue cociendo hasta que el faisán esté tierno. Esto tardará de 2 a 3 horas, según sea de duro el faisán.

En un cazo se calienta (sin que cueza) el coñac. Se saca el faisán en un plato hondo. Se prende el coñac y se flamea muy bien el faisán. Mientras tanto la salsa seguirá cociendo para concentrarse algo.

Al momento de ir a servir se trincha el faisán, se pone en la fuente de servir y se añade a la salsa la crema, calentando bien la salsa sin que cueza ya. Se prueba si está bien de sal, se rectifica si hiciese falta, se vierte por encima del faisán y se sirve.

Se puede adornar la fuente con triángulos de pan de molde fritos o bolas de puré de patatas.

Corzo o ciervo

 PIERNA DE CORZO CON SALSA DE GROSELLA (8 a 10 personas)

1 pierna de 2½ kg,	Salsa:
5 cucharadas soperas de aceite,	2 chalotas,
1 cucharada (de las de café) de hierbas aromáticas (o machacar laurel, tomillo y pimienta juntos),	1 mata de apio pequeña (o ½ grande),
	200 g de piltrafas de carne de corzo,
un poco de nuez moscada,	4 cucharadas soperas de aceite,
1 vaso (de los de vino), poco lleno, de agua caliente,	¾ litro de buen vino tinto (Burdeos),
	1 cucharada sopera de fécula de patata,
sal.	½ vaso (de los de vino) de coñac,
	½ frasco o lata de jalea de grosella (250 g)

Se machacan el laurel y el tomillo juntos, si no se tienen hierbas aromáticas ya mezcladas. Se mezclan con el aceite, así como la pimienta y la nuez moscada.

Con esto se unta bien la pierna de corzo y se deja en sitio fresco (en una asadera) durante 3 o 4 horas. Cuando se va a asar, se enciende el horno 5 minutos antes. Se mete la bandeja de horno con la pierna y se asa durante una hora. Pasado este tiempo, se sala y se va echando el agua poco a poco. Se deja otra media hora, pero sin rociar el asado, para que se forme costra muy dorada.

Mientras tanto se hará la salsa de grosella (receta 104).

Se saca la pierna, se trincha como una pierna de cordero y se sirve con la salsa en salsera aparte.

 944 CIERVO O CORZO EN CAZUELA (8 a 10 personas)

2 kg de carne de ciervo (de lomo o chuletas deshuesadas),
1¹/₂ litros de leche fría,
³/₄ kg de cebolla,
1 vaso (de los de vino) de aceite,
4 cucharadas soperas de coñac,
¹/₄ kg de cebollitas francesas,
agua,
20 g de mantequilla,
1 cucharada (de las de café) de azúcar,
1 puñado de uvas pasas,
8 ciruelas pasas,
1 ramita de tomillo,
10 granos de pimienta,
5 clavos (de especias),
1¹/₂ vaso (de los de vino) de caldo (o agua
con una pastilla),
sal y pimienta.

La víspera por la noche se pone la carne de ciervo en una cacerola y se cubre con leche cruda y fría. Tiene que estar así unas 12 horas, volviéndola de vez en cuando.

Cuando se va a guisar, se saca la carne de la leche, se pone en una cacerola y a fuego vivo se vuelve un par de veces durante 5 minutos para que suelte toda la leche.

Una vez reseco el trozo de carne, se flamea con el coñac calentado en un cazo pequeño y prendido con una cerilla. Se rocía con el aceite, se agregan las cebollas picadas, el tomillo, la pimienta, los clavos y la sal.

Se pone a fuego mediano y, poco a poco, se le va añadiendo el caldo.

Se cubre la cacerola y se hace durante 1 hora, volviendo la carne de vez en cuando. Pasado este tiempo, se añaden las pasas y las ciruelas con los huesos quitados. Se vuelve a dejar unos ³/₄ de hora.

Se preparan las cebollitas francesas, pelándolas y poniéndolas en un cazo con agua fría que justo las cubra, la mantequilla, el azúcar y la sal. Se cuecen unos 20 minutos y se reservan.

Una vez hecha la carne, se saca, se trincha y se pone en una fuente al calor. Se pasa la salsa por el chino y se sirve en salsera. Se adorna la carne con las cebollitas escurridas y se puede añadir también de adorno patatas cocidas o compota de manzanas.

Pasteles-terrinas

945 PASTEL-TERRINA DE CARNES VARIADAS E HIGADITOS DE POLLO (8 personas)

$^1/_4$ kg de higaditos de pollo (sin el
   corazón y sin la hiel),
1 pechuga entera de pollo (400 g con
   huesos),
150 g de tocino veteado,
350 g de magro de cerdo,
300 g de tocino sin vetas,

3 huevos,
125 g de nata líquida montada,
4 cucharadas soperas de coñac,
6 clavos (especias),
2 hojas de laurel,
1 ramita de tomillo,
   sal y pimienta molida.

Se pica la pechuga de pollo (en crudo), el tocino entreverado, el magro de cerdo, la carne de pollo y los higaditos. Una vez bien picado, se pone en una ensaladera. Se baten los huevos como para tortilla y se agregan al picado; se añade después el coñac, la nata montada (con el aparato de montar las claras, con cuidado de no batir demasiado para que no se haga mantequilla), la sal y la pimienta. Se mezcla todo muy bien.

Se corta en lonchitas muy finas el tocino sin vetas y se cubre con ello el fondo y las paredes de una terrina (especial para hacer pâtes, de loza o porcelana). Se echa la mezcla dentro, apretando con una cuchara de madera, con el fin de que no queden huecos. Se cubre por encima la carne con lonchitas de tocino, en el cual se hincarán los clavos, y por encima se pone el laurel y el tomillo. Se cubre con la tapadera de la terrina y se pone al baño maría en agua caliente.

Se mete a horno mediano (encendido 5 minutos antes) durante 1$^1/_2$ hora. Pasado este tiempo, se apaga el horno y se deja enfriar dentro de él el pastel. Cuando está frío, se saca del horno, se quita la tapadera, se cubre con un papel de plata y se pone algo de peso encima (una plancha, etc.). Se pone en sitio fresco durante unas 3 o 4 horas (puede ser más tiempo).

Para servir el pastel se le quita el tomillo, el laurel y los clavos. Se vuelca y con un cuchillo se quita el tocino que le cubre. Se corta en lonchas medianamente finas y se sirve frío adornado con berros o lechuga.

946 PASTEL-TERRINA DE LIEBRE (8 a 10 personas)

400 g de magro de cerdo (aguja),
400 g de ternera (aleta o babilla),
1 liebre grandecita,
150 g de tocino no muy veteado,
350 g de tocino sin veta,

$^1/_2$ vaso (de los de vino) de buen coñac,
1 ramita de tomillo,
   sal, pimienta molida, nuez moscada y
   estragón en polvo.

Se cortan en crudo unas tiras de carne en el lomo y trasero de la liebre como el dedo meñique de finas.

Se cortan así también el magro de cerdo, la ternera y el tocino entreverado.

Se corta en lonchitas muy finas el tocino y se tapiza el fondo y las paredes de una terrina de loza. Se colocan las tiras primero de ternera, encima de liebre y, por encima de éstas, el magro de cerdo. Se alternan en las tres capas alguna tira de tocino entreverado. Se va salando y poniendo la pimienta, la nuez y el estragón entre cada una de las capas y se repite la operación hasta llenar la terrina y acabar las tres clases de carne. Se rocían entonces con el coñac. Se cubren las carnes con lonchas de tocino y se pone entonces la ramita de tomillo y, si se quiere, algunos huesos de la liebre.

Si la terrina tiene un agujero en la tapadera (chimenea), se cierra el borde haciendo una masa con harina y agua como para lacrar; si no es inútil hacer esto.

Se coloca la terrina en una cacerola con agua caliente para que cueza al baño maría, pero con buena altura de agua. Se mete a horno mediano durante 3 horas.

Una vez hecho el pastel, se saca del horno y del agua. Cuando la terrina está templada, se destapa, se quitan los huesos y el tomillo y se cubre con un papel de plata. Se coloca algo de peso encima (una plancha, por ejemplo) para que siente el pastel y se deja en sitio fresco unas horas (6 u 8 por lo menos).

Se suele servir en su misma terrina, quitando la capa de tocino de encima.

⬤947 PASTEL-TERRINA DE HÍGADO DE CERDO (8 a 10 personas)

½ kg de hígado de cerdo,	4 cucharadas soperas de coñac,
½ kg de carne de cerdo picada (aguja o carne con algo de grasa),	2 huevos,
350 g de tocino sin vetas,	1 pellizco de hierbas aromáticas, sal y pimienta.

Se corta el tocino en lonchitas muy finas y con ellas se tapiza la terrina de loza (fondo y paredes).

Se pica la carne no demasiado fina y se pica también el hígado, pero éste casi deshecho.

En una ensaladera se mezclan muy bien las dos carnes, la sal, la pimienta y las hierbas. Se añaden los 2 huevos batidos como para tortilla y el coñac. Una vez bien mezclado todo, se vierte en la terrina, se aprieta un poco con una cuchara para que no quede ningún hueco. Se cubre con lonchitas de tocino y se pone la tapadera de la terrina.

Si ésta tiene un agujerito (chimenea) en el asa de la tapadera, se hará una masa con agua y harina y se cierra como con lacre todo el borde de la tapadera. Si no lleva chimenea, no es necesario.

Se pone la terrina en una cacerola con agua caliente (baño maría) y se mete a horno suave durante unas 3 horas.

Pasado este tiempo, se saca la terrina del horno y del agua y se deja reposar durante 48 horas antes de abrirla y de poder comer el pastel.

Se suele servir en su mismo molde, quitando la capa de tocino de encima.

948 **PASTEL DE PERDIZ** (6 a 8 personas)

¹/₂ kg de aleta de ternera (u otro trozo magro),
¹/₄ kg de magro de cerdo,
150 g de jamón serrano (en una loncha),
1 caja de trufas,
1 perdiz mediana,
6 huevos,
1 vaso (de los de vino) de jerez,
pimienta molida y sal.

Caldo:
agua,
¹/₂ litro de vino blanco,
¹/₂ kg de huesos de rodilla de vaca (o ¹/₂ pata de ternera en trozos),
2 zanahorias medianas (100 g),
2 puerros medianos,
1 ramita de tomillo,
1 hoja de cola de pescado,
sal.

Se manda picar en la carnicería la ternera con el cerdo (en crudo).

Se mezcla esta carne picada con el jugo de las trufas, el jerez y los huevos. Se mezcla muy bien y se añade sal y pimienta. Se extiende en una mesa un paño limpio sobre el que se coloca ¹/₃ de la mezcla de la carne; encima se colocan tiras de jamón, alternando con trozos (lo más grande posible) de carne de perdiz cruda y tiritas de trufa. Se vuelve a poner carne picada y otra capa de jamón, perdiz y trufas. Se cubre con el resto de la carne picada y se enrolla el trapo, dándole bonita forma a la carne. Se atan las dos puntas con una cuerda y se cose el trapo por la abertura del costado.

En una olla se pone agua abundante fría. Se vierte el vino blanco, se echan los huesos, las zanahorias raspadas y cortadas en rodajas gorditas, los puerros cortados en dos a lo largo y el tomillo. Se sala poco. Se sumerge la carne y se pone al fuego. Cuando rompe a hervir, se cuece despacio durante 3 horas. Pasado este tiempo, se saca la carne y, sin desenvolverla, se pone en sitio fresco con algo de peso encima para que adquiera bonita forma. Cuando está fría, se desenvuelve. Debe estar prensada unas horas (4 o 5 por los menos).

Se cuela el caldo, primero por un colador y después por un paño fino y limpio. Se agrega una hoja de cola de pescado, previamente cortada y remojada en un poco de agua. Se mezcla bien y se deja enfriar para que cuaje.

Se trincha el pastel y se adorna con la gelatina picada y unas hojas de lechuga.

Este pastel se puede hacer también con pollo o pavo.

Nota.—Si sobrase caldo, se podría gastar como caldo para sopa, etc.

 949 **PASTEL DE TERNERA** (8 a 10 personas)

1 aleta de ternera pequeña (³/₄ kg),
¹/₂ kg de carne de ternera picada,
150 g de jamón serrano en una loncha,
150 g en una punta de jamón serrano picada con la carne,
125 g de miga de pan (del día anterior),
125 g de champiñones frescos,
¹/₂ pata grande de ternera en trozos, chamuscada y lavada,
3 cucharadas soperas de aceite,

1 cebolla mediana (100 g),
1 vaso (de los de agua) de vino blanco,
1 cucharadita (de las de moka) colmada de hierbas aromáticas (o un ramillete con laurel, tomillo, perejil y ajo),
1 vaso (de los de agua) no lleno de leche hirviendo,
agua fría,
sal y pimienta negra molida.

Se pone la miga de pan en remojo con la leche hirviendo, y mientras tanto se limpian y se lavan muy bien los champiñones; se secan con un trapo limpio y se pican bastante menudos.

En una ensaladera se pone la carne picada con el jamón; se le añade la miga de pan (si ésta se ve muy caldosa, se escurre un poco la leche, cogiendo el pan en la mano y estrujándolo ligeramente). Se añaden los champiñones. Se sala y se echa pimienta; con la mano o con una cuchara de madera se mezclan muy bien todos estos elementos. Se pone esta pasta encima de la aleta y se coloca el jamón serrano en tiras de $1/2$ cm de ancho y todo lo largo de la loncha. Se enrolla la carne y se envuelve muy bien en un trapo muy fino o en una gasa grande. Se atan bien las puntas con una cuerda, y el centro de la abertura de la gasa con un palillo para que no se abra.

En una cacerola se pone el aceite a calentar; cuando está caliente, se añade la cebolla picada, se deja dorar (unos 6 minutos) y se agrega la pata de ternera en trozos; se dora un poco ésta y se añaden las hierbas aromáticas y el vino blanco. Se pone la aleta y se cubre con agua. Se echa un poco de sal y se pone a cocer tapando la cacerola. Cuando rompe el hervor, se deja cocer suavemente unas 3 horas. Se saca la carne y se escurre un poco. Aún envuelta, se deja en una mesa con algo de peso encima hasta que esté fría. Se puede guardar entonces en la nevera quitándole la gasa y envolviéndola con papel de aluminio.

Se deja hervir suavemente una hora más el caldo de cocer la carne, destapado. Se cuela y se pone en un plato hondo en la nevera para que cuaje en gelatina.

Al ir a servir, se trincha la carne y se adorna con hojas de lechuga y la gelatina picada todo alrededor.

950 PASTEL DE POLLO, JAMON Y TERNERA

400 g de ternera picada,
150 g de jamón serrano en una loncha,
  1 pechuga de un pollo grande,
  2 huevos,

$1/2$ vaso (de los de vino) de jerez,
100 g de manteca de cerdo,
  1 cucharada sopera de pan rallado,
    sal y pimienta.

Cogiendo un poco de manteca de cerdo se unta un molde alargado (de hacer bizcocho o cake).

En una ensaladera se mezcla muy bien la ternera, el pollo picado no muy menudo, los huevos batidos como para tortilla, el resto de la manteca de cerdo, el pan rallado, el jerez, la pimienta y la sal.

Se corta en tiras finas el jamón. Se pone la carne en el molde, alternando con las tiras de jamón.

Se pone el molde al baño maría en el horno a temperatura mediana, cubriéndolo con un papel de plata, y se cuece durante 2 horas.

Se saca del horno y del agua y, al estar templado, se pone algo de peso encima del papel para prensar un poco el pastel. Se deja unas horas en sitio fresco. Se pasa un cuchillo por los costados del molde y se desmolda en la fuente donde se vaya a servir.

Se sirve con un adorno de berros o lechuga.

951 TERRINA DE POLLO Y JAMÓN (8 a 10 personas)

1 pollo de 1¼ kg,
1 loncha gruesa de jamón serrano (150 g),
100 g de tocino (en lonchas finas),
1 hoja de laurel,
1 ramita de tomillo,
4 cucharadas soperas de aceite,
1 cebolla pequeña (60 g),
2 cucharadas soperas de coñac,
sal y pimienta.

Caldo gelatina:
1 pata de ternera,
los despojos del pollo,
2 zanahorias medianas (100 g),
1 puerro mediano,
2 ramitas de apio,
1 hoja de laurel,
½ vaso (de los de vino) de vino blanco,
agua y sal.

En una olla se ponen 3 litros de agua fría (más o menos). Se van echando: la pata de ternera (quemados los pelos y lavada) partida en trozos, los despojos de pollo (también preparados, receta 861), las zanahorias peladas, lavadas y cortadas en trozos, el puerro, el apio y la hoja de laurel, enteros, el vino blanco y la sal. Se pone a cocer y, cuando rompe el hervor, se deja a fuego mediano durante 1½ hora. Se aparta del fuego y se cuela. Se deja enfriar y si se forma grasa arriba se quita con una cuchara.

En una cacerola se pone el aceite a calentar y se añade el pollo cortado en dos a lo largo (una vez flameados los pelos y limpio). Se añade la cebolla partida en cuatro y la sal. Se rehoga y se hace durante 20 minutos. Se separa del fuego y, cuando está frío, se le quita la piel. Se pone la carne en la tabla y se pica con el machete o un cuchillo en trocitos muy pequeños. Se pica igual el jamón.

Se tapiza el fondo de la terrina con las lonchitas de tocino.

Se pone una capa de pollo y jamón mezclados y se vierte un poco de caldo, se vuelve a poner pollo, jamón y caldo hasta llenar la terrina. Se rocía con el coñac y encima se pone el tomillo y la otra hoja de laurel. Se cierra la terrina con su tapadera y se pone al baño maría con bastante agua caliente para que cubra los costados de la misma. Se mete en el horno mediano (previamente calentado durante 5 minutos) durante 1 hora.

Pasado este tiempo, se saca la terrina y se pone en sitio fresco, destapada.

Si se viese que el pastel tiene poco caldo, se puede añadir un poco.

Se deja reposar por lo menos 6 horas hasta que esté bien cuajado. Se puede preparar también de un día para otro.

Se desmolda y se le quita el tocino del fondo, sirviéndose con una ensalada para acompañar.

952 PASTEL DE CABEZA DE CERDO (8 a 10 personas)

¼ kg de carne de cerdo magra (sin grasa),
1 kg entre pata, oreja y morro de cerdo,
1 cebolla mediana (60 g),
6 clavos (de especias),
½ vaso (de los de vino) de vino blanco,

agua fría,
2 zanahorias medianas (100 g),
1 hoja de laurel,
1 hojita de tomillo,
1 nuez moscada pequeña partida en dos,
pimienta molida y sal.

Se asa en el horno la cebolla, entera y pinchada con los clavos. Cuando están bien tostadas, se saca y se reserva.

En una olla se ponen las zanahorias raspadas y cortadas en cuatro (dos a lo largo y dos a lo ancho), la cebolla (ya preparada), el laurel y el tomillo atados con un hilo, la nuez moscada y la carne.

La pata, el morro y la oreja se flamean para quemar los pelos, después se lavan bien y se añaden a la olla. Se sala, se añade pimienta y se rocía el vino blanco. Se cubre con agua fría, de modo que quede todo bien tapado pero sin exceso.

Se pone a fuego vivo hasta que rompe a hervir, después de lo cual se baja el fuego para que cueza despacio durante 4 horas, cubierta la olla con su tapadera.

Se aparta del fuego y se deja templar. Se saca la carne y se pica en cuadraditos de un cm de lado; se quitan los huesos de la pata y se pica también la carne, así como la del morro. La oreja se corta en tiras muy finas con unas tijeras. Se mezclan todas las carnes.

En un molde alargado (de cake) se echa caldo en el fondo (colándolo), se meten todas las carnes y se cubre de caldo. Con un tenedor se mueve lo del molde, con el fin de que penetre bien el caldo y quede debidamente repartida la carne. Se pone en sitio fresco hasta que la gelatina esté cuajada.

Para servir, se pasa un cuchillo por los costados del molde y se vuelca éste en la fuente de servir. Se adorna con berros o escarola y se sirve frío entero o bien ya partido.

953 GELATINA DE HIGADITOS DE POLLO

½ kg de higaditos de pollo limpios (sin corazones, etc.),
1 pata de ternera,
2 huesos de rodilla,
1 cebolla pequeña (50 g),
2 clavos (de especia),
1 puerro pequeño,
1 ramita de apio,
1 vaso (de los de vino) de buen jerez,
sal y pimienta.

Asar la cebolla en el horno, con los clavos pinchados en ella. Cuando está bien dorada por todos lados, reservarla.

En una cacerola amplia poner la pata de ternera chamuscada (para quemarle los pelos), los huesos, la cebolla asada, el puerro y el apio lavados, las zanahorias, raspada la piel, lavadas y cortadas en dos trozos y poner a cocer. Cuando empieza el hervor hay que quitar la espuma varias veces y dejar cocer despacio durante 2½ a 3 horas. Colar entonces para dejar únicamente el caldo en un cazo. A este caldo añadirle el jerez, pimienta molida a gusto y los higaditos, cortados en trozos más o menos del tamaño de unas avellanas. Volver a cocer por espacio de unos 10 minutos.

En el molde donde se irá a cuajar la gelatina se pone una capa de caldo de un par de centímetros. Se mete en la nevera o incluso en el congelador para mayor rapidez. Cuando el caldo está cuajado, se adorna con unas rodajas finas de zanahorias, formando un bonito dibujo, alrededor del molde.

Con una espumadera sacar los hígados y colocarlos bien repartidos en el molde. Cubrir con caldo de manera que el molde quede lleno, pero sin más.

(Aunque sobre caldo, que se hará gelatina al enfriar, se aprovechará para otra cosa, pues es buenísimo.)

Meter en la nevera y dejar cuajar durante 24 horas antes de servir. Es un plato frío excelente, que se servirá con una buena ensalada.

FOIE-GRAS

No pondré cantidades, pues siendo la receta fácil, ya se verá lo que se quiere hacer.

El mismo peso de hígado de cerdo que de manteca de cerdo (ésta en crudo, es decir, aún sin derretir).

Se pasa junto, por tandas, por la picadora. Una vez hecho puré, se añade a esta pasta un poco de coñac y huevo batido como para tortilla (para $1/2$ kg de hígado: 4 cucharadas soperas de coñac y un huevo).

Se pone la pasta en una flanera y se mete el molde al baño maría con agua abundante. A partir de cuando rompe a hervir, se deja cocer 1 hora más o menos, es decir, hasta que la grasa sube a la superficie. Se saca el molde del agua y se deja enfriar el foie-gras en la flanera. Una vez frío, se desmolda y se cubre todo con la manteca que ha rezumado arriba.

Hígado

El hígado, sea de ternera, cerdo, pollo, etc., se debe freír en aceite poco caliente, sobre todo al principio, con el fin de que no se ponga oscuro.

El tiempo depende exclusivamente del gusto de cada cual.

955 HÍGADO DE TERNERA FRITO SENCILLO (6 personas)

6 filetes de hígado (125 g cada uno),
³/₄ de vaso (de los de agua) de aceite,
1 cucharada sopera rasada de perejil picado,

1 cucharada sopera de vinagre o zumo de limón (facultativo),
sal.

Se preparan los filetes, quitándoles los nervios. Se salan y se fríen por tandas en aceite poco caliente al principio, como va dicho anteriormente. A medida que están fritos, se ponen en la fuente en que se vayan a servir, y se reservan al calor.

En la sartén donde se han frito, se echa el vinagre o el zumo de limón, apartando la sartén del fuego para que no salte el aceite. Se calienta bien y se vierte la salsa por encima de los filetes.

Se espolvorean con un poco de perejil picado y se sirven.

Nota.—Hay a quien le gusta con un diente de ajo muy picado. Éste se echa con el perejil en la sartén, y se refríen un par de minutos con la salsa. Ésta llevará o no vinagre, según guste.

También se puede sustituir el ajo, perejil y vinagre por 2 cucharadas soperas de alcaparras, que se saltearán en la sartén después de frito el hígado.

956 FILETES DE HÍGADO DE TERNERA MACERADOS CON VINO DE MÁLAGA (6 personas)

6 filetes de hígado de ternera (125 g cada uno),
1 vaso (de los de vino) de vino de Málaga,
1¹/₂ vaso (de los de vino) de aceite,

1 cucharada sopera de perejil picado,
1 cucharadita (de las de moka) rasada de hierbas aromáticas,
sal.

Se preparan los filetes, quitándoles los nervios. Se ponen en una fuente un poco honda y se rocían con el vino y se espolvorean con las hierbas aromáticas. Se dejan macerar durante 1 hora, dándoles la vuelta de vez en cuando. Pasado este tiempo, se escurren y se secan con un paño limpio. Se salan y se fríen en el aceite no muy caliente, se espolvorean con el perejil picado y se rocían con la salsa de la sartén.

Se adornan con puré de patatas, o patatas fritas o verduras, según guste.

957 FILETES DE HÍGADO DE TERNERA EMPANADOS (6 personas)

6 filetes de 100 a 125 g cada uno, cortados finos,
1 diente de ajo (facultativo),
1 ramita de perejil,

1 plato con pan rallado fino,
1 o 2 huevos (según sean de gordos),
¹/₂ litro de aceite (sobrará),
sal.

Se recortan los filetes para que tengan bonita forma. Se les echa sal. En el mortero se machacan el diente de ajo, la ramita de perejil y un poco de sal. Con las puntas de los dedos se pasa esto por los filetes. Seguidamente se pasan ligeramente por el pan rallado (muy fino), después por el huevo batido como para tortilla y otra vez por el pan rallado, pero esta vez el pan tiene que quedar muy uniforme.

Se fríen en aceite abundante y bien caliente (para lo cual se prueba friendo una rebanadita de pan). Se sirven en seguida.

958 FILETES DE HÍGADO CON MOSTAZA Y BACON (6 personas)

6 filetes de hígado de ternera (125 g cada uno),
6 lonchas finas de bacon,

mostaza,
¹/₄ litro de aceite (sobrará),
sal.

Se pone un poco de sal en una de las caras de cada filete; la otra se unta de mostaza, bastante para que cubra bien.

En una sartén se pone el aceite a calentar y se fríen bien fritas las lonchas de bacon. Se reservan al calor (a la boca del horno). Se quita casi todo el aceite, dejando sólo un poco que cubra el fondo de la sartén. Estando este aceite apenas templado, se ponen uno o dos filetes a la vez y, a fuego mediano, se fríen 5 minutos de cada lado (más o menos, según el gusto de cada cual). Una vez fritos los filetes, se ponen en una fuente con las lonchas de bacon sobre la cara del filete que tiene la mostaza, y se sirven con patatas o verduras, según se quiera.

 FILETES DE HÍGADO CON CEBOLLAS Y PIMIENTOS
959 (4 personas)

4 filetes de hígado de ternera,	6 cucharadas soperas de aceite,
2 cebollas grandes (250 g),	sal.
2 pimientos verdes grandes,	

En una sartén poner el aceite a calentar. Freír las cebollas, cortadas en gajos de un dedo de ancho. Cuando se empiezan a dorar, retirarlas y reservarlas en un plato al calor. En el mismo aceite freír los pimientos, cortados en tiras de dos dedos de ancho. Tapar la sartén con una tapadera y hacer los pimientos a fuego lento. Cuando están blandos, retirarlos y reservarlos con las cebollas.

Salar y freír los filetes de hígado siempre en la misma sartén y a gusto de cada comensal. Una vez fritos, ponerlos en la fuente de servir, volcar las cebollas y los pimientos en la sartén, dándoles unas vueltas para calentarlos bien, rectificar de sal y colocarlos alrededor de los filetes.

 ESCALOPINES DE HÍGADO CON CEBOLLA
960 **Y VINO BLANCO** (6 personas)

³/₄ de kg de hígado hecho escalopines	1 vaso (de los de vino) de vino blanco,
(filetes pequeños y finos),	¹/₄ kg de cebolla picada,
harina en un plato para rebozar,	1 pellizco de estragón en polvo,
¹/₄ litro de aceite,	sal.

En una sartén se pone a calentar el ¹/₄ litro de aceite; cuando está a punto (es decir, no muy caliente, pues el hígado se debe freír lento y no arrebatado), se fríen los filetes (pocos a la vez) pasados por harina y sacudidos para que no tengan demasiada.

Se sacan y se reservan. Se quita el aceite y, una vez colado, se cogen 4 cucharadas soperas y se vuelven a poner en la sartén.

Se echa la cebolla muy picada y se deja que se haga lentamente durante 6 minutos; se añade entonces el vaso de vino blanco y se deja a fuego lento otros 5 minutos. Se meten después los filetes en la salsa, se cubren con tapadera y se dejan a fuego lento 5 minutos. Se sirven en seguida.

961 HÍGADO DE TERNERA (EN UN TROZO) GUISADO (6 personas)

850 g de hígado de ternera en un trozo (de la parte más gruesa del hígado),
125 g de tocino,
1 cebolla mediana (50 g),
4 cucharadas soperas de aceite,
1¹/₂ vasos (de los de vino) de vino blanco,
1 vaso (de los de vino) de agua,
1 buen pellizco de hierbas aromáticas (o una hoja de laurel, una ramita de tomillo, un pellizco de polvo de estragón, etc.),
sal.

Con parte del tocino se mecha el hígado. Con lo que queda se hacen unas lonchas muy finas y se cubre la parte de arriba del hígado. Se ata luego el trozo de carne como si fuese un asado corriente.

Se pone el aceite en una cacerola y se calienta. Una vez caliente, se echa la cebolla pelada y picada, se deja 5 minutos hasta que se pone transparente y se añade entonces el hígado. Se dora por todos lados, se sala, se espolvorea con las hierbas (o se pone el ramillete) y se rocía con el vino y con el agua. Se cubre la cacerola y, a fuego mediano, se deja durante unos 25 a 35 minutos, dándole la vuelta de vez en cuando.

Se saca entonces, se le quita la cuerda y el tocino de encima y se trincha en lonchas medianamente finas. Se pasa la salsa por la batidora o el chino y se sirve por encima la salsa o aparte en la salsera.

Se puede acompañar el hígado con coditos (cocidos y rehogados con mantequilla y queso rallado), con puré de patatas o con cualquier verdura que apetezca (coles de Bruselas, guisantes, alcachofas, judías verdes, etc.).

962 FILETES DE HÍGADO CON CEBOLLA, TOMATE Y NATA (6 personas)

6 filetes de hígado de ternera (125 g cada uno),
1 cebolla grande (150 g),
4 tomates medianos (350 g),
1 plato con harina,
1¹/₂ vasos (de los de vino) de aceite,
1 cucharada sopera rasada de perejil picado,
1 cucharadita (de las de moka) de extracto de carne,
3 cucharadas soperas de nata líquida,
sal.

Se preparan los filetes, quitándoles los nervios.

En una sartén amplia se pone el aceite a calentar. Se pasan los filetes, después de salados, por la harina, sacudiéndolos un poco para que caiga la harina sobrante. Se fríen y, una vez fritos, se reservan en un plato al calor.

En este mismo aceite se fríen las cebollas peladas y cortadas en rodajas para formar aros. Cuando éstas están transparentes (unos 6 minutos), se añaden los tomates pelados, cortados en trozos y quitadas las simientes. Se refríen durante unos 15 minutos. Se agrega el extracto de carne. Se colocan entonces los filetes en la sartén y se cubren, teniéndolos así unos 3 minutos. Se les da la vuelta y se tienen otros 3 minutos del otro lado.

Se sacan con un tenedor y se colocan en la fuente donde se vayan a servir.

Se espolvorea en la sartén el perejil, se añade la nata separando ya la sartén del fuego, se rectifica de sal si hiciese falta y se vierte la salsa por encima de los filetes.

Se sirven acompañados de puré de patatas o de coditos cocidos y rehogados con mantequilla y queso o, sencillamente, de triángulos de pan frito.

Nota.—Si no se dispone de nata, se puede sustituir por 2 cucharadas soperas de jerez. Éste se tiene que cocer un ratito con la salsa para que no esté muy fuerte.

 PINCHOS DE HÍGADO DE TERNERA CON BACON
963 (6 personas)

³/₄ de kg de hígado de ternera en un trozo,   6 rebanadas de pan finas,
6 lonchas de bacon (no muy finas),   sal.
  aceite,

Se corta el hígado en taquitos, se salan y se enfilan en un pincho, alternando con un trocito de bacon, al cual se le habrá quitado la piel dura del borde. Se unta con un pincel el aceite por todo el pincho y se mete al horno caliente durante unos 20 minutos en una besuguera estrecha, con el fin de que las dos puntas del pincho queden en alto. Se les da una vuelta de vez en cuando para que se asen por igual.

Por debajo de los pinchos se ponen unas rebanadas de pan, para que vayan recogiendo el jugo que cae de la carne. Se sirve enfilada la carne y con el pan debajo del pincho.

Otra manera de hacer los pinchos:

Una vez armados los pinchos, se empanan, pasándolos por huevo batido como para tortilla y pan rallado. Se fríen entonces en una sartén con aceite abundante. Se sirven así.

Riñones

 MANERA DE LIMPIAR Y PREPARAR LOS RIÑONES
964 **DE TERNERA**

Si no se preparan muy bien los riñones, sobre todo los de ternera, por ser más grandes, saben a orín.

Se cortan los riñones en trocitos pequeños, quitándoles toda la grasa y los conductos. Se ponen en un colador de agujeros grandes y se les echa un puñado de sal, revolviéndolos bien con la mano para que queden impregnados de sal todos ellos. Se tienen así unas 2 horas. Pasado este tiempo, se ponen, en el mismo colador, debajo del grifo del agua fría unos 10 minutos, salteándolos de vez en cuando para que suelten la sal. Se escurren bien y entonces están a punto para guisar.

965 **RIÑONES CON VINO BLANCO Y ARROZ (6 personas)**

1 kg de riñones de ternera,
350 g de cebollas (3 grandes),
4 cucharadas soperas de aceite,
2 ramitas de perejil,
1 diente de ajo,

1 cucharada sopera rasada de pan ralla-do (facultativo),
1 vaso (de los de vino) bien lleno de vino blanco,
sal.

Arroz blanco:

400 g de arroz, agua, 50 g de mantequilla, sal.

(Véase receta 186.)

En una cacerola se ponen las cebollas muy picadas por encima de los riñones, ya limpios y arreglados (receta anterior). Se rocía todo con el aceite y se pone la cacerola a fuego muy lento durante unos 10 minutos más o menos.

En un mortero se machaca el perejil con el diente de ajo (pelado y cortado para que no resbale). Se les añade el vino y esto se agrega a los riñones de la cacerola y se cuece todo revuelto otros 5 minutos. Si se ve que el guiso queda un poco claro, se le añade entonces un poco de pan rallado. Se sala y se vuelve a dejar otros 5 minutos.

Se forma una corona con el arroz blanco ya rehogado. Se vuelca en la fuente donde se vaya a servir y se echan los riñones guisados en el centro.

Se sirve en seguida.

966 **RIÑONES DE TERNERA CON SALSA DE JEREZ Y ARROZ BLANCO (6 personas)**

1 kg de riñones de ternera,
1¹/₂ vaso (de los de vino) de jerez,
4 cucharadas soperas de aceite,

2 cucharadas soperas de harina,
2 vasos (de los de agua) de agua,
sal.

Arroz blanco:

400 g de arroz, agua, 50 g de mantequilla, sal.

(Véase receta 186.)

Se cuece el arroz y se reserva.

Se limpian y se arreglan los riñones de ternera.

En una sartén se pone la harina y con una cuchara de madera, dándole vueltas y a fuego mediano, se tuesta, dejándola tomar color (unos 10 minutos). Se le añade el aceite y, después de revolverlo, el jerez, el agua y la sal. Se deja cocer unos 5 minutos. Se echan los riñones y, a fuego muy lento, se dejan cocer unos 10 minutos. Mientras tanto se rehoga el arroz y se pone en un molde en forma de corona. Se vuelca en la fuente donde se vaya a servir y se reserva al calor. Se ponen en el centro los riñones y se sirven en seguida.

967 RIÑONES CON SALSA DE TOMATE, PRESENTADOS EN PANECILLOS (6 personas)

1 riñón de ternera (³/₄ kg, más o menos),
6 panecillos redondos o alcachofas,
1 litro de aceite (sobrará),
1 cucharada sopera de piñones,
3 cucharadas soperas de buen jerez,
1 cucharadita (de las de moka), rasada de pimentón,
1 yema de huevo duro,
¹/₂ kg de tomates maduros,
2 cucharadas soperas de aceite frito,
1 cebolla mediana (60 g),
1 cucharada (de las de café) de azúcar,
sal.

Se preparan los riñones (receta 964).

Se hace la salsa de tomate. En una sartén se pone el aceite a calentar. Se lavan y se cortan los tomates y se les quitan las simientes. Se pela y se pica la cebolla. Se agrega esto al aceite de la sartén; con el canto de una espumadera se machaca bien y se refríe durante unos 15 minutos.

En un mortero se machaca la mitad de los piñones con la yema de huevo. Se deslíe con el jerez y se agrega a la sartén, así como el pimentón, la sal y el azúcar. Se revuelve bien todo y se pasa por el pasapurés. Se reserva al calor.

Se corta una tapadera a los panecillos y se vacían de toda su miga.

En una sartén honda se fríen los panecillos por tandas y boca abajo, reservándolos igualmente al calor a horno muy flojo.

En otra sartén se pone un fondo de aceite del de freír los panes (un vaso escaso de los de vino). Se saltean los riñones, cortados en cuadraditos, durante 5 a 6 minutos. Con una tapadera se cubre la sartén y se vuelca para quitar toda la grasa de freír los riñones (ésta no se aprovechará, pues no es buena). Se salan ligeramente y se revuelven con la salsa de tomate. Se agregan los piñones reservados. Se rellenan con este revuelto los panes y se sirven en seguida.

Nota.—Se puede hacer esta receta igualmente con riñones de cerdo o de cordero. Se pueden sustituir los panecillos individuales por una libreta grande de pan.

968 PINCHOS DE RIÑONES DE CERDO O CORDERO, CON TOCINO Y CHAMPIÑONES (2 personas)

2 riñones de cerdo o 6 de cordero,
1 loncha de bacon gruesa (100 g),
125 g de champiñones frescos pequeños,

2 cucharadas soperas de aceite,
agua y el zumo de un limón,
sal y pimienta.

Se cortan los riñones en dos a lo largo, como si se abriera un libro. Se les quita la piel, las partes blancas y los conductos. Se ponen en una ensaladera con agua fría que los cubra y el zumo de ¹/₂ limón. Se mueven un poco con la mano, se escurren y se secan muy bien con un paño limpio.

Se le quita la corteza dura al bacon y se corta en cuadrados grandecitos.

Se les quita a los champiñones los rabos o pedúnculos, se lavan muy bien en agua y el zumo de otro ¹/₂ limón y se escurren muy bien.

Se cortan los riñones en trozos grandes y se enfilan en los pinchos metálicos, alternando con un cuadradito de bacon y un champiñón, hasta llenar el pincho. Se salan, se pone un poco de pimienta, y con un pincel mojado en aceite se unta todo bien. Se ponen a horno bien caliente en una fuente, de manera que el pincho de alambre quede en alto y los riñones no rocen el fondo de la fuente. Se les da la vuelta algunas veces y más o menos a los 15 minutos deben estar.

Se sirven asimismo en sus pinchos, en una fuente previamente calentada y adornada con montoncitos de berros o de patatas paja.

969 PINCHOS SIMPLES DE RIÑONES DE CERDO O DE CORDERO (2 personas)

3 riñones de cerdo o 8 de cordero,
2 cucharadas soperas de aceite,
1 diente de ajo,
1 cucharada (de las de café) de perejil picado,

3 rebanadas de pan,
agua y el zumo de ¹/₂ limón,
sal.

Se cortan, se limpian, se lavan y se secan los riñones (receta 964).

Se dejan cortados en dos y se enfilan en unos pinchos. Se salan y se untan de aceite con un pincel.

Se ponen las rebanadas de pan en el fondo de la besuguera o fuente y se posan los riñones encima para que queden en vilo, igual que en la receta anterior. Se meten a horno bien caliente, primero vueltos con la parte abombada hacia arriba y después de 5 minutos se vuelven del otro lado. Se espolvorean entonces con el ajo y el perejil muy picado y una gota más de aceite. Se tienen otros 6 minutos más y se sirven en una fuente, posados sobre las rebanadas de pan (esto es si se quiere), con patatas paja de adorno.

Sesos

970 MANERA DE LIMPIAR Y COCER LOS SESOS

Para cualquier manera de preparar los sesos, se tendrán que limpiar y cocer como va explicado seguidamente. Esta explicación es valedera para los sesos de ternera o de cordero.

Primero se ponen en un colador donde quepan justo (ni muy grande ni muy pequeño) y se colocan debajo del grifo de agua fría, que caiga suave para no estropearlos. Cuando ya no suelten sangre, se retiran.

Se ponen en una ensaladera con agua fría abundante, que los cubra bien, y se añade vinagre a este agua (para un seso de ternera mediano, $1/3$ de vaso de los de vino de vinagre).

Una vez remojados durante 15 o 20 minutos, se sacan y se les quita muy bien la telilla que los cubre, las venas y la sangre que aún tengan. Después de limpios, se prepara el agua para cocerlos.

1 clavo (de especia),
3 granos de pimienta,
1 hoja de laurel,
1 casco de cebolla,

1 zanahoria en rodajas,
agua fría,
sal.

Se ponen los sesos a cocer a fuego mediano durante 15 minutos, más o menos, para un seso de ternera. Menos tiempo para uno de cordero.

Se escurre y, para que se conserven blancos, se tapan o bien con un trapo o poniéndolos en un tazón con un plato por encima.

971 SESOS HUECOS (O EN BUÑUELOS) (6 personas)

$1^1/_2$ seso de ternera o 3 de cordero,
   1 litro de aceite para freír (sobrará).
1.ª masa de freír:
300 g de harina,
$1^1/_2$ vaso (de los de agua) de leche fría,
   3 cucharadas soperas de aceite fino,
   3 cucharadas soperas de vino blanco,

1 cucharadita (de las de moka) de levadura,
sal.
2.ª masa de freír:
300 g de harina,
   1 pellizco de levadura,
   1 pellizco de azafrán en polvo,
   sifón,
   sal.

Se limpian y se cuecen los sesos como va explicado anteriormente. Una vez cocidos y fríos, se cortan en trocitos (de 2 a 3 cm de costado), se sumergen en la masa y se fríen en seguida. Se escurren en un colador y se sirven con la salsa de tomate en salsera.

Se puede adornar la fuente con ramilletes de perejil frito (teniendo cuidado de no echar el perejil en aceite muy caliente, pues se arrebata).

972 SESOS EMPANADOS (6 personas)

1¹/₂ seso de ternera o 3 de cordero,
  1 plato con pan rallado,
  2 huevos,
  1 cucharada sopera de aceite fino,

1 litro de aceite para freír (sobrará),
  sal,
  salsa de tomate y arroz blanco.

Se preparan y se cuecen los sesos (receta 970). Se cortan en dos a lo largo (los 2 lóbulos del seso); éstos se cortan en lonchas más bien finas (de ¹/₂ cm). En un plato sopero se baten los huevos con la cucharada sopera de aceite y un pellizco de sal.

Se pasan las lonchitas de seso por el huevo y luego por el pan rallado. Se aplastan un poco con la mano para que el pan rallado se adhiera bien. Se dejan encima de un mármol o una tabla.

Se calienta bien el aceite y, cuando está en su punto (se prueba con una rebanadita de pan), se fríen por tandas para que no se estropeen. Se ponen en la fuente donde se vayan a servir y ésta se reserva al calor.

Se adorna la fuente con arroz blanco (receta 186) y se sirve con salsa de tomate en salsera aparte (receta 77).

973 SESOS CON MANTEQUILLA NEGRA (6 personas)

  6 sesitos de cordero (para este guiso son los más finos),
¹/₂ kg de mantequilla,
  1 plato con harina,

3 cucharadas soperas de buen vinagre,
2 cucharadas soperas de perejil picado (facultativo),
  sal.

Una vez preparados, cocidos y escurridos los sesos (receta 970), se cortan en dos (los 2 lóbulos enteros). Se rebozan ligeramente en harina.

En una sartén se pone algo menos de la mitad de la mantequilla a derretir. Cuando está derretida, se pasan rápidamente los medios sesos, dándoles la vuelta para que se doren ligeramente. Esto se hace por tandas para que no se estropeen los sesos. Se colocan en la fuente donde se vayan a servir. Se espolvorea un pellizco de perejil en cada trozo. Se añade el resto de la mantequilla y se fríe hasta que se ponga oscura (no mucho, pues se quema y no tiene buen sabor). Se agrega entonces el vinagre, separando la sartén del fuego, y volviéndola a poner al calor una vez echado el vinagre. Se revuelve bien y con esta salsa se rocían los sesos, que se servirán en seguida para que no se enfríe la mantequilla.

Nota.—Se puede sustituir el vinagre por alcaparras.

974 SESOS EN SALSA BECHAMEL CLARITA (6 personas)

4 sesos de cordero,
30 g de mantequilla,
2 cucharadas soperas de aceite fino,
1 cebolla pequeña (40 g),
2 cucharadas soperas de harina,
1½ vaso (de los de vino) de caldo (o agua y pastilla),

1 vaso (de los de vino) de leche,
2 yemas de huevo,
el zumo de un limón,
1 cucharada sopera rasada de perejil picado,
sal.

Se preparan y se cuecen los sesos (receta 970). Una vez templados, se cortan en dos a lo largo (se separan los 2 lóbulos) y estas mitades otra vez en dos mitades a lo largo. Se reservan.

Se hace la salsa.

En un cazo o en una sartén se pone a calentar el aceite con la mantequilla. Cuando ésta está derretida, se añade la cebolla picada muy fina; se dan unas vueltas con una cuchara de madera y se la deja tomar un poco de color (unos 6 o 7 minutos). Cuando empieza a dorarse, se agrega la harina; también se le da a ésta unas vueltas para que se tueste un poco. Se agrega primero la leche fría, sin dejar de dar vueltas, y luego el caldo. Una vez hecha la bechamel, se cuece un par de minutos (ésta debe quedar algo espesa). Se separa un poco del fuego y se sala ligeramente (pues el caldo ya está salado).

En un tazón se deslíen las yemas con el zumo de limón, se les añade una cucharada de salsa dando vueltas para que no se cuajen las yemas, después otra y, por fin, se echa lo del tazón en la salsa. Se incorporan los trozos de sesos, se espolvorean con el perejil y se calienta algo, pero con fuego bajo para que no se cuajen las yemas. Con la cuchara se echa salsa para cubrir los trozos de sesos, con el fin de que se calienten bien y, con cuidado de no romperlos, se pasa todo a una fuente previamente calentada y se sirven en seguida.

975 SESOS AL GRATÉN, CON BECHAMEL Y CHAMPIÑONES (6 personas)

2 sesos de ternera,
125 g de champiñones frescos,
50 g de mantequilla,
2 cucharadas soperas de aceite fino,
2 cucharadas soperas de harina,

1¹/₂ vaso (de los de agua) de leche fría,
zumo de un limón,
50 g de gruyère rallado,
sal.

Se preparan los sesos (receta 970). Se dejan enfriar y se cortan los 2 lóbulos; cada uno se corta en láminas de 1 cm de gruesas y se colocan en una fuente de cristal o porcelana resistente al horno.

Aparte se lavan, primero al chorro y después en agua con el zumo de ¹/₂ limón, y se cortan en láminas finas los champiñones. Se cuecen en un cazo con el zumo de ¹/₂ limón y menos de la mitad de la mantequilla y un poco de sal (receta 454).

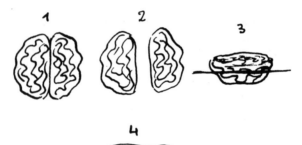

En una sartén se pone a calentar el resto de la mantequilla con el aceite. Cuando están calientes, se añade la harina, se dan unas vueltas con una cuchara de madera y, poco a poco, se vierte la leche fría. Se cuece a fuego mediano durante unos 6 minutos, se sala y se añaden los champiñones escurridos. Se vierte esta bechamel por encima de los sesos. Se espolvorea con el queso rallado y se mete a gratinar a fuego vivo.

Cuando está dorada la bechamel, se sirve.

976 SESOS CON SALSA DE TOMATE GRATINADOS (6 personas)

2 sesos de ternera, o 4 o 5 de cordero,
3 cucharadas soperas de pan rallado,
30 g de mantequilla,
1 kg de tomates,
3 cucharadas de aceite frito,

1 cucharada (de las de café) de azúcar,
sal,
1 cebolla (facultativo),
sal.

Se preparan los sesos (receta 970).

Se hace la salsa de tomate (receta 77), de manera que quede más bien espesa.

Se cortan los sesos en rodajas de 2 cm de grosor y se van colocando en forma de corona en una fuente (de barro, cristal o porcelana) resistente al fuego. Se cubren con la salsa de tomate. Se espolvorean con el pan rallado y se reparte la mantequilla por encima en cuatro montoncitos como avellanas. Se pone a gratinar en el horno y, cuando está dorado, se sirven en su misma fuente.

Lengua

977 MANERA DE COCER UNA LENGUA DE VACA O DE TERNERA

Para 6 u 8 personas se calcula una lengua de $1^1/_4$ kg. Se limpia muy bien de huesos, nervios y gordo. Se pone en remojo en agua fría durante unas 12 horas (toda la noche). Se cepilla entonces muy bien. Se pone agua abundante en una cacerola y cuando rompe el hervor se sumerge la lengua. Se deja cocer a borbotones durante 10 minutos. Pasado este tiempo, se pone la cacerola con la lengua debajo del grifo del agua fría, y cuando el agua está renovada y fría se saca la lengua. Con un cuchillo afilado se pela, quitándole la piel gruesa que tiene. Esta operación de pelar la lengua hay quien prefiere hacerla después de cocida en el caldo. Esto según el gusto de cada cual.

Se prepara una cacerola o una olla con 150 g de cortezas de tocino. Se ponen éstas con la piel tocando el fondo de la cacerola. Se posa la lengua encima. Se echa una cebolla grande (125 g) cortada en dos; 2 zanahorias grandes (125 g) raspadas, lavadas y cortadas en rodajas gruesas; unos huesos de rodilla u otros; un ramillete con perejil, tomillo, una hoja de laurel y un diente de ajo. Se echa sal y unos granos de pimienta, se rocía con un vaso (de los de vino) de vino blanco y se cubre de agua fría.

Se pone a fuego vivo y, cuando rompe a hervir, se cubre la cacerola, se baja algo el fuego y se tiene cociendo durante unas $2^1/_2$ a 3 horas.

Este tiempo depende de lo tierna que sea la lengua. Para probar si está, se traspasa con un alambre fino, que debe entrar fácilmente en la carne.

Pasado este tiempo, está ya la lengua para comer, acompañada de varias salsas o hecha en guisos variados.

También se cuece muy bien en la olla exprés, acortando una hora.

978 LENGUA CON SALSA DE VINAGRETA HISTORIADA

Una vez cocida la lengua, se trincha en lonchas abiesadas. Se colocan en la fuente donde se vaya a servir, caliente o fría, como más guste. Se adorna la fuente con un picadito de lechuga y se adorna la lengua con un huevo duro muy picado espolvoreado por encima.

Se sirve la salsa vinagreta aparte (receta 105).

979 LENGUA CON BECHAMEL Y ALCAPARRAS

Una vez cocida, cortar la lengua en lonchas abiesadas y proceder igual que en la receta 773, n.º 3.

980 LENGUA CON SALSA DE CEBOLLA, TOMATE Y VINO BLANCO

¼ kg de cebollas (2 grandes),
4 tomates maduros grandes (¾ kg),
6 cucharadas soperas de aceite,
1 cucharada (de las de café) de harina,
1 vaso (de los de vino) de vino blanco,
1 pellizco de hierbas aromáticas (o una hoja de laurel y una ramita de tomillo),
sal.

Una vez cocida la lengua (receta 977), se trincha en lonchas abiesadas. Se prepara igual que el bonito (véase receta 561).

Como la lengua está ya hecha y no soltará agua, quizá se deban añadir algunas cucharadas soperas de agua.

Se puede servir este plato de lengua acompañado de moldecitos de arroz blanco.

981 LENGUA ESTOFADA (6 personas)

1 lengua de 1 a 1¼ kg,
2 cebollas medianas (200 g),
4 zanahorias medianas (150 g),
80 g de manteca de cerdo,
1 vaso bien lleno (de los de vino) de vino blanco,
1 vaso bien lleno (de los de vino) de caldo de cocer la lengua,
1 pellizco de hierbas aromáticas (o una hoja de laurel y una ramita de tomillo),
1 rebanadita de pan frito,
1 diente de ajo,
sal y pimienta.

Se prepara y se cuece la lengua (receta 977), pero **sólo se cocerá durante 2 horas**. Pasado este tiempo, se pone la manteca de cerdo a calentar; cuando está caliente, se le añade la cebolla pelada y picada. Se rehoga hasta que esté transparente (unos 6 minutos). Se posa encima la lengua escurrida de su jugo. Se raspan y se lavan las zanahorias y se cortan en rodajas algo gruesas que se ponen alrededor de la lengua; se rocía con el vino y el caldo y se agrega el pellizco de hierbas.

En un mortero se machaca el pan frito con un diente de ajo y se deslíe con un poco de caldo de cocer la lengua (un par de cucharadas soperas). Se vierte esto por encima de la lengua. Se añaden 2 o 3 granos de pimienta y muy poca sal.

Se pone a fuego vivo hasta que rompe a hervir, y entonces se cubre la cacerola con papel de estraza y la tapadera. Se deja a fuego lento durante 1^1/$_2$ hora.

Se saca y se trincha la lengua, se pone en la fuente donde se vaya a servir se adorna con las zanahorias. Se pasa la salsa por la batidora o el pasapurés y se vierte por encima de la lengua. Se sirve bien caliente.

Si la salsa resultase algo clara, se espesará con una cucharada (de las de café) de fécula de patata desleída en un poco de salsa y revuelta con toda ella después.

982 LENGUA REBOZADA

Como la lengua de ternera suele ser grande, se podrá servir parte con salsa y parte rebozada, para variar.

Se corta en rodajas finas y se pasa primero por huevo batido como para tortilla y después por pan rallado, apretando un poco para que éste se adhiera bien.

Se fríe en aceite por tandas y se sirve así, o con salsa de tomate aparte en salsera.

Mollejas

 MANERA DE PREPARAR Y COCER LAS MOLLEJAS

Se calcula 1 a 1¹/₄ kg de mollejas de ternera para 6 personas. Para cualquier manera de hacer las mollejas, se tendrán que preparar como sigue: Se ponen en remojo en agua fresca unas 4 horas, cambiándoles el agua 3 o 4 veces.

Ingredientes para cocer las mollejas:

Para 1 o 1¹/₄ kg de mollejas:

2 zanahorias medianas (100 g),
1 puerro mediano (o una cebolla pequeña de 50 g),
1 ramita de apio (facultativo),

1 hoja de laurel,
el zumo de ¹/₂ limón,
agua abundante
sal.

Para cocerlas se ponen en una cacerola con agua fría que las cubra bien. Se añaden las zanahorias peladas y cortadas en rodajas, el puerro (o una cebolla pequeña cortada en dos), una ramita de apio (si se tiene), una hoja de laurel, el zumo de ¹/₂ limón y sal. Se ponen a cocer y, cuando rompe el hervor, se baja el fuego y se cuecen despacio unos 5 minutos. Se retiran entonces del fuego y se vacía el agua caliente, reemplazándola por agua fría. Una vez refrescadas las mollejas, se escurren. Se limpian muy bien, quitándoles las pieles, las bolas de grasa y sangre que tengan. Se colocan en un trapo limpio, que se dobla para que queden envueltas, y se coloca algo de peso encima (una tabla de carne ligera). Se tienen así durante una hora. Pasado este tiempo, se cortan en filetes gorditos y están así a punto para condimentarlas según la receta que se quiera.

 MOLLEJAS GUISADAS CON CHAMPIÑONES FRESCOS Y CEBOLLITAS (6 personas)

1 kg de mollejas de ternera,
¹/₄ kg de champiñones frescos,
¹/₄ kg de cebollitas francesas pequeñas,
1 plato con harina para rebozar,
4 cucharadas soperas de aceite,
20 g de mantequilla,

el zumo de un limón,
2 vasos (de los de vino) de buen vino blanco,
¹/₈ de litro de nata líquida (o 2 yemas de huevo),
sal.

Se preparan las mollejas como va explicado anteriormente.

Se lavan y se preparan los champiñones, dejándolos enteros si son pequeños o en trozos grandes si hay que cortarlos. Una vez lavados con el zumo de ¹/₂ limón, se escurren bien y se ponen en un cazo con la mantequilla (20 g), unas gotas de zumo del limón que queda y sal. Se saltean, se cubre el cazo con una tapadera y se dejan a fuego lento unos 6 minutos. Después se reservan, dejándolos en un sitio caliente.

En una cacerola se pone el aceite a calentar y se echan las cebollitas peladas y enteras. Se rehogan bien y cuando empiezan a dorarse (unos 10 minutos) se pasan los filetes de molleja en harina (sin sacudirlos para que esta harina sirva para espesar la salsa) y se doran con las cebollas. Una vez dorados, se añade el vino y se hace a fuego lento durante unos 15 minutos, sacudiendo de vez en cuando la cacerola. Se agregan entonces los champiñones con su jugo, revolviendo todo junto. Se rectifica de sal.

En un tazón se pone la nata líquida (o las yemas) y se deslíe con un poco de salsa. Se echa en la cacerola, apartando ésta del calor para que no cueza la salsa y se corte (lo mismo se hará si se ponen yemas).

Se vierte todo lo de la cacerola en la fuente de servir y se pasa rápidamente a la mesa. Se puede servir la fuente adornada con moldecitos de arroz blanco.

985 MOLLEJAS GUISADAS AL JEREZ (6 personas)

1¹/₄ kg de mollejas,
  1 cebolla mediana (80 g),
  2 zanahorias medianas (100 g),
  1 tomate grande (50 g) bien maduro,
  4 cucharadas de aceite,
  1 cucharada sopera colmada de harina,
¹/₂ vaso (de los de vino) de jerez,

1 vaso (de los de agua) de caldo (o agua con una pastilla),
1 pellizco de hierbas aromáticas (o un ramillete de laurel, tomillo y perejil),
sal y pimienta,
6 triángulos de pan de molde frito.

Se preparan las mollejas (receta 983).

En una cacerola se pone el aceite a calentar. Una vez caliente, se añade la cebolla pelada y picada. Se dan unas vueltas hasta que se ponga transparente (unos 5 minutos); entonces se echan las zanahorias raspadas, lavadas y cortadas en rodajas y la harina. Se revuelve todo bien y se añade el tomate partido en cuatro trozos y sin simientes. Se incorporan entonces los filetes de molleja, que también se revuelven con cuidado para que no se deshagan, y se dejan dorar. Se echa sal, un poco de pimienta y las hierbas aromáticas (o el ramillete). Se rocía todo primero con el jerez y después con el caldo. Se espera que rompa el hervor, se baja el fuego y se tapa. A fuego lento se deja ¹/₂ hora, moviendo de vez en cuando el guiso.

Al ir a servir, se coloca el pan frito alrededor de la fuente, las mollejas escurridas en el centro y la salsa, una vez pasada por la batidora o por el pasapurés, cubriendo las mollejas.

Se sirve en seguida.

986 MOLLEJAS FLAMEADAS CON COÑAC Y SERVIDAS CON GUISANTES (6 personas)

1 kg de mollejas,
¹/₂ vaso (de los de vino) de coñac,
100 g de manteca de cerdo,
1 cucharada sopera de perejil picado,

1 lata grande de guisantes (¹/₂ kg) sin caldo o 2 kg de guisantes frescos,
50 g de mantequilla,
sal y pimienta.

Se preparan las mollejas (receta 983).

En una sartén se pone la manteca a derretir; una vez caliente, se doran los filetes de molleja. Una vez bien dorados, se salan y se les pone un poco de pimienta. En un cazo pequeño se calienta un poco de coñac, se prende con una cerilla y se echa en la sartén, procurando con una cuchara rociar bien las mollejas para que el coñac se queme lo más posible. Se espolvorean con el perejil picado y se dejan a fuego mediano durante 15 minutos.

Mientras tanto se calienta la lata de guisantes, abierta, al baño maría. Una vez bien calientes, se escurren los guisantes (cerrando la tapa de la lata y volcándola sale el jugo). Se ponen los guisantes en un cazo, se les añade la mantequilla y se saltean un poco. Se verificará la sal, añadiendo si hiciese falta.

Se ponen las mollejas en la fuente donde se vayan a servir, rociándolas con su salsa, y alrededor se ponen los guisantes. Se sirve en seguida.

987 MOLLEJAS CON ESPINACAS (6 personas)

1 kg de mollejas,
3 kg de espinacas,
1 plato con harina para rebozar,
1 cucharada sopera de harina,
25 g de mantequilla,

1 vaso (de los de agua) de leche fría,
1¹/₂ vasos (de los de agua) de aceite (sobrará)
agua y sal.

Se preparan las mollejas (receta 983).

Se lavan y se cuecen las espinacas (receta 387).

Después de cocidas y bien escurridas, se pican con un machete o, mejor, se pasan por la máquina de picar la carne.

En una sartén se derrite la mantequilla; una vez derretida, se añade la harina, se dan unas vueltas con una cuchara de madera y, poco a poco, se va echando la leche fría. Se cuece unos 5 minutos dando vueltas con la cuchara y se añaden las espinacas. Se sala y se reserva al calor. El puré debe quedar espeso.

En otra sartén se calienta el aceite. Cuando está a punto, se pasan los filetes de molleja ligeramente por harina, sacudiéndolos un poco para que caiga la que sobra, y se fríen hasta que estén dorados. Se escurren bien.

En una fuente se pone la crema de espinacas y por encima las mollejas; se sirve bien caliente.

988 MOLLEJAS EMPANADAS CON SALSA DE TOMATE (6 personas)

1¼ kg de mollejas,
2 huevos,
1 cucharada sopera de aceite,
1 plato con pan rallado,
¾ litro de aceite (sobrará),
2 ramilletes de perejil,

Salsa de tomate:
1 kg de tomates bien maduros,
3 cucharadas soperas de aceite frito,
1 cucharada (de las de café) de azúcar,
sal.

Se preparan las mollejas (receta 983).

Se hace la salsa de tomate (receta 77).

Una vez preparados los filetes de mollejas, se baten los huevos con la cuchara-da sopera de aceite y un poco de sal como para tortilla. Se pasan los filetes por el huevo y después por pan rallado, apoyando para que éste quede bien incrustado.

En una sartén amplia se pone el aceite a calentar. Cuando empieza a calentarse, se fríen los ramilletes de perejil, que se reservan. Se calienta entonces más el acei-te y se fríen las mollejas hasta que queden bien doradas. Se ponen en la fuente donde se vayan a servir y se adornan con el perejil. Aparte, en salsera, se sirve la salsa de tomate.

989 VOL-AU-VENT DE MOLLEJAS, CHAMPIÑONES Y TRUFAS (6 personas)

6 vol-au-vent individuales (o uno grande),
½ kg de mollejas,
½ kg de champiñones frescos,
35 g de mantequilla,
zumo de limón,
1 latita de trufas,
2 cucharadas soperas de harina,

½ litro de leche fría,
25 g de mantequilla,
2 cucharadas soperas de aceite fino,
1 cucharadita (de las de moka) de extracto de carne,
nuez moscada,
sal.

Se preparan las mollejas (receta 983), pero en vez de hacer filetes se cortan en cua-draditos de 2 cm de lado.

Se lavan y se preparan los champiñones (receta 454), pero sin cortarlos si son pequeños o cortándolos en trozos grandes si son grandes. Una vez hechos, se reservan al calor.

En una sartén se pone el aceite y la mantequilla a calentar; cuando están calien-tes, se añade la harina. Se dan unas vueltas con una cuchara de madera y se añade, poco a poco, la leche fría sin dejar de dar vueltas. Se cuece la bechamel durante unos 5 minutos, se le añade el extracto de carne y se prueba de sal. Se raspa un poquito de nuez moscada. Se agregan las mollejas, los champiñones escu-rridos y las trufas, cortadas en láminas finas. Se revuelve todo junto y con este revuelto se rellenan los/el vol-au-vent. Se meten en el horno previamente calentado y con calor moderado. Una vez calientes, se sirven en una fuente.

990 CROQUETAS DE MOLLEJAS

¹/₂ kg de mollejas.

Preparar las mollejas (receta 983), pero en vez de cortarlas en filetes se cortan en cuadraditos. Se procede igual que para las demás croquetas (receta 66).

Callos

991 CALLOS EN SALSA A LA FRANCESA (6 a 8 personas)

1 kg de callos (tripa),
¹/₂ kg de morros,
1 pata de vaca o de ternera (³/₄ kg),
¹/₂ vaso (de los de vino) de vinagre,
100 g de tocino con mucha veta,
2 cebollas medianas (150 g),
6 clavos (especia),
3 zanahorias medianas (150 g),
1 ramillete (laurel, tomillo, ajo, perejil),
3 cucharadas soperas de coñac,
agua,
sal y pimienta.

Salsa:
4 cucharadas soperas de aceite,
2 cucharadas soperas de harina,
¹/₂ litro de caldo (o agua con 2 pastillas),
3 yemas de huevo,
zumo de un limón,
1 cucharada sopera de perejil picado,
sal.

Se flamea la pata para quemar los pelos. Se parte en trozos, se cortan los callos en trozos grandes como las dos manos juntas y se lavan bien en dos o tres aguas. Se ponen después con bastante sal y vinagre, se mueven mucho y se vuelven a aclarar hasta que se quite el olor a vinagre. Se raspan y se limpian entonces con un cuchillo poco afilado o un cepillo fuerte para quitar las babas.

En una cacerola amplia se pone el tocino en tiras, las 2 cebollas peladas enteras y pinchadas cada una con 3 clavos, las zanahorias raspadas, lavadas y cortadas en rodajas gruesas, el ramillete, el coñac, la sal, la pimienta molida y los callos, con el morro y la pata. Se cubre con agua abundante y se pone a cocer. Cuando rompe el hervor, se baja el fuego para que cuezan despacio durante 5 horas. Después se escurren y se prepara la salsa.

En una cacerola se pone el aceite a calentar, se le añade la harina, se dan unas vueltas con una cuchara de madera, se va añadiendo el caldo (o agua con pastillas) para hacer una bechamel clarita. Se rectifica de sal.

Se cortan los callos y el morro en trocitos, se añade la carne de la pata y se meten en la salsa a cocer suavemente durante ¹/₂ hora. Antes de ir a servir, se ponen en un tazón las yemas de huevo con el zumo de limón y se deslíe con unas cucharadas de salsa, teniendo buen cuidado de que no se cuajen las yemas. Se vierte esto en la salsa. Se mueve muy bien y se echa en la fuente honda, donde se servirá. Se espolvorea con el perejil y se sirve bien caliente.

Nota.—Se puede cocer los callos en la olla exprés durante 1³/₄ hora.

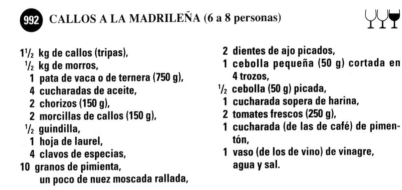

992 CALLOS A LA MADRILEÑA (6 a 8 personas)

1¹/₂ kg de callos (tripas),
¹/₂ kg de morros,
1 pata de vaca o de ternera (750 g),
4 cucharadas de aceite,
2 chorizos (150 g),
2 morcillas de callos (150 g),
¹/₂ guindilla,
1 hoja de laurel,
4 clavos de especias,
10 granos de pimienta,
    un poco de nuez moscada rallada,

2 dientes de ajo picados,
1 cebolla pequeña (50 g) cortada en 4 trozos,
¹/₂ cebolla (50 g) picada,
1 cucharada sopera de harina,
2 tomates frescos (250 g),
1 cucharada (de las de café) de pimentón,
1 vaso (de los de vino) de vinagre,
    agua y sal.

Esta cantidad es la mínima que se debe hacer para que estén sabrosos.

Se cortan los callos en trozos grandes (como una mano). Se lavan bien en dos o tres aguas. Después se ponen con bastante sal y el vinagre. Se mueven mucho y se vuelven a aclarar, hasta que se les quita el olor a vinagre. Entonces con un cuchillo poco afilado se les quita, raspándolos, toda la parte viscosa que tienen. También se pueden frotar con un cepillo, quitándoles todas las bolsas de sebo.

Una vez hecho esto, se cortan en trozos más pequeños, se ponen en una olla cubiertos de agua y se ponen a fuego vivo. Cuando rompe el hervor fuerte, se tira en seguida el agua. Se vuelven a cubrir con agua, se añaden las morcillas (enteras), el laurel, la guindilla, la pimienta, los clavos, la nuez rallada (un poco), la cebolla, los ajos y los tomates pelados y quitadas las simientes. Todo esto se cuece hasta que los callos están tiernos (por lo menos unas tres horas). Se puede utilizar para esto la olla exprés, con una hora de cocción.

En una sartén se pone el aceite a calentar, se echa la cebolla muy picada, el pimentón y el chorizo en rodajas. Se da unas vueltas y se añade a la olla. Se deja cocer una hora más. Se separan del fuego y se dejan enfriar.

Al ir a servirlos, se corta la morcilla en rodajas y la pata en trocitos.

Nota.—Los callos se deben preparar el día anterior, pues están mucho mejor recalentados.

Criadillas

 CRIADILLAS EMPANADAS CON ARROZ BLANCO
(6 personas)

¹/₂ a ³/₄ de kg de criadillas medianas,	¹/₂ litro de aceite (sobrará),
1 huevo,	sal.
1 plato con pan rallado,	

Arroz blanco:

400 g de arroz, agua, sal y mantequilla.

Se mandan pelar y cortar en filetes no muy finos las criadillas.

Se lavan muy bien y se secan con papel absorbente.

Se prepara el arroz blanco (receta 186).

Antes de rehogarlo, se fríen las criadillas. Se bate el huevo (o 2 huevos si hiciese falta) como para tortilla, con sal. Se cortan los filetes en dos o tres partes a lo largo; se pasan por huevo y después por pan rallado. Se fríen por tandas en aceite caliente. Se escurren, a medida que se fríen, en un colador grande.

Una vez fritas todas las criadillas, se ponen en un lado de la fuente donde se vayan a servir y se reservan al calor.

Se rehoga el arroz con la mantequilla y se sala. Se pone en la otra mitad de la fuente, o en moldecitos, como más guste, y se sirve.

Nota.—Se puede acompañar con salsa de tomate en salsera.

Corazón

 CORAZÓN DE TERNERA EN SALSA (6 personas)

1¹/₄ kg de filetes de corazón de ternera cortados gruesos,	1 cucharada sopera de harina,
¹/₂ vaso (de los de agua) de aceite,	1 diente de ajo,
¹/₂ vaso (de los de agua) de vino blanco,	¹/₂ vaso (de los de agua) de agua,
1 cebolla grande (125 g),	1 pastilla de caldo (de pollo),
2 tomates medianos maduros (200 g),	1 pellizco de hierbas aromáticas (o un ramillete con tomillo, laurel, perejil),
4 zanahorias medianas (¹/₄ kg),	sal.

En una cacerola (o «cocotte») se pone el aceite a calentar. Cuando está caliente, se ponen los filetes a dorar por tandas y se van separando en un plato, a medida que están dorados. En el aceite se pone la cebolla muy picada y cuando se empieza a poner transparente (unos 6 minutos) se añade el diente de ajo pelado y dado un golpe con el mango de un cuchillo (para que dé más aroma). A los 5 minutos se añaden las zanahorias lavadas, peladas y cortadas en rodajas. Se saltean un par de minutos y se espolvorea con la harina. Se dan unas vueltas y se vuelve a poner la carne; se añaden los tomates pelados, quitadas las simientes y cortados en trozos. Se echa sal (poca) y las hierbas aromáticas, el vino y el agua. Se tapa la cacerola y, cuando rompe el hervor, se baja el fuego y lentamente se cuece durante $^3/_4$ hora.

Pasado este tiempo, se agrega la pastilla de caldo machacada y disuelta en un poco de salsa de cocer la carne. Se revuelve bien y se cuece $^1/_2$ hora más (este tiempo depende de lo duros que estén los filetes). Se rectifica de sal si hiciese falta.

Se sirven con su salsa, en una fuente honda, con puré de patatas o patatas cocidas y cortadas en trozos grandes.

 CORAZÓN DE TERNERA EMPANADO (6 personas)

1 kg de filetes de corazón cortados finos,
2 huevos,
1 plato con pan rallado,
1 litro de aceite (sobrará),
  sal.

salsa de tomate:
1 kg de tomates bien maduros,
3 cucharadas soperas de aceite frito,
1 cucharada (de las de café) de azúcar,
1 cebolla mediana (80 g),
  sal.

Se hace la salsa de tomate (receta 77). Se reserva al calor.

Los filetes de corazón se salan, se pasan por huevo batido como para tortilla y por pan rallado, apretando con la mano el pan rallado para que no se caiga, y se fríen por tandas.

Una vez fritos, se sirven en una fuente. Se pueden acompañar de arroz blanco o patatas fritas; la salsa de tomate se sirve en salsera aparte.

Manos (o patas)

996 MANERA DE COCER LAS MANOS DE CORDERO

Todas las recetas de cordero deben empezar por prepararse como sigue:

Se limpian muy bien con el cuchillo si les queda algo de piel e incluso se flamean en el gas o con un algodón mojado en alcohol y prendido con una cerilla. Después de esto, se ponen en una cacerola, se cubren bien con agua fría y se dejan cocer a fuego muy vivo durante 10 minutos. Se escurren y se refrescan con agua fría y se vuelven a escurrir.

En una cacerola se pone agua fría abundante (para que pueda cubrir las manos de cordero). En un tazón se deslíen 2 cucharadas soperas de harina con agua fría y se añade al agua de la cacerola, así como una cebolla grande con 3 clavos de especias pinchados, 2 hojas de laurel, una ramita de perejil, un diente de ajo, el zumo de $^1/_2$ limón, una ramita de tomillo y sal.

Se pone esto a cocer y cuando hierve a borbotones se sumergen las patas. Cuando vuelve a romper el hervor, se tapa la cacerola y se deja cocer hasta que las patas estén tiernas (unas 3 horas más o menos). Se quita de vez en cuando la espuma que se forma arriba.

Cuando están tiernas, se sacan, se escurren y se guisan como se quiera.

997 MANOS DE CORDERO RELLENAS CON SALCHICHAS, EMPANADAS Y FRITAS (6 personas)

12 patas de cordero,	**1 plato con pan rallado,**
12 salchichas de carnicería (corrientes),	**1 litro de aceite para freír** (sobrará),
3 huevos,	**sal.**

Se dejan las patas con su hueso central, se limpian y se cuecen como va explicado anteriormente. Una vez cocidas, se les quita el hueso central, que se desprende casi solo, y se rellena este hueco con una salchicha. Ésta se pinchará con un palillo en varios sitios, con el fin de que al freír no estalle. Se cierra la pata con un palillo si hace falta.

En un plato se baten los huevos como para una tortilla. Se pasan las patas por huevo y después por pan rallado, apretando para que éste se adhiera muy bien.

En una sartén honda se pone el aceite a calentar y se fríen las manos por tandas, reservando las que están ya fritas al calor. Se ponen en una fuente y se sirven. Se pueden acompañar con salsa de tomate en una salsera.

Nota.—Se pueden suprimir, si se quiere, las salchichas, pero resulta un plato mucho más soso.

BUÑUELOS DE MANOS DE CORDERO (6 personas)

8 patas de cordero,
1 litro de aceite para freír (sobrará),
Masa de buñuelos:
300 g de harina,
1¹/₂ vaso (de los de agua) de leche fría,

3 cucharadas soperas de aceite fino,
3 cucharadas soperas de vino blanco,
1 cucharadita de levadura,
sal.

Se limpian y se cuecen las manos de cordero (receta 996). Una vez cocidas, se deshuesan con mucho cuidado.

Se hace la masa de los buñuelos como va explicado en la receta 63.

Se pone el aceite a calentar en una sartén honda. Cuando está en su punto (se prueba con una rebanadita de pan), se sumergen las manos en la masa y se fríen hasta que estén doradas. Esto se hace por tandas, reservando los buñuelos al calor.

Cuando están todas fritas y escurridas, se sirven en una fuente adornada con ramitos de perejil también fritos.

El perejil se ata con un hilo y se fríe con el aceite poco caliente, pues si no se pone en seguida oscuro.

999 MANOS DE CORDERO CON TOMATE (6 personas)

12 manos de cordero,
1 hoja de laurel,
1 cebolla pequeña (50 g),
1 kg de tomates maduros,

3 cucharadas soperas de aceite frito,
1 cucharada (de las de café) de azúcar,
1 cebolla mediana (100 g),
sal.

Se hace la salsa de tomate clásica con cebolla, que quede bastante espesa (receta 77).

En la casquería se pedirá que le quiten el hueso del centro a las patas. Una vez preparadas y ya cocidas las manos (receta 996), se ponen en la salsa de tomate y se dejan a fuego lento unos 25 minutos.

Se sirven en fuente honda.

MANOS DE CORDERO CON SALSA DE LIMÓN (6 personas)

12 patas de cordero

Se preparan y se cuecen como va explicado en la receta 996.

Mientras se terminan de cocer, se hace la salsa de limón (receta 90). Se colocan las patas escurridas en una fuente y se cubre con la salsa. Se sirven en seguida.

MANERA DE COCER LAS MANOS DE CERDO

Para unas 4 manos.

Las manos de cerdo se suelen vender ya limpias de piel y chamuscados los pelos. Si no, se hará como va explicado para las de cordero.

Después se lavan en varias aguas. Se les da un corte desde la pezuña hasta arriba. Se ponen en una cacerola, se cubren con mucha agua y se les añade un vaso (de los de vino) de vino blanco, 2 cebollas medianas peladas y cortadas en dos, 3 zanahorias peladas, lavadas y cortadas en cuatro trozos, 2 dientes de ajo pelados, una hoja de laurel, una ramita de tomillo, una ramita de perejil, 2 clavos de especia y sal.

Se pone la cacerola a fuego vivo y cuando empieza a cocer a borbotones se tapa con una tapadera, se baja el fuego y se dejan cocer despacio durante 4 horas (más o menos) hasta que estén tiernas. Se escurren en un colador grande o en un plato, y se preparan como más gusten.

1002 MANOS DE CERDO EMPANADAS

Se preparan como anteriormente. Únicamente se envuelve cada mano en una gasa limpia o se ata con una cuerda fina para que no se deformen.

Una vez cocidas, se escurren. Se deshuesan lo más posible y se arman con bonita forma. Se ponen en un mármol o una mesa y se pone la tabla de cortar la carne encima para que pese un poco. Se dejan así durante $1/2$ hora.

Pasado este tiempo, se empanan, pasando las patas primero por huevo batido como para tortilla y después por pan rallado. Se fríen en aceite caliente de dos en dos y, una vez doradas, se escurren bien y se sirven en seguida.

Se pueden acompañar con alguna salsa de tomate (receta 77), o de mayonesa con tomate y coñac (receta 113), o verde (receta 112), servida aparte en salsera.

1003 MANOS DE CERDO CON TOMATE

(Véase la receta 999.)

1004 BUÑUELOS DE MANOS DE CERDO

(Véase la receta 998.)

1005 MANOS DE CERDO CON SALSA ESPAÑOLA

Salsa española (receta 86):

Se cuecen las manos de cerdo (receta 1001). Una vez cocidas, se cortan en dos, se deshuesan y se ponen a dar un hervor dentro de la salsa española, que tiene que ser abundante.

Nota.—Resulta muy bueno el añadir a la salsa 2 cucharadas soperas de piñones, en el momento de poner las manos.

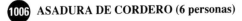

Asadura

1006 ASADURA DE CORDERO (6 personas)

- 1 **asadura de cordero entera (que son: los pulmones, el hígado y el corazón),**
- 4 **cucharadas soperas de aceite,**
- 2 **tomates medianos (¹/₄ kg),**
- 2 **cebollas grandes (200 g),**
- 1 **vaso (de los de vino) de vino blanco,**
- 1 **cucharada (de las de café) rasada de pimentón,**
- 1 **cucharada sopera de perejil picado,**
- 1 **pellizco de hierbas aromáticas (o un ramillete de laurel, tomillo, un diente de ajo pelado), sal.**

Se corta toda la asadura en trocitos todos iguales de dos dedos de ancho. Se pone el aceite en una cacerola para que se caliente; una vez caliente, se le añade la cebolla pelada y muy picada. Se refríe, dándole vueltas con una cuchara de madera hasta que empiece a tomar color (unos 8 minutos). Se agrega entonces la asadura cortada en trocitos cuadrados y se revuelve hasta que esté dorada. Se añade el pimentón, removiendo rápidamente, los tomates pelados, cortados en trozos y quitadas las simientes, el vino blanco, las hierbas aromáticas y la sal. Se tapa la cacerola y, a **fuego muy lento**, se cuece durante 45 minutos.

Se espolvorea con perejil picado y se sirve en una fuente, que se podrá adornar con triángulos de pan frito o puré de patatas.

Repostería

 BIZCOCHO CON LECHE Y ACEITE (8 personas)

2 huevos,
250 g de harina,
200 g de azúcar,
1 taza (de las de té) de leche,
1 taza (de las de té) de aceite fino crudo,
1 cucharadita (de las de moka) de levadura en polvo,

un poco de mantequilla o aceite para untar el molde,
2 cucharadas soperas de harina para untar el molde,
la cáscara de un limón rallado o un pellizco de polvo de vainilla,
un pellizco de sal.

En una ensaladera se baten los huevos como para hacer una tortilla, se les añade la leche, el aceite, el azúcar y la cáscara rallada del limón o la vainilla. Se revuelve todo junto. Se mezcla la harina, la sal y la levadura y se añaden en unas tres veces a la crema de la ensaladera.

Se unta el molde de cake (alargado) con la mantequilla o aceite y después se espolvorea con la harina, sacudiendo bien el molde para quitar lo sobrante. Se echa la masa en el molde y se mete al horno muy poco caliente. Cuando se ve que el bizcocho va subiendo, se da algo más de calor, pero siempre tiene que estar el horno menos de mediano.

Cuando el bizcocho está dorado, se pincha con un alambre: si éste sale limpio, el bizcocho está ya cocido. Esto tardará más o menos una hora.

Se saca del horno, se deja templar el molde y se vuelca el bizcocho para dejarlo enfriar en una rejilla puesta en hueco (en un plato sopero, por ejemplo).

Nota.—Todos los bizcochos se pueden conservar un par de días, envolviéndolos después de estar fríos en un papel de plata.

1008 BIZCOCHO GENOVESA (8 personas)

3 huevos,
el peso de 3 huevos, de azúcar,
el peso de 2 huevos, de harina,
100 g de mantequilla,
la ralladura de un limón,

mantequilla para untar el molde,
2 cucharadas soperas de harina para espolvorear el molde,
un pellizco de sal.

Se separan las yemas de las claras. Éstas se ponen en una ensaladera con un pellizco de sal y se baten a punto de nieve muy firme. Se les añade, una vez montadas, las yemas, y después el azúcar. Se mueve sin parar, y siempre en el mismo sentido, con una cuchara de madera durante 10 minutos, después de lo cual se agrega la harina, cucharada por cucharada, la ralladura de limón y, al final, la mantequilla derretida (teniendo buen cuidado de que ésta no cueza). Se pone en un molde alargado de cake, previamente untado de mantequilla y espolvoreado con un poco de harina.

Se mete al horno muy suave (éste estará encendido 5 minutos antes) y se tendrá durante 45 minutos a una hora. Se pincha con un alambre en el centro para ver si está cocido. El alambre debe salir limpio.

Fuera del horno y cuando esté aún caliente (unos 15 minutos después), se vuelca en una rejilla o tela metálica y se deja en hueco sobre un plato sopero hasta que esté bien frío.

Véase la nota de receta 1007.

1009 BIZCOCHO CUATRO CUARTOS (6 a 8 personas)

3 huevos grandes,
su mismo peso de mantequilla, o margarina,
su mismo peso de harina,
su mismo peso de azúcar,
la ralladura de un limón o vainilla en polvo (un pellizco),

un poco de mantequilla o aceite para untar el molde,
un poco de harina para espolvorear el molde,
sal,
1 cucharada (de las de café) de levadura.

Se deja la mantequilla o la margarina fuera de la nevera para que esté blanda.

Se baten las claras a punto de nieve firme, se les añaden las yemas, después el azúcar, la margarina o la mantequilla, la vainilla y la harina mezclada con la levadura. Se mueve todo suavemente. Se unta un molde alargado con aceite y después se espolvorea con harina. Se vierte la masa en el molde. Se pone a horno mediano flojo durante unos 50 minutos.

Se saca del horno el bizcocho después de comprobar con un alambre si está bien cocido y, cuando está templado, se vuelca y se termina de enfriar sobre una parrilla o rejilla.

Véase la nota de receta 1007.

BIZCOCHO LIGERO DE NARANJA (6 a 8 personas)

1 molde de unos 26 cm de largo,
125 g de azúcar,
50 g de harina,
50 g de fécula,
4 yemas,
3 claras,

la corteza rallada de una naranja,
1 trozo de corteza confitada de naranja, picada,
2 cucharadas soperas de ron, margarina y algo de harina para untar el molde,
1 pellizco de sal.

Cortar en trocitos la naranja confitada y ponerla a macerar en el ron el mayor tiempo posible.

En un cuenco poner el azúcar y la corteza rallada, añadirles las yemas de huevo y mezclar muy bien con unas varillas, hasta que la mezcla se ponga cremosa y blanquecina. Añadir entonces la harina y la fécula al mismo tiempo.

Batir a punto de nieve muy firme (con una pizca de sal), las 3 claras. Incorporarlas con cuidado a la masa, con el fin de que no pierda su ligereza el bizcocho.

Untar el molde con la margarina y enharinarlo. Echar la mitad de la masa en el molde. Verter, repartiéndola, la corteza macerada, que antes se habrá secado con un paño, y cubrir con el resto de la masa.

Meter el molde en horno, encenderlo y cocer a fuego suave durante 45 minutos. Dejar que se temple y volcar en una rejilla hasta que se enfríe del todo.

BIZCOCHO DE CLARAS DE HUEVO (6 a 8 personas)

6 claras de huevo,
200 g de azúcar,
150 g de maizena,
100 g de mantequilla,

un poco de mantequilla y de harina para untar el molde,
un pellizco de vainilla en polvo,
sal.

Se montan las claras muy firmes de tres en tres (para que suban más) y con una pizca de sal. Se juntan en una ensaladera y se añade alternando cada vez una cucharada sopera de azúcar y otra de maizena. Al final se agrega la mantequilla ligeramente derretida. Se unta un molde de cake con mantequilla y se espolvorea con harina. Se vierte la masa dentro.

Se mete a horno mediano (previamente calentado unos 5 minutos) durante 50 minutos más o menos.

Se retira del horno y cuando está templado se vuelca del molde y se coloca encima de una rejilla para que se termine de enfriar.

Véase la nota de receta 1007.

1012 BIZCOCHO AMARMOLADO (6 a 8 personas)

125 g de mantequilla,
   un poco de mantequilla para untar el
   molde,
200 g de azúcar,
  3 huevos,
  1 vaso (de los de vino) de leche,
250 g de harina fina,

2 cucharadas soperas de harina (para el
   molde),
1 cucharada (de las de café) de levadura
   en polvo,
2 cucharadas soperas de chocolate o
   cacao en polvo,
   un pellizco de sal.

Se ponen en una ensaladera la mantequilla blanda con el azúcar; se mueve bien y se añaden las 3 yemas de huevo, después la leche y, por fin, cucharada por cucharada, la harina, que se habrá mezclado con la levadura. Al final se baten las claras a punto de nieve muy firme (con un poquito de sal) y se agregan sin mover mucho. Se separa la masa en dos. Una de las mitades se mezcla con el cacao.

En un molde alargado de cake, previamente untado con mantequilla y espolvoreado con un poco de harina, se pondrán las dos masas, alternando parte de la blanca, otra de la de chocolate y así sucesivamente. Se meterá primero a horno muy suave y después se sube el calor a medio durante una hora más o menos.

Cuando el bizcocho esté cocido (se pincha con un alambre para saberlo: si éste sale limpio, el bizcocho está hecho), se dejará templar y se vuelca, dejándolo enfriar sobre una rejilla.

Véase la nota de receta 1007.

1013 BIZCOCHO DE CHOCOLATE (8 personas)

3 huevos,
   su mismo peso de harina,
   su mismo peso de azúcar,
   su mismo peso de mantequilla,
   su mismo peso de chocolate,

1 cucharadita (de las de moka) bien llena
   de levadura en polvo,
   un poco de mantequilla y 2 cucharadas
   soperas de harina para untar el molde,
   sal.

En una cacerola se pone la mantequilla a derretir (sin que cueza), se añade el chocolate en trozos y se derrite lentamente. Cuando está bien derretido y fuera ya del fuego, se agrega el azúcar, se mueve bien; se incorporan las 3 yemas de huevo (una por una), la harina mezclada con la levadura y, por fin, las claras de huevo a punto de nieve muy firmes (con un pellizquito de sal). Éstas se mezclan con cuidado.

Se vierte la masa en un molde alargado bien untado de mantequilla y espolvoreado con harina, sacudiendo con la mano para que caiga la sobrante.

Se mete a horno templado suave durante unos 50 minutos más o menos. Una vez comprobado si el bizcocho está bien cocido (pinchándolo con un alambre), se saca del horno y cuando está templado se vuelca, dejando que se termine de enfriar sobre una rejilla puesta en hueco (en un plato sopero, por ejemplo).

Véase la nota de receta 1007.

BIZCOCHO BORRACHO (BABA) (6 a 8 personas)

2 yemas de huevo,
3 claras de huevo,
3 cucharadas soperas de azúcar,
6 cucharadas soperas de harina,
1 cucharada sopera de levadura en polvo,
   un poco de mantequilla para untar el molde,
   sal.

Salsa:
¼ litro de agua,
125 g de azúcar,
2 decilitros de ron (1½ vaso de los de vino).

Se baten las 3 claras muy firmes con un pellizquito de sal. Cuando están batidas se les añade el azúcar, después las yemas y, cucharada a cucharada, 3 de harina, la de levadura y las 3 últimas de harina.

Se unta con mantequilla un molde en forma de corona. Se vierte la masa dentro y se mete a horno mediano unos 45 minutos.

Mientras el borracho se cuece, se va haciendo el almíbar, poniendo el agua con el azúcar y el ron a que cuezan durante unos 5 minutos.

Se apartará para que no cueza más, pero sin dejarlo enfriar.

Cuando se ha comprobado que el bizcocho está cocido (con un alambre), se saca del horno y sin desmoldar se le vierte poco a poco el almíbar caliente.

Una vez bien empapado, se desmolda, volcándolo en la fuente donde se vaya a servir, y se sirve así o con nata montada en el centro y con unas frutas confitadas adornando.

 BIZCOCHO BORRACHO HECHO CON PAN RALLADO (BABA) (8 personas)

4 huevos,
4 o 5 cucharadas soperas de pan rallado,
4 cucharadas soperas de azúcar,
1 cucharada (de las de café) de levadura en polvo,
   un poco de mantequilla para untar el molde,
un pellizco de sal.

Almíbar para emborrachar:
1½ vaso (de los de vino) de ron,
8 cucharadas soperas de azúcar,
1½ vaso (de los de vino) de agua.

En una ensaladera se ponen las yemas de los huevos, se les añade el azúcar, se baten y cuando forman una crema muy espumosa se agrega el pan rallado, la levadura y al final las claras batidas (con un pellizco de sal) a punto de nieve muy firme.

Se vierte la masa en un molde en forma de corona y bien untado de mantequilla; se mete a horno templado unos 45 minutos. Mientras tanto se hace el almíbar.

En un cazo se ponen juntos el ron, el agua y el azúcar. Se cuecen unos 5 minutos. Se separa del fuego.

Cuando el bizcocho está cocido (esto se comprobará con un alambre), se saca del horno y, sin dejarlo enfriar ni sacarlo del molde, se le vierte poco a poco el almíbar.

Cuando está frío y bien empapado, se desmolda y se sirve con el centro adornado con nata montada y frutillas confitadas (estas dos cosas son facultativas y se pueden poner por separado cada una si se quiere).

Otro adorno del borracho:

Crema pastelera:

1 litro de leche,
4 yemas de huevo,
6 cucharadas soperas de azúcar,
2 cucharadas soperas colmadas de maizena,

1 cucharada (de las de café) de harina,
vainilla en polvo o en rama (puesta en la leche),
3 cucharadas soperas de azúcar para quemar la crema.

Se pone a cocer la leche con la mitad del azúcar y la vainilla.

Aparte, en un tazón, se mezclan muy bien las yemas, el resto del azúcar, la harina y la maizena.

Cuando la leche empieza a cocer, se echa con una cuchara sopera un poco en el tazón (unas 4 cucharadas de leche más o menos bastan) y luego se vierte lo del tazón en el cazo de la leche, dejando cocer esta crema unos 3 minutos **sin dejar de moverla**.

Se separa del fuego y se enfría moviéndola un poco. Cuando está fría y el borracho está desmoldado, se vierte la crema en el centro, se espolvorea con azúcar y con una plancha caliente se quema para formar una costra de caramelo. Se sirve en seguida.

 1016 BIZCOCHO CON YOGUR Y LIMÓN (6 personas)

1 yogur de limón,
1¹/₂ tarro de yogur de harina fina,
1 tarro de yogur de azúcar,
2 huevos,

4 cucharadas soperas de margarina,
1 cucharada sopera rasada de levadura,
1 cáscara de limón rallada,
margarina y harina para el molde.

Batir la margarina (que tendrá que estar fuera de la nevera por lo menos durante 2 horas), el azúcar, el yogur y los huevos en la batidora. En un plato sopero se mezcla la harina con la levadura y se echa cucharada a cucharada a mano, aireándola muy bien.

Untar un molde alargado con la margarina y espolvorearlo con harina, sacudiendo la que haya de más. Verter la masa en el molde y meter al horno, primero flojo e ir subiendo el calor poco a poco.

Cocer como un bizcocho corriente entre 45 minutos a 1 hora. Desmoldar en una rejilla donde se dejará enfriar.

 PLUM-CAKE

250 g de azúcar,
200 g de margarina blanda,
5 huevos (o 4 grandes),
300 g de harina, mezclada con:
2 cucharadas (de las de café) de levadura,

6 o 7 cucharadas soperas de ron,
150 g de frutas escarchadas,
1 puñado de pasas (sin pepitas),
un poco de margarina para untar el
molde,
1 molde de unos 30 cm de largo.

En un cacharro templado (con agua caliente) se pone la margarina y el azúcar. Se trabaja bien y se añaden los huevos de uno en uno.

Se tendrán cortadas las frutillas, y las pasas después de remojadas se secan con un paño. Se rebozan en harina y se sacuden en un colador de agujeros grandes (recuperando la harina), y se reservan.

La mezcla de la harina y la levadura se añade a la masa en forma de lluvia y poco a poco. Después se echa el ron y por último las frutillas y las pasas en su harina. Se vierte en el molde y se mete en el horno previamente calentado muy flojo durante 10 minutos, y después se vuelve a subir hasta que el plum-cake esté hecho (unos 50 minutos).

Se saca cuando está bien subido y dorado, se deja templar y se vuelca en una rejilla para que se termine de enfriar.

Se conservará muy bien envuelto en papel de plata.

1018 BIZCOCHO-TARTA DE NARANJA (6 personas)

125 g de azúcar,
4 huevos,
50 g de harina,
50 g de fécula de patata,
la corteza rallada de 2 naranjas,
1/2 tarro de mermelada de naranja,
1 vaso (de los de licor) de Cointreau o
Curaçao,
25 g de mantequilla,

Baño:
200 g de azúcar,
1 decilitro de agua (1 vaso de los de
vino),
un pellizco de vainilla,
1 cucharada sopera de agua fría,
10 gotas de esencia de naranja.

Rallar la corteza de una de las naranjas, echándola en una ensaladera, añadir el azúcar y las yemas de huevo de una en una. Dar vueltas a esto con una cuchara de madera durante 15 minutos. Añadir la harina y la fécula y, al final, las claras sin montar.

Untar un molde redondo de unos 26 cm de diámetro, más bien altito, con la mantequilla y verter la masa dentro. Meter al horno muy suave durante unos 50 minutos más o menos.

Una vez sacado el bizcocho del horno, se deja templar y se saca del molde.

Cuando está frío del todo se parte por la mitad, formando dos redondeles. Se rellenan con la mezcla de la mermelada de naranja, la corteza rallada de la 2.ª naranja y el licor.

Se baña entonces la tarta con la preparación siguiente:

En un cazo se pone el azúcar, el agua fría y el pellizco de vainilla. Se pone a fuego mediano unos 10 minutos, después de los cuales se agrega la cucharada sopera de agua fría. Se da vueltas de prisa hasta que espese y se añade el perfume de naranja. En seguida se baña la tarta con esto y se deja enfriar.

Se puede adornar con unas guindas o unos montoncitos de nata hechos con la manga.

 PAN DE NUECES

1 taza (de las de té) de nueces picadas no muy menudas,	1 taza de leche,
½ taza de pasas de Corinto,	2 tazas de harina (o un poco más),
20 g de mantequilla,	1 cucharada (de las de café) rasada de levadura,
1 huevo,	un poco de mantequilla y de harina para
1 taza de azúcar,	el molde.

Se ponen en remojo durante unos 20 minutos las pasas, en agua templada más bien caliente.

En una ensaladera se bate la mantequilla (que debe estar blanda, sacada de la nevera una hora antes por lo menos) con el huevo y el azúcar. Después se añade la mitad de la harina, alternando con la leche. Se agregan entonces las pasas bien escurridas y las nueces y, después, la otra taza de harina mezclada con la levadura. Se vuelca esta masa en un mármol enharinado y se amasa con la punta de los dedos. Se unta con bastante mantequilla un molde alargado y se espolvorea con harina. Se mete la masa dentro y se deja reposar ½ hora en sitio no fresco. Se mete entonces a horno templado por espacio de una hora, con el fuego sólo por abajo. Si de todas maneras se tostase demasiado el pan, se cubrirá con un papel para que no se queme. Se pincha con un alambre para ver si está cocido.

Una vez hecho, se deja enfriar un poco y se vuelca poniéndolo encima de una rejilla hasta su completo enfriamiento. Se guarda 24 horas en un paño limpio o envuelto en papel de plata antes de comerlo, pues resulta mejor.

MAGDALENAS (salen unas 60)

3 huevos,
250 g de azúcar,
300 a 350 g de harina fina,
¹/₄ litro de aceite fino,
¹/₈ litro de leche,

4 paquetes de polvos de «Armisén»
(2 blancos y 2 amarillos),
la ralladura de un limón,
unos moldes de papel,
un pellizco de sal.

En una ensaladera se ponen las 3 claras y el pellizco de sal; se baten a punto de nieve muy firme, se les añaden las yemas, después el azúcar, el aceite, la leche, la ralladura del limón, el Armisén (un papel de cada color, alternándolos) y, al final, la harina. Todos estos ingredientes se echan poco a poco y uno detrás de otro, removiendo bien con una cuchara de madera.

Con una cucharita de las de café se rellenan los moldes de papel hasta menos de la mitad de la altura del mismo.

Se meten a horno mediano flojo y se sacan cuando están bien doraditas.

Estas magdalenas se pueden guardar unos días en una caja de metal.

 MAGDALENAS DE CLARA DE HUEVO (salen unas 28 piezas)

160 g de mantequilla,
30 g de mantequilla para untar los
   moldes,

250 g de azúcar,
120 g de harina,
6 claras de huevo sin batir.

En una ensaladera se pone el azúcar y la mantequilla un poco blanda. Se mezclan bien, se añaden las claras de huevo y moviendo con unas varillas, después de dejarlo bien unido, se va añadiendo poco a poco la harina.

Calentar el horno de antemano y untar unos moldes metálicos con forma de magdalenas, con bastante mantequilla, con el dedo o con un pincel. Poner la masa en cada molde, pero que no llegue hasta arriba.

Meter al horno (previamente templado) unos 20 a 25 minutos hasta que estén las magdalenas bien doraditas. Volcarlas del molde cuando están aún calientes y dejarlas enfriar.

Se pueden conservar en una lata amplia unos 3 o 4 días.

PASTAS DE COCO (salen unas 50)

5 claras de huevo,
300 g de azúcar,
250 g de coco rallado,

un pellizco de vainilla en polvo,
un poco de mantequilla para untar la
chapa.

En un cazo se echan las claras y el azúcar, se pone a fuego mediano suave y con unas varillas se bate sin parar. Cuando la mezcla está caliente, se añade el coco y la vainilla, se siguen batiendo para que todo quede bien mezclado y se retira de la lumbre.

Se unta de mantequilla una chapa de horno. Se pone con una cuchara de postre la masa en montoncitos. Se mete la chapa en el horno, se enciende éste con calor muy suave y se cuecen durante unos 30 minutos, hasta que las pastas estén ligeramente doradas. Se retiran de la chapa, cuando están casi frías, con un cuchillo de punta redonda y se dejan enfriar.

1023 ROCAS DE COCO

Se procede igual que para las pastas anteriores, variando únicamente la cantidad de coco. Se ponen 300 g.

Se hacen unos montones de masa más altos y con un tenedor de postre mojado en agua fría se les da antes de meterlos en el horno una bonita forma.

1024 PASTAS SENCILLAS (salen unas 50)

3 huevos,
200 g de azúcar,
250 g de harina fina,

un poco de mantequilla para untar la chapa del horno,
un pellizco de vainilla.

Se baten bien los 3 huevos con el azúcar y se les añade, de dos en dos cucharadas, la harina y la vainilla.

Se unta con mantequilla la chapa del horno y con una cuchara de las de café se hacen montoncitos de masa bastante separados unos de otros, para que al ensancharse no se toquen.

Se ponen a fuego mediano, y cuando las pastas están doradas se retiran en seguida (en caliente) de la chapa con un cuchillo de punta redonda. Se dejan enfriar para servir o para guardar en una lata un par de días si se quiere.

1025 SABLÉS DE ALMENDRAS (salen unos 35)

200 g de mantequilla,
150 g de azúcar,
1 huevo,
300 g de harina,

65 g de almendras picadas,
una churrera con dibujo plano por un
lado y ondulado por arriba.

Se ablanda un poco la mantequilla y se mezcla con el azúcar con una cuchara de madera; se le añade el huevo y después la harina y las almendras. Se mezcla todo junto, procurando no revolver la masa más que lo indispensable.

Se mete esta masa en veces en la churrera y se extiende sobre un mármol, cortando los carriles así formados en trozos de 4 cm. Se colocan con cuidado, ayudándose con un cuchillo de punta redonda, sobre la chapa del horno.

Se meten a horno mediano, y cuando tienen un bonito color dorado se retiran y se dejan enfriar.

Se pueden guardar varios días en una caja de metal.

1026 LENGUAS DE GATO (salen unas 55 piezas)

4 claras de huevo (sin batir),
125 g de mantequilla,
125 g de harina,

125 g de azúcar,
un pellizco de vainilla en polvo.

En una ensaladera se pone la mantequilla, que no debe estar fría, sino blanda; se agrega el azúcar y las claras de huevo sin batir, una por una, y la vainilla, se dan vueltas con una cuchara de madera durante 8 a 10 minutos; después se va añadiendo, cucharada a cucharada, la harina. Una vez bien incorporada ésta, se enciende el horno para que esté caliente y con una cuchara se ponen unas tiritas de un dedo o menos de anchas y bien separadas unas de otras, pues al calentarse se extiende mucho la masa. Se meten a horno mediano durante más o menos 10 minutos, hasta que las lenguas de gato estén bien doradas todo alrededor, pero con el centro claro. Se saca la chapa y, con un cuchillo de punta redonda, se desprenden primero todas las lenguas de gato y luego con cuidado se sacan y se colocan sobre un mármol bien planas hasta que estén frías.

Una vez frías y tiesas, se ponen en el plato donde se vayan a servir o se guardan (2 o 3 días) en una caja de metal.

1027 PASTAS DE TÉ CON ALMENDRAS RALLADAS
(salen unas 30)

75 g de mantequilla,
100 g de almendras ralladas,
100 g de harina,
100 g de azúcar,
   la ralladura de un limón,
1 huevo,

Adorno:
$^1/_2$ guinda o una almendra,
1 brocha plana.

En una ensaladera se mezcla la mantequilla (blanda) con las almendras y el azúcar. Se añade después la harina, la ralladura de limón y, por último, $^1/_2$ huevo batido como para tortilla. Todo ello se debe trabajar lo menos posible, sólo lo necesario para que los ingredientes queden unidos.

Se coge masa con una cucharita de las de café, se forma una bola aplastada y se coloca en la chapa del horno. Con el pincel se embadurnan las pastas con el $^1/_2$ huevo batido como para tortilla. Se coloca encima de cada pasta $^1/_2$ guinda o una almendra y se meten a horno mediano. Cuando están doradas se retiran, levantándolas con un cuchillo de punta redonda.

Se dejan enfriar.

Se pueden guardar varios días en una caja de metal.

1028 PASTAS DE TÉ (salen unas 50)

100 g de mantequilla,
125 g de azúcar,
250 g de harina,
  1 cucharada sopera de levadura en polvo (rasada),

1 cucharada sopera de leche fría,
2 huevos,
   unas almendras crudas, para adorno,
   un poco de harina (para las manos).

En una ensaladera se pone la mantequilla blanda, el azúcar, 1 huevo y la yema del segundo. Se mezclan bien los ingredientes con una cuchara de madera. Se añade después, poco a poco, la harina, la levadura y, al final, la leche.

Se espolvorean las manos con harina y con una cucharita de las de café se hace una bolita de masa, se pone en la chapa de horno, se aplasta en redondo dejándola de $1^1/_2$ cm de gruesa y se adorna cada pasta con una almendra.

En un plato sopero se bate un poco con un tenedor la clara que ha sobrado. Con una brocha se unta en cada pasta esta clara y se meten a horno mediano, más bien flojo (previamente encendido durante 6 minutos para la primera remesa), hasta que están doradas por arriba (15 a 20 minutos).

Se saca la chapa del horno y con un cuchillo de punta redonda se desprenden. Se ponen en una mesa de mármol, si es posible, hasta que estén frías. Se pueden conservar unos días en cajas de hojalata.

ROSQUILLAS (salen unas 35)

1 huevo,
4 cucharadas soperas de aceite fino,
4 cucharadas soperas de leche fría,
2 cucharadas soperas de anís (licor),
6 cucharadas soperas de azúcar,

1 cucharadita (de las de moka) de levadura o una (de las de café) de bicarbonato,
$^{1}/_{2}$ kg de harina más o menos,
1 litro de aceite para freír las rosquillas,
azúcar glass para espolvorearlas.

En una ensaladera se pone el huevo y se bate un poco con un tenedor. Se añade el aceite, la leche y el anís. Se bate para que quede bien mezclado. Se agrega el azúcar y la levadura. Después se va añadiendo la harina, la que admita ($^{1}/_{2}$ kg más o menos). Se forman unos rollitos de un dedo meñique fino de grosor y se hacen las rosquillas en redondo.

Se pone el aceite a calentar y se fríen las rosquillas por tandas, primero con el aceite poco caliente y después más caliente (cuando se hayan inflado), para que queden bien cocidas por dentro y doradas por fuera. Se sacan y se dejan escurrir. Cuando están aún calientes, para que se adhiera bien, se espolvorean con azúcar glass o con azúcar molida corriente.

1030 **ROSQUILLAS DE LIMÓN** (salen unas 35)

3 huevos,
150 g de manteca de cerdo derretida,
$^{1}/_{4}$ litro de leche fría,
la corteza de un limón rallada,
1 cucharadita (de las de moka) de levadura en polvo o de bicarbonato,

3 cucharadas soperas de anís dulce (licor),
1 kg más o menos de harina,
350 g de azúcar,
1 litro de aceite,
azúcar glass para espolvorear.

En una ensaladera se pone todo junto, menos la harina. Se mueve todo durante 15 minutos. Entonces se le va agregando la harina, poco a poco, hasta que se desprenda de las paredes de la ensaladera.

Después se forman las rosquillas de un dedo meñique de grosor y se fríen en aceite poco caliente para que se cuezan primero por dentro y se hinchen bien. Una vez bien huecas, se da más fuego al aceite para que tomen un bonito color dorado.

Se escurren y después se espolvorean con azúcar glass.

ROSQUILLAS ALARGADAS DE ALMENDRAS
(salen unas 50)

3 huevos,
200 g de azúcar,
100 g de almendras picadas,
25 g de mantequilla,

300 g de harina (más o menos),
1 cucharada sopera de kirsch,
1 litro de aceite (sobrará).

En una ensaladera se ponen el azúcar, las almendras, los huevos y el licor. Se dan vueltas con una cuchara de madera durante ¼ de hora. Aparte, en un cazo pequeño, se pone la mantequilla a derretir (sin que cueza), se añade a la masa y, por último, se va echando la harina, revolviendo lo menos posible. La masa tiene que quedar más bien blanda, de manera que se puedan formar unas croquetitas largas, de unos 3 a 4 cm y anchas como un dedo meñique (pero habrá que untarse las manos con harina para poder formarlas, pues al ser blanda la masa se pega mucho).

Se pone el aceite a calentar en una sartén grande y honda; cuando está empezando a calentarse, se retira del fuego y se van echando las croquetas de forma que queden holgadas; se espera a que se hinchen y se vuelve entonces a poner la sartén a fuego vivo, hasta que las croquetas empiecen a dorarse. Se retiran con una espumadera y se dejan escurrir en un colador grande.

Estas croquetas suelen abrirse un poco, pero esto hace gracioso. Se pueden conservar una vez frías, unos días, en una caja metálica.

POLVORONES DE ALMENDRA (MANTECADOS)
(salen unos 50)

300 g de manteca de cerdo,
300 g de harina,
300 g de azúcar,
100 g de almendras tostadas molidas,

1 huevo,
un pellizco de sal,
canela en polvo,
azúcar glass para espolvorearlos.

En una sartén sin nada se pone la harina a calentar. Se le da vueltas con una cuchara de madera y antes de que tome color se retira (unos 7 minutos).

Se pone esta harina en forma de círculo, en una mesa de mármol; en el centro se pone la manteca, el azúcar, las almendras, la canela, el pellizco de sal y el huevo. Se amasa muy bien con las manos hasta que esté todo muy fino. Se coge un poco de masa (el grosor de una nuez) y se forma una bola, que se aplasta para que quede un redondel grueso.

Se colocan los polvorones en una chapa de horno unos al lado de otros, sin poner nada en la chapa, y se meten a horno muy suave (más o menos 30 minutos).

Se sacan del horno y se dejan enfriar en la misma chapa. Se espolvorean con el azúcar glass.

Se conservan en una lata o bien envolviéndolos cada uno con papel de seda.

LAZOS FRITOS (salen unos 25)

Muy a propósito para meriendas de niños.

250 g de harina fina,
   harina para espolvorear la mesa,
 2 huevos,
30 g de mantequilla,
 2 cucharadas soperas de azúcar,

1 cucharada sopera de aguardiente,
   un pellizco de sal,
   azúcar glass para espolvorearlos,
1 litro de aceite fino (sobrará).

En una ensaladera se ponen todos los ingredientes juntos y con la mano se amasa muy bien. Una vez amasada en la ensaladera, se espolvorea con harina una mesa de mármol y se amasa otro poco. Se vuelve a espolvorear la mesa con harina y con un rollo pastelero se extiende la masa hasta que quede muy fina. Se cortan unas tiras de un dedo de ancho y de unos 25 cm de largas. Se forman unos lazos.

En una sartén grande y honda se pone el aceite a calentar cuando está en su punto (se prueba echando una rebanadita de pan), se echan los lazos de cuatro en cuatro para que no tropiecen y cuando están dorados se retiran. Se sirven en una fuente, espolvoreándolos abundantemente con azúcar glass.

 ROSAS (salen unas 70)

  1 molde especial para hacer flores fri-
    tas,
300 g de harina,
  2 huevos,
  1 cucharada sopera de ron,
  1 cucharada sopera de agua de azahar,
1½ vaso (de los de agua) de mezcla de
    leche y agua, por mitad,

1 cucharadita rasada (de las de moka) de
   levadura,
1 pellizco de sal,
1 litro de aceite (sobrará),
   azúcar glass.

En un cuenco poner la harina, la sal y la levadura mezcladas. Aparte, en un plato sopero, poner los huevos, el ron y el agua de azahar. Batirlo todo como para tortilla y echarlo en la harina. Revolver con una cuchara de madera, pero lo menos posible, añadiendo seguidamente y poco a poco la mezcla de agua y leche. La cantidad de este líquido depende de la clase de harina, pero tiene que quedar como unas natillas.

Esto se prepara como unas 2 o 3 horas antes de ir a freír las rosas y se deja en espera y tapado en un sitio templado.

Cuando se vayan a hacer las rosas se pone a calentar el litro de aceite en una sartén, más bien honda y amplia. Cuando está en su punto (se prueba con una rebanadita de pan fina, que debe de dorar rápidamente), se pone el molde en el aceite, sujetándolo por su mango, y cuando está caliente, rápidamente se saca, se escurre algo de aceite y se mete en la masa, con mucho cuidado de que la parte de arriba no tenga nada de masa. A continuación se introduce en la sartén. Apenas empieza a ponerse dura la masa en el aceite, y sin esperar a que dore, se empuja por los bordes con un tenedor hasta que se desprende. Se fríe por los dos lados hasta que la rosa esté dorada, y se saca.

Se coloca primero en una mesa para que escurra.

Cuando están hechas todas las rosas, se colocan en una fuente, espolvoreándolas abundantemente con azúcar glass.

Nota.—Es muy normal que las 3 o 4 primeras rosas no salgan bien. Sirven para adquirir la práctica del punto del aceite y de la masa.

1035 GALLETAS «MARÍA» FRITAS

4 galletas «María» por persona, merme- 1 litro de aceite (sobrará),
lada de frambuesa o grosella, 1 plato con azúcar molida.

Se coge la mitad del número de galletas que se vayan a preparar y se untan con la mermelada. Se les pegan las otras galletas apretando un poco, pero sin romperlas, para que se adhieran. Se pone a calentar en una sartén grande el aceite; cuando está caliente (pero no demasiado, pues estas galletas se arrebatan en seguida), se fríen rápidamente. Se sacan, se pasan por el azúcar y se colocan en la fuente donde se vayan a servir.

Están mejor recién hechas.

BUÑUELOS DE VIENTO (salen unos 25 medianos)

4 huevos,
125 g de harina,
25 g de mantequilla,
2 cucharadas soperas de azúcar,
la corteza rallada de un limón,

1¼ vasos (de los de agua) de agua,
un pellizco de sal,
1 litro de aceite (sobrará),
azúcar glass.

En un cazo se pone el agua, la mantequilla, el azúcar, el limón rallado y el pellizco de sal. Todo esto junto se pone a cocer y cuando hierve se echa de una vez la harina y, sin retirar del fuego, se dan vueltas con una cuchara de madera hasta que la masa se desprende de las paredes del cazo. Se retira del fuego y se deja un rato que se vaya enfriando. Cuando la masa está templada, se le incorporan los 4 huevos, pero de uno en uno. Hasta que cada huevo no quede bien mezclado a la masa no se echa el siguiente. Se deja reposar esta masa durante 2 horas.

Se pone en una sartén honda el aceite a calentar; cuando aún no está muy caliente, se separa del fuego y se echan unos montoncitos de masa cogiéndolos con una cucharadita de las de café y empujándola hacia el aceite con el dedo para que los buñuelos adquieran bonita forma. Se les tiene un rato con la sartén apartada del fuego para que se inflen y suban a la superficie del aceite. Entonces se vuelve a poner la sartén al fuego hasta que los buñuelos estén doraditos. Se sacan con una espumadera y se dejan escurrir en un colador grande.

El secreto del éxito de estos buñuelos está en la manera de freírlos, para que se hinchen bien y no quede la masa cruda en el centro.

Se pueden servir así, templados o fríos, espolvoreados con azúcar glass, o rellenos de crema.

Nota.—Para hacer más cantidad de buñuelos, es mejor repetir la receta que añadir más cantidad de ingredientes.

Relleno:

½ litro de leche,
1 corteza de limón (se pone en la leche a cocer),
3 yemas de huevo,

1½ cucharadas soperas de maizena,
½ cucharada sopera de harina,
5 cucharadas soperas de azúcar.

Se procede como para la crema catalana (receta 1080).

 **PETITS-CHOUX**

Con estas proporciones se hacen unos 30 petits-choux de tamaño grande como para postre y unos 70 de tamaño pequeño como para aperitivo (receta 37).

Masa de los petits-choux:
- **1 vaso (de los de agua) de leche,**
- **50 g de mantequilla,**
- **50 g de manteca de cerdo,**
- **1 cucharada pequeña de azúcar (o un terrón),**
- **1 vaso (de los de agua) de harina (el mismo que el de leche),**
- **3 huevos enteros,**
- **2 claras de huevo sin batir,**
- **sal,**

Relleno de crema:
- **³/₄ de litro de leche,**
- **150 g de azúcar,**
- **1 corteza de limón,**
- **3 yemas de huevo,**
- **1 clara de huevo a punto de nieve,**
- **2 cucharadas soperas de harina (más bien llenitas).**

Caramelo:
- **3 cucharadas soperas de azúcar,**
- **1 cucharada sopera de agua.**

En un cazo se pone la leche, la mantequilla, la manteca, la sal y el azúcar. Se pone a fuego mediano y, cuando está todo derretido, se mueve con una cuchara de madera; cuando empieza a hervir, se echa de golpe la harina, se mueve rápidamente durante unos 3 minutos y se separa del fuego la masa.

Mientras tanto se hace la crema del relleno.

Se pone en un cazo la leche, el azúcar y la cáscara de limón a fuego mediano. En un tazón se baten las 3 yemas con la harina y un par de cucharadas de leche fría, que se habrá quitado de los ³/₄ de litro. Cuando la leche empieza a cocer, se coge con un cacillo un poco de leche caliente y se añade al tazón, moviendo bien para que no se cuajen las yemas. Se vierte en la leche cociendo y, sin dejar de mover, se cuece durante unos 3 a 5 minutos. Se aparta del fuego y se cuela por un colador de agujeros grandes (chino o pasapurés) para retirar las cáscaras de limón y algún grumito si lo hubiese. Se pone en sitio fresco (nevera) cuando esté templada.

La masa de los choux estará entonces templada y se le irán añadiendo, de uno en uno, los 3 huevos enteros, esperando cada vez a que estén bien incorporados en la masa y, por último, las 2 claras (sin montar).

Se engrasa una chapa de horno ligeramente con aceite fino, y con una cucharadita de las de café se forman unos montoncitos bastante alejados unos de los otros. Se mete a horno muy suave hasta que estén bien dorados. Se sacan y se dejan en espera.

La crema del relleno estará fría. Se le añade una clara montada a punto de nieve que quede bien incorporada y no se note.

Se cortan los choux con unas tijeras, haciendo una raja de unos 3 cm de larga de costado, y con cuidado se presionan un poco para abrir esta boca. Ésta se hará hacia la mitad del choux (con el fin de que la crema no se salga al cerrar la raja) y con una cucharita de café se mete la crema.

Una vez todos los choux rellenos, se hace el caramelo para bañarlos por encima. Se pone al fuego el azúcar y el agua; cuando está el caramelo dorado se mete rápidamente la parte de arriba de cada choux en el caramelo y se saca en seguida.

(Hay que tener cuidado de agarrar muy bien el choux para no quemarse.)

1038 BRAZO DE GITANO (8 personas)

2 cucharadas soperas de fécula de patatas,	un pellizco de vainilla en polvo,
4 cucharadas soperas de harina,	1 cucharada (de las de café) de levadura,
5 cucharadas soperas de azúcar,	un pellizco de sal,
3 huevos,	1 paño limpio,
1 clara,	mantequilla para untar la chapa,
	azúcar glass.

Se montan a punto de nieve muy firmes las cuatro claras, con un pellizquito de sal. Se les añaden las yemas, después el azúcar y por último, cucharada a cucharada, la mezcla de la harina, la fécula y la levadura (estos tres elementos se mezclarán en un plato sopero antes de usarlos).

Se unta muy bien con mantequilla una chapa de horno bastante grande (37 × 26 cm más o menos) y poco alta; en el fondo se coloca un papel blanco también untado con mantequilla. Se mete a horno más bien suave unos 35 minutos. Tiene que estar la masa cocida (al pincharla con un alambre, éste tiene que salir limpio), pero no muy dorada.

Se moja el paño de cocina en agua templada y se retuerce muy bien para que esté húmedo pero sin agua. Se extiende en una mesa y en seguida se vuelca el bizcocho. Se quita el papel pegado, se extiende el relleno con mucha rapidez y se enrolla el brazo de gitano ayudándose con el paño. Una vez bien formado, se pone en una fuente cubierto con un papel, hasta que se enfríe, y al ir a servir se cortan las extremidades y se espolvorea con azúcar glass.

Rellenos:
1.º Crema pastelera:

¹/₂ litro de leche,	1¹/₂ cucharada sopera de maizena,
3 yemas de huevo,	1¹/₂ cucharada sopera de harina,
5 cucharadas soperas de azúcar,	un pellizco de vainilla.

2.º Mermelada de frambuesa o grosella y nata montada:

Una vez el bizcocho en el paño de cocina, se extiende una capa muy fina de mermelada con un cuchillo. Encima de ésta se extiende nata montada dulce y se enrolla rápidamente.

Hará falta más o menos ¹/₂ kg de nata.

(1039) MASAS PARA TARTAS

Para moldes de unos 25 cm de diámetro.

1.ª receta:

1 yema de huevo,
200 g de harina,
    harina para espolvorear el mármol,
 80 g de mantequilla,
  1 cucharada sopera de aceite de cacahuete (o de oliva fino),

1 vaso (de los de vino) más o menos de agua fría,
    sal (un pellizco),
1 cucharada (de las de café) de azúcar,
    mantequilla para untar el molde.

Se pone la harina en una ensaladera, se espolvorea con el pellizco de sal y el azúcar y se añade la mantequilla (blanda) en trocitos como avellanas y la yema. Con la punta de los dedos se tritura esto lo menos posible, formando una especie de serrín grueso. Se va echando entonces poco a poco (en tres veces, por ejemplo) el agua. Se espolvorea la mesa o mármol y se echa la masa para amasarla un poco, y se forma una bola grande. Ésta se pone en sitio fresco tapada con un tazón, o envuelta en papel de plata, y se deja reposar por lo menos 3 horas. Se puede preparar con más anticipación si se quiere.

Al ir a hacerla, se espolvorea harina en la mesa y se extiende con un rollo pastelero. Se traslada con cuidado al molde previamente untado con un poco de mantequilla. Se recortan los bordes que sobren y se pincha el fondo en varios sitios con un tenedor para que al cocer no se formen pompas.

Se puede poner a horno mediano unos 10 o 15 minutos y rellenarla después a medio cocer.

Se pueden poner en el fondo un puñado de garbanzos o judías (sin remojar) para que no se deforme la masa al cocer sin relleno.

Al poner el relleno, se quitan.

Se puede batir con un tenedor una clara de huevo (sólo como si fuese para tortilla) y con una brocha plana untar el fondo y los bordes para cuando se rellena la tarta con fruta que pueda soltar algo de jugo.

2.ª receta (masa quebrada sencilla):

125 g de harina fina,	**1 clara de huevo,**
60 g de mantequilla,	**mantequilla para untar el molde,**
2 cucharadas soperas de agua,	**harina para espolvorear la mesa.**
2 cucharadas soperas rasadas de azúcar,	

Se tiene la mantequilla sacada de la nevera para que esté blanda, sin estar derretida. Se pone la harina en una mesa de mármol, se añade la mantequilla, el azúcar y el agua. Se trabaja muy poco con la punta de los dedos. Una vez mezclado todo, se forma una bola y se deja descansar unos 30 minutos.

Se espolvorea la mesa con harina y se estira la masa con un rollo de pastelería. Se coloca en el molde de tarta con cuidado (éste estará previamente untado de mantequilla) y se pincha el fondo con un tenedor para que no se hagan pompas.

En un plato sopero se pone una clara de huevo ligeramente batida con un tenedor (sólo para romper las hebras). Con una brocha se pasa por los bordes del molde y en el fondo. Se mete en el horno flojo unos 15 minutos. Se saca, se rellena con lo que se quiera y se vuelve a meter en el horno.

3.ª receta de masa francesa para tartas:

100 g de mantequilla,	**3 cucharadas soperas de leche caliente**
250 g de harina,	**(no hirviendo),**
2 yemas de huevo,	**sal,**
20 g de levadura de panadero,	**2 o 3 cucharadas soperas de azúcar.**

En un vaso se pone la leche templada y la levadura durante unos 10 minutos.

En una ensaladera se vierte este líquido y se añaden las yemas, la mantequilla (blanda) y, por último, la harina y la sal. Se amasa entonces con la mano. Se extiende con la mano o con un rollo de pastelería y se coloca sobre una chapa untada previamente con mantequilla. Se cubre con un paño limpio, dejando que la masa repose y suba durante $1/2$ hora.

Se pincha todo el fondo con un tenedor, sin llegar a traspasar del todo la masa.

Se espolvorea entonces con el azúcar. Ya está preparada para el relleno que más se prefiera.

4.ª receta de masa sablé para tartas (para un molde de unos 20 cm de diámetro):

250 g de harina,	**1 huevo,**
125 g de mantequilla,	**la corteza de $1/2$ limón rallada,**
20 g de mantequilla (para untar el molde),	**harina para espolvorear la mesa,**
3 cucharadas soperas de azúcar,	**un pellizco de sal.**

Se tiene la mantequilla fuera de la nevera para que esté blanda.

En un tazón se pone el azúcar y la sal y se casca el huevo entero. Se bate todo junto hasta que el azúcar y la sal se queden bien incorporados y no se noten.

En un mármol se echa la harina, formando un montón. En el centro se hace un hoyo y se vierte dentro el huevo batido con la sal y el azúcar. Por encima de la harina se ponen trocitos de mantequilla blanda. Se trabaja con la punta de los dedos, rápidamente y sin amasar casi, para que la masa se quede bien sablé (es decir, quebradiza).

Se unta un molde con los 20 g de mantequilla, se estira la masa con un rollo de madera sobre el mármol espolvoreado con harina y se traslada al molde, dándole buena forma y cortando las sobras.

Se pincha el fondo de la masa con un tenedor en varios sitios y se mete a horno templado. Se puede dejar cocida en blanco o dorado, según el relleno que se vaya a poner.

5.ª receta de masa con almendras (para un molde de 24 a 26 cm de diámetro):

200 g de harina fina,
105 g de mantequilla (blanda),
1 huevo pequeño,
50 g de almendra cruda molida,
3 cucharadas soperas de azúcar,
2 cucharadas soperas de leche fría,

un pellizco grande de sal,
pan rallado fino,
20 g de mantequilla para untar el molde,
un poco de harina para espolvorear la mesa y el rollo.

Se mezclan la harina y la sal y se agrega la mantequilla blanda dividida en trocitos. Se trabaja sólo un poco la masa con la punta de los dedos. Se añade casi en seguida el azúcar, el huevo batido como para tortilla, la leche y, al final, las almendras molidas finas. Se trabaja lo menos posible la masa, sólo lo necesario para que quede todo bien incorporado. Se forma con la masa una bola, que se cubre con un paño limpio por espacio de 1 hora. Se unta un molde redondo con los 20 g de mantequilla y se espolvorea con un poco de pan rallado, sacudiendo el molde para quitar lo sobrante.

Pasada la hora de reposo, se estira la masa sobre un mármol, espolvoreado ligeramente de harina, con un rollo pastelero. Se coloca en el molde, se pincha con un tenedor todo el fondo para que al cocer no se infle y se mete al horno, previamente calentado y mediano, unos 25 a 30 minutos más o menos.

Esta tarta se puede rellenar de nata y fresa, grosellas, frambuesas o también de cerezas, pero a éstas se les quitan los huesos y se cuecen ligeramente en un almíbar.

Si éstas fuesen el relleno, se debe batir ligeramente un poco de clara y untarla con una brocha plana por todo el fondo, con el fin de que quede impermeabilizado para la fruta, crema o nata.

MANERA DE COCER LAS FRUTAS PARA EL RELLENO DE LAS TARTAS

Se hace un almíbar con ¹/₂ litro de agua (2 vasos de los de agua) y 8 cucharadas soperas de azúcar. Se pone a cocer, y cuando lleva unos 10 minutos se echa la fruta (manzanas peladas y cortadas en gajos, ciruelas partidas por el medio y quitado el hueso, cerezas o albaricoques, etc.). Se dejan cocer de manera que queden blandas pero sin deshacerse. Se escurren de este jugo, se colocan en la masa anteriormente preparada para ello y en el almíbar se deshacen 2 cucharaditas (de las de café) de fécula de patata con unas gotas de agua fría. Se cuece unos minutos y se vierte sobre la tarta ya preparada.

Fresones o fresas:

2 cucharadas soperas de mermelada,	**¹/₂ hoja de cola de pescado, deshecha en**
3 cucharadas soperas de agua,	**3 cucharadas soperas de agua fría y**
3 cucharadas soperas de azúcar,	**después calentar sin cocer.**

Se colocan crudos encima de la tarta ya cocida y se bañan con un poco de mermelada de grosella o albaricoque, cocida con agua, azúcar y cola de pescado y colada por un colador por encima de la fruta.

 TARTA DE MANZANA

(Para la masa ver receta 1039, 2.ª).

Relleno:

3 manzanas reinetas,	**¹/₂ vaso (de los de agua) de agua,**
un puñado de pasas de Corinto,	**1 cucharada sopera llena de azúcar.**
2 cucharadas soperas de mermelada de	
albaricoque,	

Una vez hecha la masa, se rellena la tarta como sigue:

En un cazo se pone el agua, el azúcar y las pasas. Se calienta a fuego mediano y se deja cocer despacio unos 10 minutos. Se separa del fuego y se deja en espera.

Se cortan las manzanas en cuatro. Se pelan, se quitan los centros duros y se cortan en gajos finos. Se colocan éstos primero todo alrededor de la masa ligeramente montados unos encima de otros, después otra fila hasta llegar al centro de la tarta. Se mete la tarta a horno suave unos 20 minutos más o menos. Se saca, se espolvorean las pasas escurridas. En el almíbar de las pasas se añade la mermelada, se cuece unos 5 minutos a fuego vivo. Se retira, se enfría un poco para que quede templado y se vierte esta salsa, colándola por un colador (no muy fino), sobre la tarta.

Se deja enfriar y se sirve así o con un poco de nata montada recubriendo la tarta.

1042 TARTA DE FRUTAS (6 a 8 personas)

1 molde de unos 23 cm de diámetro,	2 cucharadas soperas de maizena,
$^3/_4$ de kg de fruta: naranjas,	1 huevo,
(3 grandes),	1 clara,
o albaricoques,	5 cucharadas soperas de agua (1 decili-
o peras,	tro),
o manzanas,	2 cucharadas soperas de mermelada de
$1^1/_2$ vasos (de los de agua) de leche fría,	albaricoque,
8 cucharadas soperas de azúcar,	masa de la tarta (receta 1039, 1.ª receta).

La clara se bate como para tortilla y con una brocha se pasa por el fondo y los bordes de la tarta antes de meterla en el horno.

Se cuece durante unos 25 minutos la masa, y mientras tanto se prepara el relleno.

Preparación del relleno:

En un cazo se ponen 5 cucharadas soperas de azúcar con el decilitro de agua a cocer. Se cuece unos 5 minutos y se le añade la fruta pelada (si son naranjas, peras o manzanas; sin pelar y partidas por medio y quitada la almendra, si son albaricoques). Se dejan cocer en el almíbar unos 8 minutos (según sea la fruta). Se sacan del almíbar. Aparte, en un tazón, se deslíe la maizena con un poco de leche fría. Se pone el resto de la leche a cocer con 3 cucharadas de azúcar. Cuando rompe a hervir, se añade la maizena y, sin dejar de mover con una cuchara de madera, se deja unos 3 minutos cociendo. Mientras tanto la masa estará ya cocida. Se bate como para tortilla el huevo y se añade poco a poco a la maizena, moviendo muy bien. Se vierte esto en el fondo de la tarta. Se coloca la fruta encima, formando un bonito dibujo, y se mete a gratinar en el horno unos 5 minutos.

Se saca y se deja enfriar. Se vuelca entonces la tarta en una tapadera y otra vez ésta en la fuente donde se vaya a servir, o se hace la tarta en una chapa con un aro amovible especial.

En el almíbar que ha quedado de cocer la fruta se añade la mermelada de albaricoque, se cuece unos 10 minutos y, cuando se vaya a servir la tarta, se cuela este jugo por un colador de agujeros no muy finos y se vierte por encima sin que haya mucho líquido, sólo una capa fina.

El relleno se pone sólo $^1/_2$ hora antes de servir, pues más tiempo se remoja mucho la masa.

En este tipo de tarta se puede suprimir la crema de maizena. Habrá entonces que poner más cantidad de fruta, y antes de colocar ésta se espolvorea con un poco de azúcar el fondo. Por lo demás, se procede igual que se ha explicado anteriormente.

TARTA VIENESA CON MERMELADA DE FRAMBUESAS (LINZERTARTE) (6 personas)

150 g de mantequilla,
150 g de azúcar,
150 g de almendras ralladas,
200 g de harina, mezclada con 1 cucharada (de las de moka) de levadura,
  1 cucharada sopera de cacao,
1 cucharada (de las de café) de canela
en polvo,
2 huevos,
1 bote de mermelada de frambuesa o grosella.

En una ensaladera mezclar el azúcar, las almendras, el cacao, la canela y la harina. Una vez bien mezclado añadir los huevos, y una vez incorporados éstos agregar la mantequilla, que debe de estar blanda, es decir, sacada de la nevera por lo menos 3 horas antes de emplearla.

Untar con mantequilla un molde redondo de unos 23 cm de diámetro y, a ser posible, cuyo borde se desmonte.

Trasladar casi toda la masa (dejando un poco para el adorno) y con la mano extenderla por todo el molde y los bordes. Tiene que quedar espesa. Cubrir la masa con la mermelada y con lo que hemos apartado de masa hacer unas tiras finas, que se colocarán por encima de la mermelada haciendo rombos.

Meter al horno, previamente calentado durante 5 minutos. Ir subiendo el calor de 10 en 10 minutos, hasta llegar a 45 minutos o 1 hora. Tiene que estar la masa ligeramente dorada, para estar en su punto.

Dejar enfriar en el molde y luego desmoldar y servir en una fuente.

 TARTA DE LIMÓN (6 personas)

1 molde de unos 22 cm de diámetro.

Masa quebrada:
200 g de harina,
  80 g de mantequilla,
  1 huevo,
  1 cucharada sopera de aceite fino,
  un pellizco de sal,
  1 cucharada sopera de azúcar,
  un poco de agua fría.
Relleno:
  1 bote de leche condensada,
  3 yemas de huevo,
la ralladura de un limón,
el zumo de 2 o 3 limones (según tamaño).
Merengue:
3 claras de huevo,
2 cucharadas soperas de azúcar glass,
1 cucharada (de las de café) de harina
fina,
un pellizquito de sal.

Se hace la masa quebrada según está explicado en la receta 1039, 1.ª receta, y se deja hecha una bola en sitio fresco durante unas horas.

En el momento de ir a hacer la tarta, se espolvorea un mármol con harina y se estira la masa con el rollo pastelero. Se coloca en el molde. Se pincha todo el fondo con un tenedor (con el fin de que al cocerse no se formen pompas) y se colocan unas judías o unos garbanzos por encima del fondo. Se mete a horno medianamente caliente y se deja hasta que empieza a dorarse la masa (unos 30 minutos más o menos).

Se bate ligeramente en un tazón como $1/2$ clara de huevo, pero sólo hasta que esté espumosa. Con una brocha se unta el fondo de la tarta (quitados los garbanzos o judías). Se vuelve a meter en el horno 5 minutos para que se seque la clara.

En una ensaladera se baten las 3 yemas con la ralladura del limón y se vierte poco a poco la leche condensada y luego el zumo de los limones. Se vierte esta crema en la tarta. Se hace el merengue batiendo muy firmes las claras con un poquito de sal. Una vez batidas se les añade, moviendo entonces con una cuchara, el azúcar y la harina. Con este merengue se cubre la tarta y se vuelve a meter al horno para dorar. Cuando el merengue empieza a dorarse se saca, se deja enfriar y se sirve la tarta.

Nota.—Se puede también hacer el relleno de crema de limón (receta 1102). Así resulta una tarta más al estilo inglés.

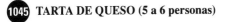 **TARTA DE QUESO (5 a 6 personas)**

$1/2$ kg de requesón o de queso de Burgos,	$2/3$ de un vaso (de los de vino) de ron o
1 cucharada sopera de maizena,	coñac,
10 o 12 cucharadas soperas de azúcar,	mantequilla o margarina para untar el
3 huevos (enteros y batidos),	molde,
1 puñado de pasas,	1 molde de unos 19 cm de diámetro.

Poner el ron a calentar y cuando empieza a hacer burbujas, apartarlo del fuego y echar las pasas en remojo. Dejarlas en espera. En una ensaladera poner el queso en trozos, los huevos, batidos como para tortilla, el azúcar, la maizena. Mezclar todo muy bien (si se tiene, con la minipimer).

Untar un molde con la mantequilla (aconsejo poner en el fondo un papel de plata, que se untará como si fuese el molde). Verter la masa en el molde y meter en el horno (previamente calentado durante 5 minutos suavemente), subir el calor y dejar fuerte $1/4$ de hora.

Escurrir y secar las pasas (no se aprovecha el ron) y colocarla por la parte de arriba de la tarta hundiéndolas un poco, sin sacar del horno y seguir cociendo otro $1/4$ de hora más. Cuando se están empezando a dorar los bordes, está ya la tarta. Se saca del horno y se deja enfriar en el molde. Ya fría se desmolda primero en un plato, se le quita el papel de plata y se vuelve a volcar en el plato donde se vaya a servir.

Nota.—Si el queso está algo duro, se añade un poco de leche.

QUESADA (6 personas)

50 g de queso pasiego sin prensar o de	**3 huevos,**
Burgos o manchego fresco,	**1 tazón de miga de pan,**
200 g de azúcar,	**la cáscara de 1 limón rallada,**
¹/₄ litro de leche,	**25 g de mantequilla.**

Se pone la leche a hervir con 2 cucharadas de azúcar y la ralladura del limón. Mientras hierve la leche, se deshace la miga de pan, dejándola muy fina. La leche hervida se deja enfriar un poco y se echa sobre el pan, mezclando bien con la ayuda de un tenedor. Se añade entonces el queso y se vuelve a triturar. Para que quede más fina, se puede triturar con la minipimer.

En un bol se baten los huevos con el azúcar restante y la mantequilla fundida y se mezcla todo con la miga de pan, ligándolo todo muy bien.

Se vierte en un molde, de manera que la masa quede de unos 2 o 3 cm de alta. Se pone a cocer a horno fuerte durante más o menos ¹/₂ hora hasta que esté dorada. Se saca del molde y se puede comer templado o frío.

 TARTA DE YEMA

Se hace la masa (receta 1039, 3.ª receta).

Cuando ha reposado ¹/₂ hora, se espolvorea con el azúcar y se cubre con la siguiente crema:

3 huevos,	**30 g de almendra rallada (2 cucharadas**
su mismo peso de azúcar,	**soperas)** (facultativo),
	mantequilla (40 g más o menos).

Se baten los huevos como para tortilla, se les añade el azúcar y la almendra rallada (si se quiere) y se vierte en seguida sobre la tarta. Se coloca la mantequilla en forma de unas 6 avellanitas esparcidas por encima de la tarta y se mete a horno mediano unos 20 minutos, con fuego sólo debajo, y después se dora, dando más fuerza al horno hasta que esté dorada la crema de yema.

Se saca del horno y cuando está templada se vuelca dos veces, para que la crema quede arriba si se ha hecho en molde fijo, o bien se quita el aro y se pasa la punta redonda de un cuchillo para correrla a la fuente donde se irá a servir.

 HOJALDRE (6 personas)

200 g de harina,	**agua fría,**
125 g de manteca de cerdo,	**un pellizco de sal,**
125 g de margarina,	**¹/₂ huevo (para pintar el hojaldre),**
el zumo de un limón,	**harina para la mesa.**

La manteca y la margarina deben estar fuera de la nevera para tener una consistencia mediana, ni dura ni blanda.

Se tiene que procurar hacer el hojaldre en sitio fresco (sobre todo en verano).

Se mezclan la harina y la sal. Se ponen en un montón en una mesa de mármol y se cubre con la manteca y la margarina en trocitos. Se mezcla primero ligeramente con un cuchillo. Se añade el zumo de limón y el agua (ésta depende de la clase de harina, pero siempre poca). Se enharina la mesa y se amasa un poco. Con un rodillo de pastelería se estira en forma alargada y se dobla en tres.

Se deja reposar 15 minutos. Se enharina otro poco la mesa y se vuelve a estirar poniendo la masa al contrario.

Se repite esta operación tres veces, esperando cada vez 15 minutos. Después se deja reposar la masa por lo menos 2 horas. Yo aconsejaría hacerla la víspera. Se envuelve en un papel de plata y se deja en sitio fresco (no muy frío).

Se repite esta operación tres veces, esperando cada vez 15 minutos. Después se deja reposar la masa por lo menos 2 horas. Yo aconsejaría hacerla la víspera. Se envuelve en un papel de plata y se deja en sitio fresco (no muy frío).

Se vuelve a estirar con el rodillo y se rellena.

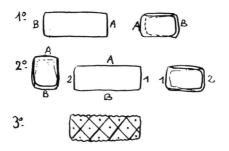

Se debe colocar el hojaldre en una chapa de horno ligeramente húmeda (con una esponja o bayeta bastará para humedecerla).

Se cuece a horno fuerte unos 30 minutos. Como el hojaldre se suele rellenar, además de hacer unos dibujos con la punta de un cuchillo, hay que pinchar la masa con un alambre en varios sitios para hacer chimeneas. Para que salga bonito y brillante el hojaldre, se pinta con un huevo batido utilizando una brocha.

Rellenos:

Se puede rellenar de crema (natillas con bastante harina o maizena, con el fin de que queden espesas, según la receta 1079, o crema pastelera, receta 1081, suprimiendo el añadirle la clara de huevo a punto de nieve).

De mermelada.

De compota de manzanas (receta 1052). Se mezcla el puré con un puñadito de pasas de Corinto y nueces. El puré tendrá que escurrirse muy bien para no estropear el hojaldre.

De fruta en almíbar, como piña, pera, etc., muy escurrida.

1049 MANZANAS ASADAS

1 manzana de buen tamaño por persona,	un poco de agua fría,
1 cucharada (de las de café) de azúcar,	mermelada del sabor que más guste (la
mantequilla (una bolita del tamaño de	de albaricoque resulta muy bien), o nati-
una avellana),	llas.

Con un aparato especial o con un cuchillo de punta se quita el corazón de cada manzana sin calar al fondo. Se limpian muy bien las manzanas con un paño. Con un cuchillo afilado se hace una incisión ligera todo alrededor de la manzana y a media altura. Se ponen en una fuente resistente al horno.

En el agujero de cada manzana se echa azúcar y por encima se coloca la mantequilla.

En el fondo de la fuente (para unas 6 manzanas) se ponen unas 3 cucharadas soperas de agua. Se meten a horno mediano (previamente calentado) y cuando están asadas (unos 30 minutos, pero depende de la clase de manzanas) se pincha con un alambre un costado para saberlo; si el alambre entra bien, están en su punto. Se sirven frías o, mejor, templadas, rellenando el agujero con cualquier mermelada (la de albaricoque resulta muy bien) o cubiertas con natillas (receta 1079).

1050 MANZANAS ASADAS CON NATA Y CARAMELO

Se rellenan las manzanas, ya asadas y casi frías, con nata montada dulce y se rocían con una salsa de caramelo líquido (receta 121).

 1051 MANZANAS ASADAS CON ALMENDRAS (6 personas)

6 manzanas reinetas grandecitas,	50 g de almendras tostadas y picadas,
30 g de mantequilla,	2 yemas,
5 cucharadas soperas de azúcar,	6 guindas,
un puñado de pasas de Corinto (30 g),	unas cucharadas soperas de agua,
2 cucharadas soperas de ron,	$\frac{1}{2}$ limón.

Se ponen las pasas en remojo con el ron ligeramente calentado (cuidando que no se prenda) y una cucharada sopera de agua.

Mientras se remojan, se vacían los centros de las manzanas con un aparato especial o con un cuchillo; se pelan y se frotan con el $\frac{1}{2}$ limón para que se queden blancas.

En una ensaladera pequeña se baten las yemas con el azúcar, se les añade después la mantequilla blanda, las almendras y al final las pasas de Corinto escurridas de su jugo. Con esta crema se rellenan las manzanas. Se colocan en una fuente resistente al horno. Se pone el resto del ron que ha quedado de las pasas con un par de cucharadas soperas de agua en el fondo de la fuente y se meten a horno mediano (previamente calentado) durante más o menos 30 minutos, según la clase y el tamaño de las manzanas. Se sacan cuando están en su punto y se sirven templadas o frías, poniendo sobre cada manzana una guinda.

1052 COMPOTA DE MANZANAS (6 personas)

2 kg de manzanas reinetas,
1 ramita de canela,

6 cucharadas soperas de azúcar.

Se pelan las manzanas y se cortan en cuatro partes, se les quita el corazón duro con las pepitas y se cortan otra vez en trozos que no sean demasiado pequeños. Se ponen en un cazo y se espolvorean con el azúcar. Se echa la ramita de canela y se pone el cazo a fuego mediano. De vez en cuando, con una cuchara de madera se dan unas vueltas a las manzanas hasta que estén cocidas (tardarán unos 20 minutos).

Se retira la canela y se vierte esta compota tal cual en una ensaladera; se deja enfriar antes de servir.

Se puede entonces añadir una cucharada sopera de ron.

También hay quien prefiere la compota hecha puré. Una vez cocida y templada la manzana, se pasa por el pasapurés.

1053 COMPOTA DE MANZANAS PARA ACOMPAÑAR LA CARNE

Se prepara y se cuece como en la receta anterior, pero sin echarle a las manzanas ni la canela ni el azúcar.

Siempre se sirve en puré, es decir, muy machacada la manzana e incluso pasada por el pasapurés.

PURÉ DE MANZANAS CON ZUMO DE NARANJA
(6 personas)

2 kg de manzanas reinetas,
3 cucharadas soperas de agua fría,
6 cucharadas soperas de azúcar,
6 cucharadas soperas de zumo de naranja,

1 trozo de corteza de naranja,
2 cucharadas soperas de ron (facultativo).

Se pelan las manzanas y se cortan en cuatro. Se les quita el corazón y se vuelven a cortar en trozos un poco más pequeños. Se ponen en un cazo con el agua y la corteza de la naranja. Tapando el cazo, se cuecen a fuego lento. Cuando están las manzanas bien blandas (20 minutos más o menos), se les añade el zumo de naranja. Se retira la corteza y se vuelve a poner a fuego mediano durante unos 8 minutos, hasta que el zumo esté embebido. Se retira del fuego y en caliente se añade el azúcar, revolviéndolo bien.

Se pone el puré en una ensaladera de cristal y una vez frío se le agrega el ron. Se sirve con lenguas de gato o galletas.

 MOUSSE DE MANZANAS CON NATILLAS (6 personas)

8 manzanas reinetas medianas (1¼ kg),
6 cucharadas soperas de azúcar,
2 cucharadas soperas de ron,
4 claras de huevo a punto de nieve (con un poco de sal),
Para el caramelo:
3 cucharadas soperas de azúcar,
2 cucharadas soperas de agua fría.

Natillas:
¾ de litro de leche,
6 cucharadas soperas de azúcar,
1 cucharada sopera rasada de maizena,
3 yemas de huevo,
vainilla.

En un cazo se ponen las manzanas peladas y cortadas en trozos. Se espolvorean con azúcar y se ponen a cocer a fuego lento hasta que se deshagan bien (unos 20 minutos). Cuando están cocidas, se escurren bien en un colador. Se ponen en un paño de cocina limpio, se unen las cuatro esquinas y se cuelga en vilo durante unos 10 minutos con el fin de que escurra el sobrante de líquido.

Se prepara una flanera con caramelo hecho con 3 cucharadas soperas de azúcar y 2 cucharadas soperas de agua. Cuando está tostado de un bonito color, se vuelca hacia los lados para que se cubra bien la flanera.

Aparte se hacen las natillas (receta 1079), que se ponen a enfriar en la nevera.

Una vez escurrida la compota para hacer la mousse de manzanas, se añaden 2 cucharadas soperas de ron y después las claras montadas a punto de nieve muy firmes (con un pellizco de sal). Se revuelve todo con mucho cuidado para que no se bajen las claras. Se vierte en la flanera y se pone al baño maría (el agua estará hirviendo al meter la flanera) en el horno, por espacio de una hora, a fuego mediano.

Se saca del horno después de este tiempo y se deja enfriar en el mismo molde. Se vuelca la mousse en el momento de servirla y se rocía con algo de natillas. El resto de las natillas se sirve en salsera.

1056 BUÑUELOS DE MANZANA (6 personas)

4 manzanas reinetas medianas,
3 cucharadas soperas de azúcar,
4 cucharadas soperas de ron,
1½ cucharada sopera de agua,
1 limón,
Masa de envolver:
300 g de harina,
    un pellizco de sal,

2 vasos (de los de vino), no llenos, de leche,
3 cucharadas soperas de aceite fino,
3 cucharadas soperas de vino blanco,
1 cucharada sopera de azúcar,
1 cucharadita (de las de moka) de levadura,
1 litro de aceite para freír (sobrará),
1 plato con azúcar.

Se pelan las manzanas enteras y se vacían los centros con un aparato especial (un tubo de 1½ cm de diámetro). Se cortan en redondeles de más o menos ½ cm de grosor y se frotan con ½ limón para que queden blancos.

En una fuente o plato sopero grande se pone el azúcar, el agua y el ron, se mezclan bien y se sumergen las rodajas de manzana un buen rato (½ hora). Se revuelven de vez en cuando para que se empapen bien todas. Mientras tanto se prepara la masa de freír. En una ensaladera se pone la harina y la sal mezcladas, en el centro se pone el vino, el aceite y el azúcar, se revuelve todo junto con una cuchara de madera y se va agregando la leche fría.

Se deja reposar esta masa por lo menos ½ hora (**sin ponerle la levadura**).

Al ir a hacer los buñuelos, se pone el aceite a calentar en una sartén honda y amplia. Se tendrán las rodajas de manzana escurridas y puestas sobre un paño de cocina, que se dobla para secarlas por las dos caras, y sólo entonces se añadirá la levadura a la masa de freír.

Se meten las rodajas de manzana en la masa, una por una, y se fríen. Cuando están doradas se sacan, se escurren un rato en un colador grande y, calientes aún, se pasan ligeramente por el azúcar del plato.

Se colocan en una fuente y se tienen en espera a la boca del horno para que no se enfríen los buñuelos, que son mejores servidos templados.

FRITOS DE PURÉ DE MANZANA, BARATOS Y RÁPIDOS
(6 personas)

6 manzanas reinetas grandecitas (1¼ kg),	1 litro de aceite (sobrará),
5 cucharadas soperas de harina fina,	1 plato con azúcar molida.
6 cucharadas soperas de azúcar,	

Se pelan y se rallan las manzanas; se mezclan con la harina y el azúcar. Esta masa se coge con una cuchara y se vierte en aceite bien caliente. Al sacar cada frito, se reboza en el plato del azúcar y se pone en la fuente de servir. Se tendrán al calor suave hasta el momento de servirlos.

 TORTILLA DE MANZANAS FLAMEADA (5 a 6 personas)

6 huevos,	5 cucharadas soperas de azúcar,
3 manzanas reinetas,	5 cucharadas soperas de coñac o de ron,
3 cucharadas soperas de aceite fino,	un pellizco muy pequeño de sal,
30 g de mantequilla,	aceite para la tortilla.

Se pelan y se quitan los centros de las manzanas, cortando éstas como si fueran patatas para una tortilla de patatas. En una sartén se ponen a calentar las cucharadas de aceite y la mantequilla juntos y se fríen las manzanas hasta que se doren.

En otra sartén grande se pone aceite para que cubra el fondo y se calienta. Se baten muy fuerte los huevos con un pellizco de sal y se vierten en la sartén; cuando empiezan a cuajarse, se colocan las manzanas en medio círculo y se espolvorean con 2 cucharadas de azúcar. Se dobla la media tortilla que queda sin nada como si fuese una empanadilla grande.

Se pone en una fuente, se espolvorea con el resto del azúcar. En un cazo pequeño se calienta el ron o el coñac, se prende con una cerilla y se rocía con él la tortilla, que se pasa a la mesa en seguida mientras está ardiendo, cogiendo el jugo del coñac con una cuchara sopera y rociando la tortilla con el fin de que el alcohol quede bien quemado y no sea tan fuerte.

(1059) TARTA DE MANZANA CALIENTE Y HECHA AL REVÉS (TATIN) (6 personas)

Masa:
200 g de harina fina,
100 g de mantequilla (tiene que estar blanda),
1 cucharada sopera de aceite fino,
2 cucharadas (de las de café) de azúcar,
$^1/_2$ cucharada (de las de café) de sal,
$^1/_2$ vaso (de los de vino) de agua templada.

Caramelo:
100 g de azúcar,
3 cucharadas soperas de agua,
1 cucharada (de las de café) de zumo de limón.

Manzanas:
$^1/_2$ kg más o menos de golden o reinetas,
2 cucharadas soperas de azúcar,
20 g de mantequilla.

Se empieza por hacer la masa, para que repose un rato.

En la mesa se pone la harina, encima de ésta se pone en trozos la mantequilla, se vierte el aceite, se espolvorea el azúcar y la sal. Se empieza a mezclar suavemente y poco a poco se agrega el agua (la cantidad de ésta depende de la clase de harina). No conviene amasar la masa más de lo justo para que los ingredientes queden mezclados. Se forma una bola que se dejará en reposo. En el molde, que puede ser de cristal que vaya al fuego o de metal desmontable (que ajuste bien), se hace le caramelo como de costumbre, dejándolo de color dorado claro. Se deja enfriar completamente, ladeando el molde cuando está templado, para que bañe algo las paredes.

Se disponen entonces las manzanas, peladas, cortadas en 4 y cada cuarto en gajos más bien gruesos, que se irán colocando en el fondo del molde, teniendo en cuenta que se verá la primera capa y que hay que ponerla para que quede bonito al desmoldar.

Una vez colocadas todas las manzanas, se espolvorean con las 2 cucharadas de azúcar y se ponen como unas avellanitas de mantequilla.

Entonces se estira la masa, primero con las manos, se dobla en cuatro partes y entonces se estira con el rodillo pastelero, dándole forma redonda. Se traslada y coloca encima de las manzanas, sin aplastarlas y se remete muy bien por los lados del molde.

Se tendrá el horno caliente 10 minutos antes, se mete la tarta y se tiene más o menos durante 45 minutos, hasta que se vea bien dorada.

Se saca y en seguida se vuelca en la fuente donde se vaya a servir. Insisto en que hay que desmoldarla en seguida, pues si no se enfría el caramelo y sale muy mal.

Se toma caliente y acompañada de nata montada o líquida, si se quiere.

FLAN-TARTA DE MANZANAS (O DE CEREZAS)
1060 (6 a 8 personas)

6 huevos,	2 cucharadas soperas de agua,
³/₄ kg de manzanas reinetas,	2 cucharadas soperas de azúcar, para
3 suizos (del día anterior),	cocer las manzanas,
2 vasos (de los de agua) de leche,	3 cucharadas soperas de agua,
2 cucharadas soperas de coñac,	2 cucharadas soperas de agua, para
6 cucharadas soperas de azúcar,	hacer el caramelo de bañar la flanera,
un pellizco de vainilla en polvo,	³/₄ kg de nata montada (facultativo),
¹/₂ corteza de limón rallada,	unas frutas confitadas para adornar.

Se pelan y se cortan las manzanas, quitándoles el centro; se cuecen como para compota con las 2 cucharadas de agua y las 2 de azúcar, moviéndolas de vez en cuando con una cuchara de madera. Una vez cocidas, se escurren de todo el líquido que les pueda quedar. Para esto se pone la compota en un paño de cocina, se unen las cuatro esquinas y se pone en vilo un rato (10 minutos), o se escurren en un colador grande de tela metálica.

En una ensaladera se baten los huevos con el azúcar; después se les añade la leche, el coñac, la vainilla y el limón rallado. Se cortan los suizos en rodajas delgadas y se ponen en el fondo de una flanera previamente bañada de caramelo claro: una capa de suizos en el fondo, después otra capa de compota, alternando hasta que se agoten las dos cosas. Se echa por encima el batido de la ensaladera, teniendo en cuenta que no debe llegar al mismo borde, pues, aunque poco, algo sube la tarta. Se mete en el horno al baño maría (con el agua ya caliente) durante más o menos unos 45 minutos. Se saca, se deja enfriar antes de volcarlo en la fuente donde se vaya a servir.

Si se quiere, se puede cubrir con nata montada y adornar con fruta confitada, formando un bonito dibujo, pero esto es facultativo.

Nota.—Esta tarta queda también muy buena con cerezas (picotas). Se les quita el hueso y se cuecen igual que las manzanas, se procede lo mismo.

 POSTRE DE COMPOTA DE MANZANAS
1061 **CON SOLETILLAS Y NATA** (6 personas)

1¹/₂ kg de manzanas reinetas,	unas 15 o 16 soletillas (de las de papel, o
6 cucharadas soperas de azúcar,	sea, un poco firmes),
1 vaso (de los de vino) de agua,	agua fría.
¹/₄ kg de nata montada,	

Se cortan las puntas de las soletillas de un solo lado, para que queden rectas.

En un cazo pequeño se ponen 3 cucharadas soperas de azúcar con un poco de agua. Se hace caramelo. Cuando está dorado, se mojan las soletillas de una en una, sólo por la parte cortada y a una altura de 2 cm más o menos. Se pegan rápidamente derechas en la fuente de porcelana o loza donde se va a servir el postre, formando como un molde redondo. Se mantienen de pie gracias al caramelo que se enfría.

Aparte se pelan, se cortan y se quitan los centros de las manzanas, se cortan en cuadraditos pequeños y se ponen en un cazo con las otras 3 cucharadas soperas de azúcar y el vaso de agua. Se cuecen unos 20 minutos, se escurre, poniendo la compota en un paño de cocina limpio, uniendo las cuatro esquinas, y dejándolo en vilo durante unos 10 minutos, o se escurre puesta la compota en un colador de tela metálica.

Se pone la compota a enfriar en la nevera.

En el momento de servir, se vierte la compota en el centro de las soletillas, se cubre con nata (si ésta no está bastante dulce, se le añade azúcar e incluso, si está espesa, una clara de huevo montada a punto de nieve, pero esto es facultativo) y se sirve.

No se puede poner la compota con anticipación, pues ésta ablanda las soletillas y se caerían.

Nota.—Se puede adornar la nata con un picadito de almendras garrapiñadas o con unos hilos hechos con caramelo batido con un tenedor cuando esté el caramelo empezando a dorarse.

1062 PERAS CON NATA Y CHOCOLATE (6 personas)

6 peras grandes (amarillas de Roma o de agua),
1/4 kg de nata montada,
6 cucharadas soperas de azúcar,
un poco de canela en rama,
6 onzas de chocolate,
4 cucharadas soperas de azúcar,
2 vasos (de los de vino) de agua,
1 trozo de mantequilla (25 g),
agua.

Se pelan las peras y se cortan en dos a lo largo. Con cuidado y con un cuchillo de punta se les quita el centro de las pepitas. Se ponen en una cacerola amplia para que no estén montadas unas encima de otras, se espolvorean con el azúcar y se echa la canela; se vierte agua para que las cubra muy poco y se ponen a fuego mediano. Se dejan hasta que estén bien cocidas (es decir, cuando se ponen como transparentes, o se pinchan con un alambre que las debe atravesar con suavidad). Una vez en su punto, se retiran de su jugo para que se enfríen y escurran bien. Se pueden presentar en unas copas o cuencos. Se reparte la nata en las 6 copas, se colocan 2 medias peras en cada copa con el centro (lo hueco) sobre la nata. Se dejan en sitio fresco (o en la nevera).

En un cazo se echa el agua, el azúcar y el chocolate cortado en trocitos, se pone al fuego y, cuando está derretido el chocolate, se deja espesar un poco, se añade al chocolate la mantequilla, se mueve bien hasta que esté bien incorporada, se deja templar la salsa y se vierte sobre las peras. Se sirve en seguida para que no dé tiempo a que se derrita la nata.

TARTA DE PURÉ DE CASTAÑAS Y SOLETILLAS
(6 personas)

Unas 35 soletillas (más bien firmes),
1 lata de puré de castañas (¹/₂ kg),
2 claras de huevo,
   un poco de aceite fino para untar el molde,

2 o 3 cucharadas soperas de ron,
3 cucharadas soperas de azúcar,
   agua,
   un pellizco de sal.

Se unta una flanera (de 16 a 18 cm de diámetro) con aceite fino y se escurre muy bien. Se pone en un plato sopero la mitad del ron y del azúcar y bastante agua. Se mueve bien y se mojan muy ligeramente las soletillas en este caldo. Se colocan en el fondo de la flanera y, cortándoles un lado de las puntas redondas, se colocan todo alrededor de la flanera.

Se baten muy firmes las claras (con un pellizco de sal) y se mezclan con el puré de castañas. Se vierte la mitad en el molde. Se vuelven a mojar unas soletillas, .que se colocan encima de la crema. Se hace el resto de líquido, agua, azúcar y ron para las soletillas restantes. Se pone la segunda mitad de la crema y se termina con una capa de soletillas poco mojadas.

Se coloca un papel de plata y encima una tapadera ligeramente más pequeña que el molde, con el fin de que entre un poco. Se pone algún peso ligero sobre la tapadera para que apriete un poco, y se mete en la nevera por lo menos unas 6 a 8 horas antes de servir el postre. Si se puede, mejor se prepara la víspera.

Para desmoldarlo, se quita el papel de plata, se pasa un cuchillo de punta redonda alrededor de la flanera y luego se vuelca.

Se sirve adornado con nata, que lo cubra, o con natillas.

Natillas:

¹/₂ litro de leche,
2 o 2 yemas,
3 cucharadas soperas de azúcar,

1 cucharadita (de las de café) de maizena.

(Procédase como está explicado en la receta 1079.)

1064 POSTRE DE SOLETILLAS, CREMA Y NARANJAS
(6 a 8 personas)

$^1/_2$ litro de leche,
1 cucharada sopera rasada de harina fina,
1 cucharada sopera colmada de maizena,
5 o 6 naranjas Washington (según tamaño),
4 yemas de huevo,

150 g de azúcar molida,
1 vasito de licor de Cointreau o Curaçao,
300 g de soletillas,
2 cucharadas soperas de agua,
6 cerezas en almíbar o confitadas.

Se prepara la víspera.

Se pelan las naranjas, guardando una de las cáscaras. En un plato se cortan en rodajas bastante finas, con el fin de guardar el zumo que cae. Se colocan en una flanera o una ensaladera de cristal, previamente refrescada con agua y escurrida, adornando el fondo y las paredes. En un plato sopero se echa el zumo recogido de las naranjas y el de las naranjas que no se hayan utilizado de adorno con $^1/_2$ vasito de licor y 2 cucharadas soperas de agua. Se pasan rápidamente por ello las soletillas y se colocan por encima de las naranjas, también en el fondo y las paredes del molde en que se vayan a hacer.

Aparte se pone la leche a cocer con la cáscara de naranja y la mitad del azúcar. En un tazón se baten las yemas con el resto del azúcar, la harina, la maizena y el $^1/_2$ vaso de licor. Cuando la leche hierve, se vierten unas cucharadas en el tazón de las yemas y luego se añade esto al cazo donde está la leche. Se deja cocer unos 4 minutos más o menos, moviendo constantemente para que no se formen grumos. Se deja templar la crema moviéndola, y se vierte en dos veces en el molde, alternando con una capa de soletillas sin remojar. Se termina de llenar el molde, cubriéndolo al final con una capa de soletillas sin remojar.

Se cubre con un papel de plata o un papel untado de aceite fino. Se pone una tapadera un poco más pequeña que el molde y se pone algo de peso encima. Se mete a la nevera por lo menos unas 6 horas antes de servir.

Al ir a servir, se quita la tapadera y, con cuidado, el papel. Se pasa un cuchillo de punta redonda todo alrededor del molde y se vuelca sobre una fuente. Se adorna con las guindas partidas por la mitad.

Nota.—Se pueden servir aparte unas natillas claras (receta 1079) que se perfumarán al hacerlas con un poco de extracto de naranja. Estas natillas mejoran mucho el postre.

1065 SOLETILLAS RELLENAS DE CREMA (6 personas)

24 **bizcochos de soletillas,**
 2 **huevos,**
 1 **litro de aceite** (sobrará mucho).
Crema:
½ **litro de leche,**
 3 **cucharadas soperas de azúcar,**

2 **cucharadas soperas colmadas de mai-**
 zena,
1 **cucharada sopera de harina fina,**
3 **yemas de huevo,**
1 **corteza de limón,**
 azúcar en un plato.

Se empieza por hacer la crema del relleno.

Se pone a cocer casi toda la leche (reservando un poco) con 2 cucharadas de azúcar y la corteza del limón. En un tazón se ponen las yemas de huevo con el resto del azúcar, la maizena y la harina. Se mueve bien y se agrega el poquito de leche que se había reservado. Cuando la leche del cazo está hirviendo, se vierte un poco dentro del tazón y se bate bien, con cuidado de añadirla poco a poco para que no se corten las yemas. Una vez el tazón lleno, se vierte el contenido de éste en el cazo de la leche y se deja cocer muy despacio, sin dejar de dar vueltas con una cuchara de madera, unos 3 o 4 minutos.

Se aparta del fuego y se deja que se enfríe un poco. Debe quedar la crema espesa.

Se cogen 12 soletillas y con la crema templada se cubre la parte plana de cada soletilla (debe haber bastante crema en cada una). Se cubre con las 12 soletillas restantes, sin apretar, para que no se salga la crema. Se baten los 2 huevos como para tortilla, se pasan las soletillas rellenas por el huevo batido y se fríen en una sartén con el aceite. Cuando tienen un bonito color dorado se sacan, y en caliente se rebozan con el azúcar del plato. Se colocan en una fuente y se sirven templadas (casi frías) o frías.

1066 TARTA DE MOKA Y SOLETILLAS (6 a 8 personas)

(Para hacer la víspera.)

Unas 35 soletillas (más bien firmes),
150 g de mantequilla blanda,
150 g de azúcar molida,
2 yemas,
3 cucharadas (de las de café) de café soluble,

2 cucharadas soperas de ron,
3 cucharadas soperas de azúcar,
agua,
100 g de almendras tostadas y picadas no muy finas,
aceite para untar la flanera.

Se unta con aceite una flanera de unos 16 a 18 cm de diámetro. Se escurre bien con el dedo lo sobrante. En un plato sopero se ponen $1^1/_2$ cucharada de café soluble, $1^1/_2$ cucharadas de azúcar y agua fría, más una cucharada de ron, para remojar las soletillas. Se van pasando por el líquido rápidamente para que, cogiendo el gusto, no se remojen demasiado. Se colocan en el fondo y después se ponen de pie todo alrededor del molde, de manera que no quede ningún hueco sin cubrir de soletillas y con el lado abombado de las soletillas pegado al fondo y a la pared de la flanera.

Se hace la crema; se ponen en una ensaladera las yemas y el azúcar molida. Se trabaja muy bien con una cuchara de madera hasta que quede espumoso. Se añade entonces, poco a poco y en trocitos, la mantequilla, que tiene que estar blanda, pero sin estar derretida. Se trabaja bien para que la crema quede muy lisa. Se pone la mitad en la flanera, se cubre con soletillas remojadas como se explica antes. Se pone la otra mitad y se cierra con una capa de soletillas. Se coloca un papel de plata o un papel graso (de envolver los emparedados) y una tapadera un poco más pequeña que la flanera. Se pone algo de peso encima y se mete en la nevera por los menos 6 horas.

Cuando se vaya a servir, se quita la tapadera y el papel. Se pasa un cuchillo de punta redonda todo alrededor del molde y se vuelca en una fuente. Se cubre con el tercio de crema que se había reservado en sitio no frío (para poder extenderla), extendiéndola con un cuchillo, y después se espolvorea con las almendras picadas y se mete otro rato en la nevera (una hora, por ejemplo; más si conviene).

BUDÍN DE SOLETILLAS Y FRESAS (6 a 8 personas)

(Se prepara la víspera.)

1 flanera de unos 17 a 18 cm de diámetro,
½ vaso (de los de vino) de kirsch,
1 vaso (de los de vino) de agua fría,
2 cucharadas soperas de azúcar,
¾ kg de fresones muy rojos y maduros,
½ kg de nata montada,

unas 36 soletillas (un poco firmes),
un poco de aceite fino para untar el
molde.
Salsa:
½ kg de fresones
1 vaso (de los de vino) de agua
4 cucharadas soperas de azúcar.

Se unta el molde con aceite fino, escurriendo lo que sobra. En un plato sopero se pone el kirsch con el agua y las 2 cucharadas soperas de azúcar. Se mezcla bien y se pasan rápidamente las soletillas por este líquido, colocándolas primero todo alrededor de la flanera y después en el fondo, cuidando de que no quede ningún hueco sin soletilla. En el fondo se extiende la mitad de la nata. Se dejan unos 6 fresones para adorno y se cortan en dos los que fuesen muy grandes. Se ponen la mitad sobre la nata, se cubre con una capa de soletillas mojadas; se vuelve a poner nata y fresones, y se vuelve a cubrir con otra capa de soletillas ligeramente mojadas.

Se tapa el molde con un papel de plata. Se coloca una tapadera algo más pequeña que la flanera y se pone algún peso ligero encima, con el fin de que el postre asiente (sin apoyar mucho para no hundirlo). Se mete en la nevera por lo menos unas 8 horas.

Se prepara la salsa:

Se cuece el agua con el azúcar durante unos 10 minutos y se deja enfriar.

Aparte, en la batidora, se hace un puré con los fresones previamente lavados y con los rabos quitados después. Se cuela por un colador, para quitar las pepitas más grandes.

Se mezcla con el almíbar y se sirve en salsera aparte.

Al ir a servir, se pasa un cuchillo de punta redonda todo alrededor de la flanera. Se vuelca en una fuente, se vierte la salsa por encima y se adorna con los fresones separados para ello. Se sirve bien frío.

relleno se puede hacer machacando los fresones con un tenedor y mezclándolos en la nata.

Se puede utilizar fresa si se quiere más fino el budín.

SOLETILLAS CON MERMELADA Y CHOCOLATE

Se unta con mermelada de albaricoque o frambuesa la parte plana de una soletilla y se coloca otra encima, pegándolas bien. Se pasan ligeramente por un poco de leche fría y por un plato donde haya chocolate rallado (éste que sea más bien grueso). También se encuentra granulado el chocolate. Se coloca cada bizcocho así formado en un molde de papel.

 1069 TIRAMISÚ (4 a 5 personas)

1 molde de 20 cm de largo y papel de aluminio,
20 bizcochos de soletilla,
1 vaso (de los de agua) de café muy fuerte,
3 cucharadas soperas de ron,

5 cucharadas soperas de azúcar,
2 cajas de queso blanco sin sal (300 g) tipo yoplait,
$^3/_4$ de litro de natillas, más bien espesas,
3 cucharadas soperas de cacao,
4 yemas.

Tapizar el molde con papel de aluminio.

En un plato sopero mezclar: el ron, el café y las 3 cucharadas de azúcar. En esta mezcla mojar (no mucho) las soletillas y tapizar el fondo del molde. Extender por encima parte del queso hasta llegar a llenar el molde, terminando con una capa de soletillas. entre capa y capa, espolvorear el queso con un poco de azúcar.

Cubrir el molde con papel de aluminio y poner encima un peso ligero (por ejemplo: unas botellas de cerveza). Meter en la nevera 24 horas.

Con los 3/4 de litro de leche, 4 yemas, 4 cucharadas de azúcar y 1 cucharada sopera, rasada de harina, hacer unas natillas más bien espesas. Dejarlas enfríar, aunque no es necesario hacerlas la víspera.

Para servir el Tiramisú, se desmolda, se le quita el papel de aluminio y se espolvorea con cacao.

Estas natillas se sirven en salsera aparte.

1070 CHURROS (salen unos 25)

1 tazón de harina corriente,
1 tazón de agua,

un pellizco de sal,
1 o $1^1/_2$ litro de aceite (sobrará mucho).

En un cazo se pone el agua con la sal. Se pone al fuego y, cuando empieza a hervir, se echa de una vez la harina. Se mueve mucho con una cuchara de madera hasta que se desprende la masa de las paredes. Se retira del fuego y después de templada se mete en una churrera.

Se tiene el aceite abundante caliente y se forman los churros, empujando con la churrera la masa y cortándola, según se quieran de largos los churros, con un cuchillo o con el dedo mojado en agua.

Cuando los churros están bien dorados de cada lado se sacan, se escurren y se sirven en seguida espolvoreados con azúcar glass.

Nota.—Hay quien prefiere los churros poniendo el agua mezclada con leche (más de la mitad de agua y menos de leche). Salen mucho más ligeros.

PESTIÑOS (salen unos 50)

300 g de harina,
    un poco más de harina para espolvo-
    rear la mesa,
  25 g de manteca de cerdo,
  25 g de mantequilla,
  $^1/_2$ vaso (de los de vino) de vino blanco,

1 vaso lleno (de los de vino) de agua,
    un pellizco de sal,
1 litro de aceite (sobrará),
    miel líquida,
    agua.

En un cazo se pone el agua, el vino, la mantequilla y la manteca. Se calienta y cuando están las mantecas derretidas y sin dejar que cueza el líquido, se echa de un golpe la harina, mezclada con una pizca de sal.

Fuera del fuego, se mueve primero con una cuchara de madera y después se pone en un mármol y se amasa a mano. Se deja descansar la masa una o dos horas, formando con ella un bola.

Cuando se van a hacer los pestiños, se espolvorea la masa de mármol con un poco de harina y se estira con un rollo pastelero la masa, de manera que quede **muy fina**. Se cortan con un cuchillo unos rectángulos de más o menos 15 × 8 cm. Se enrollan por una esquina, formando un rollo ancho y aplastado. Se moja con el dedo metido en agua fría la esquina de fuera y se presiona para que al freír la masa no se desenrolle.

Se fríen en aceite bien caliente, por tandas, para que no se rompan. Una vez fritos, se dejan enfriar.

En un plato sopero se pone miel líquida (1$^1/_2$ vaso, de los de vino, más o menos). Si ésta no es lo suficientemente líquida, se rebaja, mezclándola con un poco de agua templada. Se mueve bien. Debe quedar como un jarabe espeso. Se coge cada pestiño y con una cuchara sopera se vierte la miel por encima. Se dejan en el mármol y después de un rato, que no escurran más, se colocan en la fuente de servir.

1072 TORRIJAS (8 personas)

1 pan de torrijas (mejor comprado la víspera),
de ³/₄ a 1 litro de leche hirviendo,
3 cucharadas soperas de azúcar,

2 o 3 huevos,
1 litro de aceite (sobrará),
azúcar molida para espolvorearlas.

Se corta la barra de pan en rodajas de un dedo de gruesas (2 cm y al bies) y se colocan en una fuente un poco honda. Se pone la leche a calentar con las 3 cucharadas de azúcar y cuando está a punto de cocer se vierte sobre el pan. Se deja como una hora para que se empapen.

En un plato sopero se baten 2 huevos como para tortilla. Al momento de freír las torrijas, se cogen de una en una con una espumadera, se rebozan en el huevo batido rápidamente y se colocan en el aceite caliente. Cuando están doradas por un lado, se les da la vuelta con cuidado para que no se rompan. Se sacan y se dejan escurrir un poco.

Se colocan en la fuente donde se vayan a servir, espolvoreándolas con azúcar. Se pueden servir templadas o frías.

Hay a quien le gustan las torrijas bañadas con almíbar. Para esto se empaparán sólo con ¹/₂ litro de leche y, una vez fritas, se colocan en la fuente y se rocían con el siguiente almíbar (naturalmente, ya no se espolvorean con el azúcar):

Baño:

¹/₂ litro de agua,
125 g de azúcar,
1 corteza de limón,

2 vasos (de los de vino) de buen vino blanco.

Se pone a cocer el agua con la corteza de limón y el azúcar unos 8 minutos, y después se le añade el vino y se deja cocer otros 5 minutos. Se aparta del fuego y, cuando está aún caliente (pero no hirviendo), con una cuchara sopera se vierte sobre cada torrija el almíbar.

 **CRÊPES** (salen de 15 a 20)

250 g de harina,
  2 huevos,
  1 cucharada sopera de aceite fino,
  1 cucharada sopera de ron o coñac,
  un pellizco de sal,

1 cucharada (de las de café) de azúcar
  (colmada),
1 vaso (de los de agua) de mitad leche y
  mitad agua,
  aceite para la sartén.

En una ensaladera se pone la harina con la sal y el azúcar; en el centro se echan los huevos, el aceite y el coñac. Se mueve con una cuchara de madera para formar una masa sin grumos. Se añade poco a poco el vaso con la mezcla de agua y leche. A veces hay que añadir algo más de líquido (depende de la clase de harina). La masa de las crêpes tiene que quedar como unas natillas de espesa. Se puede colar por un pasapurés o chino de agujeros gruesos para asegurarse de que la masa no tiene grumos.

Se cubre la ensaladera con un paño limpio y se deja reposar por lo menos una hora; si es más, mejor.

Cuando se vayan a hacer los crêpes, si hace falta porque la masa se haya espesado demasiado, se vuelve a aclarar con un poco de agua y leche mezcladas.

En dos sartenes pequeñas (unos 14 cm de diámetro de fondo) se vierte un chorrito de aceite, se calienta mucho y se inclina para que todo el fondo quede bien bañado de aceite.

Se escurre en un tazón lo sobrante (que se volverá a utilizar en la próxima crêpe) y con un cazo se vierte un poco de masa, se inclina otra vez la sartén para que quede la crêpe bien repartida en el fondo. Se deja que se cueza, sin dejar de mover en cuanto la crema se vea cuajada, para que no se agarre, y se da la vuelta cogiendo la sartén por el mango, trayendo la crêpe al borde de la sartén, dando un movimiento brusco para que salte en el aire y se vuelva.

Se suele hacer en dos sartenes para más rapidez, pues mientras cuaja la cara de una, la otra se vuelve.

Se pone una cacerola con agua muy caliente a fuego bajo (sólo para que conserve el calor el agua). Se posa encima, a manera de tapadera, un plato llano. Encima de éste, una hoja grande de papel de plata y encima de éste se van poniendo las crêpes a medida que están hechas. Al final se dobla el papel y se encierran en él las crêpes. Así se conservarán calientes y tiernas bastante tiempo.

Salsa de crêpes Suzette (salen unas 6 o 7)

Se ponen en una sartén 25 g de mantequilla; cuando está derretida, añadir 2 cucharadas soperas de Curaçao, 2 cucharadas soperas de azúcar y 10 cucharadas soperas de zumo de naranja. Se deja cocer un poco y se meten dentro de este jugo las 6 o 7 crêpes dobladas en cuatro. Cuando están bien calientes, se añaden 2 cucharadas soperas de ron o coñac flameándolo antes. Se sirven en seguida las crêpes con la salsa bien caliente encima.

Crêpes rellenas de crema:
Se hace una crema con:

½ litro de leche,
3 yemas,
5 cucharadas soperas de azúcar,
½ cucharada sopera de harina fina,

1½ cucharada sopera de maizena,
un pellizco de vainilla o la corteza de
un limón.

(Receta 1079.)

Una vez fría la crema (se prepara con anticipación), se rellena cada crêpe y enrolladas unas al lado de las otras se espolvorean con un poco de azúcar o se flamean con ron. (Véase seguidamente crêpes flameadas.)

Crêpes rellenas de nata:
Se rellenan con nata montada y se bañan con caramelo líquido (receta 121).

Crêpes rellenas de mermelada: de albaricoque, naranja, etc.:
Están muy buenas, simplemente rellenas con mermelada de albaricoque.

Crêpes flameadas:
Se colocan las crêpes dobladas en cuatro en una fuente y se espolvorean con azúcar.
En un cazo pequeño se pone ron o coñac, se calienta y se prende con una cerilla, echándolo en seguida sobre las crêpes. Con una cuchara sopera se coge el coñac de la fuente rápidamente y se rocían las crêpes, consiguiendo así que no se apague el ron tan de prisa y no sepa tan fuerte a alcohol.

1074 FILLOAS (salen unas 30)

6 cucharadas soperas de harina,
4 cucharadas soperas de azúcar,
6 huevos,
1 vaso (de los de agua) de agua,

1 vaso (de los de agua) de leche,
1 pellizco de sal,
1 corteza de tocino.

En un cuenco se pone la harina, se la espolvorea con el azúcar y la sal. Se hace un hoyo en el centro de la harina. En un plato se baten los huevos como para tortilla. Se vierten en el centro de la harina, que se revuelve con los huevos. Luego, poco a poco, se le incorpora el agua y la leche mezcladas.

Debe de quedar con la consistencia de las natillas.

Se emplea una sartén de unos 20 cm de diámetro, se calienta, se frota con la grasa de la corteza del tocino. Con un cucharón se echa un poco de líquido, dándole a la sartén un movimiento para que se extienda uniformemente la masa de las filloas y cubra todo el fondo por igual. Cuando se ve que el borde empieza a dorar, se despega un poco con un tenedor y se da la vuelta cogiéndola con los dedos. Se deja tostar por la otra cara, y una vez dorada la filloa se pasa a una fuente, que se mantendrá al calor suave, para que no se enfríen las filloas ya hechas.

Se sirven con azúcar, para que cada cual se la ponga a su gusto.

Nota.—Si se ve que la masa queda demasiado espesa, se puede añadir líquido (agua con leche).

1075 CANUTILLOS CON CREMA (salen unos 24)

Masa:
1 plato con azúcar,
1 vaso (de los de vino) bien lleno de leche,
1 vaso (de los de vino) bien lleno de aceite,
1 raja de limón,

unos 250 g más o menos de harina,
1 litro de aceite (sobrará),
sal,
unos canutillos de metal (como si fueran cucuruchos de papel).

Se empieza por freír el aceite del vaso con la raja de limón. Se saca el limón después de frito y se deja enfriar el aceite. En un cuenco se mezcla con la leche y se pone un pellizquito de sal. Se añade poco a poco la harina, y cuando se ve espeso se coloca en una mesa (de mármol, si es posible) y se amasa bien con las manos. Se pone la masa en un plato, se tapa con un paño más bien grueso y se deja al calor muy suave. Cuando se ve que la masa se abre, ya está lista para hacer los canutillos.

Se estira la masa muy fina con un rodillo (espolvoreando la mesa con algo de harina, para que no se pegue) y se corta en trozos adecuados al canutillo. Se pone en la parte externa de los moldes y se fríen en seguida, de 4 en 4 a lo sumo. Cuando se sacan del aceite y se enfrían un poco, se pasan por el azúcar del plato.

Se pueden hacer la víspera, si se quiere.

Cuando se van a servir y lo más tarde que se pueda, se rellenan con crema.

Crema:

La crema se hace como unas natillas espesas. Estos son los ingredientes:

³/₄ de litro de leche,
5 yemas de huevo,
6 cucharadas soperas de azúcar,
3 cucharadas soperas de maizena,

1 corteza de limón (para cocer en la leche),
1 pellizco de vainilla en polvo.

1076 TORTITAS AMERICANAS (salen unas 14)

200 g de harina,
1¹/₂ cucharadita (de las de moka) de sal,
3 cucharaditas (de las de moka) de levadura,

1 cucharada sopera de azúcar,
1 cucharada sopera de aceite fino,
2 huevos,
1 vaso (de los de agua) de leche fría.

Se mezcla en un plato la harina (pasándola antes por un tamiz o un colador de tela metálica para que se airee) con la sal y la levadura.

En una ensaladera se baten un poco los 2 huevos. Se les añade el aceite y la leche. En el líquido se agrega la mezcla de harina, levadura y sal. Se bate de prisa y poco tiempo (no importa que haya grumos; se disolverán solos al hacer las tortitas). Para mayor facilidad, se pone este líquido espeso en una jarra.

Se vierte el volumen de una cucharada sopera de líquido encima de una chapa caliente. Si no se tiene chapa, se pueden hacer las tortitas en una sartén (de las que no necesitan grasa). Cuando empiezan a salir burbujas (es decir, a los 2 o 3 minutos), se vuelve con una espátula la tortilla del otro lado. Deben estar doradas.

Hay que procurar servirlas en seguida. Si tuviesen que esperar un poco, se deben dejar en sitio caliente en montones no superiores a cuatro tortitas.

Nota.—Estas tortitas se sirven con nata y salsa de caramelo, chocolate o mermelada. También se toman simplemente untadas con mantequilla y mermelada corriente.

BARTOLILLOS (salen unos 20)

Masa:
300 g de harina fina,
harina para espolvorear la mesa,
25 g de mantequilla,
25 g de manteca de cerdo,
1 vaso (de los de agua) no lleno, con mitad agua y mitad vino blanco seco, sal.
Crema del relleno:
¹/₂ litro de leche,
3 yemas de huevo,
5 cucharadas soperas de azúcar,
1 cucharada sopera rasada de harina fina,
1¹/₂ cucharada soperas de maizena (o 1¹/₂ cucharadas soperas de harina fina),
1 corteza de limón,
un pellizco de vainilla,
1¹/₂ litros de aceite (sobrará),
azúcar glass.

Para hacer la masa se procede como para las empanadillas (receta 51, 1.ª receta).

Se hace también la crema pastelera como va explicado en la receta 1081, sin ponerle la clara a punto de nieve. Una vez reposada la masa de las empanadillas y fría ya la crema, se espolvorea un mármol con harina y con el rodillo pastelero se extiende la masa, bastante fina. Con un redondel metálico o con una taza de desayuno se cortan redondeles bastante grandes. Se pone una cucharada sopera de crema (ésta debe estar durita) y se dobla el bartolillo, apretando muy fuerte los cantos con la rueda de metal de cortar las empanadillas, con el fin de que no se salga la crema al freírlos.

En una sartén amplia se fríen por tandas para que no se estropeen al chocar. Se sacan con una espumadera cuando tienen un bonito color dorado. Se posan sobre un papel de estraza para que absorba el aceite. En el momento de servir, se colocan en una fuente y se espolvorean con azúcar glass.

Se pueden comer templados o fríos.

 LECHE FRITA (6 personas)

³/₄ de litro de leche,
la cáscara de un limón,
5 cucharadas soperas de azúcar,
25 g de mantequilla,
2 o 3 huevos (para envolver),
2 yemas (facultativo),
pan rallado en un plato,
1 litro de aceite fino,
5 cucharadas soperas (colmaditas) de maizena,
azúcar para espolvorear.

En un tazón se disuelve la maizena con un poco de leche fría (tomada de los ³/₄ de litro).

Aparte, en el fuego, se pone en un cazo la leche, la cáscara de limón, el azúcar y la mantequilla. Cuando la leche con estos ingredientes está a punto de cocer, se le agrega lo del tazón y sin dejar de mover con una varilla se cuece (suavemente) unos 5 a 7 minutos. Luego se vierte esta masa en una besuguera para que quede del grueso deseado (más o menos un dedo de grueso) y se deja enfriar por los menos durante un par de horas.

En una sartén se pone el aceite a calentar y, una vez en su punto (que se comprobará friendo una corteza de pan), se corta la masa en unos cuadrados de unos 4 cm de costado. Se sacan con ayuda de un cuchillo de punta redonda o, mejor, con una pala de pastelería, se pasan por huevo batido (como para tortilla) y pan rallado y se fríen.

Se sacan del aceite con una espumadera cuando están bien dorados los trozos de leche frita y se colocan en una fuente. Ésta se dejará hasta el momento de servirlos a la boca del horno para que, sin estar muy calientes, no se enfríen.

Se espolvorean con azúcar al ir a servirlos.

Nota.—Se pueden añadir 2 yemas cuando está la crema hecha y templada para que no se cuajen. Pone la crema finísima.

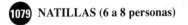 **1079** NATILLAS (6 a 8 personas)

1½ litros de leche,
6 yemas de huevo,
6 cucharadas soperas de azúcar (colmadas),
la cáscara de un limón,
o 2 barras de vainilla,
1 cucharada sopera de maizena,
polvos de canela (facultativo).

Se pone la leche en un cazo con 4 cucharadas de azúcar y la cáscara de limón y se pone al fuego hasta que empiece a cocer.

Mientras tanto, en un tazón se baten las 6 yemas de huevo, 2 cucharadas de azúcar y la maizena. Cuando la leche hace burbujas todo alrededor del cazo, se coge un cucharón y se va echando muy poco a poco en el tazón, moviendo muy bien. Una vez bien unido, se vierte el contenido del tazón en el cazo y se baja un poco el fuego dando vueltas sin parar con una cuchara de madera, sin dejar que llegue a hervir la crema. Se forma una espuma en la superficie y hay que dar vueltas sin parar hasta que desaparezca esta espuma y la crema esté lisa. Las natillas están entonces en su punto: se cuelan por un colador de agujeros grandes (chino u otro) y se vierte en una fuente honda o en platos individuales. Se meten en la nevera hasta el momento de servir. Antes de pasarlas a la mesa se espolvorean con un poco de canela en polvo.

 CREMA CATALANA (6 personas)

1 litro de leche,
8 yemas de huevo,
10 cucharadas soperas de azúcar (6 para la crema, 4 para quemarla),

la cáscara de un limón,
1¹/₂ a 2 cucharadas soperas de harina de almidón (o de maizena).

En un cazo se pone la leche a hervir con 4 cucharadas de azúcar y la cáscara de limón.

Mientras tanto, en una ensaladera de cristal se baten las 8 yemas con 2 cucharadas de azúcar y la harina de almidón (o la maizena). Se bate bien, y cuando está todo bien mezclado y sin grumos la maizena, se coge un cucharón de leche del cazo cuando está empezando a cocer, es decir, que se forman burbujitas alrededor del cazo, y se vierte muy despacio en las yemas. Una vez bien desleído, se vierte esto en el cazo, se baja un poco el fuego y, sin dejar ni un momento de dar vueltas con una cuchara de madera, se deja unos 5 minutos que cueza muy suavemente. Se vierte en una fuente o en platos individuales, colándola por un colador de agujeros grandes (chino o pasapurés), y se deja enfriar. Se mete en la nevera al menos una hora antes de utilizarla.

Cuando se va a preparar para servir a la mesa, se espolvorea bien de azúcar y con una plancha de hierro o el gancho de una cocina de carbón se pone éste al rojo y se presiona con delicadeza las natillas para que al salir humo se forme caramelo.

Esto no se puede hacer con mucha anticipación, porque se derrite con la crema.

Nota.—Se venden en el comercio unas chapas redondas, con mango, especiales para quemar el azúcar.

 CREMA PASTELERA (para rellenos)

¹/₂ litro de leche,
3 cucharadas soperas de leche fría,
3 yemas de huevo,
5 cucharadas soperas de azúcar,
2 cucharadas soperas de maizena,

1 cucharada sopera rasada de harina fina,
1 corteza de limón o un pellizco de vainilla,
1 clara a punto de nieve (facultativo).

En un cazo se pone a cocer el ¹/₂ litro de leche con 3 cucharadas de azúcar y la corteza del limón.

En un tazón se mezclan las yemas de huevo, el resto del azúcar, la maizena, la harina y la leche fría, todo bien disuelto para que no haga grumos.

Cuando la leche empieza a cocer, se coge un poco y se vierte muy despacio en el tazón, con mucho cuidado para que las yemas no se cuajen y formen grumos. Después de disuelto con un poco de leche caliente, se vierte este contenido del tazón en el cazo de la leche y, sin dejar de mover con una cuchara de madera, se deja cocer muy suavemente (a fuego lento) unos 5 minutos.

Se aparta y se vierte en una fuente o una ensaladera, para dejarla enfriar antes de utilizarla.

Hay a quien le gusta añadir, una vez casi fría la crema, una clara montada a punto de nieve firme (con un pellizquito de sal).

Antes de utilizar la crema se quita la corteza de limón.

1082 NATILLAS CON ROCA FLOTANTE (6 personas)

Natillas:
³/₄ de litro de leche,
4 yemas,
6 cucharadas soperas de azúcar,
1 cucharada sopera rasada de maizena,
un pellizco de vainilla.

Roca:
8 claras de huevo,
8 cucharadas soperas de azúcar.
Caramelo para el molde:
1 cucharada sopera de agua,
2 cucharadas soperas de azúcar.

Con 2 cucharadas soperas de azúcar y una de agua se hace un caramelo bastante tostado en el mismo molde donde se hará la roca. Se reparte en caliente por todo el fondo y se deja enfriar.

Natillas:

Se pone a cocer la leche con 3 cucharadas de azúcar y la vainilla. Aparte, en un tazón, se mezclan las yemas con el azúcar y la maizena. Cuando la leche empieza a cocer, se vierte un poco con un cacillo en el tazón (con el fin de que no se cuajen las yemas), moviendo mucho con una cuchara de madera. Se vierte entonces lo del tazón en el cazo de la leche y, moviendo constantemente, se tiene en el fuego mediano un par de minutos, pero sin que cueza, pues se cortarían las natillas. Se cuelan por un pasapurés y se vierten en una ensaladera de cristal, reservándose en la nevera o en sitio fresco.

Roca:

Si se puede, la roca se debe hacer con poca anticipación; pero si no se puede, también puede prepararse una hora antes de servir (baja un poco, pero está buena).

Se baten a punto de nieve muy fuerte las claras de huevo; una vez batidas, se les añaden 4 cucharadas de azúcar. Se mezcla bien.

En un cazo pequeño se ponen las otras 4 cucharadas de azúcar con un poco de agua (1 o 2 cucharadas soperas). Se pone al fuego y se hace caramelo bastante oscuro (sin que se queme, pues sabría amargo). Se vierte entonces poco a poco en las claras, moviendo muy rápidamente para que se mezcle bien el caramelo, sin que se forme ningún grumo de caramelo. Esto tiene que ser rápido. Se vierte en el molde preparado con caramelo, y se mete al horno, al baño maría, unos 25 minutos más o menos. El horno estará encendido unos 10 minutos antes, y el agua del baño maría, caliente. Se echan las natillas en una fuente un poco profunda y se vuelca la roca sobre ellas. Si sobran natillas, se pueden servir en salsera aparte.

(1083) CREMA DE CHOCOLATE (6 personas)

1 litro de leche,
3 yemas,
1½ cucharadas soperas de maizena,
8 onzas de chocolate sin leche,
6 cucharadas soperas de azúcar,
3 o 4 cucharadas soperas de agua caliente.

Adorno:
2 claras,
2 cucharadas soperas de azúcar,
10 almendras tostadas.

En un cazo pequeño se pone el agua y el chocolate a fuego muy lento para que se deshaga sin cocer. Se mueve de vez en cuando.

Se pone a cocer en un cazo grande la leche con 4 cucharadas soperas de azúcar; se mueve para que el azúcar no se quede en el fondo. Mientras empieza a cocer, se ponen en un tazón las yemas, la maizena y 2 cucharadas de azúcar. Se mueve bien. Cuando la leche empieza a hacer burbujas todo alrededor del cazo, con un cucharón se coge un poco y se añade muy despacio a la mezcla del tazón, moviendo constantemente. Esto se vierte en el cazo de la leche, moviendo siempre. Se añade igualmente el chocolate derretido. Se mueve todo mezclado durante unos 3 minutos, más o menos, para que no dé gusto a harina la maizena, pero sin que cueza a borbotones.

Se separa del fuego, se deja templar y se cuela por un pasapurés o un chino. Se mete en la nevera o en sitio fresco hasta el momento de servir.

Nota.—Se puede adornar la crema con 2 claras montadas a punto de nieve bien firmes, y una vez montadas se mezclan con 2 cucharadas soperas de azúcar (esto se hace con una cuchara y no con el aparato de montar las claras). Se ponen montoncitos encima de la crema y se pican las almendras algo grandes, espolvoreando con ellas los montones de clara.

(1084) BUDÍN CON SUIZOS (6 personas)

3 o 4 suizos (de la víspera mejor),
2 cucharadas de azúcar,
leche fría en un plato sopero (1 vaso de los de agua, más o menos).

Para el flan:
$^1/_4$ litro de leche (1 vaso de los de agua),
3 huevos,
3 cucharadas soperas de azúcar,
un puñado de pasas de Corinto (remojadas en $^1/_2$ vaso [de los de vino] de agua caliente, con 3 cucharadas soperas de jerez).

Caramelo para el molde:
3 cucharadas soperas de azúcar,
2 cucharadas soperas de agua.

Salsa:
3 cucharadas soperas de mermelada de grosella o albaricoque, etc.
2 cucharadas soperas de azúcar,
$1^1/_2$ vaso (de los de agua) de agua,
2 cucharadas (de las de café) de fécula de patata,
unas gotas de zumo de limón.

Se hace el caramelo con las 3 cucharadas de azúcar y el agua en el mismo molde, que puede ser alargado de los de cake, o de otra forma si se quiere. Una vez frío el caramelo, se cortan los suizos en rebanaditas de 1 cm de grosor y se bañan por los dos lados en la leche con azúcar, estrujándolos al sacarlos. Se colocan en el molde alternando con unas pasas de Corinto, que se ponen a cocer un par de minutos con el agua y el jerez, dejándolas en el caldo hasta el momento de utilizarlas.

Después de colocados los suizos y las pasas, en una ensaladera se baten muy bien los huevos (como para tortilla), se les añade el azúcar y, al final, la leche. Se podrá utilizar la leche de bañar los suizos si sobrase, contando entonces con ella para no sobrepasar el $^1/_4$ litro de líquido. Se bate bien y se vierte en el molde, moviendo un poco el contenido para que todo quede bien empapado con la crema.

Se tendrá el horno encendido unos 5 minutos antes con una besuguera con agua hirviendo. Se mete el molde en el horno a baño maría durante unos 45 minutos. Se pincha con un alambre para saber si está cocido. El alambre debe salir seco y limpio. Se saca del horno y del agua y se deja enfriar.

En el momento de servir se pasa un cuchillo de punta redonda todo alrededor y se vuelca en una fuente alargada.

Se hace la salsa (receta 123) y se sirve en salsera aparte.

Nota.—1.ª Se puede cocer unos 3 minutos más la salsa de las pasas, después de sacadas éstas, y se puede echar por encima del budín al sacar éste del horno; resulta así más blando y hay quien lo prefiere.

2.ª También se puede servir el budín quemándolo con ron, calentado y prendido con una cerilla, en vez de ponerle salsa de mermelada.

FLAN CON PERAS (6 personas)

4 peras medianas (de agua o amarillas de Roma),
2 cucharadas soperas de azúcar,
1 vaso (de los de agua) de leche,
4 huevos enteros,

¹/₄ litro de leche (fría o templada),
3 cucharadas soperas de azúcar.
Caramelo para el molde:
3 cucharadas soperas de azúcar,
2 cucharadas soperas de agua.

Se baña con caramelo una tartera de unos 25 cm de diámetro y de unos tres dedos de alta.

Aparte, en un cazo, se echan las peras peladas y cortadas en trocitos como unos dados, el agua y las 2 cucharadas de azúcar; se tapa el cazo con una tapadera y se pone a cocer a fuego mediano. Deben quedar blandos, pero enteros, por lo cual hay que vigilar cuándo están en su punto. Cuando las peras están cocidas y templadas, se escurren bien de su almíbar y se colocan en la tartera sobre el caramelo y bien repartidos por igual en todo el fondo.

Se encenderá entonces el horno y se pondrá agua a calentar para que hierva al ir a meter el flan en el horno.

En una ensaladera se baten muy bien con un tenedor los huevos, se les agrega el azúcar y después la leche. Se mueve muy bien y se vierte esta crema en la tartera por encima de los trocitos de pera. Se mete en el horno al baño maría durante 40 minutos, más o menos, y cuando el flan está cuajado (se pincha con un alambre para comprobarlo) se saca del horno con su agua.

Cuando está templada el agua, se saca la flanera y se puede entonces volcar sobre una fuente redonda, donde se servirá.

Este flan está mejor ligeramente templado y no se debe meter en la nevera. Se puede hacer lo mismo con manzana, siempre que sean de una clase que no se deshagan (reinetas).

1086 **FLAN CLÁSICO Y FLAN SORPRESA** (6 personas)

Caramelo para el molde:
3 cucharadas soperas de azúcar,
2 cucharadas soperas de agua.
Flan:
³/₄ de litro de leche,

200 g (o 8 cucharadas soperas) de azúcar,
2 huevos enteros,
6 yemas,
un pellizco de vainilla o una barra de vainilla en la leche.

Se encaramela la flanera con las 3 cucharadas de azúcar y las 2 de agua, haciendo el caramelo en la misma flanera, y cuando está de un bonito color dorado se cubren también un poco las paredes, volcando la flanera por todos lados.

Se pone la leche a hervir con la vainilla (en polvo o en barrita).

En una ensaladera se ponen los huevos enteros y las yemas; se baten con el azúcar. Una vez bien disuelto el azúcar, se vierte muy poco a poco la leche caliente para que no se cuajen las yemas, y sin dejar de mover con una cuchara de madera. Se vierte en la flanera, colando la crema por un pasapurés o chino.

Se calienta el horno unos 10 minutos antes de meter el flan. Se tiene agua hirviendo en una cacerola para el baño maría y se mete dentro la flanera con el agua que cubra más de la mitad de la altura. Se cubre la flanera con una tapadera y se colocan dos o tres cascarones de huevo en el agua para que al cocer no salpique el agua. Se comprueba (con un alambre que tiene que salir limpio) a los 50 minutos si el flan está cuajado.

Si estuviese, se saca la flanera y se deja enfriar antes de meterla a la nevera. Se sirve en fuente redonda, colocando la fuente de tapa y volcando la flanera rápidamente.

Nota.—Flan sorpresa:

Una vez desmoldado el flan, se cubre con $^1/_4$ kg de nata montada mezclada con una clara de huevo a punto de nieve firme. Una vez cubierto el flan, se rocía con una salsa de mermelada de grosella o albaricoque (receta 123) hecha de antemano.

1087 FLAN CON LECHE CONDENSADA

3 huevos enteros,
1 bote de leche condensada (370 g),
la medida de 2 botes de leche natural,
un pellizco de vainilla en polvo.

Caramelo para el molde:
3 cucharadas soperas de azúcar,
2 cucharadas soperas de agua.

Con el azúcar y el agua se hace caramelo para la flanera. Se deja enfriar.

Aparte, en una ensaladera, se baten los 3 huevos enteros como para tortilla, se añade el contenido del bote de leche condensada, dando vueltas con una cuchara de madera; después se agregan la leche natural y la vainilla. Se vierte esto en la flanera.

Se encenderá el horno unos 5 minutos antes de meter el flan y se tendrá una cacerola amplia con agua hirviendo para meter dentro la flanera. El agua debe llegar más arriba de la mitad de la altura de la flanera. Se ponen en el agua del baño maría tres o cuatro cáscaras de huevo para que no salte el agua al cocer. Se deja el flan unos 45 minutos; de todas maneras, después de $^1/_2$ hora se comprueba si está el flan en su punto con un alambre. Si sale limpio es que está cuajado. Se saca del horno y del agua y se deja enfriar.

No se debe meter este flan en la nevera. Se sirve volcando la flanera en una fuente redonda, puesta a modo de tapadera.

FLAN DE COCO (6 a 8 personas)

³/₄ de litro de leche,
2 cucharadas soperas de maizena,
1 cucharada sopera de harina fina,
8 cucharadas soperas de azúcar,

100 g de coco rallado,
5 huevos,
agua.

Con 2 cucharadas soperas de azúcar y 1¹/₂ cucharada sopera de agua se hace caramelo y se baña una flanera o un molde en forma de corona.

Se ponen la maizena y la harina en un tazón y se deslíen con un poco de leche fría.

Aparte, en un cazo, se pone el resto de leche con 6 cucharadas de azúcar. Cuando está caliente, se le añade la mezcla de harina y maizena bien disueltas con la leche, y se cuece esta crema durante unos 3 minutos. Se retira del fuego y se añade el coco.

En una ensaladera se baten con un tenedor los huevos bien batidos y, poco a poco, se va añadiendo la papilla. Una vez mezclado todo, se vierte en la flanera y se mete al baño maría en el horno, previamente calentado durante unos 10 minutos. Se ponen alrededor de la flanera unos cascarones de huevo con el fin de que el agua no salpique el flan al cocer. Se tiene a fuego mediano de 35 a 45 minutos. Se pincha con un alambre y cuando sale limpio es que está el flan.

Se saca del horno y del baño maría y se deja enfriar, sin meterlo en la nevera; basta que esté frío. Al ir a servir el flan, se vuelca en una fuente.

1089 **FLAN CON ZUMO DE NARANJA**

¹/₂ litro de zumo de naranja,
2 cucharadas soperas de maizena,
6 huevos,
250 g de azúcar molida,
3 cucharadas soperas de azúcar molida,
6 terrones de azúcar.

Caramelo para el molde:
1¹/₂ cucharada sopera de agua,
3 cucharadas soperas de azúcar.

Con las 3 cucharadas soperas de azúcar y el agua se hace un caramelo y se enca-ramela bien la flanera. Se deja enfriar.

Se frotan con los terrones las cáscaras de naranja (esto es muy importante, pues es lo que da más sabor). Se ponen en un cazo, se vierte el zumo y se añade el azúcar molida. En un tazón se deslíe la maizena con un poco de zumo y se añade al cazo. Se pone al fuego, y con una cuchara de madera se revuelve hasta que empie-ce a cocer. Se deja cocer, sin dejar de dar vueltas, uno o dos minutos. Se separa del fuego y se deja enfriar un poco.

En una ensaladera se baten muy bien los huevos con un tenedor y, poco a poco, para que no se cuajen, se les va añadiendo la crema de naranja. Se revuelve bien y se vierte en la flanera.

Se pone ésta al baño maría, a horno mediano y previamente calentado, durante unos 40 minutos más o menos. Se saca del horno y del agua caliente y se deja enfriar.

Se vuelca en la fuente justo en el momento de ir a servir el flan.

 1090 **DULCE DE LECHE CONDENSADA ESTILO ARGENTINO**
(6 personas)

1 bote de leche condensada (370 g),
2 yemas de huevo,
2 claras,

100 g de huevo hilado o nata montada,
agua,
un pellizco de sal.

Se pone la lata de leche condensada cerrada en un cazo con agua que le llegue bastante arriba, es decir, al baño maría. Cuando rompe el hervor, se deja cocer lentamente por espacio de 3 horas, añadiéndole agua caliente al cazo cuando vaya haciendo falta.

Una vez pasado este tiempo, se retira el bote del agua, se abre y se deja enfriar. Se vierte en una ensaladera pequeña de cristal, o en una fuente pequeña y honda, se añaden las 2 yemas y después las claras montadas a punto de nieve con un pellizquito de sal.

Se mete en la nevera una hora y se sirve adornado con huevo hilado o nata, y acompañado de lenguas de gato, servidas aparte.

FLAN CHINO (6 personas)

¼ **litro de leche,**
¼ **kg de azúcar,**
 5 **yemas de huevo,**
 3 **claras,**
   un pellizquito de sal.

Caramelo para la flanera:
3 cucharadas soperas de azúcar,
2 cucharadas soperas de agua.

Se prepara una flanera de unos 18 cm de diámetro con azúcar y agua; se cuece, y cuando el caramelo tiene un bonito color dorado, se retira y, volcando un poco la flanera, se baña el fondo y un poco los costados. Se deja enfriar. También se pueden utilizar flaneras individuales.

Se pone en un cazo la leche y el azúcar y se mueve con una cuchara de madera. A fuego suave se cuece durante unos 15 minutos hasta que espese, moviendo de vez en cuando.

En un tazón se baten las yemas y con una cuchara se agrega, muy poco a poco, la leche caliente (para que no cuaje las yemas); después se vierte esto dentro del cazo de la leche, apartando ésta del fuego para que no se corte la crema. Se deja templar, dándole de vez en cuando vueltas con una cuchara de madera.

Aparte se baten las claras a punto de nieve muy firmes con un pellizquito de sal y se incorporan con mucho cuidado a la crema, de modo que queden muy bien mezcladas. Se vierte esta crema en la flanera preparada con caramelo y se mete a horno suave y al baño maría (el agua se tendrá ya cociendo de antemano y el horno encendido unos 5 minutos antes). Se cubre con tapadera durante 20 minutos, después se destapa y se cuece unos 15 minutos más (en total unos 35 minutos a horno mediano) y cuando está en su punto (se pincha con un alambre para saberlo: si sale limpio es que el flan está cocido) se saca. Se deja enfriar en el molde y éste en el baño maría. Se quita, una vez fría, la flanera del agua y se mete ½ hora en la nevera.

En el momento de servir, se pasa un cuchillo de punta redonda alrededor de la flanera y se vuelca en una fuente.

1092 TOCINO DE CIELO (6 personas)

1¹/₂ vaso (de los de agua) de azúcar,
1¹/₂ vaso (de los de agua) de agua,
  2 trozos de corteza de limón,
  2 cucharadas soperas de agua fría,
  7 yemas,
  1 huevo.

Caramelo para la flanera:
2 cucharadas de azúcar,
1 cucharada de agua.

Se hace el caramelo en una flanera de unos 14 cm de diámetro. Se deja enfriar.

En un cazo se hace el almíbar poniendo el agua con el azúcar y las dos cortezas de limón. Se deja cocer suavemente durante 20 minutos. Se retira del fuego y se deja enfriar.

Aparte en una ensaladera, se ponen las 7 yemas, el huevo entero y las dos cucharadas de agua fría. Se revuelve hasta que esté hecha una crema y entonces se va añadiendo poco a poco el almíbar frío. Se vierte en la flanera. Se pone un papel de plata por encima y una tapadera que encaje bien.

Se mete la flanera en una cacerola que contenga agua caliente a mitad de su altura, se ponen unos cascarones de huevo para que no salpique el agua, y cuando rompe el hervor se deja 9 minutos encima de la lumbre.

Se tendrá el horno encendido previamente y se pasará en seguida dentro, con su baño maría, 10 minutos más.

Se saca la flanera del horno. Se deja enfriar el tocino y pasando un cuchillo de punta redonda todo alrededor para desprenderlo, se vuelca en la fuente de servir.

Nota.—Se puede hacer esto mismo en flanecitos individuales. Convendrá entonces dejarlos algo menos de tiempo en el horno.

1093 CAPUCHINA (8 personas)

10 yemas,
1 clara,
2 cucharadas soperas de harina de almidón (o maizena),
un trocito de mantequilla para untar el molde.

Almíbar:
1½ decilitro de agua,
150 g de azúcar,
1 cáscara de limón.

Baño de yema:
3 yemas,
125 g de azúcar,
1 decilitro (o sea, 1 vaso de los de vino) de agua más una cucharada (de las de café).

Adorno:
2 claras da punto de nieve,
3 cucharadas soperas de azúcar,
1 molde de 22 cm de diámetro y 5 cm de alto.

Se unta con bastante mantequilla el molde y se mete en la nevera para que se endurezca la mantequilla.

En un cacharro amplio (donde se pondrá el molde de la capuchina al baño maría) se pone agua para que vaya calentándose.

Se baten las yemas y la clara con batidora eléctrica (de montar las claras) o de mano durante unos 20 minutos. Se agrega entonces la harina de almidón tamizada con un colador o un cedazo (para que se airee). Se mezcla, pero sin mover más que lo justo y necesario, y se vierte en el molde. Se pone éste en el cacharro con agua que estará hirviendo **muy despacio**. Se ponen unas cáscaras de huevo en el agua para que no salpique la capuchina, y se cuece encima del fuego unos 8 a 10 minutos más o menos, hasta que se formen unas burbujitas en la superficie de la masa. Se mete entonces en el horno (previamente calentado durante 10 minutos) y con fuego **muy flojo**. Se tiene unos 25 a 30 minutos (en horno eléctrico; en horno de gas, algo menos). Se pincha con un alambre y si sale la aguja limpia, se saca.

Mientras está en el horno se va haciendo primero el almíbar de emborrachar. Se cuece el agua, el azúcar y la cáscara de limón durante 7 minutos.

Segundo, se hace el baño de yema:

Con el agua y el azúcar se hace otro almíbar algo más espeso (para ello se deja 10 minutos cociendo). En un cacharro resistente al fuego se ponen las yemas con una cucharadita (de las de café) de agua fría, y se añade poco a poco el almíbar sin dejar de remover. Se arrima al fuego y se deja hervir unos 3 minutos, moviendo continuamente con unas varillas en forma de 8 hasta que espese. Se deja templar.

Una vez fuera del horno la capuchina, se pincha con un alambre fino, sin llegar al fondo del molde, y por los agujeritos se vierte el almíbar.

Después de bien embebido, se pasa un cuchillo todo alrededor del molde y se vuelca en la fuente donde se vaya a servir.

Se vierte entonces despacio el baño de yema, y con un cuchillo ancho se lleva hasta los bordes para que quede todo cubierto. Se mete en la nevera en el sitio menos frío. Pasadas unas horas (6 por lo menos, pudiendo hacerse la capuchina la víspera), y al ir a servirla, se baten las claras a punto de nieve muy firme; se mezclan con el azúcar y se hace con la manga un bonito adorno; se sirve.

1094 SOUFFLÉ DULCE (6 a 8 personas)

4 cucharadas soperas de harina fina,
4 cucharadas (de las de café) de fécula de patata (rasadas),
100 g de mantequilla,
1 cucharada sopera de aceite fino,
½ litro de leche o más si hace falta,
vainilla en polvo,
5 huevos enteros.
5 claras de huevo,
8 a 10 cucharadas soperas de azúcar,
sal.

Se hace una bechamel poniendo a derretir 75 g de mantequilla con una cucharada de aceite; cuando está caliente se le añade la harina y la fécula. Con unas varillas se da vueltas, añadiendo despacio la leche fría. Cuando la bechamel ha cocido unos cinco minutos, se retira del fuego y se le agrega el azúcar, moviendo muy bien. Se deja enfriar y cuando está templada solamente, se incorporan las cinco yemas.

Se unta con el resto de la mantequilla una fuente de cristal o porcelana honda resistente al horno. Se enciende éste a fuego mediano unos 10 minutos antes de poner la crema de soufflé. Se baten las claras de tres en tres con un pellizco de sal para que monten mejor; una vez bien firmes, se mezcla la primera tanda, moviendo poco a poco con una cuchara de madera y las demás moviéndolas también lo menos posible.

Se mete todo en las fuente y se mete en el horno mediano flojo; después de pasados 15 minutos se sube el calor del horno y se vuelve a subir otros diez minutos al final. Suele estar en 35 minutos. Cuando el soufflé está bien subido y dorado se sirve en seguida en su misma fuente.

Variaciones:

Se pueden dar varios sabores al soufflé, agregándole licor de Gran Marnier, 3 cucharadas soperas (que se quitan de leche) o de limón (cociendo la cáscara en la leche y poniendo otra cáscara rallada en la crema), o de café (se añade a la bechamel café soluble), o de chocolate (se agregan 3 cucharadas soperas de cacao), etc., y se procede como en la receta anterior.

ARROZ CON LECHE (6 personas)

6 cucharadas soperas de arroz,
1 cáscara entera de limón,
³/₄ litro de leche,

8 cucharadas soperas de azúcar,
agua,
canela en polvo.

En un cazo se pone agua abundante a hervir; cuando cuece a borbotones se echa el arroz, y se cuece unos 10 minutos más o menos. Mientras tanto se pone en otro cazo la leche a cocer con la cáscara del limón. Cuando han pasado los minutos de cocer a medias el arroz, se escurre éste en un colador grande y se echa en seguida de escurrido en la leche cociendo. Se vuelve a dejar otros 12 minutos (se prueba si está blando, pero sueltos los granos). Se retira del fuego, se añade el azúcar y se revuelve. Se dan unas vueltas en el fuego, se le quita la cáscara de limón y se vierte en la fuente donde se vaya a servir. Tiene que quedar caldoso, pues al enfriarse se embebe la leche y si no quedaría muy espeso.

Se adorna con canela en polvo. Se puede también quemar, formando caramelo por encima, pero esto es menos clásico. (Se pone azúcar molida en un embudo y se forman unas rayas que se queman con un hierro al rojo.)

En verano se puede meter el arroz con leche, una vez frío, en la nevera antes de servirlo.

ARROZ CON LECHE, CON NATA Y ALMENDRAS (6 a 8 personas)

1 taza (de las de té) de arroz (175 g),
50 g de almendras tostadas y picadas no muy finas,
1 clara de huevo a punto de nieve firme,
¹/₄ kg de nata montada,
6 cucharadas soperas de azúcar,

2¹/₂ vasos (de los de agua) de leche (algo menos de ¹/₂ litro),
agua,
un pellizquito de sal,
algunas guindas.

En un cazo se pone agua abundante a cocer y cuando hierve a borbotones se echa el arroz. Se deja cocer unos 8 minutos y, pasado este tiempo, se escurre en un colador y se vierte en otro cazo, donde estará la leche muy caliente. Se deja hervir a fuego moderado unos 20 minutos más o menos (depende este tiempo de la clase de arroz); para más seguridad, se prueba. Una vez en su punto el arroz, se le echa el azúcar y se da unas vueltas retirándolo del fuego. Una vez templado, se le añaden las almendras y por último, cuando está casi frío, se monta la clara de huevo a punto de nieve muy firme con un pellizquito de sal, se mezcla con la nata y se incorpora al arroz con las almendras. Se pone en sitio fresco y se adorna con unas guindas en almíbar.

(1097) BUDÍN DE ARROZ (unas 8 a 10 personas)

1¼ litros de leche,
    agua,
200 g de arroz,
2½ paquetes de flan,
  1 lata de melocotones en almíbar
    de ½ kg,

¼ kg de nata montada,
10 cucharadas soperas de azúcar,
    unas guindas para adorno.

En un cazo con agua hirviendo se echa el arroz, y cuando ha cocido unos 5 minutos se vierte en un colador para escurrirle el agua. Se vuelve a echar en otro cazo que tenga 1 litro de leche hirviendo y, a fuego mediano, se le deja cocer otros 20 minutos (más o menos), según la clase de arroz.

En un tazón grande se disuelven los polvos de flan chino, mezclados previamente con el azúcar para que no formen grumos, con el ¼ litro de leche fría. Una vez bien disueltos, se agrega al arroz con leche, se pone a fuego mediano y se mueve bien con una cuchara de madera (como va indicado en el paquete del flan). Se retira del fuego y se añaden los melocotones en almíbar, bien escurridos y cortados en trozos. Se mezcla bien todo y se vierte en un molde de cristal o porcelana. Se mete en la nevera unas 3 o 4 horas.

Al ir a servir el budín, se pasa un cuchillo alrededor del molde y se vuelca. Se adorna con la nata y las guindas y se sirve.

(1098) MOUSSE DE CHOCOLATE (6 personas)

125 g de chocolate,
  3 cucharadas soperas de leche fría,
  3 yemas de huevo,
  3 cucharadas soperas de azúcar molida,

4 claras de huevo,
75 g de mantequilla,
    un pellizquito de sal.

En un cazo se pone el chocolate partido en trozos con la leche. Se pone a fuego suave hasta que el chocolate esté derretido. Se separa del fuego y se incorpora en trozos la mantequilla.

En un tazón se mezclan las yemas con el azúcar, moviendo bien, hasta que esté espumoso. Se añade el chocolate. Se revuelve bien para mezclar todo y para ir enfriando la crema.

Se baten las claras a punto de nieve muy firme con un pellizquito de sal.

Enfriada la crema de chocolate, se incorporan las claras muy suavemente, pero cuidando que adquiera un tono uniforme. Se pone la mousse en una ensaladera de cristal o en varios cacharritos (o copas bajas de champán) y se mete en la nevera por lo menos una hora antes de servir.

Se puede adornar con un poco de nata o con guindas. Se sirve, si se quiere, con lenguas de gato aparte en un platito.

Nota.—Se puede mezclar a la mousse nata montada, poniendo entonces sólo 3 claras a punto de nieve.

MOUSSE DE CHOCOLATE CON SOLETILLAS
(6 a 8 personas)

Unas 35 soletillas (no muy blandas),	3 yemas de huevo,
3 o 4 cucharadas soperas de ron,	4 cucharadas soperas de azúcar
2 cucharadas soperas de azúcar,	molida,
agua,	4 claras de huevo,
100 g de chocolate,	200 g de mantequilla (que no esté fría),
3 cucharadas soperas de leche fría,	un pellizquito de sal.

Coger un poco de los 200 g de mantequilla y untar una flanera (de unos 19 cm de diametro).

En un plato sopero se pone agua, llenando la parte honda, con 1¹/₂ cucharada sopera de ron y una cucharada sopera de azúcar. Cuando se termina el primer líquido, se vuelve a hacer más con lo que queda. Pasar unas soletillas rápidamente por este líquido. Colocarlas primero en el fondo y después cortándoles un poco uno de los finales redondos todo alrededor de la flanera.

Hacer la mousse como está indicado en la receta anterior (se pone más mantequilla para que al desmoldar se tenga bien en pie). Se pone la mitad de la mousse y se recubre con unas soletillas mojadas muy ligeramente. Se vierte el resto de la mousse y se vuelve a poner para cerrar el molde otra capa de soletillas ligeramente mojadas. Se cubre la flanera con una tapadera algo más pequeña que la flanera, o con un plato untado con un poco de mantequilla. Se pone algún peso sobre la tapadera y se mete en la nevera por lo menos 5 horas antes de servir la mousse. Se puede hacer la víspera si se quiere.

Al ir a servir, se pasa un cuchillo todo alrededor del molde y se vuelca en una fuente redonda.

Se adorna con nata o con natillas vertidas por encima de la mousse.

Natillas:

³/₄ de litro de leche,	5 cucharada soperas de azúcar,
3 yemas de huevo,	1 cucharada sopera rasada de maizena.

(Véase receta 1079.)

 CORONA DE CHOCOLATE LIGERA CON NATILLAS
(6 personas)

140 g de chocolate,	Natillas:
¹/₂ vaso (de los de vino) de agua,	¹/₂ litro de leche,
2 yemas de huevo,	2 yemas,
el peso de un huevo de mantequilla (50 g),	5 cucharadas soperas de azúcar,
150 g de azúcar,	1 cucharada sopera rasada de maizena,
50 g de almendras ralladas,	un pellizco de vainilla.
4 claras de huevo,	
mantequilla para untar el molde.	

En un cazo se pone el agua y el chocolate a fuego lento, para que se derrita éste, sin cocer. Una vez derretido y templado, se añade la mantequilla, el azúcar, las yemas y las almendras ralladas. Se revuelve muy bien todo junto y se agregan las 4 claras de huevo a punto de nieve muy firme (con un pellizquito de sal).

Se incorporan a la crema suavemente.

Se unta muy abundantemente con mantequilla un molde en forma de corona, se vierte la masa en él y se mete a horno suave al baño maría. (El agua del baño maría se tendrá ya caliente.) Se deja de 45 minutos a 1 hora. Una vez cocido (para saberlo se pincha con un alambre), se retira del horno y se deja en sitio que no sea muy frío. Se desmolda en el momento de ir a servirlo y se sirve con unas natillas (receta 1079) aparte en salsera. También se puede servir con nata montada en el centro y resulta muy bien también.

 CREMA CUAJADA DE LIMÓN (5 a 6 personas)

4 huevos enteros,	200 g de azúcar,
la ralladura de 2 limones,	1 cucharada sopera rasada de maizena,
zumo de 3 limones,	1 vaso (de los de agua) de agua.

En un vaso se pone la maizena y se añade poco a poco el agua fría para que no forme grumos.

En una fuente de cristal o porcelana resistente al fuego, no muy grande, se baten los huevos como para tortilla, se agrega después la ralladura de limón, el azúcar, el zumo y, finalmente, el vaso de agua con la maizena disuelta en él. Se mueve bien y se pone sobre la lumbre (cuidando de interponer entre la fuente de cristal o porcelana una plancha especial para que no salte el cristal y se rompa). Se sigue moviendo hasta que empieza a hervir; se deja unos 3 minutos cociendo sin dejar de mover, y se retira del fuego.

Se deja enfriar, se mete, si se quiere, en la nevera y se sirve acompañada de lenguas de gato.

CREMA DE LIMÓN (4 a 6 personas)

(Para tomar como mermelada o hacer el relleno de la tarta.)

45 g de mantequilla,	250 g de azúcar,
el zumo de 3 limones,	3 huevos.
ralladura de un limón,	

En un cazo se derrite la mantequilla (con cuidado de que no cueza); se añade el zumo y la ralladura de los limones; después, el azúcar y, al final, los huevos batidos previamente como para tortilla.

Se pondrá el cazo en agua caliente para terminar de hacer la crema al baño maría. Se dan vueltas constantemente durante 15 minutos para que la crema se espese. Se saca del fuego y se vierte la crema en un cacharro de cristal o porcelana y se guarda en sitio fresco (pero no en la nevera). Una vez fría, se puede utilizar para rellenar una tarta (cubriendo ésta después con merengue).

 **MOUSSE DE LIMÓN (5 a 6 personas)**

150 g de azúcar molida,	4 claras,
4 yemas de huevo,	un pellizco de sal,
el zumo de un limón,	6 guindas de confitería.
la ralladura de $\frac{1}{2}$ limón,	

En un cazo se revuelven muy bien con una cuchara de madera las yemas con el azúcar y el zumo de limón. Se pone al baño maría, sobre la lumbre (el agua estará caliente con anticipación), y dando vueltas sin parar se tiene unos 15 a 20 minutos, hasta que el volumen de la crema casi sea el doble. Se retira del fuego y del baño maría, para que se vaya enfriando, y se le añade el $\frac{1}{2}$ limón rallado. Mientras tanto se baten muy firmes, con la pizca de sal, las claras; cuando están bien firmes, se incorporan suavemente a la crema. Se vierte ésta en cuenquitos o copas de champán de pie bajo y se meten unas 2 horas en la nevera.

Se sirven en las copas con unas lenguas de gato aparte y unas guindas en el centro de adorno. Estas guindas se colocarán en el momento de llevar el postre a la mesa para que no se hundan en la mousse.

1104 MOUSSE DE CAFÉ CON REQUESÓN (4 personas)

¼ kg de requesón,
½ vaso (de los de agua) de leche
  caliente,
  2 cucharadas soperas rasadas de café
  soluble,

4 cucharadas soperas de azúcar,
3 o 4 cucharadas soperas de ron,
2 claras de huevo,
1 pellizco de sal.

En un cuenco se pone el requesón cortado en trozos. Se espolvorea con el azúcar y se le añade el ron. Aparte se disuelve el café en la leche caliente y cuando está templada añadirlo al requesón. Mezclar muy bien, incluso con una minipimer, si se tiene.

Montar las claras de huevo (con un pellizco de sal) a punto de nieve firmes. Incorporarlas a la crema con cuidado de mezclarlas lo justo, para que las claras no se bajen.

Repartir la mousse en copas y meterlas en la nevera un buen rato, incluso unas horas si es preciso hacer el postre con antelación.

Servir con unas lenguas de gato, si se quiere.

1105 MOUSSE DE NARANJA (6 personas)

El zumo de 3 naranjas grandes
  (1½ vaso de los de agua),
  1 naranja mediana (para el adorno),
100 a 150 g de azúcar (según sean de dul-
  ces las naranjas),
  2 cucharadas soperas colmaditas de
  maizena,

2 yemas de huevo,
3 claras,
  un pellizco de sal,
3 cucharadas soperas de licor de
  Cointreau o Curaçao,
  un poco de agua fría.

En un cazo bastante grande se pone el zumo de naranja con el azúcar. En un tazón se pone la maizena y se disuelve con agua fría (4 o 5 cucharadas soperas). Se pone el zumo a calentar y, cuando empieza a tener burbujas alrededor del cazo, se añade lo del tazón, y sin dejar de dar vueltas con una cuchara de madera se cuece duran-te unos 3 minutos. Se retira del fuego y en sitio fresco se deja enfriar, dando vueltas para que no se forme piel.

Se agrega entonces el licor y, una vez incorporado, las yemas.

Se baten las claras muy firmes con un pellizquito de sal. Se incorporan a la crema con cuidado, es decir, moviendo despacio y justo lo necesario para que quede bien mezclada la mousse. Se reparte en unos cacharritos de porcelana o cris-tal (o copas de champán) y se meten en la nevera durante unas 3 horas.

Se pela la naranja y se cortan unas rodajas. En el momento de servir, se plantan dentro de la mousse las rodajas y se sirve con lenguas de gato aparte.

GELATINA DE FRUTAS (6 personas)

(Se hace la víspera.)

1 vaso (de los de agua) bien lleno de zumo de naranja,
125 g de azúcar,
1 vaso (de los de vino) escaso de agua,
3 cucharadas soperas de ron o de coñac,
4 hojas finas de cola de pescado,
$^1/_2$ kg de fruta variada pelada y cortada en trocitos.

En un cuenco se pone la fruta: plátanos, manzanas, melocotones, ciruelas, uvas, etc., y sobre todo fresas o frambuesas, según la época, pues son las frutas que más destacan y dan un sabor especial; se rocían con el licor y revolviéndolas de vez en cuando se dejan macerar.

En un cazo pequeño se pone el agua y el azúcar y se cuece durante unos 4 minutos para hacer almíbar. En el zumo de naranja se echan las hojas de cola cortadas en trocitos (con unas tijeras) a remojo. Cuando esté el almíbar, se une con el zumo y se revuelve bien para que la cola esté perfectamente disuelta.

En un molde (redondo o de corona, forrado de papel de plata) se vierte como unos 2 cm de líquido, que se meterá en la nevera o incluso en el congelador hasta que esté cuajado. Se adorna entonces con trozos de fruta haciendo un bonito dibujo, se echa el resto de la fruta y se vierte el resto del líquido por encima. Se mete en la nevera.

Al ir a servirlo, se desmolda.

 MOUSSE DE CAFÉ (6 personas)

$^1/_2$ litro de leche,
100 g de azúcar,
2 yemas,
3 claras,
$1^1/_2$ cucharadas soperas de maizena,
1 cucharada sopera de café soluble,
50 g de almendras tostadas y picadas o, mejor, almendras garrapiñadas (facultativo),
sal.

En un cazo se pone a hervir casi toda la leche con más de la mitad del azúcar. Aparte, en un tazón, se ponen las yemas, el azúcar que ha quedado y el café soluble. En otro tazón se pone la maizena y se disuelve con la leche fría que se ha separado. Una vez mezclada y disuelta la maizena, se vierte en el tazón de las yemas. Se mezcla todo muy bien. Cuando la leche empieza casi a hervir (hace pompitas en el borde del cazo) se coge un poco de leche con un cazo y se vierte muy poco a poco en el tazón, sin dejar de mover con una cuchara de madera. Después de bien disuelto, se incorpora esto a la leche del cazo. Se deja cocer unos 3 o 4 minutos sin dejar de dar vueltas. Se aparta y se pone en sitio fresco para que se enfríe la crema. Una vez casi fría, se baten las claras a punto de nieve muy firme con un pellizquito de sal y se incorporan a la crema. Se reparte ésta en 6 cuenquitos (copas bajas de champán, etc.) o en un bol de cristal, y se mete en la nevera durante 2 o 3 horas (no más, pues se vuelve algo líquido pasado este tiempo).

Al ir a servir, se espolvorea la mousse con un poco de almendras garrapiñadas machacadas.

 ### 1108 BAVAROISES PEQUEÑAS DE FRESAS O FRAMBUESAS
(6 a 8 personas)

³/₄ litro de leche escasos (3 vasos de los de agua),
6 cucharadas soperas de maizena,
3 hojas finas de cola de pescado,
un poco de agua,
300 g de fresas frescas, o ¹/₄ kg de frambuesas, o 4 cucharadas soperas colmadas de jalea de grosella,
8 cucharadas soperas de azúcar (si son frutas; 4 si es jalea),
2 claras de huevo,
un pellizquito de sal,
125 g de nata montada, o unas fresas o unas guindas de confitería.

En un cazo se pone casi toda la leche a calentar con el azúcar. En un tazón se pone la maizena y se disuelve con el resto de la leche fría. Cuando la leche está a punto de hervir, se vierte la maizena del tazón y se cuece unos 3 minutos sin dejar de dar vueltas con una cuchara de madera. Se separa del fuego y se incorporan las fresas o las frambuesas pasadas por batidora, o la jalea de grosella tal cual.

En un cazo aparte se cortan las hojas de cola y se remojan en un poco de agua fría, poniéndolas luego a fuego suave para que no cueza, pues adquiere mal sabor.

Una vez bien desleídas, se incorporan poco a poco a la crema. Se baten las claras de huevo bien firmes con la pizca de sal y se incorporan suavemente a la crema. Se vierte en unos moldecitos individuales de cristal o porcelana pasados por agua fresca y escurridos y se meten en la nevera un par de horas.

Se pasa alrededor de los moldes un cuchillo de punta redonda y se vuelcan en la fuente donde se vayan a servir. Si no salen bien, con la punta del cuchillo se separa un poco para que entre aire, pues a veces este tipo de postre forma ventosa.

Se adornan o bien con una guinda encima o con un montoncito de nata puesto con la manga.

1109 BAVAROISE DE PRALINÉ (6 personas)

¹/₂ litro de leche,
1 cucharada sopera rasada de maizena,
5 yemas de huevo,
6 cucharadas soperas de azúcar, vainilla (en polvo, en gotas o en barra),
250 g de nata montada,

4 hojas de cola de pescado finas (o 3 corrientes),
unas 8 cucharadas soperas de agua,
150 g de almendras garrapiñadas, o 100 g de pastas de almendras (macarrones) muy secas y picadas (no muy finas),
2 claras de huevo a punto de nieve,
un pellizquito de sal.

En un cazo pequeño se ponen las 8 cucharadas de agua, algo más si hace falta y las 4 hojas de cola de pescado cortadas en trocitos. Se dejan en remojo y luego se calienta un poco el agua (sin que cueza nunca) y se dan vueltas con una cuchara para que se deshagan bien.

En otro cazo mediano se echa la leche con 3 cucharadas soperas de azúcar y la vainilla. Se pone a fuego mediano.

Aparte, en un tazón, se ponen las 5 yemas con la cucharada de maizena y las 3 cucharadas de azúcar. Se bate bien y, cuando la leche está a punto de cocer, se va añadiendo en el tazón muy poco a poco (para que no se corten las yemas) y después, cuando está lleno el tazón, se vierte esto en el cazo de la leche. Se mueve con una cuchara de madera sin parar hasta que espese bien, pero sin que cueza apenas. Se retira y, después de un ratito (5 minutos), se va añadiendo la cola de pescado, que estará ya derretida y no demasiado caliente. Se bate bien. Se añaden entonces las almendras garrapiñadas, previamente molidas (entre dos hojas de papel limpio, o un trapo, se aplastan con un martillo para dejarlas más bien gruesas).

Se mete el cazo con todo esto en agua fría y se dan vueltas hasta que las natillas estén frías. Se baten las claras con un pellizquito de sal, a punto de nieve fuerte, y se mezclan con la nata. Se añade entonces la mezcla y se bate a mano con un aparato de batir claras o unas varillas (que no sea eléctrico, porque bate demasiado de prisa).

Se pone el bavaroise en un molde previamente enjuagado con agua fresca y bien escurrido y se mete en la nevera por lo menos 4 horas antes de servir, para que esté bien cuajado. Se desmolda en una fuente, para servir.

1110 BAVAROISE DE MELOCOTONES (DE LATA) (6 personas)

$^1/_2$ litro de leche,
150 g de azúcar,
4 yemas de huevo,
1 cucharadita (de las de manzanilla) rasada de maizena,
4 claras,

un pellizco de sal,
1 lata de melocotones en almíbar de $^1/_2$ kg,
5 hojas finas (o 3$^1/_2$ un poco más gruesas) de cola de pescado,
una cucharada sopera de aceite fino.

Se pone la leche a cocer con la mitad del azúcar. En un tazón se ponen las yemas, el resto del azúcar y la maizena. Se bate bien; cuando la leche empieza a hervir, se coge un poco con un cucharón y se vierte muy poco a poco en el tazón, moviendo bien para que no se cuajen las yemas. Después se vierte lo del tazón en el cazo de la leche, dando vueltas continuamente con una cuchara de madera. Se pone a fuego suave y se deja espesar un poco (sin que cueza, pues se cortarían las natillas). Después se separa y se dejan en sitio fresco, moviendo de vez en cuando para que no se forme nata.

Se abre la lata de melocotones, se escurre muy bien el almíbar en un cazo y se reserva éste, así como un pedazo de melocotón para el adorno. Lo demás se pasa por un pasapurés más bien gordito, para que el melocotón no quede demasiado fino. Se mezcla este puré con las natillas.

En el cazo del almíbar se pone la cola cortada en trozos pequeños. Se pone a calentar a fuego suave (sin que cueza, pues adquiere mal gusto) hasta que esté bien deshecha. Se vierte poco a poco en las natillas; se dan vueltas hasta que esté casi frío.

Se baten las claras a punto de nieve muy firme con un pellizco de sal.

Se mezclan las claras suavemente con las natillas y se vierte todo en un molde o flanera, previamente untado con aceite fino y bien escurrido lo sobrante.

Se mete en la nevera por lo menos 3 horas antes de servir el bavaroise. Se puede hacer la víspera si se quiere.

Se desmolda pasando un cuchillo de punta redonda todo alrededor y si no sale, con la punta del cuchillo se separa un poco, con el fin de que entre aire y no haga ventosa. Se adorna con el melocotón reservado cortado en gajitos.

BAVAROISE DE PIÑA (DE LATA) (6 a 8 personas)

½ litro de leche,
¼ litro de nata montada,
200 g de azúcar,
1 clara de huevo,
4 yemas,
1 lata de piña de 500 g,
4 hojas de cola de pescado finas, o 3 más gruesas,

1 cucharada (de las de café) colmada de maizena,
un poco de agua,
un pellizquito de sal,
un poco de aceite fino para untar el molde.

Se pone la leche a cocer con la mitad del azúcar.

Mientras tanto se baten las yemas con el resto del azúcar y la maizena. Cuando la leche está a punto de cocer, se vierte un poco en el tazón y se mezcla luego todo junto en el cazo. Se vuelve a poner a fuego mediano y, sin dejar de dar vueltas con una cuchara de madera, se deja espesar un poco (sin que cueza), pero con cuidado de que no se corte.

En un cazo aparte se vierte el almíbar de la lata de piña, se cortan las hojas de cola de pescado en trocitos, se pone a fuego muy suave y se deja derretir (sin que cueza, pues adquiere mal gusto), y dando vueltas con una cuchara. Esto se mezcla poco a poco con las natillas. Se pone el fondo del cazo en agua fría y, dando vueltas sin parar, se deja templar y casi enfriar.

La mitad de las rodajas de piña se corta por la mitad y se reserva, y la otra mitad se corta en trocitos que se incorporan a las natillas.

Aparte se monta una clara a punto de nieve firme con una pizca de sal. Se mezcla con la nata y ésta se incorpora suavemente, casi toda (dejando un poco para adornar la bavaroise), a la crema.

Se unta un molde de bavaroise grande o una flanera de 1½ litro, con aceite. Se escurre bien éste y se vierte todo en el molde, que se mete en la nevera unas 10 horas (pero no en el congelador) o la víspera si se quiere.

Para servir, se mete unos segundos el molde en agua caliente y se vuelca en una fuente. Quizá haya que ayudar de un lado al bavaroise a bajar con la punta de un cuchillo redondo. Se adorna con la nata reservada y las medias rodajas de piña puestas alrededor.

BAVAROISE DE NARANJA (6 a 8 personas)

3 huevos y una clara más,
200 g de azúcar,
4 hojas de cola de pescado finas,
1 vasito de licor de Cointreau,

zumo de naranja hasta completar con el licor el ¼ litro,
4 cucharadas soperas de agua,
2 cucharadas soperas de aceite fino.

En un bol de cristal se separan las yemas y se añade el azúcar, se revuelve con una cuchara de madera durante unos 5 minutos hasta que esté cremoso. En un cazo pequeño se pone la cola de pescado cortada en trozos pequeños (con unas tijeras) y se ponen en remojo con las 4 cucharadas de agua; si no se deshace bien, se puede calentar un poco para que se derrita, pero sin cocer.

En el bol que tiene las yemas y el azúcar se va añadiendo el $^1/_4$ litro de líquido entre Cointreau y zumo de naranja (colado) y se agrega la cola de pescado poco a poco sin dejar de mover.

Aparte se montan las claras muy firmes y se van añadiendo poco a poco a la crema. Se mezcla muy bien, para que no quede ningún grumo de clara sin incorporar.

Se unta una flanera con el aceite fino (escurriendo lo sobrante si hiciese falta). Se vierte la crema y se mete en la nevera bien fría hasta que cuaje. Se prepara por lo menos con 6 horas de anticipación o la víspera, si se quiere.

Se tendrá que revolver un par de veces para que la cola no quede abajo.

Se puede adornar con un poco de nata montada o unas rajas finas de naranja.

(1113) BAVAROISE DE CHOCOLATE (6 a 8 personas)

150 g de chocolate sin leche,
1 vaso (de los de agua) bien lleno de leche fría,
10 cucharadas soperas bien llenas de azúcar,
4 hojas de cola de pescado (finas),
un poco de agua fría (4 a 5 cucharadas soperas),
4 yemas de huevo,
6 claras,
un pellizco de sal.

Se pone a disolver el chocolate en trozos con la leche a fuego mediano para que dé un hervor. Se retira y se pone a enfriar en sitio fresco (no en la nevera).

Se corta la cola de pescado en trozos y se pone en remojo en agua. Se acerca al fuego y, muy despacio, se deja disolver moviendo bien y sin que cueza (si no sabría a pescado). Se añade al chocolate en sitio fresco, sin parar de dar vueltas y, poco a poco la cola de pescado disuelta.

Cuando esta crema esté casi fría, se le incorporan las yemas batidas con el azúcar y después las claras montadas a punto de nieve (con el pellizco de sal) muy firme.

Se vierte esta crema esponjosa en un molde alargado, o flanera, o varios moldecitos individuales, según se prefiera, y se mete en la nevera por lo menos unas 5 horas antes de servir. El tiempo puede ser más.

Se pasa un cuchillo todo alrededor del molde y se vuelca en una fuente, procurando que por un lado del molde ya volcado y con el cuchillo entre un poco de aire para que la bavaroise no haga ventosa.

Se puede adornar con un poco de nata o guindas. Se sirve bien frío.

1114 BAVAROISE DE FRESAS (6 a 8 personas)

3 huevos enteros,
200 g de azúcar (8 cucharadas soperas),
4 hojas de cola de pescado finas (2½ si son más gruesas),
2 cucharadas soperas de kirsch,
500 g de fresas o fresones,

4 cucharadas soperas de agua,
3 gotas de carmín (si se pone fresón),
250 g de nata montada,
una pizca de sal,
una cucharada sopera de aceite fino (para el molde).

Se baten en la batidora las fresas o fresones, dejando algunos para adorno. Después de batirlas bien se debe conseguir un vaso grande de puré, más bien líquido, al que se agrega el kirsch.

Aparte, en una ensaladera, se mezclan muy bien las 3 yemas de huevo con el azúcar. Se mueven con una cuchara de madera durante 8 a 10 minutos, hasta que quede una crema espumosa. En un cazo pequeño y aparte se cortan las hojas de cola de pescado y se ponen en remojo con una cucharada sopera de agua fría. Mientras están en remojo se añade a la crema de los huevos y azúcar el vaso de fresas batidas; se mueve bien.

Aparte se baten muy firmes las 3 claras de huevo con una pizca de sal para que queden más firmes. Se calienta un poco el cazo con el agua y la cola, teniendo mucho cuidado de que no hierva (pues adquiere mal sabor). Se mezcla bien para que se derrita toda y, poco a poco y sin dejar de mover, se incorpora a la crema. Una vez bien mezclada, se agregan las gotas de carmín (es sólo para que quede más bonito; si no se tiene no importa). Después, poco a poco, se van mezclando la mitad de la nata y después las claras, que han de estar muy firmes. Se mezcla bien para que no queden grumos sin incorporar y se vierte en una flanera previamente untada con aceite, ésta se escurre para que no haya sobrante de aceite. Se mete en la nevera por lo menos 4 horas antes de servirla.

Se desmolda al ir a servir, pasando un cuchillo de punta redonda alrededor del molde y una vez volcado sobre la fuente, con precaución, se levanta un poco un lado y se mete la punta del cuchillo, sólo para que entre un poquito de aire y caiga la bavaroise que suele hacer ventosa. Se adorna con la nata (con una manga) y se ponen las fresas unas pocas arriba y otras alrededor de la bavaroise. Se sirve bien frío.

1115 BAVAROISE DE TURRÓN DE JIJONA (6 personas)

¼ kg de turrón de Jijona,
4 huevos,
4 hojas finas de cola de pescado,

2 o 3 cucharadas soperas de ron,
un poco de agua y un pellizco de sal.

Cortar las hojas de cola en cuadraditos y ponerlas en remojo en agua fría, con el agua que las cubra lo justo.

En un cuenco de cristal o de porcelana poner el turrón cortado en trozos peque-ños. Con un tenedor aplastarlos mucho, para que quede el turrón muy desmenuzado. Una vez deshecho, añadirle las 4 yemas y el ron. Revolver, hasta que quede hecho una crema, verter entonces la cola muy poco a poco calentándola a fuego lento y teniendo buen cuidado de que no hierva (pues toma mal sabor). Mezclarla sin dejar de revolver y una vez bien incorporada, montar las claras a punto de nieve muy firme (con un pellizco de sal) e incorporarlas a la crema de turrón.

Verter en un molde en forma de corona y meter en la nevera, por lo menos 4 horas antes de servir. También se puede hacer la víspera.

Se sirve, una vez desmoldada, con unas tejas o unas lenguas de gato.

 **BISCUIT GLACÉ** (6 a 8 personas)

6 huevos,	un pellizco de vainilla,
12 cucharadas soperas de azúcar (no más, porque si no no hiela bien),	unas gotas de color amarillo,
2 decilitros de leche (2 vasos de los de vino),	un poco de mantequilla (para untar el molde),
1 cucharada sopera de maizena,	un pellizco de sal (pequeño).

Se unta el molde de metal donde se vaya a poner el biscuit glacé con mantequilla y se mete en el congelador de la nevera para que quede dura y no se mezcle con la crema.

En un tazón se disuelve la maizena con un poco de leche fría. El resto de la leche se habrá puesto a hervir con 5 cucharadas de azúcar. Se añade la maizena y se hace una papilla, moviendo bien y cociéndola unos 3 minutos. Se retira de la lumbre para que se enfríe un poco. En un tazón se ponen las yemas y se revuelve muy bien con otras 5 cucharadas de azúcar; cuando está bien disuelto, se añade poco a poco la papilla de maizena.

Aparte se baten las claras muy firmes con un pellizquito de sal y se les agregan las 2 últimas cucharadas de azúcar; todo esto se revuelve con la crema con mucho cuidado. Se vierte en el molde y se mete en el congelador de la nevera unas 3 horas.

Se saca unos 5 minutos antes de servir; se pasa un cuchillo de punta redonda todo alrededor y se vuelca sobre la fuente donde se vaya a presentar, o se saca en el momento y se mete el molde unos segundos en agua caliente, pero con cuidado de que sea muy rápido.

También se puede repartir el helado en moldes de cristal o de papel de plata (hay en el comercio) individuales y se sirven en su molde.

SORBETE DE LIMÓN (4 personas)

4 limones grandecitos (1 vaso de los de agua) de zumo,
200 g de azúcar,
½ litro de agua (2 vasos de los de agua),

2 claras de huevo,
la cáscara de 1 limón rallada,
1 pellizco de sal.

Se raspa la cáscara de un limón. Se hace zumo con los 4. Se pone a cocer el agua con el azúcar y cuando empieza a hervir a borbotones se deja cocer durante unos 10 o 12 minutos. Se deja enfriar. Cuando el almíbar está casi frío se mezcla con los zumos y la cáscara rallada. Se mete en la nevera en el congelador. Cuando empiece a congelarse a medias se baten las dos claras a punto de nieve bien firmes (con un pellizco de sal) y se mezcla con lo del congelador. Se vuelve a meter en éste, hasta que esté bien duro y se sirve en copas de helado, acompañado de unas lenguas de gato, si se quiere.

 LECHE MERENGADA (6 personas)

1 litro de leche (fresca o pasteurizada),
150 g de azúcar,
2 claras de huevo,

las cortezas de 2 limones (cortadas enteras cada una),
unas gotas de zumo de limón.

Se mezcla el azúcar con la leche y se añade las cortezas de los limones.

Se cuece durante 5 minutos, dándole vueltas de vez en cuando con una cuchara de madera. Se retira del fuego y se pasa a un cacharro que pueda ir al congelador. Se deja enfriar. Se mete en el congelador, quitando antes las cortezas de los limones, más o menos durante una hora, hasta que se vea que empieza a cuajar.

Montar entonces las claras, con unas gotas de zumo de limón (4 o 5) y mezclarlas con la leche del congelador.

Dejar cuajar a gusto de cada cual en cuanto a dureza y servir en vasos individuales, con un poco de polvo de canela por encima.

Servir en seguida.

MERMELADA DE ALBARICOQUE

Doy esta receta como ejemplo, pues para otras frutas la manera de proceder es la misma.

Por 1 kg de fruta deshuesada:

¾ kg de azúcar.

Se cortan los albaricoques en cuatro, quitándoles el hueso. Se debe tener cuidado de que la fruta esté toda igualmente madura, pues de haber algún albaricoque más verde, quedaría entero y no cocería lo suficiente, haciendo que la mermelada se agriara. Una vez los albaricoques preparados, se colocan en un recipiente de loza (nunca de metal). Se espolvorean por capas con el azúcar, dejando una capa más gruesa de azúcar encima. Se dejan así en sitio fresco durante 12 horas. Pasado este tiempo, se vierte lo del recipiente en una olla y se pone a fuego vivo, moviendo a menudo la mermelada con una cuchara de madera larga y raspando bien el fondo para que no se pegue. También con una espumadera se retirará la espuma que se forma arriba (si se dejara, ésta haría también agriar la mermelada).

Se deja cocer unos 45 minutos. Este tiempo depende también de la cantidad de fruta que se vaya a hacer.

Para comprobar si el punto está bien, se coge un poco de mermelada en una cuchara y con la yema de los dedos se ve si está bien pegajosa al tocarla. Si se pegan los dos dedos, la mermelada está ya en su punto.

Se retira del fuego, se deja enfriar y se vierte en los tarros de cristal donde se vaya a conservar. Se dejan destapados 2 o 3 días. Pasado este tiempo, se cortan unos redondeles de papel blanco del tamaño exacto de los tarros y otos francamente mayores de papel celofán. Los primeros se mojan en alcohol de 90° y se colocan tocando la mermelada. Los segundos se colocan encima de la embocadura. Se moja la cuerda fina con que se van a atar los papeles para que al secar se encoja y queden muy bien cerrados los frascos, que se guardan en sitio más bien fresco y oscuro.

1120 MERMELADA DE NARANJA (estilo inglés)

Con estas cantidades salen 3 botes grandes o 4 más pequeños.

4 naranjas (más o menos 1 kg),
2 limones,

4 vasos (de los de agua), bien llenos, de agua,
1 kg de azúcar.

Primer día:

Se cortan las naranjas y los limones por el centro. Se les exprime muy bien el zumo, pero éste no se cuela. Se apartan las pepitas incluso de los limones y se ponen en una muñequilla atada con un hilo fuerte. Se pasan las cáscaras por la máquina de cortar las verduras en juliana. Si no se tiene la máquina se cortan en tiras muy finas, con un cuchillo que corte bien.

Se deja todo junto revuelto, en espera, durante 24 horas.

Segundo día:

Se cubre con agua, unos 4 vasos grandes bien llenos, y se hierve despacio durante 1 hora, revolviendo de vez en cuando con una cuchara de madera.

Se deja en espera otras 24 horas más.

Tercer día:

Se añade 1 kg de azúcar, se revuelve bien y se pone a cocer de nuevo, revolviendo de vez en cuando, esta vez con más ahínco, pues si no se pega el azúcar.

También conviene de vez en cuando quitar la espuma que se forma.

Se cuece entre $1^{1}/_{4}$ y $1^{1}/_{2}$ hora.

Se deja enfriar un poco y se reparte en tarros de cristal (que pueden ser botes de mermelada vacíos).

Cerrar como en la receta 1119.

MERMELADA DE TOMATES

Doy esta receta, poco frecuente, para las personas que tienen huerta. No parece tomate una vez hecha la mermelada.

1 kg de tomates muy carnosos y bien maduros,   **¹/₂ kg de azúcar, el zumo de un limón.**

Se cortan los tomates en trozos y se les quita la simiente. Se ponen en una sartén sin nada durante 15 minutos a fuego mediano. Se machacan con el canto de un espumadera.

Pasado este tiempo, se pasan por el pasapurés. Se vierte este tomate en un cazo; se le añade el azúcar y el zumo de limón y se cuece a fuego lento más o menos 30 minutos, según guste de espesa la mermelada. Hay que tener en cuenta que al enfriar también se espesa algo.

 MEMBRILLO

1¹/₂ kg de membrillos maduros,   **agua fría.**
1¹/₄ kg de azúcar,

Se frotan con un paño limpio los membrillos para limpiarlos, pero sin pelarlos. Se cortan en trocitos, quitándoles al partirlos el centro duro y las pepitas. Se ponen en un cazo y se cubren con agua fría (justo para cubrirlos). Se cuecen a fuego mediano más o menos una hora, hasta que los trozos estén bien blandos. Se pasa en seguida por el pasapurés y se les agrega entonces el azúcar. Se deja cocer de nuevo ¹/₂ hora, revolviendo de vez en cuando con una cuchara de madera. Se vierte la compota en un paño de cocina limpio, se unen las cuatro puntas del paño y se cuelga el hatillo así hecho en un sitio donde esté en vilo con el fin de que escurra el líquido sobrante. Antes de que se enfríe del todo (unos 20 minutos) se vierte la crema de membrillo en tarros de cristal (lavafrutas, etc.) y se deja enfriar.

Una vez frío, se puede desmoldar pasando un cuchillo alrededor.

 MEMBRILLOS CON JALEA DE GROSELLA Y FLAMEADOS (6 personas)

4 membrillos medianos, azúcar,   **agua, ¹/₂ vaso (de los de agua) de ron o coñac.**
3 cucharadas soperas de jalea de grosella,

Se cortan los membrillos en rodajas gruesas y se pelan. Se van poniendo en una cacerola con agua fría; se cubre con una tapadera y se cuecen a fuego mediano hasta que esté la carne blanda, más o menos 35 minutos (para saber si están bien se pincha una rodaja con un alambre). Una vez cocidos, se retira un poco de agua y se espolvorean los membrillos con 3 cucharadas soperas de azúcar. Se vuelven a cocer durante 10 a 15 minutos. Pasado este tiempo, se sacan del almíbar así formado y se reservan. Cuando se van a servir, se ponen en una fuente y se pone la mermelada en el centro de la rodaja de membrillo.

Se echa el ron o coñac en un cazo, se calienta, pero sin dejarlo hervir, se prende con una cerilla y se vierte por encima de los membrillos con una cuchara, se rocía varias veces para que se consuma el alcohol y esté menos fuerte. Se sirve en seguida; si puede ser, cuando está aún con llama el ron.

 BATATAS EN DULCE (6 personas)

1 kg de batatas buenas,	**agua fría,**
16 cucharadas soperas de azúcar (350 g),	**un papel de estraza,**
1 rama de canela,	**¹/₄ litro de crema líquida** (facultativo).

Se pelan las batatas; si son gruesas, se cortan por la mitad a lo largo y se ponen en un cazo con el agua justa para cubrirlas, el azúcar y la ramita de canela. Se tapa el cazo con papel de estraza y una tapadera y se pone al fuego para que rompa el hervor. Cuando hierva, se baja el fuego y se dejan cocer hasta que se forme almíbar y quede poco caldo.

Se ponen entonces en una ensaladera de cristal. Cuando están completamente frías, se pueden comer o guardar hasta 3 o 4 días. Se pueden servir acompañadas de nata líquida servida aparte en una salsera.

CIRUELAS PASAS CON VINO TINTO (6 personas)

¹/₂ kg de ciruelas pasas,	**1 ramita de canela,**
¹/₄ litro de vino,	**125 g de azúcar,**
¹/₄ litro de agua,	**agua templada para remojarlas.**

Se ponen las ciruelas en remojo en agua templada de 3 a 6 horas. Se pone en un cazo el agua, el vino, el azúcar y la canela, y finalmente las ciruelas escurridas de su agua de remojo. El líquido debe cubrirlas; si fuese necesario, se puede añadir algo más de vino, o agua y vino.

Se ponen a fuego mediano, destapado el cazo, durante unos 30 minutos para que cuezan lentamente. Se retiran del fuego, se les quita la canela y se ponen en una ensaladera de cristal. Se sirven cuando están frías, pero no se meten en la nevera, pues las endurece.

1126 PERAS EN COMPOTA CON VINO TINTO (6 personas)

9 peras de Roma grandes (amarillas, de
    clase dura),
4 cucharadas soperas de azúcar,
2 ramitas de canela,

vino tinto,
¹/₄ litro de nata líquida con una cuchara-
    da sopera de azúcar (facultativo).

Se pelan las peras enteras y después se cortan en cuatro trozos. Se les quita el centro duro con las pepitas y se van echando en una cacerola. Una vez preparadas
todas las peras, se espolvorean con el azúcar, se añade la canela y se vierte vino
tinto por encima, de forma que las cubra. Se tapa la cacerola y se cuecen a fuego
mediano hasta que estén tiernas (para saberlo se pinchan con un alambre), más o
menos 20 minutos.

Después de cocidas se vierten en una ensaladera de cristal y se dejan enfriar.
Se sirven, si se quiere, con la nata líquida endulzada con un poco de azúcar, servida
en salsera aparte.

Nota.—Si las peras no son grandes se pueden dejar enteras, peladas pero con su
rabo. Habrá que calcular entonces dos por persona. Se puede sustituir la crema
líquida de acompañarlas por unas natillas (receta 1079).

1127 MELOCOTONES FLAMEADOS (6 personas)

2 muffins (bollos cilíndricos),
6 melocotones en almíbar (que sean bien
    hermosos),

6 cucharadas (de las de café), de jalea
    de grosella o frambuesa,
1 vaso (de los de vino) de ron,
    un poco de azúcar glass.

Se escurren bien los melocotones. Se cortan los muffins en tres partes y sobre
cada una se pone un medio melocotón con el hueco para arriba. Se aprieta ligeramente el melocotón, con el fin de que quede bien asentado en el bollo. Se rellena el
hueco del melocotón con jalea o mermelada de grosella o de frambuesa. Se pone
esto en una fuente resistente al horno. Se espolvorea con un poco de azúcar glass y
se mete al horno fuerte para que gratine ligeramente.

Mientras tanto se pondrá a calentar el ron (un poco). Se saca la fuente del
horno, se prende el ron con una cerilla, se vierte sobre las frutas y se flamea con una
cuchara, con el fin de que el ron rocíe todos los melocotones y además pierda fuerza el alcohol.

Se sirve, si puede ser, mientras está el ron aún prendido, pues resulta más
bonito.

MELOCOTONES FLAMEADOS CON HELADO DE VAINILLA (6 personas)

3 muffins (bollos cilíndricos),
6 melocotones en almíbar (bien hermosos),

½ litro de helado de vainilla,
2 vasos (de los de vino) de ron.

En una sartén se ponen los melocotones escurridos de su almíbar (como salen del bote, sin más). Se rocían con el ron previamente calentado en un cazo pequeño y prendido con una cerilla. Se procura que el ron se queme muy bien para que no esté fuerte, rociando bien los melocotones con una cuchara sopera.

Se les quita a los muffins con un cuchillo bien afilado las dos cortezas. Se cortan en dos y en el centro se les quita un poco de miga para hacer un hoyo.

Se pone en cada medio muffin un melocotón, una vez bien flameados éstos, con el hueco del hoyo hacia arriba. Se apoya ligeramente para que el melocotón se quede un poco incrustado en el muffin. Se rellena con bastante helado de vainilla y se vierte por encima una cucharada sopera o 2 del caldo de la sartén. Se sirve en seguida.

 MELOCOTONES CON VINO BLANCO Y GELATINA DE NARANJA (4 a 5 personas)

6 melocotones grandes,
¾ de litro de vino blanco (más o menos),
3 cucharadas soperas de gelatina de naranja, colmadas,

200 g de azúcar, si los frutos están bien maduros (algo más en caso contrario).

Pelar con un cuchillo bien afilado los melocotones, cortarlos en cuatro gajos grandes, quitándoles el hueso central. Ponerlos en una cacerola más bien honda y amplia para que no se monten mucho los trozos. Espolvorearlos con el azúcar y rociarlos con el vino, que deberá cubrirlos bastante. Cocer despacio, es decir, una vez que haya arrancado el hervor bajar el fuego y dejar cocer lentamente durante unos 30 minutos (este tiempo depende del grado de madurez que tengan los melocotones).

Se apartan del fuego, se sacan los melocotones y se ponen en un recipiente de cristal, en el que se servirán. Se vuelve a poner el jugo de cocerlos al fuego y se deja cocer hasta que se haga almíbar, durante unos 15 minutos.

Se coge un vaso (de los de vino) de almíbar y se disuelven en él las 3 cucharadas soperas de gelatina, se cuece 1 minuto y se le añade el 1½ vaso (de los de vino). Se mezcla bien y se vierte por encima de los melocotones. Se sirve así o frío, metiendo un rato los melocotones en la nevera.

Mejor preparar el postre la víspera.

PLÁTANOS FLAMEADOS CON HELADO DE VAINILLA
1130 (6 personas)

1 barra de helado de vainilla,
6 plátanos hermosos,
el zumo de un limón,

½ litro de aceite fino (sobrará),
1 vaso bien lleno (de los de vino) de ron,
azúcar glass.

Se pelan y se cortan los plátanos en dos a lo largo. Se rocían con un poco de zumo de limón.

En una sartén se pone el aceite a calentar y cuando está en su punto (se prueba con una rebanadita de pan), se fríen los medios plátanos hasta que estén dorados. Se reservan en una fuente.

Al ir a servirlos se pone el ron a calentar (sin que llegue a cocer), se prende con una cerilla y se vierte por encima de los plátanos. Se flamean bien con una cuchara. Una vez apagado el ron, se pone rápidamente, para que no se enfríe ni el ron ni los plátanos, un pedazo de helado en cada plato, se ponen los dos medios plátanos encima cruzados y se rocían con el ron del flameado. Se espolvorea con un poco de azúcar glass y se sirve rápidamente. (El azúcar, para que quede bien repartida, se pondrá en un colador de tela metálica y con una cuchara pequeña se le hace caer.)

1131 **COMPOTA DE HIGOS CON VINO TINTO Y ESPECIAS**

24 higos pequeños (o 12 mayores), maduros pero enteros,
¾ de vaso (de los de vino) de agua,
¼ de vaso (de los de vino) de vino tinto,
¼ de vaso (de los de vino) de azúcar,

2 trozos grandes de cáscara de naranja fresca,
6 clavos de especias,
1 ramita de canela,
1 ramita de menta.

Cocer el agua, las cáscaras de naranja, el vino y el azúcar, la canela, los clavos y la menta durante 10 minutos. Añadir los higos pelados y dejar cocer suavemente durante 6 minutos. Con una espumadera sacarlos y ponerlos en un cuenco, donde se irán a servir.

Cocer de nuevo el líquido durante 15 minutos más. Colarlo, reservando las cáscaras de naranja y verterlo por encima de los higos cuando esté templado. Cortar las cáscaras o en tiritas muy finas o simplemente picadas y echarlas en la compota. Meter ésta en la nevera y servir fresco.

Índice alfabético

Índice